정치학 총론

政治學 總論

진영재 지음

연세대학교 출판문화원

이 책을 부모님께 바칩니다.

7판을 출간하며

독자분들의 관심과 많은 의견에 깊이 감사드립니다.

필자 입장에서 독자들이 갖는 의문점이나 궁금증들을 보면서 책의 완성도를 좀 더 높여야 겠다는 생각을 해 왔습니다. 수업시간들을 포함하여 제기되었던 모든 질문들을 전체적으로 리뷰해 왔습니다. 정치적 논쟁들과 연관된 주요한 사상들의 의미와 내용들, 그리고 국내외 정치적 사건들에 대한 배경이나 상황들을 좀 더 구체적으로 서술하면 불필요한 의문들이 발생하지 않을 것으로 기대합니다.

7판에서는 총론의 서술체계 수준을 견지하면서도, 독자들의 궁금증들을 각론 수준에서도 최대한 해결할 수 있도록 각종 주의, 주장들에 대한 내용을 추가하였습니다. 또한 기존의 내용에 포함된 주요한 정치적 사건 관련 주요 배경, 연혁, 상황들을 좀 더 구체적으로 설명하였습니다.

2024년 12월 3일 오후 10시30분에 윤석열 정부의 '비상계엄'이 발생했습니다. '민주주의 공고화' 단계에 들어서 '안정된 민주주의'를 실현하는 국가로 평가받던 한국에서 예상하기 어려운 일이었습니다. 6판의 '민주주의와 정치발전'의 마지막 부분에서 '민주주의의 위기'를 논의한 바 있습니다. 7판에서는 한국의 '10 · 3계엄사태'와 연관하여 해당 영역에서의 핵심 개념과 논점들을 추가 보완하였습니다.

보완과정에서 자료 정리에 수고해 준 연구실 조교 김베드로 원생에게 고맙다는 말을 전합니다. 출판 과정에서 수고해 주신 연세대학교 출판문화원 분들께 깊이 감사드립니다.

독자분들의 지속적인 지도편달을 기대합니다.
감사합니다.

2025년 1월 8일
연희관 206호에서

저자 진 영 재

6판을 출간하며

민주주의는 개인의 인권보장을 기본으로 하는 것입니다. 그렇지 않으면 '전체주의'가 됩니다. 그래서 개인의 자유를 중시하는 '자유주의'는 민주주의를 수행하는 근간이 되며 '전체주의'의 대척점에 있게 됩니다. 그런데 자유 방임은 민주사회에서 동등한 인간들 사이의 경제적, 정치적 평등에 부정적 영향을 끼칠 수도 있습니다. 그래서 발생하는 제반 문제들을 해결하며 민생복리를 추구하기 위해서 '정치'가 필요하게 됩니다.

진보좌파와 보수우파의 논쟁도 마찬가지입니다. 한국정치과정에서 '이념갈등'의 수준이 지나침을 걱정하는 사람들이 많습니다. 한 사회의 지나친 이념갈등은 정치세력들이 추구하는 이념이 국민들의 민생복리를 위한 수단이기보다, 이념 그 자체가 권력추구의 목적으로 작용하기에 발생합니다. 어떤 '이념'적 위치를 언급하는 것은 일단 관념적으로 존재하게 되는데, 그러한 관념들은 연속선 상에 존재하는 것이지, 결코 분절적이고 배타적으로 존재하는 것이 아닙니다. 정치적 이념 차원이건, 경제적 이념 차원이건, 하나의 차원을 가정할 때, 그 차원에서 보수와 진보란 연속선 상에서 상대적 위치로 관념상에 자리 매김하는 것입니다. 한 사회의 역사가 흐르고 시대가 변화하면서 또 그 사회가 여러 사건들을 경험하면서 보수와 진보의 입지는 넓어지기도 하고, 좁아지기도 합니다. 어떤 사회에서는 보수와 진보 사이의 거리가 가까울 수도 있고, 또 다른 사회에서는 진보와 보수 사이의 거리가 멀 수도 있습니다. 그러니까 관념적으로 보수와 진보의 사이에서 중도라는 위치도 가능한 것입니다. 여기서 두 관념적 위치의 사이라는 것도 정확히 중간지점에 있어야 중도는 아닌 것입니다. 진보에 가까운 중도도 있고, 보수에 가까운 중도도 있게 됩니다. 진보와 보수 사이에서 관념적으로 보다 세분화된 존재로서 중도가 존재하게 됩니다. 어떤 사회이건 위정자들을 포함해서 많은 시민들이 보수와 진보에 대한 관념적 이해에 오류가 있다면 이는 불행한 일입니다. 물론 현실 정치과정에서 서로 다른 이념 세력간 타협은 쉬운 일이 아닙니다. 그래서 '정치'가 필요한 것입니다.

6판에서는 표현 방식의 강약조절과 함께 특히 민주주의에 대한 종합적 논의부분을 보완하였습니다. 한국사회에서 지나친 이념갈등을 넘어서 민생복리를 위한 문제해결의 정치가 정착하는데, 해당 서적이 도움이 되었으면 합니다. 최근 국내 및 해외 연구물들의 정리를 도와준 석사과정생 도재훈 조교와 김영석 조교에게 고마움을 전합니다.

2021년 3월의 마지막 날에
강남출판문화센터 한국학술연구원
Korea Observer 편집장실에서

저자 진 영 재

5판을 출간하며

정치학총론을 저술한 이후 저자에게는 목적의식이 생겼습니다. 국내외 정치학 최신 연구물들 및 현실 정치현상들을 정기적으로 리뷰한 후에, 일반 독자들도 현실 정치현상을 쉽게 이해하고 나아가 자신의 시각을 갖도록 그 내용을 압축적으로 전달하려는 목적의식입니다. 말하자면, 일종의 사회 구성원들 모두를 위한 '집단지성'의 창출을 위한 노력의 일환이라고 할 수 있습니다.

이러한 노력의 일환으로 이번 5판은 5장 정치적 커뮤니케이션 부분과 9장 국제정치 부분을 보완하였습니다. 특히 9장에는 '국가주권' 개념에 대비되는 '만민'의 개념을 적용한 롤즈의 이론을 정리하여 소개하였습니다. 시사적으로 독자들께서는 현재 한반도의 남 · 북한 '통일과 평화'라는 정치문제를 이해하고 평가하는 데 많은 도움이 될 것입니다.

정치학총론이 자신이 속한 집단에 대한 애정을 바탕으로 '건전한 공공성'을 지닌 시민으로 거듭날 수 있도록 올바른 민주시민교육의 역할을 해 준다면, 저자로서 더 없는 보람이 될 것입니다. 제가 수업시간에 학생들에게 강조하는 것은 "많은 것을 배우는 것도 중요하지만, 보다 대승적 차원에서 올바르고 건전하게 생각할 수 있도록 배우는 것이 더 중요하다"라는 것입니다. 해당 저서를 일독하는 것이 그렇게 하는데 좋은 계기가 되기를 기대해 봅니다. 보다 현실적이고 자기중심적 목적에서 이 책을 읽는 경우에도 그 소기의 목적을 이루게 된다면 필자에게 또 다른 보람이 될 것입니다.

지난 10년간 저자의 요구를 수용하며 5판의 출간에 이르기까지 수고해 주신 연세대학교 대학출판문화원과 관계자 모든 분들에게 깊이 감사드립니다. 5판의 원고 보완 과정에서 수고해 준 정치외교학과 학·석사 연계과정생 이지수 양에게도 고맙다는 말을 전합니다.

2018년 9월 11일

연희관 206호에서

저자 진 영 재

4판을 출간하며

2010년 정치학총론을 출간한 이후 2015년까지 모두 3판3쇄가 인쇄되었습니다. 독자 여러분들의 성원에 감사드립니다. 필자는 지난 5년 동안 독자들의 질문을 모두 모아서 리뷰하였고, 그 결과 두 가지 면에서 기존의 정치학총론이 갖고 있던 한계를 극복하고자 노력하였습니다.

첫째, 정치이론이나 현상에 대하여 동서고금(東西古今)으로 '공간'과 '시간'을 확장하였습니다. 독자들의 많은 질문들은 역사적 사실들에 대한 구체적 질문들이었습니다. 정치학의 이론체계는 역사적 사건들에 대해서 알아야만 주요 이론과 논리가 왜 그런 것인지에 대해서 더 쉽게 이해할 수 있습니다.

둘째, 정치학 총론 차원에서 최근까지의 주요한 사건들과 이슈들을 기존의 이론들과 연계시켜 설명하였습니다. 예를 들면, 빈번한 테러, 국제정치경제체제에서 AIIB의 출범 등은 변화하는 정치환경을 대변하는 사건들입니다. 4판은 전정판(全訂版)으로 불가피하게 분량이 늘어나게 되었지만, 보다 구체화된 설명과 정리는 전체적인 내용들을 유기적으로 연계하여 쉽게 이해하는 데 도움이 되리라 기대해 봅니다.

독자들께서 정치학총론 이 한 권으로 동서고금의 주요 정치과정에 대한 논리와 이론 및 경험적 실례에 대한 이해를 높일 수 있기를 감히 기대해 봅니다. 4판 출간과정에서 수고한 성치훈 연세대학교 대학원 정치학과 박사과정생, 박상현과 양규식 석사과정생들에게 고마운 마음을 전합니다. 필자의 소기 목적이 제대로 실현되었는지에 대해선 강호제현의 지도편달을 받겠습니다.

2016년 7월

연희관 206호에서

저자 진 영 재

3판을 내면서

3판에서는 2판에서의 본문에 일부 문장을 첨언하거나 새로운 각주를 추가하여 많은 독자들이 더 용이하게 읽을 수 있도록 보완하였습니다. 수업시간에 교감을 함께 한 많은 학생들과 독자들에게 고마움을 전합니다. 자신의 관점을 거침없이 주장하는 것보다 기존 이론의 핵심적 내용을 오해의 소지 없이 일반 독자들에게 쉽게 전달하는 작업이 훨씬 더 복잡하고 어려운 일이라는 것을 지속적으로 통감합니다. 사소한 모든 것에 대한 확인 작업이 필요했기 때문입니다. 학문에 대해서 더 겸손해야겠다고 다짐합니다.

얼마 전에 18대 대통령 선거가 끝났습니다. 종편 채널의 가세로 활성화된 방송 매체에서 수많은 종류의 토론과 논쟁이 있었으며 이를 유심히 듣고 지켜보았습니다. 필자가 느꼈던 점을 독자들과 공유하고 싶습니다. 우리가 "그 주제에 대한 내 생각은 이렇다"라고 주장하는 상황에는 두 가지 경우가 존재합니다. 토론하는 그 주제에 연관된 한 가지 구성 요소에만 익숙한 경우와 또 다른 많은 구성 요소들에 대해서도 친숙한 경우입니다. 전자와 후자의 경우 내 생각의 차원은 달라질 수 있다는 것입니다. 예를 들면, 홉스라는 개별 학자의 국가론에만 익숙한 경우와 마키아벨리, 로크, 루소, 헤겔, 마르크스, 네오막시스트, 스미스, 슘페터 등의 국가에 대한 최소한의 사상을 골고루 섭렵하여 종합한 경우를 비교할 경우 국가에 대한 내 생각은 달라질 수 있다는 것입니다. 물론 사상가들의 다양한 생각은 단순히 몇 문장으로 정리할 수 없는 복잡성을 지니고 있기에 토론은 보다 복잡한 양상으로 치달을 수도 있습니다.

현대 사회를 살고 있는 우리들 모두는 어느 하나의 이념이나 입장을 선호하거나 대변할 수 있습니다. 공적인 장소에서 내가 선호하는 입장을 대변하기 위해선 나와 다른 입장들도 섭렵하여 이해하고 종합하는 소양이 요구됩니다. 이 책의 작은 역할을 기대해 봅니다.

출판 과정에서 수고해 준 차은호 석사와 박성호 석사과정생에게 고맙다는 말을 전합니다.

2013년 1월에

연세-삼성 학술정보관 745호실에서

저자 진 영 재

2판을 내면서

한 학기 만에 2판을 인쇄하게 되어 저자로서 독자 여러분께 감사하다는 말씀을 드립니다. 초판은 2010년도 문화체육관광부 우수학술도서로 선정되어 저자로서 보람을 느낍니다. 2판은 초판에서 누락된 참고문헌, 오탈자 등과 오해의 소지가 있는 부분을 일부 보완하였습니다. 필자가 초판 인쇄과정에서 완벽을 기하지 못한 점에 대해 초판을 구입하신 분들께 죄송하다는 말씀을 드립니다. 2판에서도 강의하는 분위기를 전달하면서 복잡한 내용을 보다 쉽고 분명하게 전달하고자, 특정 부분들에서는 구어체식 표현을 그대로 두었습니다. 새로운 연구들이 계속 쏟아져 나와도 기존의 주요 연구업적들의 기초 위에서 이루어지는 것이기 때문에 학문적 유행에 지나치게 민감할 이유는 없습니다. 학계의 연구 동향을 항상 주시하면서 정치학총론의 범위 내에서 추가할 내용이 있다면 보완해 나가겠습니다.

2010년 6월에

연세대학교 학술정보관 645호실에서

저자 진 영 재

■ 머리말

현대 민주 사회에서 살고 있는 우리들에게 '정치학'(政治學, political science)에 관한 지식은 전문 지식이 아니라 기본적인 교양이며 상식입니다. 정치학은 정치학도(政治學徒)에게만 중요한 학문 분야가 아닙니다. 정치학은 사회과학, 인문학, 이학, 공학을 포괄하여 모든 학문과 연계된 교양입니다. 이는 우리의 삶 자체가 정치적인 현상과 밀접하거나, 아니면 자신이 관련성을 맺지 않고 피하려 해도 정치현상에 영향을 받을 수밖에 없기 때문입니다.

필자는 한 명의 정치학도로서 학부와 유학시절 저의 수업노트와 강의노트를 여러 사람들과 공유해야겠다는 결심을 하게 되었습니다. 또한 세계화 시대에 끊임없이 쏟아져 나오는 정치학 관련 논문과 단행본들을 관통할 수 있는 어떤 체계를 알기 쉽게 정리하여 독자들에게 전달해야 겠다는 결심을 한 적이 있습니다. 필자는 세 가지 점을 염두에 두면서 본 책을 집필하였습니다.

첫째, 단순한 '사실'(facts)의 나열보다는 '현상'(phenomena)에 대해서 어떻게 생각하고, 왜 그렇게 생각하는지 '논리'(logics)를 동시에 제시하려고 노력하였습니다. 정치학이 어려운 점은 자연과학과 달리 국가마다 집단마다 달리 나타나는 다양한 현상을 수많은 학자들이 상이한 세계관을 갖고 설명하기에 하나의 전능한 '이론'으로 담기 어렵기 때문이기도 합니다. 이는 같은 사회과학 분야의 경제학과 비교해서도 분명하게 드러납니다. 하나의 이론으로 정립하기 어려운 사실 및 현상을 쉽게 이해할 수 있도록 필요한 부분에는 간략한 '실례'(examples)를 소개하였습니다. 실례는 이론을 이해하는 출발점이 되기도 하며, 정치학에 대한 '직관'(intuition)을 넓히는 데 도움이 될 수 있습니다.

둘째, 각종 고시와 시험을 준비하는 사람들부터 정치에 관심이 있는 모든 일반인들까지 정치학에 보다 친근감을 갖고 접근할 수 있는 책을 쓰고자 노력하였습니다. 쉽게 읽고 이해하는 출발점이 됨과 동시에 깊게 이해할 수 있는 계기를 마련하는 책을 쓰자는 것입니다. 정치학을 심화된 학문으로서 공부하는 정치학도들에게 '선집'(選集, anthology)의 성격을 지닐뿐만이 아니라, '정치'에 관심이 있는 모든 일반인들이 쉽게 접근할 수 있는 안내서(handbook)의 성격을 동시에 지니는 입문서를 만들자는 것입니다. "두 마리의 토끼를 동시에 잡는 것 아니겠냐?"는 반문도 있을 것입니다. 하지만, 필자는 평소 강의시간에 쉽고 분명하게 이해할 수 있어야 깊게 이해할 수도 있다는 점을 학생들에게 반복하여 강조해 왔습니다. 쉽고 명확하게 이해하는 것에서 출발해야만 깊게 이해할 수 있는 경지로 들어설 수 있습니다. 이 책에서 경어체와 대화체를 채택한 것은 독자들에게 친근감을 주어 쉽게 읽히고, 이로 인해 분명히 이해되며, 나아가 깊게 사고할 수 있는 실마리를 제공하자는 필자 나름의 소신 때문입니다. 쉽게 이해할 수 있는 안내서의 성격과 정치학을 좀 더 깊게 공부하려는 학도들이 그 출발점으로 동시에 이용할 수 있는 책이 다를 이유가 없다면 한 권의 책으로 정리하려는 필자의 시도는 무모하지만은 않을 것입니다.

셋째, 본문을 읽으면서 생길 수 있는 의문 사항들이나 심화된 학습을 위해서 필요한 논의들을 각주로 분리하였습니다. 기본적인 내용은 본문에, 심화된 논의는 각주로 분리하려는 노력 때문에 각주의 분량이 불가피하게 많아진 것이 부담입니다. 하지만, 기본 내용과 심화된 내용이 섞여 있는 경우, 오히려 글을 읽기가 불편하고 지엽적인 문제로 논점이 흐려지는 일은 막아야만 했습니다. 색인과 참고문헌 목록을 동시에 참조한다면 의문 사항이나 심화 학습을 위해 도움이 될 것입니다. 단, 보다 많은 연구물들을 모두 제시하지 못한 것은 필자가 아직도 공부하는 학생에 불과하기 때문입니다. 지속적으로 보완해 나가겠습니다.

이 책이 정치에 관심이 있는 모든 독자들은 물론이고, 특히 각종 시험을 준비하는 학생들에게 나름대로의 논리를 세우고 자신의 생각을 정리하는 데 큰 도움이 될 것으로 기대합니다. 생활 속에서의 평범한 상식과 논리가 복잡한 현상을 체계적으로 이해하는 데 중요한 실마리가 되는 것입니다. 큰 강의 주제를 10개로 나누고 세부주제를 망라하며 이를 색인으로 정리하고 참고된 모든 책들은 뒷 부분에 참고문헌으로 제시하여 정치학에 대한 사전적인 이용도 가능하도록 노력하였습니다. 이 책을 통독(通讀)한다면 정치학에 대해 괄목할 만한 지적 성장을 이루리라 '감히' 기대해 봅니다. 이 책을 읽은 후에 일상생활 속에서 정치에 대한 판단의식, 정치학 관련 전공서적과 원서를 거침없이 대할 수 있는 용기가 생긴다면 필자로서 더 없는 영광이겠습니다.

정치에 지나치리만치 관심이 많으셨던 나의 아버님은 항상 철학서적과 정치서적을 곁에 두셨습니다. 이미 제가 대학에 입학하기 전부터 항상 저와 정치 사건들에 대한 토론을 즐기셨으나 2005년에 세상을 떠나셨습니다. 절친한 친구처럼 저를 대해주셨던 아버님이 이 책을 보시고 어떻게 평가하셨을지 궁금합니다. 저를 낳아주시고 길러주신 하해와 같은 어머님의 은혜에 감사드립니다. 나의 가족 손은정, 진수희, 진수황에게 사랑한다는 말을 전합니다.

연세대학교에 감사드리고, 특히 정치외교학과에 감사드립니다. 나에게 많은 학문적 영향을 주셨던 모든 은사님들, 그리고 신명순 선생님께 감사드립니다. 유학시절 가르쳐 주신 모든 은사님들, 그리고 슈퍼바이저이셨던 데이비드 이스턴(David Easton) 선생님과 어드바이저이셨던 웨인 샌홀츠(Wayne Sandholtz) 선생님께 감사드립니다. 이 책이 준비되는 과정에서 마무리 작업을 도와준 권혼 박사과정생에게 고맙다는 말을 전합니다. 원고를 읽어준 최선, 한우석, 정진웅, 김현, 서명호 원생에게 고맙다는 말을 전합니다. 본 책자의 집필 자료인 패키지북 단계에서 수고했던 김민욱, 이성희, 강현창, 노정호 군들에게 고맙다는 말을 전합니다. 본 책의 출간을 허락해 주신 연세대학교 출판문화원의 김하수 원장님, 김성수 선생님, 최석철 선생님께 감사의 말씀을 드립니다.

기대감을 갖고 이 책을 구입한 독자들에게 작은 도움이 되었다면 필자로서 더 없는 영광입니다. 강호제현(江湖諸賢)의 기탄없는 질책이 있다면 보완하는데 게을리하지 않겠습니다.

2010년 1월 연희관 206호실에서

저자 진 영 재

■차 례

제1장

'정치적인 것'의 특질(特質)

‘정치학’의 정의(定義)

철학자였던 러셀(Bertrand Russell)은 “에너지는 물리학(physics)의 근본개념이며 ‘권력’(power)은 사회과학(social science)의 근본적 개념이다”라고 하였습니다(Russell 1938). 사회과학 분야에서도 ‘권력’의 개념을 가장 직접적으로 다루는 학문 분야는 ‘정치학’(政治學, politics)입니다.[1] 라스웰(Harold Lasswell)은 “국가 통치란 권력의 제도를 말하며, 정치과정이란 것은 권력의 형성, 분배, 행사이다. 따라서 정치학 전반에서 권력의 개념이 가장 기본적인 것이다”라고 하였습니다(Lasswell 1948). 권력의 개념은 ‘사회적 동물로서 살아갈 수밖에 없는 인간’의 삶과 생활 속에 필연적으로 내재되어 있기에 아리스토텔레스(Aristotle)는 정치학을 학문 중에서도 ‘매스터 학문(master science)’이라고 하였습니다.

Harold Lasswell
(1902 - 1978)

우리는 일상 생활 속에서 권력 추구 행위를 묘사할 때 ‘법적 행위’나 ‘경제적 행위’라는 표현을 쓰지 않고, ‘정치적 행위’라는 표현을 씁니다. ‘권력’이란 일반적으로 “타인으로 하여금 내가 원하는 바대로 움직이게 하는 힘”을 말합니다. ‘권력이 없는 자’는 ‘권력을 가진 자’의 의도대로 움직이게 됩니다. 다른 여타 ‘사회과학’ 분야들과 비교해서 정치학은 권력과 관련된 현상들을 보다 구체적으로 다룹니다.

---

1) 국제 용어로는 ‘Political Science’라는 용어가 보편화되어 있으니, ‘정치과학’이라고 하는 것이 더 시대 상황에 맞는 용어일 수 있습니다. 이에 대해서는 뒷 부분에서 상세히 다룹니다.

재미있는 이야기 허유세이(許由洗耳)라는 유명한 고사가 있습니다. 중국 요순(堯舜)시대 순(舜) 임금이 왕위를 물려 줄 목적으로 허유(許由)를 찾아가나 허유는 일언지하에 거절하고, 오히려 "더러운 말을 들었다"고 흐르는 물에 귀를 씻었습니다. 이때 소부(巢夫)가 소를 몰고 나와 물을 먹이려던 참에 허유에게 귀를 씻은 연유를 묻고, 허유가 자초지종을 얘기 하자 소부는 "더러운 말을 듣고 더럽혀진 물을 소엔들 어찌 먹일 수가 있으랴"라며 소를 이끌고 다른 곳으로 가버렸다는 고사입니다. 허유도 이후 기산(箕山)으로 들어가 숨어버렸다고 합니다[황보밀(皇甫謐), 「高士傳」, 212-282].

혐오감은 정치 현상 그 자체보다는 정치인들의 행태에 대한 반감 때문이기도 합니다. 앞의 '허유세이' 고사는 이러한 정서를 반영하고 있습니다. 현대사회에서 우리는 이러한 고사가 갖는 오류에 빠져서는 안됩니다. "악화(惡貨)가 양화(良貨)를 구축(驅逐)한다"(Bad money drives out good money)는 경제학의 그레섬(Thomas Gresham)의 법칙은 정치학에도 그대로 적용됩니다. 정치가 더러운 것이라고 도외시한다면 잘못된 정치가 올바른 정치를 쫓아내는 결과를 가져옵니다. 정치의 내용을 이해하고 관심을 갖고 지켜보면서 정치가 올바른 방향으로 나아가도록 하는 것이 민주 시민들의 의무이자 권리인 것입니다.

소의 귀를 씻는 중국 고사_
청대 화가 진숭광(陳崇光)의 세이도(洗耳圖), 1884년 작

정치학이 권력을 다루는 학문이란 점은 '政治'라는 한자어의 뜻풀이로부터도 유추가 가능할 것입니다. '政'자를 분석해 보면 "잘못되거나 그릇된 것을 올바르게 고치다"라는 뜻의 '正'(정)과 "채찍질하다"라는 뜻의 '攴'(복)자가 합쳐 있음을 알 수 있습니다.[2] '治'는 "다스리다"라는 뜻이니, 정치라는 것은 잘못되거나 그릇된 것을 올바르게 고치고 다스리는 것을 의미합니다. 바로잡고 다스리려면 '권력'이 필요할 것입니다.

Thomas Gresham
(1519?-1579)

고대 사회에서 권력은 제왕이 갖고 있었으며, 정치학은 사실상 '제왕학'(帝王學)의 성격을 띠고 있었습니다. 초동급부(樵童汲婦)들이 권력에 관련된 사항들을 논할 수 없었고 왕과 특권층 일부에게만 국한된 이야기였습니다. 현대 사회에서 권력은 시민들이 갖고 있으니, 현대의 정치학은 시민 모두를 위한 '민주주의학'(民主主義學)이 됩니다. 민주주의를 제대로 운용하기 위해 우리 시민들이 일상생활 속에서 어떻게 생각하고 어떻게 행동해야 하는지를 배우는 분야라고 할 수 있습니다. 정치학이 민주사회를 사는 현대인에게 필수 교양 과목이 되는 이유입니다.

정치의 뚜렷한 현상 중의 하나가 권력을 잡기 위한 것인데, 권력투쟁의 과정에서 서로 타협하기보다는 서로 싸우고 모함하고 심지어는 목숨까지 빼앗는 일이 발생합니다. 권력은 양분하거나 공유

2) 한자의 우변인 '攵'자는 '攴'(복)자의 변형된 형태입니다.

할 수 없는 것인지도 모릅니다. 권력투쟁이 일상화되어 있는 정치라는 영역에 대해서 동서고금(東西古今)을 막론하고 많은 사람들은 혐오감을 갖고 있었습니다. 앞서서 정치학은 '권력'을 다루며, 현대 사회에서 권력은 시민이 갖고 있다는 측면에서 '민주주의학'이라고 하였습니다. 이스턴(David Easton)은 권력과 민주주의라는 두 가지 속성을 포괄하여, '정치'(政治)란 "사회적 가치의 권위적 배분 행위"(authoritative allocation of societal values)라고 정의하였습니다(Easton 1953). 이스턴의 정의를 정치에 대한 가장 보편적인 정의로 받아들이는 이유는 현대 민주주의 사회라는 시대적 배경을 권력의 속성과 연관시킨 함축적이면서 핵심적 표현이기 때문입니다. 그런데 이스턴은 '권력적 배분'이라고 하지 않고 '권위적 배분'이라고 하였습니다. 그 이유는 바로 국민들이 주인인 민주주의 사회에서의 정치가 갖는 속성을 강조하였기 때문입니다.

David Easton
(1917-2014)

앞서 언급한 '권력'과 대비되는 중요 용어인 '권위'(authority)의 의미에 대한 이해가 필요합니다. 권위는 "권력을 행사할 수 있는 권리"를 말합니다. 권위는 복종하는 자가 권력자의 명령을 내리는 권리를 인정할 때 존재합니다. 따라서 '권위'란 권력처럼 '일방향적'(uni-lateral)인 것이 아니라, '쌍방향적'(bi-lateral)인 것입니다. 추상적으로 표현하기를 좋아하는 사람들은 "권력은 타율적이며 외면적이나 권위는 자율적이며 내면적이다"라고 합니다. 그러면, "사회적 가치의 권위적 배분"이란 말은 무엇인가요? 어떤 특정 시대, 특정 사회에 나타나는 사회적 가치에 대한 규정을 '강제로라도' 하되, '민주

Q & A

권력과 권위는 구분이 됩니까? 될 수 없습니까? | 권력과 권위는 그 내용이 구분되기도 하지만 서로 혼합되어 불가분의 관계이기도 합니다. 일상생활에서 예를 봅시다. 교수와 학생은 권력 관계에 있다고 할 수 있습니다. 학생들은 교수가 정한 '강의 계획서'(syllabus)에 따라서 한 학기를 보냅니다. 교수가 정한 수업시간에 강의를 들어야 하며, 교수가 내는 시험문제를 풀고, 교수가 정한 규정에 따라서 기말점수를 받습니다. 예를 들면, 출석 30%, 중간고사 40%, 기말고사 40%라고 어떤 교수가 정했으면, 기말고사 점수는 40%만 반영되어 수강생의 점수가 결정됩니다. 기말고사 점수를 60%로 해야만 한다는 토론이 있을 수도 있고, 없을 수도 있습니다. 교수의 강의계획서가 마음에 들지 않는다면 학생들은 그 과목을 듣지 않으면 됩니다. 적어도 수강 과목을 선택하는 시점에선 교수와 학생 사이에 좋건 싫건 '권력관계'가 형성되는 것입니다. 이런 점에서 교수는 학생에 대하여 권력을 가지고 있습니다. 하지만 교수가 '권위'를 가지고 있는지의 여부는 다릅니다. 이는 주로 수업을 듣는 학생들이 판단하게 됩니다. 따라서 일방적인 것이 아니고 쌍방향적인 것입니다. 즉, 강의와 연구에서 높은 평가를 받는 경우 교수는 "학생들에 대한 권력"과 더불어 "학생들로부터 권위"를 지니게 됩니다. 학생들로부터 저평가를 받게 된다면, 권력과는 상관없이 권위는 지니지 못합니다. 이렇게 보면 권력과 권위는 서로 다른 내용으로 구분되는 듯합니다. 하지만, 권력과 권위는 서로 연관되어 있어서 서로를 상승시키는 불가분의 관계에 있기도 합니다. 교수들의 학생들에 대한 평가뿐만이 아니라, 학생들의 교수에 대한 평가가 있는 쌍방향적이고 민주적인 체계 하에선, 권위를 지니지 못하는 경우 권력 그 자체가 위협받아 권력이 제대로 작동하지 못할 수도 있습니다. 어떤 행위자가 권력 행사 후에 권위를 얻을 수 있으면 그러한 권위에 기반하여 추가로 더 강력한 권력이 주어질 수도 있습니다. 또한, 어떤 이유에서이건 기존에 강력한 권력을 갖고 있다면, 비록 어느 정도 하자가 있더라도 일정 수준의 권위를 나름대로 유지하기도 합니다. 교수가 교수직을 유지하는 한, 학생에 대한 권력은 '관성적(慣性的)으로' 유지되기 때문입니다. '물리'(物理)의 제1법칙인 '관성의 법칙'은 사회 현상에도 적용된다고 하겠습니다.

적인 절차상 하자가 없는 상태'에서 강제로 한다는 의미입니다. 그래서 '권력적 배분'이 아닌 '권위적 배분'이 되는 것입니다. 한국은 자유민주주의 체제를 채택하고 있습니다. 이것은 대한민국 헌법에 그렇게 규정되어 있기 때문에 권위를 지닙니다. 하지만 자유경쟁체제 하에서 낙후되는 사람들을 위한 복지제도나 분배의 정의 문제는 국가가 해결해야 할 문제들입니다. 특정 시점에서 국가는 성장 정책을 강조하기도 하고 특정 시점에선 분배의 정의 문제에 정책적 고려를 하게 됩니다. 어떻게 이런 일이 가능할까요? 대중들로부터 권위를 인정받는 자가 성장과 분배의 두 가지 가치 중에서 어느 한 쪽에 우선 순위를 두는 '정치적 행위'를 통해서 가능합니다. 이때 권위를 지닌 자가 하는 가치의 선택이 바로 '권위적 배분'이란 행위가 되는 것입니다. 예를 들면 대통령은 취임 연설에서 임기 동안 국정 운영 방향의 우선 순위가 '성장'인지, 아니면 '분배'인지를 선언하게 됩니다. 대통령이 헌법이 정한 절차에 따라서 대통령으로 선출된 경우, 대통령의 권위로 국가 정책의 우선 순위를 정하여 국가를 운용할 수 있다는 것입니다. 이것이 바로 정치입니다. 우리는 정치적 권력과 권위를 지닌 자가 행하는 가치의 배분에 대한 결정을 '정치적 행위'라고 부르며, '법적 행위'나

이승만(1948-1960)

윤보선(1960-1962)

장면(1960-1961)

박정희(1963-1979)

전두환(1980-1988)

노태우(1988-1993)

김영삼(1993-1998)

'경제적 행위'라고 부르지 않습니다.

대통령은 취임 연설을 통해서 대통령 자신의 국가 정책 방향이나 통치철학을 국민에게 알립니다. 이때 최고 정치 권력자인 대통령이 선택하는 특정한 국정방향이 곧 '사회적 가치에 대한 배분 행위'가 되는 것입니다. 역대 대통령들에게서 대표적 예를 들면, 이승만 대통령은 '반공'(反共)을 국시(國是)로 하였습니다. 박정희 대통령은 '경제개발'이 국시였습니다. 김영삼 대통령은 '투명한 사회'를 위한 정책들을 채택했고, 김대중 대통령은 '남북화해와 협력'이라는 정책을 채택하였습니다. 노무현 대통령은 '분배의 가치'에 무게를 두었습니다. 대통령이 국가 정책 기조를 정하는 행위는 정치적 행위의 대표적인 것으로서 바로 사회적 가치를 권위적으로 배분하고 있다는 것을 알 수 있습니다.

합법적 민주 절차에 의해서(쿠데타가 아닌 헌법이 정한 선출 절차에 의해서) 선출된 대통령은 최고의 정치적 권력을 지닌 직위에 있는 자입니다. 따라서 권위를 "정당성을 가진 권력"이라고 부르기도 합니다(Gerth and Mills 1946). 합법적 선거절차를 통해서 당선된 대통령이 취임연설에서 성장보다 분배를 우선시 하는 정책을 채택하겠다고 선언하면, 대통령의 임기 동안 그 사회의 가치는 분배를 우선시 하는 정책을 중심으로 추진되며, 반대로 성장을

김대중(1998-2003)

노무현(2003-2008)

이명박(2008-2013)

박근혜(2013-2017)

문재인(2017-2022)

윤석열(2022-)

> **정당성(正當性, legitimacy)의 개념 |** '정당성'이란 합법성(合法性, legality)과는 구분되는 개념입니다. 일반적으로 합법성은 법률가들에게 중요한 문제지만 정치학자들에겐 '정당성'이 더 중요한 문제일 수 있습니다. 백인 지배사회에서 흑인 차별법이 합법적일 수 있어도 정당성을 지니기 어려울 수 있습니다. 인류 보편 가치인 만인평등의 원리를 무시하고 있기 때문입니다. 정당성은 사회 구성원들로부터 신뢰의 문제를 포함하고 있습니다.

심화학습

우선시하겠다고 선언하면 성장정책이 국가정책의 기조가 되는 것입니다. 이것에 대한 사회적 토론이나 논쟁은 가능하지만, 그러한 대통령의 결정이 사법적 심사의 대상이 될 수 없습니다. 일반적으로 대통령의 취임연설은 일종의 '고도(高度)의 정치행위'로서 사법적 심사의 대상이 아닙니다. 성장과 분배라는 사회적 가치를 권위적으로 배분한 대통령의 행위를 우리는 법적 행위가 아닌 정치적 행위로 규정하는 것입니다. 비록 대통령이라는 직위는 법적인 절차에 의해서 결정되어도 국가의 방향과 정책을 정하는 행위는 정치적 행위이자 정치 현상으로 진화됩니다.

앞서서 필자가 정치학은 권력을 보다 집중적으로 다루는 학문 분야란 점에서 타 사회과학 분야들과 구분이 될 수 있다고 했는데, 사실 현대 민주주의 사회에서 가장 폭넓게 받아들여지는 개념은 권력이 아닌 권위란 개념이었습니다.[3] 일반적으로 말하자면, 민주화된 사회에서 정치는 권위를 중시하여 이루어지는 행위들로 구성됩니다. 민주주의란 '국민을 위한 정치'이며, 모든 권력은 궁극적으로 국민들

3) 20세기 중반무렵인 제2차 세계대전의 종전(1945년) 이후에 국가 주권과 대비하여 시민사회 인권이 보다 팽창하면서 이제 권력보다는 권위라는 말로서 정치학이 더 대변된다고 볼 수 있을 것입니다.

로부터 나오기 때문에 일방향적인 권력의 개념보다는 쌍방향적인 권위라는 개념을 통해서 민주사회의 정치를 이해하는 것은 당연한 것입니다.

그러면 우리는 다음과 같은 의문을 갖게 됩니다. "어떻게 권력이 존재하고 있음을 판단할 것인가?" 하는 것입니다. 어떤 사회 현상을 보면서 과연 그러한 현상이 권력이 존재하는 현상인지 아니면, 권력과는 상관없는 현상인지 무엇을 근거로 판단할 수 있는지의 문제인 것입니다(How do we know it, when we see it?). 일반적으로 권력이 집행되고 있음을 세 차원으로 분류해서 인식할 수 있습니다.

첫 번째 차원은 권력의 강제성이 존재하는 것입니다. 즉 권력을 행사하는 사람과 권력의 의지대로 움직이는 사람들과의 관계가 존재하는 상태를 말합니다. 권력은 양자 사이의 관계에서 한 행위자 X가 다른 행위자 Y로 하여금 Y가 하기 싫은 것을 X의 의도에 따라서 행동하도록 명시적으로 시도할 수 있는 영향력을 말합니다(Dahl 1957).

두 번째 차원은 표면에 드러나지 않은 암묵적인 힘의 관계를 중시하여 권력의 존재 여부를 판단하는 것입니다. 앞서서 언급한 '힘의 강제성'에 의한 권력의 개념이 표면에 드러나는 영향력의 관계를 중시하고 있다면, 두 번째 차원은 이면에서 '암묵적으로 전개되는 힘의 관계'의 중요성을 강조하는 권력개념입니다. 이런 관점에 따르면 실제의 정치적 작동원리는 단순히 눈에 보이는 직위에 따른 권력관계보다도 이면에 암묵적으로 존재하는 권력관계를 파악함으로써 가능하다는 것이지요. 실생활에서 생각해 보기로 하죠. 같은 직위를 가진 사람들 사이에서도 능력에 따라 생기는 이면적 권력

관계가 존재할 수 있습니다(Bachrach and Baratz 1962). 어떤 기관에서 부장인데도 힘 없는 부장이 있고, 과장이나 대리인데도 실제로 힘 있는 과장이나 대리도 있을 수 있습니다. 능력이 권력관계에 작용하고 있는 것이며, 무능한 상급 직위자는 유능한 하급 직위자보다 권력관계에서 우위에 서기 힘들다는 것입니다. 따라서 권력 관계가 존재하는지 아닌지에 대한 판단은 '암묵적으로 나타나는 힘의 관계'로도 판단이 가능하다는 것입니다. 하지만 권력 관계를 이해하기 위한 판단 근거로 또 다른 차원이 존재합니다. 왜 인간들은 권력 관계 속에선 자신들이 싫어하는 일도 다른 사람들의 의지대로 수행하게 될까요?

권력 관계의 판단 근거로써 세 번째 차원은 '사회 구조'(social structure)의 중요성을 지적합니다. 권력관계에 대한 이해는 개인 상호간의 관계의 성격을 넘어서서 사회의 구조적 성격이 파악되어야 한다는 입장입니다(Lukes 2005). 예를 들어 봅시다. 어느 회사에서 사원들은 자기 부서 부장보다 과장이 더 능력이 좋다고 인정합니다. 앞서서 두 번째 입장에 따르면, 능력이 있는 과장이 시킨 일은 해도 능력 없는 부장이 시킨 일은 하지 않을 수 있습니다. 하지만 부장이 시킨 일은 여전히 강제력을 갖는 것이 보편적 현상입니다. 왜 그럴까요? 이는 인간 개인의 능력이 아닌 사회 구조적인 문제로서, 부장이 과장보다 더 높은 서열이라는 사회구조의 문제이기 때문입니다. 직위가 존재하는 사회구조 속에서 조직 그 자체의 힘은 무섭습니다. 그리고 직위는 개인의 문제가 아니라 사회구조 속에서의 직위인 것입니다. 대학에 들어온 학생들이 반드시 시험이 좋아서 시험을 보게 됩니까? 대학조직과 교육체계라는 사회구조 속에서 그렇게 하는 것

심화학습

"정치란 무엇인가?" | 이러한 질문에 대한 유명한 답을 두 가지 소개하겠습니다. 첫 번째로, 슈미트[Carl Schmitt 1996(1932)]는 "정치는 적(敵, enemy)과 동지(同志, friends)를 구분하는 행동이나 동기로 환원된다"고 대답합니다. 정치란 아군과 적군을 구분하는 행위이며, 이런 경우 정치의 속성으로 투쟁과 경쟁이 강조됩니다. 권력을 획득하는 과정보다 성공적으로 동지들을 규합하여 반대파를 물리치고 권력을 획득하는 결과가 중시되고 있음을 알 수 있습니다.

Carl Schmitt
(1888-1985)

두 번째로, 듀베르제(Maurice Duverger 1959)는 정치가 두 가지 모순된 상황인 '통합'과 '투쟁'의 양면성을 지닌 것이라고 대답합니다. 정치는 국가와 사회 구성원들 사이에서 통합을 목적으로 하지만 통합을 이끌 기관이나 리더를 결정하는 과정에서 불가피하게 권력 투쟁 과정이 존재하게 됩니다. 통합을 위해 발생된 투쟁은 오히려 구성원들의 통합을 저해하기 때문에 모순되는 두 상황이 공존하는 것입니다. 정치 현상이란 통합을 추구하지만 통합을 추구하는 과정 그 자체가 투쟁을 낳게 되는 것입니다.

Maurice Duverger
(1917-2014)

슈미트와 듀베르제의 방식으로 정치를 규정한다면 이스턴이 규정하는 정치의 모습과는 사뭇 다른 모습이 되는 것을 알 수 있습니다. 정치의 속성에 대한 정의로 이스턴의 정의와 함께 슈미트와 듀베르제의 정의를 함께 숙지하시면 정치현상에 대한 분석에 많은 도움이 될 것입니다.

슈미트와 듀베르제의 권력의 개념이 '대상에 대한 힘'(power over)에 기초하고 있다면 한나 아렌트(Hannah Arendt)는 '관계의 힘'[또는 '협력의 힘'(power with)]의 중요성을 지적합니다. 아렌트는 사회 속에서 인간들이 관계를 형성하고 협력하여 새로운 힘(권력)을 만들어 낼 수 있다고 보았

Hannah Arendt
(1906-1975)

> 습니다. 공동체의 구성원들이 끊임없이 토의하며 의견을 교환하는 과정이나 그 과정에서 주요한 역할을 담당하는 행위자들은 권력을 형성하게 됩니다. 예를 들면 정치과정 속에서 다양한 종류의 '시민단체들'(NGOs)은 그 예입니다. '협력의 힘'은 관계구성원간의 소통이 중요하기에 '커뮤니케이션 파워'에 기초하고 관계구성원들의 공통의 아이디어 및 비젼은 '네트워크 파워'를 창출합니다. 현대사회에서 SNS는 그 대표적인 예입니다. 참고로 슈미트와 듀베르제가 '정치권력'(political power)를 논하고 있다면, 상대적 관점에서 아렌트는 '사회권력'(social power)을 논하고 있습니다.

이지요. 이것도 결국엔 권력관계의 한 현상이라는 것입니다. 그렇게 살아야만 하도록 추동하는 사회의 구조적인 힘 그 자체가 인간에겐 권력 관계로 작용한다는 것입니다. 회사라는 기업구조 속에선, 능력 있는 과장도 능력 없는 부장의 명령에 따라야 합니다. 루크스(Steven Lukes)는 이것도 권력 관계의 중요한 측면으로 본 것입니다. 이런 측면에서 세 번째 차원은 칼 마르크스(Karl Marx)가 말한 일종의 '허위의식'(虛僞意識, false consciousness)과 일맥상통하는 개념이라고도 할 수도 있습니다. 즉 피복종인들은 사회구조 속에서의 '삶의 영위를 위해서 만들어진 의식'에 따라 그렇게 한다는 것이지요. 의식이 삶을 규정하는 것이 아니라 삶이 의식을 규정하는 것입니다.

앞서서 정치 현상에 대한 가장 보편적인 정의는 "가치의 권위적 배분"이라고 하였습니다. 직관적으로는 '권위'가 '권력'보다는 상대적으로 민주체제에 더 연계된 개념인 듯한데 그렇게 단순하지만은 않습니다. 왜냐하면 실제 생활에서 권력과 권위는 서로 분리되어 있지 않고 혼재되어 있기 때문입니다. 권위를 결하는 권력은 올바른 '정당성'을 얻기 어려우며 권력을 결한 권위 역시 유효하거나 유력

(有力)하다고 할 수 없기 때문입니다. 실제의 정치 현상은 오히려 권위가 없어도 권력에 의한 힘 때문에 작동하는 것일 수 있습니다. 단적으로 국가의 질서유지는 권위도 중요하지만 실제 권력의 힘 그 자체 때문에 유지될 수 있습니다.

Charles Edward Merriam (1874-1953)

그렇다면 권위가 결여되어 있는 상태에서 권력만으로 국가(또는 집단)를 이끄는 지도자는 '물리적 강제력'(공권력이 갖는 하나의 무기)에 의존할 수밖에 없을까요? 물리적 강제력이 없이도 권위를 결여한 권력이 그대로 유효하게 작용할 수 있는 이유에 대해서 중요한 연구가 있습니다. 메리엄(Charles E. Merriam)은 권력자들이 '상징조작'(象徵操作, symbol manipulation)을 통해서 '물리적 강제력'을 사용하지 않고도 대중들에게 자신의 권력을 과시할 수 있다고 보았습니다. 상징조작이란 간단명료한 상징물들을 통해서 대중들의 "심리에 영향을 미치는 상태"(즉 심리조작)를 말합니다. 여기서 간단명료한 상징물로 이용되는 것들은 의식, 노래, 표어, 모형, 마크, 슬로건 등의 것들입니다. 상징조작의 과정에서 대중들의 비합리적 · 감홍적 측면에 호소하는 것을 '미란다'(Miranda)라고 하고, 합리적 · 이성적 측면에 호소하는 것을 '크레덴다'(Credenda)라고 합니다(Merriam 1950). 군사 쿠데타(coup d'état)와 같은 방식으로 집권한 독재자들은 국민들로부터 권위를 결여한 채 물리적 강제력만으로는 국가를 운영할 수 없습니다. 독재자들은 국민들의 정치에 대한 비판력을 약화시키기 위해 '3S 정책'(sports, screen, sex)을 사용하곤 합니다. 대중들의 정치에 대한 비판력을 약화시키고 심리를 보다 흥미 위주의 것으로 끌고 가기 위한 의식, 노래, 표어, 슬로건 등을 개발하여 선전하게 됩니다.

실제의 정치 현상 속에서는 권위와 권력이 혼재되어서 나타난다고 하였고, 권위없는 권력은 정당성이 결여된다고 하였는데, 이러한 상황들을 이해하기 위해서 베버(Max Weber)에 대해서 좀 더 살펴볼 필요가 있습니다. 베버는 정치권력이 갖는 정당성의 유형이 다음의 세 가지 권위 · 지배 유형과 연관성을 맺고 있다고 하였습니다(Weber 1956).

Maximilian Weber
(1864-1920)

ⓐ '전통적'(傳統的, traditional) 지배: 옛날부터 통용된 전통에서 생긴 인습적 권위로부터 생겨나는 정당성과 그에 기반한 지배를 말합니다. 가부장적 지배나 군주제적 지배는 그 대표적인 예가 될 것입니다.

ⓑ '합법적'(合法的, legal) 지배: 법규화된 질서의 합법성에 의한 지배를 말합니다. 즉 정해진 법절차에 따르는 경우 생겨나는 정당성과 그에 기반한 지배를 말합니다. 근대의 합법적 관료제 하의 지배는 그 대표적인 예입니다.

ⓒ '카리스마'(charismatic)적 지배: 신(神)이 부여한 초인적(超人的)인 권위에 의한 지배를 말합니다. 여기서 "신이 부여했다"라는 의미는 후험적(後驗的, *a posteriori*)인 것이 아니라 선험적(先驗的; *a priori*)인 것이 핵심입니다. 겪어본 적도 없고 논리적이고

과학적인 설명은 안되지만 그냥 왠지 권위가 있어서 범접할 수 없는 것입니다. 아무리 독재자더라도 선천적 외모를 포함하여 범접할 수 없는 품격과 재능을 갖고 있는 경우엔 카리스마적 지배가 가능합니다.

이상의 세 가지 지배유형들은 현실 정치세계에선 혼합되어 나타나는 것이 일반적입니다. 민주국가들은 기본적으로 합법적 지배의 유형을 따릅니다. 하지만 아무리 민주화된 법치 질서의 사회에서도 국민들은 지도자에게 카리스마적 능력을 기대하는 경우가 많습니다. 국민들에겐 정치 권력자인 지도자가 '초인'(超人, superman)이기를 원하는 심리가 있습니다.

현대 민주주의는 선거를 통해서 승리한 '정당'(政黨, political parties)이 권력을 잡는 형식을 취하고 있습니다. 정당 등록도 법적 절차에 의해서 하게 되어 있으며 선거도 법적으로 정해진 절차에 의해서 진행됩니다. 선거에서 승리하는 법칙에[4] 따라서 집권할 수 있는 정당이 결정되니 현대 민주주의는 바로 합법적 지배의 형태를 띠고 있는 것입니다. 하지만 그렇게 '합법'이란 개념만이 중시되면 왜 이를 '정치학'에서 설명하려고 하는 것일까요? "그냥 법적 절차에 따르면 되는 것이니까 법적 현상이고 오히려 법학에서 이런 현상을 다루면 되는 것은 아닐까?"하는 의문이 생길 수 있습니다. 그러나 앞서서 지적했듯이 "집권한다", "권력을 잡는다"라는 개념은 정치적인 속

4) 이를 테면 선거에서의 승자를 정하는데 단순다수제(plurality system: 한 표라도 많은 사람을 승자로 하는 것)를 따를 것인지, 절대다수제(majority system: 투표자의 과반수 득표를 해야만 승자가 결정되는 것)를 따를 것인지를 말합니다.

성으로 분류하며, 법적 절차를 따른다는 것은 형식의 문제로 제한되는 경향이 있습니다.

이와 관련하여 흥미로운 연구들이 존재합니다. 아무리 다수를 위한 합법적이고 민주적인 사회이더라도 권력에 대한 개념을 중심으로 한 '소수자 지배(少數者 支配)의 이론'은 여전히 유효하다는 연구들이 있습니다. 이것은 소수자 지배의 현상이 바람직한가 아닌가의 문제를 떠나서 그러한 현상이 필연적으로 나타난다는 것에 더 초점이 맞추어져 있습니다.

Gaetano Mosca
(1858-1941)

① 모스카(Gaetano Mosca)는 조직된 소수자가 조직되지 않은 다수자를 지배하는 것은 필연적 정치 현상이라고 보았습니다. 왜냐하면, 정치집단 상호간의 투쟁에서 비밀유지란 전술적 필요성이 중요하게 고려되야만 하는데 이런 경우 '소수유리(少數有利)의 원칙'은 당연한 것이라고 보았기 때문입니다. 그렇다면 이런 경우 민주적 경향이란 존재할 수 없다는 뜻인가요? 지배계급이 피지배계급으로부터 충원되는 경우엔 아무리 소수자가 지배한다고 해도 민주적 경향일 수도 있을런지 모릅니다. 즉 지배자가 세습되거나 특정 집단에서 충원되든지, 아니면 누구든지 그러한 소수자가 될 수 있는지 아닌지의 문제가 중요하다는 것입니다(Mosca 1939).

② 파레토(Vilfredo Pareto)의 '엘리트 순환론'(循環論) 역시 소수자에 의한 지배법칙의 중요성을 지적합니다. 인류역사는 소수엘리트

사이의 권력 투쟁의 역사일 뿐이며, 정치 현상은 결국 통치엘리트들 간의 교체에 불과한 것이라는 시각으로 이해할 수 있습니다. 파레토는 정치 엘리트의 종류를 사자형과 여우형으로 분류하며, 경제 엘리트를 투기자형과 금리생활자형으로 분류합니다. 사회의 분권화 정도, 생산성 정도, 계층 이동성 정도, 자유주의에 대한 믿음의 정도, 자원분배의 평등 정도 등에 따라서 사회 변동이 진행되며 등장하는 엘리트들의 유형이 바뀔 뿐입니다(Pareto 1935).

Vilfredo Federico Damaso Pareto (1848-1923)

③ 미헬스(Robert Michels)는 "과두지배(寡頭支配)의 철칙"(iron law of oligarchy)이란 말을 사용하여 소수자 지배 현상은 집단이 형성된 곳이면 어느 곳에서나 발견되는 현상이라고 주장합니다. 미헬스는 다수(多數)는 자치능력(self-government)을 결여하고 있기 때문에 소수에 의한 지배는 필연적인 결과라고 봅니다. 미헬스는 독일의 사회민주주의 정당이 노동자들의 집단 지도체제적인 형식을 취하지 않고 오히려 조합이나 정당의 조직원의 수가 확대될수록 당간부에 의한 소수자 지배가 강화되는 현상에 주목하였습니다(Michels 1915). 특히 과두제의 충원은 선거를 통하지 않고 의중에 있는 사람들을 영입, 천거, 흡수하는 방식으로 이루어지

Robert Michels (1876-1936)

게 되어 과두제를 영속화시킵니다.

'국가'에 대한 이해

현대적 의미의 '국가' 탄생 과정

앞 부분에서 '권력'에 대해서 살펴보았습니다. 하지만 여전히 중요한 문제가 한 가지 더 남아 있습니다. 권력이 어떻게 생성되건 간에 현실 정치에서 더 중요한 문제는 그러한 권력이 어떻게 유지되고 지탱되는가 하는 점입니다. 결론부터 말하자면, '국가'(國家, State) 라는 존재는 "권력을 지탱해주는 일종의 사회제도"라고 볼 수 있다는 점입니다. 정치 권력이 실제로 작동하려면 국가라는 기관이 필요하다는 것입니다.[5] 현재적 의미에서 국가는 '국민'(國民, people), '영토'(領土, territory), '주권'(主權, sovereignty)의 세 가지 요소로 이루어져 있으면서 국가 자체가 일종의 생명체처럼 '자율성'(autonomy)을 지닌 기구로서 기능하고 있습니다. 특히 국가 자체가 주권(sovereignty)을 지닌다고 할 때의 주권은 일찍이 보댕(Jean Bodin)이 언급했던 "절대적이고 배타적인 최고의 권위이자 통치권"을 의미하는 것입니다.

우리가 현재 '국가'라고 부를 때 그 '국가'라는 개념은 일반적으

5) 국가라는 테두리 내의 '국내정치' 차원에는 국내 사회에 통용되는 권력이 작용함으로써 치안과 질서유지가 분명합니다. 하지만 국가라는 테두리를 넘어서서 존재하는 '국제정치'(international politics) 차원에서는 상대적으로 국제사회에 통용되는 강제하는 힘으로서의 권력이 존재하지 않습니다. 이는 여전히 국가간 전쟁이 존재하는 이유가 됩니다.

로 '근대 국가'(nation-state) 이후를 대상으로 합니다. 국가의 발생과정이란 인간이 집단을 이루어서 살면서 "정치적 지배와 복종관계"가 체계화되는 과정입니다. 근대국가로의 발전 과정을 도식화하여 나타낸다면, '무리사회'(horde) - '씨족사회'(clan) - '부족사회'(tribe) - '고대국가'(state)로 표현해 볼 수 있습니다. 무리사회는 혈연중심의 사회로서 군거잡혼(群居雜婚)의 모계(母系)사회상을 특색으로 합니다. 씨족사회는 혈연중심의 특색이 유지되었으나, 족외혼(族外婚)이 나타나면서 부계(父系)사회로 이동하게 됩니다. 씨족사회에서는 '공동'과 '평등'을 원리로 하여 토지공유 및 공동생산활동을 통해서 신분관계가 평등하여, 사회 내에서 문제가 발생하였을 때 성년 남성들이 모인 '씨족회의'가 '최고의결기관'으로 기능합니다. 근접한 몇 개의 씨족집단간에 이주 · 병합 · 정복이 이루어지면서 부족사회가 발생합니다. 부족사회에서는 사유재산제와 계급의 발생으로 씨족사회에서의 공동과 평등의 원리가 무너지게 됩니다. 부족사회는 대지역 집단이 될 수밖에 없으며, 통치조직이란 형식이 필요한데, 바로 그 통치조직으로 '국가'(state, 즉 고대국가)는 이때 등장 · 성립됩니다.[6] 현대의 시점에서 고대국가의 특색을 정의하자면, ㉠ 전제정치(專制政治: 외부로부터의 침입 방어 및 대치수공사 등의 필요성으로 왕은 국민에 대한 강한 통제력이 필요함), ㉡ 관료제도(전제정치를 원할히 수행하기 위해

Jean Bodin
(1530-1596)

6) 일반적으로 '문명'(文明, Civilization)의 성립조건으로 금속기 사용, 문자의 발명, 그리고 국가의 발생이란 3대 조건을 언급합니다.

서 왕의 수하기관으로 관료들이 필요함), ㉢ 제정일치(祭政一致: 군왕은 당시 국가 최고 행사인 제사에서 제사장을 겸함), ㉣ 계급사회(지배계급은 정치, 종교, 군사상의 권력을 소유하고, 피지배계급은 생산에 종사하며 조세와 부역의 의무를 짐), ㉤ 정체사회(停滯社會: 전제정치와 신분제도의 체계 속에서 민중들의 힘이 미약하고 경제, 사회 발전과정에서의 역동성의 수준의 낮음)의 특색을 지니고 있습니다.

근대적 의미의 국가가 탄생하였다는 것은 무엇보다도 국가가 '중앙집권적인 통치'기관으로 기능하였다는 것을 의미합니다. 이것은 국가가 어떤 일정한 영토에 대하여 중앙집권적 권위로 통치하는 능력을 말합니다. 그렇게 본다면 고대국가적 형태와 별 차이점이 느껴지지 않을 수도 있는데, 근대국가는 소위 '국민국가'(nation-state)로서 국가가 그 영토에 소속된 국민들로 부터 얻어내는 충성심과 일체감을 포함하고 있습니다.[7]

'근대국가'와 대비하여 중앙집권이란 개념을 중심으로 '고대국가'와 '중세봉건국가'에 대해서 생각해 봅시다.[8] 고대국가는 국왕과

---

7) 'nation-state'는 '민족국가'라고도 번역하는데, 이는 국가가 같은 민족을 단위로 형성되는 경우에 국가에 대한 충성심이 더 수월하게 발현될 수 있다는 시각을 반영합니다.

8) 서양의 봉건제도[쌍무(雙務)계약적 군신관계: 주군은 가신을 보호하고, 가신은 주군에게 봉사하는 상호 의무적 관계]는 동양의 봉건제도[혈연중심의 군신관계]와 그 성격에서 차이가 있습니다. 서양식 봉건제도는 두 가지 요소로 구성됩니다. 로마적 요소가 가미된 '은대지 제도'(beneficium)와 게르만적 요소인 '종사 제도'(vassalage)로 구분됩니다. '은대지 제도'는 중앙정부가 재력이 약화된 지방귀족이나 관리에 일정한 토지를 대여[봉토(封土)]하고 통치를 위임하며 충성을 요구하는 것인데, 반드시 군사적 봉사를 요구하는 것은 아닙니다. 반면에, '종사 제도'는 봉토를 매개로 하는 것이 아

일부 특권 귀족세력을 위한 통치권 행사 기구로 작용하였습니다. 하지만, 지방 토족들에게 세력이 미치지 못하는 경우 사실상 하나의 국가라는 테두리로서 기능하기는 어려웠습니다. 중세봉건국가는 강한 지방토지호족(地方土地豪族)들의 세력에 의해 지방분권화되어 사실상 국가(중앙집권화된 통치기구로서)라는 말이 무색할 지경이었습니다. '봉건제도'(封建制度, feudal system)란 중앙 군주가 각 지방별로 왕족, 공신 등을 봉하여 세습제후로 삼고, 공납 · 군역의 의무를 부담시키며, 왕은 가부장적 권위로 군림할 뿐이고, 제후들이 자체적으로 가신들을 두고 지방의 봉토를 실질적으로 다스리게 됩니다.[9] 결론적으로, 근대 이전의 국가들은 '국가 자율성'(state autonomy: 자율성을 갖고 기능하는 기관으로서의 국가라는 의미)을 갖는 기관으로 이해된다기보다는 군주의 권한이 미치는 일정한 영역을 뜻하는 말에 불과한 측면이 있습니다.

종합하면, 근대국가란 국가가 강제력에 의해서 중앙집권화를

니고, 군주 또는 유력 귀족이 귀족의 자제, 자유민에게 의류, 식료, 무기 등을 주어서 군사적 봉사를 요구하는 것입니다. 하지만 영국 윌리암(William)시대의 토지대장(Domesday Book, 1080)에 나타난 것처럼 모든 토지에 대한 철저한 조사를 통해 왕권이 강한 봉건제도도 존재합니다. 중국의 주(周)나라(B.C. 1122-B.C. 770)에서도 봉건제가 시행되었으며, '춘추전국시대'(B.C. 770-B.C. 221)에 개인의 능력이 존중되는 백가쟁명(百家爭鳴)의 실력주의 시대가 되면서 사라지고, 이후 진(秦)나라에서 시황제의 압도적 정치체제 구현으로 중앙집권적 관료지배체제인 '군현제'(郡縣制)로 대치됩니다(B.C. 221).

9) 봉건영주가 지방분권적 정치체제를 수립할 수 있었던 이유는 '불수불입권'(不輸不入權, immunity: 영주는 장원내의 인민의 토지에 지배권을 행사하며 행정, 사법, 군사 영역에서 군주의 간섭과 지배를 받지 않음)과 '경제외적 강제'(non-economic compulsion: 영지의 인민에 대해서 경제적 지배뿐만이 아니라 그 신분까지도 구속하는 재판권을 행사함)를 통해서 가능하였습니다.

통한 영토내 통치력을 갖고 있다고 하더라도 그 영토내의 국민들이 국가의 통치력을 받아들일 수 있는 복종심이 존재하지 않는다면 근대국가가 아닌 셈입니다. 특히 근대국가는 국민들이 피지배계층에서 벗어나는 과정과 연관되어 있는데, 근대 국가가 탄생하기 직전의 상황에 대해서 생각해 보기로 합시다.

태양왕으로 불린 프랑스 군주 루이 14세(1638-1715)

중세 이전에 "교황(Pope)-군주(King)-봉건 영주들(Lords, 地方 土豪들)"의 삼자 관계를 볼 때, 중세시대에는 군주에 비해서 교황의 권한이 강하거나 봉건 영주들의 권한이 강하였습니다. 하지만, 교황의 권한이 약해진 이후에는 군주-봉건영주의 양자 관계에서 군주의 약한 권한은 16세기 이후에 형성된 '자본주의'(資本主義, capitalism)와 함께 극복되고 강화되었습니다.

자본주의의 출현은 바로 '유산계급'(有産階級)이라고 칭하기도 하는 '부르주아'(bourgeois)가 있었기에 가능했습니다. 부르주아를 달리 말하면, 비록 귀족의 자손이 아니어도 자신의 "상행위(商行爲) 능력"에 따라서 재산을 형성하고 부를 축적했던 세력들입니다. 부르주아는 경제적 권력을 통해서 그 힘을 인정받은 셈입니다. 이들의 재산 축적행위는 근본적으로 상행위를 통해서 가능했으며, 다양하고 빈번한 상행위는 자본주의의 형성과 발전을 가져왔습니다. "군주-귀족-부르주아"의 삼자관계가 형성된 셈입니다. 하지만 부르주아는 재산 축적을 통한 경제적 만족에 그치지 않고 귀족들처럼 실질적인 정치적 권력을 갖기를 원했습니다. 이때 이들과 이해관계가 맞는 세력이 있었으니 바로 군주입니다. 중앙집권을 강화하여 지방분권을 극복하려는 군주는 부르주아 세력들에게서 경제적 지원을 받고(부를 축적한 부르주아로부터 세금을 받아서) 대신 상행위를 보호해주거나 정치적 권리를 주었습니다. 중앙 집권을 원하는 군주는 '상비군대'(常備軍隊)를 두어 지방 토호들이나 영토 밖의 외부 세력들에 대해서 군사적 우위를 유지해야만 했는데 이는 부르주아들이 낸 세금을 통해서 재정적으로 가능한 것이었습니다. 세금을 내더라도 자신들의 부의 축적의 원천인 상행위와 상권을 보호받는다면 부르주아도 손해는 아니었습니다. 군주는 세금으로부터 형성된 국고(國庫)를 바탕으로 상비군을 마련하고 국가 행정권한의 강화를 위한 관료체계를 정비하였습니다. 이렇게 군주는 부르주아들을 기반으로 왕권을 강화했으며, 상대적으로 지방분권세력인 봉건영주들(지방 토호들)의 세력은 약화되었습니다. 이에 중앙집권적인 근대국가는 사실상 강력한 군주체제인 '절대군주체제'(또는 절대주의체제)의 성격을 띠게 됩니다. 절대군주체제 하에서 절대군주는 납세자(納稅者)인 부르주아의 상행위를 보호하면서 밀월관계에 있었던 셈입니다. 절대주의체제란 군주가 중앙집권을 목표한 전제정치를 집행하기 위하여 상비군과 관료제도를 정비한 정치체제이며, 시민과 국왕의 이해가 일치되어 추구한 경제체제입니다.[10] 시민은 국내시장의 통일과 판로의 개척을

10) 참고로, '절대주의' 국가의 성립 배경은 보다 근본적으로 중앙집권적 왕권의 강화를 요망하는 시대배경과 연관되어 있습니다. '자영농민층'이 봉건제후 세력과 싸우기 위해서 국왕의 권력이 필요했습니다. 자유로운 상행위를 영위하기 위한 '시민'은 시

요구했으며, 군주는 상비군과 관료제도를 유지하기 위한 재원(財源)을 시민들의 세금으로 충당한 것입니다. 결론적으로 중앙집권이 기능하는 근대국가의 모습은 자본주의의 발전과 그 맥을 같이 하였습니다.[11] 물론 자본주의 발전과 부르주아의 사회계급으로서의 부상 역시 맥을 같이 한다는 것은 앞서 지적한 바와 같습니다. 우리가 현재 '시민 민주주의 사회'라고 말하는 것은 바로 이들 '부르주아'에 뿌리를 둔 것입니다. 세습직이 아닌 자신의 능력에 따라서 경제적 부를 축적하고 이를 바탕으로 정치적 권리를 얻어 쟁취한 것이 민주주의라는 정치 체제인 것입니다.

그런데, 시민들은 어떻게 정치적 권리를 행사하기 시작하였을까요? 시민계급들이 정치참여 기회를 얻게 된 처음의 형태는 소위 '신분제 의회'(身分制議會)였습니다. 신분제 의회란 의회를 구성하는

장의 통일과 판로의 개척을 관리할 국왕이 필요했습니다. 상행위를 통해서 자본을 축적하기 시작한 '상업자본가'는 식민지 경영 및 그들의 활동을 보장해 줄 강력한 군주가 필요했습니다. 심지어는 정치적 권력을 잃어가는 '봉건귀족'도 아직 남아 있는 일부 권력이라도 유지하기 위해선 국왕의 권력에 의지할 수밖에 없었습니다. 이상의 국내적 요인뿐만이 아니라 국제적 요인도 중요한데, 신·구 교파의 대립으로 장기간 계속된 '종교전쟁'으로 인한 사회혼란을 수습하기 위한 강력한 군주가 필요했습니다. 절대주의의 사상적 지주는 '왕권신수설'(王權神授說)이며, 주창자들은 16세기 프랑스의 보댕(Bodin), 17세기 영국의 휠머(Filmer), 프랑스의 보쉬에(Bossuet)가 대표적입니다.

11) 당시 '초기(初期) 자본주의'의 내용은 '선대제도'(putting-out system)와 '공장제 수공업'(manifacture)으로 구성됩니다. 선대제도는 '상업자본가'가 수공업자 또는 부업을 원하는 농민에게 원료와 도구를 대여하고 저렴한 가공 임금을 지불하여 상품을 독점 판매하는 것인데, 상업자본가들은 절대주의 권력과 연결되어 특권을 얻어 판로 확장에 주력합니다. 공장제 수공업은 '산업자본가'가 임금 노동자를 고용하여 공장에서 수공업적 도구로 분업과 협업으로 이뤄지는 생산형태를 말하는데, 산업자본가들은 기술향상과 생산합리화에 주력합니다.

계급이 구분되는 것인데, 일반적으로 제1신분(성직자), 제2신분(세속 제후), 제3신분(시민)으로 구성됩니다. 프랑스의 '삼부회'(三部會, États généraux), 영국의 팔리아먼트(Parliament), 에스파니아의 코르테즈(Cortez)는 모두 신분제 의회였습니다. 국왕은 과세에 대한 협찬으로 시민들을 의회에 포함시켰지만 절대주의 시대에는 국왕이 소집을 기피하거나 억압하는 일도 많았습니다. 신분제 의회시대에는 시민계급이 귀족을 능가하지 못하고, 군주도 봉건 귀족을 누를 힘이 모자랐으나, 귀족이 좀 더 몰락하고(또는 군주가 상비군과 관료체제를 확립하고) 시민계급이 좀 더 성장하여 귀족세력과 시민세력이 일정 수준 균형을 이루게 되자 군주는 그 어느 편의 제약도 받지 않고 절대화하게 됩니다. 이런 의미에서 신분제 의회도 국왕의 의중에 있어 유명무실해 지는 상황이 연출된 것입니다.[12)]

우리가 현재 말하는 의미의 '국가'는 근대국가 이후의 모습으로의 국가를 말하는 것이니, 결국 다음과 같이 근대국가의 특성을 정리하는 것이 현재 '국가' 개념의 기초가 됩니다.

① 국가는 자본주의적 생산양식의 발전과 함께 탄생하였으며, 자본주의의 핵심 활동 세력인 부르주아가 중요한 사회계급으로 등장하였습니다. 세습되는 계급들(영주-기사-농민) 속에서 봉건 영지

12) 그래서, 절대주의 국가를 형식적으로 근대국가의 효시로 삼으면서도, '민주주의'라는 가치와 연관해서는 군주 · 왕조적 이해관계가 앞서고, 중세 봉건적 요소가 잔재한다는 점에서 한계가 있었습니다. 국제적 차원과 연관해서도, 절대주의는 경제적으로 '중상주의'(重商主義, mercantilism)를 추진했는데, 이는 무역차액제도(수출장려와 유력 상인에게 특권부여)와 식민지획득(원료공급지, 상품시장, 무역거점으로의 식민지가 필요)으로 기능하여 인류보편 가치와는 거리가 있었습니다.

의 토지를 중심으로 한 생산양식이 아니라, 능력에 따라서 상행위를 영위하여 부를 축적할 수 있는 계급들이(즉, 부르주아) 등장합니다. 이들은 경제적 부를 바탕으로 정치적 권리를 요구합니다.

② 교권(敎權)중심에서 인간중심의 계몽주의와 인권사상, 그리고 이성과 합리성에 바탕을 둔 사회가 형성됩니다. 특히 여기서의 합리성이란 "계약관계의 합리성"과 깊은 연관성을 맺고 있습니다. 앞서서 이야기한 인간이 태어나면서 자신의 위치를 세습한다는 것은 비인간적인 것이며, 비인권적인 것입니다. "조상이 노예이기에 후손들도 선택의 여지가 없이 노예이다"라는 상황은 비인간적이고 비인권적인 상황입니다. 자신의 능력에 따라서 자신의 발전을 꾀한다는 것은 인간적인 것이며, 인권적인 것입니다. 인간적이고 인권적인 상황은 사회관계가 합리화되어야만 가능한데, 그것이 바로 계약관계의 합리화를 말합니다. 사회관계는 신분에 따라서 형성되는 것이 아니고 계약에 따라서 결정됩니다. 자신들의 신분에 따라서 행동하는 것이 아니고 자신들이 현재 입장을 반영하여 선택한 계약에 근거해서 활동하는 것이지요. 계약은 성문법적인 형태로 구현되는 것이 일반적입니다.[13] 메인(Henry Maine)이 근대사회로의 발전에 대한 규정을 "신분에서 계약으로"라고 한 말의 의미를 알 수 있습니다.

13) 근대국가의 효시를 나타내는 3가지 특징적 요소로 상비군, 관료, 성문법을 들기도 합니다(McLennan and Held, 1987: 30-31). 관료체계는 중앙집권적 행정의 성공적 운영을 위해서 중요한 요소입니다.

국가 이론들

이제까지 현대적 의미의 국가라는 기관의 탄생 배경이나 최소한의 조건들에 대해서 살펴보았습니다. 그러면 이제 '국가'라는 기관의 권한의 범위나 속성에 대한 다양한 이론들을 살펴보고자 합니다. 학자들의 다양한 사상들을 숙지하면 자신만의 심화된 국가관을 정립하는데 많은 도움이 됩니다. 고전 사상가들의 주요 사상들을 ⓐ 국가라는 존재가 도대체 무엇이며, ⓑ 국가가 하는 일은 무엇이며, ⓒ 국가는 어떻게 기능하는지에 대하여 주요 사상가들을 통해 구체적으로 살펴봅시다.[14)]

이러한 세 가지 이슈들은 모두 "국가가 생명체도 아닌데 어떻게 권력을 획득하게 되었는가?"라는 논의와 연관되어 있습니다. 여러분들은 위의 세 가지 이슈와 연관되어 지금 현대에 논의되는 많은 사안들이 이미 고전(古典, Classics) 작품에서 "국가가 통치 주권을 어떻게 국민들로부터 인정받게 되며(즉 이양받았으며), 왜 이양받을 수밖에 없는가?"하는 문제의식 속에 논의되고 있음을 알게 될 것입니다. 고전을 읽어야만 하는 이유입니다.

고전적 국가이론: 계약 이론들

16세기 말엽 이후 중앙집권화되고 권위적인 절대군주가 나타난 시대적 상황 속에서 국가이론의 중심 테마는 '치국책'(治國策,

14) 국가이론들을 정치학과 연관시킨 카노이(Martin Carnoy)의 「국가와 정치이론」(*The State and Political Theory* 1984)은 국가이론 연구가들에게 긴요한 참고문헌입니다.

statecraft)이었습니다(Hirschman 1977). 이 당시의 대표적인 사상가인 마키아벨리(Niccoló Machiavelli)는 군주가 권력을 얻고 유지하며 확장하는 작업을 통해서 '실제 세계'(종교적인 세계가 아니라는 의미)의 '치국책'을 논합니다. 마키아벨리는 '군주론'에서 혼란을 반복하는 분열된 사회를 통일하기 위해서 군주에게 필요한 것은 단지 권력이며, 그러기 위해선 종교 및 도덕에 구애받지 말고 여하한의 모략을 통한 목적 달성을 주창한 소위 '현실주의적 정치론'을 제시하는데 이는 소위 '제정일치'(祭政一致)라는 개념과 대조적으로 정치를 도덕·종교로 부터 분리시킨 것입니다. 조금 단적으로 표현하자면, 마키아벨리는 '정치적 수완'을 통해서 국가라는 존재를 이해하였습니다. 따라서 마키아벨리는 국가 그 자체보다는 군주의 절대권을 옹호하는 주장을 폅니다. 군주가 주권을 갖고 있으며, 국가는 그저 군주가 통치하는 영역인 것입니다.[15)]

Niccólo Machiavelli (1469-1527)

마키아벨리의 입장과는 대조적으로 17, 18세기에 개인의 권리

15) 앞서 언급한 보댕도 마키아벨리와 함께 국가의 세속적인 권위를 교회의 영향력으로부터 보호해야 한다는 필요성을 역설하였습니다. 하지만 보댕은 국가 그 자체를 주권의 개념에 입각해서 이론을 정립하였습니다. 국가 그 자체가 주권을 가진 하나의 물체라는 것입니다. 그리고 군주는 국가의 주권이 미치는 일정한 영역 내에서 통치권을 가지게 된다는 것입니다. 마키아벨리와의 비교 관점에서 보자면, 국가 그 자체의 절대권을 군주보다 우선시한다고 할 수 있습니다. 보댕과 마키아벨리는 군주와 국가를 주권과 연계시켜 논함에 있어서 그 강조하는 순서가 다르다는 것을 알 수 있습니다.

를 주요 변수로 다룬 '자유주의 국가관'은 군주의 치국책이 아닌 인간본성이나 개인적 행태와 인간들 사이의 관계를 통해서 국가를 이해하려고 하였습니다. '자연법'(自然法, Lex Naturalis, Law of Nature) 사상을 바탕으로 하여 정치의 목적이 인간의 자연권 보장이며 그것은 계약으로 성취될 수 있다고 봅니다. '자연법' 사상이란 인간이 인위적으로 만든 법률과는 별도로 자연상태에 있어서는 인간의 성향과 이성의 요구에 합치되는 법칙이 원초적으로 존재한다고 보는 사상입니다. 자연법 사상에 입각하는 경우엔 인간 본연의 욕구와 인간의 자연적 권리를 존중하게 됩니다.

Thomas Hobbes
(1588-1679)

홉스(Thomas Hobbes)의 「리바이어던」(*Leviathan* 1651)은 국가 그 자체의 작동원리를 인간의 본성 및 인간 정치행태와 연관시킨 연역적 논리(deductive logic)에 입각하여 설명합니다(Carnoy 1984, 15). 홉스에 따르면 인간의 자발적인 행동을 결정하는 것들은 '욕구'(appetites)와 '반감'(aversions)이라는 요소입니다. 그런데 인간이 그들의 욕구를 만족시키면서 동시에 인간의 가장 중요한 반감인 '죽음'(특히 폭력적인 죽음)을 피하려면 '영속적인 통치 주권'(a perpetual sovereign power)를 인정하고 그것을 행사할 수 있는 군주(the sovereign)에게 그 권리를 양도하여야 한다는 것입니다. 홉스는 인간 사회의 개인들을 제어할 수 있는 공통의 법이나 강제력이 없는 '자연상태'(the state of nature)에서 두 가지의 대치되는 상황이 존재함을 지적합니다. 자연상태에서 인간은 그 자신의 생활(또는 생명)을 위해서 자유에 대한 권리를 가지고 있으며 그 자신의 판단과 이성으로서 어떤 일들이건 하게 됩니다. 하지만 이러한 자연상태는 논리적으로 또 다른 대치 상황을 만들어 냅니다. 즉 자연상태에서 자유에 대한 권리를 보존하려는 인간들 (즉 이기적인 인간들, men in their own self-interest)은 인간들 사이에서 폭력과 전쟁을 발생시킵니다. "만인의 만인에 대한 투쟁상태"는 인간들이 무엇이든 할 수 있는 자유를 주는 것이 아니라, 무기력하고 무능한 상태를 만들게 됩니다. 따라서 혼란상태를 극복하기 위해 통치주권을 행사할 수 있는 강력한 전제 군주에게[16] 자신의 자유에 대한 권리를 양도하여 (즉 군주의 신하가 되어) 이에 복종하는 것이 오히려 죽음을 가져오게 되는 내란(內亂 civil war)의 상태보다 낫다는 것입니다. 개인들 간의 갈등과 폭력으로 인한 죽음의 두려움을 지닌 인간들은 이를 극복하기 위한 방편으로 절대적 권력의 소유자인 거대한 괴물(리바이어던: 즉, 국가)을 만들어 냈습니다. 역설적으로 더 큰 폭력행사가 정당화되는 기구인 국가를 만들어 냄으로써 인간들은 폭력의 두려움을 극복할 수 있다는 논리입니다.

앞서서 지적했듯이 폭력적인 죽음에 대한 반감은 인간의 자발적인 행동을 결정하는 본능에 관련된 요소입니다. "이성적이고 개화된 인간들"(reasonable and civilized men)은 오히려 자신의 권리를 군주에게 양도함으로써 자신들이 원하는 자유를 향유할 수 있다는 사실을 깨닫는다는 것입니다. 홉스의 이러한 논리는 그 당시 시대적

---

16) 홉스는 여기서 군주를 반드시 군주 개인을 말하는 것은 아닙니다. 개인이건 아니면 집단이건(즉 기구체) (…..This sovereign either an individual or a body of men….) 상관없다고 보았습니다(Carnoy 1984, 16).

상황 속에서 군주의 권한을 강화하는 배경으로 이해되기도 하지만, 그렇게 단선적인 이해는 곤란합니다. 홉스는 개인들이 군주에게 권한을 양도하는 것은 (즉 군주의 신하가 되는 것은) 군주의 이익을 위해서가 아니며, 군주의 힘은 신하들에게 구속됨을 동시에 지적하고 있음도 유의하시기 바랍니다.[17)]

로크(John Locke)는 「시민정부론」(*On Civil Government* 1692)에서 '정치사회'(political society; 또는 지역사회 community)나 국가를 '개인적 권리'(individual rights)라는 개념에 기반하여 설명합니다. 홉스와는 다르게 로크는 자연상태를 인간들이 그들에 대해 우월한 권위를 지닌자들이 없이 이성에 따라 함께 살아가는 매우 성숙한 사회 상태로 규정합니다.[18)] 따라서 홉스의 논리처럼 만인에 대한 만인의 투쟁 상태로 표현되는 자연상태를 극복하기 위해 강력한 통치자에게 그들의 자연권을 양도할 필요가 없을런지도 모릅니다. 하지만 로크 역시 개인들의 재산(the property)이 외부로부터의 위협이나 전쟁에 시달리게 되면 일시적으로 그리고 부분적으로 개인들의 자연권이 정치사회에 위임되어야 할 필요가 있다고 지적하였습니다. 로크에 따르면, 정치사회에서 '재산권'에 대한 보호가 없는 경우 사회구성원

---

17) 참고로, 마틴 카노이의 홉스 원전에 대한 분석은 다음과 같습니다……It [subjugation] would not be in the interest of the sovereign to do this to his (or its) subjects because the sovereign's strength consists in the vigor of those subjects… (Carnoy 1984, 16).

18) 로크의 자연상태를 '자유시장'에 유추하여 해석하기도 합니다. 로크의 자연상태는 '자연법'(사회형성이전에 이미 존재하는 것으로 인간의 이성을 통해서 확인이 가능한 영구불멸의 보편 규범)이 기능하는 타인의 생명, 자유, 재산을 침해하지 않고 사유재산의 자유로운 이용과 습득이 가능한 이성적 사회입니다.

개인들의 생존이 본질적으로 불가능합니다.[19] 따라서 재산의 자기보호가 공격받는 경우[즉 '전쟁의 상태'(the state of war)에 있는 경우] 인간들은 사유재산을 보호하기 위해 자연상태를 벗어나 '전쟁의 권리'(the right of war)를 부여받게 됩니다. '전쟁의 권리'는 인간들이 함께 모여 단합하는 정치사회에 그들의 자연권을 위임하는 것으로 구현됩니다. 로크

John Locke
(1632-1704)

이론이 인구에 회자되는 이유는 자연상태에 대한 규정보다도 '통치권의 성격'(the nature of the sovereign) 규정에 있어서 홉스와는 흥미로운 차이점을 보이기 때문입니다. 비록 재산을 지키기 위해서 자신들의 권한을 정치사회에 이양하더라도 이것은 사유 재산이 위협 받는 특정한 시기에 제한적으로 자연권을 위임하는 것에 불과합니다. 또한 권한을 위임 받은 정치사회기구(통치자, 국가, 지역사회 등)가 자연상태와 마찬가지 수준에서 사유재산을 유지해 주지 못하는 경우에는 '시민집단체'(a collective bodies of men)에 의해서 교체되어야만 합니다.[20] 결론적으로 로크의 사상에 따르면, 국가 조직은 외부위협으

---

19) 로크의 재산권은 노동을 통해서 생산된 산물에 대한 권리를 말하기에, 노동에 대한 소유가 기본입니다. 소유할 자격은 노동을 통해서 얻게 되기에 '노동에 대한 소유자격'이 근본적 요소입니다.

20) 로크는 인간은 자연상태에서 이성적이기에 정부가 존재하지 않아도 '만인에 대한 만인의 투쟁상태'가 발생하지 않지만, 재산을 지키기 어려운 상황이 발생한 경우들(외부침략이나 권리분쟁의 발생 등)에 대비하기 위해선 국가가 필요하다고 본 것입니다. 그렇기 때문에, 특정한 상황에 대비하기 위해서 필요한 국가(또는 권력자)의 권력

로부터 시민들의 사유재산을 보호하기 위해 부분적으로 양도 받은 권한을 갖고 있을 뿐이고, 그나마도 사유재산을 지켜주지 못하는 경우엔 교체될 운명에 처해 있는 것입니다.[21] 국가의 정치권력은 시민들로부터 양도된 형식을 취하는 것뿐이며, 여전히 시민사회를 구성하는 개인들에게 정치권력이 주재하고 있음이 핵심입니다.

홉스와 달리 로크는 강력한 절대군주를 정부의 형태로 인정하지 않습니다. 절대군주는 사유재산에 기반한 시민사회와 조화될 수 없다고 봅니다.[22] 로크의 사상은 군주제를 전면 부정한 것도 아니고, 그렇다고 절대 군주제를 받아들일 수 없는 것이니 일종의 '제한 군주제'적인 측면이 강합니다. 로크에게 정치적 권한을 갖고 있는 개인들이란 사유재산 소유자를 말합니다. 로크는 국가 권력의 구성을 '입법권을 행사하는 기구'(the legislative power)와 '집행권(또는 행정권)을 행사하는 기구'(the executive power)로 구분합니다. 특히 자연권은 '입법권을 행사하는 기구'에 위임합니다. 이러한 권력분립의 개념은 국가가 자의적으로 전제권을 행사할 수 없게 하는 것으로 지금까지도 정부형태 논의에 있어서 중요한 개념입니다.

루소(Jean Jacques Rousseau)는 로크와 몇 가지 측면에서 대

의 한계를 규정하고, 그 한계를 넘어설 때에 책임을 묻는 것이 중요하다고 봅니다.

21) 이것은 인민의 반항권(혁명권)을 인정하는 것인데, 로크는 영국 시민혁명의 일환이었던 '명예혁명'(1688)을 정당화하였습니다.

22) 로크의 이러한 언급들이 오늘날 우리가 이야기하는 '민주주의'(democracy)에 대한 주장은 아니며, 이는 로크가 현재와 비교하여 "상대적으로 계급이 없는 단일적 성격의 사회에서 사유권 소유자들의 개인적 권리에 기반한 상황"을 전제하고 있기 때문입니다(Macpherson 1977). 현재 민주주의 사회는 그것의 바람직함에 상관없이 계급과 계층이 현실적으로 존재하고 있습니다.

비됩니다. 우선 사상적 차이점을 알아보도록 하겠습니다. 루소에 따르면 '자연상태의 인간'(man in nature)은 도덕성도 없지만 그렇다고 악하지도 않습니다. 인간은 자연상태에서 타락하는 것이 아니고 사유재산의 소유권이나 시민사회의 형성 때문에 부패한다고 주장합니다. 루소는 시민사회에서 사유재산의 소유권이 악과 불평등의 기원이라고 보았습니다. 타락하는 것은 가설적 상황이 아니고 현실상에 실제로 존재하는 시민사회입니다. 자연상태는 시민사회(즉 인간사회) 이전의 이상향적인 상황입니다. 자연상태에서 인간은 개인자신의 생활을 영위하는데 필요한 '천혜(天惠)의 자연'에만 의존해 있었습니다. 루소가 "자연으로 돌아가라"라는 것은 이런 맥락에서 이해될 수 있습니다.

Jean Jacques Rousseau (1712-1778)

루소는 시민사회의 형성이 인간 탐욕으로부터 비롯된다고 주장합니다. 로크는 시민사회의 형성이 사유재산 침해를 막기 위해서 비롯된다고 주장합니다. 로크는 시민사회의 이성과 완벽성이 자연상태에서 발생할 가능성이 있는 전쟁으로 인한 혼돈과 불평등의 상태를 극복하여 나타난다고 믿었습니다. 반면에 루소는 시민사회가 탄생하는 순간부터 평등성은 사라지고 한 사람이 두 사람 이상의 몫으로도 충분한 재산을 소유하는 현상이 나타난다고 주장했습니다. 그래서 루소는 시민들의 지나친 부와 지나친 빈곤이란 양극단을 막기 위해 재산권을 제한해야 한다고 주장합니다. 이런 부의 양극단 문제가 국가 안정을 해하며, '공공선'(公共善, common good)에 치명적

이라고 보았습니다. 루소는 「정치경제에 관한 담화」(*Discourse on Political Economy* 1755)에서 '자유방임주의'(laissez faire)가 아닌 국가의 직접적인 개입의 중요성을 역설합니다. 어떤 평등의 정도를 보장하기 위해선 국가가 직접적으로 개입하여야 문제가 해결되지, 사람들에게 그냥 맡겨 놓아선 곤란하다는 것입니다.

루소는 시민사회의 형성이 인간 탐욕의 결과물이라는 관점에서 한 걸음 더 나아가 시민사회는 부유하고 힘 있는 자들이 그들의 이익을 (즉 시민사회의 대중들의 이익을 위해서가 아니라) 보존해 가는 곳이라고 지적합니다. 불평등한 사회에서 부유한 자들은 기존의 질서를 유지하고 대중들을 찬탈하려고 시도하며, 가난한 자들에 대한 착취를 정당화하려고 시도한다는 것입니다. 루소는 그가 생존했던 시대의 국가를 보면서 지배계급이 그들의 지위를 보장하기 위한 부의 생산기구로 국가를 인식하였습니다

루소 사상의 핵심은 국가라는 기구가 특정 세력들을 위한 부패된 기구로 전락할 수 있다는 점을 지적한 것에 있지 않습니다. 루소 사상의 백미(白眉)는 "이렇게 불평등하고 특정 계층의 이익을 대변하는 기구로 전락할 수 있는 국가는 어떻게 행동해야만 하는가?"에 대한 해답을 추구한 점에 있습니다. 그 유명한 문구인 "국가는 '일반의지(General Will)'를 실천해야 한다"가 바로 루소의 해답입니다. 일반의지라는 말은 단순히 '집단의지'(collective will) 또는 '전체의지'가 아니며 '개인의지'(individual will)는 더욱이 아닙니다. 전체의지나 집단의지란 말이 특정 집단들의 이익이나 의지로 국한되는데 반해서, 일반의지는 "국가 내의 구성원들 모두를 위한 공공선에 대한 의지"를 말합니다.

루소는 「사회계약론」(*The Social Contract* 1762)에서 사회를 정치적 불평등으로부터 분리시키는 것이 어렵다고 보면서도 인간이 자유와 평등을 원한다는 사실에 주목하였습니다. 그렇기 때문에 국가는 시민들의 자유와 평등을 보장해야 합니다. 여기서 국가와 시민들 사이에 사회계약이 형성되는 것입니다. 시민들은 그들에게 소유된 자유를 국가에 양도하는 것이며, 국가는 시민에게 일반의지의 실천으로 시민들에게 답해야만 하는 것입니다. 일반의지가 실천되는 상태에서는 국가가 시민들을 '평등하게' 대우하게 됩니다. 이것은 '공평무사'(公平無私)하다는 의미와 가까우며 모든 시민들이 '동등하다'는 것과는 다른 의미입니다. 국가는 일반의지의 실천자여야만 하며 특정 집단의지를 대변해서는 그 정당성을 잃게 됩니다. 이런 상황을 로크에 비유해서 사회계약 관점의 공통점을 강조할 수 있습니다. 즉 루소의 사상에 따르면, 시민들은 '일반의지'로 환원되는 국가를 소유하는 것입니다. 로크에 있어서 국가권력은 시민들이 국가와의 계약을 통해서 위임한 상태에서도 궁극적으로 시민들에게 있습니다. 루소에 있어서 국가의 권력은 자유를 양도한 사람들에게 있는 것이며 그러한 양도 계약이 이루어지면서 국가는 '일반의지'로 환원하게 되는 것입니다. 그래서 루소에게 국가는 일반의지와 사실상 동의어가 됩니다.[23)]

---

23) 마틴 카노이의 로크 원전에 대한 분석은 다음과 같습니다.…"For Rousseau, like Locke, the power of the State resides in the people who give up their freedom to the State and the State in turn the general will….."(Carnoy 1984, 21). "…We have a State that is the general will, much as Locke saw State power residing in the citizenry and only in the citizenry…"(Carnoy 1984, 21).

심화학습

시민대중이 갖는 권력의 한계에 대한 논의 | 여기서 루소의 사상에 대해서 더 심화된 논의를 해 봅시다. 루소와 로크는 국가와 일반 시민대중 사이에 계약이 형성되더라도 여전히 권력은 일반 시민대중에게 있다고 하였는데, 더 구체적으로 논의한다면 루소는 로크와 비교하여 상대적으로 이러한 사회계약에는 함정이 있다는 것을 더 주목한 듯합니다(Carnoy 1984, 23). 국가가 평등의 가치에 기반한 일반의지를 실천하려고 하지만, 국가에 계급이 존재하고, 공적영역과 사적영역이 존재하는 상황에서 투쟁하는 사회로 타락하는 것을 어떻게 제어할 것이냐는 문제입니다. 아마도 계약 이전 단계에서 일반의지의 내용 자체에 동의하지 않을 수도 있습니다. 그렇지만 루소는 현대에 까지도 영향을 미치고 있는 분명한 해답을 제시합니다. 즉 인간들에게 세 가지가 중요하다는 것입니다: ① 교육(education); ② 기본적인 합리성(the fundamental rationality: 논리적인 합리성이라기보다는 상식의 중요성이 강조되는 합리성); ③ 선에 대한 의지(good will of men)입니다(Carnoy 1984, 23). 참고로 루소를 '계몽사상가'로 분류하는 경우를 종종 보게 되는데, '계몽사상'은 17세기 영국에서 시작되어(경험론), 18세기 프랑스에서 유행한(합리론), 말하자면 경험론과 합리론이 결합된 사상입니다. 계몽사상은 ㉠ 인간의 이성을 절대시하며(합리주의), ㉡ 역사전통을 경시하고, ㉢ 사회의 불합리를 타파하려는 혁신을 중시하고, ㉣ 자유, 평등, 우애의 정신을 환기시키고, ㉤ 궁극적으로, 낙관적인 진보관을 특색으로 합니다. 루소는 인민주권을 주장하고 공화제를 찬양하였는데, 이는 프랑스혁명에 이론적 기초를 제공하게 됩니다.

결론적으로, 사람들이 자유를 포기하는 대가로 얻은 국가의 일반의지 실천여부가 루소가 말하는 계약의 핵심입니다. 루소는 국가가 일반의지를 실천할 수 있는 상황을 만들기 위해 국민들에게 평등한 투표권을 주어 이들이 일반의지를 실천할 수 있는 자를 선택할 수 있도록 해야 한다고 주장하기도 하였으니[24], 현대 민주주의의 골간을 이루는 선거제도인 1인 1표제도도 이미 수백 년 전에 제안된 내용입니다. 위대한 사상가들의 고전은 시대를 초월합니다.

자유주의 학설(Liberal Doctrine)[25)]

루소와 같은 시대에 살았으며 「국부론」(國富論, *The Wealth of Nations* 1776)의 저자 스미스(Adam Smith)는 구속받지 않는 '개인적 이익의 추구'(the pursuit of individual self-interest)에 대한 '경제적 합리화'(economic justification)의 논리로 우리에게 잘 알려져 있

---

24) 루소는 사회를 통치하는 '법'을 만들거나 수정할 때 모든 사람들이 선거에 참여하여 결정하여야 한다고 생각했습니다. 모든 사람들이 함께 참여하여 결정한 법 그것이 바로 '일반의지'입니다. 루소는 일반의지란 그것이 만들어지는 것과는 별개로 '집행'되어야만 하는 것으로 보았기에 일반의지를 집행할 의무와 권리를 갖는 '지도자'의 중요성에 주목합니다. 인민들은 자신들이 참여하여 일반의지화 하는 법을 만든 이후에는 그 법에 속박될 의무를 지니게 됩니다. 루소는 인민들의 기강이 해이하고 부도덕할 수 있음을 걱정하였습니다. 루소는 인민들이 법에 속박되어야 할 의무에 대한 안목이 부족할 수 있으며, 동시에 일반의지에 대한 안목이 없는 사람을 지도자로 선출할 수도 있다고 생각했습니다. 루소는 일반의지 실천의 궁극적 해결책이 인민들이 일반의지를 받아들일 수 있도록 할 수 있는 강한 지도자(루소에 의하면 '입법자')의 존재에 있다고 보았습니다.

25) 앞서 인간본성, 개인적 행태, 개인들 간의 관계에 주목하여 국가라는 실체를 파악하는 관점을 '자유주의 국가관'이라고 지적한 바 있습니다. 그런데 이런 관점과 연계된 홉스, 로크, 루소의 이론은 '계약이론'이라고 분류하였습니다. 이는 홉스, 로크, 루소의 이론이 인간본성, 행태, 인식과 연관되어 있으면서도, 인민들과 통치자 사이의 계약관계가 이론의 내용 구성에 핵심적이기 때문에 '자유주의'라고 하지 않고 '계약이론'으로 분류하는 관행에 따른 것입니다. 우리가 국가론을 언급하면서 '자유주의'(Liberal Doctrine)라고 하면 아담 스미스의 이론처럼 전적으로 개인적 행태에 집중하여 구성된 이론을 떠올립니다. 분류 방식은 다양할 수 있으며 하나의 기준이 있는 것은 아닙니다.

습니다. 따라서 그는 경제학 분야에서 더 회자됩니다. 하지만 그가 남긴 문헌들을 살펴보면 사실상 스미스의 사상은 이러한 경제적 추구행위가 만들어 내는 정치적 효과에 초점이 맞추어져 있음을 알 수 있습니다(Hirschman 1977, 100).

Adam Smith
(1723-1790)

스미스에 따르면, 인간들은 보다 더 나은 상황을 얻으려는 욕망에 의해서 행동하며 증대된 '물질적 이익'(material gain)은 보다 더 나은 상황을 얻는 데 수단으로 작용합니다. 복잡하고 다양한 여러 가지 인간의 동기를 물질적 이익을 얻는다는 경제적 동인으로 단일화하여 이해한 것입니다. 스미스 이론에서 "인간 개인이 그 자신의 경제적 이익을 위하여 행동한다는 것"은 공리(公理, axiom)에 해당합니다.[26] 이러한 기본 공리에 덧붙여서 스미스는 개인들이 집단적으로 함께 할 때(taken together as a collectivity of individual), 인간이 '집단적 복지'(集團的 福祉, collective well-being)를 최대화할 수 있다고 하였습니다. 사회적 복지를 위해서 인간들이 집단적으

26) '공리'(公理)는 'axiom'을 번역한 말로서 "논리를 진행시킴에 있어 전제하고 시작하는 출발점"으로 비유할 수 있습니다. 따라서 공리는 그 논리 체계 하에선 논쟁의 대상이 될 수 없습니다. "삼각형 내각의 합이 180도이다"라는 주장은 소위 "유클리드(Euclid) 평면기하학"에서의 공리입니다. 평면기하학에서 내각의 합이 180도라는 것은 논쟁의 대상이 아닙니다. 반면에 "가우스(Gauss) 곡면기하학"에선 삼각형 내각의 합은 180도보다 작을 수도 클 수도 있습니다. 따라서 공리도 어떤 세계에서나 통하는 전능한 '언급'(statement)이 아니며 특정 세계에 종속되어 그 효력을 갖는 언급일 수 있음에 유의해야 합니다.

로 함께 하는 '자유롭고 구속받지 않는 시장'(free and unfettered market)을 강조하였습니다. 시장에서의 '제품'(manufactures)과 '교역'(交易, commerce)이야말로 사회질서와 '좋은 정부'(good government)를 가져오게 되는 요인입니다. 여기서 한 걸음 더 나아가, '자유 시장'(free market)이야 말로 소위, 별 볼일 없는 법적체계를 운영하거나 간섭이 많은 정부를 극복하면서 인간에게 보다 더 좋은 상황을 이끌어 내는 강력한 힘으로 작용한다고 역설하였습니다. 인간의 자연스러운 경제적 동인이 속박받지 않고 자연스럽게 운용되도록 하는 것이 정치적으로도 좋은 정부(즉 국가)를 만들어 낸다는 것입니다. 좋은 정부를 만든다는 정치적 목적을 정치적 수단으로 해결하는 것이 아니라 경제적 수단으로 해결한다는 논리입니다.

이런 의미에서 스미스는 루소의 이론이 만들어 내는 문제점과 대비하여 생각해 볼 필요가 있습니다. 루소는 경쟁, 교환, 및 개인적 이익에 기초한 시민사회는, 적어도 국가가 그러한 경쟁이 가져오는 부패를 통제하는데 개입하지 않는다면 필연적으로 사회의 부패를 초래한다고 보았습니다. 스미스는 앞서서 개인들의 '이기적인'(selfish) 경제적 이익 추구 행위가 전체 사회의 번영을 가져온다고 했습니다. 스미스는 시장 기능을 위한 '보이지 않는 손'(invisible hand)에 대한 언급뿐만이 아니라, 정치적으로 더 의미 있는 주장을 하였습니다. 즉 "타인과 경쟁하는 이기적인 경제적 이익 추구 행위의 열정이 필연적으로 악(惡)한 것은 아니다"라는 주장입니다.

콜레티(Lucio Colletti)는 개인적 이익 추구와 이에 대한 '열정'(passion)이 다른 사람들을 결코 해롭게 하지 않고 다른 사람들에게 이익이 될 수도 있다는 논리를 구체화한 바 있습니다. "응집력이 있는 사회"(a cohesive community)에서는 개인적인 이익이 다른 사람들의 이익과 조화를 이루거나 유대감을 형성할 수 있습니다. 단순화 하자면, 개인들이 주장하는 이익 추구가 '공동이익'(common intetrest)의 한 측면으로 이해되기 때문입니다. 반면에 "응집력이 없는 사회"에서 개인들의 이익 추구 행위는 서로를 해하며 부도덕한 측면을 드러냅니다(Colletti 1972, 208-216). 이렇게 본다면 응집력이 있는 사회에선 이기적인 이익 추구 행위와 전체적인 사회의 복지는 같이 갈 수도 있습니다.

스미스가 국부론을 출간하기 거의 20년 전에 출간한 「도덕적 감성에 관한 이론」(*The Theory of Moral Sentiments* 1759)이라는 책에서 사회의 기초는 인간의 사회에 대한 '사랑'(love)이며, 사랑이 가져오는 '질서'(order)라고 주장하였습니다. 사랑과 이에 따른 질서가 있는 사회는 응집력있는 사회일 것입니다. 자신이 속한 사회를 애정으로 대한다는 것은 '탐욕'(avarice)이나 '게걸스러움'(devourness)이 개인적 이익 추구라는 열정에서 제외되어야 함을 강변하고 있습니다. 스미스의 이론을 통해서 우리는 개개인의 이윤추구를 위한 자유경쟁이 탐욕과는 구분되어야만 함을 배울 수 있습니다. 즉 스미스가 자유시장의 원리를 추구했더라도 이는 사랑과 질서가 기초된 응집력 있는 사회를 기초로 한 것입니다. 전자는 경제의 원리이지만, 후자는 정치의 원리입니다. 자신이 현재 사회의 엘리트나 지도층이거나 앞으로 그러한 역할을 맡기 위한 열정을 가지고 있는 사람들은 특히 명심하시기 바랍니다.

마르크스와 네오맑시스트

칼 마르크스(Karl Marx)

마르크스의 국가에 대한 개념은 「자본론」(資本論)(*Das Kapital*, 3권 1867, 1885, 1894)과 같이 한 곳에서 응집된 이론으로 설파된다기보다 헤겔(Hegel)에 대하여 비판하는 부분, 정치경제에 대한 이론들, 그리고 특히 1848년 프랑스에서의 혁명과 나폴레옹 독재, 1871년 파리코뮨(Paris Commune)에 관한 생각들에 산재해 있습니다. 또한 엥겔스(Engels)의 후기 작품(1884), 레닌의 「국가와 사회혁명」(*The State and Revolution* 1917)과 같은 다른 사람들의 작품 속에서 발견되기도 합니다. 몇 가지 핵심적인 사안들을 정리해 봅시다.

일찍이 헤겔은 국가라는 존재가 (i) 어떤 집단성으로 표현되는 사회를 초월하는 존재이며, (ii) 사회 구성 요소들 사이에서 정의롭고 윤리적인 조화성을 포함하는 '이성적'(rational)인 것이며, (iii) 그래서 특정한 역사적 상황과는 상관없는 '영원한'(eternal) 것이라고 보았습니다.

마르크스의 국가 이론은 이러한 헤겔의 사상과는 매우 대조적입니다. 첫째, (iii)번과 관련하여 마르크스는 국가는 물질주의적 개념에 종속되는 것으로 영원한 것이 아니며, 시대적이고 역사적인 상황에 불과하다고 봅니다. 마르크스는 사회의 '물질적 조건'(material conditions)을 '사회구조'(social structure)나 '인간의식'(human consciousness)의 기본으로 간주합니다. 국가가 사회를 형성하는 것이 아니고 사회의 성격이 국가를 형성합니다. 여기서 사회는 지배적인

'생산양식'(mode of production)과 그러한 생산양식에 내재된 '생산관계'(the relations of production)에 의해 형성되며, 그렇게 형성된 사회가 국가를 형성하게 됩니다. 결론적으로, 생산관계의 형태와 연관된 사회의 성격에 따라서 국가의 형태가 결정되는 것입니다.[27)]

Karl Marx (1818-1883)

둘째, (iii)번과 관련하여 마르크스는 국가가 영원하지 않으며, 소멸할 수 있다고 봅니다. 즉 국가는 계급갈등의 장(場)인데 계급갈등이 소멸되는 경우(즉 자본주의 사회에서 공산사회로 이행하는 경우) 국가는 소멸된다고 봅니다. 마르크스의 '국가 소멸론'(國家消滅論)은 '국가'보다 '계급'이 더 중요하기 때문에 생기는 논리입니다.

Georg Wilhelm Friedrich Hegel (1770-1831)

셋째, (i)과 (ii)와 관련하여 마르크스는 국가가 '공공선'을 대표하지 않는다고 봅니다. 헤겔에 따르면 국가는 계급이나 특정이익을 초월하여 존재하며, 개인과 집단들 사이의 경쟁을 질서 있도록

27) 먼저, '생산관계'(生產關係, relations of production)는 사회적 생산에 있어서 인간과 인간 사이의 관계인데, 생산수단을 누가 소유하느냐 하는 '소유관계'가 그 핵심을 이룹니다. 다음으로, '생산양식'(生產樣式, mode of production)은 인간의 생존에 필요한 재화(財貨)를 생산하는 방법을 말합니다. 어떤 '인간관계' 하에서 행해지는가에 따라서(즉, 어떤 생산관계인가에 따라서) 그 양식은 달라집니다. 원시공동체적 생산양식, 노예제적 생산양식, 봉건제적 생산양식, 자본주의적 생산양식, 사회주의적 생산양식 등이 그 예가 됩니다.

만들기 때문에 사회 전체의 집단적 이익이 국가의 행동을 통해서 보존됩니다. 하지만, 마르크스에 따르면 국가가 사회 전체의 집단적 이익을 보존하는 존재가 아니기에 전체로서 사회의 수탁자(受託者, trustee)가 아닙니다. 부르주아에 의해서 지배되는 계급사회인 자본주의 사회에서 국가는 지배를 위한 수단이며, 지배라는 말의 또 다른 정치적 표현에 불과합니다. 결론적으로, 마르크스에 따르면 자본주의 사회에서 국가는 "부르주아의 억압하는 기구"(repressive apparatus of bourgeois)로 작용합니다.[28)]

여기서 우리는 '국가자율성'(國家自律性, state autonomy)이란 문제에 대해서 좀 더 살펴볼 필요가 있습니다. 사실 국가라는 기관이 단순히 어떤 특정 계급의 지배를 위한 수단으로 작용한다면, 국가라는 기관은 특정 계급에 예속된 것이며, 이는 자율성이 없음을 뜻합니다. 마르크스와 엥겔스는 비록 국가가 본질적으로는 특정 계급의 지배를 위한 기구이나 부분적으론 '자율성'(autonomy)을 갖기도 한다는 사실을 완전히 배제하지 않았음에 유의하시기 바랍니다. 마르크스와 엥겔스는 '국가자율성'을 두 가지 수준으로 나누어서 이야기 합니다(Marx and Engels 1979).

첫 번째 수준은 소위 부르주아 국가의 '평상시'(in the normal

28) 마르크스는 국가이론을 '민주주의'라는 테마 속에서도 논하고 있습니다. 마르크스는 국가의 집행부(the executive, 행정부나 국가관료를 말하고 있음)가 전체 부르주아 공동의 일들을 관리하기 위한 위원회에 불과하다고 봅니다. 따라서 민주주의를 확장시키기 위해서 집행권과 국가 관료들의 권한을 최소화하고 정부 구조에서 반드시 혁명의 시기가 아니어도 '대표체계'(representative system)가 갖는 비중을 극대화하여야 한다고 주장하기도 합니다(Draper 1977, 297). 여기서 대표체계라고 함은 대중들(프롤레타리아들)의 이익을 대변하는 대표자들을 말합니다.

심화학습

'삶의 행태'를 규정하는 기준 | 그 의미를 단순화하여 함의를 표현하면 다음과 같습니다. 한국은 일본과 친선의 관계이기도 하지만 일제 치하 36년의 경험은 일본과 진심으로 화합하기 어려운 마음의 응어리로 작용합니다. 한국민들 모두는 막연하건 구체적이건 그 정도에 상관없이 '반일감정'을 공유합니다. 국가라는 경계가 우리의 삶을 근본적으로 규정짓는 것입니다. 하지만, 마르크스의 국가관에 따르면 내가 한국 국민이냐, 일본 국민이냐가 중요한 것이 아니라 한국의 노동자 계급이냐, 한국의 자본가 계급이냐, 일본의 노동자 계급이냐, 일본의 자본가 계급이냐가 중요하다는 의미입니다. 즉 국가에 대한 소속감보다 계급에 대한 소속감이 인간의 삶의 행태를 규정짓는데 보다 중요하며 자연스러운 것이라고 보는 것입니다. 이런 입장에 따르면 한국의 노동자와 일본의 노동자가 단결하는 것은 자연스러운 현상이며, 같은 한국이라고 해서 한국의 노동자와 한국의 자본가가 단결하는 것은 부자연스러운 현상으로 해석될 수 있습니다. 나의 행동 양식을 결정하는 변수로 계급이 중요한 것이며, 국가라는 것은 장식물에 불과합니다. 국제공산당대회에서 "만국(萬國)의 노동자여 단결하라"는 의미는 각 국가별로 기업가들에 대항한 노동자들의 단결이라는 의미 이상으로 모든 국가의 노동자들이 국가라는 경계를 넘어서 계급을 중심으로 뭉칠 수 있음을 강조하는 의미입니다. 실제로 노동운동에는 국제협조의 정신이 나타났는데, '제1인터내셔널'(1864-1876: 런던이 본부인 국제노동자협회), '제2인터내셔널'(1889-1914: 파리가 본부이며, 제1차세계대전 때 해체), '제3인터내셔널'(1919-1943: 모스크바가 본부이며, 제2차세계대전 때 해체. 소위 코민테른이라고도 함)이 그것입니다.

time)와 관련되어 있습니다. 국가 관료(개인 관료들의 혼합체)는 부르주아로부터 약간의 자율성을 가지고 있는데 이는 부르주아가 국가기구를 직접 떠맡는 것을 원래 싫어하기 때문이거나 개인 자본가들 사이의 갈등 때문이라고 봅니다. 그래서 부르주아 국가의 평상시 상황에서 부르주아는 국가 관료들에게 사회의 정치적인 일을 관리하는 임무를 할당해 주게 됩니다. 비록 국가 관료들이 부르주아로부터 어느 정도 자율성이 있다고는 하지만 점점 더 지배 계급의 대행자로서 행동하게 됩니다. 하지만, 마르크스는 이렇게 몰락해가는 관료들이 여전히 권력을 위해서 투쟁한다고 봅니다(Draper 1977, 496). 바로 이러한 관료들의 성향은 또 다른 국가 자율성을 예견하게 합니다.

두 번째 수준의 국가자율성은 어떤 상황에서도 관료들이 여전히 권력을 위해 투쟁하며, 또한 동시에 국가에 대해서 어떤 계급도 그 힘을 과시하지 못하게 되어 계급투쟁 자체가 동결되는 상황과 관련되어 있습니다. 마르크스는 이러한 상황을 특히 루이 나폴레옹 보나파르트 치세(治世)(Louis Napoleon Bonaparte Empire 1852-1870)에서 발견합니다. 보나파르트의 치세처럼 평상시가 아닌 어떤 특정한 시기에는 그러한 국가 자율성의 가능성이 증가할 수도 있다는 것을 암시합니다. 이 시기에 국가 관료들은 시민사회와는 분리되어서 사회 속에 존재하는 이익들을 위해 행동하지 않고 국가의 개별적 이익 그 자체를 위해서 행동하게 됩니다. 따라서 마르크스는 보나파르트의 국가는 국가 자율성을 가지고 있었음을 인정합니다. 달리 말해서, 마르크스는 사회의 이익을 위해서 국가를 통치하려는 어떤 계급도 충분한 힘을 가지지 못하는 상황 하에선 상대적으로 국가 자율성이 존재할 수 있다는 것을 인정합니다(Marx 1852).

Q & A

마르크스 사상의 핵심을 어떻게 정리하면 좋을까요? | 마르크스주의는 다음의 세 가지의 핵심적 주장으로 구성됩니다. ① '과잉생산'(過剩生産)의 법칙입니다. 자본주의 사회에서는 물건이 과잉 생산된다는 것입니다. 필요한 만큼 물건을 만드는 것이 아니고 필요 이상으로 물건을 생산해 낸다는 것입니다. 과잉생산이 지속되면서 회사는 물건을 싸게 팔 수 밖에 없고, 이윤창출의 힘이 약화되어 노동자의 임금은 계속 낮아지게 됩니다. ② '자본집중'(資本集中) 현상입니다. 임금이 낮아지는 경우 생산품을 살 수 있는 사람들이 줄어들며, 자본가들은 망하고 결국 노동자로 전락하기 때문에 자본가의 절대수는 줄고 노동자의 절대수가 늘어난다는 것입니다. 결국 한정된 자본은 소수의 손으로 집중됩니다. ③ 자본이윤율 감소(資本利潤率 減少)의 법칙입니다. 이상과 같은 현상들에 근거해서 자본가들은 자본을 투자해서 얻을 수 있는 이윤율이 계속 감소하기 때문에 투자할 동기가 없어집니다. 그래서 결국 자본주의체제는 멸망한다는 것입니다. 그런데 현재 자본주의는 오히려 더 성행하고 있습니다. 마르크스의 이론은 어떤 면에서 논리적 허점을 갖고 있을까요? 마르크스는 이상의 세 가지 법칙을 한 국가 내에서만 적용한 것입니다. 세계는 국가간의 무역으로 서로 상품을 사고 팔 수 있습니다. ① 잉여생산품을 외국에 팔 수 있습니다. 20세기 초반 경제 대국들의 잉여생산품을 파는 시장이 바로 식민지 국가들이었던 셈입니다. ② 국내 투자가 없어서 이윤율이 떨어지는 경우 넓은 외국에 투자하여 공장도 짓고 상품을 팔 수 있습니다. ③ 외국 식민지나 다른 국가들로부터 원료를 싼 가격에 공급받을 수 있으니 생산단가를 낮추게 되어 임금이 낮아져도 상품을 살 수가 있으며, 자본가의 이윤율이 무조건 감소한다고 생각할 수 없습니다. 낮은 상품 가격은 궁극적으로 낮은 임금의 노동자들의 불만을 상쇄시킬 수도 있습니다. 19세기 중반부터 20세기 중반까지 서구 선진 자본주의 국가들이 식민지를 서로 차지하기 위해서 싸웠던 이유도 이런 측면에서 부분적인 설명이 가능할 것입니다.

네오맑시스트(Neo-Marxists)

Vladimir Ilich Lenin
(1870-1924)

네오맑시스트들은 마르크스의 이론에 기반하여 자신들의 이론을 발전시키면서도 사상가들마다 마르크스의 이론과는 독특한 차별성을 보여 줍니다. 하지만, 마르크스의 이론에 기반하고 있기 때문에 마르크스의 이론적 기반을 부정한다기보다는 마르크스의 이론을 보완하는 성격을 띠게 됩니다. 네오맑시스트의 이론적 경향들은 다양한 측면들이 있어서 한 마디로 정리하기는 어렵습니다. 그렇다면 도대체 어떤 이유로 국가이론을 다룸에 있어서 다양한 측면들이 있는 사상가들을 네오맑시스트라는 하나의 이름으로 분류하는 것일까요? 바로 마르크스의 국가관을 수정 보완하고 있기 때문입니다.

앞서서 마르크스의 국가에 대한 개념은 한 곳에서 응집된 이론으로 설파된다기보다 여러 작품들에 산재해 있음을 언급한 바 있습니다. 반면에 네오맑시스트들은 '국가이론'을 보다 집중적으로 다룬 학자들입니다. 네오맑시스트들의 이러한 연구 경향으로 인하여 마르크스는 국가가 소멸할 수 있다고 보았으나 네오맑시스트들은 국가란 존재가 소멸할 가능성은 사실상 거의 없는 것으로 판단합니다.

마르크스에 따르면 '계급 적대감'(class antagonisms)이 존재하는 자본주의 국가에서 국가는 그러한 계급 간의 적대감에서 분리되어 나름대로의 독자적인 위치에 있기도 하지만, 근본적으로 국가

심화학습

마르크스 이론에 대한 평가 | 마르크스의 이론이 갖는 가치를 두고서 논쟁이 존재해 왔습니다. 가치의 유무를 판단하는 논쟁의 기준점들이 각기 달라서 이에 대한 판단은 보다 복잡한 양상을 띠게 됩니다. 우선, 현재의 상황을 중심으로 마르크스의 주장(자본주의 국가가 소멸하고 프롤레타리아 사회가 도래하는 것)이 경험적으로 맞고 틀림을 판단하는 것입니다. 이런 면에서 본다면, 자본주의적 흐름이 대세인 현재에 마르크스의 주장은 틀린 것입니다. 하지만 경험적 검증은 지금의 상황만에 국한할 수 없을런지도 모릅니다. 즉 100년 후의 상황은 그때 가봐야 아는 것입니다. 둘째, 논리에 근거해서 마르크스의 이론의 가치를 평가하는 것입니다. 마르크스의 이론은 경험적 증거와는 별도로 논리적 '정치성'(精緻性, exquisiteness)을 보입니다. 셋째, 어떤 이론의 '준거틀'(framework)로서의 가치입니다. 우리가 어떤 상황을 비판하기 위해서는 척도와 기준이 필요합니다. 길이를 측정하기 위해선 자(尺)가 필요한데 센티미터이건 피트이건 척도와 기준으로 작용할 수 있습니다. 센티미터는 맞고 피트는 틀린다고 할 수는 없지요. 이런 면에서 마르크스의 이론은 자본주의 사회에 관한 어떤 논쟁이나 비판에 있어서 좋은 준거틀로서 작용하게 됩니다. 20세기에서 21세기로 넘어가는 시점에 영국 국영 방송사(BBC: British Broadcasting Corporation)는 모든 분야를 통합하여 유사 이래 인간의 역사에 가장 큰 영향을 미쳤던 사상가는 누구인가를 설문 조사하였습니다. 여러분은 누구로 생각하십니까? 상대성 이론을 통해서 우주의 원리를 규명하려한 알버트 아인슈타인입니까? 만유인력의 법칙을 찾아낸 아이작 뉴턴입니까? 아니면, 코페르니

Karl Heinrich Marx (1818-1883)

Albert Einstein (1879-1955)

쿠스? 다윈? 자연과학자가 아니고 사회과학자인 마르크스입니다. 마르크스 이론은 혁명과 노동운동에 대한 사상적 배경이며, 이로 인해서 지구는 많은 격동의 시간을 경험했습니다. 마르크스 이론은 지금도 우리의 삶 속에서 좌-우파가 갈등하는 모습으로 함께하고 있습니다. 참고로 등위는 다음과 같습니다. 칼 마르크스(1등), 아인슈타인(2등), 뉴튼(3등) 〈출처: http://news.bbc.co.uk/2/hi/461545.stm〉(검색일, 2009년 8월 26일). 카알 마르크스는 1849년 이후로는 런던에서 망명생활을 하였는데, 그의 사상을 형성한 연원(淵源)은 헤겔의 변증법적 논리, 포이에르바하의 유물론(唯物論), 영국 고전학파 중에서 리카아도의 노동가치설, 프랑스의 공상적 사회주의 사상 등이었습니다.

는 어떤 특정 계급(즉, 부르주아지)의 이익을 대표하게 됩니다. 즉 마르크스에 있어서 국가는 지배계급의 도구입니다. 레닌(Vladimir Ilich Lenin) 역시 국가는 계급 지배의 기관이라고 생각합니다. 하지만, 레닌은 마르크스의 이론과 차별성을 지닌 이론을 발전시킵니다.

레닌은 마르크스를 분석하면서 마르크스의 논리를 변형시킵니다. 국가라는 것은 계급갈등 속에서 지배계급의 피지배계급에 대한 억압을 위해서 필요한 기구이기 때문에 (계급이익의 실현을 위해서) 계급갈등 속에서만 존재한다는 것입니다. 레닌은 역으로 만약 계급갈등이 존재하지 않는다면 국가는 필연적으로 존재하지 않는다는 해석으로 마르크스의 이론을 이해합니다. 레닌은 계급갈등이 소멸되는 상황(자본주의에서 공산주의 사회로의 이행)은 없을 것이기에 국가는 존재할 것으로 봅니다. 결론적으로 계급갈등은 화해(또는 조화)될 수 없는 것이며, 계급갈등은 화해될 수 없기에 지속할 수밖에 없다는 것입니다. 따라서 화해되지 못하고 지속되는 계급갈등 속에서 국가는 그 생산물로서 존재하게 된다는 것입니다.

부르주아의 수단에 불과한 국가가 어차피 존재할 수밖에 없다면 레닌은 부르주아를 대체하여 프롤레타리아가 그 국가의 주인이 되는 것에 대해서 생각하게 됩니다. 레닌은 '부르주아 민주주의'(bourgeois democracy)가 중요치 않은 소수의 사람들과 부자들을 위한 민주주의라고 규정하며, '노동자 민주주의'(worker democracy)와 구분합니다. 부르주아 민주주의의 전복은 억압된 계급인 프롤레타리아의 무장화(武裝化)된 혁명을 통해서 가능하다고 보며, 프롤레타리아가 권력을 잡아야만['프롤레타리아 독재정권'(proletariat dictatorship)] 부르주아로부터의 억압이 사라지게 된다고 봅니다.

레닌 이론이 인구에 회자되는 가장 큰 이유는 이러한 혁명의 과정에서의 전략에 있습니다. "그러면 도대체 혁명을 어떻게 촉발시켜서 이끌고 갈 것인가?" 하는 질문에 레닌은 '전위 정당'(前衛 政黨, vanguard party)의 역할이 중요함을 역설합니다. 레닌은 노동자들 내부에서 스스로 계급의식을 고취할 수 없으며, 혁명 정당이 계급의식을 고취시키는 '외부로부터의 힘'으로 작용해야 한다고 본 것입니다. 정당은 소위 이전에 노동자였던 사람들과 이전에 부르주아였더라도 혁명정당에 응집력 있게 참여하는 '전문 지식인'(professional intelligentia)들이 함께 참여하여 노동자들을 이끌게 되는 것입니다. 이전에 마르크스는 자본주의의 모순구조가 심화되면 노동자들이 '자발적으로'(voluntaristically) 혁명에 참여한다고 보았습니다. 대조적으로 레닌은 이러한 마르크스의 이론을 수정하였습니다. 노동자들이 자발적으로 혁명을 일으키거나 참여하지 못하며, 외부에서 부르주아지 출신의 전문 지식인이 포함된 정당에서 노동자와 합세하여 리더

십으로 노동자들을 이끌어야만 혁명을 성사시킬 수 있다고 본 것입니다.[29)]

Antonio Gramsci
(1891-1937)

레닌이 러시아 혁명과 관련하여 자신의 사상을 정립하였다면, 그람시(Antonio Gramsci)란 또 다른 사상가는 이탈리아 파시즘과 관련하여 자신의 국가이론을 발전시킵니다. 이탈리아는 1차 세계대전 이후 좌파 정당과 우파 정당이 경쟁하는 구도에 있었으나 1922년 급작스럽게 파시즘(극우파)의 승리로 좌-우 경쟁구도가 사라집니다. 이탈리아의 핵심적 사회당원이었던 그람시는 대중 노동자들의 대중 운동이 실패하고 보수 반동적인 파시즘이 나타난 이유를 분석하게 됩니다. 그리고 마르크스의 국가이론을 보완하여 다음과 같은 결론을 내립니다. "지배계급은 그 지배를 정당화하고 유지할 뿐만이 아니라, 피지배계층의 적극적인 동의를 얻어내기 위해서 상황을 관리한다"고 주장합니다. 이것이 그 유명한 '헤게모니 이론'(Hegemony Theory)입니다. 헤게모니는 그 사회의 지배적인 문화와 가치를 구성하는 제도, 이념, 실행, 행위자의 복합적 총체입니

29) 물론 이는 인텔리겐차(intelligentia)나 전위 정당을 위한 사회를 만들기 위함이 아니며, 궁극적으로는 프롤레타리아들의 정권을 창출하기 위해서입니다. 따라서 혁명을 이끄는 것은 전문 지식인들이 아니며, 혁명 정당 그 자체입니다. 룩셈브르크(Rosa Luxembourg)라는 유명한 공산주의자는 레닌의 전위정당이 갖는 인텔리겐차와 노동자의 조합적 성격에 반대했습니다. 룩셈브르크는 레닌의 전위 정당이 계급의 이름 아래 소수에 의해서 운영되는 전위정당이 될 가능성을 경계하며, 순수하게 노동자 계급만의 노력으로서 정권이 탄생되어야 함을 주장했습니다.

다. 지배계층에 의해서 형성된 헤게모니는 강요에 의해서 유지되는 것이 아니라, 사회화 과정과 정치적 과정을 통해서 피지배계층에게 주입되어 그들로부터 '자발적인 동의'(voluntaristic consent)를 얻어냅니다. 따라서 헤게모니 형성에 성공한 지배계층은 억압이 아닌 '도덕적인 리더십'(moral leadership)에 의해서도 피지배계층을 이끌어 갈 수 있다고 주장합니다.

마르크스와 엥겔스는 「독일 이념」(*The German Ideology* 1845-46)에서 '부르주아 헤게모니'(bourgeois hegemony)라고 언급한 바 있습니다. 그람시는 마르크스와 엥겔스의 부르주아 헤게모니란 용어를 자신의 이론의 중심 테마인 '자본주의 체계의 기능'과 관련된 용어로 재정립합니다. 그람시의 이론에서 '헤게모니'란 "피지배계급에 대한 부르주아의 가치와 규범을 통한 이념적 지배"를 말합니다. 여기서 국가란 이념적이기에 '이념적 국가'(ideological state)인 셈입니다.

그람시는 레닌보다 상대적으로 대중들이 갖는 계급의식에 대해서 보다 더 신뢰하였습니다. 그런데 대중들로부터 극우 파시스트 정당이 지지받는 현상을 보고서 대중들의 계급의식을 제어하는 보다 근본적인 그 어떤 힘이 사회 체계 속에 작용한다고 본 것입니다. 다시 말하면 계급의식의 발전을 방해하며, 계급구조를 영속화하는 그 어떤 '상부구조'(superstructure)가 기능하고 있다고 생각한 것입니다. 따라서 그람시의 국가란 상부구조에 부르주아의 헤게모니가 포함된 '강압적인 기구'(coercive apparatus)인 것입니다.

지배계급 내에서도 핵심 세력들은 지배계급의 또 다른 분파들에 대해서 지적인 리더십으로 이념을 통제합니다. 이것 역시 강요에 의한 것이라기보다 교육 과정과 정치적 과정을 통해서 나타나며, 모

계급의식의 문제 | 그람시는 노동자들의 의식 고취가 세 단계를 거친다고 주장합니다. 첫 번째 단계는 자신의 직업 내에서 동료들과의 일체감이나 동질성 형성을 의식하는 것입니다. 두 번째 단계는 자신이 속한 사회 계층들 사이에서 이익에 대한 결속력(solidarity of interest)을 의식하는 것입니다. 이러한 의식은 비록 부르주아지가 형성한 헤게모니 구조에서 일어나지만, 지배계층에 대한 정치적, 사법적 동등성을 요구하고 국가기구에 참여하거나 이를 개혁하기 위해 투표권을 요구하게 됩니다. 마지막 단계는 자신의 직업이 바탕이 된 경제적 단위의 계급을 초월하여 모든 복속된 자들 (the surbodinated)이 부르주아의 헤게모니 이데올로기로부터 자유로울 수 있는 '대항 이데올로기'(counter-ideology)를 구축할 수 있게끔 계급조합적 이익(corporate interests)에 대한 의식을 형성하는 것입니다. 그람시가 매우 논리적이었음을 알 수 있습니다.

심화학습

든 지배계급들이 함께 공유할 수 있는 이익과 세계관인 헤게모니 원칙을 조직화합니다. 이렇게 지배계급으로부터 만들어진 헤게모니 원칙은 피지배계급의 이익과 욕구를 형성하는 데 사용됩니다. 헤게모니는 계급투쟁 속에서 형성되는 것이며, 정치적 맥락 속에 존재하는 것입니다.[30)]

그람시는 프롤레타리아가 어떻게 부르주아의 헤게모니로부터 벗어나는가에 대해 세 가지로 논했습니다. 첫째는 '헤게모니의 위기'(the crisis of hegemony)입니다. 즉 부르주아 헤게모니를 유지하고 확장하는 국가의 능력이 해체되는 경우 부르주아의 목적을 위해 만들어진 신념체계에 위기가 온다는 것입니다.[31)] 국가의 위기란 결

30) 이런 이유로 그람시는 베버의 '제도적 결정론'(institutional determinism)을 부정합니다. 동일한 제도 속에서도 다양한 정치적 맥락이 존재한다는 것입니다.

31) 그람시는 주로 경제위기가 헤게모니의 위기를 발생시킨다고 봅니다. 국가가 경제위

국 이념이라는 기구를 통해서 부르주아가 간접적으로 행하던 지배에 위기가 온다는 의미입니다. 둘째는 '우월한 위치를 위한 전쟁'(the war of position)입니다. 이를 위해서 특히 개별 국가마다 차별성을 지닌 특수한 역사적 배경을 고려하는 공산당의 전략을 강조합니다. 즉 사회주의 질서를 창조하기 이전에 개별 국가마다 형성된 특수한 정치적 맥락을 우선적으로 파악하기 위한 정확한 '정찰'(偵察, reconnaissance)이 필요하다는 것입니다.[32] 그 다음에는 위기에 있는 국가를 포위하기 위해서(the idea of 'surrounding' the state) 노동자들이 형성한 기구들과 문화체계로 대중 조직을 형성합니다. 특히 부르주아의 헤게모니를 극복하기 위해선 노동자들의 '계급의식'(class consciousness) 고취를 위한 투쟁이 중요하며, 이를 위해선 '정당'(政黨, political party)의 역할이 중요합니다. 그람시는 레닌의 '전위 정당'과는 다르게 '전체로서 노동자 계급'을 혁명 정당에 연결시킵니다.[33] 모든 노동자들이 정당 지도자의 잠재성을 갖고 있다고 봅니다. 셋째, '지식인들의 역할'의 중요성입니다. 하지만 레닌의 '지식인' 개념과는 구분됩니다. 그람시는 '전통적 지식인'(traditional intellectuals)과는 구분되는 '유기적 지식인'(organic intellectuals)의 역할을 강조합니다. 전통적 지식인은 자신이 정치로부터 독립적이며

기를 제대로 통제하지 못하는 상황에서 헤게모니의 위기가 생기는 것입니다.

32) 이런 점에서 마르크스와 엥겔스가 주장한 사회혁명의 '국제주의'(internationalism) 및 트로츠키(Trotsky)에 의해 추진된 '영구 혁명론'(permanent revolution)과 분명하게 대조됩니다. 그람시는 어떤 산업사회이건 세계의 노동자들은 억압적 압제를 행하는 부르주아에 대항하여 무장화된 혁명이라는 같은 전략을 동시에 사용할 수 있다는 주장을 거부합니다.

33) 이런 점에선 앞에서 언급한 룩셈부르크와 비슷합니다.

자율적이라고 간주하는 집단이며, 일반적으로 특정한 직업적 범주와 사회적 역할을 맡고 있는 이들입니다. 이에 반해 '유기적 지식인'은 계급 또는 사회집단의 내부에서 자연스럽게 형성되어 그 집단과 유기적으로 결합되어 있는 존재들이며, 이들은 자신이 속한 집단의 이해를 대변하는 역할을 합니다. 그람시는 부르주아의 헤게모니는 부르주아 계급에 속한 유기적 지식인들로부터 나온다고 보았으며, 대항 헤게모니(counter-hegemony)를 형성하기 위해서는 노동계급이 유기적 지식인을 키워내야 한다고 보았습니다. 그람시의 유기적 지식인은 노동계급 내부로부터 형성된다는 점에서 레닌이 강조한 '전문 지식인'들과는 분명한 차이가 있습니다. 유기적 지식인은 자신의 계급적 기원과 태생을 잊지 않으면서도 모든 사회계급들을 고려하는 사고를 할 수 있으며, 노동자들을 조직할 수 있는 특별한 기술적 재능을 지닌 자들을 말합니다. 이런 지식인들이 정당에서 교육을 통해서 노동자들의 의식을 고취하고 그들을 동원해야 한다고 봅니다.

종합적으로, 네오맑시스트의 이론들은 두 가지의 공통점을 지니고 있습니다. 첫째, 국가라는 존재는 엄연한 현실이며, 소멸될 가능성을 사실상 배제하여 마르크스의 이론과는 차이가 있습니다. 하지만 이것이 국가의 자율성을 전적으로 인정하는 차원은 아니며, 국가는 지배계급의 수단으로 전락할 수 있음에 유의합니다. 둘째로, 이들은 마르크스의 이론들을 실천에 옮기는 전략으로서 '행동이론'(a theory of action)적인 성격을 구현하기 위해서 발전된 측면이 있습니다.[34] 레닌의 이론은 러시아 혁명의 과정에서 이론과 현실의 접목

34) 실천적 성격이 강조되는 또 하나의 학파로 '프랑크푸르트 학파'(Frankfurt School)가 있습니다. 대표적으로 마르쿠제(Herbert Marcuse)는 이론에 대한 '실천'(實踐, prax-

심화학습

국가 자율성에 대한 그 밖의 이론들 | '국가 자율성'이란 주제와 관련하여 국가라는 존재의 성격 규정을 어떻게 할 것인지에 대한 논의는 매우 중요한 것입니다. 이와 관련하여 네오맑시스트로서 루이 알튀쎄(Louis Althusser), 니코스 쁠랑차(Nicos Poulantzas), 랄프 밀리반드(Ralph Miliband)와 같은 학자들의 차별성 있는 시각들을 참조하면 유용할 것입니다. ① 구조주의자(structuralists)인 알튀쎄는 국가란 공(公, public)과 사(私, private)의 사이에서 존재하는 것이라고 주장합니다(Althusser 1971). 이것은 갈브레이스(Kenneth Galbraith)가 언급했던 "국가에서 계획위원회(the planning sector)는 공적인 것인지 사적인 것인지, 법에서만 구분이 될 뿐, 사실상 구분이 되지 않는다"라는 이야기와 대조해 본다면 비교적 쉽게 이해할 수 있습니다(Galbraith 1973). 계획위원회는 공적 조직이지만 사실상 그러한 공적 조직을 구성하는 사람들의 신분, 태생, 배경이라는 사적인 요소들이 위원회의 정책 결정에 중요하다는 뜻입니다. 즉 공적이어야만 하는 국가 운영도 사적 영역을 초월하여 존재하기 어렵다는 것입니다. ② 쁠랑차에 따르면 헤게모니를 창출한 지배 계급과 무리들이 국가를 관리할 수도 있습니다. 그러나 헤게모니를 창출하지 못하고도 국가를 관리하고 있기도 하며, 더군다나 지배 계급들 중에서도 권력 집단의 일부가 아닐 수도 있음을 강조합니다(Poulantzas 1974). 지배계급의 범위는 단순히 권력을 장악하고 있는 사람들로 국한해서는 안되며, 기득 세력들을 광범위하게 포함하는 개념으로 이해된다는 것입니다. ③ 밀리반드는 자본가 계급이 국가기구에 직접 참여를 해서 국가를 부르주아의 이익에 묶어놓게 된다고 주장합니다. 따라서 자본가 계급은 다른 어떤 계급보다도 국가기구 그 자체에 직접적으로 참여하려는 열정이 대단합니다(Miliband 1970).

을 꾀했으며, 그람시의 사상은 이탈리아 파시즘의 형성과정에서 마르크스와 레닌 이론이 이탈리아라는 특정 국가와 연관되면서 발전된 것입니다. 레닌은 러시아 혁명에 성공하였으나 그람시는 감옥에서

is)의 중요성을 강조하고 있습니다.

죽게 됩니다. 이들의 이론들은 현대 사회의 민주주의에 대한 경험적 적합성과 상관없이 '국가'와 '권력' 그 자체의 의미를 논하는데 있어서 논리적인 이론적 준거틀이 될 수 있습니다.

다원주의(Pluralism)

Joseph Alois Schumpeter (1883-1950)

우리는 슘페터(Joseph Schumpeter)나 달(Robert Dahl)과 같은 학자들을 다원주의자(多元主義者, pluralists)로 분류합니다. 슘페터는 「자본주의, 사회주의, 그리고 민주주의」(*Capitalism, Socialism, and Democracy* 1942)란 유명한 저서에서 앞서서 논의한 고전적 계약이론이나 자유주의적인 국가이론들을 비판하였습니다.

슘페터는 베버의 합리성의 범주나 전체 사회의 발전에 대한 개념을 사회 안에서 개인들 간의 차이점에 적용하여 논리를 전개합니다.[35] 합리성은 보편적인 인간의 특성이라는 자유주의적 가정을 받아들이지 않습니다. 슘페터는 사회의 모든 사람들이 사회-심리적인 '발전과정의 연속선상'(a continuum of socio-psychological development)에서 볼 때, '전통적'(traditional)인 것과 '근대적'(mod-

35) 특히, 뒤르껭과 베버의 국가이론은 소위 "부르주아 국가론"이라고 명하기도 합니다. 뒤르껭과 베버의 국가이론은 소위 군주나 귀족에 비해서 시민들의 정치적 권력의 획득을 상징적으로 보여주는 기관인 '의회'(Congress, Parliament, National Assembly)를 중심으로 한 '의회 민주주의' 논리를 강화시켜주는 역할을 했기 때문입니다.

ern)인 것의 양 극단 사이의 어느 한 점에 위치한다고 간주합니다. 전통적인 가치와 규범을 지닌 개인은 '공리주의(utilitarianism)의 관점'에서 볼 때 '비합리적'(non-rational)이라고 간주합니다. 그렇기 때문에 근대적인 가치와 규범을 지니지 못한 자들은 정치사회에서 '합리적인 정치시민'(rational political citizen)으로 기능하지 않는다고 주장합니다.[36] 이러한 논리에 근거하여 슘페터는 국가가 운용되는데 있어서(민주주의가 기능하는데 있어서) '정치 참여'와 민주주의에 관하여 다음과 같이 주장합니다.

첫째, 국가 내의 모든 사람들이 동의할 수 있는 그리고 합리적인 주장에 의해서 도달할 수 있는 하나로 결정된 공공선과 같은 것은 존재할 수 없다는 것입니다.[37] 둘째, 아무리 개인들의 의견이나 욕망이 분명하고 또한 이를 분명한 데이터로 표시할 수 있다고 해도 그것으로 만들어진 '정치적 결정'(political decision)이 소위 '국민의 의지'(will of the people)를 확인해 준다고 말할 수 없다는 것입니

36) 슘페터의 이러한 논의는 두 가지 측면으로 확장됩니다. 첫째, 민주사회체계의 기능을 위해서 오히려 전통적 가치를 지닌 자들은 정치에 참여하지 않는 것이(nonparticipation) 더 민주사회체계에 긍정적으로 작용한다는 것입니다. 둘째, 사회의 모든 사람들이 동등한 정도의 '문화적 발전수준'에 있지 않기 때문에 '직접 민주주의'(direct democracy)의 실행은 사실상 불가능하다는 것입니다.

37) 뒤르껭은 '정치적'(political)이란 개념이 '통치기관'(government)과 '통치받는 자들'(the governed) 사이의 기능적 '분리'(division)를 의미하며, 이러한 분리 현상이야말로 좀 더 발전된 사회의 주요한 특성이라고 주장합니다. 보다 단순한 사회에서는 관리와 행정을 위해서 기능적으로 특화된 기관이 거의 존재하지 않습니다. 뒤르껭은 권위의 존재만으로 정치적 조직체의 존재를 말하기는 곤란하다고 봅니다. 예를 들면, 가족이나 부족들끼리의 모임에서 권위를 볼 수 있으나 이것이 '정치적 사회'(political society)는 아니라고 봅니다. 또한 고정된 영토의 지속적인 점유가 국가라는 존재의 특성을 나타내는 것이 아니라고 봅니다(Giddens 1971, 96-101).

논쟁거리 슘페터의 논의는 '인터넷 정치'나 '시위(示威) 정치'와 같은 소위 '참여 민주주의'(participatory democracy)가 활성화되는 곳에선 한계성을 가질 수밖에 없습니다. 슘페터가 주장하는 형태의 국가가 성공하기 위해서는 몇 가지 조건들이 전제될 수밖에 없을 것입니다. ① 정치인이나 정치가 매우 높은 수준의 것이어야만 합니다. ② 정치적 결정의 효과적 범위가 반드시 선출된 자들에게 국한되어야만 합니다. 하지만 많은 정치적 결정들은 선출된 정치인들이 전문가 집단에 의뢰해서 이슈와 정책을 만들어내는 경우가 더 많다고 할 것입니다. ③ 정부는 그 나름의 권력을 지니는 관료집단에 명령을 내릴 수 있어야만 합니다. ④ 선거인들이나 입법부는 도덕적으로 부패하지 말아야 합니다. ⑤ 국가운용을 위한 리더십의 경쟁에서 생긴 서로 다른 의견에 대한 '정치적 인내심'(political tolerance)이 필요합니다. 여기서 정치적 인내심은 엘리트들과 시민들 모두에게 요구되는 덕목인데 이것을 성취하는 것이 쉽지 않습니다.

다. 셋째, 시민들이란 직접적으로 또는 경제적으로 그러한 이슈에 관련되었거나 영향을 미칠 수 있는 사람들을 제외하고는 정치적 이슈에 "무지하거나 흥미가 없다"(uninformed or uninterested)는 것입니다. 마지막으로 시민들은 특정 방향으로 이끌려는 '정치적 선전'에 쉽게 영향 받고 이에 동화된다는 것입니다.

이러한 문제점들에 기초하여 슘페터는 "현대의 민주주의적 자본주의 국가"(modern, democratic, capitalisitic state)가 어떻게 기능해야만 하는가에 대한 대안을 제시합니다. 첫째, 슘페터는 선거인단에 의해서 국가의 이슈가 정해지는 것은 두 번째의 것이요, 첫 번째로 중요한 것은 결정을 하고 일을 하는 대표자를 제대로 선택하는 것이라고 봅니다. 앞서서 살펴본 고전이론과 순서가 뒤바뀐 것이지요. 일부 고전이론의 맥락에선 실제적인 주권을 지닌 국민들이 그들의 의지를 정하는 것이 먼저이고 이를 실천할 수 있는 대표자와 계약하는 것은 그 다음 번의 문제였습니다. 슘페터에 따르면 시민들은 이슈를 정하는 것도 아닙니다. 단적으로 대중들의 역할은 정부를 생산하는 것입니다. 비록 표를 가진자(시민들, 유권자들)에게 여전히 주권이 존재한다고 해도 국가의 주요 이슈와 정치적 결정은 선출된 대표자들에 제한됩니다. 정치적 이슈를 선택하는 것도 선출된 정치인들입니다. 이런 경우 국가의 민주적 기능이란 유권자들의 표를 얻음으로서 생긴 권력을 바탕으로 정치적 결정에 도달할 수 있는 '제도적 정리'에 불과한 측면을 배제할 수 없습니다.

우리는 본 장에서 슘페터를 다원주의자로 분류하였습니다. 다원주의자들에게 국가는 여전히 시민이 주권을 가지고 있으며, 정책결정에 있어서 중립적(neutral)인 곳이며, 그래서 소위 "비어 있는 석판"(empty slate)과 같은 곳입니다. 어떤 특정 조직이 이미 독점하지 않고 조직 간에 자유로운 경쟁이 가능하기에 누구나 그 석판에 "글씨를 쓸 수 있다"(자신의 의견과 이익을 표출할 수 있다)는 의미로 해석됩니다. 따라서 '다원주의'가 말하는 국가 내에서 활동하는 조직들은 다음의 특성을 지니고 있습니다.

ⓐ 사회에서 경쟁하는 조직들(대표적으로 이익단체들)의 수가 다양하고(multiple), 조직의 결성은 자발적으로(voluntary) 이루어졌으며, 조직들 간에 서열화되지 않고 경쟁적인(nonhierarchically ordered and competitive) 관계에 있습니다.

ⓑ 각각의 특정 분야에 관련된 조직들 간의 관계를 보면, 그 특정 분야를 독점적으로 대표하는 조직은 없습니다. 예를 들어, 소비자

권익 보호라는 특정 분야를 상정할 때 소비자 권익을 보호하는 다양한 이익단체들이 있습니다. 하지만, 중요한 점은 이들 단체 간에 고정된 서열이 존재하지 않으며, 다양한 이익단체들을 독점적으로 대표하는 조직도 존재하지 않습니다.

Robert Alan Dahl
(1915-2014)

다원주의자들 내부에도 서로 다른 의견들이 존재합니다. 달(Robert Dahl)과 같이 국가의 민주주의 운용을 엘리트에게 의존하는데 동의하는 사람들을 "낙관적 다원주의자"(optimistic pluralists)라고 합니다. 엘리트들이 대중들의 요구에 대한 '반응성'(responsiveness)을 높이고 대중들에게 귀를 기울이고 그들을 받아들이는 '열린 자세'(openness)를 지닐 수 있을 지에 대해서도 그다지 걱정하지 않습니다. 왜냐하면, 민주적인 국가운용이 엘리트들끼리의 경쟁을 통해서 가능하다고 봅니다. 사실 엘리트들의 권력이 유권자들의 표를 얻음으로써 생기기 때문에 어느 특정 엘리트 집단의 독점이 아닌 여러 엘리트 집단들 사이의 또는 엘리트들끼리의 경쟁 그 자체는 대중들에 대한 반응성과 열린 자세가 유지되는 기제로서 작용할 수 있습니다. 이런 곳에서는 "보통 시민들"(ordinary citizens)도 정치엘리트들에 대해서 높은 수준의 통제력을 갖고 있기에 낙관적 다원주의자적인 입장이 가능한 것입니다(Dahl 1956, 3). 낙관적 다원주의자들이 따르는 명제인 "시민의 엘리트에 대한 높은 수준의 통제력"이란 정치체계를 '시장'(market)에 비유하면서 나온 말입니다. 즉 정치체계를 시장에 비유한다면 유권자는 소비자에 비유될 수 있습니다. 그런데 소비자는 시장에서 기업의 물건을 사고 싶으면 사고 사기 싫으면 안사면 그만입니다. 시장에서 소비자는 일종의 권력을 가진 '주권자'(sovereign)의 위치에 있다는 것입니다.[38] 마찬가지로 표를 갖고 있는 정치체계에서 유권자는 마치 경제체계에서 소비자처럼 자신의 의지대로 행동할 수 있는 주권자라는 것입니다.

슘페터는 이러한 견해에 반대하는 "비관적 다원주의자"(pessimistic pluralists)입니다. 슘페터는 엘리트들이 정치적 이슈를 생성해 낼 뿐만이 아니라 이러한 이슈들에 대해서 "조작한다"(manipulate)고 봅니다. 그래서 소비자건 유권자건 주권자의 위치에 있더라도 공급자(즉 정치인이나 기업가)가 결국 유권자나 소비자의 선호체계에 영향을 미치거나 선호체계 자체를 조작할 수 있다는 것입니다. 이것은 '공급 측면의 효과'(supply-side effect)가 강조된 이론인데 때때로 사실에 부합하는 설명력을 지닙니다.

'공급 측면의 효과'란 중요한 개념인데, 예를 들어 보겠습니다. 현재 대중 교통망이 발달된 곳에서도 사람들은 자가용을 갖게 됩니다. 꼭 필요해서 갖는 것이 아니라 공급자들이 자꾸 선전하고 할부로도 판매하기 때문에 반드시 지금 현재 수요에 대한 욕구가 없

38) 달은 '다두제적 민주주의'(多頭制的 民主主義, polyarchical democracy)에 대해서 이야기 합니다(Dahl 1956). 달에 따르면, 민주주의란 '과두제적'(寡頭制的, oligopolistic)인 성격을 극복하고 다두제적인 성격이 나타나야 합니다. 다두제적인 성격이 있는 민주주의 체제가 되기 위해선 ⓐ 사회구성원들이 '공적(公的)이의(異意)제기'(public contestation)를 표현하고 신청할 수 있는 자유화(liberalization), ⓑ 일반 시민들의 참여(participation)가 보장되는 포괄성(inclusiveness)이 동시에 나타나야만 합니다. 보다 자세한 내용은 '민주주의'를 논의하는 뒷 부분에서 살펴보겠습니다.

더라도 일단 자가용을 마련하게 됩니다. 자가용의 수효는 소비자의 소비 욕구 이상으로 공급자의 공급효과 때문에 발생한 것입니다. 또 다른 예도 가능합니다. 여러분들은 어떻게 생각하세요? 교통량이 증가하니까(수요 측면) 도로를 넓히기도 하지만(공급 측면) 반대로 생각해 보셨나요? 도로를 넓혀 놓으면(공급 효과) 오히려 교통량이 더 증가할 수 있습니다. 경험적으로 사실인지 아닌지 직접 확인해 보시기 바랍니다. 슘페터의 이론이 공급 측면의 효과를 강조한 이론이란 민주사회에서도 엘리트들이 정보와 이슈를 어떻게 제공하느냐(공급하느냐)에 따라서 대중들의 이슈에 대한 선호가 결정되며, 대중들의 이슈에 대한 선호를 어떻게 갖느냐(수요측면)에 따라서 엘리트들이 이슈를 관리하지 않는다는 것입니다.

조합주의(Corporatism)

'조합주의'(組合主義, corporatism)의 개념은 다원주의에 대한 개념을 이해한 후에 대조적 차원에서 분명히 이해될 수 있습니다. 앞서서 다원주의의 개념들 중에서 특히 ⓑ에 관련된 부분이 다릅니다. 조합주의에서는 특정 영역에서 그 영역에 속한 단체들 사이에 서열이 존재할 수 있고 따라서 독점적인 대표성을 지니는 조직이 존재하게 됩니다. 슈미터(Philippe Schmitter)는 조합주의의 이러한 성향을 강조하여 조합주의를 "(i) 국가에 의해서 용인된 제한된 수의 비경쟁적 요소 집단들이 나름대로의 배타성을 지니고 존재하며, (ii) 각 요소 집단내 조직들의 요구와 리더십을 위해 주어진 독점적 권한을 가지고 행하는, (iii) "이익 조정(또는 이익 중재)의 한 체계"(a system of interest intermediation)"로 이해합니다(Schmitter 1974).

조합주의가 상정하는 '시민사회'는 다음의 특성을 지니고 있습니다. 사회에는 기능적으로 분화된 각 분야들마다 다양한 사회·경제적 조직들이 존재하며, 기능적으로 분화된 각 분야들은 제각기 자율적으로 기능합니다. 기능적으로 분화된 각 분야들은 국가라는 유기체 일부분으로서 기능 하면서 기능적으로 분화된 각 분야들이 서로가 '조합'하여 국가의 정책 결정을 만들어 냅니다. 즉 사회 내부의 기능적 분야를 대표하는 기구들이 서로 조합하여 국가운용을 위한 정책을 결정하는 것입니다. 국가의 정책이 단순히 정치분야(행정부, 입법부)에서 결정된다기보다는 국가내부에서 나름대로의 배타성을 지닌 정치분야, 기업분야, 노동분야를 대표하는 기구가 모여서 국가정책을 결정합니다. 국가단위에서 기능적 분야를 대표하는 기구들이 분야를 대표하여 정책결정을 하기 위해선 각각의 기능적 분야 내부에 존재하는 다양한 조직들 사이에는 서열이 존재할 수 있으며, 분야별로 독점적 대표성을 지니는 기구가 존재하게 되는 것입니다.

국가-기업-노동의 세 영역이 조합하여 국가 정책을 결정하는 경우 각각의 영역은 영역이 대표해야 하는 이념에 충실해야 조합주의가 성공적으로 완성됩니다. 노동 집단은 노동자들을 위한 이념이 중요합니다. 노동 영역이 국가 정책 결정을 위한 협상의 시초 단계에서부터 노동가와 기업가의 이익들을 절충한 어떤 이념을 대변해서는 곤란하다는 의미입니다. 이것은 기업가의 영역도 마찬가지입니다. 기업가는 기업가의 대표적 이념에 충실해야 합니다. 최종적으로, 세 집단에 의해서 합의된 국가 정책은 절충된 이념을 반영할 수도 있습니다.

만약 영역별로 지켜야 할 이념이 존재한다면 어떻게 영역들이 모여서 국가정책으로 조합할 수 있을까요? 조합주의에 따르면 공공선은 이익집단 간의 자유경쟁이나 유권자들의 선거 결과에 의존하기보다는 국가의 정치적 리더십에 의해서 종합되어야 한다고 봅니다. 왜냐하면, 국가에 기능적으로 분화되어 유기체적으로 존재하는 각 분야들의 의견을 묶어내고 조합하는 것이 국가이지, 단순히 경쟁을 통해서 결정되는 승자들의 의견을 받아들이는 것이 국가는 아니라는 것입니다. 시민사회에서의 정치적인 질서는 "기능적으로 분화된 사회·경제적 조직들의 분야별 결정"이 그러한 조직들의 유기체적인 국가 내의 관계를 유지하는 상태에서 국가 단위에서 결정으로 구현되어야 하기 때문입니다(Panitch 1980).

심화학습

공공선의 결정 과정 | 만약 공공선이 이익집단들이나 유권자들을 기반으로 이루어지는 경우 결국은 다음과 같은 문제점이 생깁니다. 첫째, 정책결정에 자신들의 이익을 더 많이 반영하기 위해서 경쟁하는 수많은 이익집단들 중에서 결국엔 더 영향력 있는 이익집단의 정책이 국가정책결정에 반영되게 될 가능성이 높습니다. 즉, 수가 많거나 입법부나 행정부에 대한 로비력이 강한 이익집단의 정책만이 반영될 가능성이 높습니다. 이런 경우 소수를 대표하거나 힘없는 이익집단은 도태될 가능성이 있습니다. 둘째, 유권자 집단에 의지한다는 것은 선거시 모든 유권자들이 투표하는 것도 아니어서 특정 유권자 집단의 투표율에 따라서(예를 들면, 교육수준과 재산수준이 높은 사람들이 더 투표율이 높거나 아니면 높은 연령의 사람들이 더 투표를 한다거나) 대표성이 변하게 됩니다. 이상의 두 가지 문제점을 해결하는 방법은 결국 사회 내에 기능하는 집단들의 대표성을 국가가 할당하여 그들이 모여 조합된 국가정책을 만들어 내는 것입니다.

여전히 복잡한가요? 예를 들어 봅시다. 여러분은 "노 · 사 · 정 협의회"(勞 · 社 · 政 協議會)라고 들어보셨을 겁니다. 그것이 조합주의의 대표적인 예가 됩니다. 우선 "기능적으로 분화된 사회 · 경제적 조직들의 분야별 결정"이란 말을 이해해 보기로 합시다. 국가의 기능적 분화를 분류하는 방법은 무수히 많습니다. 하지만 노 · 사 · 정 협의회란 말에 기능적 분화와 기능 분화된 영역을 대표하는 조직이란 두 가지 의미가 모두 들어 있습니다. 국가 내에서 노와 사와 정은 각각 기능적 분화된 사회 · 경제적 조직들입니다. '勞'(Labor)는 노동의 영역, '社'(company)는 기업가와 사측의 입장을 대변하는 영역, '政'(politics)은 정치의 영역을 대변하는 입장입니다. 그런데 노의 영역 내에는 수없이 많은 조직들이 있습니다. 자동차 노조, 지하철 노조, 항공 노조, 선박 노조 등입니다. 자동차 노조 내에도 택시 노조, 버스 노조, 덤프트럭 노조 등등이 있지요. 택시 노조도 개인택시 노조, 영업택시 노조가 있을 수 있습니다. 이런 경우 같은 노조더라도 모두 입장이 미묘하게 차이가 있을 수 있습니다. 버스 노조와 지하철 노조는 때로는 이익이 상반될 수도 있습니다.

하지만, 국가 차원에서 운용되는 노 · 사 · 정 협의회에서 '노'는 이들 각각의 세분화된 노조들을 모두 하나로 묶어서 대표하는 것을 말합니다. 하나로 묶어서 대표하니 당연히 노의 영역에서의 독점적 지위가 주어지는 기관이 있어야 하고 노조들 간에도 서열이 있어야만 합니다. 이런 점이 다원주의와 대비되는 점입니다. 다원주의에선 각각의 수많은 노조들이 다 자기 목소리를 내며, 서열화되지도 않고 독점적인 대표기관을 형성하지 않고 경쟁하는 것이 일반적인 상황입니다.

갈브레이스(John Kenneth Galbraith)의 「새로운 산업 국가」(*New Industrial State* 1967)란 저서는 조합주의자들에게 자주 인용됩니다. 갈브레이스는 지나치게 자본주의적 성향이 강한 곳의 경제 분야에선 [특히 미국 경제분야처럼 대기업과 고도의 기술을 중심으로 움직이는 극도의 '약육강식'(弱肉强食) 자본주의 체제 하에선] '국가 간섭'(state intervention)이 필요하다고 주장합니다. 조합주의자들은 이런 그의 주장을 인용하여 자유민주주의를 대체하는 모델로서 조합주의를 주장하기도 합니다. 그렇다면 조합주의는 다원주의보다 더 약자와 소수를 보호할 수 있는 상태에서 국가의 결정이 조합될 수 있는 주의일까요? 이것도 장담하기 쉽지 않습니다. 몇 가지 측면으로 정리됩니다.

첫째, 국가의 정책결정에 영향을 미치기 위해서는 우선 그 분야가 공식적으로 인지되고 허락을 얻어야만 합니다(Stepan 1978). 다시 한번 노·사·정 협의회의 예를 생각해 보기로 합시다. 이런 경우 국가로부터 노의 분야, 사의 분야, 정의 분야는 공식적으로 인지되고 허락된 분야여서 국가정책의 조합적 결정에 참여합니다. 그런데 단적으로 만약 환경분야가 현대 국가의 가장 큰 기능적 영역이라고 생각하는 사람들에게는 어떻습니까? 단지 노의 영역에서의 대표기구가 환경영역을 대표할 수 있을까요? 그럴 수도 있고 그렇지 못할 수도 있습니다. 그렇지 못한 경우, 환경 영역은 원래 인정 받은 분야가 아니어서 처음부터 배제된 상태로 국가의 정책 결정이 일어나게 됩니다. 또한 노의 영역에서의 이익이 정의되는 과정에서 다양한 노조들의 이익 구조상의 차별성이 골고루 반영되기는 쉽지 않으며, 같은 영역 내의 약한 조직은 강한 조직보다 분야의 대표 이익을 정의하는데 목소리를 반영하기 어려울 것입니다.[39] 둘째, 조합주의라는 것이 민주주의를 잘하기 위해서 하는 것인데 이는 소위 "권위적 국가"(authoritarian state)적인 형태에 인간적인 면모를 더 한 것에 지나지 않을 수도 있습니다(Stepan 1978). 즉 세 영역의 대표적 이익을 조합하기 위해서는 정치적 리더십이 강조되지 않고는 조합주의 자체가 불가능한 것이고 정치적 리더십이 잘못 강조되는 경우 권위적 국가와 다를 것이 없다는 것입니다. 국가의 이익이 압도적으로 한 가지 이슈로 정리되는 곳에서만 가능한 것이 조합주의란 비판도 있습니다(Panitch 1980).

일반적으로 조합주의에서 국가는 국가 내의 여러 기능적 집단들로 부터 중립적이고 독립적이란 가정 하에 출발합니다. 국가의 리더십은 "강요적이지 말아야"(noncoercive) 합니다. 이런 조합주의를 특히 "사회조합주의"(societal corporatism)라고도 합니다. 하지만, 국가는 중립적이기 어렵고 국가 자체가 하나의 자율성을 지닌 기구로서 사실상 정치의 영역이 강하게 작용하면서 국가의 리더십이 크게 발휘될 경우가 많습니다. 따라서 앞서 지적한 바대로 보기에 따라선 권위주의적 국가의 형태를 띠게 될 수도 있는데, 특히 이런 경우를 "국가조합주의"(state corporatism)라고 합니다.

선진 민주주의를 구현하고 있는 서유럽 국가들에서 보이는 조

---

39) 슈미터의 조합주의에 대한 정의 중에서 "(ii) 각 요소 집단내 조직들의 요구와 리더십을 위해 주어진 독점적 권한을 가지고 행하는"이란 부분에 따르면, 분야별 독점적 지위가 단순히 '강자의 논리'(强者의 論理)에 따라서 움직이지는 않을 것입니다. 왜냐하면, 각 분야별 독점적 지위는 분야 내부의 조직들의 요구를 제대로 수렴하는 리더십을 보이는 경우에 주어지는 것이며, 단순한 강압에 의해 주어지는 것이 아니기 때문입니다. 이점을 유의하시기 바랍니다.

합주의를 사회조합주의의 형태로 상대적으로 후진 민주주의나 대중적 민주주의를 구현하는 곳에서의 조합주의를 국가조합주의로 이해하는 경우가 많은데 정도에 따른 분류이지 국가의 역할 자체가 있거나 없거나 하는 방식의 분류는 아닙니다. 선진사회이건 후진사회이건 국가의 리더십에 대한 역할이 강조되어야만(비록 강제적은 아니어도, 국가가 여러 영역들을 아우르는 정책의 조합을 이루겠다는 의지가 있어야만) 그리고 각 분야별 독점적 기구 내에서도 리더십이 강조되어야만 조합주의가 가능하다고 본다면 조합주의에서의 국가 정책결정을 위한 타협은 조금 심하게 이야기하면 사실상 '강요된 타협'의 연장선상에 있을런지도 모릅니다.

국가와 '우파-좌파' 문제

국가이론에서 빼놓을 수 없는 부분이 바로 "우파와 좌파의 문제"입니다. "우파-좌파의 문제"는 국가역할에 대한 두 가지 차원과 연관성을 맺고 있습니다. 하나의 차원은 "국가는 국민에 대해서 어느 정도의 '정치적 권한'을 갖는가?" 하는 차원과 연관되어 있습니다. 또 다른 하나의 차원은 "국가는 국민들의 '경제 행위'를 어떠한 방향으로 운영하여 경제적 생활을 해결할 것인가?" 하는 차원입니다. 이 두 가지 차원을 중심으로 우파-좌파를 분류하게 됩니다.

첫 번째 차원인 국가가 국민에 대해서 갖는 정치적 권한의 정도에 대해서 두 가지 대비되는 입장이 존재합니다. 한 입장은 국가는 신성한 존재로서 개인들이나 사회 집단들을 초월하기에 국가가 국민에게 할 것과 하지 말 것을 요구할 수 있는 권한이 있다고 보는

정치적(사회적) 차원에서의 좌우 연속선

좌			우
무정부주의** anarchism (사해동포주의)*** cosmopolitanism	자유주의* liberalism	보수주의**** conservatism	국가지상주의 (민족지상주의) nationalism chauvinism

* 여기서 자유의 의미는 국가 권력으로부터 개인의 자유를 의미합니다. 정치적 차원에서는 좌파에 가깝지만 경제적 차원에서는 자유시장 원리를 중시하기 때문에 우파에 가깝습니다.

**여기서 무정부주의는 정부의 정치적 역할의 축소를 뜻하는 일반 명사로 사용하였습니다. 무정부주의가 고유 명사로 쓰일 수도 있습니다. 고유명사로 쓰이는 경우, 푸르동(Pierre Pourdhon 1809-1865), 바쿠닌(Mikhail Bakunin, 1814-1876)이 주창했던 무정부주의를 의미합니다. 이들이 사유재산권 폐지를 주장했기 때문에 무정부주의를 경제적 차원과 연관시켜 좌파로도 인식할 수 있습니다. 이들은 사람들이 서로 존경하며 정직하게 대하는 사회에선 정부의 역할이 없이도 개인들은 사회생활을 영위할 수 있는 것으로 봅니다. 이런 측면은 정치적사회적 차원의 좌파로 인식할 수 있습니다. 20세기말 히피(Hippie)족들도 일종의 자유주의자 내지는 그 정도가 강한 경우 무정부주의자들로도 인식해 볼 수 있습니다.

***무정부주의는 국가지상주의와 댓구어로 사해동포주의는 민족지상주의와 댓구어로 생각하면 됩니다.

****보수주의는 집단을 중시합니다. 기존의 전통과 관습의 유지를 중시하며 이는 집단가치와 사회질서의 고수를 통해 나타나기에 '과거 회고적'(retrospective) 성격이 강하다고 말합니다. 자유주의는 개인을 중시합니다. 개인의 권리를 위해서 상충하는 기존의 집단가치나 사회제도의 변화를 방해하는 정책이나 법적 요인들에 저항하기에 '미래 전망적'(prospective) 성격이 강하다고 말합니다.

입장입니다. 이러한 입장을 취하는 사람들을 이른바 '국가주의자'(國家主義者, nationalists)라고 하며, 이들을 우리는 '우파'라고 부릅니다. 그리고 이러한 입장을 취하는 정도가 극단적인 위치에 있는 사람들(국가는 전지전능한 존재이며 국가가 어떤 것을 요구하건 국가에 복종해야 한다고 믿는 사람들)은 '극우파'가 되며 '국가지상주의자'(國家至上主義者, chauvinistic nationalists)라고 부를 수 있습니다. 이와 대비되는 또 다른 입장은 이런 것입니다. "국가가 도대체 무엇이길래 나에게 무엇을 해라 하지 말아라 하는가? 국가가 나를

경제적 차원에서의 좌-우 연속선

* 자유주의는 경제적 차원에서는 우파입니다(Ware 1996, 28). 미국에서는 liberal이란 의미가 경제적 차원에서 좌파적 성향을 의미하기도 합니다. 자유방임주의와 자유주의를 구분하지 않기도 합니다.

**보수주의와 자유주의 모두 우파이지만 전자는 약자보호의 개념이 더 강합니다. 즉 약자에 대한 온정주의(paternalism)가 존재하는 것이 보수주의입니다.

***일반적으로 '보수주의'가 '자유주의'와 비교하여 약자보호의 온정주의의 성격이 존재하는 이유는 자유주의는 모든 인간을 평등하다고 여기며, 보수주의는 인간의 우열을 인정하는 이념적 차이에서 비롯됩니다. 그렇기에 보수주의는 엘리트주의(elitism)를 받아들이지만, 자유주의는 엘리트주의에 반대합니다.

낳아준 것도 아니고 국가가 나의 인생을 책임지는 것도 아닌데 왜 주민등록증을 만들어라, 벌금을 내라고 하면서 나에게 일일이 간섭하는가?"라고 생각하는 입장입니다. 이러한 입장이 극단적인 위치로 가면 '무정부주의자'(無政府主義者, anarchists)라고도 부르며, '극좌파'가 되겠지요. 이상에서 논한 좌-우 구분법은 국가의 정치적 권한의 정도와 연관되어 있기 때문에 '정치적 차원'(political dimension)의 좌-우 구분법이라고도 합니다.

현실 속에 존재하는 좌파-우파는 특정한 절대적 위치가 규정되기는 어려우며, 상대적 위치를 말한다고 보는 것이 사실에 가깝습니다. 다음 그림에서 보듯이 극좌-극우의 양 극단 사이의 연속선상(連續線上, continuum)의 어느 한 점에 위치하게 되는 것이지요.

두 번째 차원인 국가의 국민들의 경제 생활에 대한 해결책에

재미있는 이야기 '좌파-우파'라는 용어의 배경은 1789년 프랑스 혁명 당시로 거슬러 올라갑니다. 1789년 루이 16세는 당시 국가 재정의 심각한 위기를 타개하고자 170여년 만에 '삼부회'(Estates General)를 소집합니다. 이때 루이 16세를 중심으로 우측에는 왕을 지지하는 세력이 자리를 했으며, 좌측에는 이에 반대하는 세력이 자리를 하게 되었습니다. 특히 1791년 국민공회(National Convention) 소집시 의회 내 중앙에 위치한 의장석을 중심으로 좌측에는 노동계급과 농민, 수공업자들의 지지를 받는 쟈코뱅당이 위치하게 되고, 그 반대편에는 부유한 상공업 부르주아지와 지주의 지지를 받는 지롱드당이 자리하였습니다. 당시 전자는 급진적인 사회혁명을 추진한 반면에, 후자는 대체적으로 온건하고 타협적인 노선을 지향하였습니다. 이런 역사적 배경에서 좌파-우파의 용어가 기원하였습니다(Gooch 1960; Laponce 1981).

대해서도 두 가지 대비되는 입장이 존재합니다. 하나는 경제 행위를 영위함에 있어서 개인들의 능력의 차이를 인정하고 "능력있는 자가 좀 더 갖는 것을 용인하자"는 경제운용방식을 국가가 택하는 것입니다. 즉 시장질서 속에서 자유경쟁을 받아들여 '적자생존'(適者生存) 방식의 결과를 용인하는 자유방임주의(laissez-faire)는 극우가 됩니다. 국가의 역할은 최소화되고 시장의 역할이 극대화됩니다. 반면에 국가의 경제운용 방향에 "가능하면 나누어 갖자"라는 사고를 중시하는 입장이며 이는 '좌파'를 말합니다. 물론 궁극적으로 나누어 갖는 것이 가능한 상태는 개인들이 만들거나 시장이 만드는 것이 아니고 국가가 국민의 경제생활에 개입하는 '국가간섭'(國家干涉, state intervention)의 상태에서 가능합니다. 국민들로부터 세금을 많이 거두어서 이를 가난한 자들과 나누어 공유하는 것은 국가개입을 통해서 가능한 것이지 국민들이 자발적으로 만들어 내기는 어렵습니다. '좌파'

Q&A

'야경국가'는 어떻게 분류해야 하는가요? | '야경국가'(夜警國家, nachtwächterstaat, night watchman state)는 독일의 사회주의자 라살(Ferdinand Lassalle 1825-1864)이 그의 저서 『노동자강령』(*arbeiterprogramm, the working man's programme* 1884)에서 쓴 개념입니다. 17세기 중엽에서 19세기 중엽에 걸친 자본주의국가의 국가관이라 할 수 있습니다. 개인이 자유롭게 경제활동을 할 수 있도록 국가의 기능은 외적의 방어, 국내치안의 유지, 필요한 최소한의 공공사업에 그쳐야 한다는 국가관입니다. 자유주의의 입장에서 볼 때 국가의 역할은 마치 야경(夜警)과 같은 것으로 개인의 자유로운 활동을 보장하는 최소한의 질서유지에 한정되어야 하며, 자본의 자유경쟁만이 최대다수의 최대행복을 보장하는 최적배분을 가져올 수 있다고 봅니다. 국가는 자유방임주의에 입각하여 최소한의 치안경비만을 담당하며, 그 나머지의 역할이 거의 부재한 경우를 말합니다. 따라서 정치적 차원에서의 최소한의 역할을 말하는 경우입니다. 하지만, 정치차원에서 최소한의 질서만 유지하고 모든 것을 방임한다는 것은 경제적 차원에서 국가역할을 없애고 그냥 적자생존의 자연원리에 맡긴다는 측면에서(즉 시장질서에 맡긴다는 측면에서) 복지국가에 상반되는 개념으로 이해될 수 있습니다.

에서도 보다 더 극단적인 분배를 주장하는 입장을 '사회주의'(socialism)와 구분하여 '공산주의'(communism)라고 말합니다. 이상의 좌-우 구분법은 경제적 운영방식과 관련된 것으로 '경제적 차원'(economic dimension)의 좌-우 구분법이라고도 합니다.

이제 종합적으로 국가의 역할을 이해하는 논리 구조를 살펴봅시다. 경제적 차원에 국가의 역할이 클수록, 즉 "국민의 경제생활에 대한 국가개입의 정도"가 클수록 좌파적 성향이 강한 것이고 이러한 좌파적 성향의 국가를 '큰 국가'(big state)라고 부릅니다. 반면에 국가의 역할이 적을수록 우파적 성향이 강한 것이며 이러한 우파적 성향의 국가를 '작은 국가'(small state)라고 부릅니다. 국가의(또는 정부의) 경제에서의 최소한의 역할을 강조하는 사람들을 때에 따라선 '시장론자'라고 부르기도 합니다. 정치적 차원의 경우엔 우파는 '강한 국가'(strong state)를 원하며, 좌파는 '약한 국가'(weak state)를 원합니다. 강한 국가의 경우엔 "국가의 공권력이 국민의 일상생활에 침투하는 정도"가 강한 것을 말합니다. 강력한 공권력의 동원을 통해서 국가의 질서를 유지하는 경우, 이는 강한 국가이며 우파적 성향의 국가인 것입니다.[40] 종합적으로 어느 특정 국가의 역할에 대해서 좌-우 성향이 규정될 때는 경제와 정치라는 두 차원 모두가 고려되어 결정되어야 합니다. 다음과 같은 2×2(two by two) 도표가 가능합니다.

40) '국가론자'(nationalists)라는 말은 때에 따라서 그 의미가 다양하게 사용될 수 있기에 주의를 요합니다. 경제적 차원에서 시장논리가 아닌 국가의 시장개입 논리를 주창하는 자들도 '국가론자'라고 하는 경우를 보게 되지만, 보통 '국가론자'라고 하면 정치적 차원을 기준으로 언급하면서 우파를 칭하는 것이 일반입니다. 역사적으로 'Nationalism'에는 내용에 따라서 3가지 형태로 구분하며, 번역도 3종류('국민주의', '국가주의', '민족주의')로 해 왔지만, 이것도 학계에서 통일된 용어는 아닙니다. ① 국민주의: 여러 국가로 분열된 통일 민족을 통일하려는 주의 (19세기에 이탈리와 독일의 통일). ② 국가주의: 19세기 20세기 중엽까지 제국주의 시대에 군국주의와 결부와 약소민족을 침략했던 움직임[범게르만주의(Pan-Germanism), 범슬라브주의(Pan-Slavism)]. ③ 민족주의: 강대국에 예속된 약소 민족들의 독립운동(그리이스 독립, 벨기에의 독립 등).

표 1-1 국가의 역할과 좌-우파의 문제[41)]

	강한 국가(strong state)	약한 국가(weak state)
작은 국가(small state)	I	II
큰 국가(big state)	III	IV

위의 2×2 도표에서 경우의 수에 대한 조합은 모두 4가지가 있습니다. 여기서 '큰' '작은' '강한' '약한'은 일반명사가 아니고, 정치학에서 좌-우를 정의하는 두 차원에서 사용하는 고유명사입니다. 즉 강한 것은 일반적으로 큰 것이고, 약한 것은 일반적으로 작은 것이라는 일반 통념과는 상관없으니 주의하시기 바랍니다. 우리가 일반적으로 좌-우의 문제를 나눌 때는 경제적 차원의 것을 중심으로 하는 것이 일반적이긴 하지만 경제와 정치 차원을 조합한 결과인 I, II, III, IV 경우의 수들을 통해서 특정 국가의 역할을 규정할 수 있습니다. 실제로 연습을 해 봅시다. 이승만 정부, 박정희 정부, 김영삼 정부, 김대중 정부, 노무현 정부는 각각 I, II, III, IV의 경우들 중에 어떤 경우에 해당합니까? 물론 사람들마다 중요하게 생각하는 각 정부들의 논점이 다를 수 있고 그래서 경우의 수들이 다르게 나타날 수도 있습니다. 하지만 여기서 중요한 것은 바로 그러한 논리틀을 가지고 사고한다는 것이지 반드시 어떤 정부는 어떤 상황에 속한다는 절대적 기준은 두 번째의 문제입니다. 어떤 정부와 비교되느냐에 따라서 경우의 수가 달라질 수도 있습니다.

---

41) 도표에서 국가(state) 대신에 '정부'(government)라는 용어를 쓰기도 합니다. 국가와 정부가 엄격한 의미에서 동의어가 아님에도 혼용하여 쓰는 경우가 많은 이유는 실제적인 국가의 색채(자본주의 국가, 사회주의 국가, 공산주의 국가,….)는 정부의 색채(좌파 정부, 우파 정부, …)에 따르는 경우가 일반적이기 때문입니다.

Q&A **보수-진보 논쟁과 좌-우 논쟁은 같은가요? 다른가요?** | 우리나라에서는 보통 좌-우의 개념과 더불어 '보수'(conservative)와 '진보'(progressive)의 개념을 많이 사용합니다. 일반적으로 한국에선 보수는 우파와, 진보는 좌파와 일맥 상통하는 것으로 받아들입니다. 하지만 이는 별로 바람직한 연관법이 아닙니다. 보수는 일반적으로 "기존의 가치를 지키려고 하는 것"이고, 진보는 "새로운 가치를 받아들이려고 하는 것"인데, 이는 앞서서 논의한 좌-우에 대한 교과서적인 개념과는 거리가 있습니다. 예를 들면, 김대중 정부의 성격을 진보로 규정하더라도, 김대중 정부는 경제차원에 관한한 '신자유주의'를 선언하고 추구하였다는 점에서(신자유주의에 대한 성취도는 별문제로 하더라도) 우파적인 성향이 존재합니다. 김대중 정부가 진보-우파인 셈입니다.

중요한 실례를 통해서 살펴보기로 합시다. 영국은 산업혁명이 시발된 곳으로 노동자 문제가 일찍이 사회문제화 된 곳이며, 이에 따라서 사회복지체계도 일찍 정비되었습니다. 여러분 "요람에서 무덤까지"라는 '비버리지 보고서'(Beveridge Report)를 아시죠? 국민들의 복지를 요람에서 무덤까지 책임지려면 국가는 국민의 경제생활에 대한 개입을 많이 하는 방향으로 국가 운용을 하겠지요. 즉 적극적인 복지정책을 위해서 부자들로부터 세금을 많이 걷는다는 것입니다. 전통적으로 20세기 초 중반에 영국은 전통적으로 '큰 국가'적인 형태를 띠고 있었습니다. 하지만 1979년 정권을 잡은 보수당 당수인 대처(Margaret Thatcher)는 생각이 달랐습니다. 대처는 19세기 말 20세기 초 건설된 "해가 지지 않는 영국"이 20세기 중반 이후 지나친 파업과 노동운동, 일의 생산성에 비해 지나친 복지비 부담으로 인해서 '영국병'에 걸려있다고 보았습니다. 대처 수상은 영국병을 극복하기 위해 1979년 '보수당 총선거 강령'(Conservative Party

재미있는 이야기 대처 수상의 영국병에 대한 진단: 여러분들은 전설적인 쿵푸 액션배우 이소룡(李小龍. Bruce Lee: 1940-1973)을 아실 것입니다. 이소룡의 영화 중에 「Fist of Fury」(분노의 주먹)이란 영화가 있습니다. 아마 여러분들은 「精武門」으로 기억하고 계실 것입니다. 20세기 초반 일본인들이 중국 대륙을 침략했을 당시의 이야기인데, 일본 무도인들이 중국인들의 도장에 들려 "東亞病夫"란 표구를 전달하며 중국 무도인들을 멸시하는 장면이 있습니다. 일본인이 보기에 중국은 "동아시아의 병든 나라"라는 뜻입니다. 청나라가 19세기 중반 이후 서양 세력에 침략당하고 20세기 초반엔 동양의 일본에게도 침략당해 그야말로 병든 나라였습니다. 영국의 대처는 1979년 이후 집권하면서 영국의 침체 상황을 사회주의적인 경제운용방식이 갖고 있는 비생산성에서 찾았습니다. 이를 영국병으로 간주하고 좀 더 자본주의적인 색채를 강화하는 '신자유주의'적 경제운용방식을 도입하게 됩니다. 대처의 영국병에 대한 판단이 '비생산성'이라고 판단한 점, 그리고 '신자유주의적' 색채를 도입한 것은 우리가 배운것을 복습하자면 바로 '가치의 권위적 배분' 사례가 됩니다. 다른 사람들은 영국병에 대한 진단을 달리 할 수도 있고, 치유 방법도 다른 방식들을 고려할 수 있지만, 최고 권력자인 대처는 정치적으로 그렇게 국가 운용의 방향을 결정한 것입니다. 21세기 초반 영국의 경제는 호황을 구가하면

Margaret Hilda Thatcher (1925-2013)

영화 〈정무문〉에서

서 대처의 이러한 정책이 결국 경제 호황의 실마리였다는 호평도 받지만, 2008년 전 세계 금융위기 이후 극단적 자본주의적 색채를 지닌 '금융자본주의'가 공격받고 실업률이 증가하고 경기가 침체되면서 대처의 정책이(예를 들면, 수많은 민영화 정책들) 문제점을 야기시키는 출발점이었다고 공격받기도 하였습니다. 시대 상황에 따라서 다른 평가가 있을 수밖에 없는 듯합니다.

General Election Manifesto)을 통해 5대 과업을 내세웁니다. 개인들이 열심히 일할 동기부여와 그에 상응하는 대가를 강조(자본주의적 색채의 강화)합니다. 파업은 곧 임금인상이란 강성 노조의 공식을 깨려고 하였으며, 최저임금제 역시 실업을 늘릴 수 있다고(최저임금이 결정되면 기업의 인건비가 올라가고 노동수요는 줄어들 수 있다고) 주장합니다. 또한 '법의 지배' '국방력 강화' '범죄와의 전쟁' 등을 포함하여 공권력의 권위의 중요성을 강조합니다. '신자유주의'(neo-liberalism)적인 경제 운용 방식도 도입하였습니다. 국유기업들을 사유화(私有化, privitization)하여 국가의 경제 개입을 축소하고 국가 지출을 축소하였습니다. 즉 대처 수상의 정부는 '작은 정부'였습니다. 동시에, 신자유주의적인 정책으로 인한 복지비 감소와 고용 감소는 많은 시위를 가져왔으나 대처는 이에 공권력을 동원하여 단호히 대응하였습니다. 법과 질서의 강조로 공권력(경찰력)의 기강을 세우고 이를 동원하여 불법시위를 엄단하며 사회질서를 엄격히 확립하였습니다. 정리하면 대처 수상의 정부는 경제적 차원에서 '작은 정부'이면서 동시에 정치적 차원에선 '강한 정부'였습니다.〈표 1-1〉에서 경우 I에 해당됩니다. 여러분들은 어떤 특정 국가(정부)의 좌-우 성향도 〈표 1-1〉을 이용하여 입체적으로 논할 수 있을 것입니다.

1장을 마치며

지금까지 정치 현상의 중심에 있는 '국가'라는 존재에 대한 다양한 시각들을 보았습니다. 국가에 대한 여러 다양한 시각들은 그러한 시각들을 제시한 사람들이 살던 시대 상황 속에서의 국가에 대한 이론들로 폄하될런지도 모릅니다. 하지만 그런 시각들을 섭렵한 후에 현대의 상황에서 국가이론을 논하는 사람들과 그런 시각들에 대해서 아무런 지식이 없는 상태에서 현대의 국가를 논하는 것에는 커다란 차이가 있습니다. 세상은 변화합니다. 하지만 시대적 배경이나 이에 따른 사상들의 차이점에도 불구하고 '국가'라는 존재의 중요성은 변하지 않은 듯합니다. 국가에 대한 반감이 존재하건 아니건 국가는 불멸하며, 정치도 불멸합니다. 따라서 현대의 민주사회를 사는 우리들은 정치에 대한 냉소적인 시각을 거두고 정치에 대한 기본 소양을 갖추도록 노력해야 합니다.

현대 민주주의 사회의 특성과 관련하여 다음의 두 가지 사항들이 논의되고 있습니다. 하나는 국가가 정당성의 위기를 겪고 있다는 것이며, 또 다른 하나는 국가가 처리해야 할 일이 너무 과중되어 있다는 것입니다. 이는 과거와 비교하여 현대의 인터넷 정보시대의 대중들은 교육수준이 월등히 높아지고 이에 따라서 다양한 요구들이 존재할 뿐더러, 요구의 수준과 강도가 높아지기 때문에 국가가 이를 만족시켜주기에 힘든 상황이 연출됩니다. 이런 현상은 선진 민주주의를 실현하는 서유럽국가들도 이미 20세기 말(1980년대 말)부터 경험하고 있어서(Dalton 2006) 21세기의 새로운 현상이 아니며 한국만의 독특한 현상도 아닙니다. 이 두 가지 사항은 연계되어 있습니다.

국가가 처리해야 할 업무에 과부하(過負荷)가 걸린 상태에서 제대로 처리하지 못하니까(과부하 국가론), 당연히 국민들은 “국가가 도대체 그런 일도 처리 못하는가?” “국가는 도대체 무엇을 하고 있는가?”하는 의구심이 들게 되고 불만이 커지며, 이는 국가 권위에 대한 도전(일반적으로 정치 지도자들에 대한 불신)과 함께 ‘국가 정당성의 위기’로 이어지게 됩니다.

앞서서 민주사회에서 권위는 절차상의 하자가 없는 경우를 기반으로 하고 있음을 지적하였습니다. 하지만, 민주사회에서 절차상의 하자가 없는 경우도 국가 권위 자체에 문제가 생기기도 합니다. 이것은 국가라는 것 자체가 다양한 기관 목적을 지닌 공적, 사적 기관들로 구성되며 (입법부, 행정부, 사법부, 경찰, 기업, 종교집단, 교육기관, 사회집단,…), 따라서 그러한 존재와 연관되어 행해지는 정치 현상이 매우 복잡다기한 것에 연유하는 바가 크다고 할 수 있습니다. 과부하 국가론이나 국가 정당성 위기론 모두는 역설적으로 정치의 중요성을 강변합니다. 그러한 두 가지 어려움을 극복하고 국가를 이끌어갈만한 유능하고 양심적인 정치 영웅이 이 사회에 요구되는지도 모릅니다. 댄지거(Danziger)는 이스턴의 정치에 대한 정의를 기반으로 하여 ‘정치’라는 것의 속성을 보다 구체적으로 정리하였는데 기억하면 유용할 것입니다(Danziger 1991).

ⓐ 정치는 권력을 행사하는 행위이다.

ⓑ 정치는 가치 있는 것들을 합법적으로 권위적으로 배분하고 결정하는 과정이다.

ⓒ 정치는 이익이나 권력을 추구하는 개인이나 집단들 사이의 분쟁이나 갈등을 조정하고 해결하는 과정이다.

제2장

정치학의 주요 '대구(對句) 논리 및 이론'들

사회과학의 한 분야인 정치학은 다양한 세부 분야를 포함하고 있습니다. 정치학의 세부 분야를 분류하는 방식은 여러 가지가 있습니다. 가장 보편화된 방식은 '정치사상 및 정치이론'(political thought and political theory), '비교정치'(comparative politics), 국제정치[international politics, 또는 국제관계(international relations)], 정치경제(political economy) 분야로 분류하는 것입니다. 정치사상 및 이론 부분에선 정치철학을 다룹니다. 비교정치 분야에선 개별 내지 지역 단위 국가들의 정치현상 및 그러한 현상들을 비교 분석합니다. 국제정치 분야에선 지구적 단위에서의 국제 관계를 다룹니다. 정치경제 분야는 정치현상의 주체로서 국가와 경제현상의 주체로서 시장을 종합하여 다루게 됩니다.

심화학습

정치학 분류 체계 | 개별 국가마다 자국(自國)의 정치는 자국민들에게 보다 특별한 의미를 갖기 때문에 각국 정치론을 하나의 독립된 분야로 분류하기도 합니다. 즉, 우리나라의 경우는 '한국정치론'(Korean Politics)이 독립된 분야로서 분류에 포함되는 것입니다. 물론, 미국에선 '미국정치론'이, 일본에선 '일본정치론', 중국에선 '중국정치론'이 하나의 독립된 분야가 될 것입니다. 한국정치론, 미국정치론, 일본정치론 등은 개별 국가 정치론이나 폭넓은 의미에서 비교정치론에 포함됩니다. 하지만, 분류체계는 근본적으로 연구의 내용에 따라서 정해지는 것입니다. 예를 들어서, 한국의 외교정책을 연구하는 경우엔 비교정치보다 국제정치로 분류하는 것이 사실에 더 가까울 것입니다. 어떤 하나의 연구 주제에는 대개 여러 가지 분야들이 혼재되어 나타나는 경우가 많습니다. 각 분야들 내에서도 더 구체화된 세부 분류도 가능합니다. 정치경제 분야의 경우에도 비교정치경제(comparative political economy)와 국제정치경제(international political economy)로 분류할 수 있습니다.

우리는 일반적으로 '과학'(science)이라고 하면 '이공계'(理工系)를 연상합니다. 그런데 사회과학(社會科學, social science)이라는 말에도 분명 '과학'(science)이란 말이 들어가 있습니다. 영어식 표현에서도 '정치학'(politics)보다는 '정치과학'(political science)이 더 보편적으로 사용됩니다. 사회과학이나 정치과학에서 '과학'이란 말의 의미는 다음과 같은 몇 가지의 특징을 가지고 있습니다.

① 논리적(logical)이어야 합니다. 어떤 학생이 어떤 현상을 설명하는 과정에서 A가 C와 같다는 것을 주장하려고 합니다. 이때 학생은 특히 B라는 매개체를 통해서 A와 C가 같다는 것을 주장하려고 합니다. 그러면 그 학생은 A가 B와 같고, B가 C와 같음을 입증하고 난 후에야 비로소 A가 C와 같음을 주장할 수 있게 됩니다. 물론 B 대신에 X, Y, Z과 같은 다른 매개체로 대치(代置)되어도 마찬가지의 결과가 됩니다. 이러한 과정을 '논리적'이라고 합니다.[1)] 논리는 "일반적인 것에서 특수한 것을 추론"하는 '연역적'(演繹的, deductive) 논리와 "특수한 것에서 일반적인 것을 추론"하는 '귀납적'(歸納的, inductive) 논리로 구분됩니다. 연역적 논리에서는 전제(前提)가 참이면 결론도 참이어야 합니다. 반면에 귀납적 논리에서는 전제가 참이라고 해서 결론도 참인 것이 보장되지 않

1) 이런 이유 때문에 귀납적 논리를 엄격한 의미에서의 논리에 포함시키지 않기도 합니다. 하지만, 논리를 연역적인 것에만 한정하는 경우엔 어려운 일이 일어납니다. 일반적으로 전제가 되는 이론들은 관측데이터나 실험자료들로부터 생성되는 경우도 있기 때문입니다. 동시에, 관찰하는 개수가 유한(有限)할 수밖에 없는 경우엔 "특수한 것에서 일반적인 것을 추론"할 수밖에 없을 것입니다. "까마귀는 검다"라는 결론을 내리기 위해서 현실적으로 모든 까마귀들을 관찰할 수는 없습니다.

습니다.

② ‘일반화’(generalization)가 가능하여야 합니다. 독특한 개별적 현상에 대한 분석보다는 여러 가지 현상들을 관통하여 나타나는 일반화된 현상을 규명합니다. 일반화한다는 것은 ‘이론을 만들어 낸다’는 것을 의미하며, 일반화는 ‘간결성의 원칙’(principle of parsimony)에 따릅니다. 간결성의 원칙이란 설명하려는 것을 최소한의 요소로서 설명해 내는 것을 말합니다. 물체의 중력가속도 이론을 9.8m/sec^2으로 표시한 것이나, 상대성 이론을 $E=mc^2$으로 간략화 한 것들은 그 예가 됩니다.

③ 주장에 대한 검증(verification)이 가능해야 합니다. 검증할 방법이 없거나 곤란한 것은 과학의 영역으로 간주되지 않습니다.[2)] 주장한 바에 대해서 경험적 자료들을 통해서 입증을 할 수 있으며, 어떤 사람들이 입증하건 동일한(적어도 유사한) 결과가 나와야 합니다. 이는 주장에 대한 ‘신뢰성’(reliability)과 연결되기도 합니다.

④ 주장하는 개념이 추상적 수준에 머물지 않고 구체적이고 명시적인 수준으로 제시되어야 합니다. 이를 위해서 개념이 ‘조작화’(操作化, operationalization)되는 과정이 중요합니다. 예를 들어서 정치발전이란 포괄적 개념입니다. 연구자는 정치발전이란 것을 인식할 수 있는 최선의 구체적인 지표(index)를 제시해야 하는데, 그것이 바로 개념의 조작화입니다. 예를 들면, 구체적인 지표는 ‘공정한 선거제도의 확립 여부’가 될 수도 있고, ‘1인 1표제의 확립’이 될 수도 있습니다. 하지만 정치발전과 연관될 수 없는 지표

---

2) 내세(來世)의 존재 여부에 대한 논쟁은 종교적 영역에 있는 것입니다.

가 제시된다면 주장의 '타당성'(validity)이 낮아집니다. 내가 주장하고자 하는 바를 적합하게 나타내기 위한 개념의 조작화는 주장에 대한 '타당성'과 연관됩니다.[3)]

⑤ '설명되는 것'[종속변수(從屬變數), dependent variable]과 '설명하는 것'[독립변수(獨立變數), independent variable]이 구분되어야 합니다. '설명되는 것'은 연구자가 '설명하고자 하는 대상'을 말합니다. '설명하는 것'은 '설명되는 것'을 설명하는 수단들을 말합니다. 연구자가 '정치 발전의 정도'(degree of political development)란 주제에 관심이 있는 경우 '정치 발전 정도'는 연구자가 설명하고자 하는 대상이며, 독자들에게 설명되어야 합니다. 설명되어야(즉 분석되어야) 하는 것이 종속 변수입니다. 반면에 설명되는 대상을 무엇을 통해서 설명할 것인지 설명하는 수단이 필요합니다. '독립변수'가 필요한 것입니다. 독립변수는 수없이 많이 존재할 것입니다. 독립변수의 선택은 연구자가 하는 것입니다. 연구자가 경제 발전 수준, 교육 수준, 국가 청렴도 수준을 선택하여 그 사회의 정치발전의 정도를 설명하려고 합니다. 이때 선택된 세 변수는 독립변수가 됩니다.

그러면, 이제 사회과학적 논리에 대한 3가지의 중요한 세부

---

3) 예를 들면, '민주주의 발전'과 '경제 발전'에 대한 조작화 과정을 살펴봅시다. 여러분들은 '민주주의 발전'을 설명하기 위하여 어떠한 구체적인 지표를 사용하시겠습니까? '권력분립 여부', '투표권 획득 여부', '정당발전 여부' 등 수도 없이 많습니다. 연구자의 구체적인 연구 목적에 합당한 지표들을 골라야 합니다. '경제 발전'의 경우에도 GNP 증가율, GDP 증가율, 경제성장율, 시장개방 정도 등 다양할 것입니다. 연구 목적에 합당한 개념 정의는 연구의 '타당성'을 높여줄 것입니다.

주제를 다루도록 하겠습니다. ① 내재된 비교와 설명, ② 상관 관계와 인과 관계의 구분, ③ 객관적 측정과 주관적 측정이 그것입니다. 이어서, 정치학을 공부하는데 기초가 되는 주요 대구 논리들은 ① 제도와 문화, ② 구조와 기능, ③ 공평성과 효율성, ④ 국가 대 사회 대 개인, ⑤ 이상 대 현실이라는 다섯 가지의 범주 속에서 살펴보겠습니다.

내재된 비교와 '설명'

사회현상들을 비교한다는 것은 사회현상들 사이의 '상이성'(相異性, difference)과 '유사성'(類似性, similarity)을 통해서 '규칙성'(規則性, regularity)을 찾는 행위이며, 이들을 통해서 개별 현상들이 각각의 '특수한(a particular) 현상'인 것인지, 아니면 그러한 현상들을 꿰뚫는 '일반화된(the generalized) 현상'인지를 파악하는 것입니다. 이것에 대해서 하나씩 살펴봅시다.

왜 비교하는가?

'논리적'인 것의 내용을 사회과학의 내용과 연관시켜 살펴봅시다. 사회과학에서 개인의 주장은 '비교의 논리'가 이미 내재되어 있는 경우가 많습니다. 특정한 상황을 통해서 살펴보겠습니다. 갑(甲)이 어떤 사과를 시식한 후에 이 사과의 맛에 대해서 "이 사과는 달다"(This apple is sweet)라고 표현했다고 가정합시다. 그런데 을(乙)이 먹어보았더니 별로 달지 않았습니다. 을에게는 오히려 신맛이 느껴지기도 했습니다. 그런데 갑은 왜 "이 사과가 '시다'(sour)"라고 표현하지 않고 '달다'라고 표현했을까요? 도대체 어떻게 이 사과가 단지를 알았으며 어떻게 판단했을까요? 적어도 그 사과가 단지 아니면 신지를 표현하는 것은 갑의 '양심의 자유'입니다. 누구도 갑이 그렇게 생각하고 그렇게 주장하는 것 자체를 방해할 수는 없습니다. 여기서 중요한 것은 그 사람의 그러한 표현이 어떻게 가능했는지에 대한 여부입니다.

그 사람은 이미 과거에 다른 사과를 먹어보았던 경험이 있기에 '당도'(糖度, sweetness)에 대한 어떤 경험이 있다고 보는 것이 타당할 것입니다. 그러니까, '이 사과는 달다'라는 표현 자체는 비교문장이 아니지만, 비교적 시각이 이미 내재되어 있기에 그러한 표현이 가능한 것입니다. 즉 과거에 갑이 먹어본 사과들의 당도에 대한 종합적 경험과 지금 먹어본 사과의 당도를 비교하여 갑의 판단이 "이 사과는 달다"라고 내려진 것입니다. 문장의 형태는 비교의 형식을 취하고 있지 않으나 그 내용은 사실상 과거의 시식 경험과 현재의 시식 경험 사이에서 비교의 시각에 입각하고 있는 셈이지요. 즉 "이 사과는 달다"라는 주장에는 비교의 시각이 이미 내재되어 있다는 것입니다. '달다'라는 주장을 위해서 무의식적으로 비교가 행해진 것입니다. 비교를 위해서 비교가 필요한 것이 아니라 어떤 주장을 하는 과정에 비교가 내재(內在, inherent)되어 있을 수밖에 없다는 의미입니다. 이것이 바로 '내재화된 비교'의 의미입니다.

"이 사과는 달다"라는 갑의 주장에 대해서 을은 다른 생각을 갖고 있으며, 논쟁을 하게 될 수도 있습니다. 이러한 논쟁 과정에서 중요한 것이 '설명'의 중요성입니다. 여기서 '설명'이란 말을 썼는데,

이 말은 사회과학적으로 좀 더 엄밀히 사용되는 것이 바람직합니다. 사회과학에서 '설명한다'(explain)는 것은 '분석(分析)한다'(analyze)는 의미로도 사용합니다. 따라서 '설명하다'란 용어는 단순히 '기술(記述)하다'(describe)란 용어와는 구분됩니다.

다시 한번, "이 사과는 달다"라는 문장을 살펴보겠습니다. 앞 문장에서 '달다'라는 것은 사과를 시식한 후에 '사과의 맛'에 대한 일종의 '설명'(說明, explanation)일까요? 아니면 단순한 '기술'(記述, description)일까요? 그것은 '사과는 달다'라는 주장이 행해지는 상황에 달려 있습니다. 일간지에 "어떤 사과가 재배되고 출하되었는데 먹어보니 그 사과가 매우 달다"라는 소식을 전하는 기사였다면 '달다'라는 것은 소식을 전달하는 단순한 기술로 간주될 수 있습니다. 하지만 기사에서 그 사과가 단 이유를 규명하는 기사를 추가로 다루고 있으며, 그 속에서 '달다'라는 주장이 존재한다면, 이는 분석의 결과 도출된 설명에 해당합니다. 즉 재배할 때 햇볕을 더 강하게 쬐게 하였는지, 아니면 품종 자체가 중요하니까 품종 개발에 힘쓴 결과인지, 아니면 비슷한 품종이더라도 온도나 비료와 관련된 것인지에 대한 정보가 추가 되면서 "이 사과는 달다"라고 했다면 설명하는 것으로 간주될 것입니다. 사회과학에서 설명한다는 것은 어떤 상황에 대한 판단과 분석을 하는 것으로 자신의 주장을 내세우는 논리 전개에 현실적으로 가장 중요한 부분이라고 해도 과언이 아닙니다.

결론적으로 비교는 비교하기 위해서 비교한 것이 아니라 "설명하기 위해서" 비교하는 것입니다. 즉 비교 그 자체가 목적이 아니라 비교는 수단이며, 목적은 분석하고 설명하기 위해서입니다.

어떻게 비교하는가?

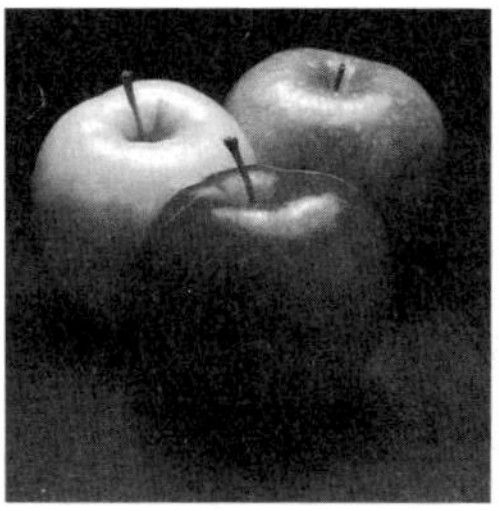
사과

오렌지

사과의 단맛을 평가하기 전에 반드시 사과를 먹어야만 하는 것은 아닙니다. 사과를 먹어보지 않았다고 하더라도 다른 과일을 먹어본 경험이 있어서 적어도 '당도'에 대한 경험을 바탕으로 한 경우도 가능합니다. 왜냐하면 우리는 사과를 비교하는 것이 아니라 사과 속에 존재하는 '당도'를 평가하는 것이기 때문입니다. 모든 과일들은 당도를 가지고 있습니다. 우리가 처음 먹어보는 '열대(熱帶) 과일'을 시식한 후에도 '이 과일은 달다'라는 표현이 얼마든지 가능한 것입니다. 하지만 적어도 '당도'에 대한 개념만큼은 있어야 할 것입니다. 여기서 우리는 '비교 단위'(unit of comparison)의 중요성을 알게 됩니다.

"사과와 오렌지를 비교하는 것이 가능한가? 가능하지 않은가?" 하는 논쟁이 있습니다. "어떤 과일이 더 좋은가?" 하는 선호(選好, preference)에 대한 비교는 사실상 주관적인 것이어서 비교가 어렵습니다. 하지만 당도가 비교의 단위가 될 경우 두 과일은 객관적 비교가 가능할 수 있습니다. 비교 대상물들에 대한 비교의 단위가 어떻게 정해지느냐에 따라서 대상물들이 비교될 수도 있고 비교하기가 곤란할 수도 있습니다. 국가들을 서로 비교한다고 해 봅시다. 경제성장지수를 비교 단위로 하여 비교할 수도 있고 실업률을 비교 단위로 하여 비교할 수도 있습니다. 경제성장지수를 비교하는 경우 GNP(Gross National Product)를 단위로 비교할 수도 있고 GDP(Gross Domestic Product)를 단위로 비교할 수도 있습니다. 투자에 있어서 국경의 개념이 무너진 세계화 시대에는 GNP보다는 GDP의 개념이 더 보편적으로 쓰이기도 합니다. 비교의 단위가 어떻게 정해지는가에 따라서 비교 대상물에 대한 판단 결과가 달라질 수 있습니다. 가장 큰 영토를 비교하는데 영토의 절대적 크기를 비교할 수도 있고 인구 1인당 영토의 크기를 비교할 수도 있습니다. 이런 경우 결과가 반드시 일치하지 않을 수 있습니다.

사회과학적 논쟁이나 정치학의 논쟁을 포함하여 비교 단위를 똑같이 정해놓고 하는 비교도 있지만, 비교의 대상물 자체가 비교가 가능한 것인지 아닌지에 대한 논쟁도 가능합니다. 예를 통해서 그 논의를 시작하겠습니다. 이러한 명제가 있다고 가정해 봅시다. "호랑이와 고양이를 비교할 수 있는가?" 호랑이와 고양이는 근본적으로 '다른 종'(種)이어서 비교할 수 없다고 생각하는 사람들도 있습니다. 반대로 호랑이와 고양이는 사실상 '같은 고양이과'(科)여서 비교할 수 있다고 주장하는 사람들도 있을 것입니다. 하지만 두 가지의 대답 모두 적어도 앞서서 언급한 '내재된 비교시각'이란 사회과학적 관점에선 조금 유치한 대답입니다. 그러면 어떻게 대답해야 '내재된 비교시각'이란 관점에 충실한 대답이 될까요?

앞서서 비교한다는 것은 사회현상들 사이의 '상이성'(difference)과 '유사성'(similarity)을 찾는 행위라고 하였으며, 이런 과정을 통해서 그러한 사회현상들이 일반화된 것인지 특수한 것인지를 밝히는 것이라고 설명한 바 있습니다. 그렇기에, 고양이와 호랑이는 비교

스토킹하는 호랑이

스토킹하는 고양이

된다 또는 안 된다는 식의 접근은 조금 유치할 수 있습니다. 그 해답은 단순히 비교될 수 있다거나 비교될 수 없다거나 하는 비교 가능성 자체에서 찾기보다는 사실상 "어떻게 비교될 수 있는가?"라는 것에 대한 답을 찾는 과정에 초점을 맞춰야 한다는 것입니다.

호랑이와 고양이의 유사성과 상이성의 가능성을 모두 열어 놓은 상태를 표현하는 상황이어야만 합니다. 호랑이와 고양이는 같은 고양이과로서 갖게 되는 유사성이 있습니다. 유전학적으로 또는 해부학적으로도 유사성을 지닌 동물이니까 같은 '과'로 묶어 놓은 것이겠죠. 소위 먹이를 잡기 위해서는 "숨어서 살금살금 먹이(prey)에게 접근해 갑니다." 이런 행위를 '스토크'(stalk)라고 합니다. 호랑이가 사슴을 공격하거나 고양이가 쥐를 공격하거나 비슷한 행태를 목격할 수 있습니다. 호랑이와 고양이는 그 크기에 상관없이 '스토커'(stalker)로서 유사한 기능을 갖고 있습니다. 해부학적으로도 그러한 기능을 위해서 발바닥은 소리 없이 다가갈 수 있도록 푹신푹신한 발바닥으로 진화되어 있습니다. 또한 크기에 상관없이 '어금니'와 턱이 발달해서 먹이의 목덜미를 공격하여 숨통을 쥡니다. 그러니까 호랑이와 고양이는 같은 고양이과로서 그 기능에 있어서 분명히 유사합니다. 하지만 상황은 그렇게 단순하지 않습니다. 호랑이는 호랑이이고 고양이는 고양이입니다. 그렇다면 호랑이는 단지 크기만 큰, 같은 기능을 하는 고양이인가요? 그렇게 말할 수 없습니다. 근본적으로 호랑이는 사슴과 소 같이 큰 동물을 잡아먹으며 고양이는 소를 잡아먹지 못합니다. 여기서 '근본적'인 차이점이란 용어를 사회과학적인 용어로 표시하자면 '구조적'인 차이점이 됩니다. 크기와 생김새 등의 구조적 차이는 두 대상물의 차이점을 인식하기에 충분할 것입니다. 이상의 두 가지 상황을 비교 상황으로 설명하기 위해서 다음의 도표를 참조하시면 됩니다.

표 2-1 비교논리

	유사성	상이성
기능적	I	II
구조적(근본적)	III	IV

상위의 2×2 도표는 네 가지의 경우를 포함합니다. 기능적 유사성(I), 기능적 상이성(II), 구조적 유사성(III), 구조적 상이성(IV). 결론적으로, 설명과 도표에 의하면 호랑이와 고양이는 (I)과 (IV)가 공존하는 경우라고 답하면 보다 내재적인 비교의 관점을 중시한 답이 되는 것입니다. "호랑이와 고양이는 어떻게 비교할 수 있는가?"라는 질문에 "기능적으로는 유사하지만 구조적으로는 상이하다. 따라서 기능적 유사성과 구조적 상이성이 공존한다"라고 답하면 됩니다.

상관 관계와 인과 관계

사회과학은 어떤 특정한 사회현상들 간의 '연관성'(relationship)을 밝히는 것입니다. 사회과학의 한 분야인 정치학도 예외가 아닙니다. '비교 시각'과 더불어 정치학을 공부하는 사람들에게 요구되는 또 다른 중요한 논리적 개념은 연관성의 성격이 '상관 관계'(associational relationship)인지 '인과 관계'(causal relationship)인지를 구분하는 것입니다. 단순히 두 개의 사회 현상이 어떤 연관성이 있다는 것에 머물지 않고 '관계의 성격'에 대해서 파악하고 있어야 합니다.

예를 들어 봅시다. 베버는 「청교도 윤리와 자본주의 정신」(*Dis Protestantische Etik und der Geist des Kapitalismus* 1904)이라는 저서에서 서구 사회의 자본주의나 경제 합리화란 현상과 청교도 윤리라는 종교 가치관이 "연관성을 맺고 있다"고 지적하였습니다. 즉 특히 단일 문화권으로 인식되는 서양 문화권 내에서 자본주의가 발전하는데 청교도주의라는 가치관이 "중요한 역할을 하였다"는 것입니다. 그렇다면 여기서 "연관성을 맺고 있다"라든지, "중요한 역할을 하였다"라는 말에 대해서 좀 더 엄밀히 생각해 봅시다. 16세기 루터(M. Luther)의 종교개혁(Reformation)직후에 캘빈(J. Calvin)은 루터의 성서지상주의와 신 앞에서의 평등관은 계승하였지만, 세속적 권위의 인정을 거부하면서(즉, 신의 절대 주권을 강조하면서) 종교를 정치와 결부시켰습니다. 캘빈에 따르면, 인간은 누구나 구제되는데 그것은 신만이 알고 있으며, 인간은 구제에 대한 확신을 갖고서 그 수단으로 자신의 직업에 충실하여야 한다는 것입니다['예정설'(豫定說)]. 이런 논리는 베버에게서 확장됩니다. 인간이 자신의 직업을 신의 은총으로 생각하여 직업에 충실한 청교도(淸敎徒)적인 삶을 살면 경제적 이윤의 추구를 보편적으로 인정하게 되며, 이는 자본주의의 발달을 가져오게 됩니다.[4] 이렇듯 청교도 윤리가 자본주의에 중요한 역할을 하였으니, 이것은 청교도 윤리가 자본주의에 영향을 미친 것이며, 따라서 연관성을 맺고 있는 것입니다.

청교도 윤리라는 종교적 가치의 존재를 'X'라는 변수(variable)로 하고 자본주의의 발전이란 현상을 'Y'라는 변수로 나타냅시다. X와 Y의 관계를 인과 관계로 규정하느냐 아니면 상관 관계로 규정하느냐에 따라서 연관성에 대한 함축적 의미가 달라집니다.

(i) 만약 X와 Y가 '상관적 관계'로 해석된다면, 자본주의의 발전이 반드시 청교도 윤리라는 가치가 신봉되는 곳에서만 발전하는 것은 아니지만 청교도 윤리가 그 사회에 가치로서 존재하는 곳에서 더 분명히 나타나는 현상이다"라는 정도의 해석이 가능합니다. 따라서 자본주의의 발전은 필연적으로 청교도 윤리가 존재하는 곳에서만 있는 것은 아니라는 해석이 가능합니다. 동시에 자본주의가 발전하면 오히려 개신교가 늘어난다거나 청교도 윤리라는 가치가 확산될 수도 있다는 여지를 남겨 놓는 것입니다.[5]

(ii) 만약 X와 Y가 '인과적 관계'라면 자본주의의 발전이란 결과적 현상은 청교도 윤리라는 가치의 존재가 원인적 현상으로 작용

---

4) 캘빈은 정치조직을 종교상 목적 달성을 위한 수단으로 봅니다. 캘빈의 사상은 진보적, 적극적, 혁신적인 시민들의 경제활동을 배경으로 하고 있기에 정치적으로도 철저한 민주주의의 개혁을 요구하게 됩니다. 정치, 권력, 사회질서를 무조건 긍정하지 않고 종교상의 이념과 상치할 때는 저항을 강조합니다. 캘빈은 정치와 종교를 결부시켰다는 점에서 이를 분리시켰던 마키아벨리와 대비되어 인용됩니다.

5) 하지만 이렇게 '역으로' 해석하는 경우는 주의를 요합니다.

해서 가능한 것입니다. 따라서 경험적으로 이 이론이 검증되는 경우 자본주의의 발전이 청교도 윤리라는 현상의 원인이 되어서는 곤란합니다. 청교도 윤리를 믿지 않는 곳에서 자본주의의 발전이 있어도 곤란합니다. 연구 과정으로 본다면 베버가 자본주의와 경제 합리화에 관심을 갖게 되고 그 원인을 종교적인 것에서 찾아낸다는 것으로 본다면 (즉 연구자의 의도를 충분히 고려한다면) '인과 관계'로 볼 수도 있습니다. 하지만 경험적으로 일본과 같은 나라는 동양이면서 청교도 윤리가 지배한 곳은 아니지만 자본주의가 고도로 발전하였습니다. 프로테스탄티즘이 칼뱅주의(Calvinism)나 침례주의 등의 '신교'라고 할 때 유럽의 선진 자본주의 국가들 중에는 '구교' 국가들도 꽤 존재합니다.

베버의 이러한 주장은 경제 합리화의 원인을 종교와 연관시켰다는 점에서 흥미롭습니다. 자본주의의 발달과 청교도 윤리 사이에는 "선택적 친화력(選擇的 親和力, selective affinity)이 있다"라고 표현하는 경우에도 해석은 두 가지로 존재할 수 있습니다. 첫 번째는 '선택적 친화력'이란 용어가 다른 여러 가지 원인들이 있지만, 특히 청교도 윤리라는 종교적 원인이 자본주의의 발전과 더 친화력이 있다는 의미로 해석하는 경우입니다. 두 번째는 '선택적 친화력'이란 말 자체를 포괄적으로 해석하여 인과 관계보다는 상관 관계적인 입장에서 해석하는 것입니다. 수없이 많은 변수들 가운데 두 가지 변수가 "선택되어서 서로 끄는 힘이 있다"는 것입니다. 즉 자본주의가 발전된 곳들의 대부분에서는 청교도 윤리가 지배하고 있다고 해석하는 식입니다.

'상관 관계'란 두 변수의 관계가 연관성을 갖고 있는데 반드시 하나의 변수가 또 다른 변수의 원인이 되는 변수로 작용하거나 결과가 되는 변수로만 작용한다고 '확고하게'(robustly) 말하기 어려운 상황에서 두 변수 사이의 관계를 말합니다.[6] 즉 분명히 두 변수 사이에서 한 변수가 다른 한 변수의 원인으로 설명하는 것이 자연스럽기는 하지만 우리는 그것을 100% 확증하기 어렵습니다. 연구란 것이 제한된 시점에 제한된 범위에서 이루어질 수밖에 없기 때문입니다. 반면에 '인과 관계'는 하나의 변수가 또 다른 변수의 원인이거나 결과라고 분명히 말할 수 있는 경우입니다. 하지만, 어느 정도까지가 확증할 수 있는 정도이냐에 대한 판단의 어려움 때문에 주관성을 완전배제하기 어렵습니다. 따라서 대부분의 이론에서 인과 관계는 상관 관계를 기본으로 하되, 특히 두 변수의 관계가 원인과 결과라는 역할이 뒤바뀌는 경우가 없을 것이라는 확증 속에서 강조되는 경우에 사용되는 것으로 이해하는 것이 편리할 것입니다.

어떤 두 변수 간의 인과 관계가 훼손되는 상황은 단순히 상관 관계라는 현상의 존재가 아니라, 원인과 결과에 대한 변수들의 역할이 뒤바뀌는 경우에 나타날 수 있습니다. 베버의 연구에 적용해서 이야기 하자면 청교도 윤리가 원인이 되어 자본주의의 발전을 가져오는 것이 아니고, 역으로 자본주의가 발전하니까 청교도 윤리와 같은 가치가 발생한다는 것이 인과 관계로 확증되는 경우입니다. 물론 이런 경우에도 두 변수 사이에는 상관 관계가 여전히 존재하지만

6) 여기서 'robustly'란 어휘를 선택한 것은 보다 보편적인 상황의 어휘를 선택하기 위해서 입니다. 물론 이 말도 100%를 의미하는 것은 아닙니다. 이 용어는 이론에 대한 검증 절차가 객관화 되어 있는 '통계학'(statistics)과 같은 분야에서 빈번하게 사용되는 용어임을 참고하시기 바랍니다.

"종교가 원인이 되어서 경제 합리화가 이루어진다"는 기존의 인과 관계는 무너지게 됩니다.

인과 관계를 규명하는데 또 다른 어려운 점은 바로 '허위적 관계'(虛僞的 關係, spurious relationship)의 존재 때문입니다. 어떤 지역에 커다란 화학 공장이 들어섰습니다. 그 이후에 그곳에 겨울이면 날아와서 서식하던 '철새의 수'가 눈에 띄게 줄어들었습니다. 따라서 어떤 환경론자가 5년을 관찰한 후에 다음과 같은 인과 관계적 결론을 내렸습니다. "화학 공장이 들어서면(원인 변수) 환경에 부정적 영향을 미쳐 철새의 수를 감소시킨다(결과 변수)"라는 것입니다. 하지만 이러한 인과 관계적 주장은 화학 공장의 설립과는 다른 여러 가지 요인들이 철새의 겨울 도래 수에 영향을 미치는 것이 밝혀지는 경우 "화학공장의 설립과 철새의 수 감소"라는 인과 관계는 '허위적 인과 관계'로 판명될 수 있습니다. 예를 들면, 철새가 오지 않은 이유를 조사해 봤더니 (i) 철새가 여름에 서식하던 지역의 공장 폐수로 이미 그 수가 급감한 경우, (ii) 철새가 다른 좋은 서식지가 존재함을 알고서 대부분은 그곳으로 날아가는 경우, (iii) 철새가 그곳에 들어선 화학 공장과 관련된 화학 물질에는 태생적인 면역력을 갖고 있는 것으로 밝혀져 그곳의 화학물질과 별 상관이 없는 것으로 판명된 경우, (iv) 그 동네에 철새를 잡는 사냥꾼들이 잠입하면서 이들이 철새의 숫자에 영향을 미치는 경우 등일 것입니다.

주관적 측정과 객관적 측정의 문제

마지막으로 '주관적 측정'(subjective measure)과 '객관적 측정'(objective measure)이라는 문제에 대해서 살펴보겠습니다. 지금 살펴보고 있는 세 가지 문제는 사실 정치학의 문제로 국한되는 것이 아니고 모든 사회과학에 연관이 된 기초적인 문제임을 염두에 두시기 바랍니다.[7)]

우리는 민주주의 사회에 살고 있습니다. 사회에 어떤 논쟁이 있는 현안이 존재할 때 그 판단을 위해서 '여론조사'(opinion poll)를 많이 합니다. 여론조사를 통계학적 기법에 따라서 적합하게 하는 것 까지가 문제의 해결이 아닙니다. 조사된 여론조사를 어떻게 해석하는지 그 과정에서 문제가 발생하는 것입니다. 예를 들어 보겠습니다. 이혼율이 증가하고 있어서 사회적으로 문제가 되기도 합니다. 하지만 이혼을 하는 경우 당사자들은 나름대로의 이유를 갖고 있을 것입니다. 어떤 TV 방송국에서 "우리 사회의 이혼, 그 원인은 무엇인가?"라는 주제로 관계자들을 모아서 토론을 한다고 가정합시다. TV 방송국은 전문 여론조사기관에 의뢰하여 결혼한 성인 남녀들을 대상으로 다음과 같은 설문과 응답을 조사하였습니다. 설문들 중에 다음의 3가지 항목이 포함되어 있다고 합시다.

설문 - 1: 당신은 당신의 부인(남편)을 사랑하십니까?

① 아주 사랑한다. ② 사랑하는 편이다. ③ 그저 그렇다.
④ 싫어하는 편이다. ⑤ 아주 싫어하는 편이다.

---

7) 요즘 TV나 라디오 등 대중매체에서 활성화되어 있는 토론 프로그램에서 가장 많이 발견되는 논리상의 문제점이(정확히 숫자를 세어가며 조사하지는 않았지만) 바로 상관 관계를 인과 관계처럼 이야기한다거나 주관적 측정을 객관적 측정처럼 이야기하는 것입니다.

설문 - 2: 당신은 당신의 부인(남편)과 갈등이 생기는 경우 대화 시간을 갖습니까?

① 수시로 대화한다. ② 대화하려고 노력한다.

③ 대화할 수도 있다. ④ 대화로 해결하지 않는다.

설문 - 3: 당신은 당신의 부인(남편)과의 기념일을 챙기고 있습니까?

① 기념될 만한 일은 모두 챙긴다. ② 챙기려고 노력한다.

③ 챙길 수도 있다. ④ 생각하지 않고 있다.

결론적으로 말하자면, 설문-1 이 주관적 측정이고 설문-2와 설문-3은 객관적 측정입니다. 극단적인 예로, 설문-1에서 ①이라고 대답해도 설문-2와 설문-3에서 모두 ④로 답한 사람도 있을 수 있습니다. 이런 경우, 비록 그 사람은 아무리 부인을 사랑한다고 말해도(주관적 측정) 실제로 어떤 행동을 하고 있는지를 살펴보니(객관적 측정) 부인을 사랑하는 수준이라고 말하기 어렵습니다. 객관적이란 용어를 구태여 사용하지 않더라도 사회의 보편적인 통념에 따른 상식으로는 부인을 사랑하지 않는 상황에 더 가까울 것입니다. 물론 대화와 기념일을 챙기는 것으로 그가 부인을 사랑하는 것을 측정할 수 있느냐는 것이 논란거리이지만 이렇게 측정의 종류가 다르다는 것을 인식하는 것 자체가 중요합니다. 아무리 설문-1에서 ①과 ②에 응답한 비율이 70%라고 할지라도 설문-2와 설문-3에서 ③과 ④에서 응답한 비율이 80%라면 이것은 각각의 결혼한 성인 남녀들은 단지 사랑한다고 생각할 뿐, 사랑한다면 실제로 그렇게 표현하는 행위는 제한되어 있다고 할 수 밖에 없습니다. 설문-1처럼 주관적 측정에만 의존하여 이혼 문제를 판단하는 것은 오류를 범할 가능성이 높습니다. 주관적 측정에선 '사랑한다'고 답할 가능성이 높기 때문에 이혼율이 낮아야 할 것입니다. 하지만 현실에선 이혼율이 높게 나올 수 있으며, 이런 경우에 객관적 측정 항목들을 참고한다면 그 이유가 밝혀질 가능성이 높습니다.

이번에는 정치 분야에서 예를 살펴보겠습니다. 한국사회에서 '우파'와 '좌파'간의 논쟁은 1945년 해방정국에서도 나타났지만 지금도 상존하고 있습니다.[8] 하지만 과연 보수와 진보라는 것이 실제로 객관화된 구체적 항목 자체에서 그렇게 나타난 것인지(즉 객관적 측정 항목들을 통해서), 아니면 주관적 측정 상황의 결과 그렇게 나타난 것인지를 파악하는 것은 우리 사회의 이념 갈등의 성격을 판단하고 해결하는데 중요합니다. 다음과 같은 설문들이 조사되었다고 가정합시다.

설문 - 1: 당신의 이념적 정체성을 무엇이라고 생각하십니까?
① 우파 ② 중도 우파 ③ 중도 ④ 중도 좌파 ⑤ 좌파

설문 - 2: 당신은 '군사 방위비'를 증액시키는 것에 대해서 어떻게 생각하십니까?
① 절대 찬성 ② 찬성 ③ 상황에 따른다 ④ 반대 ⑤ 절대 반대

설문 - 3: 당신은 '사회 복지비'를 증액시키는 것에 대해서 어떻게 생각하십니까?
① 절대 찬성 ② 찬성 ③ 상황에 따른다 ④ 반대 ⑤ 절대 반대

설문 - 4: 당신은 '북한에 재정적으로 지원하는 것'에 대해서 찬성하십니까?
① 절대 찬성 ② 찬성 ③ 상황에 따른다 ④ 반대 ⑤ 절대 반대

---

8) 우리는 '보수-진보 논쟁'이라는 표현에 더 익숙합니다. 하지만 본 책에서는 보다 더 엄격한 의미의 전달을 위해서 '좌-우 논쟁'이란 용어를 사용하려고 합니다. 한국사회에서 보수와 진보는 마치 우파와 좌파와 일맥상통하는 것으로 인식되는 경향이 있습니다. 즉 보수는 우파이고, 진보는 좌파와 동일시되어 인식되는 것입니다. 따라서 본 설문에서도 그런 경향을 따랐지만 사실 보수와 진보가 반드시 우파나 좌파와 동일시되는 것은 정확한 예가 아닙니다.

응답 유형을 큰 틀 속에서 다음과 같이 4가지 유형으로 정리하여 이를 비교 시각에서 분석해 볼 수 있습니다

표 2-2 측정 방법과 응답 유형

	주관적 측정	객관적 측정	내용
유형 1	우	우	이념적 일관성
유형 2	좌	좌	이념적 일관성
유형 3	우	좌	이념적 혼재성
유형 4	좌	우	이념적 혼재성

즉 (주관적 측정항목들에서는) 아무리 내가 주관적으로 좌파나 우파라고 대답해도 (객관적 측정항목들에서는) 좌파와 우파라면 통념적으로 기대되는 좌파와 우파의 가치를 택하지 않고 그 반대로 대답할 수도 있다는 것입니다. 물론 통념적으로 생각하는 좌파와 우파의 가치로 일관되게 대답하는 가능성도 있습니다. 또한 객관적 측정 항목들 중에서도 어떤 사람이 설문-2에서는 좌파의 가치에, 설문-3에서는 우파의 가치에 응답할 수도 있습니다. 역으로, 설문-2에서는 우파의 가치에 설문-3에서는 좌파의 가치에 응답할 수도 있겠죠. 이런 경우는 “이념적 혼재”상황을 말하게 됩니다. 즉 이슈에 따라서 나의 선호는 반드시 통념적인 좌파, 우파와 일치하지 않을 수 있다는 것입니다. 예를 들어서, 설문-1에서 우파라고 답한 경우 설문-4에서 북한에 지원을 반대하는 것이 통념적으로 예견됩니다. 하지만 북한을 안보의 대상이기 이전에 같은 민족으로서 인도적 차원의 지원이 강력히 필요하다고 보는 경우 ‘절대 찬성’이라고 답할 수 있는 것입니다.

내가 아무리 좌파나 우파라고 주관적 차원에서 나의 '정체성'을 규정하더라도 객관적 가치에선 좌파와 우파의 가치를 동시에 갖고 있을 수 있다는 것입니다. 이것을 또 다른 사회과학적 용어로 가치가 각 집단 내에서 '교차되어'(cross-cutting) 존재한다고 합니다. 가치가 서로 교차되어 존재하면 각 좌파 집단이나 우파 집단의 이념적 선명성이 떨어지는 것을 의미합니다. 좌-우 집단 간에 좌-우 가치가 교차되어 존재하지 않고 좌파는 좌파의 가치만을, 우파는 우파의 가치만을 일관되게 소유한다고 가정하면 그 사회는 좌-우 집단의 차이가 선명하여 투쟁과 갈등의 수준이 증폭될 가능성이 높습니다. 주관적 이념 성향과 상관없이 그러한 좌-우 집단에 소속된 각 개인들에게 가치가 어느 정도 혼재되기에 그 사회에서 좌파 집단과 우파 집단이 타협할 여지가 생기게 됩니다.

단순히 설문-1에 의존하여 우리 사회는 좌파가 더 많다라든지 우파가 더 많다라는 주장은 사실을 호도할 가능성이 있습니다. 물론 설문-1의 주관적 측정은 그 나름대로의 의미도 있습니다. 적어도 각 개인이 자신의 정체성을 그렇게 생각하는 것은 '양심의 자유'의 영역이며, 이는 그 나름대로의 의미가 존재합니다. 하지만 적어도 우리 사회의 좌파 우파의 성향을 분석할 땐 반드시 설문-2, -3, -4를 동시에 조사하여 좌파와 우파의 구체적 가치 성향을 함께 참조하여야만 합니다.

정치학의 주요 "대구 논리"들

정치학이란 학문을 보다 쉽게 이해하기 위해선 앞서 언급한 비교 논리에 덧붙여서 정치학 분야를 공부하는 사람들이 익숙하게 사용하는 몇 가지의 주요한 '관점들'(perspectives)에 대해서 공부할 필요가 있습니다. 많은 학설들은 그들이 주장하는 바에 대한 나름대로의 논리가 있습니다. 학설들은 자신들의 학설이 유용한 지를 설명하는 부분이 있으며, 그런 부분들은 '논리적'으로 구성되는 것이 상식입니다. 정치학을 보다 수월하게 공부하기 위해서는 다양한 학설들을 몇 가지의 대비되는 논리적 테마로 하여 분류한 "대구(對句) 논리"들에 익숙해질 필요가 있습니다.

동일한 사회 현상에 대하여 대비되는 입장에 있는 주의(主義, -ism)나 학파들의 논리를 대비시켜서 숙지한다면 이는 정치학의 내용파악 그 자체에도 도움이 됩니다. 구태여 이론의 이름을 빌리지 않더라도 다음은 분명한 예가 됩니다. 물 잔에 물이 반 정도 차 있는 경우가 있습니다. 이러한 동일한 경우에 대해서 어떤 사람은 "물이 이제 반밖에 안 남았다"라고 주장합니다. 또 다른 사람은 "아직도 물이 반이나 남아 있다"고 주장합니다. 누가 맞는 것일까요?

구조(structure)와 기능(function)

사람들이 서로 논쟁하는 것을 보고 있으면 그 두 사람이 서로 다른 '세계관'(world view)을 갖고 있음을 인지하게 될 때가 많습니다. 세계관이란 결국 인생 철학이라고 할 수 있을런지도 모릅니다. 좌파와 우파는 서로 갈등할 수밖에 없는 것이 서로 다른 세계관을 가지고 있기에 이들 간에 '화합한다'는 말 자체는 사실상 어폐가 있는지도 모릅니다. 양보하는 것은 양보할 수밖에 없는 상황에서 양보하는 것인지도 모릅니다.

정치학에서 빈번하게 일어나는 학파 간의 논쟁은 서로 다른 세계관에 기인하는 경우가 많은데 그 가운데 가장 대표적인 것들 중의 하나가 '구조주의'와 '기능주의' 간의 서로 다른 세계관과 이에서 기인하는 논리적 차이점일 것입니다.

Louis Althusser
(1918-1990)

'구조주의'(構造主義, structuralism)적인 성격을 갖는 주장들이 다양하게 존재하여 그들 사이에 통일된 하나의 의견을 말하기는 곤란할 수도 있습니다. 하지만 본 장에서는 대구적 위치를 통한 상대적 논리의 중요성을 강조하기 위해서 보다 선명한 입장으로 정리해 보겠습니다. 구조주의를 단적으로 표현한다면 루이 알튀쎄(Louis Althusser)의 "개인으로서 인간은 그들이 처해있는 구조적 관계 속에서 그러한 관계의 지원자(supporters)이거나 운반자(bearers)에 불과하기에 인간이 역사의 주체로서 행동하는 것이 불가능하다"는 것입니다(Althusser 1969). 구조 속에 함몰된 행위자는 무능하며, 어떤 기능과 작용을 한다고 해도 구조라는 대세는 변하지 않습니다. 구조는 일종의 어떠한 현상으로 귀결되게끔 하는 '거부할 수 없는 힘'으로 작용합니다. 결론적으로, 구조 속의 행위자는 어떤 목적의식을 갖고 행동하는 것이 아닙니다. 과거에 「세계는 넓고 할 일은 많다」라는 책이 있었는데,[9] 아마 구조주의자들은 세상이 비록 넓다고 해도 내가 할 일이라는 것은 사실상 정해져 있는 것이고, 그렇게 일을 한다고 해도 세상이 나로 인해서 바뀌지는 않을 것이라고 생각하게 될 것입니다.

이와 대비하여, '기능주의'(機能主義, functionalism)란 '고정적'(固定的)인 구조(structure)라는 개념에 우선하여 '기능'이나 '작용'을 중시하면서 현상을 파악하려 합니다. 인식론적 차원에서 볼 때 '기능'(function)이라는 용어는 '실체'(substance)에 대립하는 개념입니다. 기능주의는 실체 또는 사물 자체의 인식은 사물의 속성으로서 그 기능이나 작용을 통해서만 존재를 파악하고 인식이 가능할 수 있다는 입장을 말합니다. 그러한 기능들은 '체계' 속에서 종합적으로 구현됩니다. 따라서 기능주의자들은 '체계'(system)라는 개념을 중시합니다.[10] 일반적으로 기능주의자들은 기능이나 작용은 '동태적'(動態的, dynamic)인 속성을 띠고 있지만, '구조'는 '정태적'(靜態的, static)이거나 고정적인 것으로 대비하는 경향이 있습니다. 이런 경우에는 어떤 고정적인 구조를 보는 것이 아니라, 구조 속에 들어 있는 수많은 요소들의 기능과 상호작용을 중시하게 됩니다.[11] 따라서 '투입'(投入, input), '산출'(産出, output), '환류'(還流, feed-

9) 전 대우그룹 김우중 회장은 「세계는 넓고 할 일은 많다」라는 책을 출간한 바 있습니다.

10) 하나의 체계는 하나의 '전체'(whole)인데, 이는 구성 요소들(components)의 단순한 합을 넘어서는 그 이상으로서의 전체를 의미합니다. 체계라는 전체는 구성 요소들 사이의 관계(relationships)를 중요시하기 때문입니다. 예를 들어, 개구리를 해부하여 간, 위, 콩팥, 창자 등의 구성 요소를 확인한 후에, 다시 역순으로 조합한다고 해도 개구리의 가장 중요한 생명은 되돌릴 수 없게 됩니다. 개구리의 생명이란 장기들 간의 관계에서 형성된 그 무엇으로서 단순히 장기들의 합으로 이해될 수 없습니다.

11) 체제를 하나의 생명에 비유하여 어떻게 특정한 상태를 유지시키는지, 또는 상태가 변화하고 발전하는 기능과 메커니즘에 대해서 연구하기도 합니다. 이런 이유로 진화와 발전에 대해서 다룬 '다윈주의'(Darwinism)을 하나의 이론적 모델로 삼기도 합니다.

심화학습

파슨스의 '구조-기능주의'(structural functionalism)라는 것이 있는데 이것은 구조주의인가요? 기능주의인가요? 아니면 절충형인가요? | 파슨스(Talcott Parsons)의 구조-기능주의는 내용의 본질은 기능에 대한 이론이지만 구조를 설명하는 요소들이 혼합되어 있습니다. 파슨스의 '구조-기능주의'는 '기능주의'에 가까우며, 보편적 의미에서의 '구조주의'와는 거리가 있습니다. 사회 구조의 구성 요소들에 대한 파악을 하고 있지만 그 본질적 내용은 구조를 구성하는 구성 요소들 간의 상호 관계와 기능에 집중하고 있기 때문입니다. 우리가 보편적으로 말하는 '구조주의'에서의 구조는 "보다 근본적이고 근원적인 작용을 하는 보이지 않는 힘"을 의미한다고 할 때 파슨스 이론에서의 '구조'는 '요소들'로 구성된 전체라는 의미가 강합니다. 파슨스는 「사회체계」(*The Social System* 1951)라는 저서를 통해서 '사회체계'가 운용되기 위해서 필요한 4가지의 기능적 요건들을 제시하는데 다음과 같습니다: ⓐ '적응'(Adaptation: 물질적인 자원의 생산과 분배를 담당하는 기능으로서 경제 기능에 비견됩니다), ⓑ '목표달성'(Goal Attainment: 권력의 발생과 분배를 담당하는 기능으로서 소위 정치 기능이라고 할 수 있습니다), ⓒ '통합'(Integration: 사회 내의 갈등의 요소들을 통제하며 동의와 사회적 유대를 강화하는 기능으로서, 소위 법의 기능), ⓓ '잠재'(Latency: pattern maintenance and tension management: 사회 제도를 유지하고 일탈에서 발생하는 긴장을 조정하는 기능인데 문화 기능으로 표시되기도 합니다)이 그것입니다. 네 가지 기능의 첫 문자를 따서 'AGIL 이론'이라고도 합니다.

back), '제어'(制御, control), '규제'(規制, regulation) 등과 같은 핵심어들을 주요하게 사용합니다.[12] 기능주의이론에서 행위자의 행위와 기능은 특정한 목적과 연관되어 있습니다.

어느 휴일 아침에 아빠와 어린 소년이 아침 산책에 나섰습니

12) 사이버네틱스(Cybernetics)란 분야도 이들 용어를 주요하게 사용하는 또 다른 연구 분야입니다.

다. 산책길에 많은 새들의 지저귐을 듣고서 소년은 아빠에게 "아빠, 이쪽 나무에 앉아 있는 새는 무슨 새야? 그리고 저쪽 나무에 앉아 있는 새는 무슨 새야?"라고 질문합니다. 아빠는 "응, 이쪽 새는 참새고, 저쪽 새는 꾀꼬리야"라고 대답합니다. 소년의 질문은 어린이로서 호기심의 보편적 표현입니다. 이런 질문도 가능할런지 모르겠습니다. 즉 새의 이름을 물어보는 것이 아니고, 바로 새의 기능 그 자체를 물어보게 되는 것이지요. "아빠, 왜 새는 자꾸 자기 몸을 부리로 쪼아? 아프지 않을까?" 아빠는 이렇게 대답할 것입니다. "새는 날아다니잖아. 날아다니려면 깃털을 다듬어야 (즉 다듬는 기능을 해야) 해. 그러니까 자기 몸을 쪼아대는 거야." 지금 후자의 질문과 대답은 바로 날아다닌다는 기능적인 측면에 관련된 질문과 대답입니다. 소년은 새의 이름이 궁금한 것이 아니라 새의 기능 원리를 질문하고 있는 것입니다.

그렇다면 새의 이름에 대한 지식을 갖게 되었을 때가 새에 대해서 알게 된 것일까요? 아니면, 새의 이름은 모르더라도 새의 기능에 대한 지식을 갖게 되었을 때가 새에 대해서 알게 된 것일까요? 사실 우리가 그 새의 이름을 알았을 때조차도 우리는 그 새를 안 것이 아닙니다. 비록 이름은 몰라도 새의 습성이나 그러한 습성이 어떤 이유 때문에 행해지는지에 관한 기능을 알게 되는 것이 그 새를 알게 된 것이라고도 할 수 있습니다.

국가이론 부분에서 많은 이론들이 '자본주의 사회'라는 '사회구조'나 부르주아와 프롤레타리아라는 '계급 개념'과 연관되어 있음을 알 수 있었습니다. 구조주의적 입장에 찬성하는 노동자가 있다고 가정해 봅시다. 그는 고도의 자본주의 사회라는 구조 속에서 전문지식에 의존하지 않는 노동자들이 할 수 있는 일이란 제한될 수밖에 없고, 그러한 구조 속에서 일을 한다고 해도 자신의 일상에 변화가 있지 않을 것이라는 입장을 취하게 될 것입니다. 왜냐하면 구조주의자 마르크스에 따르면 자본주의 사회구조는 일반화된 특성이 존재하는데, 그러한 특성은 구성원들의 기능과 상관없이 결정되어 있기 때문입니다. 아무리 열심히 일해도 착취당한다는 것입니다. 반면에, 기능주의적 입장을 받아들이는 노동자는 앞서서 언급했던 "세계는 넓고 할 일은 많다"라는 명제를 받아들입니다. 단적으로, 극단의 자본주의 사회 구조 속에 있더라도 그는 그가 할 수 있는 모든 일을 할 수 있으며, 이러한 기능을 통해서 변화를 꾀할 수 있다는 것입니다. 어떤 세계관을 갖는가가 그 사람의 행동 강령을 결정하며, 그로 인해서 삶에 대한 태도도 완전히 다르게 되는 것입니다.

'체계이론'(system theory)은 정치학 분야의 기능주의 이론들 중 대표적인 것 입니다(Deutsch 1963; Easton 1965). 이들은 국가의 역사적 배경을 통한 국가의 특수성이나 그 국가가 지닌 제도적 특성을 분석하는 것에 그다지 의미를 두지 않습니다. 왜냐하면 국가를 이해한다는 것은 '특정한' 역사적 배경이나 '특수한' 제도적 장단점에 의해서 평가되는 것이 아니고, 국가가 민주주의라는 보편적인 목적을 위해 '얼마나 잘 작동하고 있는가'에 대한 '일반화된 기능 유형'을 통해서 평가된다고 보았기 때문입니다. 앞서서 언급한 화인만의 예를 적용한다면, 참새인지 꾀꼬리인지를 아는 것이 중요한 것이 아니며, 조류의 보편적인 목적인 '날아다니는 것'을 위해서 '부리로 깃을 다듬는 기능'을 아는 것이 중요하다는 것입니다. 기능주의자로서 체계론자들은 모든 국가들의 보편적인 목적인 민주주의를 위해서 어떻게 기능하고 있는가에 대한 정보가 중요하다고 본 것입니다. 결론적으로, 체계이론가들의 핵심적 의도는 국가들마다의 특수성을 넘어서는 일반화된 유형 속에서 민주주의 수행 여부와 관련된 '기능'을 이해하려는 점에 있습니다.

'체계이론'에서 국가들마다의 특수성을 넘어서는 인류 보편적 가치와 목적은 '민주주의'로 규정됩니다. 그리고 나서, 민주주의의 순기능(順機能, positive function)을 다음과 같이 정의합니다. 국민은 국가에 그들이 원하는 것을 요구하며(投入機能, 'Input' function), "정부는[13] 국민들이 요구한 것을 정책으로 만들어 집행함으로써(産出機能, 'output' function) 국민을 위한 정치를 합니다. 결국 민주주의 사회를 수요와 공급의 시장에 비유한다면 국민의 정부에 대한 '투입'(input)은 '요구'(demand)로,[14] 정부의 이에 대한 정책적 응답이라고 할 수 있는 '산출'(output)은 '공급'(supply)으로 유추해 볼 수도

13) 체계이론에서는 국가라는 말이 모호하다고 하여 '정부'(government)라는 말을 사용합니다. 단 정부는 행정부의 준말이 아니라, 행정부와 입법부를 종합한 통치기구를 말합니다. 이 경우 사법기구도 포함하기도 하지만, 사법기구는 법을 만들고(입법부) 이를 집행하는(행정부) 통치의 범주라기 보다는 사건이 발생한 경우 이를 판단하는 기구로 한정됩니다.

14) 체계이론의 원형에선 'input'은 두 종류로 구성되는데, 그 하나는 demand이고, 다른 하나는 support입니다. 국민의 정부에 대한 '요구'만 'input'으로 규정하는 것이 아니라 '지지'도 'input'의 한 형태로 규정할 수 있다는 의미입니다.

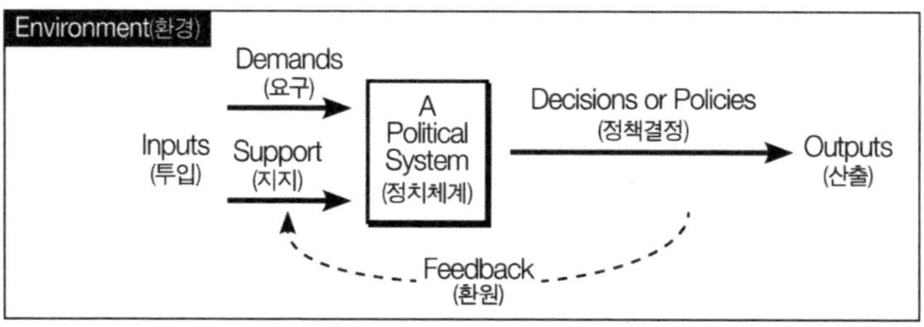

출처 : David Easton, "An Approach to the Analysis of Political Systems," *World politics* (April, 1957), vol. IX, pp. 383-400.

있습니다. 또한 산출과 투입이 서로 연계되는 과정을 '피드백'(feed-back)이라고도 합니다. 요구하는 자들의 입장에선 과거 요구에 대한 정부의 응답 정도를 본 후에 다시 투입 여부를 결정하거나 반대로 응답하는 자의 입장에선 과거 산출에 대한 주민들의 만족도를 보고서 다시 산출 여부를 결정하는 것을 말합니다. 국민들의 요구를 정부가 제대로 들어주지 못하거나, 국민들이 제대로 자신들의 요구를 정부에 표출하지 못하거나, 아니면 이 두 가지가 모두 동시에 발생하는 경우엔 민주주의는 역기능(逆機能, negative function)하게 됩니다. 이러한 논리적 배경으로부터 다음의 도표를 만들 수 있습니다. 투입이 제대로 되는 상태를 (+), 그렇지 않은 경우를 (−)로 표시하고 산출이 제대로 되는 상태를 (+), 그렇지 않은 경우를 (−)로 표시하면 다음과 같은 경우의 수를 포함하는 도표가 만들어 집니다.

표 2-3 투입과 산출의 '일반적' 관계

투입(국민으로부터 요구)	산출(정부로부터 응답)	스테레오 타입(stereo type)	경우
(−)	(−)	신정(神政)정치	(I)
(−)	(+)	'현인(賢人)'형 정부	(II)
(+)	(−)	과부하 국가 기능	(III)
(+)	(+)	민주주의 기능	(IV)

경우 (I)은 투입과 산출모두 (−)인 경우입니다. 정치체계와 관련하여서 지도자나 그 집단을 이끄는 소수 특권층들이 그들의 의도대로 운용하는 정치체계입니다. 국민들은 어떤 것을 해달라고 표현하는데 부족하며, 정부도 국민들이 원하는 바를 파악하기보다는 자신들이 지킬 것이나 원하는 것을 하는 경우입니다. 종교와 정치가 분리되지

않았던 시대와 사회에서 지도자는 국민의 의도를 파악하기 보다는 '신의 뜻'을 파악하고 이에 따라서 정치체계가 운영되었을 것입니다.

경우 (II)는 국민들이 해달라고 요구할 줄 몰라도 정부가 알아서 해주는 경우입니다. 아주 이상적인 현인(賢人)에 의한 지배 유형인데 현실성이 약합니다. 정부가 알아서 해준다고 하지만 국민이 원하는 바로 그것을 해주는 데는 미흡합니다. 현인형에선 "모든 것을 알고 있는 내가 알아서 할 테니 너희들은 그냥 따르면 된다"라는 식의 일방적 의사소통이 두드러지는 상태가 됩니다.

경우 (III)은 국민들은 자신들의 요구를 제대로 표출할 수 있지만 정부가 그러한 요구 사항들을 제대로 수용하여 제공하지 못하는 경우입니다. 이 경우는 언뜻 보기에 반민주적인 것 같지만 다음의 두 가지의 경우가 있으니 그 내용에 유의하시기 바랍니다. 첫 번째는 독재 정부 말기의 형태로서 혁명적 상황이 요구되는 상황이기도 합니다. 두 번째는 소위 선진 민주사회에서 높은 지적 수준의 민주시민들이 다양한 요구사항을 쏟아놓을 때 정부가 이를 감당해 낼 수 없는 과부하 국가와 연관된 상황입니다. 경우 (IV)는 그야말로 이상적인 민주주의 사회로 기능하고 있는 경우입니다.

우리가 지구상에 존재하는 국가들에 대해서 조사한다고 가정합시다. 그런 경우 체계이론가들에 따르면 각 국가들의 명칭은 무엇이며 어떤 제도를 채택하고 있는가를 아는 것이 중요한 것이 아니라, 각 국가들이 (I), (II), (III), (IV)의 어떤 유형에 속하는지를 아는 것이 중요하다는 것입니다. 단순화하여 표현하자면, 국가의 이름을 몰라도, 국가가 어떤 제도를 채택하는지 몰라도 결국 (I), (II), (III), (IV)의 어떤 유형에 속하는지를 아는 것이 진정으로 그 국가의 속성을 이해하는 것이라고 봅니다. 이것은 위에 제시된 논리틀을 기반으로 국가들이 어떻게 기능하고 있는가를 이해할 때 그 국가에 대한 이해가 가능하다는 것입니다.

그렇다면 무엇을 통해서 (+)와 (−)를 판단할까요? 일반적으로 국민으로부터의 요구 기능이 제대로 기능하고 있다(또는 정부로부터의 응답 기능이 제대로 기능하고 있다)는 것을 판단하는 기준들도 여론조사와 같이 종합화된 하나의 수치로 표현되는 것들입니다. 예를 들면, 여론 조사에서 "정부가 국민들의 요구 사항을 제대로 수렴하며 정책을 제시하고 있다고 생각하는가?"라는 질문에 '아니다'라고 대답한 사람들이 70%로 나왔다면 (−)로 표시될 것입니다. '체계이론'을 비판하는 사람들은 "체계이론이 '블랙박스이론'(black box theory)에 불과하다"고 주장합니다. 어떤 사물의 속성을 이해하기 위해서 '기능'을 이해한다는 것은 바람직한 시도이지만 결과적으론 기능이 잘되고 있다, 못되고 있다만 이야기할 뿐이란 것입니다. 블랙박스만 확보해서는 곤란하고 사고 전문가들이 추가로 블랙박스 내용물을 정교하게 분석하듯이, 체계이론도 긍정기능과 부정기능을 가져오는 사안들을 추가로 분석해야만 하기에 체계이론은 중간과정의 이론에 불과하다는 비판들이 있는 것입니다. 국가별, 사회별로 "어떤 역사적 배경을 기반으로, 어떠한 다양한 집단들에 의해서, 어떠한 다양한 일들이 구체적으로 벌어지는지"에 대한 설명이 소홀하다는 것입니다.

구조주의자들 중에는 국가이론가(state theorists)들이 많습니다. 이론적 배경이 마르크스의 이론과 연계되어 발전되었기 때문입니다. 국민들에게 구조로서 작용하는 근본적인 틀은 다른 어떤 실체보다도 '국가'입니다. 하지만 '국가'라는 실체처럼 종합적인 개념이면서 모호한 개념은 없습니다. 국가라는 이름의 실체는 무엇입니까? 정부 당국을 말합니까? 국민을 말하는 것입니까? 아니면, 이들 모두의 합을 말합니까? 만약 정부 당국과 일부 지역 시민들이 "국가를 위해선 이렇게 해야만 한다"라고 서로 간에 논쟁을 벌이는 일이 발생한다면 그때 국가는 무엇입니까? 아니면 더 중요하게, 이들 모두의 합이면서도 이들과는 독립된 자율성을 지닌 또 다른 어떤 실체입니까? 국가란 정의하기가 매우 까다로운 포괄적 개념을 지닌 어떤 것이며, 비록 자율성을 지닌 독립된 실체여도 국가에 영향을 미치는 주체들은 한정되어 있기에 자율성 역시 제한을 받는 측면이 있습니다. 그러면 국가라는 구조를 어떻게 설명할 것인가요? 영토와 주권 그 자체만을 말하는지, 정부 구조만을 말하는지, 일반 대중들의 구조를 말하는지, 공기관만을 말하는 것인지, 추상화할 수는 있지만 구체화하기 어려운 문제입니다. 상황에 따라서 너무도 다양합니다. 여러분들은 정치인들이 "국가와 국민을 위하여 결단을 내렸다"고 주장하는 말들을 종종 들어보셨을 것입니다. 하지만 그때 국가와 국민은 일치된 하나의 주체가 아니며, 그 어떤 부분일 것입니다. 주어가 불분명한 경우 술어가 갖는 의미는 정확성을 잃게 됩니다. 우리는 일상 생활 속에서 국가보다 자신이 속한 집단을 생각하면서 삽니다. 그리고 자신이 속한 집단과 국가와의 연관성 속에서 국가를 생각하는 경향을 배제할 수 없을 것입니다.

국가와 사회

국가라는 것이 매우 추상적인 존재일 수밖에 없다는 시각에서 본다면 다음과 같은 논의가 가능합니다. 현실세계에서 개인들을 속박하는 구조라는 것이 국가라는 구조인지, 아니면 일상생활 속에서 개인들이 속한 구체적인 사회집단 구조인지에 대한 논의입니다. 정치의 본질을 이해함에 있어서 전자의 입장이나 후자의 입장과 연관된 두 가지의 대조되는 입장이 존재합니다. 바로 '국가 현상설'(國家現象說)이란 입장과 '사회 현상설'(社會 現象說 또는 집단현상설)이란 대조되는 입장입니다.

'국가 현상설'은 다음과 같은 입장을 취합니다. 인간생활이 영위되는 곳이면 어디든지 질서가 필요하다는 논리에서 출발합니다. 사회 내의 다양하게 분포하는 집단별로 아무리 훌륭한 법을 갖고 있다고 해도 집단 간에 갈등이나 분쟁이 발생하는 경우 '물리적 강제력'을 통해서라도 법집행의 강제성을 유지할 수 없다면 질서를 유지할 수 없다고 봅니다. 이러한 물리적 강제력을 독점하는 기구가 국가이며, 국가가 가지고 있는 힘을 '국가 권력'(state power) 내지 '정치 권력'(political power)이라고 부릅니다. 국가의 권력은 결국 특정 집단의 개별 권력이 아니고, 국가가 질서를 유지하는데 필요한 궁극적인 정치 권력입니다. 이렇게 본다면 '정치'라는 것, '정치학'이란 것은 결국 국가와는 결코 분리될 수 없음을 알 수 있습니다.[15)]

'사회(집단) 현상설'은 질서를 유지하는 실체로서 국가라는 것이 중요한 것이 아니라 질서라는 가치 자체가 중요한 것이라면 오히려 다음과 같은 논리가 중요하다고 봅니다. 질서를 유지하는 현상

---

15) 과거 정치학을 국가를 연구하는 학문으로 정의하는 학자들이 그 예가 됩니다. 대표적인 학자들로는 게텔(R. G. Gettell, 정치학은 결국 국가에 관한 학문이다), 가너(J. W. Garner, 정치학은 국가와 더불어 시작하고 국가와 더불어 끝난다), 길크라이스트(R. N. Gilchrist, 정치학은 국가와 정부의 문제를 연구하는 학문으로 한정된다) 등이 있습니다.

을 '정치현상'이라고 본다면, 그리고 집단이 형성되어 사회생활이 존재하는 곳 어디에서나 그러한 질서를 유지하는 현상(즉 정치현상)이 필요한 것이라면, 오히려 개인들의 일상생활과 보다 밀접한 연관성을 지닌 개별 사회 집단들 내에서의 질서를 통해서 정치의 본질을 이해할 수 있다는 것입니다. 왜냐하면 인간들이 보다 밀접하게 연관된 삶의 현장은 그들이 소속된 특정한 사회집단이며, 국가라는 것은 그들의 일상생활에서는 유리된 존재라는 것입니다. 국가라는 존재의 중요성을 경시하는 것이 아니고, '정치현상' 그 자체가 사회 속에 보다 다양하게 편재되어 있음을 강조합니다. 이들을 '다원주의자'(多元主義者, pluralists)라고 하는 경우도 있습니다. 즉 국가라는 '일원성'(一元性)을 강조하는 것이 아니라 사회 속의 다양한 집단들의 '다원성'을 강조하기 때문입니다. 사람들은 현재 소속된 사회 기관(학교에서의 졸업이나 학점 경쟁, 기업에서 사원으로서 승진이나 생존, 종교 기관에서의 일체감 등)에 평상적으로 속박되며, 국가라는 실체에는 특정 시기에만 (세금을 낼 때, 주민증을 만들 때 등) 속박된다고 느낀다는 것입니다.[16)]

국가의 배타적인 통치가 아닌, 다양한 사회 영역들간의 '기능적 주권'에 의한 통치라는 작동 양식을 '거버넌스'(governance)라고 합니다. 이것은 국가가 단독통치자로서 배타적인 통치행위자가 아니며, 국가주권의 위임과 공유라는 현상으로 이해할 수 있습니다. 사회의 다양한 문제해결을 위하여 여러 영역의 행위자들이 참여하여 '협

16) 대표적인 학자들로는 굼블로비츠(Gumblowicz: 삶을 지배하는 정치현상이란 집단과 집단간의 지배와 정복현상이다)나 벤틀리(Bentley: 통치현상은 결국 여러 경쟁 집단들 사이의 압력-압박-반항의 현상이다)가 있습니다.

력적 통치', '공동의 관리와 통치'를 행하는 '거버넌스'는 앞서 언급한 '과부하국가론'의 연장선상에서 보자면, 불가피한 현상일 수도 있을 것입니다. 하버마스(J. Habermas)는 '체계'(국가와 경제: 권력과 재화가 작동)와 '생활세계'(의사소통이 작동하는 시민사회)로 구분하면서, 생활세계가 체계에 종속되는 것을 경계합니다.

비슷한 논리를 좀 더 낮은 차원으로 내리면, '사회 현상설'인가 '개인 현상설'인가의 논쟁에도 적용할 수도 있습니다. '방법론적 개인주의'(methodological individualism)가 있는데, 모든 집단 현상들은 '하나의 개체'로서 '개인의 행태'로서 환원되어 설명될 수 있다는 것입니다.[17] 행정부와 입법부가 협상하는 상황을 설명할 때 행정부의 행태는 수많은 공무원들이나 다양한 공기관들이 존재함에도 불구하고 최고 권력자인 '대통령 1인'의 행태로 설명될 수 있을지도 모릅니다. 국가간의 협상 게임의 결과를 설명할 때 국가 최고 권력자들끼리의 게임으로 환원하여 설명하려는 시도도 또 다른 예가 될 수 있습니다.

---

17) 여론조사의 단위는 '개인'이며 '집단'이 아닙니다. 개인들에 대한 자료를 취합하여 집단에 대한 정보를 만드는 경우엔 집단에 대한 정보에 오류가 생기지 않습니다. 하지만 이것을 역으로 하는 경우엔 오류가 생깁니다. 이것을 '생태적 오류'(ecological fallacy)라고 합니다. 즉 집단의 대푯값에 대한 정보만 존재하는 경우 이러한 대푯값을 가지고 집단 구성원 개인들의 정보를 예측하는 경우 오류가 발생한다는 것입니다. 여론조사에서 설문조사 내용들이 좋은 예가 됩니다. 시민 1,000명에게 10개의 설문항에 대하여 조사했다고 가정해 봅시다. 그런데 어떤 특정 항목에 찬성이 53% 반대가 47%가 나왔습니다. 53%와 47%는 찬성하는 사람들과 반대하는 사람들의 집단 대푯값입니다. 그 특정 항목에 대한 찬성과 반대의 정보를 1,000명에 대한 '개체 자료'(individual data)로 갖고 있을 경우는 53%와 47%라는 '집합 자료'(aggregate data)는 자동적으로 얻을 수 있습니다. 하지만 역으로, 53%와 47%라는 집합자료만 알고 있는 경우엔 1,000명 개인들 중에서 누가 찬성이고 누가 반대라고 답했는지 개인정보에 대해선 자동적으로 알 수 없다는 것입니다.

제도(institution)와 문화(culture)

어떤 사회 현상이 나타난 경우 그러한 현상은 '제도'(institution)의 탓일까요? 아니면 '문화'(culture)의 탓일까요? 이 논쟁은 정치학은 물론이고 모든 사회과학분야에서 회자되는 논쟁입니다. 물론 거시적 차원에서의 사회현상은 제도와 문화의 총체적 조합의 결과물로 설명하는 경우가 많습니다. 대표적인 예가 바로 서양 중세사회를 형성하고 유지시킨 동력이 무엇일까에 대한 대답으로 '봉건제도'와 '크리스트교(Christ)'를 2대 지주 변수로 언급합니다. 두 변수의 조합물이 서양중세사회라는 결과물인 것입니다. 추상적 논의 수준에서 볼 때, 전자는 제도변수이고 후자는 문화변수입니다. 봉건제도는 중세의 세속적 사회질서를 유지한 기본으로 고립할거로서의 '원심적 분권주의'를 형성했다고 말합니다. 크리스트교는 정신세계를 지배한 기본으로 보편주의로서의 '구심적 통일주의'를 형성했다고 말합니다.[18]

어떤 사회이건 보다 선진화된 사회를 위해서 제도를 정비하는 경우가 많습니다. 제도를 정비하는 것이 그만큼 중요하기 때문입니다. 하지만 제도를 정비하는 것보다 어떤 제도이건 실제적인 '운용

---

18) 문화변수라는 것은 '정향'(定向, orientation)에 연관된 것인데, '크리스트교'가 중세의 사상적 정향의 형성에 핵심적으로 작용했음은 '실재론'(實在論)과 '유명론'(唯名論)의 보편논쟁에도 나타나 있습니다. ㉠실재론: '신(神) · 보편(普遍)'이라는 관념은 개개의 사물보다 선행하여 존재한다고 보아, 이성보다 신앙을 중시하였습니다(Anselm). 반면에 ㉡유명론: 실재하는 것은 개개의 사물이며 '신 · 보편'이라는 것은 단지 이름뿐이므로 신앙과 이성의 분리 및 신앙에 대한 이성의 중시를 주창하였습니다 (Duns Scotus, William Occam). 지중해를 중심으로 중세3대문화권을 '게르만 문화권'(로마카톨릭교), '이슬람 문화권'(이슬람교), '비잔틴 문화권'(그리스정교)로 규정하는 경우에도 종교변수가 중심이 되고 있음을 알 수 있습니다.

의 묘'(運用의 妙)를 살리는 것이 중요하다고 보는 사람들도 있습니다. 그들은 운용의 묘가 없으면 사실상 제도 도입 시의 의도를 제대로 구현할 수 없기 때문에 제도 개선이 또 다른 제도적 폐해를 가져온다고 봅니다. 제도는 모두 동전의 앞뒷면처럼 장단점의 양면적 성격을 지닌다고 보기 때문입니다. 궁극적으로 제도의 운용은 결국 그 사회 전통, 관행, 풍속 등을 종합한 문화 변수에 영향 받게 된다고 봅니다. 전자는 제도라는 변수를 주창하는 사람들의 주장이고, 후자는 문화라는 변수가 중요함을 강조하는 사람들의 주장입니다.

일반적으로 '제도주의'(institutionalism)은 크게 두 부류로 유형화할 수 있습니다. 하나는 '전통적 의미의 제도주의'이며,[19] 다른 하나는 소위 '신제도주의'(new institutionalism)라고 하는 것입니다(March and Olson 1984). 전통적 의미의 제도주의는 특정한 제도가 특정한 사회에 도입된 역사적 배경이나 정치적 의미를 파악하는데 촛점을 둡니다. 반면에 '신제도주의'는 어떤 특정한 제도가 어떻게 작용하여 어떠한 특정한 결과를 만들어 내는지를 설명하는데 더 초점이 맞추어져 있습니다.

두 주의의 차이점을 상대적 관점에서 이야기 하자면, 전자는 특정 국가의 특수한 맥락을 중시한 상황을 전제로 하여 특정한 국가들이 어떤 제도를 채택하고 있으며, 그러한 제도의 장단점에 대한 파악을 위주로 합니다. 예를 들자면, "미국은 대통령제를 채택하고

19) '전통적' 제도주의(traditional institutionalism), '구' 제도주의 (old institutionalism)라고도 하며, 때에 따라선 그냥 '제도주의'라고도 합니다. 하지만 신제도주의가 주창된 것이 이미 30년 전의 일이어서, 현재의 시점에서 그냥 제도주의라고 하면 '신제도주의'를 언급하는 경우도 있으니 문맥을 파악하여야 합니다.

있는데, 이것은 영국의 경우 행정부가 입법부에서 독립되지 못하고 종속되는 경향을 극복하기 위하여 행정부에 힘을 실어주는 정치제도를 고안한 것이다"라는 식의 제도 연구를 말합니다.

반면에, 신제도주의는 어떤 특정한 정치적 현상을 해석함에 있어서 그러한 정치적 현상의 원인이 되는 것을 '제도'라고 보고 원인으로서 제도와 그 제도가 만들어 낸 정치적 결과의 함수관계를 살펴보는 것입니다. 1973년 칠레에서 있었던 아옌데(Allende) 대통령 자살 사건은 바로 신제도주의적 해석으로 회자되는 예입니다(Taagapera and Shugart 1991). 1970년 칠레에선 선거를 통한 남미 최초의 사회주의 정권이 탄생하였습니다. 칠레는 대통령 선거제도의 승자 결정 방식으로 '단순다수대표제'(plurality system)을 채택하고 있었습니다. 단순다수대표제는 한 표라도 많으면 그것으로 승자를 결정하는 선거방식입니다.[20] 사회주의자였던 아옌데는 유효 유권자의 33%의 지지로 대통령이 되었습니다. 즉 전체의 1/3 정도에 불과한 지지로 대통령에 당선되었으니, 2/3는 사실상 아옌데를 지지하지 않았습니다. 하지만 한 표라도 많으면 당선되는 선거제도 덕택에 대통령에 당

Salvador Allende Gossens (1908-1973)

20) '절대다수대표제'(majority system)는 한 후보자가 50%를 넘어야만 당선되는 것으로 합니다. 따라서 1차 투표에서 50%를 넘는 후보자가 없는 경우에는 1차 투표에서 상위 득표자 2명으로 다시 한번 2차 투표를 실시하여 승자를 결정합니다. 이런 선거과정의 특성을 결선투표제(run-off system)라고도 하며, 프랑스 대통령 선거가 대표적인 예입니다.

선된 것입니다.

Augusto Pinochet Ugarte (1915-2006)

아옌데가 대통령에 당선된 이후 남미에서 탄생한 사회주의 정권을 불편하게 생각한 미국 중앙정보국(CIA: Central Intelligence Agency)은 피노체트 대령의 군부 쿠데타를 사주하게 됩니다. 사실 미국이나 피노체트가 쿠데타를 계획하고 성사시킬 수 있었던 것은 아옌데의 반대세력이 2/3나 된다는 선거 배경을 이용한 것입니다. 아옌데에 반대하는 세력들조차도 쿠데타가 잘못된 방식이라는 것을 알고 있으면서도 군부 쿠데타를 수수방관하여, 결국 군사 쿠데타는 성공하게 되어 아옌데는 자살하게 됩니다.

제도주의자들의 해석은 이런 것입니다. 만약 칠레가 대통령 선거제도로서 절대다수대표제를 선택하였다면 쿠데타가 일어나기 힘든 상황이었을 것이라는 주장입니다. 즉 어떤 제도를 선택하느냐가(단순다수대표제냐 절대다수대표제냐) 칠레에서 민주주의가 제대로 정착되는지, 아니면 쿠데타에 의해서 단절되는지의 정치적 결과에 영향을 미쳤다는 것입니다. 만약 1차 투표에서 과반수 득표를 하지 못한 아옌데가 2차 투표를 준비할 수밖에 없었다면 나머지 정치세력들과 대화하고 그들을 끌어안으려는 노력을 했을 것이라는 겁니다.[21] 물론 역사에 가정은 금물입니다만, 분명 그러한 시나리오를 생

21) 특히 결선투표제에서는 2차 투표로 가는 경우 1차 투표에서 3등이 2등과 연합할 가능성이 커서, 1차 투표의 2등이 2차 투표에서 1등을 하는 경우가 종종 발생합니다. 따라서 1차 투표의 1등이 2차 투표를 계획하는 경우 1차 투표의 3등을 정책적 연합

각하는 것이 논리에 위배되는 것은 아닙니다. 실제로 단순다수대표제 하의 아옌데는 수적으로 우세한 노동자들의 표가 다른 후보자들보다 1표라도 많은 표를 가져다줄 것으로 믿고 선거과정이나 선거 이후에도 그 어떤 다른 세력들과 대화하려는 노력을 게을리 하였습니다. 따라서 사회에는 2/3나 되는 반(反)-아옌데 세력들의 불만이 팽배했던 것입니다. 결론적으로 제도주의자들은 절대다수대표제가 칠레 선거에 도입(원인) 되었다면 민주주의의 단절이란 불행한 역사를 막을 수도 있었을 것(결과로서의 현상)이라는 논리를 내세우며 제도의 중요성을 역설합니다.

한국에서도 비슷한 예가 발견됩니다. "6공화국 대통령 선거제도는 누가 대통령에 당선되는가에 영향을 끼쳤다"는 주장이 있습니다. 1987년 대통령 직선제 개헌으로 6공화국의 첫 번째 대통령을 결정하는 제13대 대통령 선거가 시행 되었습니다. 6공화국 헌법은 '단순다수대표제'를 채택하였습니다. 이때 많은 후보자들이 있었지만 노태우, 김영삼, 김대중, 김종필 후보가 그 자웅을 겨루고 있었으며, 사실상 노태우, 김영삼, 김대중의 3파전과 김종필이었습니다. 유효투표수 2,300만 표에 따른 투표 결과는 노태우 36.6%, 김영삼 28.0%, 김대중 27.0%, 김종필 8.1%, 그리고 그 밖의 후보자들의 득표로 나타났습니다. 민주주의를 열망하는 표는 김영삼 후보와 김대중 후보로 분할되어 1위를 노태우 후보자가 차지한 것입니다. 절대다수대표제를 선택하였다면 결선투표에서도 노태우 후보가 이겼으리라는 보장은 없습니다. 2위였던 김영삼 후보자가 당선되었으리라

등을 통해서 끌어안기 위해 노력합니다.

는 것이 중론일 것입니다.[22] 민주세력을 대표하는 김영삼 후보나 김대중 후보가 대통령이 된 경우엔 소위 군부세력들에 대한 역사 청산은 보다 더 일찍 일어났으며, 1990년의 '3당 합당'이란 사건도 없었다는 가정도 가능합니다.

1997년의 대통령 선거에서도 이러한 신제도주의적 접근법이 적합하게 적용될 수 있습니다. 이때 3파전은 이회창, 김대중, 이인제였습니다. 유효 투표수에 따른 결과는 김대중 40.3% 득표, 이회창 38.7% 득표, 이인제 19.2% 득표했으며, 그 밖의 표는 나머지 후보자들이 나눠 가졌습니다. 김대중과 이회창 후보는 전체 2,600만 표 투표 수 중에서 40만 표 정도의 차이라는 근소한 표 차이를 보였습니다. 이때는 지역주의 투표 성향 하에서 영남 표가 이회창과 이인제 후보로 분할되었습니다. 만약 2차 투표제도가 시행되었더라면 이회창 후보가 당선되었다는 것이 중론입니다. 신제도주의는 선거제도가 누가 승리하느냐에 영향을 미치며, 그러한 선거결과가 한국정치의 흐름이나 한국의 역사적 경로에 영향을 미치게 된다고 주장합니다.

이상은 제도라는 변수를 중시하는 사람들의 주장입니다. 문화라는 변수를 중시하는 사람들의 주장은 다릅니다. 특히 1997년 선거에서 이회창과 이인제의 표가 나뉘었기에 김대중 후보가 '어부지리'(漁父之利)의 상황에 있었다는 것을 '지역투표 현상' 그 자체로 설명할 수도 있습니다. 영남지역의 표가 이회창과 이인제 후보로 나뉘었

22) 또 다른 시나리오도 가능하지만 현실성이 낮다고 봅니다. 즉 3등이었던 김대중 후보지지자들이 김영삼 후보자와의 경쟁의식 때문에 오히려 노태우 후보를 지지하는 경우입니다. 하지만, 당시 한국사회의 시대적 열망은 군정종식이었기에 이런 가능성은 낮습니다.

기에 김대중 후보의 승리가 가능했다는 시각입니다. 결국 표가 분할된 것이 이런 경우엔 지역투표 현상 때문이지, 선거제도는 부차적인 문제라는 것입니다. 그런데 지역투표 현상이란 것은 문화적인 범주에 속하는 변수이지, 제도적인 범주의 변수는 아닙니다.

Gabriel Almond
(1911-2002)

Sidney Verba
(1932-)

'문화'라는 변수를 중시하는 연구들은 '제도'도 문화의 산물에 불과하다고 봅니다.[23] 문화란 "어떤 행위에 있어서 특정한 '정향'(定向, orientation)"을 말합니다(Almond 1956). 이를 달리 표현하자면, 문화는 우리의 삶 속에 내재되어 있는 가치, 신념, 인식 등의 총체로서 행동과 행위를 특정한 방향으로 움직여 일정한 행동 양식을 만들어 낸다는 것입니다. 따라서 행위는 특정한 정향을 띠게 되는 것입니다. 아몬드(Gabriel Almond)와 버바(Sidney Verba)는 「시민문화」(*Civic Culture* 1963)란 유명한 저서에서 다섯 국가에 대한 비교 연구를 수행하며, '정치 문화'를 '편협형'(偏狹型, parochical), '신민형'(臣民型, subject), '참여형'(參與型, participant)의 세 가지 유형으로 분류합니다.

---

23) 인류의 역사를 '물질적 삶'의 변화를 기반으로 이해하였던 마르크스와 달리 베버는 사회의 문화 및 문화가 갖는 가치를 중시하였습니다. 자본주의의 발전을 청교도주의(protestantism)의 가치관으로 설명한 것은 그 예입니다.

표 2-4 정치문화의 유형[24)]

	일반 대상으로서의 체계(System)	투입 (Input)	산출 (Output)	적극적 참여자로서의 자아(Self)
편협형 정치문화	0	0	0	0
신민형 정치문화	1	0	1	0
참여형 정치문화	1	1	1	1

* 도표에서 0은 해당 기능이 없는 것을 의미하며, 1은 존재하는 것을 의미합니다. 현실에선 0과 1사이에 존재하는 어떤 값이겠지만 여기선 이론적 논의를 위하여 그러한 기능이 있거나 없는 것으로 단순화하여 표시합니다.

내용은 '체계이론'에서 정치체계(또는 정치구조)의 성격을 파악하는 '투입'과 '산출' 변수를 기반으로 이해하면 편리합니다.[25)] 정치체계에서 투입 기능은 요구하는 측의 기능이며, 시민들, 이익단체, 커뮤니케이션 매체, 정당 등입니다.[26)] 산출 기능을 행하는 것은 국가 운영을 담당하는 입법부, 행정부, 사법부 등입니다.

---

24) 아몬드와 버바에 따르면, 세 가지 유형은 보다 순수한 이론적 형태이며, 실제로 나타나는 정치문화는 그들의 복합적 형태일 수도 있음을 지적합니다. 다음의 세 가지입니다: ⓐ '편협하면서 종속적 신민형 정치문화'(The parochial-subject culture), ⓑ '신민형이면서 참여형 정치문화'(The subject-participant culture), ⓒ '편협하면서도 참여형의 정치문화'(The parochial-participant culture)도 동시에 제안하였습니다.

25) 아몬드와 버바의 분류의 기본 이론틀은 앞서 기능주의의 대표적인 이론 격인 '체계이론'에서 언급된 방법론과 일맥상통함을 알 수 있습니다. 이런 이유에서 아몬드와 버바의 시민문화라는 연구를 기능주의적인 연구로 분류하기도 합니다.

26) 엄밀히 말하자면 '정당'은 투입과 산출 기능을 모두 담당한다고 보아도 무방합니다. 대중들이 정당이 공천한 후보자들 중에서 원하는 후보자들을 입법부와 행정부로 보내는 과정까지는 투입 기능에 해당합니다. 정당이 입법부와 행정부의 일원이 되어서 정책을 결정하고 만들어 내는 것은 산출 기능에 해당합니다. 따라서 투입 기능이 강조된 정당이란 소위 '원내정당'(院內政黨)이 아닌 '원외정당'(院外政黨)에 더 연관되어 있습니다. 원내와 원외에 대한 구체적인 설명은 본 책의 정당 부분을 참고하기 바랍니다.

(i) '편협형 정치문화'란 투입과 산출에 대한 개념이 모두 존재하지 않는 사회의 정치문화입니다. 투입에 대한 역할이 없으며, 정부도 산출에 대한 개념이 없으니 적극적 참여자로서의 자아가 있을 수 없으며, 사실상 정치체계라는 것이 국민들에게 존재할 수 없습니다. 과거 샤마니즘에 의한 신정정치 체계(political system of shamanship), 부족 또는 지역 사회(tribal or local communities) 등 전통적 원시 사회들이 그 예입니다.

(ii) '신민형 정치문화'란 투입이 제대로 존재하지 못하며, 따라서 적극적 참여자로서의 자아가 형성되지 못한 사회입니다. 이런 상황에서 산출기능이 존재한다는 의미는 국민은 정부가 해주는 대로 받는 사회라는 의미입니다. 이른바 국민은 주인이 아니고 정부가 해주는 것에 복종하는 신민적인 성향이 강합니다. 단, 신민형 정치문화의 경우 편협형 정치문화와는 달리 국민들은 적극적인 참여의 필요성에 대한 주인으로서 자아형성까지는 미치지 못한 상태지만 적어도 정치체계에 대한 인식만큼은 존재합니다. 일반적으로 독재 국가들의 정치체계가 이에 해당합니다.

(iii) '참여형 정치문화'란 국민들이 자신들의 요구사항을 표출할 줄도 알고, 정부는 그러한 국민들의 요구에 응답할 줄도 아는 사회입니다. 따라서 국민들은 적극적 참여자로서의 자아가 형성되어 있으며, 그러한 적극적 참여자들로 형성된 정치체계가 존재하는 사회입니다. 선진 민주주의 사회로서 현대의 바람직한 민주주의 사회상입니다.[27]

---

27) 하지만 아몬드와 버바는 시민문화가 실제로 사회에서 존재하는 경우, 참여형 정치문화가 편협형 정치문화나 신민형 정치문화와 혼합되어서 형성되는 것임을 말합니

심화학습

적극적 정치참여와 과유불급(過猶不及)의 문제 | 두 가지의 중요한 논점을 동시에 참조하는 것이 유용합니다. 첫째, 과열된 정치참여 의식은 오히려 민주주의의 순기능에 방해될 수도 있습니다. '정치적 인내심'(political tolerance)이란 주요 변수도 연구 대상입니다. 둘째, 추가적인 연구에서 아몬드와 포웰(Powell)은 '합의적(consensual) 정치문화'와 '분규적(conflictual) 정치문화'라는 구분을 제시합니다(Almond and Powell 1988). 사회에 존재하는 정책적 쟁점에 대한 좌파(the left), 중도좌파(the left-center), 중도파(the center), 중도우파(the right-center), 우파(the right)의 '분포'(distribution)를 기반으로 하여, 이러한 두 종류의 정치문화 유형이 민주주의사회와 어떠한 연관성에 있는지를 규명하려고 합니다. '합의형 정치문화'의 사회에선 중도가 다수를 차지하여 (즉 중도의 시민의 다수를 차지하여), 소위 통계적으로 '정상분포'(normal distribution)에 수렴하는 인구 분포를 보입니다. 반면에 '분규적 정치문화'를 가진 사회의 경우는 서로 상극적인 좌파와 우파의 양극이 상당수를 차지하기 때문에 정상분포와 비교하여 상대적으로 가운데 부분이 낮은 일직선에 수렴하는 경향을 보입니다.

다. 즉 시대적 역사적 발전에서 완전히 새로운 문화가 형성된다기보다는 편협형 정치문화에서 신민형 정치문화에서 최종단계인 참여형 정치문화로 누적적으로 발전합니다. 따라서 최종단계인 "참여형 정치문화가 강조되는 시민문화의 단계에서도 편협형 또는 신민형 정치문화가 완전히 사라지거나 대체되는 것은 아님"(……in the civic culture participant political orientation combine with and do not replace subject and parochial political orientation……)을 지적합니다(Almond and Verba 1965, 29-30). 그럼에도 불구하고, 아몬드와 버바는 "무엇보다도, 시민문화는 참여형 문화에 몰입되어 있는 형태"(……the civic culture is an allegiant participant culture……)이기에 참여형의 특징이 두드러질 수밖에 없다는 점을 동시에 지적합니다(Almond and Verba 1965, 29-30).

Patterns of Left-Right Distributions of Opinion in Five Countries:
Citizens' Self-Palcement in the Mid-1970s

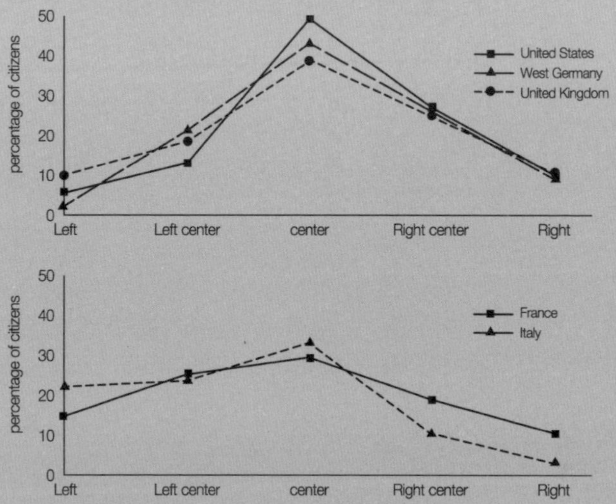

출처: Gabriel A. Almond and G. Bingham Powell, Jr., *Comparative Politics Today: A World View* (Boston: Scott, Foresman and Company, 1988), p. 45.

아몬드와 버바의 정치문화 유형 연구가 지니는 의미는 어떤 사회가 민주주의를 제대로 구현하기 위해서 참여형 정치문화를 소유하여야 한다는 것으로 요약됩니다. 만약 신민형 정치문화를 지니고 있으면, 그것은 제도가 아무리 좋더라도 선진 민주주의가 제대로 구현되기 어렵습니다. 아몬드와 버바는 단순히 정치문화의 성격에 의해서 민주주의의 수행 여부를 판단하는 것이 아니며, '정치안정'이란 변수를 두 번째 조건으로 제시합니다.

아몬드와 버바는 민주주의를 제대로 구현하기 위해서는 '정치안정'이 중요한데, 단순히 참여형 정치문화를 소유하는 것만으로는 부족하다고 주장합니다. 그들은 정치문화와 '정치구조'가 '합치'

(congruence)하는지, 아니면 '불합치'(incongruence)하는지를 통해서 정치안정의 가능성을 살펴봅니다. 정치문화와 정치구조가 합치하는 경우에 정치안정이 형성되는데, 여기서 '정치구조'란 투입기능을 행하는 정당, 이익단체, 커뮤니케이션 매체 등과, 산출기능을 행하는 입법부, 행정부, 사법부 등으로 구성됩니다. 정치문화와 정치구조가 불합치하는 사회는 정치적으로 불안정한 사회입니다.

정치문화와 정치구조가 일치하는 정도는 '정치적 정향'(political orientation)에 관련된 세 가지 정향 변수를 통해서 판단합니다. 앞서서 우리는 편협형 정치문화는 종교와 정치가 분리되지 못했던 과거의 원시적 정치구조와 신민형 정치문화는 중앙집권화된 권위주의적 정치구조와 참여형 정치문화는 민주적 정치구조와 각각 연관성이 있음을 살펴보았습니다. 아몬드와 버바는 정치문화와 정치구조의 합치와 불합치 판단 여부를 다음과 같이 세 가지 정치적 정향 변수를 중심으로 정리합니다.

표 2-5 정치문화와 정치구조의 합치와 불합치를 통한 정치적 안정에 대한 평가

	충성심(allegiance)	무관심(Apathy)	소외감(Alienation)
인지적(cognitive) 정향	+	+	+
정서적(affective) 정향	+	0	−
평가적(evaluative) 정향	+	0	−

도표에서 ⓐ 인지적 정향(認知的 定向, cognitive orientation)은 정치체계 및 체계 내의 역할 담당자들의 수행에 대한 어떤 '지식이나 믿음'(knowledge and belief)을 말합니다. 이것은 객관성과 연관이 깊습니다. ⓑ 정서적 정향(情緖的 定向, affective orientation)은

정치체계 및 체계 내의 역할 담당자들의 수행에 대한 어떤 '느낌'(feelings)을 말합니다. 이것은 주관성과 연관이 깊습니다. © 평가적 정향(評價的 定向, evaluative orientation)이란 정치적 대상물들에 대한 '판단과 의견'(judgements and opinions)을 말합니다. 이것은 단순한 주관적 의식을 넘어서는 소위 '비판 의식'과 연관됩니다. 도표에서 (+)는 정치적 대상에 대해서 긍정적인 평가와 느낌이 높은 것을 나타내고, (−)는 부정적인 평가와 느낌을, (0)은 무관심의 상태를 나타냅니다. '충성심'의 범주는 정치문화와 정치구조가 합치하는 성향이 강하며, '무관심'의 범주는 정치문화와 정치구조가 약하게 합치하고, '소외감'의 범주는 정치문화와 정치구조가 불합치하는 성향이 강한 것을 뜻합니다. 정치문화와 정치구조가 강하게 합치하여 정치적 안정을 이루기 위해선 인지적, 정서적, 평가적 정향이 모두 긍정적인 평가를 받는 사회가 되어야 합니다.

종합하면, 정치안정은 국민들이 세 가지 정치적 정향 모두에서 긍정적인 상태에 있을 때 가능합니다. 또한 정치적 불안정은 인지적 정향에 상관없이 정서적 정향이나 평가적 정향에 달려 있음을 볼 수 있습니다. 이것은 결국 민주사회에서 정치적 안정은 시민들의 주관성과 비판의식에 기초한다는 것을 보여줍니다. 즉 어떤 독재자가 비록 국민들을 배부르게 해준다고 할지라도(인지적 정향에선 +로 나타날 수 있음), 그러한 독재자의 사회는 정서적 정향과 평가적 정향에서 기껏해야 0이거나 −의 가치에 머무르게 되어(민주주의에 대한 희구, 정의에 대한 열망 등으로 인해서) 정치적 불안정 상태에 있게 됩니다.

아몬드와 버바의 이론에 나오는 '정치적 정향' 변수들은 결국 복잡한 이론인 듯하지만 단적으로 인간들의 '신념체계'(信念體系,

belief system)의 문제를 다루고 있음을 알 수 있으며, 민주 시민들의 행태 분석에서 주요한 위치를 차지하게 됩니다(Converse 1964; Bishop 1978; Rosenberg 1988). 인간들의 정치적 정향이란 것은 결국 그들의 '신념체계'를 말하는 것이며, 민주주의라는 것이 시민들의 신념체계와 관련성이 깊다는 것입니다. 문화라는 변수가 인간 행위의 보다 근본적인 면을 설명할 수 있는 점은 문화라는 변수가 인간들의 '신념 체계'와 직접적으로 연관되거나, 또 다른 의미에서 그들의 '정체성'(正體性, identity)과 연관되어 있기 때문입니다.[28)]

한국의 각급 선거들에서(대통령 선거, 국회의원 선거, 지방 선거) 반복적으로 나타나는 유권자들의 '지역주의 투표행태'는 유권자 개개인들의 정체성이나 신념체계와 연관된 것으로 문화변수의 중요성을 일깨워 줍니다. 지역주의 투표행태는 사실상 한국에서만 나타나는 현상은 아닙니다. 자신의 '연고 지역'(緣故 地域)은 각 유권자 자신들의 '정체성'입니다. 따라서 정당에 대한 정책 선호도와 상관없이 자신들의 정체성과 연관된 지역 연고 정당에 투표하게 되는 것입니다. 이것은 제도적인 차원과는 상관없는 문화적인 차원의 변수로서 그들의 행태를 결정짓는 근원적인 변수가 됩니다. 따라서 문화적인 현상인 지역주의를 극복하기 위해서 어떤 제도적인 궁리를 한다는 것은 근본적인 한계가 있습니다. 즉 어떤 제도로도 고치기가 쉽지 않다는 것입니다. 어떤 제도 하에서도 문화적인 차원의 '정체성'은 영향을 받지 않습니다.

28) 때로는 '일체성'(一體性, identification)이라고도 합니다. 예를 들면, '정당일체성'(政黨一體性, party identification)이라는 중요한 용어가 있는데, 이는 특정 유권자들이 특정한 정당에 대해서 갖는 '일체감'(一體感)을 말합니다.

예를 들어, 현재 우리가 채택하고 있는 국회의원 선거제도인 "1인 2표제"를 시행하면 "1인 1표제"를 시행할 때보다 지역주의가 극복된다는 주장이 있습니다. 하지만 지역주의가 강하게 존재하는 곳에선 1인 2표제를 한다고 해서 한 표는 내 지역 후보자를, 다른 표는 다른 지역 후보자의 정당을 선택하지 않습니다. 그러면 약하게 존재하는 곳에선 통한다는 것입니까? 아닙니다. 그런 곳에선 지역주의가 문제가 되지 않으니 구태여 "1인 2표제"를 시행하려 하지 않을 것입니다.

공평성과 효율성

국가가 정책을 만들어 내는데 일반적으로 두 가지의 문제점이 존재합니다. 한가지는 얼마나 공평한 정책을 만들어 내는가 하는 것입니다. 또 다른 하나는 얼마나 효율적인 정책을 만들어 내는가 입니다. 공평한 정책을 만들어 내는 과정에서 몇 가지 상충되는 문제점들이 발생합니다. 마찬가지로 효율적인 정책을 만들어 내는 과정에서도 몇 가지 모순되는 문제점들이 발생할 수 있습니다.

공평성의 문제

국가 및 사회 운영 방식과 관련된 정치학적 주요 논제들 중의 하나가 바로 '공평성'(公平性, fairness)의 문제입니다. "국가의 정책이란 것이 '공평성'이란 가치에 무게를 둔다고 해서 반드시 정의로울 수 있는가?" 하는 문제입니다(Shiveley 1997, 87-93). 여기서, '공평성'이 있는 정책이란 국민들이 "받아야만 하는 것에 대해서 응분의 보상을 받을 수 있는"[……should be treated in the way they deserve……] 정책을 말합니다. 국민들 개개인이 동등한 인권을 가진 존재들이기에 평등하게 보상을 받아야 한다는 것입니다.

존 롤스(John Rawls)도 언급했듯이, 공평성의 문제는 '정의'(正義, justice)의 문제이며, 어떤 사회이건 정의는 가장 중요한 덕목 중의 하나라는데 이의가 없을 것입니다. '공평성'이란 개념에서 사회 구성원들이 받아야만 하는 것에 대해서 응분의 것을 받는다는 의미는 결국 '공정하게'(justly) 대접받는 것입니다. 공평성이란 개념이 '정의로운 사회'를 만드는데 골간이 되는 요소임을 알 수 있습니다.[29] 따라서 "정의로운 사회를 만들기 위해서 공평성이 중요한데, 과연 공평성이 지켜진다고 정의로운 사회가 되는가?" 하는 것이 논제의 핵심입니다. 때로는 소위 '효율성'이란 가치가 오히려 사회의 정의를 초래할 수 있는 상황을 예상할 수 있기에 이런 논쟁이 존재하는 것입니다. 그렇다면 "공평한 것은 모두 다 정의로운 것일까?" 하는 논제를 크게 두 가지 부분으로 정리해서 살펴보도록 하겠습니다.

John Rawls (1921-2002)

29) 샌델(Michael Sandel)은 무엇이 '정의로운 사회'인가에 대해서 논합니다. 최대다수의 최대행복을 추구하는 것, 선택의 자유를 존중하고 추구하는 것 등이 있지만 이런 것들은 한계가 있다고 봅니다. 샌델은 '정의로운 사회'란 "사회 구성원들이 좋은 삶을 다 같이 고민하며, 이러한 과정에서 생기는 이견(異見)을 받아들일 수 있는 문화를 만드는 사회"라고 봅니다(Sandel 2009). 샌델의 주장은 '정치적 인내심'(Political tolerance)이란 변수와도 연관되어 있는데, 이는 뒷부분에서 상세히 다룹니다.

① '필요'(needs)와 '기여'(contributions)의 문제입니다. 똑같은 종류의 일을 몇 사람들이 한 조가 되어서 하게 되었는데, 어떤 사람은 꾀부리지 않고 열심히 10시간을 일했고, 다른 사람들은 대충대충 일을 했습니다. 실제로 일을 한 시간은 2시간도 되지 않았습니다. 하지만 일이 끝난 후에 일당은 똑같이 받았습니다. 이런 경우 일당은 '기여'한 정도에 따라서 결정되는 것이 상식에 가까울 것입니다. 조금 극단적인 예이기는 하지만, 종종 언급되는 또 다른 유명한 예가 있습니다. 비가 오는 날 다섯 사람이 줄을 서서 차를 기다리고 있는데 한 사람만 더 태울 수 있는 차가 온 경우, 줄 선 차례대로 타야 하나요? 만약 줄을 선 사람들 중에 심한 천식으로 고통받는 환자가 있어서 빨리 차를 타고서 집이나 병원으로 이동해야 할 '필요'가 있다면, 그런 경우 줄 서 있는 차례를 무시해야 하나요? 줄을 서서 오래 기다린 사람은 시간에 대한 개인적 기여가 있으며, 포괄적인 의미에서 사생활에 대한 권리로서 차를 탈 권리가 존재합니다. 천식으로 고생하는 사람은(생존을 위해서) 치료받아야 될 필요가 있으며 그렇게 대접받아야만 할 권리가 존재합니다. 만약 줄을 선 차례대로 한다면 그것은 기여에 가치를 둔 것이며, 천식으로 고생하는 환자를 먼저 타게 한다면 그것은 필요에 가치를 둔 것입니다. 국가가 어떤 정책을 만들 때, 필요에 치중한 정책과 기여를 중시한 정책 중에서 어떤 가치에 의존하는 것이 더 정의로운 사회를 위해서 좋을까요? 끝없는 논쟁이 이어질 것입니다.[30)]

30) 예를 들면, 비가 오는 정도나 천식의 정도에 따라서 어느 가치에 더 치중해야 되는지 다를 수 있습니다. 논점을 흐리는 의견들도 있습니다. 예를 들면, "문제가 너무 비현

② 개인의 '기본권'(basic rights)과 '우월한 사회 이슈'(overriding social issues)가 서로 상충합니다. 민주사회가 제대로 기능하기 위해선 개인의 '기본권'(basic rights)이 중요합니다. 대표적인 것 세 가지가 바로 '생존의 권리'(the right to survive), '표현의 자유'(the right of free speech), 그리고 '사생활에 대한 권리'(the right of privacy)입니다. 사회 구성원들의 기본권이 지켜진다는 것은 너무도 당연하지만, 어떤 특정한 상황 속에서 그 사회에 '우월한 사회 이슈'(overriding social issues)가 형성되는 경우 이러한 기본권들이 침해될 수 있을까요? 아니면, 여전히 절대로 침해될 수 없는 것일까요? 국가의 정책이 만들어질 때 개인의 권리를 절대로 침해할 수 없을까요? 아니면, 상황에 따라서 침해할 수도 있을까요? 그러면 어떤 상황에서만 가능한지, 그러한 상황을 사회 구성원들이 공감하면서 만들어 낼 수 있을까요? 이런 문제들입니다. 예를 들면, 국가가 행하는 군인들의 '군대 징집'(military draft)이나 '차별철폐를 위한 적극행동'(affirmative action)은 그 좋은 예입니다. 군인들은 모두 공평하게 대접받아야만 합니다. 하지만 국가 정책 속에서 군인들에 대한 소속 부대 배속은 개인의 생존권과 상충할 수 있습니다. 어떤 사람은 더 위험한 곳에 배치되고, 어떤 사람은 상대적으로 안전한 곳으로 배속됩니다. 우리말처럼 쓰고 있는 '어퍼머티브 액션'(affirmative action, 적극적 시정조치)도 마찬가지로 개인들에 대한 공평성을 해할 수 있습니다. 물론 특정 시점에서는 그 시점에 형성되어 있는 불균형을 시정하기 위한 조치임

실적이고 이상하다." "그냥 여섯 사람이 타서 콩나물 시루처럼 가면 된다." 등입니다.

에 틀림이 없습니다. 따라서 단기적으론 그 사회 내에서 차별을 받는 특정한 계층이나 계급에 해당하는 구성원들에게 더 혜택을 줌으로써 존재하는 불균형을 시정하는 방향으로 나가는 것입니다. 하지만 그로 인해서 불이익을 받는 사람들이 자연스럽게 존재합니다. 특정 공무원 시험에서 여성들에게 혜택을 주는 경우 남성들에 대한 공평성은 무너지게 됩니다. 과거에 있었던 불균형을 시정하는 현재의 피해자는 결국 나라는 모순도 존재합니다. 과거 남성들이 형성한 불균형 시정의 책임을 현재의 남성인 내가 지는 셈입니다. 입학자격을 위한 기준에 특정 지역, 특정 계층을 우대하여 이중의 기준을 적용하는 경우, 이로 인해 분명 사회의 모든 구성원들에 대한 공평성은 무너지게 됩니다. 어퍼머티브 액션은 정의로운 사회를 위해서 필연적 선택일 수밖에 없습니까? 아니면 공평성을 해치는 정의롭지 않은 측면이 더 강합니까? 이것 역시 원칙과 그에 따른 상황 규정에 대해서 끝없는 논쟁이 이어질 것입니다.[31)]

효율성의 문제

사회적으로 '효율성'(效率性, efficiency)이 있는 정책이란 "최

31) 만약, 어떠한 이유에서이건 특별히 차별을 받는 계층이나 계급이 존재함을 국가가 인식하는 경우 국가가 차별철폐를 위해서 적극적인 행동을 해야만 함은 분명합니다. 그것이 바로 국가(또는 공권력)의 존재 이유이기도 합니다. 그러한 차별적 상황을 그냥 방치해서는 국가가 아닙니다. 하지만, 문제는 그러한 상황이 과연 차별적 상황인지, 아니면 그 정도는 당연한 것인지에 대한 논쟁이 추가로 이어지기에 그 해답을 찾기가 어려운 것입니다

소한의 비용으로 최대한의 사회적 이익을 만들어 낼 수 있는"[……greatest (social) good at the least cost……] 정책입니다. 이 부분은 국가의 경제 정책에 대한 운용 방식과 관련성이 깊기 때문에 내용상 '정치'와 '경제'라는 두 영역이 합쳐져 있다고 보는 것이 더 사실에 가까울 것입니다. 즉 국가가 정책을 만드는데 있어서, 국가의 권위에 의존하여 정책을 결정할 것인지(authority-based policy), 아니면 '수요-공급 원리'에 기초한 시장 기능에 의존하는 정책에 의존할 것인지(market-based policy)를 선택해야 합니다.

국가의 권위에 의존하는 정책이란 국가 공무원들이 정책을 결정하여 시행하는 것이며, 시장 원리에 의존하는 정책이란 정부가 국민들로 하여금 그들이 하고 싶은 것, 그들이 받아야만 하는 공공재 등에 대해서 국민들이 스스로 정책 결정을 할 수 있도록 하는 것입니다. 국가의 권위에 의존하는 정책은 짧은 시간에 정책 결정을 할 수 있다거나 대규모의 공공사업도 처리할 수 있는 점에선 효율적인데, 자원의 '최적화된 배분'(optimal allocation)의 상태를 확보한다는 점에선 비효율적입니다. 시장원리에 의존하는 정책은 사회 구성원들이 원하는 것을 그들 스스로 결정할 수 있도록 해서 최적화된 배분의 상태를 얻는 효율성은 있지만 '부익부 빈익빈'(富益富 貧益貧) 현상을 조장한다든지, '집단재'(集團財, collective goods)를 만들어 내는데 비효율적입니다. 또한 여러 다양한 요구들로 결정된 정책들 간에 갈등과 분쟁의 소지가 많습니다.

국가 권위에 의존하는 정책 중에서 대표적인 것 중의 하나가 바로 공립학교 체제입니다. 국가는 공립학교의 수와 공립학교 재직 교원 수, 봉급 체계 등을 정합니다. 국가의 도로망 건설 정책도 또 다른 대표적인 예가 됩니다. 이러한 국가 권위에 의존한 정책은 사용자인 국민들에게 최적화되어 배분되기 어렵습니다. 공립학교 체제나 도로망 건설이 가장 필요한 지역에 건설되거나 가장 원하는 사람들에게 사용될 수 있도록 최적화된 자원 배분이 이루어지기 어렵다는 의미입니다. 정부 관리들이 시민들을 대신하여 내리는 선택은 국민들의 변화하는 다양한 요구들을 고려하기 쉽지 않기 때문입니다. 근본적으로, 정부 공무원들의 정책이란 현명한 정책이라 하여도 특별한 인센티브가 공무원들에게 개인적으로 주어지는 것이 아닙니다. 역으로 현명하지 못한 정책을 만든다고 하여도 그들은 특별히 잃는 것이 없습니다.

반면에, 국가의 의료보험체계와는 무관하게 시장원리에 따르는 의료 기관이 설립되는 경우, 가난한 사람들은 생명과 직결되는 상황에서도 의료 기관을 이용하기 어려우며, 보다 더 부유한 사람들은 평상시에 생명과는 상관없는 성형수술을 받을 수도 있습니다. 이것은 그 사회가 집단재를 만들어 내는 데 비효율적인 것을 의미합니다. 어떤 지역에 이미 병원과 교육시설이 있었는데 시장원리에 따른 정책 결정으로 그 지역에 쓰레기 소각장이 추가로 생긴 경우를 가정합시다. 병원과 교육시설, 쓰레기 소각장이란 각각의 시설이 설립됨에 있어서 시장원리에 따른 정책 결정으로 각각의 시설단위에선 필요에 따라 자원이 최적화되어 배분되었지만 지역사회 전체 차원에서의 집단재는 비효율적으로 배분된 것에 불과할 것입니다.

이 논제는 앞에서 논의했던 경제적 차원에서 국가의 개입여부와도 관련성이 있습니다. 국가개입의 한 극단은 모든 경제 분야에서의 국가개입에 의한 통제 경제이고, 또 다른 극단은 완전히 시장 경

재미있는 이야기 **조삼모사(朝三暮四)** | 송나라 때 원숭이를 즐겨 기르는 사람이 있었는데, 사람들은 그를 저공(狙公)이라 불렀습니다. 저공은 오랫동안 집에서 많은 원숭이를 길러 왔기 때문에 원숭이들의 심사를 잘 알고 있었고 원숭이들도 점점 저공의 말을 알아들었습니다. 저공은 사람 말을 알아듣고 영리한 원숭이를 더욱 귀여워 해주고 사랑하여 가족의 생계보다도 원숭이 사육에 정성을 다하였습니다. 그러나 얼마 지나지 않아서 집안 살림이 기울자 저공은 원숭이의 식량을 줄여서 생계의 부담을 덜어보고자 했습니다. 하지만 길들여진 원숭이들이 식량을 줄이게 되면 자신을 따르지 않을까 하여 꾀를 냅니다. 원숭이들을 불러놓고 "오늘부터 너희들에게 아침에 밤을 세 개 주고 저녁에 네 개 주려고 하는데 어떻겠니?" 하고 물어봤습니다. 그러자 원숭이들은 자신들의 식량이 줄어드는 게 못마땅한지 성난 소리를 질렀습니다. 이에 저공은 다시 "그렇다면 아침에 밤 네 개를 주고 저녁에 다시 밤 세 개를 주면 되겠지?"하고 말하자 아침 먹이가 하나 늘었다는 생각에 만족함을 보였습니다. 조삼모사의 원전의 뜻은 속임수로 어리석은 사람을 농락한다는 의미가 있습니다. 오늘날에는 눈앞에 당장 나타나는 차이만을 알고 그 결과가 같음을 모름을 비유할 때 쓰입니다. 〈출처: 장자(莊子) 제물론(齊物論)〉

제에 맡기는 것입니다.[32] 일반적으로 대부분의 국가는 양 극단에 위치하기 보다는 그 사회 내의 자본주의 발전 정도나 그때의 경제 상황에 따라서 국가가 평소보다 더 개입하기도 하고, 평소보다 더 시장에 맡기기도 하는 형태로 운용될 것입니다.

국가가 개입하는 경우, 그 정도에 상관없이 '절차적 정당성'(due process)을 해하고 '목적을 위한 임의성'(arbitrariness)이 나타날 수 있어서 논쟁의 대상이 됩니다. 어떤 국가정책이 목적을 위한 임의성이 있는지 없는지를 판단하는 상식적인 기준은 두 가지입니다. 하나는 '절차적 정당성'(due process)을 지키면서 정책을 산출하는가의 여부입니다. 또 다른 하나는 특히 정치적 권력을 지닌 사람 중심으로 (제도상의 공적 기관을 중심으로 한다기보다는) 사회 내의 특정 집단들에게 유리한 정책을 만들어 내는가의 여부입니다.

하지만 상황이 단순치 않습니다. 앞부분에서 우리는 '차별 철폐를 위한 적극적 행동'의 개념을 공부한 바 있습니다. 정당한 절차를 통해서 정치적 권력을 얻은 자는 차별이 존재한다고 인식하는 경우 어퍼머티브 액션을 취할 수 있습니다. 그것이 어퍼머티브 액션인지, 아니면 목적을 위한 임의적인 것인지의 판단 기준이 어려울 수도 있습니다. 노무현 정부의 '서울 강남권에 대한 세금 정책'이 도마위에 올랐던 적이 있습니다. 이것이 특정 지역을 겨냥한 정책이라는 비난도 있었고, 불로소득을 환수하기 위한 부득이한 조치였다는 찬사도 있었습니다. 과연 그러한 정책이 어퍼머티브 액션의 일환이었

---

32) 하지만 완전히 국가가 시장 경제에 의존하는 경우도 엄밀히 말하자면 국가가 그런 상황을 의도적으로 연출하기 때문에 (즉, 시장우선 정책을 쓰기 때문에) 가능한 것입니다. 이런 면에서의 국가개입을 이야기하는 것은 아닙니다.

는지, 아니면 특정 부유층을 잡는 목적을 수행하기 위한 임의성의 맥락이었는지 논쟁이 불가피할 것입니다. 임의성의 판단 기준은 정치적인 것일 수밖에 없을 것입니다. 현대 민주사회에서 국가 정책에 대해서 국민들로부터 어떠한 '여론'(輿論, public opinion)이 형성되는가는 이에 대한 중요한 판단 기준이 됩니다.[33)]

국가 정책 결정의 양태가 "점진적(漸進的, incremental)인가, 급진적(急進的, radical)인가?"의 여부도 목적을 위한 임의성 여부와 연관될 수 있습니다. 일반적으로 '정치적 안정'이란 가치에서 볼 때 국가의 정책 결정은 점진적인 것이 상대적으로 급진적인 것보다는 바람직할 것입니다. 이것은 국가의 정책이 급진적인 경우 민주사회의 주요 덕목인 '예측가능성'(predictability)에 해가 될 수 있기 때문입니다. 어떤 사회에서 예측가능성이 낮다는 것은 국가의 정책이 '조변석개'(朝變夕改)하는 경우를 말합니다. 이런 경우 국민들은 당시의 법을 경시하게 되어 법치사회, 준법사회라는 기준이 약해질 수 있습니다. "어차피 변하게 될 법인데 지금 현행 법에 따라서 행동해도 소용없다"라는 인식은 장기적인 시각에서 건강한 법치사회의 기능에 해가 됩니다. 노무현 정부의 세금정책이 비난을 받았던 이유는

---

33) 분명한 것은 어떤 정책이건 국가정책의 정치적 의미는 궁극적으로 '국민통합'에서 찾을 수 있을 것입니다(파슨스는 통합을 법적-사회적 기능으로 분류합니다). 정치의 목적은 국민통합이지 개혁 그 자체는 아닙니다. 개혁은 수단이지 목적이 될 수 없음은 자명합니다. 노무현 정부의 세금정책이 어퍼머티브 액션의 맥락에 있는 것인지, 아니면 목적을 위한 임의성의 연장선에 있는 것인지에 상관없이 국가통합에 실패하는 정책이 정치적 의미에서 좋은 정책이 될 수는 없습니다. 하지만 여전히 또 다른 차원의 논쟁이 여기에서 연장됩니다. 단기적으로는 국민통합에 실패해도 장기적으로는 그러한 과정들을 통해서 국민통합에 유리하다는 논의도 가능하기 때문입니다.

임의성 여부와 상관없이 급진적인 것이 중요한 이유일 것입니다. 세금을 10%로 증액하더라도, 한꺼번에 10% 증액하는 것과 1-2%씩 수년간에 걸쳐서 10%를 증액하는 것은 국가운영의 차원에서 차이가 있을 것입니다. 이것은 결코 '조삼모사'(朝三暮四)가 아니며 긍정적인 의미에서 '정치적'인 것입니다.

이상과 현실

국가의 목적은 "모든 국민들이 잘살 수 있는 세상을 만드는 것"으로 단순화하여 표현할 수 있습니다. 모든 국민들이 잘살 수 있는 세상을 만드는 방법론에는 대조되는 입장이 존재합니다. 즉 "개혁(改革, reform)이냐, 혁명(革命, revolution)이냐"라는 주제입니다.

상대적 관점에서 볼 때, 개혁은 혁명과 비교하여 점진적이고 절차적인 과정을 중시하며, 소위 '제도권'(制度圈)내에서의 논의에 기반합니다. 제도권적인 논의는 행정부, 입법부, 정당, 선거 등과 같은 기존의 법적 절차의 테두리를 중시합니다. 즉 그 사회에서 잘못된 부분이 있으면 기존에 제도권 내에 존재하는 기관들을 이용하여 기존 질서를 개혁하는 것이 가능하다는 입장입니다. 반면에 혁명과 같은 수단은 급진적이고 목적의 임의성이 나타나며, 소위 '비제도권'(非制度圈) 적인 논의에 기반합니다. 따라서 기존의 법적 질서를 받아들이지 않고 근본적인 변화를 꾀하게 됩니다.

살기 좋은 세상이 개혁으로 가능하다고 보는 관점은 결국 사회가 '누적적으로 발전하는(累積的 發展, cumulatively developed) 형태'를 띠게 된다는 입장입니다. 과거의 것을 기반으로 새로운 것을 추가하면서 앞으로 나간다는 것입니다. 반면에 혁명을 주창하는 자들은 과거의 것을 기반으로는 앞으로 나갈 수 없다고 봅니다. 개혁이란 것은 기존의 과오를 교정하지 못하고, 임시방편적으로 '각색'(脚色)하는데 불과하며, 또한 개혁되기를 바라는 것이 '백년하청'(百年河淸)이라는 입장입니다. 따라서 근본적으로 사회를 변혁해야 이상향에 도달할 수 있다고 봅니다.

살기 좋은 세상을 위해서 개혁이란 수단을 주창하는 자들은 미래를 위한 현재의 고통은 바람직한 것으로 여기지 않습니다. 반면에 혁명의 필요성을 역설하는 자들은 미래를 위해서 현재의 고통이 담보될 수도 있음을 받아들입니다. 혁명은 성공한 사례가 드물지만 20세기 초반 성공한 혁명들은 전 세계를 이념 논쟁 속으로 끌어들였습니다. 러시아 혁명, 중국 혁명, 그리고 쿠바 혁명은 그 대표적인 예입니다. 혁명에 관한 이론들은 추후 살펴보기로 하고 여기서는 개혁과 혁명에 대한 논리 그 자체를 살펴보기 위해서 두 명의 석학이 취했던 입장을 인용하려고 합니다.

Herbert Marcuse
(1898-1979)

허버트 마르쿠제(Herbert Marcuse)는 20세기 말의 '후기자본주의' 사회가 풍요로운 사회라고는 하지만 이중성을 지닌 사회로서 진정한 자유가 없다고 생각했습니다. 그리고 진정한 자유를 얻기 위해서 혁명이 필요하다고 봅니다. 마르쿠제에 따르면, 자본주의 사회에서 '경제적 자유'는 소비 행태로 유지됩니다. 하지만, 소비는 그가 벌어들이는 임금에 의존하고 그는 소비를 위한 임금을 위해서 회사의 노예가 됩니다. 스포츠나 오락과 같은 소비적 행태 역시 대중들이 사회문제를 비판할 수 있는 능력을 저하시킵니다. 따라서 자본주의 사회라는 '가치'가 결국 대중들을 임금의 노예이자 비판의식이 결여된 '일차원적'인 대중들로 만듭니다. 대중들은 사회에 대한 불만족조차 표출하지 못하며, 사실상 자유가 억압된 상태에 있습니다. 따라서 이러한 억압상태를 극복하기 위해서는 소비행태에 기초하여 경제적 자유라는 이름으로 기능하는 자본주의 사회구조 자체를 근본적으로 변화시킬 필요가 있다는 것입니다. 이것은 단순히 자본주의 사회라는 구조와 골격을 유지한 채로 소비 행태를 보완하는 것으로 치유될 수 없습니다. 왜냐하면 사회라는 것은 기존에 존재하는 '가치'를 통해서 그러한 가치가 유지되도록 자유의 가능성을 가장 효과적인 방식으로 억압하기 때문입니다. 즉 가치의 변혁을 위해서는 근본적인 변화가 필요한 것이지 누적적인 보완으로는 불가능하다는 것입니다.

Karl Raimund Popper
(1902-1994)

포퍼(Karl Popper)는 근본적인 변화를 위한 혁명에 동의하지 않습니다. 포퍼는 20세기 후반의 자본주의 사회가 불완전한 상태에 있으며, 개선을 요구하고 있다고 하더라도 지금까지 존재했던 사회 중에서 자유, 질서, 정의라는 측면에서 그 어떤 역사적 사회보다도 더 훌륭하다고 봅니다. 그렇기에 과거로부터 이어져온 지금의 사회는 과거보다 발전된 사회이고, 더 훌륭한 사회로 발전할 것에 대해 낙관적인 견해를 취합니다. 포퍼는 "모든 정치적 이념 중에서 가장 위험한 것은 인간을 완벽하게 행복하도록 만들려는 소망 그 자체일 것이다. 지상에 천국을 건설하려는 시도는 항상 지상을 지옥으로 만들게 된다"라고 주장합니다.

"개혁이냐, 혁명이냐"하는 주제와 연관하여 "정치학은 이상에 기반을 두고 논의해야 하는가? 현실에 기반을 두고 논의해야 하는가?"라는 주제도 논쟁거리 입니다. 이에 답하는 사람들의 입장이나 철학에 따라서 다양한 대답이 존재할 수 있습니다. 사회과학도로서 정치학도들은 현실에 대한 끊임없는 문제의식이 필요합니다. 하지만 기존의 사회현실에 안주하는 이상 사회과학의 학문적 필요성은 제한될 수밖에 없을 것입니다.

2장을 마치며

정치현상을 이해하는 데 다양한 시각들이 존재하는 이유는 근본적으로 '세계관'이 다르기 때문입니다. '세계관'이란 것이 어떤 것인지를 이해하는 것은 정치적 대구 논리들의 논쟁의 성격 자체를 이해하는 데 도움이 되기 때문에 이에 대해서 언급하면서 본 강의를 맺도록 하겠습니다.

쿤(Thomas Kuhn)은 '패러다임' (paradigm)이란 용어를 사용하면서 '과학'의 발전이란 것은 하나의 패러다임으로부터 또 다른 패러다임으로 옮아가는 것이라고 하였습니다. 여기서 쿤이 말하는 과학이란 '정상과학'(normal science)이라고 하여 "과거의 과학적 업적에 기반을 둔 조사연구들로서 어떤 과학 공동체가 실제적으로 행하는 현재와 미래의 연구활동에 기반이 되는 과학"을 의미합니다. 하지만, 어떤 패러다임 하에서 '이례적인 것들'(anomalies, 그 패러다임으로

Q & A

인간에게 '세계관'은 어떤 것일까요? | 한 개인에게 있어서 세계관이란 조금 확대 해석하자면 '인생관'이라고 해도 좋을 것입니다. 어떤 개인에게 자신의 인생관은 일찍 형성될 수도 있고, 늦게 형성될 수도 있고, 아예 어떤 일관된 원칙으로 설명되는 인생관이 없이 인생을 보내는 사람도 있을 것입니다. 세계관이 중요한 이유는 어떤 세계관을 갖느냐가 정치세계에서 실제적인 행동 양식을 결정하기 때문입니다. 비록 인생관을 갖는 과정에선 논리적인 사고를 통해서 그러한 인생관을 결정하게 된다고 하더라도 중요한 정치 행위 그 자체는 논리적이고 연역적인 것이 아니고 인생관에 따른 결과물이라는 해석이 더 적합할 수 있다는 것입니다. 정치 현상은 바로 서로 다른 인생관을 지닌 사람이나 기관들 사이의 투쟁의 역사라고 해도 과언이 아닐 것입니다. 우리 '이조시대'(李朝時代) 정치 역사에 '사육신'(死六臣)과 '생육신'(生六臣)이 나옵니다. 사육신의 한 분이셨던 성삼문(成三問, 1418-1456)의 시를 소개하겠습니다.

수양산(首陽山) 바라보며 이제(夷齊)를 한(恨)ᄒᆞ노라
주려 주글진들 채미(採薇)도 ᄒᆞ는것가
비록에 푸새엣 거신들 긔 뉘 ᄯᅡ희 낫ᄃᆞ니 출처: 청구영언(靑丘永言)

우리는 중국 고사에서 충절의 신하로 백이(伯夷)와 숙제(叔齊)를 거론합니다. 하지만 사육신의 한 분이셨던 성삼문의 인생관에선 백이와 숙제도 충절을 지킨 신하가 아닙니다. 배신자의 땅에 난 식물들을 먹고서 구차하게 생명을 연명했기 때문입니다. 산속에 들어간 것이 충절을 위한 것인데, 산에 들어가서 기껏 배신자의 땅에 난 식물을 캐 먹느냐는 것입니다. 충절을 지키려면 배신자의 세계와는 어떤 형태로도 인연을 거부하여야 진정한 충절이며, 이는 결국 굶어 죽는 것이 낫다는 것입니다. 과연 이러한 원칙이 연역적이고 논리적인 영역의 것입니까? 아니면 인생관에서 비롯된 결과물입니까? 인생관에서 비롯된 결과물로 보는 것이 더 적합할 것입니다. 물론 그러한 인생관 자체가 충절을 강조하는 시대 상황 속에서 나왔다는 측면에선 연역적인 것일 수도 있지만, 그렇다면 같은 시대 상황 속에서 생육신은 어떻게 설명할 수 있겠습니까?

는 잘 설명이 안되는 것)이 발견되는 경우 이것을 해결하기 위한 표준과 기준이 바뀌게 됩니다. 결국 정상과학이란 그 시대나 사회의 '주류'(主流)가 되는 과학을 의미한다고 이해할 수 있을 듯합니다. 특정 패러다임의 정상과학의 범위 내에선 그 패러다임이 제공하는 법칙이나 가치의 틀 속에서 사고합니다. 따라서 쿤에 의하면, 새로운 수수께끼들에 대한 해답을 특정 패러다임의 틀 속에서 제공할 수 없는 경우 진정한 과학적 해결을 위해선 '과학적 혁명'(scientific revolution)이 요구됩니다. 이상을 종합하여 예로서 이해한다면 다음과 같습니다. 천동설(天動說)이 일정 시기 동안 정상과학으로 기능하면서 하나의 패러다임을 제공하였습니다. 하지만 자연현상을 관측함에 있어서 새로운 의문점들이 생겨나고, 따라서 지동설(地動說)이란 새로운 패러다임이 나타나 경쟁하면서 정상과학으로 자리매김하여 결국 새로운 패러다임인 '지동설'로 옮아간다는 것입니다. 이로서 과학의 발전이 이룩된다는 것이 쿤의 주장입니다.

여기서 중요한 점은 패러다임과 패러다임의 관계인데, 쿤은 '경쟁하는 패러다임들'(competing paradigms)은 같은 표준을 사용하여서는 비교할 수 없는 '비등가성'(比等價性, incommensurability)의 관계에 있다고 주장합니다. 그렇다면 비교할 수 있는 기준도 없는데 경쟁하는 패러다임 간의 경쟁이 어떻게 판가름나는지의 문제가 중요합니다. 그 판가름나는 기준은 쿤에 따르면 결국 과학 공동체의 '신념'(faith)이라는 것입니다. 즉 어떤 패러다임을 정상과학에 놓았을 때 문제 발생이나 문제 해결과 관련된 모든 현상들을 측정할 수 없기 때문에 과학 공동체 내 주요 과학자들의 '신념'에 좌우된다는 것입니다. 결국 자연과학이건 사회과학이건, 과학이란 이름으로 행하는 모든 것들이 그러한 현상을 파악하는 인간의 신념, 그리고 확대 해석하자면 가치관, 인생관에서 자유로울 수 없음을 뜻합니다.[34)]

쿤의 '패러다임'이란 개념과 대비하여 라카토스(Imre Lakatos)는 '과학적 연구 프로그램'(scientific research program)이란 개념을 제시합니다. 라카토스는 어떤 특정한 '연구 프로그램'은 이론을 형성하는 논리와 내용이 ⓐ '중심'(hard core)과 ⓑ '주변'(protective belt)으로 구분된다고 봅니다. 어떤 연구 프로그램이든지 ⓐ 생존하기 위해서 절대적이고 필연적인 내용에 해당하는 중심적 논리와 내용으로 구성된 부분과 ⓑ 그러한 이론의 골간을 보조하는 논리와 내용으로 구성된 부분이 조합되어 있다는 것입니다. 따라서 중심부가 허물어지면 그 연구 프로그램은 생명을 다하지만, 주변부가 허물어지는 경우엔 여전히 그 연구프로그램은 사멸하는 것이 아닙니다. 따라서 '패러다임의 전이(轉移)'가 새로운 패러다임의 생존과 낡은 패러다임의 사멸을 의미하는 것과는 대조적으로 '연구 프로그램'은 '전진적'(progressive)이거나 '퇴행적인'(degenerative) 변화의 과정을 의미하는 것입니다. 연구 프로그램이 새롭게 특정 현상을 설명하고 예측하는데 도움이 된다면 그것은 전진적인 것입니다.[35)] 이러한 전진적이고

34) 막스 베버는 '간주관성'(間主觀性, inter-subjectivity)이란 개념을 통해서 모든 해석과 판단에 주관성이 완전히 배제될 수 없지만 객관성을 만들어 내는 것도 가능하다고 봅니다. '간주관성'이란 개인들의 상호 작용을 통해서 형성되는 객관성입니다. 비록 개인들은 주관성을 지녀도, 사회생활 속에서의 상호작용은 지나친 주관성을 막으며, 객관화를 지향하는 주관성을 만들어 냅니다. 독불장군(獨不將軍)은 없기 때문입니다. "사회과학에서도 자연과학과는 구분되는 객관성이 존재하는데 이른바 간주관성이란 객관성이다"라고 이해할 수도 있을 것입니다. 하지만 용어에서도 보듯이 여전히 주관성으로부터 자유로운 객관성이 아닙니다. 소위 주관성으로부터 진화한 객관성인 것입니다.

퇴행적인 것은 시대 상황과 연관되기도 합니다. 현재에 전진적이었던 것도 또 다른 연구 업적들에 의해서 미래에 퇴행적인 것으로 모습을 바꿀 수도 있다는 의미입니다. 비교할 수 있는 하나의 기준과 표준이 불명확한 상태에선, 그리고 신념이란 주관성이 배제될 수 없는 상태에선 과거 퇴행적인 것으로 여겨졌던 것들도 전진적인 것으로 탈바꿈할 가능성을 배제할 수 없을 것입니다. 쿤의 개념이 자연과학에 더 적용성이 높은 반면에, 라카토스의 '과학적 연구 프로그램'이란 개념이 정치학, 경제학, 사회학, 법학, 행정학 등과 같은 사회과학에 보다 더 적용가능성이 크다고 보는 사람들이 많습니다.

Imre Lakatos
(1922-1974)

라카토스의 이러한 생각은 포퍼의 '허위화'(虛僞化, falsification)라는 개념과 대조되어 다양한 사회 현상을 이해하는데 많은 시사점을 줍니다. 포퍼는 어떤 이론이 타당성을 갖는 것은 경험적 검증을 통해서이며, 과학적이기 때문에 경험적으로 입증된다는 것은 '허위'(false)임이 밝혀지지 않는 것임을 주장합니다. 모든 것을 실험하는 것이 불가능한 상태에서 입증은 불확실하지만 부정은 한두 가지에 의해서도 확실히 드러날 수 있다는 것입니다. 라카토스의 입장에선 연구 프로그램이 몇 가지 사실에 의해서 타당성을 지니지 못해도, 그것이 또 다른 연구를 통해서 수정되고 보완된다면 다시 전진적 위치에 서게 되기 때문에 퇴행적인 입장에서도 연구 프로그램 자체는 타당성을 완전히 잃는 것이 아닙니다. 자연과학과는 상대적

35) 연구 프로그램은 일종의 '이론'(theory)과 같은 것으로 이해할 수도 있겠습니다.

으로 인간들의 주관성, 사회환경, 시대적 배경(또는 시대 정신)에 기반하는 사회과학의 경우 전진성과 퇴행성은 그 기준이 다양하고 심지어 모호하여 타당성을 판단할 수 있는 일반화된 표준을 선명하게 제시하기 어렵습니다. 그래서 자연과학과 사회과학을 구분하는 것입니다. 물론 라카토스의 이러한 너그러운 입장은 "단순한 하나의 지식이라도 하나라도 더 알면 되는 것이며, 사실상 일반화된 이론이나 패러다임이 존재하지 않는다는 입장과 다를 바 없다"는 비판에 직면하고 있음도 알아두면 좋겠습니다.

포퍼의 '허위화' 개념은 '반증이론'(反證理論)이란 방법론으로 지칭되고 있습니다. 포퍼는 과학이란 기존의 있던 어떤 이론에 대하여 반증의 과정을 통해서 "경험적으로 반증에 성공하면" 새로운 이론이 탄생하며, 동시에 반증의 대상이 된 그 이론은 사멸된다고 봅니다. 포퍼의 반증이론이 갖는 의미가 중요한 것은, 우리가 현재 이론으로 받아들이는 지식들은 항상 현 단계에선 추측된 수준인 것이고(즉, 항상 반증의 대상이 되며 반증에 성공하는 경우엔 무너질 수 있기에) 오류의 가능성이 존재한다는 것입니다. 그러기에 포퍼는 항상 '열린 마음'으로 다른 사람들의 이의 제기에 귀를 기울이고 그 비판을 통해서 잘못된 지식을 고칠 수 있는 '열린 사회'가 되어야 한다고 봅니다. 그렇기에 '열린 사회'의 핵심은 토론과 비판의 자유를 통해 이의 제기가 가능한 사회입니다. 포퍼는 정치과정이란 빈곤이나 실업 등의 사회 · 경제 문제에 대한 고통이나 오류를 찾아내고 수정하는 과정이라고 보았기에, 자유로운 토론과 비판을 통해서 인간 사회의 고통을 찾아내어 이를 완화시키고 제거하는 것이 정치의 역할이라고 보았습니다.

제3장

헌법과 권력구조

이 장은 저자의 저서인 헌법적 권력구조 「정치학 길잡이: 비교정치 편」, 한국정치학회(편) (서울: 법문사, 2007)에 실린 내용을 교과서의 형태에 맞게 일부 수정 보완한 것입니다.

우리는 영어의 'constitution'을 '헌법'(憲法)이라고 번역합니다. 'constitution'은 단순한 법의 일종이라기보다는 포괄적으로 국가의 '통치 체계'(a system of government)를 의미합니다. 따라서 헌법이란 국가 운영을 위한 원칙에 해당하는 것입니다.[1] 헌법은 다양한 법들을 제정하는데 본보기나 으뜸이 되는 어떤 질서와 정신을 규정해 놓은 출발점을 말하는 것이어서 일반적인 법과는 다릅니다. 헌법은 법에 기초하여 만들어진 것이 아니라 정치 과정 속에서 만들어진 것입니다. 헌법이란 헌법이 만들어지는 당시의 정치 상황 속에서 정치 세력들 간의 역학 관계에 의해 만들어진 정치적 산물입니다.

헌법이 국가 운영의 본질적 원리를 규정하고 있다는 것은 바로 헌법이 '권력구조'(power structure)에 대한 조항들을 포함하기 때문입니다. 정치학이 다루는 가장 골간적 변수라고 할 수 있는 '권력'의 기본 얼개에 대한 논의가 헌법에 포함되는 것입니다. 권력구조는 '통치구조'(governmental structure)라고도 하고, 통치기구는 결국 '정부'(government)를 말하는 것이니 '정부형태'(government type)라는 표현도 가능할 것입니다.[2]

---

1) 우리는 'constitution'을 헌법으로 번역하기 때문에 통념적으로 법을 연상하지만, 그 내용은 법적 용어라기보다 정치적 용어입니다. 'constitution'의 내용은 국가 통치 원리나 이에 대한 권위 부여와 연관되어 있습니다. 'constitute'란 "어떤 입장을 취하는데 권위를 부여하는 것"(give authority to hold a position)을 말합니다. 유권자들을 'constituent'라고도 하는데, 그 의미는 "정치적 통치 체계를 만들거나 변경하는 권력을 갖는 것"(having the power or right to make or alter a political constitution)을 뜻합니다. 이런 의미들을 종합한다면, 'constitution'이란 "그것에 따라서 국가가 통치되는 원리들"(principles according to which a state is governed)을 말합니다.

2) 여기서 '정부'(government)란 행정부와 입법부를 합한 용어이며, 단순히 '행정부'의 준말이 아님을 주의해야 합니다. 하지만 문맥상 '정부'가 단순히 행정부를 뜻하는 경

앞에서 보았듯, 권력의 현상은 단순히 국가 단위에서만 나타나는 것이 아니고, 인간들이 모여서 사회생활을 영위하는 곳에서는 항상 볼 수 있는 것입니다. 따라서 국가 통치구조나 정부형태와 관련된 권력구조의 논의를 '헌법적 권력구조'라고 지칭할 수도 있습니다. 현대사회에서 헌법은 개인의 인권을 보호하는 인권보장을 기본으로 하되, 통치구조나 권력구조와 연관하여서는 크게 두 가지 내용으로 구성됩니다. 그 하나는 국가 통치권력 소유 기관들이 국민들로부터 권력을 수권(授權)하는 형식과 관련된 내용입니다. 나머지 하나는 통치권력 소유 기관들 간의 권한의 범위 여부와 관련됩니다.

첫째, "국민들로부터 권력을 수권하는 형식"이란 "국민들로부터 정당성(legitimacy)을 부여받는 형식"을 의미합니다. 민주주의 사회에서 권력 획득의 정당성은 국민들로부터 나옵니다. 국민들의 입장에서 본다면 국민들이 국가 통치기관을 어떤 형식으로 형성하는가와 관련된 문제입니다. 예를 들면, 국민들이 지역구별로 대표자들을 뽑아서 권력을 위임한 후에 그들이 모여서 국가를 통치할 수도 있고, 모든 지역구들이 모여서 한 명의 대표자를 뽑아 국가를 운영할 수도 있습니다.

둘째, "통치권력 소유 기관들 간의 권한 여부"란 국가 운영의 대표자를 선출하되, 그들 통치기구들 간에 어떤 권한을 갖고 상호작용할 것인지의 문제입니다. 예를 들면, 법을 만드는 권한만 부여할 것인지, 법을 집행하는 권한도 동시에 부여할 것인지, 통치기구들 간

우도 있을 것입니다. 우리말에서는 보통 정부라고 하면 행정부만을 의미하는 경우가 많아서 주의가 요구됩니다. 'government'란 '통치기구들'을 말하는 것이며, 입법부도 행정부와 마찬가지로 통치기구의 한 부분입니다.

에 독립성을 부여할 것인지, 아니면 융합적인 기관으로 기능하게 할 것인지 등의 문제입니다. 요약하자면, 특정인이나 특정세력이 독주하지 않고 서로 간의 권력을 견제하고 제어하는 문제를 말합니다.

'권력구조'의 유형은 개별 국가마다 특성을 반영하는 경우, 국가들의 수만큼 형태가 존재할 수 있을 것입니다. 하지만 다양한 특성들에도 불구하고 '대통령제', '의원내각제', '의회주권제', '집정부제', '이원집정부제' 등으로 대별될 수 있습니다. 이들 중에서도 특히 대통령제와 의원내각제라는 두 제도는 국민의 정당성을 표출하는 국민투표와 관련하여 대비되는 권력구조 형태로 의회민주주의라는 형식만큼이나 보편적 형태입니다.[3)]

의원내각제

'의원내각제'(parliamentarism)는 영국의 정치 발전을 배경으로 형성된 제도입니다. 의원내각제는 모든 통치 권한이 '의회'(議會, 또는 입법부)를 중심으로 형성됩니다.[4)] 국민들은 의회를 형성하여 그들에게 모든 것을 일임하게 됩니다. "통치권력 소유 기관들 간의

---

3) 현대 민주정치는 '의회정치'라는 보편적 형식으로 이루어집니다. 의회라는 형식을 통하지 않고도 국가를 운영할 수 있을 것입니다. 그럼에도 불구하고, 유럽정치의 산물이었던 의회정치제도가 대표적인 민주주의 운영의 형태로 존재합니다. 이를 대통령제나 의원내각제가 권력구조의 보편적 형태로 존재하는 것과 비교해 볼 수 있습니다. 의회정치의 기원과 내용에 관해서는 1장과 4장을 참조하시기 바랍니다.

4) 국가마다 명칭이 다릅니다. 영국에서는 Parliament, 미국에서는 Congress, 프랑스에서는 Assemblée Nationale라고 합니다. 우리는 국회(國會)라고 하며 영어로는 National Assembly로 표기합니다. 명칭과 상관없이 의회는 '입법부'(立法部, the legislative)에 해당하는 것입니다.

영국 국회의사당

권한 여부"라는 차원에서 본다면 의회가 전능(全能)한 기관으로 의회는 국민의 대표기구로서 사실상 모든 권한을 위임받습니다. 이것을 '의회주권'(또는 의회통치권: parliamentary sovereignty)이라고 합니다.[5)]

국민들이 국가 통치기관을 어떤 형식으로 형성하는가와 관련하여 의원내각제는 국민들이 모여서 의회 의원 선거(입법부 선거)를 한 번만 하면('one' agent of electorate) 됩니다. 입법부가 형성된 후

5) 의회주권의 정신 아래에서는 헌법에 대한 '위헌(違憲)여부의 판단'을 입법부가 하며 사법부 내지는 별도의 위헌심사기구를 두지 않습니다. 따라서 영국의 경우 위헌판단은 입법부의 몫입니다. 한국은 '헌법재판소'라는 별도의 기구를 설치하여 위헌여부를 판단합니다. 영국의 경우는 선출직을 중요시하는 철학이 담겨 있습니다. 헌법과 같은 국가운영의 지침과 관련된 것은 선출직인 의회 의원들이 직접 담당한다는 것입니다. 특히 별도의 기구를 설치하는 경우 구성원들을 어떻게 구성할지가 또 다른 중요한 문제입니다. 임명직으로 할 것인지, 선출직으로 할 것인지, 아니면 혼합할 것인지 등의 문제입니다. 미국의 경우는 위헌여부나 행정부와 입법부 사이의 분쟁을 대법원이 판단하고 조정합니다. 이 경우에도 대법원의 구성을 어떻게 하느냐가 중요합니다.

에는 입법부가 알아서 행정부를 구성하게 됩니다. 행정부의 중심은 '내각'(內閣, cabinet)이며, '수상'(the prime minister)과 분야별 장관들로 구성됩니다. 일반적으로 의원내각제 하에서 내각은 '집단지도체제'적 성격이 있습니다. 하지만 내각 내에서 수상의 권한이 강한 정도는 국가마다 정도의 차이가 존재합니다.

입법부가 행정부를 구성하기 때문에 입법부는 내각의 국가 운영에 문제가 있다고 생각하는 경우 내각에 대해 '불신임권'(不信任權, motion of no confidence)을 행사할 수 있습니다. 이것은 해당 행정부의 임기 종료를 의미하게 됩니다. 이에 상응하여, 내각에는(수상에게는) '의회해산권'을 부여합니다.[6] 입법부를 구성한 것이 궁극적으로 국민이니까, 의회를 해산해서 다시 한 번 국민의 의사를(내각을 불신임 한 것을 국민은 어떻게 생각하는지에 대한 의사를) 물어보자는 것입니다. 의원내각제도 현실적 운영에 있어서는 내각과 입법부 사이에 힘의 우위가 여러 가지 형태로 나타날 수밖에 없습니다.

의회 의원들에 대한 제도상으로는 정해진 임기가 있어도 불신임과 의회해산권 때문에 실질적인 운영상에선 정해진 임기가 없는 셈입니다. 따라서 의원내각제는 '정국의 불안정'을 가져올 수도 있습니다. 하지만 '정국의 불안정'을 의원내각제의 스테레오타입화된 단점으로 생각해서는 곤란합니다. 이것을 반대로 생각한다면 잘못된

6) 불신임권을 행사하기 이전에 수상이 먼저 의회해산권을 강행할 수도 있습니다. 수상이 자신의 뜻대로 정국을 운영하고 싶은데 의회가 협조하지 않는 경우, 수상은 의회를 해산시키고 국민의 의사에 따라 다시 의회를 구성하여 자신의 뜻을 관철시킬 수도 있습니다. 물론 국민들로부터 지지를 받고 있다는 확신이 있어야 할 것입니다. 물론 2009년 일본의 아소 다로(麻生太郎) 수상처럼 불신임이라는 망신을 피하기 위한 전략으로 의회해산을 강행할 수도 있습니다.

정책이나 정권에 대해서는 언제든지 불신임하고 이것을 고칠 수 있기에 정략적으로 이용되지 않는다면 국가 운영에 있어 정책적 기동성과 유연성이 존재한다고 볼 수 있습니다.

대통령제

'대통령제'(presidentialism)는 미국에서 비롯된 제도로서 미국의 정치사를 반영하고 있습니다. 미국 건국 당시의 '국가 건국자들'(Founding Fathers)이 영국의 사례를 참조하면서, 전지전능한 의회의 권력으로부터 행정부의 권력을 분리하여 보호하고, 이들 두 기관 간에 견제와 균형을 이루게 한 것입니다. 법을 집행하는 기관인 행정부(the executive)는 법을 만드는 기관인 입법부에게서 독립되어 있는 것이 입법부의 횡포로부터 보호하는 것이라고 생각한 것입니다.

국민들이 국가 통치기관을 어떤 형식으로 형성하는가와 관련하여 말한다면, 행정부를 구성하기 위한 선거인단과 입법부를 구성

백악관

청와대

하기 위한 선거인단이 별도로 구성되어 결국 두 번의 선거인단이 구성됩니다('two' agents of electorates). 행정부 선거란 행정부의 수반인 대통령을 뽑는 것을 말합니다.[7] 결론적으로, 유권자들이 행정부의 수반을 뽑는 대통령 선거와 입법부의 구성원을 뽑는 의회선거가 구분되는 제도입니다(Shugart and Carey 1992, 1-17). 이에 대해서 린쯔(J. Linz)는 정치권에 '이중적 정통성(dual legitimacy)'이 존재하는 것이라고 표현한 바 있습니다.

유권자들이 행정부 선거와 입법부 선거라는 두 개의 선거를 통해서 통치 기구에 정통성을 부여하는 경우, 행정부와 입법부는 각기 나름대로의 '정해진 임기'(fixed term)를 갖게 됩니다. 더 중요한 점은 국민들이 서로 구분되는 선거를 통해서 행정부와 입법부를 구

7) 국민으로부터 선출된 대통령은 권력 정당성을 기초로 하여 수하의 행정부 공무원들을 임명하게 됩니다. 국민들은 대통령 1인만 선출하면 행정부를 선출하는 효과를 누리게 됩니다.

성하기 때문에 서로 간에 기관적 독립성이 강하게 부여됩니다. 따라서 대통령제가 소위 행정부와 입법부 간에 '권력분립'을 통한 '견제와 균형'(check and balance)이 의원내각제에 비해서 더 강하게 나타날 수 있습니다. 하지만 '견제와 균형'이란 말은 이중적 의미를 갖고 있음에 유의해야 합니다. 즉 권력 분립을 통해서 상호간에 독립성을 가진 기관들끼리는 서로 견제와 균형을 할 수도 있지만, 서로 독립성이 강하다는 말을 하려면 견제와 균형조차도 작용하지 말아야만 독립성이 있다고 말할 수 있기 때문입니다. 두 기관이 어느 정도 연계되어 있어야 두 기관 사이에서 견제와 균형도 작용하는 것이기 때문입니다.[8)]

권력의 정통성은 국민으로부터 나옵니다. 국민들이 구분되는 선거를 통해서 각각 형성해 놓은 기관들 사이에 국민을 통하지 않고서 감히 입법부가 행정부를 불신임한다든지, 행정부가 입법부를 해산할 수 없습니다. 행정부 불신임은 다음 번 대통령 선거를 통해서, 의회해산에 해당하는 입법부에 대한 의사표시는 다음 번 의회선거를 통해서 국민들로부터 이루어진다고 보면 됩니다. 국가마다 현실적으로 운영되는 대통령제에서 행정부와 입법부의 권력 분립의 정도는 차이가 존재합니다.[9)]

---

8) 따라서 대통령제는 입법부와 행정부가 "권력을 분립한다기보다는 사실상 '국가 권력을 공유' (shared power)하는 시스템"에 가깝다고 말하는 사람도 있습니다(Neustadt, 1960).

9) 행정부가 법률안 발의권을 갖는 국가들이 많이 있습니다. 행정부가 입법권의 일부를 갖고 있는 셈입니다. 우리나라는 미국과 달리 행정부가 법률안 발의권을 갖고 있습니다.

의회주권제

'의회주권제'는 의원내각제의 본질적 성격과 연계된 '의회주권'을 의미하는 것이어서 의원내각제와 하나의 제도적 틀로 볼 수도 있지만 엄격히 말하자면 구분이 됩니다. '의회주권제'에선 의회가 그 밖의 모든 기관들로부터 절대적으로 우월하며, 행정부도 의회의 한 분파 기구에 불과한 제도를 말합니다. 따라서 의회는 연중 개회를 하고 있어야만 합니다. '의회주권제'에선 수상이나 내각 모두 의회의 표결에 종속되기에 안건의 제시와 국정운영의 방향성을 제시하는 것은 입법부의 몫입니다.

일반적으로 '의회제'의 이러한 성향은 의회에 진출한 정당들이 4-5개 이상으로 구성된 다당제에서 기능적으로 나타나게 됩니다. 영국과 같은 경우엔 주요 정당 2개가 정국을 이끄는 양당체계의 속성이 있으며, 의회 선거에서 승리한 1개 정당이 모든 국정운영의 책임을 지고 집단지도체제적인 내각을 형성하며, 내각은 수상이 이끕니다. 영국은 수상이 "동등하지 않은 사람들(내각 구성원들) 위에 있는 제1인자"(a first above unequals)입니다.[10] 이런 경우 수상과 내각은 의회의 신임과 불신임의 대상이 된다고 하더라도 국정운영과 방향성의 제시에 막강한 권한을 지닐 수 있습니다.

결론적으로 의회주권제는 의원내각제가 실질적으로 기능함에

---

10) 독일의 경우 수상은 "동등하지 않은 사람들 가운데 제1인자"(a first among unequals)로 표현하기도 합니다. 이것은 수상의 권한이 상대적으로 강한 경우들입니다. 일반적으로 의원내각제는 "동등한 사람들 가운데 1인자"(a first among equals)입니다(Sartori 1997, 102-104).

있어서 영국이나 독일처럼 수상이나 내각의 권한이 입법부를 압도하는 형태가 아닙니다. 수상이나 내각의 권한은 행정부의 권한을 의미하는 것이며, 입법부가 행정부를 압도하는 형태가 의회주권제입니다. 그런데, 이렇게 이념적 상황과 달리 현실적 정치기능은 조금 더 복잡하기에 획일적인 사고를 용납하지 않습니다. 예를 들면, 의원내각제에는 의회주권의 성격이 있다고 하지만, 의회의 다수를 차지한 정당에서 선출된 수상이나 내각의 일원은 사실상 그 정당의 소수 권력자들입니다. 따라서 의원내각제에서 구성된 수상과 내각으로 구성된 행정부는 실질적으로 의회에 종속되는 것만은 아닙니다. 오히려 의회에 종속되는 것이 아니고 의회를 실질적으로 주도한다고 볼 수도 있는 것입니다. 입법부인 의회와 행정부인 내각의 뿌리는 공통적으로 정당이기에, 입법부를 장악한 정당의 실질적 권력자인 수상이나 내각 구성원들이 그리 쉽게 입법부에 종속되지 않는다는 의미입니다. 그래서, 의원내각제의 역사적 원형인 영국의 의원내각제를 분류하면서, 의원내각제의 본성이라고 할 수 있는 '의회주권제'를 언급하면서도(입법부의 행정부에 대한 우위), 수상의 권한이 강한 경우에도 해당되기에(양당체계 하에서 단독내각으로 주도권을 갖는 행정부), 영국 의사당의 지명을 차용해서 그냥 '웨스터민스터 모델(Westminster Model)'이라고 부릅니다. 의원내각제는 국가마다 운용됨에 있어서 제도와 역사적 배경에 따라서 다양한 형식이 존재하는 것입니다.

의원내각제란 그 성격상 원래 의회주권(또는 의회통치)의 성격이 있지만, 의원내각제 중에서도 현실정치과정에서 행정부(또는 수상)의 권한이 나름대로 강력히 기능하는 곳은 의원내각제의 테두리로 분류하는데 반해서, 특히 입법부의 권한이 압도적인 경우엔 별도로 '의회주권제'라고 분류할 수 있다는 의미로 이해하면 편리할 것입니다.

집정부제

'집정부제'(collegial system)는 의원내각제이나 내각의 권한이 의회에서 독립될 정도로 강한 경우를 의미합니다. 스위스는 '집정부제'를 실시하는 대표적인 국가입니다. 스위스의 경우 미국처럼 연방정부형태를 띠고 있으나, 미국의 대통령제나 삼권분립과 같은 개념과는 차별화되는 협의체제를 구성하였습니다. 행정부 격인 연방집행부와 입법부 격인 연방의회가 존재합니다.

연방집행부는 내각책임제와는 대조적으로 임기가 보장된 내각으로서 법안을 사전에 준비하고 의회에 국가 정책 운영의 방향성을 제시하게 됩니다. 영국이나 독일의 경우도 내각의 권한이 강하기

스위스 국회의사당

는 하지만, 정해진 임기라는 말을 쓸 정도는 아닙니다. 독일의 경우 '건설적 불신임안'이라고 하여, 내각을 불신임하기 전에 수상을 먼저 선출해야 합니다. 즉 대안이 분명한 경우에만 불신임권을 행사하도록 하여 내각의 권한을 강화한 것입니다. 하지만 이것은 정해진 임기만큼 강력한 것은 아닙니다. 따라서 스위스의 집정부제와는 구분이 됩니다.

일반적으로 연방집행부의 내각 구성원인 집정관은 각 정당의 원내정당 대표로 구성되지만, 이들은 입각하면 소속 정당에 구애받지 않는 분위기가 형성됩니다. 큰 틀에서 본다면, 스위스의 집정부제는 사실상 내각책임제의 한 아류로 해석하는 것이 가능합니다. 내각의 권한이 의회에서 독립되면서, 동시에 보다 강한 형태를 띠게 되는 것입니다.

이원집정부제

'이원집정부제' 또는 '유사(類似)대통령제'(semi-presidentialism: 또는 '준(準)대통령제')는 행정부와 입법부 선거를 분리함에도, 대통령이 임명한 '총리와 내각'이[11] 입법부로부터 신임과 불신임의 대상이 되는(내각이 대통령보다 의회의 신임과 불신임에 의존하는) 경우를 말합니다. 즉 전자는 대통령제의 특성이고, 후자는 의원내각제의 특성이라 할 수 있습니다. 이런 경우, 외교와 국방과 같은 '외치'(外治)는 대통령이, 국내 행정과 살림과 같은 '내치'(內治)는 총리와 내

11) '총리'를 '수상'이라고도 부릅니다.

프랑스 국회의사당

프랑스 엘리제궁(대통령관저)

각이 관여하는 것이 일반적입니다.[12)]

이원집정부제는 프랑스의 정치사를 반영하는 제도입니다. 프랑스는 의원내각제를 시행하면서 많은 정치혼란을 경험하였고, 이를 극복하기 위해서 대통령제적인 성격이 가미된 정치제도를 도입하였습니다. 따라서 유사대통령제에는 대통령제란 말이 들어간다고 하더라도 이는 오히려 의원내각제를 기반으로 대통령제적 요소를 받아들여 보완된 제도라고 보는 것이 더 프랑스의 역사적 사실에 일치합니다.

듀베르제(Maurice Duverger)는 프랑스의 이원집정부제를 대통령과 총리가 권한을 나누어 갖는 제도로 묘사하기보다는 '여대야

12) 최근에 개정된 프랑스 헌법에서 대통령의 의회출석권을 허용한 것은 대통령의 권한 강화라는 측면에서 이해하는 것이 일반적입니다. 왜냐하면, 의회의 신임이나 불신임에 의존하는(그렇기 때문에 의회를 대표하는) 총리를 제치고, 직접적으로 의회에 출석하여 발언한다는 것은 우선 총리와 더불어 대통령도 의회를 직접 상대할 수 있다는 여지를 준 것이기 때문입니다. 동시에 '여소야대'(輿小野大) 정국에서도 국정을 대통령에게 유리하게 끌고 갈 수 있도록 대통령의 정책 방향에 동의해줄 것을 호소하는 제도적 장치이기 때문입니다. 하지만, 의회의 존중이라는 역사성을 동시에 충족한다는 양면적인 성향이 존재합니다.

소'(與大野小) 정국인지, '여소야대'(與小野大) 정국인지에 따라서 대통령제와 내각제가 번갈아 나타나는 제도로 묘사한 바 있습니다. 대통령의 정당이 행정부와 입법부를 모두 장악한 경우는 대통령의 의지가 강력하게 국정에 반영되어 대통령제처럼 기능합니다. 반대로 야당이 입법부를 장악한 경우 대통령은 입법부의 신임과 불신임의 대상이 되는 총리를 야당 의원으로 지명할 가능성이 높으며, 이런 경우 의원내각제의 성격이 강해진다는 의미입니다. 이원집정부제는 대통령과 총리가 권한을 나누어 갖는 '의미'로 해석되기보다는 행정부와 입법부가 권한을 나누어 갖는 '정도'를 의미한다고 보아야 합니다.

지금까지 다섯 가지 정부 형태 유형을 살펴보았습니다. 어떤 제도를 갖는 것이 민주주의 구현을 위해서 바람직한 것인지에 대한 논의는 민주사회가 지속되는 한 끊이지 않을 것입니다. 어떤 국가의 특정한 권력구조가 민주주의의 수행과 관련하여 어떠한 정치적 기능과 결과를 가져오는지를 평가하기 위해선, 또한 보다 더 바람직한 권력구조를 한 국가에 도입하기 위한 논의를 위해선 각 권력구조의 유형들마다 '이념형'(ideal type)이 설정될 필요가 있습니다. 하지만 이는 쉬운 일이 아닐 것입니다. 앞서서 언급한 바와 같이, 대통령제나 내각제도 행정부와 입법부의 권한 여부에 따라서 다양한 형태가 존재하기 때문입니다. 서로 같은 유형으로 분류되는 국가들끼리도 자신들의 문화적, 역사적 배경에 따라서 서로 다른 정부형태들을 갖고 있습니다.

권력구조 유형들의 이념형을 설정하는 것과는 별개로 민주주의의 수행과 관련하여 두 가지 논점이 있습니다. 하나의 논점은 특정 유형이 또 다른 유형들보다 더 민주주의의 수행에 긍정적인 기능을 하느냐의 문제입니다. 또 다른 논점은 같은 유형내에서도 여러 가지 변형(variation)들 중에서 어떤 것이 가장 이상적인 형태인가 하는 문제입니다.

유사 정부 형태 내에서의 비교: 원형(Proto Type)과 이상형[13]

먼저, 두 번째의 논점부터 설명하도록 하겠습니다. 무엇이 의원내각제의 제도적 설정에 이상형일까요? 대통령제에서는 미국의 대통령제가 이상형일까요? 의원내각제에서는 영국의 의원내각제가 이상형일까요? 이원집정부제는 프랑스가 이상형일까요?

의원내각제, 대통령제, 이원집정부제, 집정부제는 각각 영국, 미국, 프랑스, 스위스의 정치사를 반영한다는 점에서 이들 국가들이 대표적인 사례임에는 틀림없을 것입니다. 하지만, 특정 국가들의 정부형태에 대한 제도 논의에 있어서 이들 국가들이 각 권력구조 유형의 '이상형'이라고 말하는 것에는 어폐가 있습니다. 현 시점에서 미국의 대통령제는 대통령제의 '원형'(또는 전형, proto type)으로 구분해야하며, 이를 '이상적 형태'와 혼동해선 곤란하다는 의미입니다.

대통령제의 이상형은 학자마다, 국가마다 다를 수 있습니다. 물론 어떤 사회에서 어떤 유형이 '이상형'인지에 대한 공감대를 형성하는 것도 어려운 문제일 것입니다. 비록 대통령제가 미국 정치사에

---

13) 여기서 '이상형'이란 어의상 '이념형'(ideal type)과 구분되는 것으로 가장 이상적으로 생각하는(즉 가장 선호하는 또는 가장 바람직한) 제도라는 의미입니다. 개인들마다 자신이 가장 바람직하다고 생각하는 '이상형'은 다양합니다. 베버가 말하는 '이념형'이란 실재에 현존하는 경향이 있는 어떤 특성을 유형화시킨 기준을 말합니다.

서 탄생된 정부형태일지라도 이는 미국의 문화와 역사적 배경 하에서 형성되고 운영되어 온 것이기에 원형적 형태로 해석되는 것이 바람직하며, 이상형으로 해석될 수는 없습니다. 따라서 한국에서도 대통령제를 제대로 운영하려면 미국의 대통령제와 유사한 제도적 형태가 마련되어야 한다는 주장은 신중하게 판단할 필요가 있을 것입니다.

대통령제는 미국만의 전유물도 특허도 아니며, 마찬가지로 의원내각제 역시 의회주권제적 형태에서 발전된 영국식 '웨스트민스터 모델'(Westminster Model)이 이상형도 아닙니다. 정부형태라는 것이 단순히 법적이고, 제도적인 문제에 국한될 수 없는 것은 정부형태를 정하는 것은 헌법에 관련된 문제로 국민의 공감대가 필요하며, 이것은 정치적 결정의 영역에 속하게 됩니다. 국민의 공감대라는 것은 결국 그 나라 국민들의 정서나 문화가 특정 제도에 대한 호불호(好不好)에 연관된다고 볼 수 있습니다. 또한 헌법이 결정되는 시기에 정치세력들 간의 역학도 작용할 것입니다. 따라서 정부형태에 대한 논의에서 '이상형'이란 것은 개인들마다 다른 주관적인 것이며, '원형' 또는 '전형'은 객관적으로 존재합니다.

서로 다른 정부들의 유형 비교

반면에, 가장 대표적인 두 가지 유형인 의원내각제와 대통령제 간의 비교를 통해 어떤 권력구조가 근본적으로 "민주주의의 수행"에 더 바람직한지에 대한 보다 많은 논의들이 있어 왔습니다. 하지만 논의의 결과 역시 어떤 지표(indicators)에 중점을 두어서 민주주의의 수행여부를 평가하는가에 의존할 수밖에 없습니다. 특정 사회에서 나타나는 부정적인 면을 극복하기 위해서 유리한 제도가 무엇인지에 대한 논의는 가능해도 전지 전능한 제도로서의 정부형태는 존재하기 어렵습니다. 그러면 첫 번째 논점인 서로 다른 정부형태 간의 비교로 넘어가겠습니다.

린쯔(Juan Linz)는 의원내각제와 비교하여 대통령제의 가장 두드러진 상대적 특징 중의 하나로 '책임성'(accountability)을 언급한 바 있습니다. 여기서 책임성이라고 함은 대통령제가 내각제보다 더 "책임 있는 정치를 한다"는 포괄적 의미가 아닙니다. 소위 경제적으로 '선진자본사회'(advanced capitalistic societies)이며, 정치적으로 '선진민주화사회'(advanced democratic societies)인 많은 서유럽 국가들은 의원내각제를 시행합니다. 시민들의 요구에 부응하려고 노력하는 '응답성'(responsiveness)의 차원에서 의원내각제는 문제가 없습니다. 의원내각제에 비교하여 대통령제를 책임성과 연계시킬 때 핵심 개념은 '책임의 소재' 및 '행정부의 정해진 임기'로 해석되어야 합니다.

일반적으로 내각을 중심으로 정책 결정이 진행되는 집단지도체제적인 성격이 강한 의원내각제에 비해서 대통령제는 대통령 일인의 단일지도체제적 성격이 강합니다. 따라서 단일지도체제적인 성격의 대통령제에서의 책임성이란 의미는 "책임의 소재가 명확하다"는 의미입니다. 모든 책임은 대통령 한 사람에게 귀속되는 것입니다. 행정부를 뽑는 선거라고는 하지만 국민들은 대통령 일인만을 선출하여 그에게 권력을 위임하는 것입니다. 대통령은 장관들을 임명하여 실질적이고 세부적인 행정 업무를 위임합니다. 하지만, 궁극적인 책임의 소재는 대통령 한 사람인 것입니다. 책임의 소재가 대통령 일인으로 명확하게 귀속되기에 대통령제 하에선 책임성이 특징으로 제시된 것입니다. 따라서 단순히 대통령제를 도입하였다고 하여, 의원내각제보다 실질적으로 더 "책임성 있는 정치가 구현된다"는 의미로 확대 해석하는 것은 곤란합니다. 책임에 대한 혼돈이나 공유가 존재하지 않기에 대통령제 하에서는 퇴임한 대통령을 놓고서 '성공한' 대통령과 '실패한' 대통령으로의 구분이 인구에 회자되는지도 모릅니다.

덧붙여서 대통령제의 특징인 '책임성'이 실제로 구현되게 한다는 것은 '안정성'이란 개념과 연계되어 해석되는 것이 바람직할 것입니다. 대통령제 하에서 책임성이 갖는 장점이 있다고 하는 것은 '정해진 임기'(fixed term)가 있기 때문에 갖는 정국 운영의 안정감이 존재하기에 가능할 수 있습니다. 내각 불신임이나 의회 해산이 존재하는 의원내각제와 비교하여 정해진 임기가 있기에 예기치 않은 정국의 불안정의 개연성이 적다는 것입니다.[14] 하지만, 아무리 임기

---

14) 엄격한 의미에선, '대통령 탄핵제도'는 대통령의 정해진 임기를 위협하는 요인입니다. 따라서 탄핵 자체를 대통령에게 권력 정당성을 부여한 국민이 직접 하는 것이 올바른 것인지, 아니면 국민들로부터 선출된 국회의원들도 그러한 역할을 할 수 있는지는 논쟁거리 입니다. 이러한 논쟁은 헌법을 만들 때 중요한 논점 중의 하나가 될 수 있습니다. 미국의 경우는 대통령 탄핵의 최종 승인 기관이 '상원'(the Senate)으로서 선출직으로 구성된 기관입니다. 반면에 한국은 최종 승인 기관이 '헌법재판소'로서 이는 임명직으로 구성된 기관입니다. 민주사회에서 권력의 정당성은 선거에서 선출됨으로서 주어지는 것이 일반입니다. 과연 선출직에 대한 탄핵의 최종결정을 임명직이 할 수 있을까요? 이러한 점들은 헌법개정시 논의되어야만 하는 부분입니다. 이것은 민주사회에서 선출직과 임명직의 차이점은 무엇인가? 하는 철학적 주제입니다. 이상적으로는 민주사회를 가장 민주사회로 운영되게 하는 것은 '직접 민주주의'(direct democracy)의 형태일 것입니다. 모든 사람이 참여하여 자신의 의견을 피력하고 수렴하는 것입니다. 하지만, 국가 운영에 관한한 직접 민주주의는 공간이나 시간상으로 현실적인 제약이 있으므로, 우리는 '간접 민주주의'(indirect democracy)의 형태를 취할 수밖에 없습니다. 국민들로부터 권력을 이양받는 것은 선거를 통해서이며, 선거를 통해서 선출된 자들이 권력의 정당성을 갖게 됩니다. 그리

가 보장되어도 국가 운영에 따라서 정국의 불안 여지는 상존할 수 있음을 여전히 유의하여야만 합니다.

"책임성 있는 정치가 구현 된다"는 의미를 "대통령이 보다 장기적인 시점에서 일관성 있는 정책 추진이 가능한 정치를 하게 해야 한다"거나 "정책 관련 예측 가능한 정치를 하게 해야 한다"라는 의미로 이해할 때 분명히 대통령 중임제는 단임제보다 장점이 될 수도 있습니다. 대부분의 국가 정책이란 장기적인 시각에서 마련되고 이루어지는 것입니다.

반면에 중임제로 하는 경우엔, 내각제에서 보이는 강점인 정권 변동과 이에 따른 정책 변동의 유연성이 적을 수 있습니다. 한 국가의 미래를 위해서 바람직한 정책이 장기화되고, 일관성 있게 실현되는 것은 긍정적인 것입니다. 그러나 잘못된 정책이 장기화되고, 일관성 있게 추진된다면 이는 최악의 상황을 의미합니다. 잘못된 정책이 장기화될 가능성이 있거나, 행정 집행부의 국정운영에 난맥상이 표출될 때는 정권의 변동을 유도해야만 하는 것입니다. 단임제가 더 좋을 수 있다는 점도 유의하여야 한다는 의미입니다. 제도들은 제도 나름대로의 장단점을 모두 지니고 있음을 염두에 두어야 합니다,

나아가서, 행정부에 대한 불신임을 행사할 수 있는 제도인 의원내각제에서는 대통령제와 비교하여 상대적으로 정책 변동의 유연성을 확보할 수도 있을 것입니다. 대통령제 하에서 대통령 탄핵제도

고 그렇게 권력의 정당성을 가진 자는 자신이 공무를 수행함에 있어서 임명직을 거느리게 됩니다. 따라서 민주사회에서 선출직으로서 권력의 정당성을 갖는 자가 공직자를 임명한 경우 그들도 간접적으로는 권력의 정당성을 갖게 됩니다. 그러나 정도의 문제일 것입니다. 대통령의 탄핵 문제는 국가의 기강이나 국가의 운명과 직결되기 때문입니다.

도 정책변동의 유연성 확보라는 포괄적인 틀에서 이해가 가능할 것입니다. 때로는 정권의 안정성이 책임정치를 가능하게 하지만, 때로는 정책변동의 유연성을 통해서 책임정치의 기반이 마련되기도 합니다.

지금 정권의 안정성보다 정책 변동의 유연성이 더 좋은 가치라는 것을 주장하는 것이 아닙니다. 정권의 안정성과 정권 변동에 따른 정책 변동의 유연성은 동전의 양면과 같습니다. 민주주의 수행의 중요 판단 변수인 "정부의 책임성 여부"도 '책임 소재의 명확성 내지는 정권의 안정성'인지, 아니면 '정책 변동의 유연성'인지에 따라서 대통령제와 의원내각제 간에 제도적 우위를 달리 말할 수 있을 것입니다.

일반적으로 권력구조를 다루는 입장은 어떠한 권력구조의 형태가 민주주의 수행에 우월한가를 다루는 것입니다. "대통령제와 내각제, 또는 이원집정부제 중에서 어떤 것이 우월한가?" 하는 주제는 그 해답을 찾기 어려운 주제입니다. 여기에는 분명한 이유가 있습니다. 일반화된 이론보다는 상황 논리 속에서만이 그 해답을 구할 수 있는 경우가 많기 때문입니다.

표 3-1 대통령제와 의원내각제의 장단점

	대통령제	의원내각제
장점	• 행정부의 정해진 임기로 인한 정치적 안정. • 선거시(選擧時) 정국을 이끌 주체에 대한 인지성(認知性, identifiability)이 높음. • 정치적 책임성(accountability)의 소재가 분명함.	• 임기 중에 지도자에 대한 책임 추궁과 변경이 가능(지도자 교체의 유연성) • 장기집권에 대한 우려가 낮음. • 야당의 그림자 내각(shadow cabinet)은 '건설적 대안'을 제시하거나 '준비된 정권'을 창출할 수 있는 개연성을 높임.
단점	• 임기 중 지도자의 책임을 추궁하는 데 한계가 있음. • 대통령 1인의 독선이 가능함.	• 내각에 정해진 임기가 없음으로 인해서 발생하는 정치적 불안정.

여러 국가들이 똑같은 제도를 선택하여도 시민 문화적, 정치 경제적, 역사적 배경이 다르기 때문에 그 제도의 기능은 정치 과정 상에서 상이한 정치 결과를 산출하게 됩니다. 의원내각제와 대통령제의 원형적 국가인 영국과 미국이 선진 민주주의 국가라는 것에 동의하지 않는 정치학도들은 거의 없을 것입니다.

그러나 영국과 미국에선 잘 기능하는 의원내각제와 대통령제가 2차대전 이후 아프리카, 라틴아메리카, 아시아의 신생 독립국들에 수입되었을 때 그 결과는 군부독재, 헌정중단 등의 참담한 결과로 나타나기도 했습니다. 제왕이나 임금이 다스리는 헌정질서가 신생 독립국에 오히려 맞는다는 자조 섞인 목소리도 있었습니다. "제도적 유사성"(예를 들면, 비슷한 대통령제를 채택한 상이한 국가들)에도 불구하고 "기능적 상이성"(즉 민주주의의 성공과 실패)이 생기면서 대통령제, 내각제, 이원집정부제에 대한 논의는 보다 복잡다기한 양상을 띠는 경향이 있습니다.

권력구조에 관한 연구들은 많지만 미국정치학계에서 1990년대 초반과 중반에 있었던 린쯔와 발렌주엘라(J. Linz and A. Valenzuela 1994a, 1994b), 그리고 슈가트와 캐리(M. Shugart and J. Carey 1992)의 대비되는 연구 업적을 기준으로 몇 가지 주요 논점들을 동시에 찾아볼 수 있을 것입니다. 두 종류의 연구를 포괄적으로 정리해보자면, 전자의 연구는 대통령제가 갖고 있는 국가통치의 제도적 한계성을 여러 국가들에서 찾아보되, 특히 남아메리카의 사례들을 중심으로 논합니다. 반면에 후자의 연구는 대통령의 권한과 리더십을 의회의 권한과 연관하여 대통령제가 갖는 단점은 제도적 한계성이 아닌 기능적, 상황적 요인임을 여러 국가들을 대상으로 논하고 있습니다.

흥미로운 것은 대비되는 두 개의 주요 연구 경향이 모두 대통령제를 기준으로 실패의 이유 내지는 극복가능성을 논하며, 의원내각제 자체의 성공과 실패를 논하는 것은 아니라는 점입니다. 대통령제가 의원내각제보다 열등한 제도라는 의미가 결코 아닙니다. 대통령제 하에선 행정부와 입법부 선거의 분리로 인한 국가 통치기관 정통성의 분리때문에 보다 복잡한 정치 과정이 형성되므로 그만큼 여러 가지의 정치체계 변수들을 통해서 순기능과 역기능을 비교할 수 있기 때문입니다.

예를 들어, 현재 한국에서 논의되고 있는 개헌 문제와 연관된 '제왕적 대통령제'의 개선 문제, '분할정부'(divided government; 또는 여소야대)로 인한 입법부의 행정부 발목잡기, 행정부와 입법부의 선거주기 일치 문제 등도 모두 대통령제와 연관이 있는 현상들입니다. 위에서 소개한 두 개의 대비되는 고전적 연구를 중심으로 이와 연관되어 과거와 현재에 외국의 학자들이나 한국의 학자들에게서 활발히 논의되었거나, 논의되는 권력구조 관련 연구 주제들을 네 가지 영역으로 정리하여 보았습니다.

주요 이슈들

1. 의원내각제와 대통령제는 민주주의 성취나 경제적 업적 달성에 어떠한 제도적 차이점을 가져오는가?

"의원내각제와 대통령제 중에서 어떤 제도가 더 좋은 제도인가?"라는 포괄적인 질문에 답하는 것은 단순하지 않은 문제임을 언급한 바 있습니다. 이러한 질문에 포괄적이면서도 직접적인 답을 추구한 연구는 많지 않습니다. 그럼에도 불구하고, 여러 사람들이 공감할 수 있는 입장에서 본다면, 정치변수와 경제변수를 골고루 살펴보면서 '민주주의의 성취'나 '경제업적 달성'에 종합적으로 더 유리한 제도가 무엇인지를 판단하는 것이 하나의 방법이 될 것입니다.

가장 종합적인 경험적 연구 결과로는 번하드, 노드스트롬, 그리고 리녹(Bernhard, Nordstrom, and Reenock 2001)의 연구를 참조해 볼 수 있습니다. 이들의 연구를 종합적이라고 하는 이유는 자료가 가능한 전 세계 국가들을 대상으로 거의 한 세기에 가까운 기간을 다루고 있기 때문입니다. 해당 연구의 경험적 결과를 보면 특정 제도가 특정 조건 하에서 정치발전이나 경제발전과 선택적 친화력을 갖는 것이 아닌가 하는 생각을 갖게 합니다.

번하드, 노드스트롬, 그리고 리녹은 1919년-1995년의 자료를 분석하여 대통령제와 내각제가 민주주의의 지속성 여부나 경제발전 여부와 어떠한 상관성을 갖고 있는가를 조사하였습니다. 이들은 의원내각제는 입법부와 행정부가 융합적 관계라는 것을 중시해서 '다수적(majoritarian) 성격'으로 구분하였으며, 대통령제는 입법부와 행정부가 분리된 독립적 관계라는 것을 중시하여 '다원적(pluralistic) 성격'으로 구분하였습니다.[15] 이에 덧붙여서 정당체계라는 매개변수를 이용하여 정치체계를 모두 5개의 성격으로 분류하였습니다. ① 다

15) 이러한 분류는 다수제(majoritarian)의 상대개념으로 다원적(pluralistic)이란 용어를 사용한다는 점에서 다수제(majoritarian)의 상대적 개념으로 합의제(consensus)란 용어를 사용하였던 레입하트(A. Lijphart 1999)의 분류 기준과는 차이가 있으며 내용도 다릅니다. 레입하트의 민주주의 기능 유형은 제7장 민주주의와 정치발전 부분에서 다시 설명합니다.

수제 사회(일당우위제이면서 의원내각제인 사회), ② 준-다수제 사회(양당제이면서 의원내각제), ③ 준-다원적 사회(온건다당제이면서 대통령제), ④ 다원적 사회(분극적 다당제이면서 대통령제), ⑤ 그 밖의 조합들은 혼합적 사회(다당제이면서 의원내각제 또는 일당제/양당제이면서 대통령제)로 구분하였습니다. 여기서 중요한 것은 다수제 사회, 다원적 사회의 분류가 아니며, 이러한 분류가 궁극적으로 의원내각제나 대통령제와 연관되어 진행되었다는 점입니다. 연구 결과는 〈그림 3-1〉로 표시되며, 거시적인 차원에서 대통령제와 내각제란 유형 간의 차이점이 분명하게 대조됩니다.

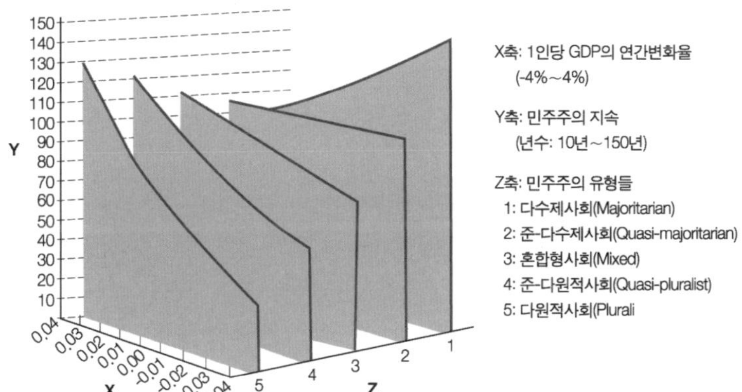

〈그림 3-1〉 민주주의 유형, 경제적 업적, 민주주의 지속의 상관관계

〈그림 3-1〉은 권력구조 유형을 민주주의의 지속성이란 정치변수와 경제적 성장이란 경제변수와 연계시켜 지난 20세기의 경험을 총체적으로 분석한 결과를 보여줍니다. 〈그림 3-1〉에 따르면, 경제

적 성장(활성)의 조건 하에서는 대통령제(다원화 사회)가 의원내각제(다수제 사회)보다 민주주의의 지속성이 깁니다. 반면에, 경제적 수축(불황)의 조건 하에서는 의원내각제(다수제 사회)가 대통령제(의원내각제)보다 민주주의의 지속성이 길게 나타납니다.

이에 대한 이유로서 저자들은 다수제 사회(의원내각제로 대표되는)에선 보다 편협하게 형성된 사회적 지지기반을 대변하는 의회의 다수세력(집권세력)에 의해 국가가 운영되어 경제성장에 따른 이익을 의회의 다수세력 지지자들에게만 제공할 가능성이 있다고 봅니다. 반면에 다원적 사회(대통령제로 대표되는)에선 보다 여러 집단들에게 경제성장에 따른 이익을 골고루 공유할 수 있는 가능성을 높여줄 수 있다는 것입니다. 적어도 경제성장의 이익을 공유한다는 차원에선, 보다 많은 유권자들을 포괄적으로 만족시켜줄 수 있는 것이 대통령제라고 보고 있습니다. 혼합형 사회는 의원내각제와 대통령제가 모두 속해있으므로 두 권력구조 유형에 대한 차이를 구분하기는 어렵습니다.

번하드, 노드스트롬, 그리고 리녹의 비교 연구는 두 가지의 상반된 의미를 동시에 제공합니다. 첫째는, 대통령제와 내각제란 권력구조 자체를 직접 비교하지 않고, 정당체계라는 매개변수를 이용하여 먼저 사회의 성격을 5가지로 분류한 후에 비교하고 있다는 점입니다 이는 민주주의 수행이나 경제업적을 판단함에 있어서 대통령제와 내각제 권력구조 자체의 특성들에 대한 직접 비교보다는, 보다 미시적 차원의 정치 과정인 정당체계, 선거제도, 국가별로 다양하게 나타나는 의회-행정부 권력관계 등에 주목하여 대통령제와 내각제를 연구해 볼 필요성을 대변하는 것입니다.[16] 나아가 대통령제와 내각제라는 제도적 대비로서 서로의 상반된 장단점을 인식하는 것에 한계를 느낄 수도 있습니다. 즉 대통령제의 제도적 한계는 내각제가 아닌 이원집정부제(semi-presidentialism)를 통해서 가능할 수도 있습니다.[17)]

반면에, 다음과 같은 상반된 증거도 여전히 존재한다고 볼 수 있습니다. 이들의 연구는 분명 사회의 성격을 5가지로 나누고 있지만 대통령제는 다원적 사회로 의원내각제는 다수제적 사회로 분류하기에 결국 대통령제와 내각제에 대한 사실상의 직접적 비교가 이루어지는 셈이며, 앞에서 지적되었던 경험적 결과들이 정당체계란 매개변수를 제외시키더라도(특히 혼합형 사회는 논외로 치더라도) 여전히 유의미할 수 있다는 해석도 가능할 수 있을 것입니다. 구태여 보다 세부적인 미시적인 차원의 변수들에 집착하지 않더라도, 국가통치의 큰 흐름을 결정하는 것은 역시 대통령제와 내각제란 거시적인 권력구조 유형 자체일 수도 있다는 입장인 것입니다. 끝없는 논쟁이 지속될 것입니다. 논쟁이 해답을 가져오지 않고 논쟁이 논쟁을 낳는 것입니다. 정치학이 이래서 복잡하다는 이야기를 하는 듯합니다.

2. 대통령제와 의원내각제는 정책 결정 과정의 차이점을 가져오는가?

대통령제와 의원내각제 사이에 "일관성 있는" 차이가 있다고 보는 입장도 있고(Linz 1994; Moe and Caldwell 1994), 일관성 있는 차이점을 발견하기 어렵다는 입장도 있습니다(Shugart and Carey

16) 보다 자세한 내용은 김재한, 레입하트(1997)를 참조.

17) 사르토리(Sartori 1994)를 참조.

1992; Tsebelis 1995). 특히 후자의 경우는 대통령제와 내각제가 하나의 쌍을 이루어서 그 차이점이나 유사점이 취급되기 어려운 이유로 각각의 제도 내에서 수없이 많은 변종의 제도들을 들고 있습니다. 정당체계나 입법부의 권한 등과 관련하여 정책 결정, 정책 변화, 거부권 행사 등 여러 가지의 변수들로 인해서 대통령제와 내각제는 단순화된 대조 집단으로 취급하기를 꺼립니다. 특히, 체벨리스(G. Tsebelis)는 기능적인 유사성이 생길 수 있는 상황을 상정하면서 다당제 하의 의원내각제는 다수의 거부권과 정책결정에 장애물이 존재하는 대통령제(예를 들면, 여소야대 정국 하의 입법부의 반대)와 제도적으로 비슷한 정치적 기능을 할 수 있음에 유의하기도 합니다.

그렇다면, 대통령제와 내각제를 채택함으로서 생기는 국가 정책 결정에 있어서 실질적인 차이점이 존재할까요? 기존 연구들을 참조하여 대통령제와 의원내각제의 권력구조상의 특질에서 비롯되는 정책결정 과정 상의 예상되는 차이점은 세 가지 사안으로 정리해 볼 수 있습니다.

첫째, 거부권을 행사할 수 있는 행위자의 수에 관련된 문제입니다. 이것은 궁극적으로 대통령제와 내각제의 기본적 정의에서 출발하는 개념입니다. 대통령제는 행정부와 입법부가 분리된 선거를 통해서 형성되기에 '이중의 정통성'(dual legitimacy)이 존재하며, 이러한 행정부와 의회의 대립에 연관된 이익 당사 기관들이 또 다른 거부권 행사 행위자로 나타납니다. 대통령제의 미국과 내각제의 일본에서 있었던 '원격통신 자유화'를 위한 법안 처리 과정을 비교했던 연구가 있습니다. 미국에선 이미 1930년대에 시작된 AT&T 회사의 사실상의 시장 독점적 형태를 해체하는데 1981년까지 적어도 50년이 걸렸습니다. 그나마도 미국과 같은 시장에서 불과 8개의 회사로 분리하면서 AT&T의 수직적 독점형태를 완화시킨 것에 불과하였습니다. 그 이유는 근본적으로 행정부와 입법부의 이익관계가 일치하지 않았고 서로 거부권 행사자로 기능하였으며, 이에 덧붙여서 방위관련기관, 사회정의관련기관, 법원까지 가세하여 서로가 거부권 행사자로 기능하였기 때문이었습니다(Noll and Rosenbluth 1995).

반면에 의원내각제 하의 일본의 경우는 일본전신전화(NTT: Nippon Telegraph and Telephone)의 민영화를 1982년에 시작하여 불과 2년만인 1984년에 완성시킵니다. 이러한 결과는 입법부가 구성한 행정부는 서로 거부권 행사자로 기능할 여지가 그만큼 적다는 의미로 해석될 수도 있습니다. 하지만 이렇게 단순화된 이해는 오해를 불러올 수도 있습니다. 1980년대 초반의 일본 정치체계는 자민당의 일당 우위제였으며, 이는 의원내각제라는 성격보다 일당 우위제라는 정당체계가 더 큰 변수였을 수도 있습니다. 실제로 또 다른 연구는 연합정권을 구성하는 다당제 하의 의원내각제 하에선 거부권 행사자의 수가 대통령제와 별반 차이가 없다는 주장을 제기합니다(Schick, 1993). 연합정권을 구성하는 개별 정당이 거부권 행사자가 될 수 있기 때문입니다. 예를 들어, 네덜란드와 스웨덴의 경우 예산처리의 과정에서 이러한 특성들이 보이고 있음을 제시합니다.

둘째, 정책결정 과정에서 공공재(collective goods)의 제공여부에 관한 대통령제와 의원내각제의 차이점입니다. 린쯔는 대통령제 하에서는 분리된 선거를 통해서 성립된 행정부가 독립하여 존재하기에 의회 의원들이 국가적 정책에 대한 책임감이 적고, 지역구민들의 지역화된 이익에 매몰될 가능성을 제시합니다. 특히 국가정책은 지역수준이 아닌 국가수준에서 선출된 대통령이 알아서 책임을 지면 된다는 식의 의원들의 방만한 사고방식을 경계합니다. 하지만 역발상도 가능할 것입니다. 시민들의 생활에 직접적으로 관련되는 지역적 생활단위에서 공공재를 제시하는 것이 더 필요하며, 국가적 생활단위에서 공공재를 제공하는 것에 의원들이 몰두한다면 곤란하다는 발상이 있을 수도 있습니다. 하지만 지역일꾼을 뽑는 지방 선거가 존재하는 경우 이러한 발상은 설득력이 약화될 것입니다. 지방 선거가 지역일꾼을 뽑는 경우, 의회 선거는 국가적 사무에 전념하는 일꾼을 뽑는 것으로 대비되기 때문입니다.

셋째, 정책집행을 하는 행정관료들에 대한 정향문제입니다. 결국 정책결정을 하게되면 그러한 정책을 일선에서 수행하는 행정관료들은 대통령제건 내각제건 중요한 역할을 하게됩니다. 대통령제하에선 입법자들(의회 및 법안을 발의한 시민단체를 포함하여)의 법안 형성의 의도나 이익이 일선 행정관료들에게 지속적으로 전달되지 않을 우려가 있다는 것입니다(Cowhey and McCubbins 1995). 단적으로 말해서, 행정부는 분리된 선거를 통해서 구성되기 때문입니다. 반면에 의원내각제 하에서는 입법부의 입법 의도나 이익이 일선의 행정관리들이 업무를 수행하는 데까지 지속적으로 유지되어 나타날 가능성이 크다는 것입니다. 하지만 이런 논의 역시 지나친 일반화는 경계해야 합니다. 의원내각제 하에서 장관들이 행정관리 공무원들에 대해서 인사권을 갖지 않는 경우도 존재하기 때문입니다. 이런 경우는 의원내각제라고 하더라도 행정권이 내각의 의도나 이익과 일치한다고 단언하기 어려울 것이며, 대통령제와 비슷하게 기능할 수도 있기 때문입니다.

3. 행정부 선거와 입법부 선거와의 주기 문제

행정부 선거와 입법부 선거를 별도로 시행하는 대통령제 하에서는 ① 행정부의 임기 문제와 ② 행정부와 입법부를 구성하는 "선거 시행 주기"(electoral cycle)의 문제가 이슈화됩니다. 이는 행정부와 입법부가 '동시선거'(honeymoon election)를 실시하는 경우 여당에 유리하고, '중간선거'(midterm election)를 실시하는 경우 야당에 유리하기 때문입니다. '동시선거'는 대통령 선거가 끝난 후 대략 6개월 이내에 하는 것인데 반드시 기간이 정해져 있는 것은 아닙니다. 그러나 일반적으로 대통령 선거가 끝난 후 입법부 선거의 시기가 멀리 떨어지지 않을수록 대통령 정당에게 유리할 것입니다.

대통령에게 힘을 실어주기 위해서는 국회의원 선거와 대통령 선거를 같이 하거나, 아니면 대통령 선거가 끝난 직후에 실시하는 것이 좋을 것입니다(동시선거). 반대로 대통령을 견제하는 의회의 힘을 강조한다면 대통령 임기 중반, 또는 대통령 선거가 끝나고 난 후 최소한 1년이 지나서, 또는 대통령 선거를 앞두고 1년 전쯤으로 하는 것이 좋을 것입니다(중간선거).[18] 하지만 단임제 하에선 대통령 선거 이후 입법부 선거를 6개월 이내에 해야만 밀월선거의 효과가 더 확실하게 나타날 수도 있습니다.[19] 현재 남한만의 민주주의를

18) 김용호는 대통령제를 운영하는 데 있어서 대선과 총선의 시기가 서로 어긋나 분점정부가 자주 등장한다는데 문제의 심각성이 있다고 봅니다. 김용호는 대통령 탄핵사태의 문제와 관련하여 분점정부의 문제가 극단적으로 연장되는 경우 헌정위기(憲政危機)와 연계됨을 지적합니다. 김용호 (2004) 참조.

19) 한국의 경우, 대통령의 인기도가 취임 후 1년안에 급격히 떨어지는 경향이 있다는 점을 감안하면 입법부 선거를 대통령 선거 직후에 더 가까운 시점에 행해야만 밀월

위해 대통령선거와 국회의원 선거를 일치시키는 것은 그다지 바람직하지 않다고 봅니다. 하지만 통일 이후 통치기구 수립이 국가통합을 최대 목표로 한다는 점에선 대통령 선거와 국회의원 선거를 동시선거로 고려해 봄직도 합니다. 일반적인 의미에서 대통령에게 힘을 실어주어 국가통합과 국정운영의 원할성을 기대하기 때문입니다.

4. 대통령제로 하는 경우 부통령이나 국무총리의 존재 여부

대통령제에서 입법부와 행정부의 선거주기 문제와 더불어 또 다른 주요 이슈는 부통령이나 국무총리의 존재 여부입니다. 교과서적으로 정의하는 대통령제 하에선 사실 총리나 부통령이 필수 요건은 아닙니다. 대통령은 선거로 선출하며, 총리는 선거를 통하지 않고 대통령이 임명하는 것이 일반적이기 때문입니다.

총리는 장관들과 또 다른 의미에서 국무회의 구성요소일 것입니다. 반면에 부통령의 경우는 선거를 통하는 것이 일반적이기에 논의가 좀 더 복잡해지게 됩니다. 현재 한국의 경우 지역주의를 극복하고 통일을 대비하기 위해서 부통령제를 도입하자는 논의들이 있습니다. 현재 한국의 대통령제는 국무총리를 두고 있는 대통령제이기에 순수 대통령제라기보다 사실상 이원집정부제적 성격도 띠고 있습니다. 단, 대통령의 권위가 국무총리를 압도하기 때문에(이는 제도상 대통령이 국무총리를 자유롭게 지명, 해임할 수 있는 권한에서 나오는 것이며) 국무총리는 대통령을 보좌하는 역할에 지나지 않습니다.

선거의 효과가 나타날 수 있을 듯합니다.

러닝메이트제 하의 부통령은 이러한 국무총리제도와 기능적으로 별반 차이가 없을 수도 있습니다. 따라서 국무총리가 있는 상황에선 국무총리 대신에 부통령이 존재하는 상황이 부통령에게 특별하게 헌법적 권한을 부여하지 않는 이상, 정치기능상 뚜렷한 차이가 있다고 보기는 어려울 것입니다. 대통령과 부통령을 서로 다른 지역의 사람들로 하면 지역주의 완화효과가 있다고 하지만 권력자들끼리의 갈등도 배제할 수 없으니 그 답을 찾기가 쉽지 않습니다.

3장을 마치며

어떤 경우에도 제도 논쟁은 '전지전능한 해'(absolute solution)가 있기 어려우며, 단지 "어떤 조건이 주어진 경우 그 조건을 가장 잘 만족시키는 논리"(If......, then.......)가 있을 뿐입니다. 어떤 권력구조 유형이 특정 조건에서는 최적의 기능을 보장하지만, 또 다른 조건에서는 그렇지 못한 경우가 대부분입니다. 따라서 정치문화적 측면을 동시에 고려한 제도공학을 논하는 것이 필요할 수도 있습니다.

특정 정치문화 하에선 특정 제도의 도입이 의도하는 '공급 효과'(supply-side effect)만을 갖는 것이 아닐 수도 있습니다. 제도 도입시의 의도와는 또 다른 효과들이 복합적으로 나타날 수도 있습니다. 좋은 제도를 채택하여도 제도를 채택한 문화권에 따라서 도입 시기와 도입 주체에 따라서 다르게 나타날 수밖에 없습니다. 제도 논쟁시 운영의 묘가 상존하는 현실을 감안할 필요가 있을 것입니다. 서구 선진자본국가이자 선진민주주의 국가들이 과거의 제도를 상당

기간 고수하는 것은 제도 도입이란 형식만큼 제도 운영의 과정이나 그러한 과정이 가능하게 하는 또 다른 사회환경이 종합적으로 중요함을 대변한다고 볼 수 있습니다.

그러나 제도 선택의 논의 그 자체가 무의미한 것은 아닙니다. 적어도 "다른 조건들이 일정하다고 가정할 때"(ceteris paribus) 어떤 제도가 "그 중에서 최선인지"(best possible)에 대한 논의는 중요하기 때문입니다. 따라서 제도 선택의 논쟁은 끊임없이 지속될 수밖에 없습니다. 현재 한국 정치의 가장 병폐적인 현상이 대통령 선거를 통한 권력쟁취에 모든 것을 집중하는 것(All-In strategy)에서 비롯된다는 주장이 있습니다. 현재 한국의 대통령제는 승자(여당)와 패자(야당)가 확연히 나뉘면서 승자는 패자를 벌하고, 패자는 승자의 발목을 잡는 소위 사생결단의 정치가 이루어집니다. 따라서 정당의 이합집산은 대통령 선거 후 정기행사일 뿐입니다. 이에 반해 의원내각제는 사생결단의 정치가 아니라는 주장도 있습니다. 현재와 같은 한국의 정치문화 하에서 대통령제를 시행한다면, 여소야대의 '다정당체계'가 형성된 경우 대통령이 취할 수 있는 한 가지의 선택은 인위적으로 양대정당체계로의 전환을 모색하려고 든다는 것입니다. 따라서 정당 이합집산이나 선거 후 인위적 정계개편은 지속될 수밖에 없지 않겠느냐는 것입니다. 현재 남한의 정치 상황 현실을 고려해선 의원내각제 도입엔 분명한 이유가 존재할지도 모릅니다. 합의형 통일을 이루기 위해서는 국민의 대표기구인 의회가 중심이 된다는 점에서 의원내각제가 통일 이후를 겨냥한 정부형태로서 바람직하다는 의견도 개진될 수 있을 것입니다. 하지만 흡수형 통일을 지향한다면 지금의 대통령제가 더 바람직할 수 있습니다. 답을 찾는 것이 전제조건에 의존할 수밖에 없습니다.

1987년 이후 한국의 6공화국 헌법은 대통령 직선제와 단임제를 채택하고 있습니다. 각 정권의 임기 중 · 후반기엔 예외 없이 항상 개헌의 문제가 제기된 바 있습니다. 노태우, 김영삼, 김대중, 노무현 정권에서 논의되었던 개헌의 이슈들은 크게 보자면, 대통령제를 내각제로 개헌 여부 및 대통령 중임제 허용 여부 등으로 대별될 것입니다. 한국의 정치사를 보면 제2공화국에선(1960-1961) 1년 남짓 하나마 의원내각제를 채택하기도 하였습니다. 우리들의 통념을 넘어서는 사실들도 발견됩니다. 대한민국 임시정부 시절에만 5번의 개헌이 있었습니다.[20] 제헌국회에서 정부형태론에 대한 논의 과정은 임기응변적이지 않고 자유로운 토론과 선택을 통해 진행된 것이었습니다.

따라서 권력구조의 채택과 변화의 문제에 '토의민주주의'(deliberative democracy)가 강조되기도 합니다. 헌법개정의 문제가 법률개정의 문제와는 달리 매우 종합적이고 복합적인 국가 최고 통치 차원의 문제여서 절차상의 '포괄성'과 '시간성'을 필요로 하기 때문이란 것이다. 임성호는 1990년대 남아프리카(South Africa) 사례를 모범적인 예로 듭니다. 남아프리카의 경우 1989년 시작된 헌법제정의 여정은 '임시헌법'의 제정 절차까지 거치면서 1996년 완성되고, 1997년부터 효력을 발휘합니다. 또한 헌법 개정의 '포괄성'은 1994년부터 1996년 헌법의회의 국민 홍보 과정에서 200만 건이 넘는 제안이 전문가 집단, 이익집단, 개인들로부터 접수되고 의사소통되었

20) 이러한 개헌의 과정에서 대통령제, 국무령제(의원내각제), 국무위원제(집단지도체제), 주석제, 주석 · 부주석제 등 다양한 시도가 있었습니다.

음을 주장합니다.

한국의 경우도 개헌 논의에서 회자되는 제도 자체의 장단점들은 제도 자체의 문제라기보다 제도를 둘러싸고 있는 사회문화적 변수와 밀접하게 연관되어 있을 수 있음에도 동시에 유의할 필요가 있습니다. 권력구조에 대해 반복되는 논쟁은 결국 권력구조에 대한 사상적 이해가 결여됨으로서 생기는 현상일 수도 있고, 그렇지 않을 수도 있습니다. 권력구조에 대한 철학적 이해가 없이 단순히 생기는 피상적 정치현상 하나 하나에서 장단점을 찾는다면 이는 바람직한 권력구조 논쟁이 아닐 것입니다.

이는 어떤 특정 권력구조의 현실적 성공과 실패를 실증적으로 논하기 이전에 권력구조에 대한 규범적 방향성에 대한 논의가 필요함을 의미합니다. 단적으로 현재 우리가 채택하고 있는 권력구조에 대한 논쟁이 단순히 제도 논쟁이 아닌 것은(제도적 적합성에 대한 실증적 논쟁을 넘어서는 것은) 우리들 모두가 동의해서 현재의 권력구조를 택한 것이 아니라, 당시 정치지도자들의 상황적 타협의 산물일 수 있음으로 인해 규범적 논의의 범위에 있기 때문입니다. 또한 역설적으로 개헌(改憲)이 이루어진다고 해도 또 다른 부정적 파급효과의 반복일 가능성도 도외시 할 수 없는 것입니다. 지금의 장점이 미래에는 단점일 수도 있습니다. 투표나 여론조사를 통해서 민주사회에서 여론을 권력구조 개편 방향에 참조한다고 해도 여론은 시시각각으로 변하는 것입니다. 개헌의 파급효과는 여타 법률의 개정과는 비교가 되지 않습니다. 개헌의 기준을 어떤 내용으로 어떻게 정할 것인지는 난제(難題)일 수밖에 없습니다.

제4장

정치과정론: 의회, 정당, 선거

현대 사회는 시간적 공간적으로 '직접 민주주의'가 불가능하기 때문에 '간접 민주주의'의 형식을 통하여 민주주의를 구현합니다. 국민들은 그들을 대표할 수 있는 대표자 또는 대표기관을 선정해야 합니다. 이런 이유로 인하여 국가운영의 작동 원리에 대한 기초적 이해는 "국민들이 대표 기관과 대표자들을 선정하는 과정이나 방식에 관한 것들에 대한 논의"를 통해서 이루어집니다. 결론적으로 간접 민주주의를 구현하기 위해선 ① 국민을 대표하여 국가를 운영하는 기구의 존재와 ② 그러한 기구의 구성원들을 구성하는 절차와 방법이 필수적입니다. ①은 '의회'(議會)를 의미합니다. ②는 '정당'(政黨, political parties)과 '선거'(選擧, elections)를 통해서 구현됩니다. 의회, 정당, 선거를 차례대로 살펴보도록 하겠습니다.

의회

탄생 배경과 기관 목적

'의회'(議會)라는 곳은 민주주의를 운용하기 위하여 국민들의 대표자들이 모여 있는 곳을 총칭하는 용어입니다. '의회'의 형식에는 '양원제'(兩院制, bicameralism)와 '단원제'(單院制, unicameralism)가 있습니다. '양원제'는 의회가 '상원'(上院)과 '하원'(下院)으로 나뉘어서 운영되는 것을 말합니다. '단원제도'는 한 개의 '원'만이 존재합니다. 여기서 '상'과 '하'는 높고 낮음을 의미하는 것이 아니며 분류상의 명칭일 뿐입니다.

의회에 관한 현대적 의미의 기구적 형태와 기능은 영국 정치사에서 그 기원을 찾아볼 수 있습니다. 하원은 1341년경 '평민원'(House of Commons)에서 비롯되었고, 상원은 '귀족원'(House of Lords)에서 비롯되었습니다. 말 그대로 평민들이 모여 있는 집과 지주들이 모여 있는 집이니 당시의 신분체계를 반영하고 있음을 알 수 있습니다. 영국 상원의 경우는 왕권에 대한 귀족들의 권리를 보장하기 위한 집단행동에서 그 기원을 찾는 경우 '대헌장'(Magna Carta, 1215) 시절까지 거슬러 올라갑니다. 역사적으로는 상원이 먼저 생기고, '일인일표제도'(一人一票制度)를 통한 대중 민주주의 시대가 도래하면서 본격적인 하원 중심의 시대가 열린 것입니다.

'의회'는 그 명칭이 국가마다 다양한데 영국에서는 'Parliament', 미국에서는 'Congress', 프랑스에서는 'Assemblée nationale', 한국에서는 '국회'(國會, National Assembly)라는 명칭으로 불립니다. 국회라는 명칭은 "국가운영을 위한 국가수준에서의 모임"이란 의미입니다. 비록 국가마다 명칭은 다양해도 국가운영을 위한 의회의 일반적 역할은 크게 세 가지로 정리됩니다.

첫째, 국가 운영을 위하여 가장 기본적으로 해야 할 일은 국가를 운영하기 위한 규칙으로서 '법'을 '제정(制定)하는 것'입니다. 의회는 '입법부'(立法部, the legislature)가 됩니다. 입법에 관한 권한은 보다 구체적으로 두 가지로 구분됩니다. 하나는 '법률안을 제출하는 권한'(법률안 제출권)을 말하며, 또 다른 하나는 '법률안을 심사하고 결정하는 권한'(법률안 결정권)입니다. 현대 사회에서는 입법부뿐만이 아니라 행정부도 '법률안 제출권'을 갖는 경우가 많습니다. 하지만 '법률안 결정권'만큼은 의회 단독의 몫으로 되어 있다고 보아도 틀림없습니다.[1)]

현대 사회에서 "법을 제정한다는 것"은 단순히 법을 결정하는 것이 아님에 유의해야 합니다. 의회의 역할이 법을 만드는 것이라면 법적 기구로 구분될 것이나, 의회는 정치기구로서 그 궁극적인 목적은 바로 '체제통합' 기능을 수행하는 것입니다(Jewell and Patterson 1977). 의회는 국민들에게 법규 제정에 대한 정당성을 알려 국가 내에 존재하는 갈등과 분쟁을 조정함으로써 국민들을 하나로 묶어주는 통합기능을 수행합니다. 의회는 이러한 정치적 목적을 수행하기 위해 법률을 제정하는 법적 수단을 갖고 있는 것입니다. 행정부의 '집행권'(executive power)이나 사법부의 '평결권'(adjucative power)과는 다르게 '입법권'(legislative power)이란 법을 제정하는 과정에서 법안 '심의'[深意, 또는 숙고(熟考), deliberation)]의 노력이 중요하며 사회의 갈등을 최소화하고 사회적 불만을 해소하는(catharsis) 역할

---

1) 이런 경우 '법률안 제출권'과 '법률안 결정권' 중에서 어떤 것이 더 입법활동에 실질적인 의미를 갖는가에 대한 이해가 필요합니다. 언뜻 보기에는 최종 결정권을 입법부가 갖고 있으니 입법에 관한 권한은 분명히 의회의 몫이라고 생각할 수 있습니다. 하지만 또 다른 시각에서 본다면, 어떤 법률안을 어떤 내용으로 제출하느냐가 국가운영에는 더 중요하며, 법률안의 통과에도 영향을 미친다고 볼 수도 있습니다. 제출되는 법률안의 종류나 내용이 좋으려면 법안에 관련된 이해 당사자들의 의견에 대한 정확한 정보, 국민여론, 장·단기적 차원에서 민생복리에 미치는 영향 등이 종합되어야 하며, 이는 상당한 전문성을 필요로 합니다. 따라서 국민생활 일선에 배치되고 국가정보를 더 유리하게 얻을 수 있는 행정부의 법률안 제출권은 법률안 최종 결정권 이상으로 의미를 갖는다고 보는 시각도 가능할 것입니다. 일반적으로 독재정권 하에서 입법부는 '행정부의 시녀(侍女, housemaid)' 또는 '통법부'(通法部, Rubber-stamp)로 전락합니다. 그러나 민주사회에서도 의회가 입법부가 아닌 단순히 법을 통과시켜주는 절차만을 담당하는 '통법부'로 전락할 수도 있는 것입니다. 참고로 '행정입법'이라고 하여, 행정기관에 의한 법규범의 제정도 있습니다(예를 들면, 대통령령, 총리령, 부령 등). 의회의 입법과 비교하여 '통법부'(通法部, Rubber-stamp)행정입법'은 국가를 운영하기 위한 '상위(上位)입법'이 아닌 '하위(下位)입법'의 범주에 머무릅니다.

을 합니다. 이러한 역할은 국민의 '대표기관'(representative institution)으로서의 정치적 정당성을 지니고 있을 때 가능한 것이며, 역으로 의회가 사회통합이란 정치적 목적을 적절히 수행한 경우 국민대표기관으로서 권력의 정당성은 강화됩니다.[2)]

둘째는 그러한 법이 제대로 집행되고 있는지를 감독하는 역할입니다. 만들어진 법을 국민의 생활 일선에서 '집행'하는 곳은 '행정부'(the executive)입니다. 일반적으로 의회가 '행정부를 견제'하는 기능은 두 가지입니다. 하나는 '정기적이고 일반적인 사안들에 대해서' 행정부를 감시 감독하는 것입니다. 이것은 연중에 특정한 시기를 정해놓고 그 기간을 감사 기간으로 설정하여 포괄적으로 행정부를 감시 감독하는 것입니다. 따라서 모든 의회의 의원들이 주체가 됩니다. 또 다른 하나는 '부정기적이고 특정한 사안들에 대해서' 행정부를 감시 감독하는 것입니다. 이것은 국가에 특정 사건이 발생하여 그 사안이 중대하다고 판단하는 경우 그 특정 사안에 대해서 구체적으로 조사하는 것입니다. 이런 경우 국가마다 차이가 있지만 의회의 의원들 모두가 주체가 되는 것이 아니고, 특정 사안을 구체적으로 조사할 전담팀이 별도로 구성되기도 합니다.[3)] 우리나라의 경우 전자를 '국정

2) 의회 내에서 '청문회'(聽聞會) 제도와 '공청회'(公聽會) 제도가 활성화되는 것은 그 대표적인 예입니다. 고급직 공무원을 임명하는 경우 청문회 제도를 활용하고, 특정 법안을 발의하고 결정하는 경우 이해 당사자들이나 국민들을 포함시켜 공청회 제도를 활용합니다. 법안의 통과와 부결이란 결과보다도 법안의 통과 여부를 논의하는 과정에서 의견을 수렴하고 각 이해당사자들과 토론하여 최적화된 상태를 만들려는 그러한 심의의 과정 그 자체가 중요하다는 의미입니다. 이러한 의견 수렴 과정이 중시되는 민주주의 형태를 '심의 민주주의'(deliberative democracy) 또는 '숙고 민주주의', '토의(토론) 민주주의' 라고도 부르며 집단이나 개인간 이견(異見 또는 선호)을 단순히 '집약'하는 것이 아니고 '변환'을 통해서 공존을 모색합니다.

감사(監査)'라고 하고, 후자를 '국정 조사(調査)'라고 합니다.

셋째는 '국민의 세금을 어떻게 집행할 것인지를 결정하는 역할'입니다. 이를 '재정(財政)에 관한 역할'이라고 부르기도 합니다. 국민의 혈세(血稅)는 낭비되어서는 안됩니다. 적합한 장소와 시기에 적절하게 쓰여야만 합니다. 의회는 국가 내의 다양한 행정기관들이 법을 집행하는 과정에서 필요한 재정을 할당해 주는 역할을 담당합니다. 회기 연도가 시작하기 직전에 행정 각 기관에 '예산'을 할당해서 1년간 국민 생활 일선에서 활동하는데 필요한 재정을 할당해 줍니다. 회기 연도를 마친 시점에선 그러한 예산이 원래의 목적에 맞게 제대로 집행되었는지 '결산'을 통해서 감시 감독합니다. 특히 1장에서도 언급했듯이 의회라는 기구의 역사적 탄생 배경을 살펴보면 의회는 국가에 세금을 내고(즉 재정적으로 기여를 하고) 그 반대급부로서 받아낸 시민들의 정치적 권리를 대변하는 기구였습니다. 그래서 의회 민주주의를 "납세자(納稅者)들이 형성한 정권"으로 '부르주아 민주주의'적인 성격을 지녔다고 말하는 것입니다.

재정을 관할한다는 것은 실질적인 의미에서나 역사적 배경에 근거한 의미에서나 의회가 권력을 행사하는 데 있어서 가장 핵심적인 부분입니다. 의회 권력은 바로 '재정적인 역할'에 기초하고 있습니다. 우리는 양원제를 채택하는 국가에서 '하원 우월주의' 또는 '상원 우월주의'를 따지는 경우가 있습니다. 양원 중에서 어느 쪽이 더

---

3) 의회 내에서 특정 주제를 담당하기 위해 구성되어 있는 여러 개의 상임위원회(常任委員會, standing committee) 중에서 특정 사건의 주제와 연관된 상임위원회가 맡는 형식을 취하기도 합니다. 국가들마다 차이가 있으니, 이것은 개별 국가들에 대한 확인이 필요할 것입니다.

강한 권력을 갖고 있느냐는 것입니다. 그 판단 기준은 바로 '재정에 관한 권한'을 어느 쪽이 갖고 있느냐 입니다. 국민의 혈세를 행정부에 분배하고 행정부가 이를 제대로 집행했는지 감시 감독하는 임무를 어느 쪽이 갖고 있느냐가 우월권의 향방을 결정합니다.

의회 운영 방식

의회의 운영은 두 가지 형식을 기초로 합니다. 하나는 '본회의'(本會議, plenary session)이며, 또 다른 하나는 '상임위원회'(常任委員會, standing committee; 또는 그냥 '위원회'라고도 합니다)입니다.[4] 본회의는 의회의 의원들 모두로 구성되는 회의를 말합니다. 논의된 사안들은 본회의에서 최종 의결합니다. 그러나 심의과정을 위

한국 상임위원회의 회의 모습 상임위원회에서의 의석배치는 위원장이 교섭단체별 위치를 정하고 교섭단체 내에서는 해당 교섭단체의 간사위원-성명순으로 배치됩니다.

---

4) '위원회'에는 한 회기동안 존속하는 '상임위원회'와 특정 목적하에 특정시기에만 존속하는 '특별위원회'가 있습니다.

영국 의회의 의석 배치 영국의 의석 배치 자체도 두 부분으로 나뉘어서 서로 마주보고 앉게 되어 있습니다. 의석의 배치가 영향을 끼친다는 의견도 있습니다. 국정의 경험이 많은 다선 의원은 앞에 앉고 초선 의원은 의석의 뒤에 앉습니다(backbenchers). 확고한 규칙이 있는 것은 아닌 경우여서 오는 순서대로 앉을 수 있습니다. 하지만 한국의 경우에는 다선 의원이 뒤에 앉고 초선 의원이 앞에 앉는 경우가 일반입니다.

해서 수백 명이나 되는 국회의원이 한 자리에 모이지 않고 사안이 속한 주제별로 법안에 대한 심의와 토론을 합니다. 그것이 바로 상임위원회입니다. 의원들은 자신의 전공과 관련하여 하나의 상임위원회에 소속되어 활동하게 됩니다. 보다 구체적이고 전문화된 논의는 그러한 주제에 전문성이 있거나 관심이 있는 의원들로만 구성된 상임위원회에서 하는 것이 심의 민주주의의 구현에는 유리할 것입니다.[5)]

의회의 표결 형식 자체를 본회의 중심으로 하느냐 주제별로 상임위원회를 중심으로 하느냐는 법안 결정에 대한 효율성과 연관됩니다. 주제별 위원회 중심으로 표결을 하는 것이 '적확'(的確)한 법

---

5) 각 상임위원회 내부에 다시 '소위원회'(sub-committee)를 구성하기도 합니다. 복잡다기한 현대사회에서는 각 상임위원회 내에서도 다루어야 될 법안이나 사안별로 그 내용의 특수성이나 전문성을 요구하기 때문입니다.

미국 의회의 의석 배치 미 하원은 의원별 지정석이 없으며, 관례상 그림에서 오른쪽에 공화당, 왼쪽에 민주당 의원이 앉습니다. 의석 내에 보이는 테이블에는 본회의 안건과 관련된 상임위원회 의원이 앉습니다. 상원은 의장석에서 볼 때 왼쪽에 공화당, 오른쪽에 민주당을 배정하고, 의원별 의석은 희망원을 접수하되 다선의원이 우선권을 갖습니다.

안 심사와 신속한 법률안 처리에 도움이 될 것입니다. 본회의 중심으로 하는 경우엔 아무래도 정당 간에 '표대결 양상'이 두드러집니다. 의원들의 법안에 대한 투표 방식에도 '공개 투표'인지 '비공개 투표'인지에 따라서 의원들의 투표 행태는 달라질 수 있습니다. 공개 투표인 경우엔 지역구민들이나 국민여론에 반하는 결정을 하기 어려울 것입니다. '기명 투표'인지 '무기명 투표'인지에 따라서 의원들의 법안 통과에 대한 책임의식은 달라집니다. '전자 투표'와 같은 형식도 의원들의 투표 행태에 영향을 미치게 됩니다.

여기서 추가적인 논의가 필요합니다. 의회가 운영됨에 있어서 상임위원회 중심으로 운영되는 경우와 본회의 중심으로 운영되는 것은 의회기능에 어떠한 차이점을 가져오는가 하는 논의입니다. 결론을 먼저 말하자면, 상임위원회를 중심으로 운영되는 의회는 '변환형

한국 의회의 의석 배치 본회의 의석 배치는 교섭단체별로 정하고(의장석을 향하여 중앙: 제1교섭단체, -우: 제2교섭단체, -좌: 그 이외), 교섭단체 내에서는 상임위원회에 따라 배정하되 교섭단체 대표 등 당 지도부가 후열에 배치됩니다.

의회'(變換型 議會, transformative legislature)로 기능할 가능성이 높습니다. 반면에 본회의를 중심으로 운영되는 의회는 '경합장형 의회'(競合場型 議會, legislature as arena)로 기능할 가능성이 높습니다(Polsby 1975). 이것은 절대적으로 그렇다는 것이 아니라 상대적으로 그렇다는 것입니다. 상임위원회 중심으로 운영되는 제도를 지닌 의회는 변환형 의회라는 결과가 나타나고, 본회의 중심으로 운영되는 제도를 지닌 의회는 경합장형 의회라는 결과가 나타날 개연성이 높다는 것입니다.

특정한 주제에 따른 상임위원회별로 의원들이 형성되어 법안을 심사하는 경우엔 같은 상임위원회 소속 위원들끼리 유대감이 형성될 수 있습니다. 같은 상임위원회 소속 위원들끼리는 오히려 같은 정당 의원들보다도 더 자주 만나고 대화하게 됩니다. 의원들이 자신이 소속된 정당에 대한 소속감이 모든 의원들이 모이는 본회의 운영 형식보다 더 완화될 가능성이 상대적으로 높다는 것입니다. 정당에 대한 소속감도 중요하지만 같은 상임위원회에 대한 소속감도 중요합니다. 특정 상임위원회 별로 정당의 색채보다는 의제를 중심으로 합의를 만들어내고, 자신이 소속된 정당의 정체성을 고집하지 않고 이념적 전환이나 변환을 꾀할 가능성이 있다는 것입니다. 특히 미국 의회가 그 대표적인 예입니다.

반면에 본회의를 중심으로 모든 의원들이 모여서 안건을 토의하는 경우도 있습니다. 이런 경우엔 아무래도 의원들이 소속된 정당의 정체성이나 이념을 넘어서서 타협하기보다는 정당 이념에 기반한 경합이 두드러지고, 따라서 정당 간에 경합장적인 성격을 나타낼 개연성이 클 것입니다. 영국이 대표적인 예입니다. 영국에도 상임위원회 성격의 주제별 토론 구조가 없는 것은 아닙니다. 하지만 상대적으로 타 국가보다 역사적 전통에 의거한 본회의 중심구조의 성격이 있다는 것입니다. 보다 다양하고 복잡한 이슈를 다루게 되는 현대사회의 의회는 구체적인 주제별 심의와 의결이 강화되는 추세여서 각 주제별 위원회의 역할이 강조되는 추세입니다.

하지만 이들 두 국가는 하나의 스테레오 타입(stereo type)으로 제시된 것에 불과합니다. 국가들마다 정치문화가 다르므로 이러한 제도적 효과가 동일하게 나타나는 것은 아닙니다.[6] 즉 상임위원

6) 그렇기 때문에 미국과 영국의 스테레오타입화한 예에 기반하여 경합장형 의회를 의원내각제와 친화력이 있는 제도로, 변환형적인 의회를 대통령제와 친화력이 있는 제도로 해석하는 경우가 있습니다. 하지만 이것은 보다 주의를 요합니다. 독일은 의원내각제이나 상임위원회가 강화된 (사실상 상임위원회 중심이라해도 과언이 아닌) 제도를 운영하고 있습니다. 대통령제 하에서 입법부와 행정부가 서로 발목을 잡지 않기 위해서는 의원내각제보다 상대적으로 더 변환형 의회로 기능해야만 된다는 당위성이

회 중심으로 기능해도 변환형 의회가 나타나지 않고 경합장형 의회로 혼재되어 기능할 수 있다는 의미입니다. 단적으로 우리나라가 그렇지요. 여기에는 여러 가지 요인들이 있으며, 근본적으로 의회의 기능은 의회 내에서 활동하는 정당의 속성에 많은 영향을 받게 됩니다.

의회 내에서 의사활동의 주체는 두 가지 종류로 구분할 수 있습니다. 첫째는 의원들 개개인입니다. 의안의 가결 여부를 결정하기 위하여 표수를 계산하는 경우 의원 개개인이 한 표가 됩니다. 하지만 소수의 무소속 의원들을 제외한 대부분의 의원들은 특정 정당에 소속되어 있습니다. 의원 개개인은 정당으로부터 공천을 받았으며, 정당 공천 이후 선거에서 당선되었기에 의회에 진출한 것입니다.[7] 두 번째는 의회 내의 사실상의 활동 주체를 '정당'으로 보는 것입니다. 우리는 대중 매체에서 정치기사를 접하는 경우 '원내대표'(院內代表)라는 직함을 가진 특정 정치인의 언행이 주목받고 있음을 알

주장되기도 합니다. 하지만 이것은 의원내각제 하에서도 마찬가지임을 유의해야 합니다. 결국 의회는 대통령제이건 의원내각제이건 '정당 간의 게임'(party game)으로 구성되기 때문에 변환형 의회로 기능할 수 있는 정치구도는 권력구조의 문제라기보다는 "당내 민주주의"(黨內 民主主義, intra-party democracy)의 형태가 원내 정당(院內政黨)과 원외 정당(院外 政黨)중 어떤 모습을 띠고 있는가와 관련성이 더 깊습니다. 따라서 변환형 의회가 되기 위한 당위성을 강조하려면 대통령제와의 연관성이 아닌 정당 민주주의의 구현형태로서 '원내정당'에 대한 당위성을 강조해야 한다는 의미입니다. 정당 부분에서 구체적으로 논의하겠습니다.

7) '무소속 의원'(無所屬 議員, independents)들은 예외입니다. 정당의 공천 없이 무소속으로 선거에 출마할 자격이 있는지의 여부는 개별 국가마다 선거법에 따르게 됩니다. 일반적으로 의회 전체 의원들에 대한 무소속 의원들의 의석수 비율(%)은 항상 극소수에 불과합니다. 하지만 우리나라 해방정국에서는 무소속의 의석수 비율이 높기도 하였습니다. 의회 내에서 무소속의 비율은 해당 의회의 성격을 파악하는 하나의 지표가 되기도 합니다. 일반적으로 무소속의 비율이 높은 경우 국민들의 기존 정당에 대한 불만이 높은 상황을 나타낼 수 있습니다.

수 있습니다. '원내대표'는 각 정당을 대표하여 의정활동을 하는 의원입니다. 정치협상도 '원내대표'들이 모여서 원만히 타결되면, 사실상 각 상임위원회의 각종 법안들도 원만히 조정됩니다. '원내대표'들의 언행은 각 소속 정당의 행보를 대변하며, 의회의 정치적 행보를 예측하는 도구가 됩니다. 이는 의정활동이 정당을 단위로 이루어진다는 증거가 됩니다.

의회의 행정부 견제 기능 변수들

의회는 의원들 개개인으로만 구성되는 것이 아닙니다. 의회의 기능을 이해하려고 하는 경우, 결국 의회는 정당으로 구성되며 그러한 의석수를 차지한 정당들끼리의 게임(party game)으로 이해된다는 시각을 동시에 갖는 것이 필요합니다. 우리는 선거 결과를 해석하면서 "이번 선거 결과, 의회 내에는 '양당체계'(兩黨體系, two-party system)가 형성되었다"느니, 아니면 "이번 선거 결과로 '다당체계'(多黨體系, multi-party system)가 형성되었다"고들 말합니다. 이것은 의회 내에서 정당 간의 '역학구도'(力學構圖)가 의회의 운영방향이나 정치적 결과를 예측하는데 중요한 변수이기 때문입니다.

양당체계 하에선 한 개 정당이 의석수의 50% 이상을 차지하게 될 것입니다. 두 개의 커다란 정당 간의 힘겨루기 양상으로 의회가 운영되는 경우엔 결국 해당 임기 동안에 50% 이상을 차지한 정당의 의도대로 정국이 운영될 가능성이 높습니다. 반면에 두 개의 커다란 정당이 있지만, 그보다 작은 하나의 정당이 '캐스팅 보트'(casting vote)를 행사할 수 있는 경우 두 개의 큰 정당이 마음대로 국회를 운영할 수 없을 것입니다. 의회의 운영방향이나 당시의 '정국'(政局)은 "의회와 행정부간의 역학관계"에서 비롯됩니다. 의회의 주요 기능 중의 하나인 "행정부를 감시 · 감독하는 견제 역할"은 일종의 정치역학입니다. 어차피 의회와 행정부 모두 특정 정당들로 구성되어 있으며, 정당 간의 권력 경쟁은 필연적일 것입니다. 우리는 보통 "왜 국회에서 국회의원들이나 정당들이 그렇게 자주 싸우는가?" 하는 불만을 갖고 있습니다. 이는 권력투쟁의 장이라는 의회의 정치적 속성이 사라지지 않는 한 불가피한 현상이고, 비단 한국만의 문제는 아닙니다. 명분도 없이 폭력성만 난무하는 그 행태들이 문제일 것입니다.

의회가 행정부를 감시 · 감독하는 견제 역할은 권력구조의 형태에 따라서 그 의미가 다릅니다. '대통령제'와 '의원내각제' 그리고 '이원집정부제' 하에서 의회와 행정부의 관계는 제도상 근본적 차이가 존재합니다. 대통령제는 행정부 선거와 입법부 선거가 분리되어 있으므로 상호 간에 기관 독립성이 더 강합니다. 하지만 대통령제와 달리 의원내각제 하에서는 의회가 행정부를 구성해 놓습니다. 행정부는 사실상 의회의 항시 감시 · 감독 하에 있다고 볼 수 있기 때문에 감시 · 감독이라는 말 자체가 무색할 수도 있습니다. 의회가 행정부를 언제든지 불신임할 수도 있기에 감시 · 감독이 실질적이고 강력할 수 있습니다.[8] 이원집정부제의 경우도 비록 총리(또는 수상)와 내각(즉 장관들)을 대통령이 임명해도 총리와 내각이 의회의 신임이나 불신임에 종속되는 한 감시 · 감독의 기능은 의원내각제와 유사합니다.

---

8) 수상이나 내각이 입법부에 대해 갖는 권한의 정도에 따라서 여러 가지 형태가 존재할 것입니다.

재미있는 이야기 '여당'과 '야당'이라는 용어와 영어식 표현 우리말과 영어의 용어는 그 말의 함의가 다른 경우가 종종 있습니다. '與黨'은 government party라고 번역하고, '野黨'은 opposition party라고 번역하고 있습니다. 두 가지 점을 논의해 봅시다. 첫째, 용어가 갖는 느낌이 제법 다릅니다. '與'는 권력을 함께하는 것을 의미하고, '野'는 정치권에 있지 않고 들판에 나가 있는 것을 의미합니다. 소위 '야인'(野人)이란 용어는 권력에서 멀어져서 정치 권력 관계를 벗어나 생활하는 사람들을 말합니다. 하지만 與건 野건 모두 정치권에서 정치권력을 함께 하고 있으며 정치적 결과에 대해서 책임이 있습니다. 만약 정치권에 있지 않고 단순히 들판에 나가 있는 정당이라면 정치적 책임에서 자유로운 정당입니다. 여당만 정치적 결과에 책임이 있고, 야당은 책임이 없는 것이 아닙니다. 아마 이런 이유 때문에 우리나라 정치는 야당만 되면 '무조건적인 반대'를 하는 성향이 있는 듯합니다. 물론 여당도 야당을 무시합니다. 따라서 'opposition'이란 용어도 세련되지 못했습니다. 그러면 우리말이건 영어건 어떤 표현이 좋을지 한 번 생각해 보세요. 두 번째로 'government party'입니다. 이러한 영어식 용어에도 하자가 있습니다. 'Government'는 행정부가 아니라 정부이어야 하며, 여기서 정부는 행정부의 준말이 아니고 행정부와 입법부를 통틀어서 하는 말입니다. 따라서 '행정권'(administrative power)을 장악한 정당 또는 '집행권'(executive power)을 장악한 정당이란 의미에서 여당은 'administrative party'나 'executive party' 로 번역하는 것이 어떨까 생각해 봅니다. 하지만 이미 보편화되어 사용되고 있는 용어를 어떤 한 개인이 함부로 바꿀 수는 없고 관행을 존중하는 것도 필요합니다. 그리고 포괄적인 의미에서 지금 쓰는 용어들은 나름대로 그 의미를 전달하고 있습니다. 단지 사회과학에서 용어 그 자체가 중요하다는 것을 명심하시기 바랍니다. 여기엔 분명한 이유가 있습니다. 우리는 보통 우리가 생각하는 것을 언어로 표현하는 것 같지만 그 반대일 수 있습니다. 우리가 언어로 사용하는 그 언어 체계의 범위 내에서만 사유

Lugwig Wittgenstein (1889-1951)

할 수 있다는 것이 사실에 더 가까울는지도 모릅니다. 앞서서 야당이란 표현이 대표적인 것입니다. 야당이란 말을 듣는 순간에 정치적 책임과는 무관한 정당이라고 사유합니다. 20세기 최고의 철학자로 종종 지목되곤 하는 루드비히 비트겐슈타인(Ludwig Wittgenstein)은 "사유의 본질에 도달하기 위해서는 언어(言語, language)를 분석해야 한다"라는 유명한 말을 하였습니다. 달리 표현하자면, "우리가 사유하는 것을 언어하는 것이 아니라 언어하는 것 안에서 사유한다"는 것입니다. 비트겐슈타인의 관점을 받아들인다면, 결국 풍부한 어휘수를 갖는 언어를 사용하는 사람들에게서 그렇지 않은 언어를 사용하는 사람들보다 더 심오한 철학적 논의가 가능할 것입니다. 인간은 자신이 사용하는 언어 체계 속에서 사유하기에 사유는 사용 언어에 얽매인다는 것입니다. 한번 생각해 보시기 바랍니다.

의회정치라는 것은 "의회 내의 '의석수'(議席數, seats)"에 기반합니다. 즉 "정당 간의 의석수 비율"이 의회정치 운용의 기본이 됩니다. 이것은 다수 의석을 차지한 정당이 소수 의석을 차지한 정당에 대해서 횡포를 부려도 좋다는 의미는 아닙니다. 다수당과 소수당 간에 이견이 존재하는 경우 적어도 의회의 당해 임기 동안에는 다수당의 의견이 반영될 개연성이 클 수밖에 없다는 의미입니다. 다수당의 의견이 반영되는 것이 횡포가 아니고, 의석수는 국민이 선거를 통해서 형성해 놓은 것이기에 국민이 특정 정당에게 다수 의석을 마련해 주었다면 그러한 다수 의석수를 기반으로 하여 생기는 의회 권력은 정당성을 지닌다는 의미입니다.[9] 의회의 정당별 의석수는 고정

9) 우리나라 국회에서 "여당의 날치기 통과"라는 말이 있습니다. 이는 1987년 민주화 이전에 가능한 이야기입니다. 국회의원 선거법 자체가 제1당에게 지나친 프리미엄(premium)을 주는 선거제도인데다가, '부정선거'(不正選擧)와 '관권선거'(官權選擧)시비가 있던 시절이었기에 국회에 형성된 여당의 의석수 자체에 대한 불신이 있었습니다. 이런 경우 여당이 단독으로 법안을 처리하는 경우엔 가능한 말입니다. 하지만

독일 메르켈 좌우연립내각(2005) 2005년 독일총선은 사민당 슈뢰더 집권 7년의 막을 내리고 메르켈의 기민당 중심의 연립내각이 출범하게 되었습니다. 의석수는 기민연합 225석(35.2%), 사민당 222석(34%), 자민당 61석(9.8%), 좌파연합 54석, 녹색당 51석 등입니다. 사진은 연립내각 출범 후 장관들과 찍은 사진입니다. 메르켈 정부는 선거 승리 후 한달 이상 내각 출범이 지연되었습니다.

되어 있는 것이 아닙니다. 선거 때마다 바뀌게 됩니다. 적어도 해당 임기 동안은 그러한 의석수에 근간하여 의회가 운용되고 그래서 의회정치는 제도권 내의 영역에서 기능하면서 '예측가능성'(predictability)을 지니게 되는 것입니다.[10]

의원내각제에서는 항상 '여당'(與黨, government party)이 의

1987년 민주화 이후 "날치기 통과"라는 말은 이전과 다릅니다. 국회에 형성된 의석수는 다수이건 소수이건 국민들이 형성해 놓은 것이며, 이를 기반으로 운용되는 것이 권력의 정당성에 합치되는 것입니다.

10) 민주주의가 순기능하고 있음을 판단할 수 있는 중요한 변수 중의 하나가 '예측가능성'입니다. 일반적으로 '법치'(法治)가 이루어지는 곳은 예측가능성이 높고, '인치'(人治)가 이루어지는 곳에선 예측가능성이 떨어집니다.

회의 다수 의석을 차지할 것입니다. 여기서 여당은 단일 정당이 아니라 정당들 간의 연합으로 구성된 여당일 수도 있습니다. 여당을 구성하는 정당 수에 상관없이 제도상 의회의 다수 의석을 차지한 집단이 여당이 되어 행정부를 구성합니다. 반면에 대통령제와 이원집정부제에서는 '야당'(野黨, opposition party)이 의회의 다수 의석을 차지하는 경우가 종종 있습니다. 제도상 입법부 선거와 행정부의 선거를 분리하기 때문에 대통령 선거에 승리하여 여당이 되었더라도 입법부 선거에서는 의회 의석수가 야당보다 적을 수 있기 때문입니다. 의회를 구성하는 정당에서 여당이 다수 의석을 차지하느냐, 아니면 야당이 다수 의석을 차지하느냐에 따라서 의회의 행정부에 대한 견제 기능은 영향을 받게 될 것입니다.

대통령제 하에서 야당이 의회의 다수 의석을 차지하는 경우, 이를 '여소야대'(與小野大)라고도 하고 '분할정부'[分割政府, 또는 분점정부(分點政府), divided government]라고도 합니다. 행정부를 장악한 정당과 입법부를 장악한 정당이 다르기에 마치 국가 운용을 책임지는 양대 기관인 행정부와 입법부가 분할된 채로 정국이 운용된다는 의미입니다. 정부를 나누어서 점령하고 있다는 의미도 됩니다. 이런 경우 의회의 행정부에 대한 견제기능은 강화됩니다. 야당이 다수 의석을 점하는 경우도 "한 개의 야당이 의회 의석수의 과반수를 차지하는 경우"와 "몇 개의 야당이 합쳐서 과반수를 차지하는 경우"는 차이가 있을 것입니다. 특히 후자의 경우엔 소수 의석인 여당이 일부 야당들을 설득하면서 야당들의 연합전선을 흩뜨려 놓는 경우엔 기능상 여소야대 정국이 아닐 수도 있습니다.

반면에 여당이 의회의 다수 의석을 차지한 경우 '여대야소'

(與大野小) 정국에서는 의회의 행정부에 대한 견제 기능이 상대적으로 약화될 것입니다. 여대야소 정국을 판단하는 기준은 두 가지로 나뉩니다. 하나의 기준은 여당이 의회 의석수의 과반수를 점하는 경우입니다.[11] 이런 경우는 분명한 여대야소 정국입니다. 하지만 또 다른 하나의 기준은 조금 더 복잡합니다. 비록 여당이 의석수의 50%를 차지하지 못했더라도 의석수에서 제1당의 위치를 점한 경우엔 이것이 여대야소 정국인지 여소야대 정국인지는 보는 사람마다 관점의 차이가 존재합니다. 예를 들어 의회의 의석수 비율이 여당이 45%, 제1야당이 30%, 제2야당이 15%, 그리고 무소속 10% 라고 합시다. 여당은 의석수 기준으로 분명히 의회 내의 제1당입니다. 그리고 두 개의 야당이 연합해도 동일한 의석수밖에 안됩니다. 이런 경우는 여대야소 정국입니까, 아닙니까? 만약 여당이 정책 결정에 있어서 무소속을 끌어안는 경우엔 사실상 여대야소 정국일 수 있습니다. 반면에 여당이 무소속을 포함하지 못하고 야당들이 단결하는 경우엔 여대야소 정국이라고 보기 어렵습니다.

대통령제와 비교하여, 이원집정부제는 상대적으로 분할정부 형성시 더 큰 영향을 받는 권력구조라고 할 수 있습니다. 대통령이 지명한 총리와 내각이 의회의 신임이나 불신임에 영향을 받기 때문입니다. 따라서 대통령은 의회 선거가 끝나고 여소야대 정국이 출현한 경우 야당 출신으로 총리를 지명하게 됩니다. 대통령이 같은 정

11) 일반적으로 의회의 의결 정족수는 과반수를 기준으로 한다는 점 때문입니다. 하지만 의회의 의사 정족수나 의결 정족수는 사안들에 따라서 다양함을 유의하기 바랍니다. 예를 들면, 의사 정족수나 의결 정족수에 재적의원이나 출석의원의 기준을 적용하기도 하고, 1/3 또는 2/3의 기준을 적용하기도 합니다. 헌법개정이나 대통령 탄핵과 같이 중대한 사안은 "재적의원 2/3 이상"이라는 의결 기준을 사용합니다.

당 출신으로서 자신과 정책적 방향이 같고 자신의 의중(意中)을 파악하고 행동하는 사람을 지명하고 싶지만, 지명해도 여소야대 정국에선 불신임될 가능성이 높기 때문입니다. 대통령은 싫어도 제1야당의 사람을 총리로 지명할 수밖에 없습니다. 이렇게 이원집정부제 하에서 행정부는 A정당 출신의 사람이 입법부는 B정당 출신의 사람이 이끌게 되는 경우 이를 '동거정부'(同居政府, cohabitation)라고도 부릅니다. 중요한 것은 이원집정부제가 이런 여소야대 정국에선 대통령제라기보다 사실상 의원내각제와 유사하게 기능한다는 것입니다.

의원내각제 하에선 제도적인 특성상 분할정부라는 형식이 나타나지 않습니다. 의회의 다수당이 내각을 구성하기 때문입니다. 비록 분할정부라는 구도에 영향을 받는 의회와 행정부의 관계는 아니지만, 다음과 같은 상황은 발생할 수 있습니다. 앞부분에서 의원내각제 하에선 항상 여당이 다수 의석을 차지한다고 하였는데, 과연 한 개의 정당만으로 과반수를 차지하여 내각을 구성했는지, 아니면 몇

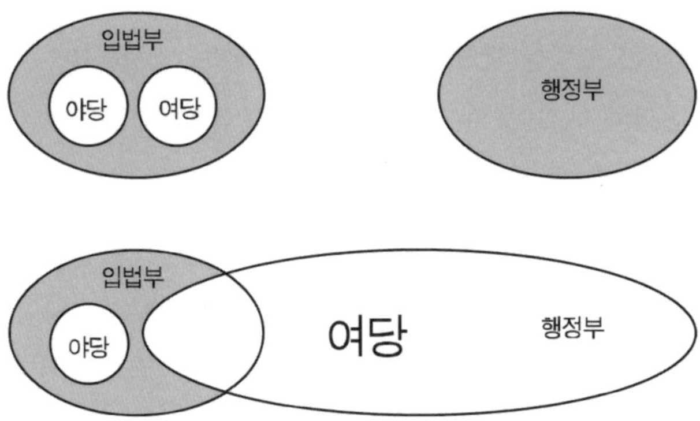

〈**그림 4-1**〉 의회의 대행정부 견제 기능 구도

개의 정당이 연립하여 과반수를 차지했는지가 의회와 행정부의 역학 관계에 상당한 영향을 미칩니다. 의석수의 과반수를 차지하거나 이에 근접하는 한 개의 정당이 없는 경우 여러 개의 정당들이 연합하여 '연립내각'[聯立內閣 또는 연합내각(聯合內閣), coalition cabinet]이 구성됩니다. 연립내각이 구성되는 경우엔 그렇지 않은 '단독내각'(單獨內閣)의 경우보다도 의회의 행정부 견제 기능이 강력하게 나타날 것입니다.

종합적으로 의회의 대행정부 견제기능은 위 〈그림 4-1〉과 같은 양대 구도로 정리될 것입니다. 즉 의회 내의 정당들이 입법부라는 기관의 일원으로서 한 편이 되어 행정부를 견제하는 구도입니다. 이런 경우 정국 운용의 역학 구도는 "입법부 대(對) 행정부"입니다. 또 다른 정국 운용의 구도는 의회 내의 여당이 행정부와 한 편이 되고, 야당들이 또 다른 편이 되는 것입니다.

일반적으로 의회와 행정부의 관계는 당시의 정치 상황이나 앞으로의 정국에 영향을 미치는 가장 중요한 변수입니다. 그림에 나타난 바와 같이 의회와 행정부의 관계가 정당 간의 대결 양상을 띠는 경우엔 의회 내에서 법안 처리 등에 어려움을 겪게 됩니다. 의원들 개개인의 행태가 아니라 그들이 소속된 정당의 행태나 속성이 중요한 것입니다. 의회를 중심으로 정치권에서 경쟁하는 정당들의 역학 관계는 입법 과정에 영향을 미칠 수 있는 '정당들의 수'(number of parties)에 달려 있습니다. 이를 전문 용어로 '정당체계'(party system)라고 합니다. 의회를 중심으로 경쟁하는 정당들이 2개일 때는 '양당체계'(two-party system)라고 부르고, 3개 이상일 때는 '다당체계'(multi-party system)라고 합니다.

양당체계와 다당체계가 당시의 정국을 파악하는데 중요한 이유는 입법부 내에서 입법부와 행정부 간의 경쟁 양상은 결국 정당 간의 경쟁 양상에 의해서 결정되기 때문입니다. 일반적으로 양당체계의 경우엔 '양자(兩者)게임'(two-actor game)이 갖는 특성으로, 다당제의 경우엔 '다자(多者)게임'(multi-actor game) 이 갖는 특성으로 이해됩니다. 참고로 다자게임은 '삼자(三者)게임'(three-actor game)이 갖는 특성으로 수렴될 수 있기 때문에 사실상 양자게임과 삼자게임을 알면 됩니다. 다당제의 경우엔 정당의 수가 늘어나는 경우 그 수에 상관없이 정당간 연합이 3개 정도의 그룹으로 정리될 수 있다는 것입니다.[12)]

일반적으로 양자게임의 경우는 그 해법을 만들어 내기가 상대적으로 용이합니다. 하지만 다자게임의 경우는 그 해법의 종류가 다양하고(즉 행위자 간 연합 형성의 종류가 다양하고), 해법을 만들어 내는 과정이 더 복잡할 수 있습니다.

일반적으로 양당체계는 '다수제적 민주주의'(majoritarian democracy)로 기능하며, 다당체계는 '합의제적 민주주의'(consensus democracy)로 기능하는 경향이 있습니다.[13)] 다수제적 민주주의란 다수 의석을 차지한 정당의 의도대로 정국을 이끄는 것을 말하며, 합의제적 민주주의란 다수 의석을 차지한 정당이 없는 구조 하에서 서로 간의 연합이나 정책적 합의를 통해서 정국을 이끄는 것을 말합

12) Michael Taylor and Michael Laver, "Government Coalitions in Western Europe," *European Journal of Political Research*, 1 (1973), pp. 205-248.

13) 다수제적 민주주의와 합의제적 민주주의란 용어는 레입하트가 체계화한 용어입니다. 특히 합의제적 민주주의란 용어는 레입하트 이전에 팔퍼라르도가 이탈리아 정당을 분석하면서 'consociational'이란 용어로 사용한 바 있습니다.

니다. 결국 다수제적으로 기능하는 '양당체계'보다 합의제적으로 기능하는 '다당체계' 하에서 정국 운영이 더 복잡다기할 수 있다는 의미입니다.

하지만 여기서 '정국 운영이 복잡다기하다'는 말이 반드시 '정치적으로 불안정하다'라는 의미와 동일시되어서는 곤란합니다. 선진 민주주의 국가들 중에서 형식과 기능 모두 양당체계에 있는 나라는 사실상 미국뿐입니다. 영국도 기능적으론 양당체계에 가깝지만, 형식적으론 분명한 다당체계인 혼합된 성격을 갖고 있습니다. 어떤 정치체계에 5개의 정당이 경쟁한다면 여러분들은 "많다"고 생각할지도 모릅니다. 극도로 파편화되어 다양한 요구들이 존재하는 현대사회에서 그러한 요구들을 4-5개 종류의 정당이 대변하는 경우도 심한 경우가 아닐 수 있기에 다당제는 필연적인 현상으로 인식하는 사람들이 많습니다.

이상에서 우리는 정당이란 기관이 매우 중요한 변수임을 알게 되었지만 구체적으로 정당이란 기관의 속성이나 조직적 특성은 자세히 설명하지 않았습니다. 정당이란 기관에 대해서 구체적으로 살펴보도록 하겠습니다.

정당

인간은 개인적으로 살지 못하고 집단을 이루어서 삽니다. 인간은 사회생활을 영위하는 과정에서 좋건 싫건 어떤 특정 집단에 속하게 됩니다. 각 집단들은 집단마다 특정한 운영 원리를 갖고 있습니다.

어떤 집단이 그들의 대표자를 선정하기 위한 방법은 크게 두 가지가 존재합니다. 하나는 그 집단 내의 "개인들 모두가" 자유롭게 후보자가 되고 그들 중에서 선출하는 것입니다. 극단적으로 본다면, 대표자 선출 과정에서 집단 구성원의 수만큼 후보자의 수가 존재할 수 있습니다. 또 다른 하나는 그 집단 내에서 "비슷한 성향을 갖는 사람들끼리 일단 모여서" 그들을 대표할 만한 사람들을 후보자로 천거하면 그 다음에 "천거된 사람들 중에서" 대표자를 선출하는 것입니다.

두 가지의 형태 중에서 앞의 형태는 집단의 구성원 수가 많은 경우엔 운영이 사실상 불가능합니다. 간접 민주주의를 할 수밖에 없는 상황이란 이미 구성원의 숫자가 너무 많아서 직접 민주주의가 사실상 불가능한 상태일 것입니다. 만약 사회 구성원들의 수만큼 많은 요구사항들을 표출하고 이를 실현하려면 사회 구성원들 모두가 후보자가 되어야 하며, 구성원들은 대표자를 선출할 수 없습니다. 따라서 대표자를 뽑기 위한 간접 민주주의를 시행하는 경우 일반적으로 두 가지의 절차가 순차적으로 필요함을 알 수 있습니다.

우선 "비슷한 생각을 가진 사람들"이 모여서 각각의 집단을 형성하는 것입니다. 그 다음엔 그렇게 형성된 집단 별로 "각 집단을 대표하는 사람들을 추천"하면 각 집단의 대표자들을 놓고서 최종 대표자를 뽑는 것입니다. 비슷한 성향을 갖는 사람들끼리 모인 '개별 집단'들은 '개별 정당'들에 비유될 수 있습니다. 비슷한 주의 주장을 가진 사람들이 모인 개별 정당들이 각각 대표자들을 정해서 그들을 후보자로 공천합니다. 선거에서 국민들은 자신의 '선호'(選好, preference)에 근거하여 후보자들 중에서 선택을 하게 되는 것입니다.

'정당'(政黨, political party)이란 국가단위에서 '비슷한 생각'을 가진 사람들로 형성된 집단입니다. 단, 정당이란 "국가적 차원에서의 공적 이슈(public issue in the national dimension)"와 무관해서는 정당이라고 할 수 없습니다. 버크(Edmund Burke)는 고전적 정의에서 "정당이란 어떤 특정한 주의(主義, -ism)에 동의하는 사람들이 그 주의에 의거하여 공동의 노력으로써 '국민적 이익'을 증진시키기 위하여 결합된 단체이다"라고 하였습니다(Burke 1770). 현대에서도 마찬가지입니다. 아몬드는 "정당의 기능 중 현대의 정치사회에서 특히 중요한 것 중의 하나가 '국민통합기능'이다. 따라서 정당의 기능은 사회와 '국가'를 연계시켜 주는 교량적 역할이 그 핵심이 된다고 하겠다"라고 하였습니다(Almond 1966). '사적 이슈'(private issue) 차원에 머무르는 비슷한 생각으로 모인 집단은 '정당'이라고 부르지 않고 '사당(私黨), 도당(徒黨), 붕당(朋黨)'이라고 부릅니다. 결론적으로 정당의 속성은 ① 국가적인 사무와 이익을 다루기 위해서 ② 비슷한 주의 주장을 가진 사람들의 모임으로 표현됩니다. 그러나 복잡 다원화된 현대 사회에선 현실적으로 정당에 반드시 비슷한 주의 주장을 가진 사람들만이 모여 있는 것은 아닙니다. 또한 정당은 궁극적으로 국가 정책 결정구조의 한 축을 담당하기 위해서 집권을 목적으로 하는 결사체입니다. 물론 집권까지 가능하지 않더라도 정당이 선거에서 일정한 의석수를 차지하게 되는 경우 국가적 차원의 정책 결정구조 속에서 기능하게 됩니다.

정당은 사회 구성원들의 수 없이 많은 요구사항들을 몇 개의 커다란 이슈로 정리하여 비슷한 생각을 가진 집단 내에서도 존재할 수 있는 다양한 소집단의 이익이나 요구사항들을 현실화시키는 '운반도구'(vehicle) 역할을 합니다. 정당의 이러한 역할을 '이익통합'(利益統合, interest aggregation)이라고 부릅니다. 국가 단위에서 간접 민주정치를 구현하기 위해선 다양한 요구사항들을 몇 개의 '대푯값'(representative value)으로 정리하는 기관이 필요한 것입니다. 그 기관의 역할을 맡는 것이 바로 정당입니다. 쉽게 표현하자면 정당이 "유사하지만 다양한" 입장을 수렴하여 하나의 '정당 입장'(party position)을 정하는 것입니다. 이러한 정당 입장이 바로 어떤 정책을 만들어 내는가에 대한 출발점이 되는 것입니다. 정책을 단순히 많이 만들어 내는 것이 '정책 정당'이 아니며, 정해진 정당의 입장에 부합하는 일관된 정책들을 만들어 내는 정당이 진정한 의미의 정책 정당입니다. 사르토리(Sartori)는 정당이 "선거에서 공식적 브랜드를 만들어 공직(public office)을 목표로 하기에 이익집단과 구분된다"고 하였습니다(Sartori 1976). 사르토리가 말하는 '공식적 브랜드'라는 것도 결국 정당의 정책 대푯값이라고 이해해 볼 수 있습니다. 개별 정당들이 자신들의 정책에 대한 입장들을 정하고 의회 내에서 그러한 정당 간의 입장들을 조율하면서 최종적으로 법을 제정하는데 가장 영향을 미치는 변수는 '정당 형태' ['원외 정당'(院外 政黨)인지, '원내 정당'(院內 政黨)인지]입니다. 여기서 '원'(院)이란 '의회'를 말하는 것입니다. 따라서 '원외'란 의회에 진출하지 않은 당원들을 말합니다. '원내'란 당에서 공천을 받은 후 선거에서 승리하여 의회에 진출한 당원들을 말합니다. 원외 정당적 특성을 지닌 정당에선 의회에 진출된 의원들을 정당이 파견한 사람들에 불과하며, 따라서 정당 본부의 원격 조정을 받아야 된다고 생각합니다. 극단적인 경우엔 정당원들 중에서 공천을 받아 선거에 승리하여 의회에 진출한 의원들보다도 정당에 남아 있는 정당원들이 정당의 결정권을 갖기도 합니다. 그래야 정당이 자신들의 초심(初心)을 잃지 않고 정당의 정책적 정체성을 유지할 수 있다고 보는 것입니다.[14] 반면에 어떤 정당이 원내 정당의 형태를 띠는 경우엔 원내에 진출한 의원들이 자율성을 갖고서 정당의 입장을 결정합니다. 일반적으로 정당이 '원외 정당'의 형태를 띠는 경우에는 의회 내에서 정당 간의 갈등이 증폭될 개연성이 더 클 것입니다. 원내 의원들의 자율성이 적으며, 원내 의원들은 정당들의 대리전(代理戰)을 치루게 됩니다. 반면에 '원내 정당'의 형태를 띠는 경우엔 의원들 개인의 자율성이 크며, 의회 내에서 정당 간의 정책 조율이 상대적으로 수월할 수 있습니다.

정당은 이익을 통합시키되 국가단위의 공적 차원에서 이익을 통합시켜야 할 것입니다. 이를 더 구체적으로 살펴봅시다. 어떤 '노동자 정당'(Labor Party)의 예를 들어 봅시다. 노동자 정당은 '노동자들'이나 '노동조합[줄여서 노조(勞組)]의 이익'을 대변한다는 비슷한 생각을 지닌 사람들로 구성되어 있을 것입니다. 노동자들이라고는 하지만 국가단위에서 노동자를 전부 취합하면 그 안에 종류가 매우 다양합니다. 운송 부분에서의 노조가 있고, 제조업 부분에서의 노조도 있으며, 서비스 산업에서의 노조도 있을 것입니다. 운송 노조 내에도 육상 운송 노조, 해상 운송 노조, 항공 운송 노조가 있을 수 있습니다. 육상 운송 노조 내에도 자동차 노조, 지하철 노조가 있을 수 있습니다. 자동차 노조에도 택시 노조, 버스 노조, 덤프트럭 노조 등 그 종류가 실로 다양합니다. 노동자 정당이 국가적 차원의 공적인

---

14) 영국에 "의회에 진출한 노동당 의원은 더 이상 노동자가 아니다"라는 유명한 말이 있습니다. 즉 노동당 의원들도 의원으로서 특권 계층이기에 노동자들의 고충을 같이 하기 어려울 수 있다는 것입니다. 따라서 노동정당원의 정신은 노동당 본부가 통제하여야지 원내에 진출한 의원들에게 맡겨 놓을 수 없다는 것입니다. 여러분은 어떻게 생각하십니까?

기관이 된다는 것은 단순히 택시 노조만을 위한다거나, 지하철 노조만을 위한다거나, 육상 운송 노조만을 위한 것이 아니고, 그 모든 노동자들을 위한 이익을 통합하여 어떤 '대푯값'을 만들어 내는 것입니다.[15] 정당이 국가 단위의 공적 차원에서 이익을 통합시킨다는 의미가 바로 이것입니다.

개별적인 소집단 노조들 내에서도 자신들의 이익을 하나의 대표적인 형태로 만들어 내려면 많은 갈등이 발생하고 이를 해결하기 위해 조정과 타협이 필요할 것입니다. 이런 것들을 모두 묶어서 국가단위에서 정당이 하나로 결집시키는 것은 어려운 작업일 것입니다. 따라서 정당 지도자들의 '리더십'이란 정치적 영역의 변수가 현실적으로 제일 중요한 것입니다.[16] 그러면 정당이 여러 부류들의 생

---

15) 대푯값을 만들어 내는 방법과 내용은 다양할 것입니다. 수학적 예를 들자면, '산술평균'(arithmetic mean)은 대푯값의 한 종류일 뿐입니다. 대푯값을 만들어 내는 방법은 '기하평균'(geometric mean)과 '조화평균'(harmonic mean)도 있습니다. '평균'(mean)이 아닌 '중앙값'(median)과 '최빈값'(mode)도 존재합니다. '사분위수'(quartile)라는 개념으로 대푯값을 표현할 수도 있습니다. 어떤 대푯값의 종류를 택하느냐는 수의 '분포도'(distribution)를 고려하여 결정될 것입니다. 마찬가지로 정당이 그들 정당의 입장을 어떻게 정하는가는 선거에서 득표라는 현실적 이익과 연계되기도 하고, 정당의 이념 고수라는 대의명분과 연계되기도 할 것입니다. 물론 대푯값이 하나여야만 할 필요도 없기 때문에 상황은 더욱 복잡해집니다.

16) 현대 민주주의 사회에는 극도로 다양화된 입장들이 존재하기 때문에 필연적으로 혼란스러운 측면이 존재합니다. 따라서 이러한 혼란을 극복하기 위한 '정치적 리더십'(political leadership)의 중요성이 강조되고 있습니다(Burns 1982). 두 가지의 대조적인 입장이 존재합니다. 첫째는 다양한 입장들을 조율할 수 있는 '토론의 장(場)'을 마련해 주는 것 그 자체가 정치적 리더십의 본질이라는 주장이 있습니다. 즉 결과를 만들려고 하지 말고 국민적 합의를 만들어 내는 현재의 과정 자체에 대한 정당성을 확보하라는 것입니다. 하지만 또 다른 대조적 시각에선 리더가 생각하는 올바른 방향으로(적어도 그것이 공적인 이익에 위배되는 것이 아니라는 상식적인 합의는

각을 하나의 비슷한 생각으로 묶어 통합적 이익을 위한 '대푯값'을 제시하지 못할 경우에는 어떻게 될까요? 정치체계 내에는 다음과 같은 일이 일어날 것입니다.

첫째, 해당 정당의 권력 정당성이 떨어집니다. 따라서 해당 정당에 불만이 있는 소집단들은 기존 정당에서 벗어나 새로운 정당을 창당하려고 할 것입니다. 새로운 정당이 창당된 후엔 선거를 통해서 국민들로부터 심판을 받게 됩니다. 그 결과 새로이 창당된 정당이 의회에 의석수를 차지하고 국가 정책 결정에 영향을 미치게 되는 경우 기존의 '정당체계'는 변화를 겪게 됩니다. 이를 '재편성'[再編成 또는 재정렬(再整列), realignment]이란 전문 용어로 표시합니다.

둘째, 불만을 지닌 소집단들도 정당을 창당하는 것이 쉽지 않으니 오히려 정당을 통한 이익수렴의 활동(즉 선거에서 해당 정당이 의회에서 의석수를 많이 차지하도록 도와주는 활동, 그리고 그러한 의석수를 바탕으로 자신들의 이익을 반영하는 정책을 만들어 내게 하는 것)보다는 자신들의 소집단과 관련된 이익단체나 NGOs를 중심으로 목소리를 내거나 장외 투쟁에 나서는 것입니다. 이익단체 활동, "정체성의 정치"(identity politics), 비정부단체운동(NGOs: Non-Governmental Organization movement), 신사회운동(New Social Movements) 등이 바로 그 예입니다.[17] 이런 경우 정당체계를 중심으로 정치가 운영된다기보다는 기존의 정당체계를 벗어나 장외에서

있어야 하겠지만) 다소 무리가 있더라도 강제력을 발동하여 특정 방향으로 이끌어야 한다는 것입니다. 이것은 상대적으로 미래의 결과에 더 비중을 두는 것입니다.

17) '신사회운동'은 문화적 가치변동과 연동되어 일어나는 운동을 말합니다. 문화적 가치변동과 연관된 이슈들은 환경문제, 평화문제, 여성문제, 인권문제 등을 말합니다.

중앙 대 지방

국가 대 교회

농업 대 공업

로스차일드가문의 문장

자본 대 노동

'정치적 참여'(political participation) 행태가 공존합니다. 이러한 상황을 '탈편성'[脫編成 또는 탈정렬(脫整列), dealignment]이라고 말합니다.

문제는 어떤 사회 내에서 비슷한 생각을 가진 사람들로 정리할 경우 그 '비슷한' 생각들을 하나로 묶을 수 있는 '대푯값'은 무엇인가 하는 점입니다. 이것은 국가마다, 국가의 집단들 마다 다양할 것입니다. 하지만 역사적, 경험적으로 고찰하면, 정당들이 내세우는 '대푯값'은 개별 국가에 상관없이 전 세계적인 차원에서도 일반화할 수 있습니다. 이것은 다양한 요구사항들을 수렴하는 "대푯값을 무엇으로 정해야 하는가" 하는 이슈가 사회 속에서 인간들의 삶에 대한 근본적인 철학과 연계되어 있기 때문일 것입니다. 비록 인간들의 삶에 대한 양태는 다양하고 변화무쌍한 것이지만, 동서와 고금을 막론하고 앞에서 언급했던 경제적 차원과 정치적(또는 사회적) 차원과 관련된 인간들의 삶에 대한 가치관은 크게 두 가지의 양태로 정리될 수 있습니다.

국가를 운영하는 데 있어서 "가능하면 동등하게 나누어 갖도록 하자"라는 주장과 그에 대비되어 "능력 있는 자가 더 많이 갖는 것을 용인하자"는 주장이 존재합니다. 전자는 사회주의적 성격을 말하며 후자는 자본주의적 성격을 의미합니다. 이것은 경제적 차원의 문제가 됩니다. 국가를 운영하는데 있어서 "가능하면 사회 구성원 개인들의 자유를 제약하지 않는 방향으로 운영되어야 한다"는 주장과 "국가는 질서가 중요하며, 따라서 개인의 자유보다 집단의 질서 유지를 위해 국가의 공권력이 중요하다"는 대조적인 입장도 또 다른 하나의 축으로 존재합니다. 이것은 정치적 · 사회적 차원의 문제가 됩니다. 경험적 연구들에 따르면, 집단 내에서 대표자를 뽑는 경우, 이 두 가지 대비되는 가치는 수많은 대푯값들 중에서도 가장 두드러지는 것들입니다(Ware 1996).

이 두 가지 종류의 대조적인 가치관들은 '정당'이 형성될 때 정당의 정체성에 근본적으로 관여하여 다른 정당과의 차별성을 결정짓는 요인이 됩니다. 정당들은 반복되는 선거에서 경쟁하며, 자기 정당의 주의 주장이 더 '살기 좋은 세상'을 만들 것이라고 선전하게 되는 것입니다.

립셋(Seymour M. Lipset)과 로칸(Stein Rokkan)이라는 학자는 정당의 경쟁 구도를 유럽의 역사적 배경에 접맥시켜 좀 더 구체화하였습니다. 그들에 따르면 현대 사회의 정당의 경쟁구도는 과거 사회에서 대립하던 사회집단들이 정치적인 조직화를 통해서 만들어낸 결과물입니다.[18] 이러한 사회균열이 나타내는 사회적 집단들의 이익을 실현하는 과정엔 정치적 기관인 정당조직이 필요하며 따라서 현대 사회에 형성된 정당들은 이러한 사회균열구도를 반영한다는 것입니다. 16세기 국가혁명의 시기에 중앙 · 지방의 균열과 국가 · 교회의 균열이 나타났으며, 이것이 현대사회에서 중앙집권을 옹호하는

---

18) 그들은 현대사회에 정당간 경쟁구도에 기반이 된 과거 사회에서 '사회균열'(societal cleavage)의 종류를 4가지로 분류합니다: ⓐ '중앙 대 지방' (Center versus Periphery: 중앙집권 주창자와 지방분권 주창자 간의 균열), ⓑ '국가 대 교회'(state versus church: 사회화 교육 과정에서 공적집단인 국가가 역할을 담당한다고 생각하는 자들과 종교집단인 교회가 그 역할을 담당하여야 한다고 생각하는 자들 간의 균열), ⓒ '농업 대 공업'(land versus industry: 농업생산자들과 제조업자들 사이의 국가 정책에 따른 -예를 들면, 보호무역과 자유무역 사이에서- 이익 갈등), ⓓ '자본 대 노동'(owner versus worker: 자본가와 노동자 사이의 균열).

정당과 지방분권을 주장 하는 정당들로 나타나고 대중 교육에서 국가 이념을 강조하는 정당과 종교적 통제를 강조하는 정당들도 나타납니다. 18세기 산업혁명 시기에 농업·공업의 균열과 자본·노동의 경제적 균열이 형성됩니다. 따라서 농업관세에서 농민의 이익을 보호하기 위한 농민정당이라든지, 인권과 자유에 대한 개념에 따라서 자유당도 생기고, 산업계획의 통제인지 아닌지에 따라 보수당과 노동당도 생겨납니다. 이러한 4종류의 균열구조는 20세기말 나타나 현재까지 지속되는 탈물질주의[또는 '후기물질주의'(post-materialism)] 사회에서도 여전히 중요한 정당 경쟁구도를 이해하는 사회 균열축입니다.

웨어(Ware)는 이상의 내용을 현대 사회의 입장에서 다시 한 번 정리하였는데, 두 가지의 축을 기준으로 정당의 색채를 규정합니다. 첫 번째 축은 우리가 앞서 배운 경제적 차원의 것으로 경제운용 방식의 국가 개입 여부에 대한 정당의 입장입니다. 두 번째 축은 우리가 앞서 배운 정치적 차원의 것과 일맥상통하기도 하는 '사회적 차원'의 것입니다. 이것은 "개인이 갖는 인권에 대한 사회적 허용이나 관용 여부"에 대한 정당의 입장을 말합니다. 즉 히피족과 같은 경우는 좌파입니다. 국가 지상주의자는 우파입니다. 낙태(落胎, abortion)의 개인적 권리를 인정한다면 좌파적 성향이 있는 정당이며, 낙태의 권한을 국가적 차원에서 관리하는 것에 찬성한다면 우파적 성향이 있는 정당입니다. 정치적 차원이 국가를 주어로 하여 생각한다면 사회적 차원은 사회구성원인 시민 개인을 주어로 하여 생각합니다. 이러한 경제적 차원과 사회적 차원을 중심으로 정당의 색채를 나타내면 〈그림 4-2〉, 〈그림 4-3〉과 같습니다.

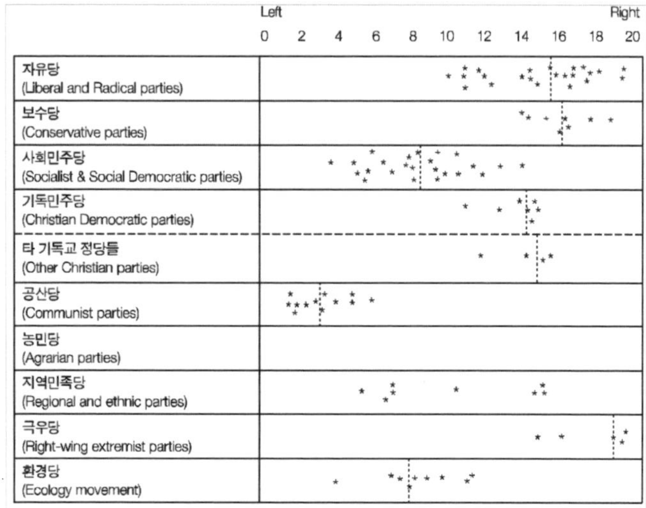

출처: Ware(1996, 28)에서 재인용

* 는 정당지도자들의 정책적 입장 ┊ 정당 입장의 중앙값(median party position)

〈그림 4-2〉 1980년대 공동 소유의 이슈에 대한 정당 지도자의 입장

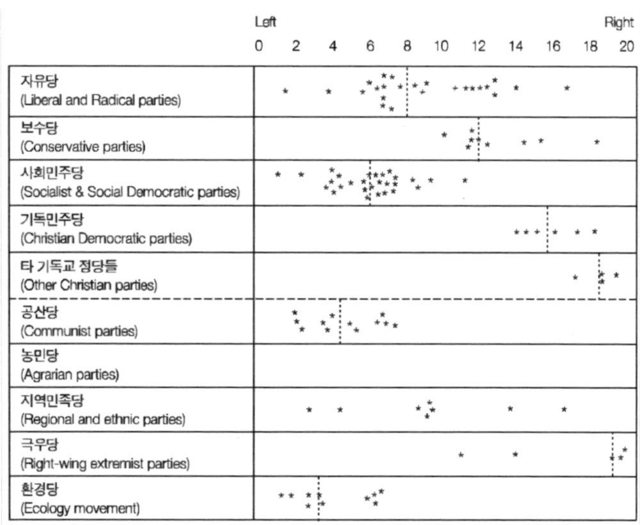

출처: Ware(1996, 28)에서 재인용

* 는 정당지도자들의 정책적 입장 ┊ 정당 입장의 중앙값(median party position)

〈그림 4-3〉 1980년대 사회 정책 이슈들에 대한 정당 지도자의 입장

정당 조직

선거를 통해서 정치권력을 획득하기 위한 정당은 아무리 소수 정당이더라도 정당원(party member)들이나 정치자금(political money) 등을 관리하기 위한 '정당조직'을 필요로 합니다. 정당조직이 궁극적으로 책임지는 일들은 다음의 세 가지로 정리해 볼 수 있습니다.

첫째, 선거를 준비하고 이를 보조하는 역할입니다. 이는 당조직의 업적이 평가되는 가장 직접적인 영역입니다. 선거에 실패하면 당조직은 개혁의 대상이 되는 경우가 많습니다. 선거를 위한 준비는 반드시 선거 기간으로 국한되지는 않습니다. 선출직 공직자의 가장 큰 목표는 '재선'(再選, re-election)입니다. 그러한 개인적 동기는 평시에도 강력히 작용한다는 의미에서 선거를 염두에 둔 활동이 '법정선거기간'으로만 국한되는 것은 아닙니다. 둘째, 일단 형성된 정당을 유지하는 일입니다. 일단 정당이 기반 자원을 세우면 (즉 정당을 설립하고 그 이후 어느 정도 세력을 결집하게 되면) 정당은 그것을 유지하기 위해서 다른 자원들을 충당해야만 합니다. 이런 사무를 체계적으로 하기 위해선 정당조직이 필요합니다. 예를 들어서 정기적으로 정당 인쇄 간행물(또는 정당 인터넷 사이트) 등의 매체를 통해서 그들이 제공하는 것들과 필요한 것들을 평시에 유권자들에게 알립니다. 정당후원자들을 위해서 장소를 제공하고 이익을 제공하기도 합니다. 정당조직의 고용 직원들이나 충실한 정당 활동가들의 노력을 격려하기 위해 정당은 보수를 지급해야할 필요성이 생깁니다. 셋째, 정당 본부 조직은 공공정책의 개발과 이에 대한 전략에 기본적 방향을 제시합니다. 정당조직이 제시하는 정책 방향은 공직에 선출된 정당원들이 개인 차원에서 정책을 고안하는 데 중요한 참고점이 됩니다.

듀베르제는 정당조직의 유형을 두 가지 차원으로 구분하여 살펴봅니다. ① 정당구조가 '직접적'인가 '간접적'인가?, ② 정당조직의 기본적 요소들은 무엇인가? 하는 것입니다. '직접적'이란 의미는 단일의 조직(직접적 구조, 즉 직접정당)으로 구성된 정당을 말합니다. '간접적'이란 서로 다른 단체들의 연합인 정당(간접적 구조, 즉 간접정당)을 말합니다. 1950년대 초반에 이러한 유형을 고안한 듀베르제에 따르면, 간접적 구조는 훨씬 덜 보편적이기는 하나 흥미롭게도 이념적 사회당(socialist parties)이나 종교적 가톨릭당(catholic parties)이 대부분 이러한 형태를 띠고 있는 것으로 보았습니다. 물론 사회주의 정당이나 가톨릭 정당의 모든 형태가 간접적 구조인 것은 아닙니다. 노동조합, 협동 단체, 그리고 소(小)사회주의 단체에 의해 설립된 영국 노동당은 대부분 간접적인 조직으로 남아 있는 반면에, 동 시대의 프랑스의 SFIO(Section Française de l'internationale ouvriére; 프랑스 사회당의 1969년 이전의 명칭)는 항상 직접적 구조였습니다. 다만 현실적으로 정당이 창당된 이래 시간이 흐르고 역사가 길어질수록 정당은 간접적인 형태로 나갈 수 있으며 이러한 구분은 정도의 차이일 것입니다.

듀베르제는 '직접적' 구조의 정당으로부터 '간접적' 구조의 정당이 형성되어지는 다양한 형체들을 이해하기 위해서 정당이 구성되어지는 기본적 요소들로부터 네 가지의 조직유형, 즉 간부조직(the caucus), 분파조직(the branch), 세포조직(the cell), 그리고 전투대조직(the militia)을 구분하였습니다.

첫 번째 조직 유형인 '간부회의'(the caucus)는 정당 발전사적인 측면에서 볼 때 가장 오래된 형태입니다. 그것은 민주주의 이전 시대와 민주화 초기시대에 입법의회에서 정당조직의 지배적 형태였습니다. 간부회의는 소수의 인원으로 구성되며, 단지 암묵적으로 신규회원을 선출하거나 공식적 지명에 의해서 당원을 확보합니다. 달리 말해서 간부회의 정당구조는 정치엘리트에 기반한 정당을 말합니다. 듀베르제가 언급했던 '명사정당'(名士政黨)은 전형적인 유럽의 역사 속에서 지방분권화되고 약하게 짜 맞춰진 간부회의에 상응합니다. 일반적으로 과거의 '보수주의 정당들'(conservative parties)이 이런 형태를 띠고 있었습니다.

두 번째 유형인 '분파조직'(the branch)은 전형적으로 대중당원의 정당에서 갖는 구조입니다. 이것은 '1인 1표제'가 보편화된 대중 민주주의 시대의 대표적인 조직 형태라고 볼 수 있습니다. 따라서 '명사정당'이 간부조직의 형태를 갖고 있다면, 현대의 '대중정당'(mass party)은 분파조직을 갖고 있다고 할 수 있습니다. 분파구조는 두 가지 관점에서 간부회의 구조와 다릅니다. 첫째, 분파구조는 자원을 증가시킴에 있어서 그들의 처분대로 할 수 있는 당원들을 다수 모집하려고 합니다. 분파구조가 운영하려는 당원조직은 유동성이 있어서 같은 주의 주장을 갖고 있는 회원들은 자유롭게 늘리되 반대로 기존 회원이 그렇지 않은 경우 그들 나름대로 회원을 벌할 수 있는 구조입니다. 또한 이러한 결정을 간부회의에 맡기지 않고 당원들의 의견을 수렴하여 내리는 것이 일반적입니다. 둘째, 분파에 기초한 정당은 또한 다른 분파들이 서로 연결 되어지는 방법에서 간부회의에 기초한 정당과 다릅니다. 명사정당 내에선 개별적 간부회의가 중앙의 정당조직에 상대해서 높은 자율성을 유지하는 반면에, 지부 조직형태의 대중정당 내에선 중앙부가 개별 조직들을 좀 더 세부적으로 통제합니다. '정당기율'(政黨紀律), 또는 정당기강(政黨紀綱), party discipline]이 강한 것입니다. 정당의 기원과 관련해서도 분파적 정당과 간부적 정당은 중요한 차이가 있습니다. 일반적으로 간부정당이 내부적으로 (정치 엘리트에 의한 민주주의 이전의 입법부 안에서) 창조된데 반하여, 원래의 분파 정당은 외부에서 (어떤 정치체제의 정치적 권력에서 배제된 자들에 의해서) 창당되는 형태를 띱니다. 일반적으로 '사회주의 정당들'(socialist parties)이 이러한 형태를 띠고 있습니다.

세 번째로 '세포조직'(the cell)이란 형태가 있는데, 이는 '공산당'(共産黨, communist party)의 창조물인 셈입니다. 간부정당과 마찬가지로, 그러나 분파정당과는 다르게 공산당은 그들의 전체적인 당원수보다는 모집의 질적인 측면에 좀 더 관심이 있습니다. 그들은 정당을 다스리는 원칙이 중앙부에 있으며, 당내 간부들이 지역 정치 상황에 의해 움직이지 않는다는 점에서 간부정당과 다릅니다. 나아가 공산당은 주요 조직적 단위가 지리적인(선거적 단위나 범위에 연결된) 것이 아니라, '작업장'(working place)의 수준에 따른 것이라는 점에서 분파정당이나 간부정당과 다릅니다. 무산계급의 동원은 거주 지역보다는 공장에서 정치적 조직을 발전시킴으로써 훨씬 잘 성취될 수 있다는 가정에 서 있습니다. 이것은 의석수의 획득이 아닌 체제의 전복이라는 공산당의 보다 넓은 목적성을 반영한 것입니다. 자본주의 전복을 준비하는데 있어서 선거활동은 한 가지 방법일 뿐이며 아주 중요한 방법은 아니라고 봅니다.

마지막으로 '전투대 조직'(the militia)은 이탈리아의 파시스트당(Partito Nazionale Fascista), 독일의 나찌당(Nationalsozialistische Deutsche Arbeiterpartei) 등 극우정당에 의해서 채택되었던 조직 형태입니다. 전투대는 심지어는 공산당 이상으로 관습적인 선거정치로부터 떨어져 나와 많은 과업을 수행하도록 고안된 조직입니다. 듀베르제에 따르면 "전투대는 당원들이 군대 노선에 의해서 등록된 '사적'(private) 수준의 군대"입니다. 전투대의 전투적 특성은 그것의 조합뿐만 아니라 구조에서도 나타납니다. 조직 속에서 개개인들이 개미처럼 자신의 역할만 할 뿐입니다.

정당조직은 정당의 성공적 존립을 위한 것입니다. 정당의 기관적 성공을 위한 정당조직을 설명하기 위한 모델은 대략 세 가지 정도로 분류해 볼 수 있습니다. 궁극적으로 정당의 성공을 판단하는 시각이 다릅니다. 하나씩 살펴보겠습니다.

첫 번째 모델은 듀베르제(Duverger)의 「정당론」(*Political Parties* 1954)이나 엡스타인(Leon Epstein)의 「서구 민주주의의 정당들」(*Political Parties in Western Democracies* 1967)이란 고전적 연구들로 대표되는 "선거경쟁 접근법"(Electoral Competition Approaches)입니다.[19] 이 접근법은 정당 간의 경쟁이 각 정당들로 하여금 나름대로의 특수한 조직 형태를 띠게끔 한다고 봅니다. 이 접근법은 득표를 위한 경쟁의 필요성이 정당으로 하여금 구조를 개혁하고 수정하도록 촉진한다고 봅니다. 정당의 존재 의미는 궁극적으로 선거에서 승리하여 집권하거나, 적어도 선전하여서 일정한 의석을 차지하여 국가 정책결정 구조에 영향을 미치는 것이기 때문입니다. 따라서

19) Maurice Duverger, *Political Parties* (London: Methuen, 1954); Leon D. Epstein, *Political Parties in Western Democracies* (London: Pall Mall, 1967).

이러한 맥락에선 어차피 순수한 이념 정당이 있기 어려우며, 어떤 정당이 집권하건 수렴된 정책을 만든다는 의미에서 '선거에서의 승리' 그 자체가 강조되기도 합니다. 이런 경우 정당의 성공은 보다 많은 의석수의 확보로 판단됩니다. 다운스(Downs 1957)는 정당은 정책을 만들기 위해서 집권하는 것이 아니라 집권하기 위해서 정책을 만든다고 보았습니다. 따라서 이러한 입장에 선다면 정당은 일관된 정책 성향을 갖는 것이 아닙니다. 이런 선거 전략에 따르는 정당들을 '포괄정당'[包括政黨 또는 전취정당(全取政黨), catch-all party]이라고 부릅니다(Kircheimer 1966). 즉 특정한 이념적 성향에 근거하여 일관성을 지닌 정책을 만들어 내는 것이 아니라, 득표를 위해 유리한 상황에 따라서 정책을 개발하다보니 정당의 이념적 성향의 폭이 넓어지는 것이지요. 정당이 제시하는 정책들이 타 정당과의 차별성이나 이념적 선명성을 가진다기보다는 "좌와 우를 가리지 않고 넘나들 수 있기에" 마치 어떤 정책이건 전부 취하는 형식으로 정책을 개발한다는 의미입니다.[20)]

두 번째는 "제도화 접근법"(Institutionalization Approaches)입니다. 제도화 접근법은 '정당 간'(inter-party)의 경쟁보다 '정당 내'(in-

20) 좌파적 성향의 정책과 우파적 성향의 정책을 넘나들더라도 무조건적인 것이 아니며 정도와 한계가 존재합니다. 경쟁하는 정당들이 차별성을 유지할 수밖에 없는 정당 체계 하에선 우파 정당이 좌파적인 정책을 수용하더라도 기존의 좌파 정당보다 그 신뢰성이 떨어지기 때문입니다. 정당이 정책을 개발할 경우 일반 유권자들이 평소 정당에 대해서 갖고 있는 색채라든지 기대감을 넘어서서 행동하는 데는 한계가 있습니다. 일반적으로 포괄정당은 중도 정당인데, 이는 중좌와 중우 사이를 넘나들기가 상대적으로 수월하기 때문입니다. 따라서 너무 티나지 않게 왔다 갔다 하는 것도 정당 전략의 일부일지도 모릅니다. 포괄정당을 표방하더라도 극우에서 극좌를 넘나드는 경우엔 유권자들로부터 웃음거리가 될 것입니다.

'토론 프로그램에서 토론자들이 "한국 정당은 정책 정당이 아니다, 정책 정당이 되어야 한다"는 말을 많이 하는데, 이런 경우 '정책 정당'의 의미는 무엇인가요? | 교과서적인 의미에선 우리가 보통 '정책 정당'이라고 말하는 경우 '이념 정당'을 말합니다. 왜냐하면 정책을 만드는데 이념적 일관성이 중요하기 때문입니다. 우파로서 유사한 성향을 지닌 사람들이 모인 정당에겐 우파적 성향을 지닌 유권자들의 지지로 우파적인 성향의 정책을 만들어 줄것이 기대됩니다. 좌파적 정당과 좌파적 유권자도 마찬가지 입니다. 우파적 정당은 우파적 정책을 만들어 내야만 우파 유권자들을 대표하는 '대표성'(representativeness)에 정통성을 지닙니다. 좌파도 마찬가지입니다. 하지만 근래에 들어서는, 특히 한국에선 '정책 정당'이란 말이 보다 폭 넓게 쓰이고 있습니다. 예를 들면 이념적 일관성과 상관없이 정책을 개발하는 그 자체에 노력을 기울이는 정당이란 의미로 쓰입니다. 이것은 한국의 정당들이 서로 싸움만 일삼고 정책 개발에는 소홀했다는 배경 속에서 나왔습니다.

tra-party)의 문제나 정당이 제도화되어가는 과정에 주목합니다. 정당 조직은 단순히 선거를 위해 그리고 선거에 승리하기 위해서 존재하는 기관은 아니라는 것입니다. 물론 선거에서 승리하는 것이 정당이 차후 번영하는 정당으로서 생존하는 데 도움이 될 것이라는 점을 부정하지는 않습니다. 하지만 정당 본연의 기관 목적은 정당의 정체성에 맞는 정책을 개발하고 이를 유권자들에게 선전하여 계몽시키는 교조적 활동에 있다고 봅니다. 제도화 모델을 보면 결국 정당이란 것은 선거에서 승리하여 보다 많은 의석수를 차지하는 것 이상으로 정당 본연의 임무가 무엇인지에 대해 고민하게 만듭니다. 정당이란 궁극적으로(적어도 규범적으로는) 비슷한 주의 주장을 갖고 있는 일부의 사람들이 모인 곳이기에 그러한 주의 주장이 모든 일반 유권자들에게서 반드시 환영만 받기를 기대할 수는 없습니다. 따라서 비록 적은 수의 지지층을 기반으로 하더라도 지속적으로 생존하여서 정치 체계 내에 '제도화된' 정당으로 남는 것이 중요할 수도 있는 것입니다. 이런 경우 정당의 성공은 정당 본연의 기관 임무를 세류의 인기에 휩쓸리지 않고 얼마나 잘 관철시키느냐에 달려 있습니다.[21] 따라서 선거 승리보다도 정당의 태생이나 기관 목적을 중시하여 타 정당과의 이념적 차별성이나 일관성을 유지하려고 하는 정당을 포괄정당과 상대되는 개념으로서, '이념정당'(理念政黨, ideological party)이라고 부릅니다. 제도화 접근법은 정당이 정당으로서 기능하면서(즉 같은 주의 주장을 가진 사람들이 한 목소리를 내면서 자신들의 이념을 설파하는 과정에 주안점을 두면서) 정당의 단일-최적의 조직 형태로의 제도화 가능성을 강조합니다. 이러한 전통에 기초한 연구로는 파네비앙코의 「정당: 조직과 권력」(*Political Parties: Organization and Power* 1988)이 있습니다.

듀베르제는 조직적 유형들을 단순히 구분해 내는 것에서 더 나아가 어떤 종류의 조직적 형태가 정당 조직의 형태로서 더 우월한 것인지에 대해 설명합니다. 민주사회에선 (즉 반복되는 선거를 통해

---

21) '저항적 정당'(protest party)이란 개념이 있는데 참고하면 유용할 것입니다. 이는 해당 체계 내에서 세금정책, 이민정책, 환경정책과 같이 특정한 이슈들에 대해서 대중들이 갖고 있는 불만을 이용하여 특정 세력들에게 인기영합적 '대중주의'(populism)를 따르는 정당을 말합니다. 이러한 정당들은 정당의 수명이 짧은 일시적 정당의 특성을 지니고 있습니다. 따라서 정당이 특정 이슈에 집착하는 것이 정당의 탄생 배경이나 정당의 정체성과 관련되어 있느냐, 아니면 일시적으로 특정 이슈에 집착하는가가 바로 저항적 정당인지 아닌지를 분류하는 기준입니다. 일반적으로 저항적 정당은 정당의 생명도 짧으며, 의회를 벗어난 '길거리 정치'[또는 장외정치(場外政治), street politics]를 수단으로 삼는 경우가 많습니다(Lubbers, Gijsberts, and Scheepers 2002).

서 정당이 유권자들로부터 심판받는 사회에선) 대규모의 대중 당원에 기초한 분파정당이 간부정당보다 더 우월하다고 주장합니다. 궁극적으로 민주주의에서 미래의 정당조직을 결정하는 주요 논리는 선거 경쟁에서 가능한 한 경쟁력 있는 자신들을 만들기 위해서 그들 조직을 조정하도록 하는 것입니다. 득표를 위한 경쟁과 정당 충성자들의 지지를 유지하여야 하는 부담 때문에, 간부정당이 분파정당으로 전환하거나 분파정당의 많은 특징들을 받아들여야 한다고 봅니다. 그래서 결국 간부정당도 순수한 형태로 생존하기 어려우며 분파정당과의 잡종적 유형이 되는 것입니다. 결론적으로 분파정당은 대규모의 동원과 이에 따른 정치적 자원을 획득하는데 더 적합하기 때문입니다. 세포 정당조직과 전투대 정당조직은 특정한 정치적 목적을 가진 정당에 적절하나 대부분의 정당에 있어서 이러한 유형은 부적합 할 것입니다.

정당 조직에 관한 듀베르제 주장의 초석은 "좌파로부터의 전염"입니다. 사회당의 조직적 형태는 다른 가능한 형태들보다 우월했고, 지금까지 그래 왔으며 앞으로도 다른 정당들에 의해서 모방될 것이라는 것이 그의 주장입니다. 사회당의 조직적 우월성은 당원들 "수(數)의 힘"(power in numbers)이라는 철학을 배경으로 합니다.[22] 사회당의 분파 조직적 형태는 선거 조직에 필요한 자원의 습득을 제공할 수 있는 큰 기회 때문에 우월하다는 것입니다. 이른바 '1인 1표제'의 보편화 이후엔 "다수로 밀어 붙인다"라는 전략이 작동하는 것입니다. 이와 대조하여 현대 사회에선 오히려 '우파로부터의 오염'이

22) James DeNardo, *Power in Numbers* (Princeton, NJ: Princeton University Press, 1985).

나타난다고 보는 입장들도 존재합니다.

엡스타인은 듀베르제의 주장을 좀 더 단순화시켜서 현실을 바라보았습니다. 듀베르제가 선거경쟁의 역할이 정당조직의 형성이나 변화에 영향을 준다고 주장한 반면에, 엡스타인은 정당조직을 득표경쟁을 위한 단순한 반응 이상도 이하도 아니라고 보았습니다. 엡스타인은 듀베르제의 분석이 유럽적 정향에 한정된다고 보았습니다. 듀베르제는 미국의 정당을 '생존하고 있는 조직적 화석(化石)'(surviving organizational fossil)이라고 보았습니다. 미국 정당은 사회당의 주요한 선거 도전에 직면한 적이 없기 때문에 (유럽에 비하여 상대적으로) 간부회의적 조직형태를 포기하지 않아왔습니다. 엡스타인은 미국식 정당들이 사실상 현대 선거 유세를 행하는 데 가장 적합한 것이라고 주장합니다. TV 유세, 여론 조사 등의 시대에 정당은 유권자를 동원하기 위한 많은 수의 당원을 필요로 하지 않습니다. 오히려 정당에 필요한 것은 소수 '선거전문가'들의 전략고안과 이러한(그리고 관련된) 용역을 살 수 있는 자금이며, 자금은 대규모의 대중 당원 모집을 통해서 보다는 이익집단, 개인 기부자, 정당 지지자(party supporters)들로부터 보다 쉽게 얻을 수 있다고 봅니다. 나아가 대규모 당원은 정당지도자들이 다른 정당들의 후보자들에 대응하는 선거전략을 고안하는 데 있어서 제한적 요소로 작용한다고 봅니다. 그래서 정당지도자들은 지도자들과 정당 지지자나 활동가 사이의 느슨한 연계에서 올 수 있는 융통성을 오히려 정당의 장점으로 활용할 수 있다고 봅니다. 결론적으로 엡스타인에 따르면 자유민주주의에서 정당조직의 미래를 특성화하는 것은 좌파로부터의 전염이 아니고 "우파로부터의 전염"인 셈입니다. 미국에서 공화당이 그 사례에 해당합니다. 듀베르제가 옳은지, 엡스타인이 옳은지는 상황적인 것일 수 있습니다. 각각 유럽사회와 미국사회를 중심으로 경험적 근거를 얻고 있기 때문입니다. 듀베르제의 설명이 보다 더 시대를 초월한 명제로서 받아들여질지 모르며, 반면에 미디어 정치나 전자민주주의(electronic democracy)적 측면을 본다면 엡스타인의 명제가 설득력을 지닌다고 볼 수도 있습니다. 보다 구체적인 상황을 중심으로 논의가 필요할 것입니다.

민주주의가 순기능하는 선진 민주사회를 보면 어김없이 "제도화된 정당들"이 정치체계 내에 존재합니다. 제도화된 정당들이 존재한다는 의미는 국민들로부터 정당들이 어떤 대푯값을 만들어 낼지에 대한 일반적인 기대가 존재하며, 실제로 정당들의 행태가 대푯값과 관련하여 예측가능성이 있기 때문입니다. "어떤 정당이 제도화된다"는 의미는 그 정당이 반복되는 선거에서 생존하면서 정치체계에 존재하는 것을 말합니다. 이합집산을 반복하거나 정당의 이름이 바뀌는 경우 그 정당은 제도화되는 데 실패한 정당일 것입니다. 단지 기관으로 생존하는 것뿐만이 아니라 시민들이 기대하는 정당의 정체성에 어긋나지 않게 정당이 나름대로의 일관된 정체성을 유지한다면 더 좋을 것입니다. 즉 보수당, 노동당, 자유당이라는 각각의 정당에 대해서 각 지지층들은 그 정당의 명칭이나 탄생 배경과 관련하여 기대하는 정당 정체성이 있습니다. 보수당은 우파 정책을 만들 것으로 기대합니다. 노동당은 좌파 정책을 만들 것으로 기대합니다. 따라서 그러한 정책적 기대감을 어기는 경우 정당은 다음번 선거에서 지지층으로부터 지지를 받지 못하고, 의석수가 위협받으며, 정당의 존립에도 영향을 끼치게 될 것입니다.

하지만 정당이 자신의 정체성을 지킬 수 있는지의 여부는 기관 자신의 문제와 기관을 둘러싸고 있는 환경에 달려 있습니다. 첫 번째, 기관 자신의 문제는 정당이 그것의 환경에 대해 갖고 있는 '자율성'(autonomy)의 수준을 말합니다. 이것은 정당이 지지자나 외부적 조직 등과의 관계를 정당이 통제하는 정도를 의미합니다. 즉 정당이 외부 기관들에 대해서 자신이 의도하는 방향으로 명령할 수 있는 권력을 지녀야 합니다. 이런 의미에서 고도로 제도화된 정당조직은 그의 주변에 대해서 광범위한 통제를 행할 수 있으며, 필요할 때 그를 둘러싸고 있는 환경을 변형시킬 수 있는 정당조직입니다. 약하게 제도화된 정당은 그를 둘러싸고 있는 환경에 대한 자율성이 약해서 환경에 순응하고 적응해야만 합니다. 달리 말해서 자신들이 여론을 형성하고 계몽하는 것이 아니고, 그것이 정당의 정체성과 일치하건 하지 않건 간에 여론에 따라서 행동할 수밖에 없습니다. 두 번째 차원을 파네비앙코는 '체계성'(systemness)의 정도라고 불렀습니다. 권위의 많은 부분이 정당 내부의 하위집단들에게 주어지면 이는 체계성이 낮은 것입니다. 중앙의 자원 통제에 의해 하위집단이 기능하는 경우 체계성이 높은 것입니다. 정당이 자신의 이념을 실천하기 위해서 정당에 관련된 하위집단들에게 일목요연한 정당 프로그램을 제시하고 그 프로그램을 관리하는 체계가 높은 정당은 그 만큼 자신의 정체성을 지키기가 용이합니다. 파네비앙코는 낮은 수준의 체계성은 정당조직이 환경에 대해 자율적이기 어렵다는 점에서 두

Angelo Panebianco
(1948-)

가지의 차원이 경험적으로 연관되어 상호 작용하고 있다는 것을 주장합니다.

세 번째 접근법은 "자원동원 접근법"(Resource Mobilization Approaches)입니다. 이 접근법은 한 특정 정당이 갖고 있는 정당조직의 특성을 그 정당이 이용 가능한 특정 종류의 자원들과 연결시켜 생각합니다. 자원들이란 유권자들과 정당 자금으로 대표됩니다. 정당조직 형태는 정당이 그를 둘러싸고 있는 자원의 공급을 어떻게 한 것인가를 반영한 결과물이라고 봅니다. 이것은 일종의 '동원이론'(mobilization theory)과도 일맥상통하는 부분이 있습니다.[23] 아무리 정당이 좋은 자원들에 둘러싸여 있다고 해도, 반대로 아무리 정당이 나쁜 자원들을 배경으로 하고 있다고 해도, 결국 이들 자원들을 동원하고 효율적으로 이용하는 것은 정당조직의 능력이라는 점에 주목합니다.

정당조직은 다양한 활동을 취하며, 이러한 활동은 돈이나 열성당원들의 노동력과 같은 자원들을 필요로 합니다. 중요한 점은 돈이나 노동력은 종종 하나를 다른 하나로 대체할 수 없다는 것입니다.

큰 규모의 자금에 접할 수 있는 정당은 대규모 당원수에 관심이 없을 수 있습니다. 반대로 작은 규모의 자금에 접하는 정당은 대규모의 당원수가 필요합니다. 중요한 것은 정당이 발전하려면 잠재하고 있는 새로운 자원을 어떻게 인식하고 이를 이용하는가에 달려 있습니다. 자원동원을 위해서 대중으로부터 인기 있는 인물들이 중

---

23) 사회운동(Social Movements)의 동원이론에 관한 연구들이 이에 해당합니다. John D. McCarthy and Mayer N. Zald, "Resource Mobilization and Social Movements: A Partical Theory," *American Journal of Sociology*, Vol. 82 (1977), pp. 1212-1241.

심이 되기도 하고, 인터넷 사이트 계발과 같이 프로그램이 중심이 되기도 합니다. 자원 동원의 대상은 일반적으로 '소극적 지지층'이나 '부동층(浮動層, floating) 유권자'들을 대상으로 합니다. '적극적 지지층'은 이미 자기 편이기 때문입니다. 만약 정당을 지지하지만 적극적으로 참여하여 정당활동을 할 시간이 없는 사람들이 있다면 직접 현장활동에 참여하지 않고도 그러한 역할을 하게 할 수 있습니다. 현재 "전자민주주의"의 틀에서 "인터넷, SNS 선거운동" 등이 그런 사례에 해당합니다. 정당조직은 당원모집과 공천 과정에서도 SNS를 이용하는 시대가 도래하였습니다. 자원동원이 효율적인 경우 정당조직이 잘 정비되어 있다는 것이며, 반대의 경우는 정당조직이 미비한 상태라고 봅니다. "구슬이 서말이어도 꿰어야 보배"라는 속담과 일맥상통한다고 하겠습니다. 이런 경우 정당의 성공은 자원 동원을 통하여 과거보다 규모와 질 면에서 더 발전된 정당으로 가고 있는가에 따라서 판단됩니다.

정치권 내에 형성된 정당 간의 경쟁구도는 자원획득 그 자체에 영향을 끼칩니다. 정당은 선거에서 득표를 위한 자원을 위해 경쟁합니다. 국가 안에서 정당 (갑)이 좀 더 많은 자원을 가질수록 정당 (을), (병)은 선거에서 정당 (갑)과 경쟁하기가 더욱 어려워지게 됩니다. 하지만 이것은 정당 간 경쟁구도가 자유경쟁구도일 때의 가정입니다. 캣츠(Richard S. Katz)와 메어(Peter Mair)는 시장의 '카르텔 경쟁 구도'(소수 기업의 지배하에 이루어지는 시장 경쟁 구도)에서 유추된 '카르텔 정당'(cartel party)이란 개념을 제시합니다.[24] 자

24) '담합정당'(談合政黨)이라고 번역하기도 합니다.

유 민주주의 체제에서 정당 간의 경쟁이 사실상 소수의 큰 정당(major parties)이 점유하는 경쟁구도이고, 군소 정당은 원초적인 불이익 경쟁구도 속에 있다고 봅니다. 카르텔 정당은 정당과 국가의 상호침투나 정당 상호 간의 공모에 의해서 형성됩니다.[25] 캣츠와 메어는 (1) 정당에 대한 국가 자금의 증가, (2) 선거유세에서 인쇄 매체와는 달리 시민 다수에 대한 실시간적 통제력과 장악력이 큰 전자매체의 증가 등이 "정당과 국가의 상호침투"에 중요한 두 가지 요인이라고 보았습니다. 여기서, 정당과 국가의 상호침투란 말은 각별한 의미(일정 수준의 부정적 의미)를 지니게 됩니다. 그러니까, 카르텔 정당들은 시민사회 내 분파들의 대표성을 지니고 있는 정당의 형태(대중정당)도 아니고, 시민사회와 국가사이에서 중재자 역할을 놓고 경쟁하는 정당의 형태(포괄정당)도 아니며, 국가의 일부로 기능하는(즉, 종속되는) 정당의 형태로 기능한다는 의미입니다. 캣츠와 메어에 따르면 존재하는 정당들은 그들 자신을 유지하기 위해 그리고 새로운 정당의 탄생을 막기 위해서 자원에 대한 통제를 하게 됩니다. 마치 시장에서 소수의 대기업이 담합하여 소기업들의 시장진출을 막는것과 유사합니다. 경쟁하는 기업 간에도 담합이 있듯이 경쟁하는 정당 사이에도 담합이 있는 셈입니다. 정당에 대한 국고보조금을 정할 때 큰 정당들은 큰 정당들에게 유리한 보조금 분배방식을 적용합니다. 캣츠와 메어는 정당사이의 "카르텔화"(cartelization)는 단순히 그것이 정당 사이의 조직 경쟁 수단을 변화시키는 것이 아니라고 봅니다. 당원과 활동가에 의해 제공되는 자원의 대체 가능한 자원을

25) Richard S. Katz and Peter Mair, "Changing Models of Party Organization and Democracy: The Emergence of the Cartel Party," *Party Politics*, Vol. 1 (1995).

국가가 제공하는 정도에 따라서 카르텔화는 개별 정당들이 당원적 기반을 발전시키고 확장시키는 동기를 없앨 수도 있습니다.

카르텔 정당이 정당 간의 문제에서 중요한 관심거리라면, 정당 내에서는 "당내 민주주의"(intra-party democracy)와 관련된 정당 통제가 핵심 문제라 할 수 있습니다. 이는 당내에서 후보자를 정하는 공천과정에서 가장 분명하게 드러납니다. 일반적인 의미에서 보다 많은 사람들이 참여한다면 보다 '열린 방식'(open system)이며, 소수의 정당 지도부가 결정한다면 그것은 보다 '폐쇄된 방식'(closed system)입니다. 열린 방식에서부터 폐쇄된 방식으로 그 정도에 따라서 정렬한다면 다음과 같이 구분해 볼 수 있습니다.

① 일반 예비선거(primary): 정당에 소속된 당원들뿐만이 아니라 일반 대중 유권자들도 참여하여 정당 후보자를 결정하는데 영향을 미치는 제도를 말합니다. 하지만 여기서 일반 대중 유권자들의 범위를 한정하는 문제로 다음의 두 가지 경우가 존재합니다.
  ⓐ 일반유권자에 타 정당 소속원도 포함(개방형 일반 예비선거)
  ⓑ 일반유권자에 타 정당 소속원은 제외(폐쇄형 일반 예비선거)

② 당원 예비선거(party primary): 정당에 소속된 당원들만이 정당 후보자를 결정하는 권한을 갖는 것을 말합니다. 당원 예비 선거에는 다음과 같은 내용들에 따라서 그 개방 및 폐쇄의 정도가 다릅니다.
  ⓐ 정당원 모두가 포함되는 경우(개방형 당원 예비선거)
  ⓑ 정당원들 중에서 '대의원'(代議員)들만 포함되는 경우(폐쇄형 당원 예비선거)

③ 지구당 중심형: 각 선거 단위의 지역구별로 지역구 소속원들이

모여서 정당 후보자를 결정하는 경우

④ 중앙당 중심형: 중앙당 본부 조직의 간부들이 모여서 정당 후보자를 결정하는 경우

⑤ 정당 지도부 중심형: 중앙당 본부에서도 본부의 지도계층 몇 사람이 정당 후보자를 결정하는 경우

이상은 정당의 공식구조들을 중심으로 한 공천 방식이지만 정당의 공식적 구조 이외의 이익집단이나 파벌집단이 결정권을 갖는 경우도 있습니다. 이를 "이익집단 또는 파벌중심형"이라고 부를 수 있습니다. 이익집단, 파벌집단을 대표하는 사람들이 '비공식적'으로 모여서 결정하면 정당은 이런 결정에 대해서 추후에 인정하는 형식을 밟습니다. 일반적으로 집단들을 대표하는 소수의 인원이 결정권을 갖기 때문에 ④번이나 ⑤번 사이 정도에 있다고 보면 될 것입니다.

개방 형태가 폐쇄 형태보다 민주적인 형태를 반드시 보장하는 것은 아닙니다. 정당마다 특색에 따라서 보다 더 개방적일 수도 있고, 더 폐쇄적일 수도 있습니다. 일반 대중의 정치적 무관심이 팽배해 있고, 일부의 '정치꾼'들만이 목소리를 높이는 곳에서 일반 예비선거는 사실상 '중우정치'(衆愚政治)를 뜻합니다. 반면에 국민들에게서 두터운 신뢰를 얻는 '제도화된 정당'이 존재한다면 정당지도부 중심형으로 기능하는 것이 더 바람직할지도 모릅니다. 문제는 정당마다 개방 정도에 차이를 갖더라도 궁극적으로 국민들이 '선거'를 통해서 판단할 것입니다. 하지만 세계 도처에서의 흐름은 역시 개방형으로 가는 추세입니다.

당내 민주주의와 관련하여 가장 논쟁이 되는 내용은 정당의 후보자 공천 방식보다도 정당이 궁극적으로 소수에 의해서 통제될

수밖에 없지 않은가 하는 문제의식에서 비롯됩니다. 이는 20세기 초에 독일의 미헬스(Robert Michels)가 독일 사민당 연구를 하면서 보여준 이슈였습니다. 미헬스는 '조직의 발전은 필연적으로 과두제를 초래한다'는 '과두지배의 철칙'(iron law of oligarchy)를 발견했습니다. 이는 "집단이 형성되면 그 집단의 이념성에 상관없이 집단을 이끄는 것은 소수 엘리트"라는 뜻입니다. 따라서 미헬스는 집단성이 강조되는 사회주의적 성격의 정당에서도 과두지배 현상이 나타난다고 주장했습니다.

듀베르제에 따르면 정당의 두 가지 주요 형태는 "간부회의-명사정당"(또는 엘리트 기반 정당이라고 불릴 수 있는 것)의 형태와 "지부조직-대중정당"(당원에 기초한)의 형태입니다. 조직의 효과에 대한 이슈가 미헬스에 의해서 제기된 것은 당원에 기초한 정당과 관련이 있습니다.[26] 사실 정당의 작동 원리는 정당에 기여하는 회비와 시간을 투자하는 사람들에게 정당을 통제하는 지분을 준다는 것입니다. 이론상 당원들이 그들 사이에서 정당(정당의 목적과 전략)을 통제하는 것이며, 이것이 독일 사회민주당(SPD: Sozialdemokratische Partei Deutschlands)에 의해서 발전된 정당모델입니다. 하지만 현실적으로 일단 다양한 과업을 수행하기 위해 정당조직이 설립되면서 직접 민주주의를 넘어서서 움직이게 되면 조직안에서 직책을 갖는 사람들만이(그것도 상위 소수의 직책을 가진 사람들만이) 효과적인 통제의 권한을 갖게 된다는 것입니다. 정당은 이론상으로 또는 내적으로는 민주적으로 남아 있으나, 현실상에선 정책결정이 다수 당원

26) "결국 사회당과 같은 대중당도 (보수당과 같은 엘리트 당이 아닌데도) 소수 엘리트가 이끄는가" 하는 질문과 일맥상통합니다.

들과 유리된 소수만의 장소에서 행해집니다.

그렇다고 당내 민주주의가 전혀 작동하지 않는 것은 아닙니다. 엘리트가 당원에 기초한 정당을 통제한다고 해도 여전히 "통합된 통제"(unified control)가 아니기 때문입니다. 유럽의 초기 정당사를 보면 당원에 기초한 정당에서 지도력의 두 가지 원천에 대한 구분이 있었습니다. "조직 지도자"(원외 정당적 성격에 연관됨)와 "의회 의원들"(원내 정당적 성격에 연관됨)이 그것입니다. 따라서 자연스럽게 이들 두 세력 간에 권력 분립이 일어나고 세력 간에 견제가 존재하며 균형점을 찾으려는 민주적 기능이 존재합니다. 즉 하나의 집단이 당을 통제하는 것이 아니고(비록 힘의 균형이 완전한 상태는 아니지만), 두 개의 집단이 당을 통제하기에 당내 민주주의에 대해서 비관과 함께 낙관도 할 수 있다는 것입니다.

당내의 지도력이 통합되지 않고 원내와 원외로 분리된 상태에서 당내 민주주의를 생각할 수도 있지만, 다수 당원들의 영향력이 강해서 당조직의 부재와 같은 상황을 만드는 경우도 당내 민주주의 한 예가 될 수 있을 것입니다. 이에 대한 좋은 사례는 처음에 직업정치인 집단의 출현을 막으려고 착수된 독일의 녹색당(Grűnen Partei)입니다. 이러한 목적에서 그들은 2~3년마다 선출된 정치인들을 순환시키는 것과 같은 다양한 수단을 만들었습니다. 하지만 정당을 운영하기 위해서 녹색당은 정당 직원들에게 봉급을 지급하지 않고, '자영조직자'(self-styled organizers)나 '강제적 무상 서비스 계약'(imperative mandate)을 실시할 수밖에 없었습니다. 역설적으로 녹색당의 예는 만약에 정당 회의에 규칙적으로 연루되거나 참석하는, 상대적으로 큰 규모의 안정된 당원들이 없다면 정당내 민주주의가 어렵다는 것을 보여주는 것일지도 모릅니다. 역시 열성당원들이 부재한 경우 정당은 당내 민주주의에 앞서서 조직적 혼란을 겪으며 기관의 존재 자체가 위협받을 수 있는 것입니다.

정당 조직은 그 자체의 생명력을 발전시킵니다. 정당을 책임지고 있는 사람들과 정당 지지자들의 정당에 대한 태도는 다릅니다. 정당이라는 기관의 보호와 유지는 정당원의 궁극적 목표와는 구분되는 또 다른 하나의 목표가 될 수도 있습니다. 정당 조직의 책임을 맡고 있는 사람들은 정당 지지자들이나 일반 대중들보다 더 '위험회피적(risk-aversive) 행태'를 갖고 있습니다. 왜냐하면 그들은 그들의 직업을 위험하게 하는 것을 원치 않으며, 동시에 그들 자신이 조직을 보호하기 위한 의무를 갖고 있다고 인식하기 때문입니다. 그들의 견해는 조직에 의해서 개별화되어진 정당이 현재 당원들의 특정한 요구에 상관없이 생존해야만 한다는 것입니다. 이러한 이유 때문에 정당의 존재를 위협하는 과격한 정책과 전략이 당원들에게서 나올 때 정당 관리들은 그것들을 거부하는 정책이나 전략을 선호하기도 합니다. 하지만 정당은 미래의 당원들을 위해서도 기능하고 보호되어야 합니다. 현대의 정당조직은 아래로부터의 요구의 통로로 일하는 것을 중시할 수밖에 없습니다.

선거

의회는 정당으로 구성되는데 정당은 국민으로부터 선거를 통해서 의회로 진출하게 됩니다. 즉 간접 민주주의란 선거를 통해서 '대표성'(代表性, representativeness)을 구현하는 과정입니다. 그리고 그러한 대표성이 구현되는 결과물이 '의회'라는 정치적 기관이고, 대표성을 보다 효율적으로 구성하기 위한 매개물이 '정당'이란 정치적 기관임은 앞에서 설명한 바 있습니다.

간접 민주주의를 위한 대표자 또는 대표기구 선정방식은 다양하기 때문에 이에 대한 체계적 이해가 필요합니다. 어떤 제도를 선택하느냐가 어떤 당선자나 당선기관을 결정하느냐에 직접적인 영향을 미치기 때문에 아마도 '신제도주의'라는 이론이 가장 적합하게 적용되는 분야가 선거연구 분야일 것입니다. 선거 이론들이 다양하고 또 그 내용이 복잡해도 다음의 세 가지 분야를 다루는 것으로 정리됩니다.

① 기표(記票) 방식(Ballot Structure): 이것은 유권자가 기표할 때 "어떤 대상에게 표를 던지는 지"에 관한 문제입니다. 기표의 대상이 되는 존재는 두 종류입니다. 사람인 후보자이거나 기관인 정당입니다. 후보자라는 사람 개인을 보고서 기표하느냐 아니면 정당이라는 기관을 보고 기표하느냐는 차이가 있습니다. 사람을 보고 기표하는 경우엔 개인 '후보자 효과'(candidate effect)가 선거 결과에 강하게 나타납니다. 반면에 정당을 보고 기표하는 경우엔 정당이란 '기관 효과'(institutional effect)가 선거 결과에 상대적으로 많이 반영됩니다. 따라서 사람 개인에게 기표하는 방식과 비교해서 상대적으로 '후보자 효과'가 약하게 나타납니다. 그 지역의 어떤 정당 소속 정치인이 스캔들에 휘말린 경우에도 사람들은 그가 속한 정당 그 자체에 대한 신뢰감으로 정당에 표를 던질 수 있습니다. 내가 보수주의자인 경우엔 내 지역의 보수당 후보에 대해서 인물적 매력을 못 느끼더라도 보수당이란 기관이 공천한 것을 신뢰하면서 투표하는 것

입니다.[27] 수험생들이 어떤 특정 학교의 특정한 인물을 보고서 학교를 지원하기보다는 학교의 기관적 전통과 신뢰성에 의해서 학교를 선택하는 것도 그 비슷한 예입니다. 1인 2표제를 채택하여 후보자에 기표하는 방식과 정당에 기표하는 방식을 병행할 수도 있습니다.

일반적으로 정당에 기표한다는 것은 정당에게 최종 후보자 결정권은 넘겨주겠다는 의지의 표현이기도 합니다. 각 정당들은 정당별로 후보자들을 순서대로 나열한 '명부'(名簿, list)를 내부적으로 만들어 놓고서 자신들이 선거에서 얻은 득표율에 따라서 배정 받은 당선 인원수를 리스트에서 상위자부터 결정합니다. 물론 정당이 후보자 명부를 결정하는 과정에서 그 개방적인 정도는 정당마다 차이가 있을 것입니다.[28]

② 구역 크기(District Magnitude: *M*): 선거의 각 구역 단위(a district)에서 "몇 명을 뽑을 것인가"하는 문제입니다. 예를 들면, 국회의원 선거에선 하나의 선거 구역 단위에서 1명을 뽑을 수도 있고(*M*=1이라고 표시하기도 합니다), 2명을 뽑을 수도 있으며(*M*=2), 3명 이상을 뽑을 수도 있습니다 (*M*=3, *M*=4, *M*=5, ...). 일반적으로 각 구역 단위에서 1명을 뽑는 것을 소선거구제라고 합니다. 소선거구제란 용어에서 '소'는 1명을 선출하는 경우로 한정되어서만 사용됩니다. 하지만 중선거구제, 대선거구제도에서 '중'과 '대'에 대한 기준이 정해져 있는 것은 아닙니다. 2-3명을 선출하는 경우엔 중선거구제라

27) 이러한 기관효과는 그 정치체계 내에 '제도화된 정당'이 존재하는 경우에 더 분명히 나타날 것입니다.

28) 앞서서 정당의 당내 민주주의 부분에서 후보자 결정방식과 연관된 '개방형'과 '폐쇄형'을 동시에 참고할 수 있습니다.

고 하고, 4명 이상은 대선거구제라고 할 수도 있습니다. 어떤 경우엔 2-4명까지가 중선거구제이고, 5명이상이 대선거구제라고도 합니다. 반면에 2명이 중선거구제이고, 3명 이상을 뽑는 경우에 대선거구제라고 부르는 사람도 있습니다. 의회 선거에서 M=250인 경우도 있습니다. 즉 각 지역구 별로 후보를 선출하는 것이 아니고, 국가 전체를 하나의 선거구로 보고 의원을 선출하는 것입니다.

③ 득표수의 의석수로의 변환 방식(Translating Votes into Seats): 궁극적으로 선거는 '대표성'을 중시하는 것이기에 그러한 대표성이 과장되거나 과소 평가되어서는 곤란합니다. 즉 각 정당은 '득표율'(=해당 정당의 득표수/전체 득표수)과 '의석율'(=해당 정당의 의석수/전체 의석수) 간의 '비례성'(=의석율/득표율)이 상식에 합치하여야 합니다. 비례성이 상식에 합치한다는 의미는 자신의 득표율보다 의석율이 지나치게 '과잉 대표'(over-representation)되거나 '과소 대표'(under-representation)되지 말아야 한다는 것입니다.

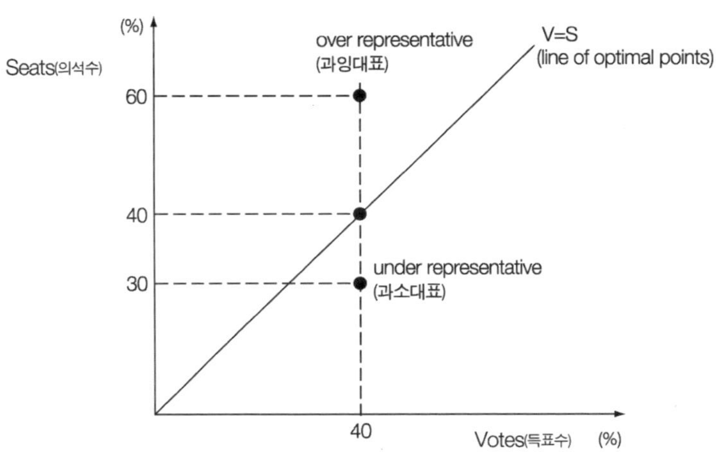

〈그림 4-4〉 투표수와 의석수의 관계

각 정당별로 비례성이 '1'로 나타나는 경우가 가장 이상적인 경우입니다. 비례성이 '1'인 경우는 해당 정당이 얻은 득표율만큼 의석율을 차지했다는 것을 의미합니다. 1보다 큰 경우는 해당 정당이 얻은 득표율보다 과장된 의석율을 차지한 '과잉 대표'의 경우를 의미하며, 1보다 작은 경우는 해당 정당이 얻은 득표율보다 축소된 의석율을 차지한 '과소 대표'의 경우를 의미합니다.

따라서 선거제도의 고안자는 가능하면 과잉대표와 과소대표 현상이 없도록 하는 것이 바람직하겠지만, 특히 소선거구제 하에서 지역구의 숫자가 많은 경우엔 비례성이 '1'이 되는 것 자체가 현실적으로 어렵습니다. 지역구별로 후보자를 따로 뽑는 경우 지역구 별로 패자들이 얻은 '사표'(死票, dead vote)가 많이 양산되기 때문입니다.[29] 정당별 사표가 많이 나오는 제도는 '단순다수대표제'(plurality

29) 만약 의회선거에서도 지역구들이 존재하지 않고, 전국을 단일광역구로 하여 (즉 전국을 하나로 묶어서 하나의 구역만이 존재하게 하여) 정당기표제를 사용한다면 '1'에 가까운 비례성을 확보할 수 있을 것입니다. 하지만 이 경우도 정확하게 '1'은 아닙니다. 왜냐하면 군소정당들이 존재하기 때문입니다. 네덜란드는 전국단일광역구에 정당기표제를 시행하는 나라입니다. 하지만 이런 경우도 전국 득표율에서 2.3%, 2.1%, 1.4% 등을 얻는 군소정당들은 의석수 획득에서 소숫점의 문제가 생기고 '문턱조항' (threshold article)때문에 완전히 의석수로 전환되지 않습니다. 전국 득표율이 3% 이상이든지 4% 이상을 얻은 정당들에 한해서 의석을 제공하기 때문입니다. 너무 약자를 배려하지 않는다구요? 그렇다면 만약 다당제가 활성화되어 15개에서 20개 정당이 경쟁을 벌이고 있는 곳에서 군소정당들의 선거 결과가 다음과 같이 나타나면 어떻게 할까요? 35%, 30%, 25% 13%, 1.5%, 1.4%, 1.3%, 1.2%, 1%, 0.9%, 0.8%, 0.7%, 0.5%, 0.09%, 0.07%, ... 모두 다 배분하는 것이 좋습니까? 역으로 생각하셔야 합니다. 극단적인 다당제로 인해서 국가의 '파편성'(fractionalization)이 심하게 나타나는 것을 극복할 필요도 있습니다. 최소한 일정 수준의 전국적 지지율이 없다면 의회에 들어오지 못한다는 식으로 그 의미를 찾기 어려운 대표성을 국가차원에서 관리할 수도 있다는 의미입니다.

심화학습

비례성의 문제 | 그러면 의회선거에서 단순다수대표제와 소선거구제를 병행하는 선거제도는 바람직하지 않은 선거제도인가요? | 답은 "그럴 수도 있고, 그렇지 않을 수도 있다"입니다. 선거의 목적은 비례성만 있는 것이 아니고 '대표성'이란 보다 큰 목적이 있음도 유의해야 한다는 의미입니다. '대표성'이 "집단 구성원들이 선출한 대표자가 다수로부터 대표권을 인정받고 행사한다"는 의미로 본다면, '대표성'이란 관점에선 단순다수대표제에 소선거구제를 병행하는 것만큼 단순명료하며 효율적인 제도는 사실상 없습니다. 즉 어떤 지역의 대표를 뽑는 경우, '한 사람'을 뽑아서 그로 하여금 대표성을 지니게 하는 것이 좋을까요? 아니면 여러 사람이 대표성을 지니게 하는 것이 좋을까요? 논쟁이 존재함에도 불구하고, 역시 한 명으로 하는 것이 명료합니다. 왜냐하면 지역구의 의사가 한 사람으로 결집되기 때문입니다. 만약 여러 사람이면 그들 간의 갈등으로 지역구의 의사가 하나로 결집이 안 되며, 그렇게 소 지역구 내에서도 갈등이 일어난다면, 소 지역구들이 모여서 만들어내야 하는 의사결정은 매우 혼란스러울 수도 있습니다. 예를 들어 봅시다. 지역구에서 5명의 후보자가 경쟁하여 A(35%) B(27%) C(23%) D(15%) E(10%) 득표율이 확인되었습니다. 이런 경우 단순다수대표제-소선거구제란 이 지역구의 합의는 A 한 명으로 하는 것입니다. 비록 B와 경합하였고, 또 A를 지원하지 않은 사람들이 65%라고 하더라도 그 지역구에서 가장 많은 사람들이 선호하는 후보자는 A임을 받아들이는 것입니다. A 한사람만을 대표자로 하기에 65%라는 사표가 너무 크다고 생각한다구요? 그러면 B까지를 대표자로 할까요? 그러면 C를 지원한 사람들은 C까지 대표자로 하자고 할텐데요? B와 C는 표 차이도 적지 않습니까? 한 사람을 대표자로 하는 것은 단지 효율성을 위해서라기보다 대표성 때문에 그렇게 정하지 않으면 생기는 또 다른 혼란을 막기 위해서이기도 합니다. 한 지역구를 한 사람이 책임진다는 것은 책임의 소재도 명확하고 의견 수렴과 통합에 더 유리할 수 있습니다. 선거가 대표자를 선출하기 위한 절차라면 대표자는 의견수렴과 통합의 결과물이어야 하며, 한 사람일 때 분명하다는 것입니다. 그렇기 때문에, 단순다수대표제-소선거구제의 당

선자인 A는 자신을 지지한 사람들은 물론 지지하지 않은 사람들을 위해서도 지역을 대표하여 일해야만 합니다. 만약 한 명의 대표자가 그 지역구의 모든 사람들을 위해서 일하려는 의지가 적었다면(즉, 자신을 지지해 준 사람들만을 위해서 일했다면), 이는 선거제도의 문제라기보다는 뽑힌 대표자의 자질 문제라고 보는 것이 더 합당할 것입니다. 미국이나 영국 모두 하원의 원 선거는 단순다수대표제-소선거구제를 채택하고 있습니다. 우리도 국회의원 선거에서 지역구 선거와 비례구 선거를 구분하여 지역구 선거에선 단순다수대표제-소선거구제를 채택하고 있습니다. 역시 절대다수대표제-소선거구제는 어떨까요? 이런 경우 첫 번 선거에서 과반수 득표가 나오기 어렵고, 따라서 선거관리 비용이 증대되는 것은 차치하고라도 최종 라운드의 선거를 행하는 2인 간의 갈등의 골이 깊어져서 선거 후 지역구 내의 화합이 단순다수대표제-소선거구제보다 어려울 수도 있습니다. 한 가지만 더 소개하겠습니다. 미국 대통령 선거에서는 각 50개의 주(州, state)별로 단순다수대표제에 의한 승자를 결정하여 승자가 주별로 배정된 간접선거인단 표를 모두 가져갑니다. 즉 비례성을 따르지 않고 '승자독식제도'(winner-take-all system)에 따릅니다. 미국의 선거제도가 비례성을 무시한 잘못된 제도라고 하는데 결코 그렇지 않습니다. 연방체제 하에선 주별 '대표성'이 중요합니다. 각 주는 합의를 하나로 만들기 위해서 한 표라도 많은 승자가 모든 선거인단 표를 대변합니다. 따라서 주별 대표성이 강조된 제도일 뿐입니다. '대표성'이란 의미는 다양하게 서로 상이한 집단들을 골고루 대표할 때 "대표성이 좋다"라는 의미로 쓰일 수도 있고, 반대로 대표권이 하나로 결집될 때 "대표성이 좋다"라는 의미로 쓰일 수 있으니 유의하시기 바랍니다.

rule)와 '소선거구제'를 병행하는 방식에서 두드러집니다. 단순다수대표제는 일종의 '승자독식제도'(winner-take-all system)로서 한 표라도 많으면 그 지역구의 대표성을 혼자서 독식하게 됩니다.

지역구별로 대표자를 뽑는 경우, 또한 단순다수대표제와 소선거구제를 병행하는 경우 A, B, C, D 네 개의 정당이 선거에서 경쟁하였다고 가정해 봅시다. 의회 선거가 끝나고 난 후에 각 정당의 전국 득표율은 차례로 35%, 40%, 16%, 8%였습니다. 나머지 1%는 무소속의 득표율이었습니다. 그런데 의회 의석율은 차례대로 43%, 41%, 9%, 0%로 나타났다고 가정해 봅시다. 아래의 설명을 보면서 그 의미를 파악하여 봅시다. A정당은 두 번째의 득표율을 얻었지만 의석수 배분에선 의회 제1당이 되었습니다. B정당은 득표율에서 첫째를 하고도 의석수 배분에선 의회 제2당으로 전락하였습니다. B정당의 경우 득표율과 의석율 간의 '비례성'의 관점에선 문제가 없을 수도 있지만, 상대적으로 득표율은 1위를 하고도 의회 내의 역학관계에 결정적으로 영향을 미치는 의석수에서는 2위를 하였습니다. B정당은 A정당에 비해서 이기는 지역구에선 아주 크게 이기고, 지는 지역구에선 아슬아슬하게 져서 사표의 비율이 높은 것으로 추정해 볼 수 있습니다. C정당의 득표율은 두 자리 수였는데, 의석율은 한 자리로서 과소대표 되고 있습니다. 또한 D정당은 사표로 인해서 한 자리도 얻지 못한 경우입니다. 즉 몇 개의 지역구에서 나름대로 표를 얻었지만, 사실상 어느 한 개의 지역구에서도 1등을 한 지역구가 없는 것입니다. 이런 경우는 군소정당들에게서 자주 일어납니다.

듀베르제(Duverger)는 단순다수대표제와 소선거구제를 병행하는 경우 전국 수준에선 커다란 두 개의 정당만이 의석수를 많이 차지하는 경향으로 의회에 양당체계가 형성된다고 주장하였습니다. 즉 비례성이 약화되어 나타나는 단순다수대표제와 소선거구제를 병행하는 경우 양당체계로 수렴한다고 본 것입니다. 후에 레입하트(Lijphart)는 비례성이 강하게 나타나는 '비례대표제'와 중-대선거구제도를 병행하는 경우 '다당체계'로 수렴할 가능성이 높다는 주장을 추가하였습니다. 어떤 선거제도를 선택하느냐가 의회에서의 정당 간 세력 판도에도 영향을 미칠 수 있음을 알 수 있습니다.

① 단순다수대표제도와 절대다수대표제도: 이것은 승자를 결정하기 위한 기준이 되는 제도입니다. ⓐ 단순다수대표제는 승자를 결정함에 있어서 한 표라도 많은 사람이 당선됩니다. 따라서 이것을 경마(競馬, horse race)에 비유하여 간발의 차이라도 먼저 결승선을 통과하면 이긴다는 의미에서 "First-Past-the-Post(FPTP) system"이라고도 합니다. ⓑ 반면에 유권자의 50%이상을 얻어야만 당선되는 제도는 절대다수대표제(majority system)입니다. 1차 투표에서 과반수(50%)를 얻는 후보자가 나오지 않으면 1차 투표의 상위 1, 2위 후보자에 한해서만 '2차 투표'를 시행합니다. 따라서 절대다수대표제는 '결선투표'(또는 2차 투표제, run-off system)를 채택하는 경우가 많습니다. 한국은 대통령 선거에서 단순다수대표제를 사용하며, 프랑스는 대통령 선거에서 결선투표제를 채택하고 있습니다.

② 지역구와 비례구 분리형 제도와 연계형 제도: 전체 의원들의 일부는 지역구를 통해서, 일부는 비례구를 통해서 선출하는 선거제도의 경우에 지역구와 비례구를 연계할 수도 있고 분리할 수도 있습니다.

ⓐ 분리형제도는 지역구 투표와 비례구 투표가 의석수에 반영될 때 독립되어 기능하는 것으로 비례성은 비례구에서만 보장됩니다. 분리형 제도는 1인 2표제를 채택하여 한 표는 지역구 후보자에 다른 한 표는 정당에 기표하는 것이 일반적입니다. 비례구를 채택하는 이유는 지역구만을 가진 선거제도에선 전문적 지식인들이

Q & A

비례성의 문제 II | 비례성의 문제는 의석수 배분을 어떻게 계산하는가에 따라 영향을 받게 됩니다. 대표적인 계산법 두 개를 중심으로 비례성의 문제를 살펴봅시다. 조금 극단적인 경우로 숫자를 조정하도록 하겠습니다. 하지만 이것은 각 계산 방식이 갖는 특성이 두드러지도록 숫자를 조정한 것으로 지극히 현실적인 상황을 상정한 것입니다. 어떤 선거를 통해서 한 선거구(a district)에 3개의 의석을 배당한다고 가정해 봅시다. 4개의 정당이 이 선거구에서 49% 26% 24% 그리고 1%를 얻었습니다. 어떻게 의석수를 분배할까요? 2-1-0-0 ? 아니면 1-1-1-0 ? 아니면 어떻게 할까요? 일반적으로 두 가지의 대표적 방식이 있습니다.

① 동트식(d'Hondt Method)입니다. 이 방식은 분할식(分割式, The Rule of Divisor)의 대표적 방식입니다. 즉 득표율을 가지고 2로 나누고 3으로 나누고 4로 나누고 계속 이런 식으로 나누면서 그 크기를 비교하여 순위를 정하여 모든 의석수를 그 순서대로 채워가는 것입니다. 동트식을 따르는 경우 의석수 배분은 결론적으로 2-1-0-0으로 하게 됩니다. 분명히 49%를 얻은 정당과 26% 얻은 정당은 차별적으로 의석을 배분받아야 할 것입니다. 그런데 이런 면에선 그런대로 상식에 부합하지만, 결국 26%을 얻은 정당과는 달리 별 차이가 없는 24%의 정당은 한 석도 배분받지 못했습니다.

(i) Original	49(1)	26(2)	24(4)	1
(ii) Orignal/2	24.5(3)	13	12	
(iii) Original/3	16.3(5)			
(iv) Original/4	12.2			

② 최대잔여식(The Largest Remainder)은 할당식(割當式, The Rule of Subtrac-tion, Quota)의 대표적인 것입니다. 우선 할당의 기준을 정하고(=100%/의석수), 그러한 기준 할당을 넘는 정당에게 의석배분을 하고 할당 기준수와 득표율과의 잔여수를 계산해서 의석을 배분하는 것입니다. 따라서 최대잔여식을 사용하는 경우 1-1-1-0으로 의석이 배분됩니다. 이런 경우 분명 26%를 얻은 정당이나 24%를 얻은 정당이나

같은 의석수를 얻기는 했으나, 49%로 거의 과반수를 얻은 정당이나 24%로서 49%의 반 정도밖에 득표율이 되지 않는 정당이나 똑같은 의석수를 배분받게 되는 한계가 있습니다.

(i) 100%/3=33.3%

(ii) 이때 49%를 얻은 정당만이 full quota입니다.

(iii) 우선 이 정당에 1석을 배분하고, 49%-33.3%=15.7%가 남게 되며,

(iv) 나머지 remainders는 각각 15.7%, 26%, 24%, 1%,

(v) 따라서 26%, 24%를 얻은 정당에 1석씩 배분한다.

결론적으로, 비교 관점에서 동트식은 큰 정당에게 유리한 계산 방식이며, 최대잔여식은 작은 정당에게 유리한 계산 방식일 수 있습니다.

출마하지 못하고 소위 '정치꾼'들만 출마한다는 비판 때문입니다. 한국과 일본은 분리형 제도를 채택하고 있습니다. 일본에선 지역구 출마자가 비례구의 리스트에도 이름을 올릴 수 있기 때문에 완전한 분리형은 아닙니다.

ⓑ 연계형제도에는 1인1표와 1인2표제도가 있습니다. ㉠연계형 1인1표제도의 경우엔, 개별 지역구 투표를 가지고 전국(또는 광역)단위에서 정당득표를 합산한 후에 별도로 정해진 비례구 의석수를 정당별로 배분하게 됩니다. 비례구를 통해서 사표가 어느 정도 극복될 수 있습니다. ㉡연계형 1인2표제를 시행하는 경우엔 지역구 투표와 비례구 투표가 의석수 산정에 완전히 독립적으로 기능하지 않습니다. 비례구 투표로 정당득표율에 의해 비례구 의석이 정해지지만, 지역구 투표로 지역구 당선자 수가 비례구 의석수를 넘으면 그대로 인정하고, 모자라면 채워주게 됩니다. 전국(또는 광역)에서 배분받은 비례구의 정당 의석수가 10석인 경우, 이미

지역구에서 당선된 자기 정당의 후보자가 12명이면 2명의 추가의석을 인정하며, 8명이었다면 2명을 보충시켜서 10명의 의석을 확보합니다. 독일이 이러한 제도를 채택하고 있습니다.

③ 선호투표와 쿼터제도(quota system): '선호투표'란 투표 용지에 유권자 자신이 선호하는 정당이나 후보자를 1위, 2위, 3위 등으로 구분하여 선호 순서를 기입하는 것을 말합니다. 그런데 선호투표는 후보자가 당선되기 위해 정해 놓은 투표수인 일정한 쿼터를 정해 놓고 하게 됩니다. 두 가지가 있습니다. 앞서서 언급한 절대다수대표제가 '선호투표'라는 기표방식 하에서도 시행하는 경우엔 쿼터가 과반수(50%)가 됩니다. 즉 선호를 기표하고 1등 선호를 50% 이상 얻지 못하면, 최하위 후보를 탈락시키면서 탈락 후보의 제2선호표를 다른 후보들에게 재분배하게 됩니다. 어떤 특정의 후보가 50% 과반수를 얻을 때까지 이러한 과정을 반복합니다. 이 방식은 '대안투표제'라고 합니다. 오스트레일리아에서 채택하는 제도입니다.

④ 명부제(名簿制: list system)와 단기이양제(單記移讓制 STV: Single Transferable Vote): 앞서서 비례대표제와 선호투표를 알게 되었으니 이제 명부제와 단기이양제를 이해하실 수 있습니다. 명부제와 단기이양제는 모두 비례대표제도의 종류들입니다. 따라서 이들 제도는 모두 소선거구제가 아닌 중·대선거구제 하에서 이용되는 제도들입니다. ⓐ 명부제는 정당들이 후보자들의 순위를 정한 명부를 갖고 있습니다. 따라서 유권자들은 정당만 선택하며 후보자들의 순위에는 일반적으로 관여하지 않습니다. 따라서 명부식은 정당 중심의 선거로 기능하게 됩니다. 네덜란드, 스웨덴, 브라질 등의 국가들이 채택하고 있습니다. ⓑ 반면에 유권자의 입장에서 후보자들에 대

한 선호 순위를 정하는 경우 많이 이용되는 것이 단기이양제입니다. 그런데 단기이양제의 경우 후보자가 당선되기 위해서는 정해진 쿼터가 필요하며(이것은 국가마다 선거법에서 정하기 나름일 것임) 그러한 쿼터 이상을 득표해야 당선이 됩니다. ㉠ 제1선호를 가지고 정해진 쿼터 이상을 득표한 후보자가 나오면 당선됩니다. 그리고 당선자의 초과(surplus) 득표는 이들 표에 표현된 제2선호 후보들에게 이양됩니다. ㉡ 만약 제1선호를 가지고 정해진 쿼터 이상을 득표한 후보자가 없으면 최하위 후보가 탈락하면서 탈락 후보에 표현된 제2선호 후보들에게 이양됩니다.[30] 정해진 의석이 채워질 때까지 이러한 과정을 반복하게 됩니다. 단기이양제는 아일랜드가 채택하고 있습니다.

지금까지 선거의 주요 이슈와 논리들을 살펴보고 현실 세계에 나타나는 대비되는 선거제도들을 다시 한번 정리하여 보았습니다. 선거라는 '이벤트'(event)는 '투표'하는 행위를 통해서 구현됩니다. 따라서 선거를 이해하는데 투표 행위에 대한 이해가 연관되어 있습니다. 이번에는 현실 정치에서 투표 행태에 관련된 몇 가지 주요 이슈들을 통해서 선거를 살펴보도록 하겠습니다.

(1) **누가 투표하는가? 누가 투표하지 않는가?** (Who Votes?/Who Doesn't Vote?)

간접 민주주의를 구현하기 위해 대표자를 선출하는 선거에서 모든 사람이 투표하는 것은 아닙니다. 오히려 유권자들 모두가 투표

30) 어느 표를 어떻게 선택하여 이양하느냐의 문제가 발생합니다. 다양한 이양방식들이 존재하며 어떤 방식을 선택하는가는 선거법에서 규정합니다.

하여 100%의 투표율을 보이는 것은 독재 사회의 강제투표에서나 가능하다고 봅니다. 민주 사회에서 투표율은 2/3 미만인 60% 전후인 경우도 많고, 1/3에도 못미치는 30% 미만인 경우도 있는 것이 현실입니다. 모든 사람들이 투표하지는 않을 경우 우리는 두 종류의 의문점을 갖게 됩니다.

하나는 "유권자 전원이 투표에 참여한 것이 아닌 선거 결과를 받아들일 수 있는가?" 하는 의문입니다. "만약 모든 유권자들이 투표하였다면 선거 결과가 달라지지 않았을까?" 하는 의문인 것입니다. 유권자들의 성, 연령, 학력, 직업, 소득과 같이 사회 · 경제적 배경과 특성을 나타내는 변수들을 '사회경제적 변수'(socio-economic variable)라고 합니다. 만약 선거 결과에 특정한 사회 경제적 배경을 가진 집단들의 투표율이 높은 경우 그 선거는 전체 유권자들의 대표성이 훼손되어 나타납니다. 선거사를 통시적으로 살펴보는 경우 미국과 같은 모범적인 선진 민주 국가에서도 남성이 여성보다, 백인이 유색인들보다, 고학력자가 저학력자보다, 고소득자가 저소득자보다 투표율이 높게 나타나는 경향이 있습니다(Wolfinger and Rosenstone 1980). 미국에서 민주당은 남부지역에서, 유색인종들이, 젊은 연령층이, 저소득자들이 더 선호하는 전통을 지니고 있습니다. 어떤 특정한 사회 · 경제적 배경을 지닌 집단들이 특정한 정당을 지지하는 성향을 보이는 경우엔 각 집단들의 투표율은 선거 결과에 영향을 미칠 수 있습니다. 유색인종들이, 젊은 연령층이, 저소득자들의 투표율이 높아진다면 민주당에게 유리할 것입니다. 간접 민주주의를 실현하기 위한 선거는 투표율에 따라서 그 대표성에 정당성이 부여될 수도 있고 정당성이 훼손되기도 합니다.[31]

또 다른 하나는 "만약 민주사회에서 100%의 투표율이 현실적으로 불가능한 것이라면 선거 결과에 대한 정당성은 어떻게 판단할 것인가?" 하는 문제입니다. 엄격한 규범적 의미에선 선거인단 내의 유권자들 전원이 투표한 경우가 아닐 때 '대표성'의 정당성이 침해될 것입니다. 그렇지만 실증적 의미에선 모든 사람이 투표한 경우가 아니라고 하더라도 만약 "실제로 투표한 사람들"이 대우주(大宇宙, universe)인 모집단(population)의 성격을 그대로 반영하는 축소판인 소우주(小宇宙, microcosm)라면 선거 결과의 대표성은 여전히 유지된다고 할 수도 있습니다.[32] 사회 내의 다양한 집단들이 서로 과잉대표 되지 않고 골고루 투표하는 것이 중요한데 집단들 간의 대표성이 모두 1:1로 정확히 나타나는 상황이 만들어지는 것은 모든 사람이 투표할 확률만큼이나 어려울런지도 모릅니다.

민주사회에서 정치적 권력을 지닌 주요 공직자들은 대부분 선출직으로 구성됩니다. 민주사회에서 정치적 권력 행사의 정당성은 궁극적으로 국민들로부터 나오는 것이기 때문입니다. 소위 "친애하는 유권자들"이 표를 주어야만 그들은 정치적 권력을 갖게 됩니다. 하지만 어떤 특정 부류의 사람들은 더 투표하고 다른 부류의 사람들은 덜 투표하는 경우엔 선거 결과는 그 정치적 정당성을 잃을 개연성이 커집니다. 많은 사람들이 투표에 참여하는 것이 중요한 이유입

---

31) 무투표자들은 투표자들과 비교하여 구분되는 정치적 성향을 지니고 있습니다. 일반적으로, '정치적 무능감'(political powerlessness), '정치적 무의미감'(political meaninglessness), '정치적 냉소주의'(political cynicism)들은 투표자들보다 무투표자들에게서 높은 수준으로 나타납니다.

32) 이것은 연역적인 논리에 근거한 것이 아니고, 집단의 크기가 개체수 30개 이상이면 정상분포(normal distribution)를 이룬다는 통계학의 귀납적 논리에 근거한 것입니다.

니다. 선거기간에 중앙선거관리위원회는 대중 매체를 통해서 유권자들의 투표를 독려하는 공익광고를 합니다. 간접 민주주의의 성패의 시초는 선거에서 투표율 그 자체에서 출발합니다.

(2) 왜 투표하는가? 왜 투표하지 않는가? (Why Vote?/ Why Don't Vote?)

앞서서 간접 민주주의의 정당성은 높은 투표율과 깊은 연관성이 있음을 지적하였습니다. 국가의 선거관리기관은 유권자들의 투표 참여를 독려합니다. 하지만 국가가 투표할 것을 독려한다고 해서 투표율이 높아지지는 않습니다. 유권자들은 행동하기 위한 개개인 나름대로의 다양한 동기를 가지고 있습니다. 인간의 가장 보편화된 일반적 행동 동기는 "자신의 자기이익(自己利益, self-interest)을 위하여 행동한다"라는 원칙입니다. 인간은 어떠한 행위의 결과가 자신의 이익으로 작용한다고 생각하면 그 행위를 실행에 옮기려는 동기를 갖게 됩니다. 반대로 그러한 행위의 결과가 '손해'(또는 비용, cost)를 가져온다면 실행할 동기를 부여받기 어렵습니다. 여기서 '자기이익'이란 반드시 '물질적 이익'(material benefit) 뿐만이 아니라 '심리적 이익'(psychological benefit)을 모두 포함하는 개념으로 이해해도 마찬가지 입니다.[33)]

---

33) '물질적 이익'이란 용어 대신에 '도구적 이익'(道具的 利益, instrumental benefit), '심리적 이익'이란 용어 대신에 '비도구적 이익'(非道具的 利益, non-instrumental benefit)이란 용어를 쓰기도 하는데 그 내용과 맥락을 분명히 알아둘 필요가 있습니다. '도구적 이익'을 정의하자면 이익의 정도를 객관화하여 측정할 수 있는 경우의 이익을 말합니다. 일반적으로 화폐의 거래를 통한 '물질적 이익'은 객관화가 용이합

그렇다면 몇 가지 의문점들이 생깁니다. 첫째, "투표 행위를 통해서 실제로 이득이 생기는 것 같지 않은데 그래도 투표하는 사람들이 많다면 인간들은 이익을 위해서 행동하는 것이 아닌가?" 하는 의문입니다. 둘째, "투표율과 연관된 특정한 정치적 환경이 존재하는 것일까? 즉 특정한 정치적 상황이 보다 많은 유권자들이 투표 행위를 하게끔 유도하여 높은 투표율을 가져오기도 하고 반대의 정치 상황은 낮은 투표율을 가져오는 것이 아닌가?" 하는 두 가지의 의문점입니다.

첫 번째의 의문은 "왜 인간들은 투표를 하는가?"하는 문제입니다. 여러가지 이견들이 존재하지만 많은 연구들의 중론은 유권자들이 투표하는 이유는 물질적 이익보다도 '시민의식'이나 '시민으로서의 의무감'(civic duty)이라는 소위 심리적 이익이 크게 작용한다는 것입니다. 민주사회에서 사는 시민들은 정치적 참여를 통해서 그들의 시민의식을 고양시킵니다. 투표권을 행사한다는 것은 자신이 사회와 국가의 주인이라는 의식을 확인하는 과정이 됩니다.[34] 따라

니다. 이는 "손에 잡히는 이익"(tangible benefit)이라고 표현하는 경우도 있습니다. '심리적 이익'은 개인에 따라서 주관적이며 이익의 정도를 일반화하여 객관적으로 표시하기가 용이하지 않습니다. 기부(donation) 행위나 자선(charity) 행위는 심리적 이익의 대표적인 예입니다. 오히려 그러한 행동을 통해서 도덕적 성취감을 얻지만 이는 그러한 행위를 하는 개인들에 따라서 그 성취감의 정도가 객관적 지수로 표현되기 어렵습니다. 역으로 심리적 이익도 객관화된 측정이 가능하다고 생각한다면 심리적 이익의 대구가 되는 용어로 도구적 이익이란 용어를 사용할 수 없음에 유의하기 바랍니다. 따라서 이글에서 이야기하는 물질적 이익, 심리적 이익이란 '객관적 이익'과 '주관적 이익'으로 대구되는 개념이 주된 내용이라고 이해하기 바랍니다.

34) 국가 권력자들의 정책 결정에 대한 불만이 있는 경우 시민들은 거리로 나서기도 합니다. 이것도 또 다른 의미의 주인의식의 발로일 것입니다.

정당 간의 차별성은 반드시 정책적 차별성이어야 합니까? | 한국의 경우 지역주의 정당은 정책적 차이를 보인다기보다 지역적 성향의 차이가 더 두드러지는데도 유권자들은 투표합니다. 자신들의 지역 정당을 위해서 투표하려는 동기 부여도 정당 간의 분명한 지역적 차별성이 존재하기에 가능한 것입니다. 따라서 정당 간의 정책적 차별성이란 표현을 보다 일반화한다면, 정당 간의 차별성이라고 할 수 있을지도 모릅니다. 실제로 한국 정당체계의 경우, 적어도 김영삼, 김대중, 노무현 시기의 지역정당들을 비교해 본다면 영남쪽의 정당이 상대적 보수이고, 호남쪽의 정당이 상대적 진보인 성향도 있습니다. 또 다른 시각도 가능합니다. 자신과 같은 연고의 지역정당이 자신과 자신의 지역 이익을 더 잘 대변할 수 있다는 생각을 지니기 때문에 지역투표성향을 보일 수도 있습니다.

Q&A

서 이는 유권자들에게 국가에 대한 주인의식을 심어주는 가장 큰 수단으로 작용합니다.[35)]

하지만 이러한 해답은 이익을 추구하여 행동한다는 일반 원칙에 근거한 유권자들의 행동 동기를 설명하기에는 여전히 미진합니다. 왜냐하면 인간 행위를 설명하는 원칙은 여전히 비도구적 이익뿐만이 아니라 도구적 이익과도 연계되어 있기 때문입니다. 따라서 이러한 상황들은 "특정한 정치적 상황이 유권자들에게 이익을 부여하게 되는 것은 아닐까?" 하는 또 다른 의문을 갖게 합니다. 두 가지 정치적 환경 하에서 유권자들은 투표할 동기가 강해집니다. ⓐ 하나는 정당간의 정책적 차별성이 분명하게 존재하며, 이러한 정책적 차

35) 그래서 선진 민주사회에서 보이는 낮은 투표율을 오히려 "내가 투표하지 않아도 이 사회는 잘 운용되고 있다"는 국가와 사회에 대한 높은 신뢰감의 반증으로 해석하기도 합니다. 국가와 사회 또는 정치권에 대한 적당한 불신감이 오히려 "내가 더 적합한 사람을 위해서 표를 행사해야만 한다"는 생각을 부여한다는 시각과도 일맥상통합니다.

심화학습

투표행위 이론의 부호화 | "왜 투표하는가? 왜 투표하지 않는가?"에 대한 내용들을 명확하고 단순화된 부호 논리로 기억하면 보다 쉽게 내용을 파악할 수 있습니다. 사회과학적 논리에도 도움이 됩니다. 그리고 이 논리를 인간(또는 기관)의 정치적, 경제적, 사회적 행동에 응용할 수도 있습니다. 인간 개인의 행동원리는 행동을 함으로써 생기는 이익과 손해의 차이에 의해서 표시될 수 있습니다. 행동을 통해서 이익이 생기면 행동에 옮기고, 손해가생긴다면 행동하지 않을 것입니다.

$A \simeq | B \sim C |$

[A: 행동(Action); B: 행동에 옮기는 경우 생기는 이득(Benfit); C: 손해(Cost)]

$B \rangle C \Rightarrow A$

[실행하는 경우 이익이 손해보다 크면 행동합니다.]

$B \langle C \Rightarrow NA$

[실행하는 경우 손해가 이득보다 크면 행동하지 않습니다; NA(No Action)]

그러면 이상의 일반원리를 갖고서 인간 개인의 투표행동(Vi: 개인 I (individual)의 V(Voting)행위는 단지 B 부분만 보완하여 표시할 수 있습니다. 즉 일반적으로 선거에는 몇 만, 몇 십만, 심지어 대통령 선거는 몇 천만이 참여하기 때문에 내가 갖는 한 표의 가치가 아주 작을 수 있습니다. 아니면 몇 명이 모여서 선거를 하는 경우 내 한 표의 가치는 아주 커질 수 있습니다. 따라서 일반원리에서 B는 내 한 표의 가치가 고려된 '기대값' (expected value)인 P · B로 표현될 수 있습니다.

$V_i = P \cdot B\text{-}C$

[P: 내 한 표가 갖는 가치(내 한 표가 승부에 영향을 미치는 확률(Probability)]

$P \cdot B \rangle C \rightarrow V$

[투표하는 경우 이익이 손해보다 크면 투표합니다.]

$P \cdot B \langle C \rightarrow NV$

[투표하는 경우 손해가 이익보다 크면 투표하지 않습니다(Non-Voting).]

> i) $V_i = P \cdot B - C$인 경우엔
> P값이 너무 작기 때문에 B값이 커져야만 $P \cdot B > C$가 되어 개인들은 투표하게 됩니다. B값이 커지는 것은 정당 간의 정책적 차별성이 큰 환경 하에서 가능합니다.
>
> ii) $P \cdot B < C \rightarrow NV$인 경우엔
> 즉 B값이 작은 정치적 환경 하에선, D[D: 시민의무감(Duty)]값의 중요성이 특히 강조되어야 합니다. 즉 $V_i = P \cdot B - C + D$ [D: 시민의무감(Duty)]인 경우엔
> $P \cdot B + D > C \rightarrow V$가 됩니다.

별성이 유권자들에게 인지되는 경우입니다. ⓑ 내 한 표의 가치가 높을 때가 낮을 때보다 투표할 동기가 더 강해집니다.

유권자들은 투표라는 행위를 통해서 선거결과를 만들어 내고, 선거 결과 정당들을 입법부와 행정부로 보냅니다. 유권자들은 정당의 정책성향을 판단하면서 이러한 일들을 A라는 정당보다 B라는 정당이 맡는 것이 자신의 이익에 더 유리하다고 판단하는 경우 B정당에 투표하게 됩니다. 이것은 정당들의 정책적 성향들 간에 뚜렷한 차이점이 존재하는 정치 환경 하에서 유권자들의 투표할 동기가 더 강해짐을 의미합니다. 경쟁하는 정당들의 정책 추구 성향 간에 인지할만한 차이가 없다면 어떤 정당이 집권하건 상관없습니다.

정당들 간의 정책적 차별성이 분명하고 이러한 정책적 차이점이 유권자들에게 인식되는 경우에는 선거 과정에서 정당 간의 '선거 경합성'(electoral closeness)이 높을수록 유권자들은 투표할 동기가 더 강해질 수 있습니다. 즉 정책적 차별성이 분명한 두 정당이 선거에서 경쟁하면서 서로 막상막하의 경쟁을 벌일 때 유권자들은 내가

지지하는 정당을 승리로 이끌기 위해서 나의 한 표를 행사할 동기가 강해집니다. 내가 지지하는 정당의 압도적인 승리가 예상되거나 반대로 확실한 패배가 예상될 때 내 한 표의 가치는 선거 결과에 미칠 영향이 감소되고 따라서 투표할 동기가 약해집니다.

내 한 표의 가치와 가장 밀접한 연관성을 지닌 선거제도상의 문제는 바로 '선거구 획정'(選擧區 劃定)의 문제입니다. 이는 각 선거 구역을 어떻게 나눌 것인지 하는 문제입니다. 지리적 환경, 주소지 행정 편제, 구역 넓이 등을 고려하여 선거 구역을 나누지만 그런 경우 각 선거 구역당 선거인단의 수가 선거 구역별로 동일하지 않습니다. 도시와 같은 인구 밀집지역은 10만 명이 모여서 1명의 국회의원을 선출하고, 농촌과 같은 인구 희박지역은 2만 명이 모여서 1명의 국회의원을 선출하는 경우도 생깁니다. 각 선거인단의 수가 서로 심한 편차를 보이는 경우 '불배분성'(不配分性, malapportionment)이 나타납니다. 이런 경우 농촌에 거주하는 유권자의 1표의 가치는 도시에 거주하는 유권자의 1표의 가치보다 큰 것을 알 수 있습니다. 선거인단의 수가 가장 큰 곳이 가장 작은 곳의 2배 또는 3배 이상이 되지 않도록 선거구의 획정 기준을 정하여 '불배분성'이 지나치게 심화되는 것을 막기도 합니다. 일반적으로 선거구 획정의 기준으로는 ⓐ '1표 가치 동등의 원칙'[1인 1표라는 평등선거의 원칙은 궁극적으로 각 1표가 실제로 등가(等價)의 가치를 가져야하며, 이는 결국 각 선거 구역 간의 인구비가 공정한 '배분성'(配分性, apportionment)을 유지할 때 가능하다는 원칙], ⓑ 인접성(congruity)의 원칙 (선거구 전체가 분리되지 않은 하나의 연결된 모양이어야 한다는 원칙), ⓒ 간결성(compactness)의 원칙(선거구 내의 지역간 거리가 서로 간결

재미있는 이야기 게리맨더링(Gerrymandering; 또는 '제리맨더링'): 1812년 미국 매사추세추(Massachusetts) 주지사였던 게리(Elbridge Gerry)는 상원선거법 개정의 강행을 위해서 자기 당인 공화당에게 유리하도록 선거구를 획정하였는데, 그 모양이 마치 도룡뇽(salamander)과 비슷하여 게리와 도룡뇽을 합한 신조어를 만들었습니다.

하게 밀집되어야 한다는 원칙), ⓓ 행정편제 반영의 원칙(가능하면 행정적 편제의 경계를 존중해야 한다는 원칙: 예를 들면 같은 주소 구역인데 선거를 다른 구역에서 하는 경우 혼란이 생길 수 있음)을 따릅니다. 이러한 상식들이 어긋나 특정 후보자나 정당에 유리하게끔 선거구 획정이 이루어지는 경우를 '게리맨더링(Garrymandering; 또는 제리맨더링)'이라고 합니다.

(3) 언제 투표하는가?(When Do People Vote?)

투표는 언제나 할 수 있는 것이 아닙니다. 투표일은 법률로 정해져 있습니다. 문제는 다양한 종류의 선거들을 어떤 순서로 얼마나 기간적 차이를 두고 투표하느냐에 따라서 선거결과는 다르게 나타날 수 있다는 점입니다. 선거 시기 문제의 중요성은 행정부 선거와 입법부 선거를 따로 하는 대통령제나 이원집정부제 하에서 나타나며, 중앙수준과 지방수준을 구분하는 경우 그 양상은 더욱 더 복잡해집니다. 현재 우리나라는 중앙 선거와 지방 선거가 분리되어 있는 대통령제여서 선거 시기와 관련된 모든 논의들이 가능한 좋은 예가 됩니다. 한국의 선거를 중심으로 이에 대해서 살펴보도록 하겠습니다. 먼저 선거 시기에 관련된 논의를 쉽게 이해하려면 각종 선거들의 체계가 어떻게 되어 있는지에 대해서 알아야 할 것입니다. 우리나라 선거는 다음과 같이 구성되어 있습니다.

표 4-1 6공화국 하에서 현행 선거체계

<table>
<tr><th>선거 수준</th><th>구성 기관</th><th>선거명칭</th><th>선거주기</th><th>시작점(년,월)</th><th>선거시기의 성격</th></tr>
<tr><td rowspan="2">중앙 정부</td><td>행정부</td><td>대통령 선거</td><td>5년</td><td>1987. 12</td><td rowspan="2">(사실상) 중간 선거</td></tr>
<tr><td>입법부</td><td>국회의원 선거</td><td>4년</td><td>1988. 4</td></tr>
<tr><td rowspan="4">지방 정부</td><td rowspan="2">행정부</td><td>광역자치단체장</td><td>4년</td><td rowspan="4">1995. 6. 27</td><td rowspan="4">동시선거</td></tr>
<tr><td>기초자치단체장</td><td>4년</td></tr>
<tr><td rowspan="2">입법부</td><td>광역의회의원</td><td>4년</td></tr>
<tr><td>기초의회의원</td><td>4년</td></tr>
</table>

도표에서 보듯이 우리나라는 행정부 선거와 입법부 선거를 분리하고 있음을 알 수 있습니다. 이 두 가지 선거를 분리하는 대통령제나 이원집정부제 하에선 행정부 선거 시점을 기준으로 입법부 선거시기가 갖는 정치적 의미를 파악합니다. 대통령 선거가 치루어진 시기를 중심으로 국회의원 선거를 그 이전에 치루는가 그 이후에 치루는가는 국회의원 선거결과에 영향을 미칩니다. 각종 선거들이 열리는 시기와 관련한 선거유형은 3가지로 분류됩니다.

① 동시선거(同時選擧): 행정부 선거와 입법부 선거를 동시에 치루는 경우입니다. 이런 경우 행정부에 유리한 의회 역학 구조가 나타납니다. 왜냐하면 행정부를 장악한 정당이 의회도 장악할 가능성이 높기 때문입니다. 일반적으로 동시선거 효과가 나타나는 이유는 유권자들이 정당을 선택할 때 행정부와 입법부를 구분하여 서로 다른 정당을 지지하는 경우보다는 특정 정당의 후보자로 일괄하여 지지하는 '일괄투표'(一括投票) 성향이 보편적이기 때문입니다. 만약 유권자들의 '분리투표'(分離投票, split-ticket voting: 행정부 선거에서의 지지정당과 입법부 선거에서의 지지정당이 다른 경우) 성향이 강한 사회에선 동시선거 효과는 약하게 나타날 것입니다.[36] 대통령 선거에서 가장 많은 득표를 한 후보자는 그 당

36) 대통령제 하에서 행정부 견제를 위한 입법부 역학구도를 위해서 유권자들이 행정부 선거에서 선택한 정당과 입법부에서 선택한 정당을 달리하는 경우 이것을 유권자들의 '초(超)합리성'(super-rationality)이라고 부르는 경우가 종종 있습니다. 유권자가 자신의 선호를 결정함에 있어서 자신 개인의 선호와 더불어 정치구조까지 생각한다는(즉 대통령제 하에서 입법부의 역할은 행정부 견제라는 것을 인식한다는) 측면에서 그렇게 명칭되어진 것입니다. 하지만 이것은 분리투표가 일괄투표보다 더 합리성이 크다는 것을 의미하는 것으로 확대 해석될 수 없음에 유의하시기 바랍니다.

시 가장 인기 있는 후보자였으며, 따라서 대통령의 정당은 입법부 선거에서도 가장 인기 있는 정당이 될 개연성이 높습니다. 대통령의 정당이 국회의 다수당이 될 가능성이 높으며, 국정 운영에서 입법부의 협조가 더 수월해질 수 있습니다. 일반적으로 동시선거는 선거관리비용을 줄이는데 더 유리한 선거제도로도 활용됩니다. 현재 우리나라에서는 대통령 선거와 국회의원 선거는 동시선거가 아니지만 지방선거는 동시선거로 치릅니다.

② 밀월선거(蜜月選擧, honeymoon election): 대통령 선거를 치른 직후에 입법부 선거를 시행하는 경우를 말합니다. 즉 여당은 대통령이 인기가 있어서 대통령 선거에서 승리하였을 것이며, 재임 초반 대통령의 인기가 높은 동안에 실시되는 입법부 선거에서 여당은 야당보다 더 유리한 위치에 섭니다. 일반적으로 대통령 선거가 끝나고 대략 6개월 이내에 입법부 선거가 시행되어야만 밀월선거의 효과가 생긴다고 봅니다. 대통령제 하에서 국민들은 대통령에게 많은 것을 기대하고 대통령은 임기 시작 후 얼마 안되어 많은 비판과 불평에 휩싸입니다. 대통령의 인기가 선거 직후 급격히 추락하는 경우엔 시기적으로 6개월 이내에 치러진다고 하더라도 밀월선거의 효과는 약해질 것입니다.

③ 중간선거(中間選擧, mid-term election): 동시선거와 밀월선거가 여당에 유리하다면, 중간선거는 야당에게 유리합니다. 여러분들은 우리나라 국회의원 선거 유세에서 야당 후보자들이 "이번 선거를 행정부에 대한 '중간 평가'로 생각하고 표를 행사해 주십시오"라는 호소를 많이 들어 봤을 것입니다. 앞서 지적한대로, 대통령제 하에서 국민들은 대통령에게 많은 기대를 하며 "기대가 큰

만큼 실망도 크게 되는" 경향이 존재합니다. 따라서 대통령의 임기 시작 후 대략 1년이 경과한 시점부터 대통령의 임기 종료 시점 사이에 이루어지는 입법부 선거는 중간선거로 기능하게 됩니다. 현재 우리나라의 국회의원 선거는 대통령과의 임기 궁합 상(20년마다 한 번씩 밀월선거가 치러지는 것을 제외하면) 중간선거로 치러집니다.[37)]

(4) 무엇에 대해서 투표하는가?(Vote for What?)

민주사회에서 투표할 때 보통 "자유롭게 투표한다"라는 말을 하지만 사실상 자유롭지 못할지도 모릅니다. 선택하는 대상이 고정되어 있기 때문입니다. 자신들이 원하는 그런 유형의 후보자들이 아예 출마하지 않기(또는 못하기) 때문입니다. 후보자들을 선택하는 것인지, 정당들을 선택하는 것인지, 행정부를 선택하는 것인지, 입법부를 선택하는 것인지가 이미 고정되어 있습니다. 심지어 여러 후보자들이나 정당들 중에서 선택하는 것이 아니고, 단순히 '예'와 '아니오' 중의 하나만을 선택하는 '국민찬반투표'(Referendum; 또는 국민투표)도 있습니다.[38)]

선거 자체가 유권자들에게 제한된 옵션이었기 때문에 '국민발

---

37) 더 큰 선거 구도를 생각한다면 지방선거와 중앙선거의 시기적 관계가 중간 선거인지 밀월 선거인지를 파악하는 것도 중요합니다. 지방선거는 각 지방마다의 특별한 이슈가 중시되어야 하지만, 우리나라의 경우엔 지방선거도 중앙정치에 대한 중간평가적인 성격을 가지고 치러지는 경향이 강합니다.

38) 국민찬반투표는 최종 결정으로 작용할 수도 있고, 최종 결정에 참고되는 자료로 활용될 수도 있습니다.

의'(Initiative)나 '국민소환'(Recall)과 같은 제도는 그러한 제한된 옵션 하에서 선택된 선출직들에 대해서 유권자들이 통제할 수 있는 수단이 되기도 합니다. 국민발의란 일정한 수 이상의 유권자들이 중요하다고 생각하는 이슈를 제기할 수 있도록 하는 제도입니다. 발의할 수 있는 유권자들의 수는 법률로 정합니다. 이것은 입법부 선거를 통하여 의원들을 선출한 이후에도 입법권의 일부가 여전히 국민에게 있음을 보여주는 증거가 되기도 합니다. 국민소환이란 일정한 수 이상의 유권자들이 선출직 공직자들에게 공직 수행상 문제가 있다고 판단되는 경우 징계와 파면을 시행하는 제도를 말합니다.

유권자들이 투표할 때 "무엇에 대해서 투표하는가?"를 고민하는 것이 필요하며, 이것은 결국 '투표의 질(質)'(quality of vote)에 영향을 미치게 됩니다. '1인 1표제'사회에서 한 표는 누구에게서나 획일적으로 한 표입니다. 이는 투표가 '양'(quantity)의 의미로 한정되는 주요한 이유가 됩니다. 따라서 그 한 표가 단순히 양의 의미뿐만이 아니고 '질'적으로도 높은 민주시민의식을 반영하기 위해선 유권자들이 투표할 때 "무엇에 대해서 투표하는가?"에 대한 개념이 분명해야 합니다. 다시 말해서 투표 행위에서 바람직한 민주 시민으로서 선호 체계 정립은 "내가 현재 무엇에 대해서 투표하고 있는가?"에 대한 문제의식에서 비롯된다는 것입니다.

유권자들은 투표행위를 하기 전에 내가 후보자들의 인물 됨됨이에 기반한 인물본위적 선택을 하는 것인지, 후보자들을 공천한 정당들 사이에서 선택하는 것인지에 대한 인식이 필요합니다. 이번 선거가 행정부 선거인지, 입법부 선거인지에 대한 뚜렷한 상황 판단이 필요합니다. 국민찬반투표가 단순히 제도 변경에 관한 것인지 국론

통합을 위한 것인지, 왜 그런 선거가 진행되고 있고 그런 선거의 정치적 맥락은 무엇인지에 대한 인식이 필요한 것입니다. 그러한 인식은 대단한 지성적 수준을 의미한다기보다는 민주시민으로서 교양과 상식 수준을 말하는 것입니다. 물론 그 의미는 사람들마다 차이가 있을 것입니다. 반드시 그러한 의미가 개인들 모두에게서 동일할 필요는 없습니다. 그러한 의식을 갖는 자체가 민주 사회에 대한 주인의식의 기반이 됩니다.

보다 바람직한 민주사회는 각 개인마다 투표의 질이 보장된 한 표 한 표가 모여서 형성됩니다. "내가 현재 왜 투표하고 있고, 무엇에 대해서 투표하고 있을까?"에 대한 희박한 문제의식으로 대변되는 표들이 모여서 만든 선거 결과는 '중우정치'를 배태하며, 이는 민주사회를 훼손합니다. '중우 정치'는 특권층에 의한 소수 '엘리트 정치'와 마찬가지로 시민 민주주의를 훼손할 수 있음을 명심해야 합니다.

4장을 마치며

정치과정은 의회-정당-선거에 대한 논의가 기반이 됩니다. 다음 두 개의 도표들을 기억해 두면 편리할 것입니다. 두 개의 도표는 의회-정당-선거와의 관계에서 절대적 연관성을 지닌 것이라기보다는 상대적으로 친화력을 지닌 것 정도로 파악해 주기 바랍니다. 다음의 도표를 보면서 지금까지 읽었던 내용들을 정리해 보시기 바랍니다.

표 4-2 의회 운용-정당 유형-정치 대결 구도-국가권력구조의 관계

의회 운용	법안 처리	정당의 이념 집착	정당 유형	정치 대결 구도	국가(권력구조)
(상임)위원회 중심	변환형 의회	상대적으로 약함	원내 정당	행정부 대 입법부 구도	미국 (대통령제)
본회의 중심	경합장형 의회	상대적으로 강함	원외 정당	여당 대 야당 구도	영국 (의원내각제)

위의 도표에선 특히 권력구조 부분에 주의를 요합니다. 예를 들면 의원내각제와 대통령제란 권력구조가 법안심의기관, 의회유형, 정당의 이념 집착 정도, 정치대결구도와 깊은 상관성을 보인다기보다 미국이나 영국의 전반적인 정치과정 그 자체가 상관성을 보인다는 것입니다. 그럼에도 불구하고 미국과 영국은 대통령제와 의원내각제의 원형 국가여서 가끔 법안심의기관, 의회유형, 정당의 이념 집착정도, 정치대결구도를 권력구조와 연관시킨 논의도 있습니다. 따라서 권력구조는 괄호를 사용하여 표시해 놓는 정도로 해 두었습니다.

아래의 도표는 선거-정당-민주주의의 기능적 형태라는 3가지 사이의 연관성을 정리한 것입니다. 어떤 사회이든지 의회의 마지막 부분에서 간단히 설명했던 다수제적 민주주의나 합의제적 민주주의에 대한 내용은 뒷부분에서 다시 한 번 논의가 있을 것입니다.

표 4-3 선거 정당 민주주의의 기능적 형태의 관계

선거제도	정당체계	민주주의의 기능적 형태
단순다수대표제+소선거구제	양당체계	다수제적 민주주의
비례대표제	다당체계	합의제적 민주주의

지금까지 논의된 의회-정당-선거란 정치 과정은 간접 민주주의를 구현하는 가장 현실적인 형식입니다. 전 세계 대부분의 국가들이 이러한 형식에 따라서 민주주의를 실행에 옮기고 있습니다. 의회-정당-선거라는 제도권적인 형식을 통해서 민주주의를 구현하는 경우 중요한 것은 역시 "예측가능성의 정치가 얼마나 이루어지고 있는가"에 달려 있습니다. 국민들이 정당을 의회로 보내는 것은 내가 원하는 방향으로 정책 결정을 요구하는 것입니다. 그러기 위해선 개별 정당들 자신이 무엇보다도 "정책적 일관성을 지닌 정당"이어야 합니다. 선거공약을 통해서 국민에게 약속한 정책들을 실행에 옮기도록 노력하는 것도 예측가능성의 정치에 도움이 될 것입니다.

하지만 정당들의 정책적 일관성이 지나쳐서 이념에 대한 양보가 불가능한 '이념적 집착'으로 되는 경우엔 의회 내에서 어떠한 타협도 불가능하고 갈등만이 증폭될 것입니다. 1장에서 우리는 정치의 기본 속성 중의 하나가 '조정과 타협'인 것을 배운 바 있습니다. 그래서 의회정치를 '일종의 예술'(a kind of Art)에 비유하는 사람들이 있습니다. 적당한 이념적 일관성과 적당한 타협이 조화를 이루어서 국가를 운영하는 것은 일종의 '창작'행위로서 예술 행위와 비슷하다는 것입니다. 쉽지 않을 것입니다. 소위 똑똑하고 양심있으며 지성적이지만 포용적 감성을 동시에 지닌 사람들이 정치를 해야 하는 것입니다. 이것은 '회색분자'(灰色分子, wobblers)들이 행하는 단순한 '절충주의'(eclecticism)를 의미하는 것이 결코 아닙니다. 원칙이 있는 가운데 타협하고 조정한다는 의미입니다. '뜨거운 정열'(warm heart)과 '냉철한 지성'(cool head)이 동시에 요구되는 상황을 의미하는 것입니다.

의회-정당-선거란 형식을 통한 정치 현상은 우리가 일상적으로 대하는 '정치 현상'의 주된 내용임에도 불구하고 그것이 정치 현상의 전부는 아닙니다. 의회-정당-선거란 정치 형식은 형식과 절차가 중요하게 작용합니다. 즉 형식상 국가에 등록된 정당이어야만 선거에서 경쟁할 수 있습니다. 유권자들도 좋건 싫건 국가가 정한 선거제도에 따라서 투표하게 됩니다. 예를 들어 나의 의견이 단순다수대표제-소선거구제라는 형식 하에서 표출되는 경우 비례대표제란 형식에서 표출되는 경우와 비교하여 차이가 존재할 수 있을 것입니다. 투표도 그 사회가 정한 절차에 따라야 합니다. 실질적인 내용 이상으로 그 형식과 절차가 중요한 것입니다. 하지만 이러한 형식과 절차를 준수하는 것은 심지어는 그 내용과 상관없이 의회-정당-선거라는 제도권 정치 형식 하에선 필연적인 것입니다. 실질적인 의미에서도 합의에 의해서 정해진 형식과 절차를 지켜야만 '예측이 가능한 정치'가 실현될 수 있습니다. 제도가 정해놓은 형식과 절차에 따른 '법치'에 의한 정치가 실현된다는 의미입니다.

하지만 제도권 정치와 예측가능한 정치라고 해도 사태가 보다 복잡해지는 것은 바로 '유권자-선출직들-정당의 관계'에 대해서 서로 다른 견해들이 존재하기 때문입니다. 특히 의회 의원들은 국가 수준의 사무를 보지만 지역구 별로 선출되기도 합니다. 이런 경우 내가 뽑은 지역구의 후보자가 지역구민 유권자들의 뜻을 행하는 '파견인'(delegates)인지 [파견인 모델], 아니면 공천해준 정당의 뜻을 구현하는데 정치활동의 초점이 있는 것인지 [정당인 모델], 아니면 의원 개개인이 독립된 재량권과 판단력에 따라서 지역 유권자들에 대한 '수탁자'(trustee)의 역할을 행하는 것인지 [수탁자 모델]에 대해서 서로 다른 의견들이 존재하게 됩니다.

ⓐ 파견인(派遣人) 모델: 선거에서 선출된 후보자는 피조물이며, 선거 구역의 유권자들이 창조인이라는 입장입니다. 따라서 선출직들은 유권자들이 국가기관에 파견한 파견인에 불과하며, 유권자들은 선출직들이 임기를 수행하는 기간에는 언제라도 그들에 대한 '원격조정'(remote controlling)이 가능하다는 입장입니다. 특히 의회의원들의 경우 이 모델은 논쟁을 가져옵니다. 자신을 선출해준 지역민들의 뜻을 더 중시해야 하기 때문에 국회의원이더라도 업무 단위인 국가 '전체'보다 선거 단위인 선출 지역의 '부분'에 더 초점을 맞추는 의정활동이 강조되기 때문에 '선거지역 봉사'(constituency service) 모델이라고도 합니다. 국회의원들이 국가 예산을 할당하면서 자신의 지역구를 위한 예산에 미리 배정하여 지역구민들의 비위를 맞추는 행위를 '포크배럴'(pork barrel)이라고 합니다.[39] 포크배럴 현상은 결국 특정한 지역구에서의 비용지출과 이익집중을 여타 지역구에서 비용을 분산하여 부담한다는 것을 말합니다. 이런 입장들은 미국의 타일러(John Tyler)나 케네디(John F. Kennedy)의 연설에 나타나지만 선거 특성상 지역구가 국가 전체여서 '전체'와 '부분'이 일치하는 대통령들의 경우엔 논쟁 자체가 성립하지 않을 것입니다.

ⓑ 정당인(政黨人) 모델: 궁극적으로 자신을 공천해준 정당의 뜻에 따라서 의정활동을 해야 한다는 입장을 말합니다. 이런 경우 선출된 사람들 개개인은 정당의 이념이나 정당이 표방하는 '대푯

39) 우리말로 내용을 풀어 써서 '연고지역에 우선적 예산 할당'이라고 번역할 수도 있습니다.

값'을 실현하기 위한 정당의 일부입니다. 정당인 모델은 유권자들이 선거에서 후보자 개개인을 선출하는 것이 아니고 정당을 선출하는 것이라고 봅니다. 비례대표제란 결국 정당들의 지지도를 후보자들의 숫자로 환원하여 의회로 보내는 것을 의미하며, 바로 '비례대표제'는 이러한 점에서 정당에 기표하는 '정당명부식 비례대표제'로 제도화되는 경우가 일반적입니다.

ⓒ 수탁인(受託人) 모델: 의원들이 임기 동안 자신들의 의지와 판단에 따라서 자율성을 지닌 의정활동을 해야 한다는 입장입니다. 버크(Edmund Burke)의 경우 브리스톨 지역구의 후보자가 의회의원으로 당선되는 순간 그는 브리스톨 지역 의원이 아니라 영국의 의회의원임을 알아야 한다고 주장했습니다. 즉 의원은 국가의 부름을 받는 국가의 수탁자입니다. 이러한 입장은 특히 지방선거가 따로 진행되는 경우 타당성을 더욱 입증받을 수 있습니다. 즉 지역구민들이 지방선거와 중앙부의 의회의원 선거를 따로 행하는 경우엔 의회의원들은 분명 지역이익을 대표하기 위해 선출했다기보다는 국가 사무를 위해서 선출한 것입니다. 지역이익을 대표하는 사람들은 지방선거를 통해서 구성할 수 있을 것입니다. 현실적으로 국회의원의 경우엔 국가사무와 지역사무 관련 정책 입안과 결정에 있어서 어느 한 가지 사무만을 선택한다기보다는 두 종류의 사무 사이에서 조정과 조화를 시도할 것입니다.

위에 언급한 정당기능에 관한 입장뿐만이 아니라, 정당유형(또는 정당모델)도 다양합니다. 바람직한 정당모델로서 어떤 정당모델을 상정하느냐에 따라서 정당발전에 대한 평가는 달라질 것입니다. 시대가 변하면서 정당모델도 변화하는 경향을 부인할 수 없습니

	간부정당	대중정당	포괄정당	카르텔정당
시기	19세기	1880-1960	1945 이후	1970년 이후
정치의 주된 목표	특권의 분배	사회개혁 (또는 그 반대)	사회 개선(개량)	직업으로서의 정치
정당경쟁의 기반	귀속(생득적) 지위	집단 대표성	정책 효율성	관리기술, 효율성
선거경쟁의 유형	관리	동원	경쟁적	포용적 및 억제된 형태(군소정당 진입 등)
정당자원의 주요출처	개인적 접촉	당비와 기부금	다양한 원천	정부 보조금
평당원과 정당간부의 관계	간부가 평당원임	간부가 당원에게 책임지는 상향식	당원들은 간부의 치어리더로서 하향식	계층지배 (stratarchy)-상호자율성
당원의 특징	소수, 엘리트 위주	규모가 크고 동질적; 권리와 의무 강조	이질적 사람들에게 개방;권리는 강조되나 의무는 강조되지 않음	조직보다 개인 당원 강조; 당원과 비당원 경계모호; 권리도 의무도 강조 없음
정당의 의사소통채널	개인간의 네트워크	정당 고유의 소통채널	비정당 소통채널을 확보하기 위해서 정당간 경쟁	정당은 국가 규제의 소통채널에 접근하는 특권 소유
시민사회와 국가와의 관계	국가와 시민사회 경계가 불명확함	정당은 시민사회 내 분파의 대표성을 지니고 있기에 시민사회에 소속됨	정당은 시민사회와 국가 사이의 중재자 역할을 놓고서 경쟁하는 관계	정당은 국가의 일부
민의 수렴방식	수탁자	파견인	경영자	국가의 대리기구

Mair, Peter. 1997. *Party System Change : Approaches and Interpretations* (London: Oxford University Press). pp. 110-111.

다. 다음의 정당모델과 그 스테레오타입적 내용을 기억한다면, 정당 기능에 대한 입체적 이해에 도움이 됩니다.

정당의 기능과 모델에 관한 다양한 견해 차이는 생각보다 심각할 수 있습니다. 이러한 견해 차이에 입각하여 정치과정이 정당에 대한 선거를 통해서 의회라는 기구를 구성하여 행해지는 경우 국민들은 두 가지 문제점을 호소할 수 있습니다. 첫째, 보다 자유롭게 "정치문제에 대한 공적 토론을 진행할 수 있는 여론 형성의 장"이 필요하다고 느낄 수 있습니다. 둘째, 근본적으로 형식이나 절차 그 자체에 의미를 두는 절차적 의미의 민주주의보다는 실질적인 결과물을 양산할 수 있는 사회구조와 정치체제 자체의 변혁에 대한 필요성을 느낄 수 있습니다. 즉 의회정치라는 형식에 대한 불신인 것입니다. 첫 번째 문제점은 '정치적 커뮤니케이션'에서 다루고, 두 번째 문제점은 '집단행동' 부분에서 연이어 다루도록 하겠습니다.

제5장

정치적 커뮤니케이션

'커뮤니케이션'(communication)의 어원(語源)은 라틴어의 'communis'로서 '공통의' 또는 '공유하는'이란 뜻입니다. 커뮤니케이션이란 구성원들 간에 지식, 의견, 신념, 감정 등을 공유하여 공통화하는 것을 의미합니다. 다양한 조직체와 구성원들 사이의 커뮤니케이션, 제어(制御), 통제 등을 다루는 '사이버네틱스'(cybernetics)란 분야가 있습니다. 사이버네틱스의 어원인 'kybernetes'는 키잡이 또는 선장을 의미합니다. 그런데 정부(government)라는 용어 역시 'kybernan'이 어원이며 이는 "구성원들을 실은 배의 키(舵)를 잡아 조정하고 통제한다"는 의미입니다. '의회'(parliament)라는 용어도 프랑스어 'parler'이며 이의 명사형인 'parlement'는 '말하는 것', '의견을 전달하는 것'을 의미합니다. 결론적으로 커뮤니케이션이란 용어는 어원상 정치의 정부와 의회라는 용어와 일맥 상통하고 있다는 것을 알 수 있습니다.

정치에 있어서 커뮤니케이션의 중요성이 더욱 부각되기 시작한 것은 19세기 후반부터 20세기 초반 이후 '자유 민주주의'(liberal democracy)의 이념이 전 세계적으로 확산되면서부터입니다.[1] 일반적으로 자유 민주주의 이념은 ⓐ '보통 선거권(1인 1표제도)'의 도입과 ⓑ '정보(information) 획득의 자유'를 통해서 구현됩니다. 자유롭고 적절한 정보 획득을 위한 정보의 자유는 의사소통의 자유에 근거한 언론의 자유를 통해서 실현됩니다.

---

1) '자유 민주주의'에서의 '자유'란 '전제'[專制 또는 독재(獨裁), autocratic]라는 의미의 반대어로 사용한 것입니다. 이러한 예는 모스카가 권위가 흐르는 방향을 이야기 한 곳에서도 찾아볼 수 있습니다. 권위가 지배자로부터 피지배자로 흐르는 것을 '독재원칙'(autocratic principle)이라 하였으며, 선거를 통하여 권위가 국민들로부터 위로 (즉 국민에게서 지배자로) 흐르는 것을 '자유원칙'(liberal principle)이라고 하였습니다.

하지만, 자유 민주주의 이념의 실현은 '대중 민주주의'(mass democracy)의 형태로 귀결되는 위험이 상존합니다. 자유 민주주의의 이념을 실현하기 위한 요소들인 보통선거제도의 확립, 대중정당의 출현, 대중 매체의 발달, 의무 교육의 확산 등은 동시에 사회 구성원들을 '공중'이나 '시민'이라기보다 '대중'으로 전락시킬 위험성을 안고 있습니다. 민주정치체제 하에서 복잡 다양한 사회 구성원들 모두는 사회 내에서 자기 개발과 행복을 추구할 권리가 있기 때문에 정보의 자유가 필수적이지만, 이는 궁극적으로 구성원들 사이의 동의를 통해서 이루어지기 때문에 커뮤니케이션이 필수적인 것입니다. 따라서 '정치적 커뮤니케이션'이 순기능하는 경우엔 정치체계 내의 구성원들이 '대중'으로 전락하는 것을 막고, '공중'이나 '시민'으로 이행하는 결정적인 역할을 하게 됩니다. 물론 역기능하는 경우엔 유언비어(流言蜚語, rumor)가 난무하는 어지러운 사회가 될 것입니다.

민주주의 체계에서 국민과 정부 사이에서 행해지는 투입과 산출 기능은 보다 근본적으로 커뮤니케이션의 기능이 존재할 때 가능한 것입니다. 생명체의 생산과 소비 기능은 보다 근본적으로 혈액순환의 기능이 존재할 때 가능한 것입니다. 정치체계이론에서 커뮤니케이션의 기능을 혈액순환 기능에 비유하는 이유입니다.

일반적으로 커뮤니케이션은 "누가(의사 주체), 무엇을(의사 내용), 어떤 '매체'를 통해서(의사 수단), 누구에게(의사 객체, 의사 대상), 어떤 효과를 가지고(의사 효과) 전달되는가" 하는 다섯 가지 요소로 구성됩니다. '정치적 커뮤니케이션'(political communication)은 정치적인 문제들에 관련된 정보, 이념, 태도들과 연관되어 정치체계 내의 구성원들 사이에서 발생하는 의사소통을 포괄하는 용어입니다.

Q&A

군중, 대중, 공중, 시민, 국민과 같은 용어는 내용상 어떠한 차이가 있나요?

l 이들 용어들은 모두 국가나 사회의 구성원들을 총체적으로 일컫는 말입니다. 하지만 이들 용어는 구성원들의 이성적 행태나 민주사회에 대한 기여도와 연관되는 경우 구분되어 사용됩니다. 우선 우리 용어와 영어를 비교하면, 군중(群衆)은 'crowd', 대중(大衆)은 'mass', 공중(公衆)은 'public', 시민(市民)은 'civic'에 해당하는 용어입니다. 양쪽 극단을 비교하는 것이 이해하는데 편리할 것입니다. 군중과 시민을 비교하기로 합니다. 군중은 일반적으로 "피암시성(被暗示性, suggestibility)이 강하며, 책임성이 희박한 사회 구성원"들을 의미합니다. '암시성'은 "이치나 명령을 포함하지 않은 언어 및 기타의 자극으로써 타인의 관념, 결심, 행동들을 유발하는 경우"인데, 피암시성이 강하다는 것은 자신의 주체적인 판단이나 의지보다는 타인의 의견이나 외부로부터의 자극에 부화뇌동하는 성향이 강함을 의미합니다. 구스타브 르봉(Gustav Le Bon)의 고전적 저서 「군중심리」(Crowd Psychology)는 바로 사회구성원들의 주관적 판단 의지가 결여된 집단적이고 비이성적 집단 심리상태를 다루고 있습니다. '군중'과 대비하여 '시민'은 또 다른 극단입니다. 이성적이며 민주사회가 순기능하는 데 도움이 되는 사회구성원들을 일컫는 말입니다. 사회를 바라보는 자신의 의지와 주관이 있으며 심지어는 그러한 자신의 의지와 주관을 사회 속에서 조화시킬 수 있는 사회구성원들을 말합니다. 따라서 시민은 민주사회의 순기능과 연관된 긍정적 용어입니다. 아몬드와 버바의 유명한 저서 「시민문화」(Civic Culture)는 민주주의가 순기능하는 곳에서 시민들이 공유하는 정치문화를 다루고 있습니다. 그 양극단 사이에서 공중은 시민에 더 가까운 의미인데 '가치 중립적' 용어입니다. 즉 민주사회의 순기능이나 역기능에 특별히 연관된 것이라기보다는, 사회 구성원들의 '개인적'(individual, egoistic, ...) 입장보다는 공적인 입장을 강조하는 경우에 쓰입니다. 대중은 군중에 더 가까운 개념으로서 공적인 것과 공익에 대한 개념이 희박한 사회 구성원들을 말합니다. 따라서 이렇게 본다면 '대중매체'란 표현도 '공중매체'라고 하는 경우엔 공익에 대한 관점이 더 강조되는 의미로 해석될 수 있습니다. 용어들을 구분하여 사용한다면 바람직할 것입니다.

'정치적 커뮤니케이션'의 가장 중요한 속성은 정치 체계 내의 무한히 많은 사람들과 복잡다기한 사회집단들을 대상으로 한다는 것입니다. 네 가지 주제로 정리가 가능합니다.

첫째, 무한히 많은 사람들 속에서 형성되는 것이기 때문에 소수의 의견이 아닌 다수의 의견이 어떻게 취합되는지 그 형성 과정이 중요합니다. 다수의 의견은 구성원들의 '토론'을 통하지 않고 형성된 경우와 토론을 통해서 형성된 경우로 분류됩니다. 민주사회에서 정치적 커뮤니케이션이 다루는 다수의 의견이란 구성원들의 자유로운 토론의 결과 종합적으로 도출된 의견을 말합니다. 이것을 '여론'(輿論, public opinion)이라고 합니다. 정치적 커뮤니케이션은 '여론'에 대해서 다룹니다.

둘째, 무한히 많은 사람들 속에서의 커뮤니케이션이기 때문에 '매체'는 '대중매체'(大衆媒體, mass media; 이후 매스 미디어로 칭함)를 다룹니다. TV, 라디오, 신문, 인터넷(internet), 모바일(mobile) 등이 그 대표적인 예입니다.

셋째, 정치현상은 '커뮤니케이션'을 통해서 창조되고, 유지되고, 조정됩니다. 통치행위에서 조정되는 과정은 '설득'을 통해서 이루어지며, 이는 '선전'(宣傳, propaganda)의 중요성을 말합니다. 정치적 커뮤니케이션은 '선전'을 다룹니다.

넷째, 민주사회에서의 정치현상은 비록 그 의도는 사적인 성격이 있더라도 내용들은 공적인 것이어야만 정당화됩니다(공공재, 공공복지, ...). 따라서 정치적 커뮤니케이션에선 '공적 관계'(public relations: 이후 PR로 칭함)에 대해서 다룹니다. 이상에서 언급한 정치적 커뮤니케이션의 주요 내용들을 정치현상과 연관시켜 하나씩 살펴보겠습니다.

여론

정치적 커뮤니케이션에서 다루는 여론이 갖는 주요한 속성들을 정리해 보면 다음과 같습니다. 첫째, 여론은 특정 사회의 구성원들이 "그 사회 내부에 발생된 이해관계에 대해서 갖는 공통적인 의견"을 말합니다. 여론이란 사회의 구성원들이 공통적으로 해결해야 할 사회문제에 대한 의견이며, 그러한 사회문제가 존재할 때 발생되고 형성되는 성질의 것입니다. 모든 정치적 권력의 근원이 국민에게 있는 민주 사회에선 사회 문제에 대한 해결책으로 다수의 의견이 중요할 수밖에 없습니다.

둘째, 사회 문제에 대한 사회 구성원들의 의견이 하나로 종합화된 '여론 형성의 과정'은 사회 문제 해결을 위한 '대푯값'을 정하는 과정입니다. 따라서 어떻게 그 대푯값을 정하느냐의 문제가 발생하는데, 구성원들 간에 '토론'(討論, discussion)이 필수적인 요소입니다. 사회 문제를 해결하기 위해서 사회 의견의 대푯값을 정하는 과정이 토론을 통해서 도출되어야 한다는 의미입니다. 토론의 과정이란 사회 구성원들의 자유로운 의사표현과 '자발적인'(voluntaristic) 커뮤니케이션 상황에서의 토론을 말하는 것이며, 이런 상황에서 도출된 종합적 의견이 여론입니다. 사회에서 특정 인물이나 특정 세력들이 그들의 이익과 배타적으로 관련된 특정 방향을 '의도적으로'(intentional) 설정하여 의견을 취합하는 경우 그것은 진정한 의미의 여론이 될 수 없습니다. 여론이란 사회 전체의 이해에 관련된 문제를 해결하기 위한 '대푯값'이라고 할 수 있는데, 특정 인물이나 세력들의 의견만이 지나치게 반영된다면 그것은 문제 해결을 위한 사회의 '대푯값'이 될 수 없습니다. 더 정확히 이야기하자면, 특정 세력이 특정 방향을 의도적으로 설정하는 경우에도 사회구성원들 간에 자유로운 토론을 거쳐서 사회 구성원들로부터 동의를 얻었다면 그러한 특정 의견은 차후에 "여론화되었다"고 할 수 있습니다. 사회에 흩어져 있는 의견들이 종합되어 여론이 되기 위해선 구성원들의 자유로운 토론이 보장되어야만 합니다. 자유로운 토론이 보장되는 환경 그 자체가 중요한 것입니다.

Jürgen Habermas (1929-)

하버마스(Jürgen Habermas)는 현대 민주주의의 위기를 극복하기 위하여 정치문제에 대한 자유롭고 합리적인 공적 토론의 장소 그 자체의 중요성을 설파한 소위 "공론장(公論場) 이론"을 주창하였습니다. 하버마스에 따르면, '공론장'이란 "여론에 근접하는 어떤 것이 형성될 수 있는 사회적 삶의 영역"입니다. 공론장에서의 공적 토론은 "분산된 개인 판단의 단순한 집합이 아니며, 커뮤니케이션(communication)의 상호적인 영향 하에 마련된 협동적 산물"을 만들어 냅니다. 즉 여론이 만들어지는 것입니다. 여론이란 개인 의견들의 단순 합이 아니라 자유롭고 자발적인 커뮤니케이션의 결과 도출된 종합적 의견인 셈입니다. 현대 민주주의의 위기 상황은 의사결정 과정에 대한 시민들의 폭넓은 참여와 자유롭고 합리적인 토론을 통해서 그 해결점을 찾아갈 수 있다는 것입니다. 하버마스는 공론장이 형성되기 위한 조건으로 ⓐ 사회 구성원들 누구에게나 보편적 접근이 가능해야 하고, ⓑ 특정 세력들의 특권이 개입되는 것을 막아야 하며, ⓒ 토론의 과정에서는 보편적 규범(general norms)이 토론의 결과에는 합리적 정당성(rational legitimation)이 존재해야 함을 지적합니다.

의회-정당-선거라는 형식의 간접 민주주의 운영방식은 제한된 정당들에 대한 선거를 통해 이루어지기 때문에 선진 민주주의 사회에서도 국민들의 다양한 정치적 욕구를 효율적으로 수렴하고 충족시키기 어렵습니다. 특히 국민들의 요구가 다원화되며 '정체성의 정치'(identity politics)라는 특성이 두드러지는 현대 사회에선 많은 시민들이 "자유롭게 정치문제에 대한 공적 토론을 진행할 수 있는 여론형성의 장"을 요구하고 있습니다. '정체성의 정치'란 동일시 할 수 있는 정체성 하에 사람들이 모여서 사회집단을 만들고 그러한 집단을 단위로 목소리를 내는 정치입니다. 정체성의 정치가 두드러지는 곳에선 정체성을 같이 하는 집단들의 성격이 매우 구체화되어 특정한 이익들을 표방하게 됩니다. 예를 들면 '탈북자인권단체', '장애인복지단체', '노인복지회', '올바른 교육을 위한 시민모임', '원주민들의 주거권 보호단체' 등입니다. 공익이란 것이 특정한 정체성을 중심으로 형성된 경우엔 개별 정체성 집단의 '사회적 책임성'이 중요할 수밖에 없습니다. 유사한 정체성을 공유하면서 형성된 집단들은 공적 집단임에 틀림없지만 동시에 전체 사회의 일부입니다. 각 집단의 복지 향상 추구는 더불어 사는 전체 사회의 공공이익과 질서를 해하지 않는다는 "공익(公益, public interest)에 대한 책임성"을 동시에 요구합니다. 공익은 사회 구성원들의 복지, 사회의 안녕과 질서, 국가 이익 등과 다양하게 연관되어 있는데, 현대 사회에선 '정체성의 정치'가 두드러지면서 수많은 정체성 집단들이 조화를 이루어나가는 것에 근본적인 한계가 나타나기도 합니다.

일반적으로 '공익'의 개념은 사회에 존재하는 문제를 정치화하여 규정할 때 가능한 것 입니다. 카(E. H. Carr)는 '개인주의적인 시민사회'를 논하면서 '공공 민주주의'(public democracy)가 기능하는 시민사회를 위해선 다음의 세 가지 요소가 필요하다고 합니다. 첫째, 선과 악을 구분할 수 있는 개인의 양심이 원천이 되어야 합니다. 둘째, 개인 상호간의 이해관계도 조화를 꾀할 수 있다는 것입니다. 셋째, 이러한 개인 상호간의 이해관계를 조정하기 위해서 개인들 간의 합리적인 토론이 그들의 행동을 결정하는데 최선의 방법이라는 것입니다.

Edward Hallett Carr (1892-1982)

카의 입장은 현대 사회에서 몇 가지 문제점들에 봉착합니다. 우선 현대 사회에서 합리적인 토론을 위한 시간적, 공간적 제약들이 존재합니다. 토론에 참여하는 그 자체가 어렵기 때문입니다. 토론을 위한 시간이 정해져 있으며 공간이 정해져 있는데 이에 참여한다는 것이 쉽지 않습니다. 이런 경우 공익에 대한 상황 규정과 방향은 공직자들을 중심으로 국가나 사회 정책결정구조의 중심에 있는 사람들을 중심으로 행해지는 측면이 있습니다. '인터넷'(internet)과 같은 매체가 보편화되면서 공간에서의 토론은 이러한 시간적 · 공간적 장벽을 극복하는데 많은 도움이 되기도 하지만, 여전히 '쌍방향적'(bi-lateral) 의사 결정 과정의 중요성을 고려한다면 '면대면'(面對面, face-toface) 방식만큼 효과성을 보이는 방식으로 기능하기엔 역부족입니다.

사회 구성원들 사이에서 의견 분열이 명백하여 그 조화를 이루기 어려울수록 토론의 과정이 필요합니다. 소수파와 다수파로 의견 분열이 있는 경우에 다수가 소수를 무시하는 기준은 궁극적으로 다수파가 소수파에 대해서 토론과 대화를 하려는 노력이 있었는지 없었는지입니다. 어떤 의사 결정 단위에서 구성원들 사이에 '충분한 토론'의 과정이 결여된 상태에서 '다수결의 원리'만을 추구하여 토론의 과정을 경시한다면 이것은 결과물로서의 여론이 갖는 정당성을 훼손할 수 있습니다. 다수파는 소수파를 배려해야 합니다. 소수파는 다수파를 존중해야 합니다. 다수파가 소수파를 위해서 희생하는 것은 바람직하지 않습니다. 그래서 여론 형성 과정은 의회에서 정당 간에 행해지는 정책 조율 과정처럼 일종의 예술적 행위와도 비견될 수 있으며, 궁극적으로 정치적 권력을 정당성 있게 획득하는 과정과 분리될 수 없습니다.

정치권력의 원천은 커뮤니케이션의 내용, 방법, 흐름을 조정하고 제어하는 과정과 연관되어 있습니다. 푸코(Michel Foucault)는 "상황을 통제하기 위해선 그 상황의 성격을 규정하는 것이 필요하다"고 주장합니다. 여기서 상황의 성격을 규정하는 행위가 바로 정치적 행위의 대표적인 예가 됩니다. '2008년 소고기 수입파동과 이로 인한 촛불시위'의 상황은 그 좋은 예입니다. 당시에 촛불시위 행위 자체를 '극한의 국가 위기 상황'으로 규정할 것인지, 아니면 '총체적 국론 분열 상황'으로 규정할 것인지, 아니면 '일부의 민심이반 정도'로 규정할 것인지가 먼저 결정되어야만(즉 정의되어야만) 그에 대응하여 어떻게 상황을 통제할지가 결정되는 것입니다. 촛불시위를 그냥 방치할 것인지, 아니면 경찰력을 동원할 것인지, 아니면 계엄령까지 선포해야하는 것인지는 촛불시위의 성격을 어떻게 규정하느냐에 달려 있는 것입니다. 상황에 대한 규정은 정치적 행위로서 상황을 통제하는 원천을 제공합니다. 상황의 종류를 어떻게 규정하는가가 상황을 통제하는 정책적 방향을 제시하게 됩니다. 촛불시위 정국에서 사회 안정을 위해 경찰뿐만 아니라 군대까지 동원하여 계엄령을 선포하려면 상황을 '민심이반'이나 '국론분열'로 규정하지 않고 '극한의 국가위기상황'으로 규정해야 할 것입니다. 정치권력이 있어야 시대와 사회의 상황을 규정할 수 있으며, 역으로 어떤 시대나 사회 상황을 정의하여 이를 대중들에게 부과할 수 있다면 정치권력을 얻게 된다고 할 수 있습니다. 정치권력이 독단적으로 상황 규정을 하면 독재정부가 되는 것이고, 여론을 존중한다면 민주정부가 되는 것입니다.

Michel Foucault
(1926-1984)

매스 미디어

국가를 운영하는 최고 기구는 행정부, 입법부, 사법부입니다. 이들을 보통 '삼원'(三元)이라고 합니다. 현대 사회에선 '삼원'에 덧붙여서 언론방송기관을 포함하여 '사원'(四元)이라고 부르기도 합니다. 이것은 현대 민주주의 사회의 국가 운영에 있어서 대중 매체의 중요성을 나타내는 것입니다. 우리는 앞에서 기능주의 이론 부분에서 투입과 산출이란 개념을 배운 바 있습니다. 민주사회에서 시민과 정부 사이에서 형성되는 투입과 산출의 과정을 판단하고 행함에 있어선 우선적으로 정보가 필요합니다. 자신들이 요구하는 것들(즉 여론)이 제대로 정부 기관들에 전달이 되는지, 정부기관들이 한 것들은 무엇인지에 대해 알아야만 하는데(즉 정보를 획득하여야 하는데), 이것은 결국 매스 미디어를 통해서 이루어지기 때문에 매스 미디어의 역할은 중요할 수밖에 없습니다.

매스 미디어의 종류는 '시각 매체'(visual media), '인쇄 매체'(printed media), '청각 매체'(auditory media), '조직 매체'(organizational media), '대인 매체'(personal media) 등으로 구분되며, 최근에 그 중요성이 부각되는 '인터넷 매체'(internet media)나 '모바일 매체'(mobile media)가 있습니다. 매체의 종류에 따라서 정보전달 과정에서 나타나는 특성들을 살펴보겠습니다.

① 시각 매체: 시각에 의존하는 매체로는 TV와 영화가 대표적인 예이며, 광고판(sign boards), 플래카아드, 게시판(billboards), 선전 단추 등과 같은 전시(展示) 매체들을 포함합니다. TV 매체는 1939년 4월 미국에서 일반에게 첫 방송이 시작된 이후 현재까지 가장 다양한 영향력을 행사하고 있는 매체입니다. 최근에 인터넷 매체와 비교하여서도 또 다른 '집단의식 상승효과'라는 특색을 갖고 있습니다. TV는 어떤 특정 이슈의 프로그램들(예를 들면 대통령 선거 후보자 토론회 방영, 국가대표팀의 스포츠 중계 등)을 함께 시청하며 즉석 토론이 가능해 그들끼리 유대감을 고취시키는 효과를 가져 올 수 있습니다. TV 매체는 대표적인 시각매체로 분류되지만, 사실상 시각과 청각의 종합 매체입니다. 시각과 청각을 동시에 사용하여 정

보를 전달하기 때문에 시청자들은 정보의 습득과 이해가 용이하며 '정서적' 측면에 큰 영향을 미칩니다. 따라서 정보 습득자들에 대한 '감화성'(感化性)이 강해 정치를 사회 기저층에까지 직접적으로 접촉하게끔 하였습니다. 특히 특정한 사회 이슈나 대형 사건들에 대해서 '시간적 지체'(time lag)가 거의 없이 전달할 수 있다는 점에서 TV는 "정보에 대한 영향력 선점효과"가 있습니다. 사람들은 자신이 처음으로 정보를 접했던 매체의 전달 내용으로부터 가장 크게 영향을 받기 때문입니다. 하지만 방송될 사건이나 이슈의 선택, 이에 대한 보도 내용 분석 및 방송 시간대의 선정 등은 전적으로 방송국이 갖기 때문에 일방적인 전달체계의 성격이 강합니다. 하지만 이것 역시 무선 및 유선 방송국들이 다원화될수록 시청자들의 선호에 맞는 채널에 대한 선택권이 늘어나기 때문에 어느 정도 극복될 수도 있습니다. 방송국들이 프로그램을 만들어서 접속 사이트에 올려놓으면 시청자들은 자기가 원하는 시간에 원하는 프로그램을 시청할 수 있도록 하는 방송체계가 실용화되는 경우도 일방적인 전달체계적 특성은 어느 정도 개선될 수 있을 것입니다. 영화의 경우엔 TV와 비교하여 정보전달의 신속성과 보도의 측면에서 제한됩니다. 장소에 구애되며, 따라서 시간에도 구애됩니다. 영화는 '박진감' 넘치는 전달을 필요로 하는 경우엔 효율적이지만 시간과 장소에 구애되기 때문에 전달 대상자들이 제한됩니다.

② 인쇄 매체: 신문, 잡지, 서적, 브로셔(brochure), 삐라(bill) 등이 대표적인 것들입니다. 신문의 경우 TV와 비교하여 더 전문적인 내용을 시간과 장소에 구애받지 않고 접할 수 있다는 장점이 있습니다. 특히 자신이 원하는 정보를 반복하여 볼 수 있다는 특징은 인쇄

매체가 갖는 가장 큰 장점입니다. 정국과 관련된 주요 사건 정보들은 그 성격상 전문적인 분석 내용과 이에 대한 '열독'(熱讀)을 더욱 더 필요로 합니다. 정보전달자의 입장에서 어떤 전문가가 사건을 분석하느냐에 따라서 전달 내용이 달라질 수 있고(예를 들면 필자가 좌파냐 우파냐의 문제), 정보 습득자가 '열독'을 하는 과정에서 사건의 시비에 대한 '편들기'(take side)가 일어날 개연성이 TV보다 상대적으로 클 것입니다. 신문과 같은 인쇄매체가 갖는 가장 큰 문제는 사건의 발생과 그것이 인쇄되어 독자들에게 전달되는 과정에서 생기는 시간적 지체 현상에서 비롯됩니다. 비록 호외(號外)를 만들어서 배포한다고 해도 짧은 시간 동안 배포하는 범위에 있어서 시간적 지체라는 현상을 극복하기는 어렵습니다. 극단적으로 하나의 특정 사건이 제2, 제3의 사건으로 꼬리를 물고 비화되어 가는 경우, 독자들은 제3의 사건이 일어난 시점에 제2의 사건 시점에서의 보도 기사를 접하게 되어 사건에 대한 사실 판단에 혼선을 가질 수 있습니다. 이미 TV를 통해서 정보에 대한 선입관을 갖게 된 사람들에게 정보를 전달하는 경우, 의도한 바대로(일간지의 내용이 TV보다 더 사실에 가깝건 가깝지 않건 간에) 정보를 전달하지 못할 수도 있습니다. 이미 기초정보나 선입관을 갖게 된 독자들은 신문의 정보를 취사선택하는 과정에서 아예 외면할 수도 있습니다. 단, 인쇄매체들은 정보전달자들이 일방적으로 편집한 내용을 접한다고 해도 정보습득자들이 이를 선택할 수 있는 자유가 TV와 비교하여 상대적으로 크다고 할 수 있습니다. 시간이 흐르면서 구독료를 지불하는 주요 일간지들과는 대조적으로 '무가지'(無價紙)가 인기를 얻고 있습니다. 하지만 무가지의 경우 대중들의 시선을 끌기 위해서 정치, 경제, 사회에 대한 이슈보다는 오락물이 강화된 편집 경향을 보이기도 합니다.

③ 청각 매체: 라디오와 전화, 핸드폰(cell phone) 등이 있습니다. 핸드폰은 동시에 시각 매체이기도 합니다. 시민들은 일반적으로 정보를 접하는 경우 그러한 정보를 접하기 위한 하나의 행위만을 선택합니다. 청각 매체 중에서도 라디오의 경우는 특수합니다. 라디오는 1920년대에 출현하여 당시 신문 매체가 갖지 못한 시간적 '동시성'(同時性, synchronization)과 공간적 '동소성'(同所性, synlocalization)을 가능케 한 매체입니다. 라디오는 전국에 있는 모든 사람들이 동시에 정보를 습득하며, 이로 인해 같은 방송을 듣는 사람들은 자신의 공간을 초월하여 마치 같은 장소에서 방송을 듣는 것과 마찬가지의 효과를 가져옵니다.[2)] 타 매체에 비교하여 라디오가 갖는 가장 큰 장점은 다면과업(多面課業, multi-tasking)을 가능케 하는 매체라는 점입니다. 이러한 점에서 같은 청각 매체인 '전화'와는 구분이 됩니다. 따라서 비록 방송 시간이 정해져 있기는 하지만 정보습득자의 입장에서 TV보다 시간과 공간의 제약을 적게 받습니다. 사람들은 자신의 생업에 종사하면서도 라디오를 통해서 부담없이 정보를 습득하는 경우 라디오는 사람들의 일상생활에서 가장 많은 시간을 함께 하는 정보매체가 될 개연성이 큽니다. 이런 경우 라디오를 통한 정보 습득은 TV나 신문보다 사건정보에 대한 선입관을 먼저 형성할 가능성도 있습니다. 운전을 하면서도, 독서를 하면서도, 경치를 구경하

---

2) 이러한 동시성과 동소성은 TV도 마찬가지입니다. 단, TV로 시청하는 경우엔 정치 토론 방송이나 스포츠 중계의 경우 그러한 행사가 열리는 장소를 시청하기 때문에 동소성에 대한 더 강한 감정을 느낄 것입니다. 동소성이란 용어는 "지금부터 현장감 있는 중계를 하겠습니다"라고 할 때 '현장감'이라는 말과도 일맥상통합니다.

면서도 라디오를 통해선 부담 없이 정보를 습득하는 것이 가능합니다. TV가 보다 보편화된 시대에도 대통령은 TV연설뿐만이 아니라 라디오연설을 통해서도 국민과 직접 대화할 수 있습니다. 더욱이 TV 연설은 그 준비과정 때문에 라디오로도 동시에 중계가 가능하지만 (TV연설을 하는 경우 옷매무새 및 외모에도 신경을 써야 하지만), 라디오 연설만을 위한 프로그램은(극단적으로 병상에서도 연설이 가능하니까) TV로는 동시 중계가 불가능할 수 있습니다.

④ 대인 매체 및 조직 매체: 정치 커뮤니케이션에서 대인 매체란 연설회, 집회, 기자회견 등이 있으며, 조직매체로는 선거운동조직이나 정체성의 정치에 기반한 조직들이 그 예가 됩니다. 동서고금을 막론하고 가장 직접적이고 효과적인 커뮤니케이션 수단은 정보전달자가 정보습득자에게 자신을 노출시키는 것입니다. 각종 선거에서 후보자들은 시민들 앞에 자신의 모습을 드러내고 악수를 하거나 간단한 대화를 하는 등 대인 매체를 적극적으로 이용합니다. 후보자가 자신의 인간성과 성실성을 대중들에게 직접적으로 노출시키는 대인 매체는 지금도 가장 강력한 선거 득표 수단이 됩니다. 선거 후보자들이 이러한 대인 매체를 활용하는 경우 대인 매체를 이용하는 활동 상황은 다시 TV 매체, 신문 매체 등을 통하여 확대 재생산되어 단순히 대인 매체적인 수단으로 국한되지 않게 됩니다. 후보자들이 대인 매체를 통하여 서민들과 함께 하는 인간적인 모습이 TV 매체나 신문 매체를 통하여 보도되는 경우 TV 매체나 신문 매체 그 자체만을 목적으로 한 매체 행위보다도 파급효과가 더 클 것입니다. 대인 매체는 시간과 공간상의 제약을 받게 됩니다. 또한 그 전달 범위도 한정됩니다. 따라서 특히 선거에 관련된 정치 커뮤니케이션에서 대인 매

체는 조직 매체와 동시에 이용되는 경우가 많습니다. 유사한 정체성이나 공동의 목적을 지닌 사람들이 모인 집단들인 조직 매체는 선거 과정에서 보다 '적극적인' 지지자나 활동가로서 역할을 하게 됩니다.

⑤ 인터넷 매체와 모바일 매체: 과거에 종류별 매체가 갖는 특성들을 복합적으로 지닌 매체가 바로 인터넷 매체와 모바일 매체입니다. 앞에서 시각 매체, 인쇄 매체, 청각 매체, 대인 매체 등을 살펴보면서 종류별 특성을 살펴보았지만, 이러한 특성 분류들은 인터넷과 모바일 시대에 보다 더 혼란스러운 측면이 있습니다. 먼저 인터넷 매체입니다. 소위 '개인 컴퓨터 시대'(the era of personal computer)에 이들은 정보 습득과 전달의 시공을 초월하여 그러한 개인들 모두를 신속히 연결시킴으로써 정치커뮤니케이션의 흐름에 많은 변화를 가져왔습니다. 인터넷 매체가 있기 전과 후를 비교하여 봅시다. 인터넷 매체의 가장 중요한 매체적 특성은 기관이건 개인이건 상관없이 누구든 정보의 주체도 되고 객체도 된다는 것입니다. 모든 단위들은 정보 전달자이자 정보습득자로서 기능이 가능합니다. 예를 들어서 인쇄 매체는 신문사라는 기관이 정보전달의 주체이며 대중들은 정보 습득자입니다. 시각 매체의 경우도 정보 전달의 주체는 방송국이란 기관이며, 대중들은 단순히 정보 습득자입니다. 반면에 인터넷 매체 하에선 모든 사람들이 정보의 주체이자 객체입니다. 기관들만 '사이트'(site)를 갖는 것이 아니고 개인들도 사이트도 갖고 '블로그'(blog)도 갖고 있습니다. 사이트의 '컨텐츠'(contents)를 제공자가 아닌 사용자가 채워 넣는 'UCC'(User Created Contents)라는 행위도 주체와 객체 사이에 구분을 두지 않은 인터넷의 특성에서 비롯됩니다. 인터넷 매체는 정보 전달과 습득에 있어서 '만민평등주의'가

실현되는 곳이라 할 수 있습니다. 특히 주목할 만한 것은 정보 습득의 '체계성'(systemness)이 높으며, 습득할 수 있는 정보의 양은 인터넷 이전 시대와 비교가 어려울 정도입니다. '포털사이트'(portal site)를 통하여 지구상의 어떤 정보도 국가별 시간과 공간에 구애받지 않고 습득이 됩니다. 더욱이 정보를 정리해 주는 체계는 핵심 단어, 분류체계 등을 중심으로 누구나 상식적으로 접근이 가능해서 매체의 보편성은 타의 추종을 불허합니다. 특히 전자 문자는 '퍼나르기'가 가능하기 때문에 수많은 정보의 양에 대한 편집과 저장이 가능합니다. 인터넷 매체가 정보 전달과 습득 과정에서 혁명을 가져왔다면, 모바일 매체는 인터넷 매체에 '대인 매체'가 갖는 장점을 덧붙여 줍니다. 우리가 보통 핸드폰이라고 하는 것은 청각 매체와 시각 매체의 기능을 동시에 수행합니다. 통화도 하고, 문자 메시지도 보내고, 영상도 시청합니다. 앞서서 라디오와 TV가 동시성과 동소성을 갖고 있다고 해도 그것은 정보 전달의 주체와 정보 습득의 객체가 분리된 가운데 행해진 것이었습니다. 하지만 모바일의 경우는 정보를 공유하고 의견을 나누는 모든 사람들이 동일한 주체인 상태에서 동시성과 동소성이 구현되는 것입니다. 일상적 직책을 그대로 수행하면서 현장에 있는 사람과 모바일을 통한 개인적 대화나 화면 중계를 받는다면 현장감을 지닌 가운데 멀티태스킹이 가능한 것입니다. 하지만 모바일에 익숙하지 않은 세대들은 이러한 정보 전달과 습득 체계 밖에 존재하기 때문에 모바일 상용화 시대에도 정보 전달과 습득에서 소외된 사람들은 항상 존재하는 셈입니다.[3] 투표에도 인터넷

3) 문맹은 신문을 통한 정보 전달과 습득 체계에서 소외되며, TV가 보편화되지 않은 시기엔 값비싼 TV를 소유화한 사람들이 정보 습득에 유리하기 때문에 재산의 정도에 따라서 정보

투표나 모바일 투표를 도입하자는 움직임이 있는데 투표율이 높아질 것은 자명합니다. 투표당사자의 신원 확인 문제 때문에 투표 방식으로는 도입이 어려워도 선거 운동 자체는 인터넷과 모바일을 통해서 이루어집니다. 선거운동 과정에서 인터넷과 모바일 매체가 갖는 '기동성'은 그 어떤 다른 매체로도 대체될 수 없습니다. 개인 모바일을 바탕으로 전 지구 개인들간의 실시간 대화를 가능케하는 SNS(social network service)시대가 YouTube와 같은 개인 방송시대와 조합되면서 새로운 세상을 열고 있습니다.

선전

선전은 '대립자'(對立者)들이나 경쟁자들 간에 논쟁이나 경쟁이 존재하기 때문에 형성되는 것입니다. 따라서 선전의 경우엔 그 종류를 막론하고 '대항 선전'의 성격이 내재합니다.[4] 이렇게 정당 간에, 기업 간에, 집단 간에, 개인 간에 경쟁과 대립이 존재하는 경우, 특정한 이념, 사상, 사실, 판단, 감정 등을 전파하여 인간의 의견, 태도, 행동 등을 변경시키거나 지배하려는 행위인 선전이 필요합니다. 선전에는 핵심적으로 다음의 요소들이 포함됩니다: ⓐ 전달하려는 특정한 사안들이 "알려져야 하고" ⓑ 알리는 내용들은 "이해되어져야 합니다". 여기서 중요한 점은 이들 두 가지 요소에 결과론이 중요하다는 것입니다. 전달 행위를 통해서 알린다고 알렸지만 결과적으로 "사안들이 알려지지 않았다

전달과 습득 체계에서 소외된다고도 할 수 있습니다. 인터넷-모바일 시대엔 전자 기기 사용에 대한 익숙성의 정도에 따라 정보 전달과 습득 과정에서 소외된다고 할 수 있습니다.

4) 선전의 종류들로 정치 선전 이외에도 상업 선전, 종교 선전 등이 있습니다.

면", 그리고 사안들이 알려졌더라도 "내용이 이해되지 못했다면" 이것은 선전의 효과가 없는 것입니다. 이상의 두 가지 요소에 덧붙여 ⓒ 선전된 내용이 "기억되고", ⓓ 그러한 기억을 통해서 "행동화된다면" 선전의 효과는 극대화됩니다. 인간의 의견이나 태도 등을 변경시키려면 실제적인 행동화의 단계까지 연결되어야 하며, 행동화의 단계로 발전하려면 기존의 생각을 변경시키기 위한 선전에 대한 기억이 병행되어야 합니다. 실제로 존재했던 유명한 정치적 사건들을 중심으로 '선전의 원리'와 정치적 커뮤니케이션의 함의를 살펴보겠습니다.

첫째, '단순화(單純化, simplicity)의 원리'입니다. 이것은 선전에서 가장 기초가 되는 내용으로 ⓐ와 ⓑ에 가장 직접적인 영향을 미치는 요소입니다. 선전은 알려지고 이해되어져야만 합니다. 그러기 위해선 무엇보다도 그 내용이 단순해야 합니다. 정치적 선전에서 단순화 원리의 중요성을 잘 인식했던 정치인으로 율리우스 케사르(Gaius Julius Caesar)의 유명한 정치적 일화들을 소개합니다.

케사르는 에스파니아 총독에 나가기 위해 돈이 필요하게 됩니다. 하지만 빚쟁이들에게 시달리면서 부임이 좌절될 위기에 처하게 되자 당시 로마 최고의 부호들 중 한 사람인 크랏수스(Marcus Licinius Crassus)를 찾아갑니다. "도와주십시오, 그 은혜는 꼭 갚겠습니다"라는 말이 케사르가 한 모든 말이었습니다. 크랏수스는 자신의 정적(政敵)이었던 폼페이우스(Gnaeus Pompeius Magnus)를 견제하기 위해서 자신이 신임할 수 있는 정치적 동지가 필요하기도 했지만, 케사르의 간단 명료한 말 한마디에 그를 인간적으로 신뢰하며 재정적 후원자를 자처하게 됩니다. 케사르가 변명과 수사를 늘어놓았다면 역효과가 났을 것입니다.

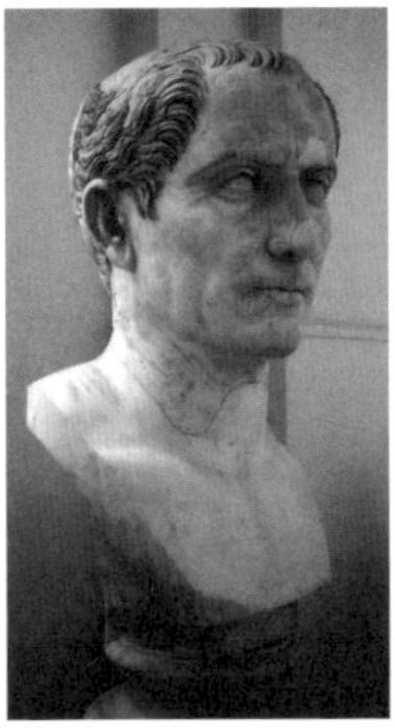
Gaius Julius Caesar
(B.C. 100 - B.C. 44)

Marcus Licinius Crassus
(B.C. 115 - B.C. 53)

Gnaeus Pompeius Magnus
(B.C. 106 - B.C. 48)

케사르는 재정적 후원을 얻어 빚쟁이들로부터 해방되어 에스파니아 총독에 성공적으로 부임합니다. 에스파니아 총독으로서 인기와 돈을 얻게 되고 다시 로마로 돌아와서 '집정관'(執政官, consul)에 출마하여 당선됩니다 (B.C. 60).[5] 당시 집정관들 중에서 가장 세도가 강했던 폼페이우스, 크랏수스, 케사르는 '원로원'(元老院)을 배격하고, '삼두정치'(三頭政治)를 합니다. 케사르는 집정관의 임기를 마치고 다시 갈리아 총독으로 부임합니다. 갈리아 총독으로서 갈리아, 게르만, 브리타니아를 평정하고 있는 동안 크랏수스는 파르티아 원정 도중 진중(陣中)에서 살해됩니다(B.C. 53). 원로원은 폼페이우스 한 명만을 집정관에 당선시키는 변칙을 행합니다. 이때 케사르는 삼두정치에서 있었던 힘의 균형이 폼페이우스에게로 기울자, 자신을 집정관에 당선시켜 주든지 최소한 갈리아 총독의 임기를 연장시켜줄 것을 원로원에 요구합니다. 하지만 폼페이우스의 사주를 받던 원로

5) 집정관은 행정부 최고 관리들 중의 한 사람입니다.

원은 오히려 케사르를 갈리아 총독에서 해임시키자는 안건을 압도적으로 통과시킵니다. 케사르는 더 이상 타협이 불가능하다고 판단하며 폼페이우스와의 정면 대결을 위해서 로마로 진군하게 됩니다. 당시 로마법은 총독의 신분이 아닌 자가 군대를 이끌고 로마의 경계를 넘지 못하게 하였습니다. 케사르는 이미 총독에서 해임된 상태여서 로마의 경계를 군대 없이 넘어야만 했습니다. 군대를 이끌고 경계를 넘는 것은 곧 반란이며 법을 어긴 것이 됩니다. 문제는 부하들입니다. 대부분의 부하들은 케사르의 리더십을 존경하면서도 반역죄로 처단당하는 것을 두려워하였습니다. 케사르의 문제는 폼페이우스와의 결전에 앞서 수하의 부하들을 어떻게 움직일 것인가 하는 점에 있었습니다. 로마로 진군하기 위한 마지막 경계인 루비콘 강가에서 두려움에 떠는 부하들에게 그는 “주사위는 던져졌다”라고 외칩니다. 이 한마디의 외침은 모든 복잡한 상황들을 가장 극명하게 정리하여 부하들에게 사기를 북돋아 주며 그들의 현명한 판단을 이끌어내게 됩니다. 복잡하게 생각하지 말라는 것입니다. 어차피 강을 건너지 않아도 폼페이우스는 반란의 의도를 지녔던 우리들을 용서하지 않을 것이라는 메시지를 전달한 것입니다. 이때도 복잡하게 상황을 설명했다면 부하들은 더욱 더 고민에 빠졌을런지도 모릅니다. 로마로 진군한 케사르의 군대는 케사르 군의 사기가 충천했다는 소식을 미리 접한 폼페이우스의 주력 부대가 이미 그리스로 도망가 버려 커다란 저항 없이 로마로 입성합니다. 케사르가 사실상 무혈 쿠데타에 성공한 것입니다.

삼두정치가 무너지고 케사르가 사실상 제왕으로서 군림한 이후엔 프톨레마이오스 왕조의 클레오파트라와 사랑에 빠져서 로마를 떠나 아예 속주격인 알렉산드리아에 거주하게 됩니다. 그리고 '알렉산드리아 전쟁'까지 일으키면서 클레오파트라에게 여왕의 직위를 회복시켜줍니다. 그러자 로마에 있는 케사르의 정적들은 케사르가 로마를 오히려 속주로 생각하고 있다는 루머를 퍼트립니다. 이때 시리아에서 파르나케스 반란이 일어나자, 케사르는 시리아를 평정하기위해 로마의 군사들을 동원하지 않고 자신이 직접 갑니다. 그리고 5일만에 반란을 평정한 케사르는 로마에 편지를 보내서 정적들과 로마인들에게 로마에 대한 애정을 표현합니다. 편지의 내용은 너무도 간단했습니다. "왔노라, 보았노라, 이겼노라"였습니다. 케사르는 로마에 관련된 중요한 사건은 자신이 어디에 있든지 직접 달려가서 해결한다는 의지를 가장 단순하면서도 강력하게 로마인들에게 선전한 것입니다.

레닌(Vladimir Ilich Lenin) 역시 단순한 의사 전달이 정치적 선전에서 갖는 중요성을 인식했던 대표적인 정치인이라고 할 수 있습니다. 1917년 러시아 혁명에서 막심 고리키(Maxim Gorky)는 레닌의 연설에 참석한 후에 다음과 같은 기록을 남깁니다. "블라디미르가 연단에 올라 말하였다. 잠시 후 나는 다른 사람들과 마찬가지로 그의 말에 빨려 들어갔다. 매우 복잡한 정치문제들을 그토록 '단순하게' 말하는 것을 들어본 적은 생애에서 그 때가 처음이었다. 그는 문장을 아름답게 말하려 하지 않고 단어 하나하나를 놀랍도록 손쉽게, 그리고 단어의 의미를 손바닥 위에 올려놓듯 정확하게 표현하였다.....증거들을 내세웠다.... 이 모든 것은 탁월하였다....레닌은 자신의 이름으로 말하는 것이 아니라 역사의 이름으로 말하는 것처럼 보였다. 내 뒤에서 누군가 '말을 간결하게 하는군'이라고 소근거렸다. 그것은 사실이었다." 러시아 혁명 과정에서 대립하고 경쟁하는 여러 집단들 중에서 레닌 집단이 러시아 혁명에 성공한 것에는 분명한 이유가 있음을 보여준다고 하겠습니다. 단순한 표현과 분명한 전달이 강한 설득력을 제공하였습니다. 레닌은 정치적 선전에서 성공한 것입니다.

둘째, '반복(反復, repeatedness)의 원리'입니다. 이것은 ⓑ 항목의 알리는 내용들은 "이해되어져야 한다"는 것과 관련성이 깊습니다. 히틀러(Hitler)는 「나의 투쟁」(Mein Kampf)이라는 자신의 저서에서 선전은 군중들 중에서 가장 낮은 이해력에 적당한 지적 수준을 기준으로 하여 정해야 한다고 주장했습니다. 히틀러의 주장은 1930-1940년대의 것이며, 모든 국민들의 교육 수준이 향상된 현대 사회에서 이러한 극단적인 주장은 받아들이기가 쉽지 않을런지도 모릅니다. 하지만 현대에도 지적수준과 상관없이 반복의 원리는 중요할 것입니다. 분명한 것은 정치 선전에선 '최대다수'(最大多數)에 의해서 이해되는 것이 중요하다는 것입니다. 교육 수준이 높은 곳에서도 어떤 내용을 반복하여 선전한다는 것은 최대 다수에 의해서 이해되는 것과 맥을 같이 합니다. 대중들은 선전 내용에 관심이 있는 자와 없는 자가 섞여 있으며, 선전의 내용을 이해하는 자와 이해 못하는 자가 섞여 있을 것입니다. 어떤 내용을 반복하는 것은 이해를 증진시키기 위해서도 선전의 전달 폭을 넓히기 위해서도 중요합니다. 물론 선전의 내용이 단순하다면 반복의 효과는 증가될 것입니다.

세째, '집중(集中, concentration)의 원리'입니다. 이것은 ⓒ 항목인 선전된 내용이 "기억되는 것" 또는 "기억을 남기는 것"과 연관하여 그 중요성이 부각됩니다. 선전의 효과를 극대화시키기 위해서 집중의 대상이 되는 것들은 ㉠ 전달하려는 내용, ㉡ 선전의 효과를 극대화하기 위한 수단, ⓒ 공격대상자 선정 등 다양합니다. 선전의 내용이 여러 가지 항목들을 포함하고 있는 경우 그 모든 항목들을 나열식으로 모두 전달하지 않고, 중요한 항목을 정하여 그것에 집중하는 경우 선전의 내용은 보다 더 수월하게 기억될 것입니다. 선전하려는 내용들이 집중하려는 한 개의 중요한 항목을 정하여 이를 중심으로 나머지의 항목들을 서열화된 하나의 논리로 정리되게 하는 형식을 취할 수 있습니다.

선거 선전 전략에서 '재선거'(再選擧, re-election) 또는 '보궐선거'(補闕選擧, by-election)가 갖는 상징적 의미도 바로 집중의 원리와 일맥상통합니다. 총선거(總選擧, general election)에서 많은 의석수를 잃은 정당은 선거 직후 재선거나 보궐선거를 통해서 몇 개의 의석에 집중하여 잃어버린 의석수 모두를 만회하는 상징적 의미를 국민들에게 심어줄 수 있습니다. 극단적인 예가 바로 히틀러의 나찌당(Nationalsozialistische Deutsche Arbeiterpartei; 민족민주당으로 계승) 선거 전략입니다. 나찌당은 1932년 선거에서 32석의 의석수를 잃게 됩니다. 하지만 이를 만회하기 위해서 괴벨스(Paul Joseph Goebbels)는 인구 15만의 한 보궐선거에 집중하여 승리를 쟁취합니다. 이러한 승리를 집중적으로 선전하여 나찌당은 두 가지의 효과를 봅니다. 우선 국민들에게 지난 총선거에서의 패배에 대한 기억을 없애고, 최근 선거에서 나찌당이 결국 승리했다는 인식을 각인시킵니다. 보궐선거에서 단 한 지역에 집중하

Paul Joseph Goebbels (1897-1945)

고, 그 지역의 선거 승리 결과만을 집중적으로 선전하여 나찌당은 사실상 '총선거'에서 승리한 것과 같은 상징적 의미를 국민들에게 기억

재미있는 이야기 **스핀 닥터(spin doctor)**란 정치컨설턴트, 선거전략 보좌관, 보도대책 보좌관 등 다양한 명칭으로 불리는데, 이를 종합하자면 일종의 홍보전략 보좌관에 해당하는 말입니다. 이들의 주요 업무 범위는 선거 때와 그렇지 않은 때로 구분하여 이해할 수 있습니다. 선거 기간에는 자신들이 보좌하는 후보자의 승리를 위해서는 자기편 후보자의 상황을 미사여구로 치장하는 것을 넘어서 상대방 후보에 대한 정보를 조작하는 일도 서슴치 않습니다. 그리고 상대방으로부터 똑같은 일을 당하는 경우 이를 방어하기에 효율적인 '대항선전'전략을 만들기도 합니다. 이러한 상호작용의 과정에서 스핀 닥터들은 없는 일도 만들어내고, 장점은 무시하고 단점을 침소봉대하게 됩니다. 따라서 목화 씨나 누에 고치로부터 실을 자아서 옷감이라는 전혀 다른 형태의 물건을 만들어내는 행위를 의미하는 'spin'의 행위는 마치 전혀 다른 사실을 만들어내는 그들의 행위와 비슷하다는 냉소적인 의미를 반영하고 있습니다. 스핀 닥터들은 언론 방송 관계자들과 특별한 관계를 맺으려고 노력합니다. 선거에서 승리하여 집권한 경우엔 공직자의 활동을 PR하기 위한 전략을 수립합니다. 공직자가 어떠한 활동을 하는가도 중요하지만, 그러한 활동이 대중들에게 어떻게 인식되는지는 PR을 통해서 결정됩니다. 즉 같은 내용물을 어떻게 포장하느냐에 따라서 대중들은 해당 공직자를 기억합니다. 예를 들어, 보다 많은 신문의 인사동정란에 그들의 활동 사항을 게재하려고 노력하는 것도 홍보전략 보좌관의 중요한 업무의 일부가 됩니다. 앞서서 언급한 4가지 정치 선전의 원리에 덧붙여서 다양한 홍보 전략들이 상황에 따라서 전개될 것입니다. 민주주의가 가장 성공적으로 운영되는 국가로 지칭되는 미국의 대통령 선거에서도 항상 스핀 닥터의 존재가 거론되고 있습니다.

방적기

시켜 놓은 것입니다. 이를 발판으로 나찌당은 은행가나 자산가들로부터 정치 헌금과 융자를 얻어서 당재정(黨財政) 문제를 해결하며, 차후 총선거에서 제1당으로 화려하게 복귀할 교두보를 확보합니다. 괴벨스는 소위 '스핀 닥터'(spin doctor)였던 것입니다.

집중의 원리는 정치 선전에서 '집중 공격'의 형태로도 나타납니다. 히틀러는 마르크스주의자를 공격하고 이러한 정치 선전을 선명하게 기억시키기 위해서 노동자 계급 전체를 공격 대상으로 삼지 않고 몇 명의 유대인 마르크스주의자에게 집중하여 노동자들이 소수의 유대인들에게 조종당한다는 것을 선전합니다. 특히 어떤 체제에 반항하는 자들이 있는 경우 그 체제는 반항자들이 처벌받는다는 것을 대중들에게 선전하여 체제의 안정을 추구합니다. 관련자들 모두를 처벌하기보다는 반항 집단을 이끈 리더들을 집중적으로 처벌하는 경우 처벌의 '상징성'(象徵性, symbolicity)이 부각되면서 정치 선전에서 기억의 효과는 증가됩니다.

넷째, '이입(移入, empathy)의 원리'는 '감염(感染, contagion)의 원리'라고도 하는데, ⓓ 항목인 '행동화된다'는 측면에서 중요합니다. 군중 속에서 감정의 이입은 서로를 동일시(同一視, identification)하는 상태로 이끌어 가는 것에서 가장 잘 나타납니다. 군중들은 이익, 희망, 공포, 곤란, 분노 등의 감정들을 동일시하는 상태에선 자기가 다른 사람과 유사하다고 느끼고, 의식적이건 무의식적이건 집단 내에서 그들과 같이 행동하고자하는 욕구를 느끼고 실제 행동에 옮겨지는 경우 집단행동을 하게 됩니다. 예를 들면 응원을 할 때 같이 합창을 하게 한다거나 박수를 일정한 리듬에 따라서 치게 한다는 것은 그 대표적인 예입니다. 타악기를 반복하여 두드리면서 정서를 자극하는 것도 감정이입을 위한 것이라고 할 수 있습니다. 응원을 통해서 동일시의 감정이 증가하면 그들은 스크럼을 짜고 구호를 외치며 거리를 활보하는 형태로 발전합니다. 히틀러의 나치정당은 그들의 훈령을 지시하고 선전하는 곳에선 당가(黨歌)를 합창하고 일정한 규칙에 따라 박수를 치게 함으로써 군중들이 서로를 동일시하여 감정이입의 상태에 함몰되도록 하였습니다. 정치 선전에서 이입의 원리는 정치 선전의 궁극적인 효과인 '행동으로의 전환'을 위해서 가장 중요한 단계인데, 이는 '대항 선전'(對抗 宣傳)의 경우를 통해서 보다 쉽게 이해될 수 있습니다. 케사르 사후에 로마의 군중들을 향해서 브루투스와 안토니우스가 행한 연설은 대항 선전의 좋은 예입니다. 두 사람의 연설은 그들의 정치적 생명을 건 대항 선전이었습니다.

Marcus Junius Brutus
(B.C. 85 - B.C. 42)

케사르는 B.C. 49년 독재관이 된 이후, B.C. 48년엔 집정관을 겸하였고, B.C. 47년엔 다시 10년 임기의 독재관이 되었고, B.C. 46년에는 아예 종신직(終身職)으로 임기를 연장하였습니다. 본인은 '제왕'이라는 칭호를 거부했지만, 그것은 확실한 권력자가 보여주는 아량 그 이상도 이하도 아니었습니다. 로마는 이름만 공화정(共和政)이고 사실상의 제왕이 다스리는 제정(帝政)처럼 기능하고 있었습니다. 당시에 강직한 성격의 카시우스(Gaius Cassius Longinus)는 케사르의 양자이자 최측근이라고 할 수 있는 브루투스(Marcus Junius Brutus)를 설득하여 암살을 계획합니다.[6] 케사르 암살에 참여한 40

명의 동지들은 원로원을 소집하는 날(B.C. 44년 3월 15일)을 거사일로 정합니다. 원로원 소집의 이유는 크랏수스의 원혼을 달래주기 위해 크랏수스가 실패하였던 파르티아 원정을 선언하고, 속주에선 케사르를 왕으로 부르도록하는 내용을 결의하기 위함이었습니다. 3월 15일을 불길한 날로 여기는 로마의 관습, 불길한 부인의 꿈, 측근들의 만류, 음모를 알게된 아르테미도루스의 회의장 입구에서의 개입에도 불구하고 케사르는 원로원에 들어서며 무려 23군데를 단검에 찔려서 비참한 최후를 마칩니다. 공교롭게도 케사르는 그의 최대 정적이었던 폼페이우스의 초상 앞에 쓰려져서 죽게 됩니다. 그때 남긴 마지막 말은 "브루투스 너마저도"였습니다.

Marcus Antonius
(B.C. 83 - B.C. 30)

최고 권력자 사후 정치권력의 향방을 결정할 대항 선전은 암살 다음날인 3월 16일에 행한 브루투스의 연설과 케사르의 장례식 날인 3월 20일에 행한 안토니우스(Antonius)의 연설로 대비됩니다. 두 대항 선전은 모두 역사에 남는 명연설임에도 불구하고 '감정이입'이란 측면에서 그 승패가 갈렸습니다.

브루투스와 그 일파들은 케사르 암살에 로마 공화정의 부활이란 대의명분이 분명히 있었습니다. 브루투스는 중앙광장에서 로마

6) 케사르가 루비콘강을 건너서 로마로 진군할 당시 브루투스는 폼페이우스와 뜻을 같이 하여 케사르를 죽이려고 하였습니다. 하지만 패전하여 포로가 된 이후 케사르는 브루투스가 젊은 시절 케사르의 애인이었던 세르빌리아의 아들이란 것을 알게 되어 오히려 자기의 측근으로 아낍니다. 브루투스는 그러한 케사르의 관대한 모습에 감격하여 충성을 다하고 있었습니다.

시민들에게 "케사르보다 로마를 더 사랑하기 때문에 케사르를 암살했다"고 선전합니다. "케사르라는 개인을 섬기며 그 밑에서 영화를 보느니, 로마인들 당신 모두를 더 사랑하기 때문에 나는 그러한 영화를 포기하고 내 손에 피를 묻힌 것이다"라는 선전입니다. "당신들 로마인들은 독재 체제보다 공화정 체제 하에서 더 행복을 누릴 수 있으며, 공화정 체제는 과거 로마의 왕정을 타도하고 세워진 것으로 지켜져야 한다"는 명분인 것입니다. 기록에 따르면, 시민들의 반응은 분노와 칭찬이 섞인 중립적인 것이어서 브루투스 일파도 케사르의 남겨진 일파도 자신들의 행동을 적극적으로 취할 수 없는 분위기였음을 전합니다. 분명한 것은 독재자였건 아니건 로마시민들이 자신들의 최고 지도자가 일부 정치 일파에 의해서 살해된 상황에서 그러한 중립적인 분위기 자체가 브루투스의 연설이 가진 정치선전의 논리가 대단했음을 보여주는 것입니다. "정치인은 사적 이익보다 공적 이익을 따라야 한다"는 생각을 "케사르보다 로마와 로마인들을 사랑하기에 케사르에 대해서 어떤 행동도 할 수 있다"로 표현하여 군중들에 대한 감정이입을 성공적으로 유발합니다.

하지만 5일 후에 케사르의 장례식장에선 안토니우스(Marcus Antonius)의 '대항 선전'이 진행됩니다. 브루투스의 이성에 호소하는 '크레덴다' 전법과 달리, 안토니우스가 펼친 선전의 핵심은 정서에 호소하는 소위 '미란다' 전법이었습니다. 3월 20일에 광장은 케사르의 장례식을 보기 위해 인산인해를 이루게 됩니다. 안토니우스는 다음과 같이 외칩니다. "케사르가 비록 독재자였지만, 케사르는 로마인들을 위해서 일하는 것을 즐거워했으며 로마인들이 싫어하는 행위는 일체 하지 않았다. 일전에 축제가 열렸을 때 내가 왕관을 바치면서 이를 머리에 씌우려고 하자, 시민들의 반응이 냉담했을 때 케사르는 나에게 왕관을 돌려주지 않았는가"라고 하면서 청중들의 기억을 상기 시킵니다. 동시에 안토니우스는 "나(케사르)의 재산은 누이의 손자인 옥타비아누스에게 준다. 또한 로마 시민들 모두에게는 각기 2개월 반분에 해당하는 돈을 유산으로 나누어 주도록 하라"는 케사르의 유언을 공개합니다. 그리고 암살 당시의 피묻은 망토를 시민들에게 직접 보이면서 브루투스 행위의 배은망덕을 선전합니다. 안토니우스의 이러한 대항선전은 로마시민들 대다수에게 "케사르는 믿는 도끼에 발등을 찍혔으며, 케사르는 로마시민을 사랑했다"는 감정을 불러일으키게 됩니다. 이러한 믿음이 로마 군중들에게 감정이입되면서 그들은 폭도로 돌변합니다. 군중들은 브루투스의 집을 파괴하며, 브루투스는 로마 밖으로 피신하게 됩니다.

비록 결과론적인 이야기일 수도 있지만, 로마 군중들의 마음을 사려는 정치 선전에서 승리한 안토니우스는 제2차 삼두정치를 하게 됩니다. 안토니우스의 정치 선전 전략이 권력 투쟁에서의 승리를 가져다 준 것입니다.

PR

PR(Public Relations)은 선전의 한 종류라고 할 수 있습니다. PR의 가장 기본적인 의도는 "타인으로부터 '호의'(好意, good will)를 얻으려는 것"입니다. 선전과 PR은 다음의 두 가지 면에서 그 성격이 다릅니다.

첫째, PR은 정부나 어떤 단체가 자신들의 업적이나 업무수행에 관하여 일반 대중들에게 '홍보'(弘報, publicity)하여 호의적 관계를 성립시키고 유지하는 것이 목적입니다. 따라서 홍보 주체의 존재성을 널리 알리는 것과 동시에 그 이미지를 고양시키려는 의도가 두드러집니다. 상업 분야에서 기업 홍보가 일반화되어 있습니다. 어떤 기업이 기업의 특정 제품을 선전하는 것이 아니고, 기업 활동 그 자체를 홍보함으로써 대중들로부터 기업 이미지를 고양시키고 기업의 브랜드 가치를 높이는 PR을 하게 됩니다. 공기관도 마찬가지일 것입니다. 선진 민주사회에선 일반적으로 사기업에 대한 기업 이미지 평가뿐만이 아니라, 공기관들에 대한 국민들의 이미지 평가가 이루어집니다. 이런 차원에서 본다면 국민의 불신이 강한 국회는 기관 그 자체에 대한 PR을 할 필요가 있다고 생각됩니다. 민생안정은 국회에서부터 시작됩니다. 국민들의 국회에 대한 신뢰도를 높이기 위해서 국회도 기관 PR이 필요할지 모릅니다.

둘째, 특히 정치적 커뮤니케이션이란 범주에서 이해하는 경우, PR은 선전의 효과와 더불어 '교육'의 효과를 동시에 갖는다는 특색이 있습니다. PR의 교육적 측면을 강조하는 경우 PR을 담당하는 자들은 "어떻게 생각할 것인지(how to think)"에 집중하며, 선전자들은 "무엇을 생각할 것인지(what to think)"를 알리려고 합니다. 국가적인 규모에서 행해지는 정부의 공보활동(公報活動)은 그 대표적인 예입니다. 중앙선거관리위원회는 선거 기간 동안에 국민들에게 투표에 참여할 것을 독려합니다. 그런데 그 내용을 살펴보면 단순히 투표율을 높이자고 선전하지 않고, 건강한 민주사회를 건설하기 위해서는 구성원 한 사람 한 사람이 주인의식을 가져야 하며, 주인의식을 갖기 위해서는 신성한 내 한 표를 행사하는 것이 출발점이 된다고 홍보하게 됩니다.

Benjamin Franklin
(1706-1790)

Alexander Hamilton
(1755-1804)

셋째, 선전은 강한 대립감정을 내포하며 감정에 호소하는데 반해서 PR은 대상과 호의적 관계를 유지하고 협력을 얻는 것을 목표로 합니다. 따라서 선전은 대립자나 경쟁자를 전제로 하여 진행되는 반면에, PR은 특정한 대립자나 경쟁자를 상정하지 않고서도 진행됩니다. 특정한 대립자나 경쟁자가 특정한 시기에 행하는 특정한 행위를 염두에 두지 않는 경우, PR은 특정 시기에만 이루어지는 것이 아니고 평소에 장기적으로 행해집니다. 예를 들면 '정체성의 정치'가 두드러지는 현대사회에서 '헌법 소원'의 사례가 증가하면서 헌법재판소의 역할이 증대되고 있습니다. 분쟁을 해결하기 위해 헌법재판소는 판결하지만, 만약 국민들이 헌법재판소에 대해서 갖는 기관 이미지가 낮은 경우 헌법재판소의 판결은 그 정당성이 훼손될 수 있습니다. 헌법재판소와 같이 국론의 분열을 막고 국민통합을 이룩하는 데 필수적인 기관은 평소에 기관 PR을 할 필요가 있을 것입니다.[7]

7) 중앙선거관리위원회의 투표 독려 PR은 선거기간 동안이란 특정 시기에 행해져야 그 효과성이 큽니다. 대조적으로 같은 국가 기관의 PR이더라도, 헌법재판소의 기관 PR은 특정 사안에 대한 심사가 진행 중인 경우보다는 오히려 평소에 기관 PR이 이루어져야 더 바람직할 것입니다.

미국의 1776년 국가 독립 선언, 1783년의 독립 국가로의 승인, 그리고 독립 이후엔 연방국가로의 제도화라는 모든 단계들에서 PR의 힘은 결정적인 역할을 하였습니다. 연구들에 따르면, 프랭클린(Benjamin Franklin)은 미국의 영국 식민지 시대에 미국인들에게 반영의식(反英意識)을 심어주기 위해 식민지인들에게 전쟁 관련 기사들을 이용한 PR에 주력하였습니다. 미국에서 연방주의자들의 헌법 승인 운동은 또 다른 PR의 예가 됩니다. 독립국가로 승인받은 이후에 해밀턴(Alexander Hamilton)이 중심이 된 연방주의자들이 The Independent Journal을 비롯하여 뉴욕시의 신문에 연재한 「연방주의자들」(The Fedaralists)이란 제목의 글들은 미국에서 가장 훌륭한 역사적 PR의 사례로 평가받습니다. 즉 미국 연방헌법에 대한 전면적인 승인은 국민들에 대한 PR의 결과라는 것입니다.

5장을 마치며

라스웰은 '정치적 인간'(political man)을 "사적이익을 공적이익으로 합리화시키는 인간"이라고 정의하였습니다.[8] 합리화시킨다는 것은 민주사회에서 정치적 커뮤니케이션을 전제로 한 것입니다. 앞서 지적했듯이 '공익'을 실현시키기 위해서는 우선적으로 사회에

8) 정치적 인간은 [P|p}d}r]로 표시가 가능 합니다. 여기서 약어는 각각 *P*(정치적 인간: Political man), *p*(사적동기나 사적이익, private motive, private interests), *d*(전환, displacement), *r*(합리화 rationalization)을 의미합니다. 집합 기호는 정치적 인간들이란 그런 속성을 지닌 사람들이 모인 집합이란 의미입니다. 이 말은 반드시 냉소적인 부정적 의미만을 포함한 것은 아니며, 정치적으로 행동한다는 인간의 보편적 속성 그 자체를 표현하는 가치중립적인 의미로도 해석될 수 있음에 유의해야 합니다.

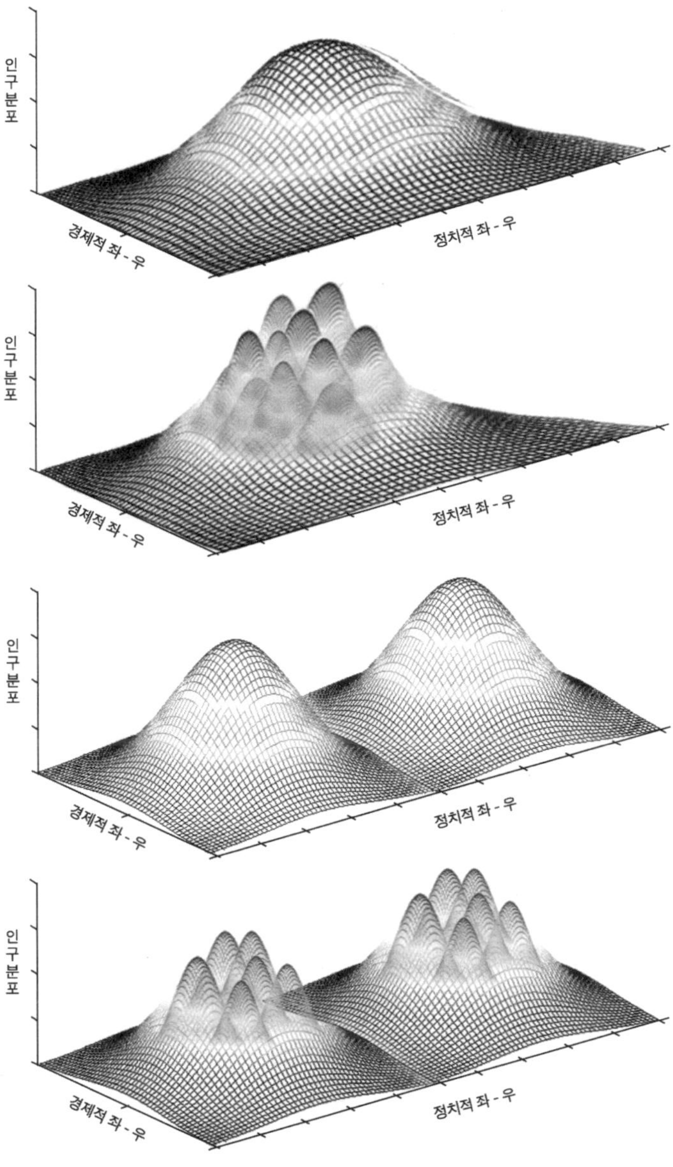

〈그림 5-1〉 단핵구조-다핵구조 사회구성원 입체 분포도

존재하는 문제점들을 "정치화하여 규정할 때" 가능한 것입니다. 규정하는 것 자체도 정치적 커뮤니케이션입니다. 어떻게 표현하든지 간에 (즉 정치화하여 규정할 때나 합리화시킬 때 어느쪽에서든지) 정치적 커뮤니케이션이 존재해야만 정치가 기능할 수 있음이 분명합니다.

현대 민주사회에서의 정치가 '커뮤니케이션'(communication)을 통해서 창조되고, 유지되고, 조정된다면, '커뮤니케이션 망(網)'의 성격이 중요합니다. 이것은 사회 구성원들이 이질적인 속성을 지닌 집단들로 구성되는지 아니면 동질적인 속성을 지닌 집단들로 구성되는지에 따라서 정치커뮤니케이션의 속성이 결정된다는 의미입니다. 어떤 사회 구성원들의 대다수가 보수진영과 진보진영으로 나뉘어 있는 경우와 중도 진영이 대다수인 사회에서 정치 커뮤니케이션은 서로 다른 모습으로 나타날 것입니다.

정치 과정에서 비슷한 생각을 지닌 집단들을 하나의 '핵'(核)으로 표시할 때 그 사회의 커뮤니케이션 망이 '단핵'(單核)으로 구성되는지, 아니면 '다핵'(多核)으로 구성되는지도 정치커뮤니케이션의 속성에 영향을 미칠 것입니다.

다핵 사회는 그만큼 정치 커뮤니케이션의 형식과 내용이 복잡다기한 양상을 지니게 될 것입니다. 하지만 복잡다기한 양상 그 자체가 반드시 커뮤니케이션의 혼란이나 정치 혼란을 의미하는 것은 아닙니다. 사회 구성원들이 민주 시민으로서 주인 의식 내지는 책임의식을 지니고 있는지 그렇지 않은지가 궁극적으로 정치 과정에서 커뮤니케이션의 혼란 여부를 결정할 것입니다.

현대사회를 '소셜 미디어' 시대라고도 하는데, '뉴미디어 시대'의 커뮤니케이션 수단은 오프라인(off-line)을 넘어선 온라인

(on-line)상에서의 커뮤니케이션이 주요 수단으로 자리잡고 있습니다. 정치커뮤니케이션에서 인터넷, 포털사이트, SNS(Social Network Service)가 중요한 매체로 자리잡고 있으며, '뉴미디어 시대'의 시민들은 '이성'뿐만이 아니라 '감성'이 중시하는 시민들로 묘사됩니다. 정치, 경제, 사회의 제 문제들에 대하여 이성을 통한 효율적인 해결책도 중요하지만, 정의감, 정체성, 신뢰, 관심 등의 감성도 중요하다는 것입니다. 현대사회에서 따라서 의무를 강조하는 '의무적 시민'(dutiful citizen: 투표하기, 세금내기, 법을 준수하기 등)의 성격 이상으로 '관여적 시민'(engaged citizen: 자원봉사 참여하기, 자기 의견 형성하기, 관심있는 행사나 결사체에 적극적으로 참여하기)으로의 성격이 두드러집니다. 구성원들 개인들의 파편화된 성격이 강조되는 현대사회의 시민들을 정치커뮤니케이션의 과정에서 '모니터 시민'(monitor citizen)이라고 하는데, 이들은 이성의 정치 못지않게 감성의 정치를 중시하는 것으로 묘사됩니다. '모니터 시민'이란 평시의 일상생활에서는 위협을 감지할 정도만 정치 소식에 관심을 갖고 있다가, 자신의 공동체에 대한 주요 위협이 된다고 스스로 느낄 때 비로소 적극적으로 정보를 수집하고 의견을 표출하는 커뮤니케이션상의 특성을 보입니다. 뉴미디어 시대의 시민들은 필요한 경우 수시로 참여하여 발언하기를 원하기에 기존의 '대의민주주의'라는 형식 자체만으로는 한계가 발생하기에 '참여민주주의'의 긍정적 기능에 대해서도 고민해야 하는 시점입니다. 모니터 시민들은 효율적인 해결책만큼이나 귀 기울기고 소통하는 능력, 정의감, 신뢰감, 관심도, 정체성 등의 성향으로 특징화 되기도 합니다. 이른바 극도로 복잡다기해지는 사회 속에서 단순히 논리와 이성을 넘어선 모니터 시민들은 '복

합적 정체'(mixed polity)의 모습을 띠게 될 개연성이 높습니다.

인터넷과 SNS가 일상생활화된 '뉴미디어 시대'에 '네트워크화된 개인들'(networked individuals)은 더 이상 정치의 주변세력이나 집단이 아닙니다. 특정 이슈에 대해서 실시간으로 의사소통하는 다양한 네트워크 집단들은 인터넷과 SNS를 통해서 모이고 섞이며 각각의 정치세력으로 거듭납니다. 과거 대중은 수적 다수에도 불구하고 분산되고 고립되며 조직화되어 있지 않았습니다. 그렇다고 해서 네트워크화된 개인들이 위계적 지휘체계를 갖고 있는 것은 아닙니다. 역설적으로, 소수의 엘리트에 의해 조직화되거나 위계화되어 있지 않아 자유롭기에 더욱 강력한 정치조직세력이 될 수도 있습니다. 더욱 주목해야 할 점은, 뉴미디어시대 디지털 네트워크화의 특성은 조직과 개인의 구분마저도 무의미하게 만들고 있다는 점입니다. 구체적이고 다양한 이슈마다 네트워크에 의한 조직이 실시간으로 만들어지고 그 이슈가 시들해지면 네트워크는 사라지는 것을 반복합니다. 레비(Lévy)가 언급했듯이, '네트워크 개인주의'(networked individualism)는 사회 속에서 지식공유를 통한 '집단지성'(collective intelligence)의 창출을 위한 새로운 정치 참여 내지는 사회참여 방식입니다.

민주사회에서 정치커뮤니케이션의 활성화와 정책결정의 효율성 사이의 관계는 '거래비용'(transaction cost: 집단내에서 최종 의사결정을 도출하는데 드는 비용)과 '순응비용'(conformity cost: 결정된 정책에 대해서 불만을 갖는 사람들이 감수하는 비용) 사이의 관계와 유사합니다. 장외정치(場外政治)를 통한 정치커뮤니케이션의 활성화가 강조될수록 순응비용은 낮아지지만 거래비용은 높아집니다. 반대로 정책 결정의 효율성을 강조할수록 거래비용은 낮아지지만 순응비용은 높아집니다. 분명한 것은 시민들 간의 의사소통 매체가 급격히 변화하여 SNS시대에는 전통적인 산업사회에서 시민참여의 범위와 내용이 변할 수밖에 없다는 것입니다. 사회의 구성원들의 다수가 높은 교육수준을 지닌 현대사회에서 사회 구성원들 간의 커뮤니케이션이 중시되는 한, 그리고 정치커뮤니케이션의 과정에서 탑다운(top-down)방식 이상으로 바텀업(bottom-up) 방식 또는 미들업(middle-up) 방식에 의한 '집단지성' (collective intelligence)의 형성이 시대정신으로 요구되는 한, '참여민주주의'를 제외하고 '대의민주주의'만으론 민주주의의 순기능을 논하는 것에는 한계가 있습니다.

이렇게 본다면, 모바일 SNS시대에 파편화된 개인들에게 요구되는 민주시민으로서의 정치적 덕목을 포괄적으로 표현할 수 있는 용어가 무엇일까요? 온고지신(溫故知新)하자면 정약용 선생의 가르침대로 '활사개공'(活私開公)의 정신과 이에 대한 실천이 떠 오릅니다.

정약용
(丁若鏞, 1762~1836)

제6장

집단행동

4 · 19의거대학생시위(1960)

민주주의를 구현하기 위해서 정해 놓은 가장 보편적 형식인 의회-정당-선거란 형식이 가장 '가능한 최선(best possible)의 방법'임에도 불구하고, 여전히 대중들의 요구를 충분히 만족시킬 수 없는 경우가 있습니다. 현실의 정치 세계는 의회-정당-선거란 형식을 통한 '제도권(制度圈)의 정치'와 더불어 '집단행동'(集團行動, collective action)이란 형식을 통한 '비제도권(非制度圈)의 정치'가 혼재되어 나타납니다.[1] 이번 강의에서는 집단행동을 통한 직접적인 정치 참여에 대해서 살펴보겠습니다.

---

1) 해당 교과서에서 '비제도권'이란 용어 자체는 '가치중립적'(價値中立, value free)인 용어로 전제하고 사용합니다. 제도권은 항상 정상적이고 긍정적인 의미이며, 비제도권은 비정상적 행동을 전제하는 부정적인 의미가 아니란 것입니다. 제도권의 정치도 부패되며, 이는 때때로 비제도권적인 영역에서의 자극으로 해결될 수밖에 없는 경우가 있습니다.

집단행동의 사전적 의미는 "여럿이 함께 하는 행동"입니다. 따라서 집단행동을 통한 정치 현상은 얼마나 많은 사람들이 집단행동에 참여하느냐, 즉 '수(數)의 힘'(powers of number)이 중요한 변수가 됩니다(DeNardo 1988). 집단행동의 전형적 예의 하나가 '시위'(示威, demonstrations)입니다.

여럿이 함께 하는 행동은 그 종류가 많습니다. 선거도 일종의 집단행동으로 표현할 수 있을지도 모릅니다. 왜냐하면, 투표 행위는 개인의 의지를 표현하는 개인 단위의 행태로서 '개인행동'이지만, 선

혁명의 힘은 참여자의 수에서 나타남을 표시한 그림

거는 하나의 이벤트로서 개인들의 표들이 집합되어 결과가 산출되기 때문에 집단행동의 일환이라고 생각할 수 있다는 의미입니다. 하지만, 정치학이나 사회학에서 사용하는 '집단행동'이란 용어는 소위 '학문적 속어'(jargon)로써 "목적을 달성하기 위해 기존의 형식과 절차를 통하지 않고 그 밖의 수단을 사용하여 여럿이서 함께 하는 행동"을 일컫는 '비제도권적인' 행동을 말합니다. 제도권적인 정치 참여의 대표적인 형식인 투표와 선거는 '집단행동'이라고 부르지 않습니다.

'집단행동'은 어떤 특정한 사회적, 정치적 이슈에 연관되어 형성되기 때문에 다양한 집단행동들의 속성을 이해하기 위해선 우선 이슈들이 어떻게 분류되는가에 대해서 살펴볼 필요가 있습니다. 집단행동은 그 집단들이 내세우는 이슈들에 연관되어 그 차별화된 속성들이 결정됩니다. 이슈 용어를 중심으로(Berelson et al. 1954) 집단행동이 가지는 속성의 종류는 다음의 세 종류로 분류해 볼 수 있습니다.

① '입장(立場) 이슈'[또는 '처지(處地) 이슈', position issue]를 표출하는 집단행동이 있습니다. 사람들은 일상생활 속에서 자신들이 처한 입장과 관련된 요구와 주장을 가지고 있으며, 그러한 요구와 주장을 관철시키기 위해서 집단행동을 취하게 됩니다. 앞서 지적했던 '정체성의 정치' 하에서 유사한 입장에 있는 사람들은 단합하여 자신들의 요구를 집단행동으로 표출하게 됩니다. 이런 경우, 집단행동을 통해서 주장하는 이슈들은 세금감면, 도로확장, 마을회관 건립, 재건축 반대, 장애인 복지 마련 등과 같이 구체적인 일상생활 속의 이슈와 연관되어 있습니다. 이익단체(interest group) 활동들은

'입장 이슈'와 연관된 경우가 많습니다.[2)]

② '양식(樣式) 이슈'(style issue)를 표출하는 집단행동이 있습니다. '양식 이슈'는 ①과 비교하여 보다 사회성을 지닌 포괄적 이슈로서 국가에 대한 애국심이나 사회 문제 등과 연관됩니다. 예를 들면 나라 사랑 운동, 시민 권익 보호 운동, 부패 추방 운동, 환경 보호 운동, 올바른 먹거리 문화 운동 등과 같이 사회성을 지닌 이슈에 연관된 집단행동들입니다. 입장 이슈에 연관된 집단행동과 비교하여, 양식 이슈가 연관된 집단행동은 참여하는 인원수가 많으며, 그 이슈가 공유되는 지역과 범위가 넓습니다. 반드시 그런 것은 아니지만, '양식 이슈'는 사적 이익에 연관된 이익단체들보다는 공적이익에 연관된 NGOs 운동(비정부단체 운동, Non-Governmental Organizations)에 의해서 표출됩니다.

③ 마지막으로, 자신들이 속한 정치 체제 자체를 부정하고 전복하는 이슈에 관련된 집단행동이 있습니다. 우리가 민주주의를 실행하는 이유는 무엇일까요? 단순화하자면, 우리들이 잘 사는 세상을

---

2) '입장 이슈'를 '양식 이슈'와 대비하여 구분하기도 하지만 '실적 이슈'(performance issue)란 개념과 대비하여 구분하기도 합니다(Dalton 2006). '실적 이슈'와 구분하여 '입장 이슈'를 논하는 경우 '입장 이슈'란 정당이 특정한 입장에 대하여 찬반을 밝히는 것과 관련되어 있습니다. 예를 들면, 특정 정당이 환경문제 해결을 위한 국제협약인 교토의정서(Kyoto Agreement)의 내용에 대해서 지지한다든지, 아니면 내용상 충분치 않아서 반대한다든지 하는 것을 말합니다. 반면에 '실적 이슈'란 보다 구체적으로 후보자나 정당이(보통의 유권자들이 폭넓게 받아들이는 사회의 목적에 대하여) 어떻게 효과적으로 목표를 달성하는가 하는 이슈들에 연관되어 있습니다. 예를 들면 대부분의 유권자들은 경제적인 혜택을 선호합니다. 하지만 경제적 혜택을 위해서 정부나 정당이 취해야 할 정책이나 실적에 대한 성공여부를 판단하는 기준들은 다를 수 있습니다. 이와 관련된 이슈들은 '실적 이슈'가 됩니다.

심화학습

NGOs | NGOs 운동이란 무엇인가요? 이익단체운동과 다른가요?: NGOs 운동은 그 범위와 성격을 규정하기가 쉽지 않습니다. 일반적으로 NGOs 운동이란 "영리를 추구하지 않고 자발적인 자원활동을 주축으로 운영되는 비정부민간단체의 운동"을 뜻합니다. 영리를 추구하지 않는 '비영리 영역'(nonprofit sector)의 조직이란 자선적(慈善的)이고 박애적(博愛的, philanthropic) 조직을 총칭합니다. 자발적인 자원활동이란 자신들이 좋아하는 가치를 실현하기 위해서 자신들의 의지로 헌신하는 것을 말합니다. 즉, '자발성'(自發性, voluntariness)에 기초한 비정부 조직들이 공익적 활동을 담당하는 경우를 말합니다. 자원동원의 메커니즘(mechanism)을 관점으로 하여 NGOs 운동을 기존의 정치영역(국가)및 경제영역(시장)과 구분하여 '시민사회영역'으로 분류하기도 합니다. 정치영역(제1영역)에서 자원동원의 메커니즘은 명령과 강제에 의한 것입니다. 국가 공권력이 갖는 강제력에 의해서 사람들은 움직입니다. 경제영역(제2영역)에서 자원동원의 메커니즘은 교환에 의한 시장원리에 의한 것입니다. 이윤추구라는 시장원리에 따라서 가격이 싼 곳으로 사람들은 움직입니다. '시민사회영역'에서의 자원동원의 메커니즘은 헌신과 자발성입니다. 외부의 공권력이나 이윤추구에 의한 힘이 아니고, 자발성과 헌신이 사람들을 움직이는 힘이 됩니다. 대조적으로, 이익집단의 운동은 제1영역이나 제2영역과 연관되어 있을 가능성이 더 높습니다. 다음의 다섯 가지 요소를 참조하면 NGOs 운동을 파악하는 데 도움이 될 것입니다. ⓐ 조직의 실체가 공식적으로 공개되어 있습니다. ⓑ 제도적으로 공적인 정부와 분리된 것으로 사적인 민간기구입니다. ⓒ 자치(自治, selfgoverning)의 성격을 지닌 것으로 외부 기관들에 의해서 통제받지 않고 참여자들의 자치에 의해서 운용됩니다. ⓓ 집단에 참여할 때 자발성이 강조됩니다. 다른 사람들의(특히 조직 리더들의) 권유에 의한 것이 아니고 조직원들이 자발적으로 참여하여 자발적 기여를 하게 됩니다. ⓔ 비영리분배적(nonprofit distributing)인 성격을 지니고 있습니다. 하지만, 어떤 조직이 형성되어 운용되면 이익이 발생하기도 합니다. 따라서 비영리분배적이란 의미는 영리가 발생할 수도 있

지만 영리를 목적으로 운용되지 않는 것을 말합니다. 영리를 발생시켜 회원들에게 배분하는 것이 일차적 목적이 아니란 것입니다. 한국에서 NGOs 운동이 본격화된 것은 1990년대 이후로서 '시민사회연대', '경제정의실천연합', '환경연합' 등이 그 예입니다.

만들려고 하는 것입니다. 이런 경우, "민주주의를 실질적으로 구현하는 것이 중요한 것이지, 단순히 사회가 정해놓은 형식과 절차를 지키는 것이 민주주의는 아니지 않겠는가"라는 논쟁이 생겨납니다. 만약 형식과 절차를 지키는 것 자체가 충분히 의미를 지니며 보호되어야 한다고 믿는다면 이는 '절차적 의미의 민주주의'(procedural democracy)를 강조한 것입니다. 만약 형식과 절차보다 결과로 나타나는 효과와 그 내용이 중요하다고 믿는다면 이는 '실질적 의미의 민주주의'(substantial democracy)를 강조하는 것입니다. 의회-정당-선거와 같은 제도권 내의 형식과 절차를 통해서('절차적 민주주의'를 통해서) 자신들의 요구를 수렴하기 어렵다고 생각하는 경우 사람들은 집단행동을 통해 '실질적 민주주의'를 추구하게 됩니다.[3] 일반적으로는 절차적 민주주의가 성숙되어 나가면서 실질적 민주주의가 진전되어 나가는 것을 상정합니다. 하지만, 절차적 민주주의는 실질적 민주주의에 대한 필요조건이지 충분조건은 아닙니다. '대의민주주의'라는 절차적 형식으로 실질적 내용의 민주주의를 제공하기 어려

3) 의회-정당-선거란 보편적인 제도권 형식이 절차적 의미의 민주주의만을 의미하는 것은 아닙니다. 의회-정당-선거란 제도권적 정치 과정이 제대로 작동한다면 형식적 의미의 민주주의 뿐만이 아니라 실질적 의미의 민주주의도 충족시킬 수 있습니다. 기존의 정치제도와 형식이 국민을 위해서 제대로 기능하지 못하는 경우 사람들은 실질적 의미의 민주주의를 위해서 기존의 제도권을 벗어난 비제도권적 집단행동을 선택할 수 있다는 의미입니다.

운 상황에서 '참여민주주의'가 '방어적 민주주의'[형식논리를 악용하여 민주주의를 파괴하는 것; 또는 비상수단으로서의 '전투적 민주주의']의 형식으로 실질적 의미의 민주주의를 성취해 내려는 것은 그러한 이유입니다.

실질적 민주주의를 추구함에 있어서 "기존의 사회구조와 형식"을 벗어나서 새로운 구조와 형식을 만들어야 한다고 생각하는 사람들은 체제 전복을 위해서 '혁명'(革命, revolution), '내전'(civil war), '반란'(revolts), '반역'(rebellion), '테러'(terror), '시위'(demonstration) 등을 계획하게 됩니다.

여러분들은 종종 '시민혁명'이라는 말을 들어 보셨을 것입니다. 시민혁명이란 중산계급인 상업 및 산업자본가의 시민계급을 주체로 하여[그래서, 부르주아(bougeois) 혁명이라고도 함], 소상인, 농민, 노동자가 가담하여 절대주의를 타도하고 시민사회를 형성한 혁명을 말합니다. 군주의 의지로 국가가 운영되는 절대주의 봉건시대에서 시민 민주주의의 근대로 발전한 것은 '시민혁명'이 있었기에 가능한 일이었습니다. 네덜란드 독립운동(1581), 청교도 혁명(1649), 명예 혁명(1688), 미국의 독립운동(1776), 프랑스 대혁명(1789)는 대표적인 예들 입니다.

결론적으로, 집단행동이란 어떤 종류의 이슈에 연관되어 있는지에 따라서 그 속성이 결정됩니다. ①과 ②의 이슈와 연관된 집단행동에 참여하는 사람들이 목숨을 걸고서 참여하지는 않습니다. 반면에 ③의 이슈와 연관된 집단행동에 참여하는 사람들은 목숨을 걸고서 참여하게 됩니다. 집단행동에 참여하는 참여자의 성격과 조직화의 강도는 집단행동이 주창하는 이슈의 종류들에 따라서 차이를 보이게 됩니다.

이제 집단행동이란 정치적 현상을 '원인-과정-결과'라는 논리틀 속에서 살펴보고자 합니다. ⓐ 집단행동이 발생하게 되는 원인들은 무엇인지, ⓑ 집단행동이 발생한 후엔 어떠한 과정을 거쳐서 성숙되고 발전해 가는지, ⓒ 집단행동의 성공과 실패는 어떻게 결정되는지에 대해서 차례대로 살펴봅니다.

집단행동이 발생하는 원인

집단행동이 발생할 가능성을 인식할 수 있는 원인이 되는 사회현상들은 다양하게 존재합니다. 다음과 같이 정리해 볼 수 있습니다.

① 군중들의 '몰이성적'(歿理性的, nonrational)인 심리: '군중

군중심리

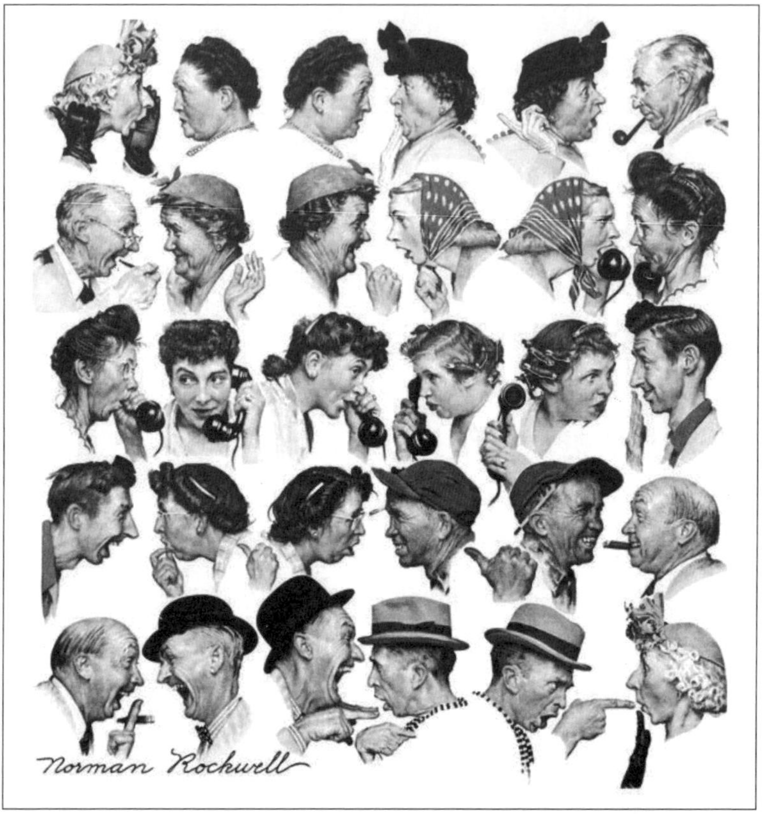

유언비어 누군가로부터 전해들은 소문, 가십거리가 또다시 여러 사람을 거쳐서 다시 자기에게 전해지는 것을 보여주는 이 그림은 여러 가지를 생각하게 합니다. 아마도 순진무구한 어떤 희생자를 에워싸고 악의적인 가십이 난무하는 현상을 보여주는 것 같기도 하고, 사람들의 표정을 보면 불길한 그림자가 눈덩이처럼 불어가는 유언비어의 속성을 묘사하고 있는 것 같기도 합니다.[Norman Rockwell(U.S.A, 1894-1978), Gossip, 1948년 작품]

심리 접근법'(crowd psychology approaches)에 따르면 집단행동을 새로이 산출된 군중 심리의 결과물로 파악합니다. 르봉(Gustav Le Bon)은 「군중심리」(*The Crowd: A Study of the Popular Mind* 1895)라는 저서에서 집단행동에 참여하는 사람들의 '비이성적'(非理性的, irrational) 심리상태에 연관된 특성들을 다음과 같이 설명합니다.

ⓐ 세상 속에서 개인이 느끼는 감정은 여럿이서 함께하는 감정과 다르고, 여럿이라는 숫자는 개인에게 '무적의 힘'(invincible power)을 느끼게 하며, 개인이 갖는 '책임성에 대한 감정'(a sentiment of responsibility)을 사라지게 합니다.

ⓑ 이치나 명령을 포함하지 않은 언어 및 기타의 외부자극으로부터 나의 행동이 유발되는 '암시성'(暗示性, suggestibility)이 작동되면, 개인들의 주체적인 판단이나 독립된 의지와는 전혀 다른 '군중 심리'가 나타납니다. 암시성이 작동하면서 군중 속에서 개인들은 더 이상 그의 의지에 의해서 움직이는 것을 멈춘 '무의식적 개체'(automaton)가 됩니다. 일종의 최면상태라고도 할 수 있습니다.

ⓒ 암시성의 효과로 나타나는 것이 '전염'(傳染, contagion)입니다. 군중 속에서 여럿이서 함께하는 감정은 전염됩니다. 전염의 정도는 집단의 이익을 위해서 개인의 이익을 기꺼이 희생할 수 있는 정도를 말합니다.

군중 심리 접근법은 집단행동이 무책임성, 무의식, 최면 상태를 강조하여 집단행동이 비이성적이며, 개인의 의지와는 상관없는 '집단적 정신상태'(group mentality)에 의해서 촉발된다고 봅니다. 일상적이고 신뢰할만한 정보 체계가 존재하지 않는 곳에서 군중심리가 나타날 가능성이 상대적으로 높을 것입니다. 정보 체계가 다원화되어 있으며, 정보들을 충분히 습득할 수 있는 곳에선 상대적으로 군중심리가 나타날 가능성이 낮을 것입니다. 소위 '카더라 통신'이라고도 하는 유언비어[流言蜚語, 또는 루머(rumor)]는 정보 체계의 다원화 정도와 상관없이 항상 존재하는 것이어서 루머에 휩싸일 가능성을 배제할 수 없는 이상 군중심리에 의한 집단행동 가능성은 상존합니다.[4)]

② 사회적 위기 상황: 여기서 위기 상황이란 어떤 이유에서이건, 가치 혼란이 발생한 경우 새로운 가치 창출을 위하여 상황에 대한 "집단적 재정의"(collective re-definition)가 요구되는 상황을 말합니다. '시카고 학파'(Chicago School)는 사람들의 사회적 행태가 '제도화된 행태'(institutionalized behavior)와 '집단 행태'(collective behavior)라는 두 가지 영역으로 나뉘어서 구성된다고 봅니다(Turner and Killian 1972). '제도화된 행태'란 기존의 사회조직을 이끄는 규범, 제도, 문화의 테두리에서 행동하는 것을 말하며, '집단 행태'란 기존의 사회 테두리에서 제공되는 가이드라인을 벗어나서 행동하는 것을 말합니다. 따라서 집단 행태는 사회 규범에 대한 공통된 이해에 기초하고 있지 않습니다(Blumer 1951). 행동의 가이드라인이 되는 문화나 제도적 기준이 결여된 상태에서 인간들은 어떤 새로운 규칙을 형성하기 위해서 서로 간에 암시성, 전염, 모방, 순환적 반응이 중시되는 의사소통을 통해 집단행동을 형성합니다. 군중심리 접근법과 마찬가지로, 시카고 학파도 집단행동이 갖는 암시성, 전염, 모방(imitation) 등의 속성을 강조합니다. 급속한 산업화와 도시화는 사회

---

4) 유언비어를 연구하는 학자들은 유언비어의 발생이 그 중심이 되는 현실적인 문제를 중심으로 그것을 보도하는 과정에서 전달자들의 사회에 대한 이해와 경험의 차이에서 비롯된다고 봅니다. 따라서 일정한 조건과 원인이 있는 경우에 유언비어가 발생함을 강조합니다(Allport and Postman 1947).

구조를 변화시키거나 문화 환경을 붕괴시킬 가능성이 있습니다. 그러한 사회 속에서 사람들은 가치 혼란과 함께 가치를 재정립하려는 상황에 봉착하며, 이는 인간들로 하여금 집단행동에 대한 개연성을 제공합니다. 종합하자면, 사회의 급격한 변화들과 이로 인한 가치 혼란의 '아노미'(anomie) 상황은 새로운 사회 질서나 규범에 대한 집단적 재정의의 필요성을 증가시켜 개인들을 서로 교류하게 만드는데 이것이 바로 집단행동입니다(Blumer 1951; Lang and Lang 1961).

③ '대중 사회'(mass society)의 속성이 가져오는 대중들의 '소외감'과 '고립감': 사회환경이나 사회구조가 갖는 특정한 속성 자체가 인간을 집단행동으로 몰아낸다고 생각할 수도 있습니다. '대중 사회 접근법'(mass society approaches)은 '대중 사회'(mass society)의 특성에 근거하여 집단행동을 이해합니다. 콘하우저(William Kornhauser)가 말했듯이 급속한 산업화와 도시화는 대중 사회의 단절을 야기합니다. 새로이 진행되고 있는 도시 지역으로 많은 수의 사람들이 급속하게 모여드는 경우 대중 운동이 발생할 수 있습니다(Kornhauser 1959). 대중 사회 접근법에서 말하는 '대중 사회'란 분리되고 고립된 속성을 지닌 사회입니다. 대중들은 엘리트들로부터 분리되어 있으며, 사회 연계망(social network)에서 고립되어 있습니다. 대중 사회에서 인간들은 높은 수준의 소외감을 느끼며, 이로 인한 불안감을 경험합니다. 대중 사회에서 개인들은 집단에 대한 낮은 수준의 '소속감'을 갖고 있으며, 집단들 사이에는 낮은 수준의 사회적 연계망이 형성되어, 그들 사이에 '중재 집단'(intermediate groups)의 역할을 할 수 있는 집단들이 희박합니다. 이러한 대중 사회의 속성들은 사람들을 소외시키고, 짜증나게 하며, 사람들이 극단

적이고 반항적인 행동들을 하도록 유도합니다. 보다 특이한 점은 피곤한 사회 속에서 사람들은 '이유없는 반항'(rebels without a cause)을 하게 될 가능성이 있다는 점입니다(Hopper 1950, Hoffer 1951). 그런 점에서 대중 사회 접근법 역시 집단행동을 비이성적인 영역의 어떤 것으로 간주하는 경향이 있습니다. 대중사회가 갖는 비인간적 속성 자체가 반항의 이유라고 볼 수도 있지만 그것은 사회적 차원의 것이고, 인간 개인의 심리 차원에서 이성적 이유가 없다는 것입니다.

④ 인간 심리가 가져오는 '상대적 박탈감'(relative deprivation): 대중 사회 접근법과는 달리, '상대적 박탈감 접근법'(relative deprivation approaches)은 대중들의 '이유 없는 반항'이 '개인의 심리차원에서 이유 있는 반항'이라는 입장입니다. 상대적 박탈감 접근법은 개인의 심리상태에 기초합니다. 하지만 개인의 심리상태가 군중심리로 전이되는 과정에 상관없이 개인 차원의 심리상태에 초점을 두어 집단행동의 원인을 설명합니다. 인간 개인들은 본능에 따른 욕심을 지니고 사회생활을 영위합니다. 그러나 현실 속에서 그 욕심을 성취하는 것에는 엄연한 한계가 있습니다. '상대적 박탈감 접근법'에 따르면, 자신이 이상적으로 성취하기를 원하는 것과 자신이 현실적으로 성취할 수 있는 것 사이에 괴리가 증가하면서 일정한 수준을 넘어서게 되면 '반항'의 단계로 들어간다는 것입니다. 괴리 정도의 심화는 '좌절-분노-공격성'의 단계로 발전합니다. 실제로 그래야 한다고 느끼는 가치와 실제로 그들이 얻을 수 있는 것 사이에 격차를 느낄 때 좌절감이 생기며 분노로 발전하고, 이는 결국 공격적 행태를 가져오게 되고, 집단행동을 통해서 반역을 시도합니다(Gurr 1970). 좌절과 분노는 심리 상태이지만 공격성과 반역은 행동의 단

계입니다. 상대적 박탈감은 개인 차원의 문제에 국한되지 않습니다. 개인 차원에서는 자신이 원하는 것과 성취하는 것 사이에 괴리가 적다고 하더라도 다른 사람들과 비교하여 자신의 처지가 낙후되는 것으로 판단되고 그 정도가 심화되는 경우엔 '좌절-분노-공격성'의 행동 패턴이 동일하게 이어집니다. 자신의 능력과 상관없이 사회 구조 속에서 권력이나 자원의 불평등한 분배가 대중들로부터 상대적 박탈감을 가져오기도 합니다.

⑤ 개인의 자기 이익 추구: 인간들은 '자기 이익'(self-interest)을 추구합니다. 마찬가지로 집단행동도 인간의 자기 이익 추구를 위한 인간 본능이 원인이라는 것입니다. '합리적 행동 접근법'(rational action approaches)은 집단행동이 일어나는 원인을 이성적인 행동의 논리 속에서 찾습니다. '합리적 행동 접근법'은 개인들의 행동이 '공리주의적(功利主義的) 손해-이익 계산 원리'(utilitarian cost-benefit calculation)에 근거하고 있다고 전제합니다. 따라서 인간은 개인행동을 통하여 목적을 성취하는 것보다 집단행동을 수단으로 하여 더 효율적으로 목적을 이룰 가능성이 있는 경우 집단행동을 취하게 됩니다. 제도권적인 어떤 개인행동도 자신의 목적을 이루는 효율적 수단으로 작용할 수 없으며, 비제도권적인 집단행동이 보다 효율적 수단으로 판단된다면 인간들은 목적 수행을 위한 수단으로 집단행동을 채택하게 됩니다. 하지만 인간이 개인적으로 활동할 때는 자기 이익의 추구가 용이하지만 집단행동을 통하여 추구된 이익은 집단 이익으로서 자기 이익과는 구분된다는 의문이 제기될 수 있습니다. 그래노베터(Mark Granovetter)는 '역(域) 모델'[또는 경계 모델, threshold model]을 제시하면서 의문을 해결합니다. '역'이란 집단행동에 '참여

심화학습

'J-커브 이론' (J-Curve theory) | ['역'(threshold)의 이론과 '상대적 박탈감 이론'의 혼합] 데이비스(James Davies)는 혁명 발생 시점에 대하여 'J-커브 이론'을 제시한 바 있습니다(Davies 1971). 이 이론은 그래노베터의 '역(域)이론'과 훗날 거(Ted Gurr)에 의해서 체계화된 '상대적 박탈감'의 개념이 혼합된 이론입니다. 물론 시간적으론 데이비스의 이론이 가장 먼저 나왔으니까, 논리 체계상 그렇다는 것입니다. '기대상승이론'(theory of rising expectation)이란 것이 있습니다. 이것을 정치 체제와 연관시켜 봅시다. 국민들은 기대와 희망을 갖고 삽니다. 새로운 대통령을 선출하면서 그에게 많은 것을 기대하면서 앞날에 대한 기대가 상승됩니다. 하지만 이때가 위험한 것입니다. 기대가 상승되어도 그것이 충족되지 않는 경우 국민들이 공격적인 행위를 표출할 가능성이 있습니다. 거리에서 시위에 나서고, 심하면 정권퇴진 운동을 하고, 더 심해지면 혁명이 일어날 수도 있습니다. J-커브 이론을 '역이론'에 적용하여 설명해 본다면, '기대곡선'과 '현실충족곡선' 사이에서 어느 정도의 격차는 인정하고 살기에 국민들은 그 체제를 그냥 인정하면서 정치행위를 합니다, 하지만 인정할 수 있는 격차가 어떤 '역'을 넘어서는 순간적 지점에서 갑자기 공격적 집단행위를 할 수 있는 것입니다. "참는데도 한계가 있으며 더 이상 못 참겠다"는 것입니다. 물론 사회 구성원들의 역의 기준은 각각 다를 것입니다. 그렇기 때문에(구성원들의 역에 대한 정보를 갖기가 어렵기 때문에), 정치나 사회현상은 예견하기 어려운 것입니다. J-커브 이론에서 갑자기 현실충족곡선이 아래로 떨어지는 현상은 '상대적 박탈감' 그 자체의 '역이론'일 것입니다. 사람들은 상대적 박탈감이 있다고 하여 무조건 공격적인 성향이 되는 것은 아닙니다. 사실 상대적 우위라는 현상은 사회 속에 항상 존재할 수밖에 없습니다. 문제는 상대적 우위라는 것이 참을 수 있는 범위에 있는 것인지, 아닌지가 핵심인 것입니다. 참을 수 있는 범위를 벗어나면(즉 일정 시점에서 현실충족곡선이 갑자기 떨어지게 되어 J 모양의 곡선이 되는 경우) 국민들은 집단행동을 할 수 있습니다. 거에 의하면 상대적 박탈감이 갑자기 증폭되는 순간은 몇 종류로 구분됩니다: ⓐ 기대와 능력이 함께 증가하다가 능력이 떨어지는 경우도 있고(J-Curve), ⓑ 능력은 일정한데 기대만 올라가서 그 격

차가 커질 수도 있고(aspirational deprivation), ⓒ 기대수준은 일정한데 능력은 자꾸 감소하면서 그 격차가 커질 수도 있는(decrimental deprivation) 것입니다(Gurr 1970).

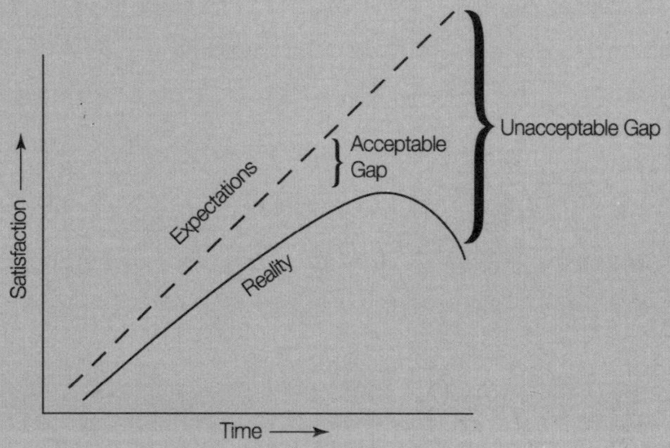

하게 되는 역'과 '참여하지 않게 되는 역'의 경계를 말하는 것입니다. 예를 들면 여러분들은 스프링을 잡아당길 때 어느 정도 이상을 잡아당기면 그 스프링이 탄성을 잃고서 그냥 길게 늘어지는 것을 발견할 것입니다. 이때 스프링이 늘어나면서 '탄성을 회복하는 역'과 '탄성을 잃는 역'의 경계 지점이 존재함을 알 수 있습니다. 또 다른 예를 들면, 사람들은 분노와 좌절을 느낄 때 항상 공격적인 행동을 하는 것이 아니라 어떤 정도 까지는 참다가 참을 수 있는 선을 넘는 일순간에 폭발합니다. 바로 '참을 수 있는 역'과 '참을 수 없는 역' 사이의 경계가 있을 것입니다. 마찬가지로 인간 개인들은 이익-손해 계산에 따라서 개인행동을 하듯이 집단행동을 하는 것은 아닙니다. 집단행동에 참여하려는 역과 참여하지 않으려는 역이 있으며, 그 경계는 자기 이익을 만들어 내기 시작하는 경계로 이해됩니다. 순이익(net benefit)이 산출되기 시작하는 점이 집단행동에 참여하려는 역이며, 순손해(net loss)가 산출되기 시작하는 점이 집단행동에 참여하지 않으려는 역이 되고, 개인들마다 자신이 처한 입장에 따라서 역에 대한 서로 다른 기준들을 갖고 있습니다(Granovetter 1978). '역 모델'은 개인들이 집단행동에 참여하는 모든 사람들에 대한 충분한 정보를 갖고 있다는 것이 전제가 되었을 때 더 설명력을 지니는 모델이라는 한계가 있습니다. 따라서 그라노베터의 주장은 일반적으로 참여자 개인이나 참여자의 수가 적은 집단을 설명하기에는 적합하지만 참여자의 수가 많은 경우엔 그 설명력이 떨어지는 한계가 있다고 할 것입니다. 일반적으로 집단행동은 많은 수의 사람들이 참여하는 경우에 흥미있는 연구대상이 됩니다.

집단행동의 확산 과정

집단행동의 파급 효과는 집단행동에 참여하는 참여자의 수와 밀접한 연관성을 맺습니다. 집단행동에 참여하는 사람들의 수가 많은 경우엔 그러한 집단행동이 소기의 목적을 이룰 가능성이 상대적으로 높아집니다. 따라서 집단행동은 참여하는 사람들을 '동원'(mobilization)하는 과정이 필수적인 요소입니다. 비록 시초 단계에선 소수의 인원만으로 집단행동을 시작했지만, 동원에 성공하여 다수의 집단으로 만들었다면 이는 집단행동이 나름대로 영향력을 발휘할 가능성을 보이는 것입니다. 하지만 다수의 집단으로 출발하였음에도 불구하고, 시간이 지나면서 오히려 참여자들이 탈퇴하여 소수의 집단으로 전락한다면 동원에 실패한 집단행동이 됩니다. 동원의 과정에서 생기는 주요한 이슈들을 세 부분으로 나누어서 정리해 보았습니다.

① '무임승차자(無賃乘車者, free-rider)의 문제': 앞에서 집단행동은 여럿이서 함께 하는 것이기 때문에 '참여자의 수'가 곧 힘이 된다고 하였습니다. 하지만 집단행동을 위한 참여자의 수를 증가시키기 위해서 동원하는 과정이 쉽지 않을 것입니다. 동시에 집단의 수가 커진 이후에도 탈퇴하는 사람들을 최소화하여 집단의 규모를 유지하는 것도 쉬운 일은 아닙니다. 일반적으로 정치적인 주제에 관련된 집단행동은 참여자의 수가 상당히 큰 집단입니다. 혁명, 내전, 반란 등은 그 수가 상당하며, NGO 운동이나 이익단체 운동도 역시 그 수가 제법 큰 규모의 것들입니다. 규모가 큰 집단에서 생기는 가장 큰 문제는 참여자들의 집단행동 속에서 참여의 적극성이나 충성도를 어떻게 관리할 것인지의 문제인 것입니다. 즉 단순히 집단행동 조직에 참여한다는 이유만으로도 집단행동의 결과 만들어낸 과실물을 공유할 수도 있습니다. 사람들은 적극적으로 집단행동에 참여하지 않거나 심지어는 아예 참여하지 않고서도, 집단행동의 결과가 만들어내는 이익을 공유하는 딜레마가 생깁니다. 이러한 것을 '무임승차자의 문제'(problem of free-rider)라고 합니다. 농민혁명이 일어나는 경우 모든 농민들이 혁명에 참여하지 않습니다. 하지만 혁명이 성공하면 모든 농민들은 성공한 혁명이 만들어내는 농민정책의 혜택을 공유합니다. 목숨을 잃을지도 모르는 위험한 집단행동에 참여해도 그 이익을 참여하지 않은 사람들과 별 차이 없이 공유한다면 누가 목숨을 걸고 집단행동에 참여하겠습니까? 참여한다면 바보일 것입니다. 하지만 세상이 그렇게 미련하지만은 않아서 집단행동에 참여를 독려하고 동원과정을 활성화할 수 있는 수단들이 존재합니다.

'합리적 행동 이론'에 따르면, 공리적인 손해와 이익 계산법에 따르는 개인들을 동원하기 위해서는 '선택적 동기'(selective incentive)를 제공해야 합니다(Olson 1965). '선택적 동기'란 집단행동에 참여하느냐 참여하지 않느냐에 대해 벌이나 상으로 표시되는 일종의 수단을 말합니다. 직위와 토지분배는 목숨을 걸고 혁명에 참여할 만한 일종의 '선택적 동기'로 작용합니다. 농민혁명에 참여한 농민들은 집단행동을 이끄는 리더로부터 국가 운영에 관련된 직위들을 보장받거나 토지 분배시 유리한 위치에 서기도 합니다. 결론적으로, 성공적인 집단행동을 위해선 집단행동에 적극적으로 참여하여 헌신하는 집단 구성원들이 중요한데, 이를 위해선 무임승차자의 문제점이 해결되어야 하는 것입니다.

② '정치적 리더십'(political leadership)의 문제: 인간들이 집단행동을 하는 이유에 대해선 앞서 이미 살펴 보았습니다. 하지만, 집단행동에서 동원의 과정이 갖는 중요성을 고려하면서, 다시 한번 이 질문을 반복해 보기로 하겠습니다. "왜 인간들은 '집단행동'을 하게 될까요" '정치 과정 접근법'(political process approaches)에 따르면, 결국 인간들의 삶 자체가 결국 '권력 투쟁'(power struggle)의 과정이란 한 마디로 환원되는 정치 과정과 유사하다는 것입니다. 따라서 권력 투쟁의 수단으로 동원을 위한 자원들을 관리하는 전략과 전술이 중요하고(Tilly 1978) 유대감과 의사소통이 중요합니다(Gamson and Schmeidler 1984). 이러한 속성과 변수들을 종합하여 이해할 수 있는 유명한 예를 소개하고자 합니다. 드발(Frans De Waal)은 「침팬지 정치」(Chimpanzee Politics 1998)란 저서에서 침팬지 사회의 권력투쟁을 관찰합니다. 권력 투쟁을 위해서 다른 침팬

지들을 동원하는 것이 중요합니다. 혼자서 권력에 도전할 수 없으며 쟁취할 수도 없습니다. 드발은 광대한 지역인 메넴 사육원에서 침팬지들의 행태를 10년 이상 관찰하였는데, 집단행동과 관련된 부분은 다음과 같이 정리할 수 있을 것입니다. 첫째, 최고 권력자의 위치에 오르기 위해 도전하는 침팬지는 두목 침팬지에게 개별적으로 도전하지 않습니다. 다른 침팬지들을 동원하며 유착관계를 형성하고 난 후에야 비로소 도전한다는 것입니다. 반대로 두목 침팬지도 항상 자신과 유착관계에 있는 침팬지들을 관리하고 있으며, 그들에게 가능하면 너그럽게 대합니다. 즉 왕권 경쟁은 개체 대 개체의 싸움이 아니라 도전자 집단 대 두목 집단의 싸움인 것입니다. 둘째, 도전자와 두목 침팬지 모두는 미래에 두목을 꿈꾸는 또 다른 침팬지와 '연합'하려고 노력합니다. 특히 이러한 연합의 노력은 도전자 침팬지의 경우 더 강력하게 나타납니다. 현재 두목 침팬지 집단은 그만한 이유가 있어서 두목이 된 것이니만큼, 도전자 침팬지는 타 세력들을 자신의 집단 내에 끌어들이는 연합에 더 적극적입니다. 결론적으로, 정치적 권력 투쟁이 강조된 곳에서 침팬지 리더들은 유대감 형성, 의사소통, 유착(癒着), 또는 합동(合同, coalescence)과 연합(聯合, coalition) 등을 통해서 집단행동을 관리합니다. 침팬지 사회와 인간 사회는 다르지 않겠느냐고 반문할지도 모릅니다. 그러나 침팬지 사회에서조차 인간 사회와 유사한 기능과 현상(즉 정치적인 속성들)이 존재한다는 것이 관찰된다면, 그러한 기능과 현상은 보다 일반화된 강력한 이론이 될 수 있을 것입니다.

③ '기업가 정신'(entrepreneurship)과 '선발대'(先發隊, vanguard)의 역할: 일반적으로, 집단행동은 '자연발생적으로'(spontaneously) 일어나기보다는 그러한 집단행동을 관리하는 선발대의 역할을 통해서 대중들을 깨우치는 경우에 발생할 가능성이 높습니다. '조직-기업가적 접근법'(organizational-entrepreneurial approaches)에 따르면, 대중들이 집단행동에 참여하고 난 후엔 '기업가 정신'에 의해서 그 집단을 관리할 수 있을 때만이 효율적으로 목표를 향해서 나가게 됩니다(McCarthy and Zald 1977). 기업가 정신은 '실험정신'이나 '탐험정신'도 포괄하는 의미로도 사용됩니다. 안정을 추구하기보다는 도전하고 미래의 가능성에 내기를 거는 모험 정신이기도 합니다. 컬럼버스의 새로운 대륙을 향한 모험정신도 기업가 정신으로 표현될 수 있습니다. 동시에, 기업가 정신은 관리 능력을 중시합니다. 이미 집단행동에 참여한 사람들을 더 충성심 있는 사람으로 만들며, 아직 참여하지 않은 사람들을 추가로 동원할 수 있는 힘은 조직에 대한 기업가적 관리 능력이며, 단순히 권력 투쟁의 리더십으로 대변될 수도 있는 정치적 리더십과는 구분된다고 보는 것입니다. 따라서 '조직-기업가적 접근법'은 효율적인 목표 수행을 위해서 재정

Christopher Columbus (1451-1506)

'전략'과 '전술'은 어떻게 다른가요? | 정치적 용어로서, '전략'은 보다 포괄적 개념으로서 상황과 상관없이 지속되며 장기적인 성격을 지닙니다. 반면에 '전술'은 보다 구체적인 개념으로서 상황에 따라서 단기적으로 변화할 수 있는 성격을 지닙니다. 모택동의 중국 혁명 과정에서 공산화 전략은 상황과 상관없이 지속되는 것이며, 공산화 전략을 이루기 위한 구체적인 전술들은 투쟁 과정에서 공산당이 처한 상황에 따라서 바뀔 수 있는 단기적인 성격을 지닙니다. 예를 들면, 공산화 전략을 위해서 유리한 상황에선 '속도전'(速度戰)이란 전술을 쓸 수도 있고, 불리한 상황에선 '지연전'(遲延戰)이란 전술을 쓸 수도 있습니다.

Q & A

을 마련하고 확충할 수 있는 조직의 기업가적 능력을 강조합니다. 재원에 관한한 행동 집단 외부로부터의 재정적 획득을 더 중요시하는데, 이는 집단행동에 참여하는 개인들에게 선택적 동기를 더 강력하게 부여하기 위함입니다. 집단행동 참여자들에게 조직의 재정적인 지원을 의존하는 경우 선택적 동기를 부여하기는 어려우며 오히려 희생정신에 의존해야만 합니다. 그러므로, 선택적 동기를 위한 다양한 수단들을 위해서 외부로부터의 자금 조달이나 재원 마련을 위한 '전략'(戰略, strategy)과 '전술'(戰術, tactics)이 중요하다는 것입니다. 장기(將棋)나 체스(chess) 게임을 예로 들어봅시다. 장기나 체스를 두는 사람은 장기판이나 체스판이라는 한정된 테두리 내에서 게임을 해야만 합니다. 비록 제한된 공간 안에서만 게임을 해야 하기에 모든 게임은 게임판 내에서만 표시되어야 하지만 게임을 하는 사람들이 어떤 전략과 전술을 택하느냐에 따라서 승패의 결과는 무궁무진하게 변화합니다. 결론적으로, 집단을 이끄는 리더들에겐 권력투쟁의 힘과 정치 판세를 좌우할 수 있는 '정치적 리더십' 뿐만 아니

장기와 체스는 무한한 전술을 구사할 듯하지만, '판' 안에서만 그렇습니다.

라, 자금도 얻고, 실험 정신, 모험 정신 등을 통해 조직을 관리할 수 있는 전략과 전술이 강조되는 '기업가 정신' 역시 집단행동의 성패에 중요한 변수가 된다는 것입니다.

집단행동의 결과: 성공과 실패

집단행동이 성공했는지 실패했는지에 대한 가장 상식적인 판단 기준은 집단행동이 내세우는 목표를 수행하였는가 아닌가에 달려 있을 것입니다. '입장 이슈'를 내세우는 집단행동은 자신들의 처지와 관련된 보다 구체적인 요구들을 관철시키는 것이 목표이니까 그런 것들이 입법부에서 정책화되어 일상 생활에서 구현되어야 합니다.

세금감면을 요구하는 집단행동을 취한 경우 세금감면정책이 만들어져 시행되어야 목표가 달성된 것입니다. '양식 이슈'를 내세우는 집단행동은 보다 사회성을 지닌 포괄적 이슈로서 국가에 대한 애국심이나 사회 문제 등과 연관된 만큼 이슈와 연관된 시민의식을 고취시키는 것이 장기적인 목표가 됩니다. 투명사회 만들기 운동이나 환경보호 운동은 보다 장기적인 시점에서 그 성패가 나타납니다.

집단행동의 성공 및 실패와 연관하여 정치적으로 가장 파급력이 강한 집단행동은 '혁명'입니다. 혁명이 성공하는 경우 '정치체제'(政治體制, regime)는 바뀌게 되고, 그러한 근본적인 변화 여파는 국가 전체에 직접적으로 미치게 됩니다. 혁명은 기존의 체제를 부정하는 데서 출발하는 소위 '비헌법적'(非憲法的, unconstitutional) 방식으로 추진됩니다. 스카치폴(Theda Skocpol)은 혁명을 "계급 구조를 포함하여 사회에 급격하거나 근본적인 변화가 일어나는 상황"으로 파악합니다(Skocpol 1979).

스카치폴은 혁명의 원인과 결과를 설명하는 데 있어서 '국가의 자율성'이 중요하다고 보는데, 이는 결국 '정부의 능력'을 말한다고 할 수 있습니다.[5] 혁명의 성공과 실패는 기존 정부의 능력과 혁명군의 능력의 상호 작용에 의해서 결정됩니다. 혁명군이 대의명분을 갖고 있다고 하더라도, 기존 정부의 '국가 장악력'이 강할 경우 혁명은 성공하기 쉽지 않습니다. 반면에 혁명이 특정한 대의명분이

5) 앞서 스카치폴은 혁명의 발생 원인을 설명하는데 국제적 상황을 중시합니다. 그녀가 혁명이론에서 강조한 세 가지 변수는 ⓐ 사회계급구조(특히 농민 공동체 형성의 중요성), ⓑ 국가자율성(정부가 귀족, 지방 호족, 사회계층 등과 형성하는 역학 관계), ⓒ 국제 관계 상황(타 국가들과의 관계 속에서 국가가 처한 상황)으로 정리됩니다.

없이 단순히 혁명지도자 개인의 욕심에 의해서 진행되어도 기존 정부의 힘이 약해서 혁명군을 진압할 능력이 없다면 혁명은 성공하게 됩니다. 중국혁명을 성공시켰던 모택동(毛澤東)은 "이기면 혁명군이 되는 것이고, 지면 반란군이 된다"라는 유명한 말을 하였습니다. 원인과 과정에 상관없이 집단행동의 결과가 집단행동의 성격을 혁명으로도 반란으로도 규정할 수 있는 것이니 결과가 좋으면 만사가 좋은 듯 합니다.

앞에서 마르크스가 역사에 가장 큰 영향을 미친 학자였다는 조사 결과를 소개한 바 있습니다. 마르크스의 이론이 '혁명'이론의 사상적 배경이 되어 사회주의-공산주의 혁명을 성공시키면서 20세기 지구촌에는 정치적 격랑이 몰아쳤습니다. 20세기 초·중반에 있었던 레닌의 러시아혁명, 모택동의 중국혁명, 체 게바라와 카스트로의 쿠바혁명, 호치민의 월남혁명이 성공하면서 사회주의 세력들이 커다란 세력을 형성합니다. 이는 20세기 지구촌이 이념 논쟁과 냉전에 휩싸이게 되는 원인이 됩니다. 개별 국가에서의 사회주의 혁명은 국가 내부의 문제로 한정되지 않고, 지구적 수준에서 자본주의 세력과 공산주의 세력 간의 대립으로 확장됩니다. 20세기 중반 이후 지구촌에는 양대 이념의 대표주자인 미-소 양국을 중심으로 한 '냉전'(冷戰, cold war) 체제가 형성됩니다. 이러한 갈등구조는 다양한 국지전(局地戰)의 원인이 됩니다. 6·25전쟁도 냉전 체제라는 구조 속에서 남한과 북한이 미국과 소련의 대리전쟁을 치룬 것으로 볼 수 있습니다. '혁명'이란 집단행동은 사회주의 혁명 이전에도 있었습니다. 혁명과 같은 집단행동의 정치적 의미를 살펴보기 위해서는 실패한 혁명과 성공한 혁명을 모두 살펴보는 것이 필요합니다.

먼저 실패한 혁명들을 동양과 서양 모두에서 살펴보겠습니다. 로마시대의 '스파르타쿠스(Spartacus)의 반란'과 이조시대 말의 '동학혁명'(東學革命)을 지금까지 언급했던 집단행동 이론들과 결부시켜 설명한 후에 차례대로 20세기 초반 성공한 사회주의 혁명들을 살펴보겠습니다.

Spartacus
(? - B.C. 71)

스파르타쿠스의 반란과 동학혁명은 모두 실패한 집단행동이었습니다. 스파르타쿠스의 반란은 일종의 로마 지배층에 대항한 대규모의 노예 반란입니다. B.C. 1세기 경, 로마의 지배층은 카르타고를 격파하고 동방과 에스파니아 등 외부 영토를 넓히면서 넓은 저택과 별장, 퇴폐적인 낭비 풍조 등에 물들었으며, '라티푼디움(Latifundium)'이라는 대규모 농장을 경영합니다.[6] 대외 전쟁에 병사로 참전했던 중소 자영농민층은 부상을 입어

6) 라티푼디움이란 용어는 latus(광대한)과 fundus(토지)의 합성어입니다. 로마가 주변의 도시국가를 정복하였을 때 그 소유지의 일부를 탈취하여 공유지로 삼고 전쟁에 공을 세운 자에 주거나 빈민들을 식민으로 하여 노예제도가 확립되어 갑니다. 그 후 귀족 부유층이 이 공유지를 사유화하는 경향을 보이면서, 중소자유농민의 몰락과 부유층으로의 농지 집중현상이 현저하게 되어 대토지소유제가 발달하게 됩니다. 로마제정말기에 라티푼디움제는 콜로나투스제(colonatus, 소작제도)로 변경되고 농민은 소작인(colonus)이 되는데, 이 소작인의 대체적인 성격이 중세사회에서의 '농노'(農奴, serf)

불구가 되거나, 대규모 농장에 고용되어 빈곤에 허덕이게 됩니다. 이 당시 로마의 빈민들은 로마 시내에서 국가의 보호를 받는 '프롤레타리아'[proletaria, 무산층(無産層), 또는 빈민(貧民)][7]가 되거나, 아니면 라티푼디움에 들어가 일하는 길 이외에 뾰족한 수가 없었습니다. 검소한 생활상을 지녔던 로마의 사회구조는 다른 지역들과의 전쟁에 이기고 점령지를 넓히면서 오히려 '가진 자'와 '갖지 못한 자'의 '양극화'된 사회 구조가 더 심화된 것입니다. 이 당시 로마 지도층이 빈민들의 환심을 사거나 향락을 위해서 이용한 것이 '검투사들의 결투향연'이었습니다. 스파르타쿠스는 그리스 반도 북동부 흑해 연안에 위치한 트라키아 지방 출신의 검노(劍奴, gladiator)였습니다. 스파르타쿠스는 검노들의 신분적 한계에서 비롯되는 처우는 구조적인 문제로서 사회적 모순이라고 간주했습니다. B.C. 73년에 그는 카푸아 검투사 양성소에서 78명의 검노들을 규합하여 탈주하면서 인근 농장과 목장의 노예들을 추가로 동원하는데 성공하면서 그 수가 7,000명에 이른 것으로 기록되어 있습니다. 이를 진압하러 온 로마군을 제압하면서 다음 해엔 빈민들을 추가로 동원하여 집단을 형성하였는데 그 수가 100,000명을 넘어서게 되었고, 이탈리아 반도의 남부는 일시적

로 이어집니다. 농노는 토지를 소작하지만, 영주에 예속되어 토지와 더불어 상속 매매되고 토지에 얽매여 이전을 불허하고, 영주의 어떠한 재판에도 복종하는 부자유한 신분으로 자유농민은 물론이고 노예와도 구분되는 성격을 지니고 있습니다. 참고로 중국에서는 시기적으로 당나라 '안사의 난'이후 '5대10국시대'를 거쳐 대토지사유가 진행[대지주(形勢戶)와 소지주(佃戶)가 구분]되며 '장원'(莊園, manor)이 정착됩니다. 이후 송나라에서는 지주들이 관호(관호)를 형성해서, 소위 지주의 관료화와 관료의 지주화를 부추키게 됩니다.

7) 무산계급을 뜻하는 'proletariat'이란 용어는 여기서 유래된 것입니다.

동학농민군의 백산봉기

전봉준
(1854-1895)

최시형
(1827-1989)

으로 스파르타쿠스의 지배하에 들어가게 됩니다. 스파르타쿠스 조직은 트라키아인 뿐만이 아니라, 갈리아인, 켈트인, 게르만인 출신의 노예와 빈민들까지 규합하여 동원과정에서 탁월한 능력을 보입니다. 그는 귀향을 원하는 노예들은 귀향시켰으며, 전리품은 평등하게 분배하고, 약탈을 금하는 등의 원칙을 세워서 조직을 관리합니다. 스파르타쿠스가 전리품을 평등하게 분배하며 약탈을 금한 것은 바로 로마 지도층이 행한 비인간적 행위에 대한 절규입니다. 하지만 당시 사회상에 반감이 강했던 노예들은 귀향보다 약탈을 원하게 되며, 약탈 행위 그 자체가 그들에게는 집단행동의 '선택적 동기'로 작용합니다. 결국 약탈을 지속적으로 원하는 세력들을 이끌고 로마 정부군을 물리친 후 시칠리아로 건너가려고 하지만 해적들과의 협상에 실패하여 전략적 허점을 드러냅니다. 동시에 당시 로마 정부군은 군사적으로 매우 강했습니다. 결국 B.C. 71년에 케사르의 정치적 은인이기도 했던 크랏수스 군단에 진압되어 죽음을 맞이합니다. 케사르의 정적(政敵)이었던 폼페이우스는 스파르타쿠스 반란의 잔당들을 최종적으로 진압하는데 성공하면서 스파르타쿠스의 반란은 완전히 막을 내립니다. 사회의 계층 간 차별성이 극도로 심화된 상황과 스파르타쿠스라는 리더십을 행할 수 있는 인물이 조합되어 혁명이 발생했지만 혁명 내부 조직 관리나 전략에서 허점을 보이면서 실패하게 됩니다.

이조시대 말엽인 1894년(高宗 31년)에 전라도 고부군에서 시작된 '동학혁명'은 일종의 정치개혁을 요구한 혁명입니다. '갑오농민전쟁'(甲午農民戰爭)이라고도 합니다. 당시 고부 군수 조병갑은 백성들에게 무고한 죄명을 씌워 2만 냥의 돈을 수탈하고, 자기 부친의 송덕비(頌德碑)를 세운다는 명목으로 1,000냥을 강제 징수하며, 가을엔 수세(水稅)를 받아 700여 섬을 착복하기도 합니다. 조병갑의 학정(虐政)을 타파하기 위해서 1894년 1월 10일에 동학의 고부접주인 녹두장군 전봉준을 선두로 하여 1,000명의 동학교도와 농민들이 몽둥이와 죽창을 들고 반란을 일으킵니다. 그들은 "탐관오리를 없애라, 수세 기타 잡세를 없애라, 타국 상인의 미곡 매점과 밀수출을 막아라, 균전사(均田使[8])를 없애라, 전운사(轉運使[9])를 폐지하라"는 등의 폐정개혁(弊政改革)의 이슈들을 제기합니다. 그리고 고부관아로 들어가 관군의 무기를 탈취하고 불법으로 징수한 세곡을 모두 빈민에게 나누어 줍니다. 이런 내용을 보고받은 조정(朝廷)에서는 조병갑을 체포하여 압송하고 대신 박원명을 후임으로 내려 보냅니다. 이때 안핵사(按覈使[10])로 내려온 이용태가 반란의 책임을 모두 동학교도에게 전가시키자 전봉준은 아예 사회의 구조적인 모순을 이참에 해결하겠다는 결심을 합니다. 전봉준은 인근의 동학 접주들에게 보국안

8) 논밭에 관한 일을 감독하던 벼슬직을 말합니다.

9) 세미 운송(세금으로 징수한 곡식을 운송하는 일)의 책임을 맡는 벼슬직을 말합니다.

10) 지방에서 일어난 일을 조사하기 위해서 조정에서 보낸 사신을 말합니다.

민(輔國安民)[11]과 교조신원(敎祖伸寃)[12]을 위하여 궐기할 것을 호소하고, 결국 1894년 3월 하순엔 태인, 무장, 금구, 부안, 고창, 홍덕 지방의 접주들을 동원하여 그 수가 약 10,000명에 이르러 명실상부한 혁명의 단계에 들어섭니다. 당시 동학혁명의 지도부는 혁명집단의 대오를 정비하기 위하여 "사람을 죽이지 말고 재물을 손상시키지 말 것"이란 구호를 내세웁니다.[13] 그 이후 전봉준은 폐정개혁 이슈를 '항일투쟁'(抗日鬪爭) 이슈로 바꾸어 반제국주의(反帝國主義)를 주창합니다. 전봉준은 집단행동에 필요한 식량 문제를 위해서 전략적으로 신곡(新穀)이 여무는 9월을 기다렸다가 전주에서 궐기합니다. 이후 10월 21일 전봉준의 10여만 명의 호남군과 손병희의 10여만 명의 호서군이 관군과 일본 연합군을 대적하였으나 무기와 화력에서 열세를 드러내며 우금치 전투에서 결정적 패배를 당합니다. 조선 조정의 국가 장악력은 약했으나 강력한 화력으로 무장한 일본군과의 연합군은 강했던 것입니다. 1895년 3월 전봉준이 한양에서 처형되면서 동학혁명은 진압됩니다. 동학혁명은 약 30만에서 40만 명의 희생자를 발생시킨 정치혁명으로서 위정자들의 각성을 불러오며 갑오경장(甲午更張)과 같은 정치 혁신 운동을 불러오지만, 이로 인해 청·일 양군의 출병을 야기하면서 결국 일본의 영향권으로 들어가며 속국으

11) 나랏일을 돕고 백성을 편안케 하자는 의미입니다.

12) 동학계(東學系) 농민들이 억울하게 뒤집어쓴 죄를 씻어버리는 운동을 말합니다. 고부관아로 들어가서 무기를 탈취하고 곡식을 빈민에게 나누어 준 것의 근본적인 이유는 조병갑의 학정과 사회적 모순이지, 단순히 고부관아로의 진입이 아니란 의미입니다.

13) 이는 4대 강령 중의 하나가 되며 나머지 3개는 "충효를 다하여 제세안민(濟世安民)할 것", "왜적을 몰아내고 성도(聖道)를 밝힐 것", "병(兵)을 몰아서 한양에 들어가 권귀(權貴)를 진멸(盡滅)시킬 것" 입니다.

로 전락합니다. 전봉준의 '항일투쟁'으로의 변화된 혁명구호는 당시의 국내적, 국제적 정치 판세를 함께 읽었던 것으로 볼 수 있을 것입니다.

이상에서 살펴본 반란이나 혁명은 실패한 집단행동으로 분류됩니다. 비록 두 가지의 사례만을 살펴보았지만 적어도 그 두 사례에 나타난 분명한 공통점은 정부군이 반란을 진압할 만한 힘을 가지고 있었다는 점입니다. 당연한 이야기지만 정부군이 강한 힘을 가지고 있을 때 그 힘을 뛰어 넘어 혁명에 성공하는 것은 쉬운 일이 아닙니다. 이번에는 성공한 혁명들을 살펴보면서 집단행동 이론들과의 연관성을 생각해 보겠습니다.

러시아 차르(tsar) 체제는 1917년 혁명으로 무너집니다. 19세기 말에 유럽 각국에서는 사회개혁 사상이 발생하고 의회를 통한 정치가 진행되고 있었지만 러시아는 오히려 피요트르 대제와 에카데리나 여제의 전통을 이어받아 강력한 차르체제가 유지되고 있었습니다. 또한 1890년대 이후 외국자본(주로 프랑스와 영국)의 도입에 의해 일정 수준의 자본주의가 발전하게 되어 사회문제가 발생합니다. 러시아에는 사회의 절망적 분위기로 부터 혁명사상이 널리 유포됩니다. 사회민주노동당(1898), 사회혁명당(1901)이 창당됩니다.[14] 니콜라이 2세의 반동정치와 러·일전쟁에서의 패배 후유증으로 1905년 1월에 수도 페테르스부르크에서 봉기한 민중에게 군대가 발포한 '피의 일요일 사건'(러시아 1차혁명)이 일어나면서 전국으로 혁명이 확산됩니다. 그 결과 의회의 개설과 '입헌정치'(立憲政治)를 약속하고

14) 1903년 사회민주노동당 내부는 볼셰비키(다수파: Lenin)와 멘셰비키(소수파: Plekhanov)로 분열됩니다.

(1903 '10월 칙령'), 양원제의 제국헌법을 채용합니다(1906). 하지만, 스톨리핀(Stolypin)은 선거법을 개악하고 제국의회를 억압하고 사회개혁의 분위기 들을 탄압하면서 의회를 통한 점진적 개혁에 실패합니다. 물자결핍, 사회불안, 그리고 제1차세계대전의 패배 후유증으로 결국 1917년 '2월 혁명'으로[15] 로마노프(Romanov) 왕조가 무너지게 됩니다.

러시아는 1914년 여름에 당시 영국과 프랑스와 함께 연합군으로 제1차 세계대전 참전하여 독일과 전쟁 중이었습니다. 전쟁은 로마노프 왕조의 무능함을 부각시키게 됩니다. 전쟁이 길어지면서 철도수송체계의 파괴, 농산물 수송의 어려움, 공산품 부족, 인플레이션과 기근 등은 니콜라이 2세(Nicolai II, 1868-1918)의 무능을 더욱 부각시켰습니다. 결국 1917년 2월 25일에 페트로그라드에서 식량배급을 기다리던 행렬이 대규모 시위를 하게 됩니다. 이들의 구호는 '빵을 달라', '차르는 물러가라', '전쟁을 중지하라'였으며 150명 이상이 사망합니다. 하지만 2월 27일에는 25일 시위 진압에 죄책감을 느낀 병사들이 노동자와 합류하여 병기창, 우체국, 역, 페트로파블로프스크 감옥 등을 접수하였습니다.[16] 로마노프 왕조 붕괴 후에는 두 개의 세력으로 나뉘어서 권력투쟁이 일어납니다. 한 세력은 '소비에트'[평의회(評議會), soviet]로서,[17] 시위에 직접 참여하였던 노동자와

15) 당시는 율리우스력(歷)으론 2월 이었으며, 그레고리력으론 3월입니다. 따라서 '3월 혁명'이라고 하는 경우도 있습니다. 율리우스력이 그레고리력보다 13일이 빠릅니다.

16) 일종의 정치범들을 수용하던 요새로서 프랑스혁명에서 '바스티유' 감옥이 함락된 것과 같은 상징적 의미를 지닙니다.

17) '소비에트'란 '회의'(會議)라는 뜻으로 포괄적으로 그 회의체를 중심으로 한 권력기관을 일컫는 용어입니다. 당시에 소비에트는 한 개의 조직이 아니라 개별 지역들을

병사들을 포함하여 볼셰비키, 맨셰비키, 사회혁명당 등이 참여하고 있었습니다. 이들은 급진적 사회변혁을 주장하였습니다.[18] 또 다른 세력은 새로운 헌법제정까지 '임시정부'의 수립을 주장하는 '자유주의 세력'으로 '두마(Duma)회의' 의원들이 중심이 되어 전문직업인, 법률가, 언론인, 기업가, 일부 관료들을 포함하고 있었습니다.[19] 이들은 의회주의를 주창하는 자들로 급격한 사회변동을 두려워하였습니다. 1917년 3월 2일에 자유주의 세력은 리보프(Georgii Evgen'evich L'vov)를 수반으로 1차 내각을 구성합니다. 임시정부 1차 내각은 3월 6일에 제헌의회를 소집하고 기본자유권 보장과 함께 최후까지 전쟁을 수행한다는 결의를 하게 됩니다. 급격한 혁명을 종결시키기를 원하는 자유주의 세력들은 급격한 혁명을 종결시키기 위한 수단으로 지속적인 전쟁을 생각하는 셈입니다. 하지만 패색 짙은 독일과의 전쟁에 지쳐서 탈주한 수많은 병사들, 전쟁터로 떠나기를 거부하는 병사들, 기아와 빈곤에 허덕이는 노동자와 농민들 모두는 러시아 권력투쟁의 힘을 소비에트 쪽으로 실어줍니다. 전쟁에 지쳐서 전쟁을 종

단위로 하여 지역에 따라서 형성되고 있었습니다. 우후죽순처럼 형성되면서 국가로부터의 독립을 선언하기도 합니다. 그 중에서 페트로그라드 지역에서 형성된 소비에트가 정부 조직에 근접하는 조직을 형성하였습니다.

18) 당시에 있었던 혁명적 당파들로는 볼셰비키, 맨셰비키, 사회혁명당 등이 있으며, 볼셰비키(다수파)와 맨셰비키(소수파)는 같은 정당인 러시아사회노동당에 소속되어 있었습니다. 볼셰비키는 1905년 '피의 일요일 사건'(1월9일에 평화적 시위를 벌이던 노동자들에게 수비대가 발포한 사건)을 계기로 맨셰비키와 대립하였으며, 1912년 독자적인 당 조직을 구성하여 활동합니다.

19) '두마'는 납세(納稅) 유권자들의 입헌의회를 말합니다. 1906년 설립되었는데, 설립 계기는 1905년 '피의 일요일 사건' 이후 니콜라이 2세로부터 의회의 원칙을 수락받아서 이루어집니다. 하지만 2월혁명 당시까지 2차례나 해산당하는 등 차르 체제 하에서 제대로 기능하지 못하고 있었습니다.

결시키기를 원하는 대중들은 전쟁을 종결시키는 수단으로 혁명을 생각하고 있는 것입니다. '2월 혁명' 이후 임시정부가 활동하지만 사회문제인 빵, 평화, 토지 문제는 어느 것 하나 제대로 해결되지 못합니다. 1917년 6월에 페트로그라드에서 개최된 '전(全)러시아 소비에트 1차 회의'(6월 3일-24일)에서 레닌은 임시정부에 찬성하는 맨셰비키에 반대하여 볼셰비키를 이끌며 볼셰비키는 정권을 탈취할 준비가 되어 있음을 선언합니다.[20] 1917년 7월에는 전쟁터에 나가라고 통고받은 크론슈타트의 해병들을 중심으로 '7월 혁명'이 일어나면서 임시정부와 소비에트 모두에 대해서 불만을 터뜨리고 시위를 벌입니다.[21] 레닌은 소비에트에 대해서도 불만을 터뜨리는 시위세력들에 대해서 지지하는 연설을 하게 되고, 임시정부로부터 국가반역죄로 기소되어 핀란드로 도주하면서 소비에트는 지리멸렬해집니다.[22]

---

20) 원래 볼셰비키는 러시아 사회 민주주의 노동당(RSDWP, Russian Social-Democratic Workers' Party)의 좌파를 지칭하며, 다수파(多數派)를 지칭하는 의미를 쓰입니다. 하지만 이때 회의에서 볼셰비키는 800명 중에 105명으로 소수파였습니다. 맨셰비키는 "제헌의회를 거쳐서 민주공화국으로!"라는 구호를 내세웠으며, 볼셰비키는 "노동자 관리와 모든 권력을 소비에트에게로!"라는 구호를 내세웠습니다. 이러한 커다란 숫자의 격차에도 불구하고, 레닌은 소비에트가 혁명의회로서 정권탈취를 준비해야 한다고 주장하면서 회의의 주도권을 장악합니다. 그렇게 할 수 있었던 것은 회의장 바깥의 전체적인 사회 분위기와 이를 이용한 레닌의 웅변술에 있습니다. 당시 사회는 '2월 혁명' 이후 많은 시간이 흘렀는데도 사회 혼란은 지속되고 빵, 평화, 고용 등에서 해결된 문제는 아무 것도 없었습니다.

21) 크론슈타트는 페트로그라드의 바닷가에 위치한 해군기지입니다. 그리고 혁명에 참여한 병사, 노동자, 농민들 모두는 빵, 토지, 실업 문제에 관심이 있는 것이지 세력들 간의 이념 논쟁이나 권력 투쟁에 관심이 없음을 간접적으로 보여주는 증거라고 하겠습니다.

22) 이 당시 레닌은 볼셰비키와 대중들 사이에서 고민하고 있었습니다. 볼셰비키 내부에는 지노비예프나 카미노프 같이 러시아 혁명이 지나치게 빨리 진행될 경우 프랑

1917년 7월 24일엔 임시정부에서 3차 내각인 케렌스키(Aleksandr Kerensky, 1881-1970) 내각이 출범합니다. 이 당시, 전쟁 패잔병들과 무장 탈주병들은 농촌으로 귀향하여 지주의 토지를 몰수하며, 도시는 식량공급이 중단되는 상황에 있었습니다. 기아에 허덕이며 도시 대중들은 부르주아에 대한 적개심이 증폭되며 농촌과 도시가 모두 무질서로 빠져들고 있었습니다. 1917년 8월에는 코르닐로프(Lavr Kornilov)가 무질서를 극복한다는 명분을 내세워 군대 장교 집단, 왕조 잔재 세력, 무질서를 혐오하는 일부 자유주의 세력들을 규합하여 군사 쿠데타를 시도합니다. 하지만, 당시 케렌스키 임시정부는 군사쿠데타를 제대로 수습하지 못하며, 군사쿠데타와 같은 극단적 반동 상황은 볼셰비키가 옳았다는 경각심을 소비에트에게 심어주면서 볼셰비키 세력이 지난 '전(全)러시아 소비에트 1차 회의'에서 선언했던 정권 탈취 선언을 실현시킬 수 있는 절호의 기회를 줍니다.[23] 볼셰비키가 페트로그라드 소비에트 세력 내의 지휘통제권을 잡게 되고, 1917년 10월 12일에 레닌의 심복 중 한사람이었던 트로츠키(Leon Trotsky)는 혁명군사위원회(CMRP)를 조직하며, 10월 24일 볼셰비키 혁명을 시도합니다. 임시정부가 거처하던 겨울궁전에서 임시정부 수반인 케렌스키는 도주합니다. 결국 10월 25일에 페트로그라트 소비에트의 혁명군사위원회는 임시정부 해체를 선언하며 정권을 장악합

스혁명의 파리코뮨처럼 진압되어 실패할 것이라는 혁명 시기상조론을 주창하는 자들이 있었습니다. 또한 대중들은 미래에 대해서 조급하고 참을성이 없었으며, 빠른 변혁을 요구했습니다. 레닌은 군대 징집을 거부하는 병사들에게 찬동하는 연설을 한 것으로 인정되어 전쟁 대상국인 독일의 첩자로 지목됩니다.

23) 훗날 케렌스키는 "코르닐로프의 군사 쿠데타가 없었다면 레닌의 '10월 혁명'도 없었을 것이다"라고 회고합니다.

니다. 불과 이틀 후인 10월 26일엔 '전 러시아 소비에트 2차 총회'에서 레닌을 수반으로 하는 독자적 볼셰비키 정부인 인민위원평의회가 구성되고 선언되면서 러시아 혁명은 종결됩니다. '2월 혁명'이 대중들에게 자생적으로 발생하였으며, 전국적으로 1,000만 명의 사람들이 참여했던 것과 대조적으로, '10월 혁명'은 소수 엘리트들의 계획한 혁명이었습니다.

Leon Trotsky
(1879-1940)

'10월 혁명'에 성공한 레닌은 공산주의의 국제조직 설립을 계획하고 1919년 모스크바에서 코민테른 창립대회가 열립니다. 1920년 봄에 코민테른이 파견한 러시아의 보이딘스키(Grigori Naumovich Voitinsky)가 상해를 방문하여 진독수(陳獨秀)를 만나며, 진독수는 1920년 8월에 공산당 창립 발기인대회를 열게 됩니다. 1921년 7월엔 마링(Hendricus Maring)이 코민테른에서 파견되어 중국 공산당 대회가 선언됩니다. 이때 참석한 사람이 13인이었는데 모택동이 그 중 한 사람이었습니다.

'중국혁명'에서 공산당혁명을 통해서 정권을 장악하려는 당의 강령은 매우 실용적인 전략 · 전술을 고려하여 만들어졌습니다. 즉 "프롤레타리아 독재를 당의 기본 임무로 하지만 과도기적 단계에서의 전술로서는 적극적으로 부르주아 민주주의 운동에도 참여한다"는 것입니다. 이러한 '실용적' 연

모택동(마오쩌둥)
(1893-1976)

합전술은 창립 당시 지극히 미미한 공산당의 세력을 불과 수년 후에 '북벌'(北伐)에[24] 참여하는 강력 세력으로 우뚝 서게 합니다. 1925년 중국의 국부로 추앙받는 손문(孫文)이 죽자, 1926년 '북벌전쟁'이 진행되는 상황에서 무한 지역의 좌파와 남창 지역의 우파로 분열하게 됩니다. 이 당시의 판도는 장개석의 국민당 우파를 중심으로 한 '남경 정부'(강소, 절강, 안휘, 복건, 광동을 장악함), 공산당과 국민당 좌파에 의한 '무한 정부'(광서, 호북, 호남을 장악함), 그리고 북경을 중심으로 한 '군벌 정부'(황하 이북의 대부분 지역을 장악함)로 삼파전의 형세를 띠게 됩니다. 그런데 '로이 긴급 훈령 사건'을 계기로 공산당은 국민당 좌파와 국공분리 선언을 하고 무한 정부는 붕괴됩니다.[25] 무한에서 탈출 한 중국 공산당 간부들은 무한과 남경의 중간 지점인 남창으로 모이며 다시 한 번 무장봉기를 추진합니다.

---

24) 북벌이란 북경(北京) 지역을 중심으로 한 군벌(軍閥)세력들을 타도하기 위한 정벌을 말하는 것입니다.

25) 1927년 스탈린은 중국 주재 코민테른 대표인 로이(Manabendra Nath Roy)를 통해서 중국 공산당에게 지령을 전달합니다. 그 내용은 2만 명 당원의 무장화, 5만 명의 농민 · 노동자의 선발, 부유층에 대한 토지 몰수, 이를 위한 혁명재판부의 설치 등을 골자로 하고 있습니다. 하지만 이 훈령을 국민당 좌파이면서, 무한 정부의 주석인 왕조명(汪兆銘)에게 보여주게 되고, 왕조명은 이러한 지령을 현실적으로 관철하는 것에 거부감을 갖게 됩니다. 이를 중국 공산당은 반동으로 규정하고 국민당 좌파와 결별을 선언하여 1925년 7월 중국 '국민당 1차 대회'에서 시작된 '제1차 국공합작'은 결렬됩니다. 특히 국공합작의 결렬은 공산당에게 당시 커다란 위기로 작용하였습니다. 1926년 4월 12일 장개석은 상해의 노동자들의 무장해제를 명하면서 발포하고, 상해 총공회를 습격하여 공산당원들을 체포합니다. 주은래(周恩來)도 이때 도망가게 됩니다. 이런 작전을 위해서 장개석은 '사전 정지 작업'(事前 整地 作業)을 벌이는데, 영국, 미국, 일본, 프랑스와 정치 협상을 벌이고, 심지어는 지하 비밀 폭력조직인 청방(靑幫k)과 홍방(紅幫k)을 매수하기도 합니다. 권력투쟁 과정에서 세력 싸움을 위한 집단들 간의 연합 형성과 결렬의 반복은 필연적입니다.

1927년 7월 31일 남창에서 무장봉기에 성공하였으나, 유지하는데 실패하고, 광주를 점거할 목적으로 남하합니다. 도중에 회의를 통해서 진독수를 기회주의로 비판하고 구추백(瞿秋白)을 총서기로 선출하며 농민 무장봉기를 다원화합니다. 이때 모택동은 농민 혁명의 전통이 강한 호남의 농민 봉기 책임자로 선정되며, 농민 무장 봉기를 이끌지만 국민당 군에게 패하여 정강산(井崗山)으로 잠입하여 게릴라전을 펼칩니다. 이때 모택동의 혁명군은 노동자와 농민으로 구성된 소규모의 초라한 집단이었지만 다시 회생하기 위한 전략 전술로 4대 강령을 채택합니다. ⓐ 혁명은 무력투쟁을 이용한다. ⓑ 투쟁은 장기적으로 지속될 수 있는 것을 상정한다. ⓒ 무력투쟁은 정규군의 접근이 어려운 지역을 중심으로 하기에 그곳에 있는 농민들이 주축이 된다. ⓓ 투쟁은 지역적 수준을 단위로 전개한다. ⓑ와 ⓒ는 투쟁도 혁명도 삶의 일부라는 철학입니다. 특별히 무기가 없어도 그곳 주민들이 중심이 되어 함께 살아가면서 투쟁한다는 것입니다. 그들 속에서 함께 하는 혁명이며 그들이 없으면 혁명 수행이 불가능합니다. "인민은 물이며, 우리는(공산당은) 물고기이다"라는 주장은 이러한 맥락입니다. 혁명 과정에서 발생하는 싸움에 한 번 이기고 지고의 문제가 아니라 구조적인 사회 변화가 있을 때까지 이른바 '무한투쟁론(無限鬪爭論)'인 것입니다. ⓓ는 일종의 '근거지 전략'입니다. 근거지를 다지고 그렇게 근거지에서 다져진 힘을 바탕으로 해서 또다시 세력을 확장한다는 것입니다. 1928년 당시는 정강산을 중심으로 근거지를 다집니다. 모택동은 정강산 지역만큼은 토지 혁명을 실시하고 노동자, 농민, 병사구를 설치했으며, 부대를 개편하여 '제1군 제1사단 제1연대'라고 부르고 있었습니다. 1928년 4월 이후 임표(林

彪)가 합세하자 제4군으로 불렀습니다. 첫 근거지를 중심으로 이미 각본이 짜여 있었던 것입니다. 이렇게 근거지에서 다져진 힘은 1934년에는 남부지역으로 소규모 확장됩니다. 대장정(大長征) 이후 일본군과 항쟁시에는 북부지역을 중심으로 근거지를 확장하여 다집니다. 그리고 마침내 1949년 중국 전역을 장악하는 데 성공합니다. 근거지 전략이 성공한 것입니다.

쿠바 혁명은 피델 카스트로(Fidel Castro)와 체 게바라(Ernesto Che Guevara)에 의해서 주도됩니다. 아르헨티나 출신의 의학도였던 체는 1951년 12월 말에 의사 친구 그라나도(Alberto Granado)와 무의촌 진료를 겸해서 1만Km에 이른 남미여행을 계획합니다. 여행에서 체는 고통받는 인디오, 노동자, 농민의 삶을 느끼며 미래 자신의 활동 영역은 '정치'라고 결정짓습니다.[26] 여행에서 돌아와 일단 의학 공부를 마치고 나서 1953년 5월에 다시 볼리비아, 페루, 에쿠아도르 등을 2차 여행합니다. 2차 여행의 명분은 착취의 정치적 조건들을 학습하는 것만으로 의미가 없으며, 이를 극복하는 행동이 있어야 한다는 것이었습니

Ernesto Che Guevara (1928-1967)

26) 체 게바라는 비인간적인 사회를 가장 극복해야 할 대상으로 간주하였는데, 그가 겪었던 유명한 일화가 있습니다. 급작스런 폭우로 플랫폼이 물에 잠겼을 때 역무원들은 백인들에게 객차로 몸을 피하도록 안내합니다. 하지만 인디오 여자들과 아이들은 비에 계속 떨고 있었습니다. 백인인 체는 역무원의 제안에 머뭇거리다가 오히려 그의 행동을 이상하게 생각하는 주위의 시선에 못이겨, 결국 자신도 끝내 열차에 올라서게 되며, 곧 자신의 행동을 후회합니다. 이 사건은 훗날 체가 비인간적인 사회를 가장 극복해야 할 대상으로 여기는 계기가 됩니다.

다. 이 당시 남미의 많은 국가들이 군부 정권 또는 독재 정권을 경험하고 있었습니다.[27] 과테말라는 아르벤스(Jacobo Árbenz Guzmán) 장군이 진보정권을 형성하고 있었으나, 1954년 6월 미국의 폭격이 단행되면서 아르벤스는 항복합니다. 체는 제국주의를 저지하기 위해선 대륙의 곳곳에서 혁명이 동시에 일어나야 한다고 생각하게 됩니다. 1955년 7월엔 멕시코에서 피델 카스트로를 만나서 쿠바혁명에 참여할 것을 제안 받습니다. 당시 쿠바는 바티스타(Fulgencio Batista y Zaldivar)가 정권을 장악하고 있었습니다. 체는 멕시코 산타로사 농장에서 게릴라 훈련을 받고 1955년 11월 26일 '그랜마'호(號)를 타고 멕시코 탐피코 만을 떠나 12월 초엔 쿠바의 남동부 시에라마에스트라 산악지대 쪽 해안에 상륙합니다.[28] 혁명군은 1957년 1월 17일 투르키노산 인근에서 전쟁하며 이곳 산악지대의 농민들에게 게릴라의 존재를 알리며 유대감을 형성합니다. 국경을 넘어서서 쿠바혁명에 참여한 체는 자신을 세계시민(cosmopolitan)이라고 생각했으며, 쿠바혁명이 세계시민들을 위한 혁명의 일환이라고 생각하였습니다. 체는 게릴라전이란 인민이 압제자에 대하여 벌이는 전쟁이기에 인민이 게릴라전의 핵심이라고 보았습니다. 덧붙여서 체는 혁명의 선전에 신경을 썼는데, '라디오 레벨데'(라디오 저항군)을 통해서 혁명군의 목소리를 전파시켰습니다. 특히 의무에 충실한 혁명군 간부와 병사들을 길러내는 교육이 장기적인 게릴라전을 위해서 필요하다고 보

---

27) 아르헨티나(후안 페론), 베네수엘라(마르코 페레스 히메네스), 콜롬비아(라우레아노 고메스), 쿠바(풀헨시오 바티스타) 등입니다.

28) '그랜마'는 할머니란 뜻이며, 이 요트는 25명이 적정 인원인데 무려 82명이 승선한 것으로 되어 있습니다. 그리고 쿠바 벨릭 해안에 상륙하기로 계획했었지만 망그로브 숲 어느 지점에 사실상 난파하였습니다.

았는데, 이를 위해서 게릴라 교육대를 설립하여 교육합니다. 1958년 5월 초 바티스타의 정부군이 시에라마에스트라 산악지대 맞은 편에 투입되어 피델과 게바라 군을 진압하려했습니다. 하지만 혁명군들은 그곳 산악지형을 완전히 파악하며 농민들의 지원을 받아 사실상 주요 교통로들을 완전히 장악하고 있어, 정부군은 패전을 거듭할 수밖에 없었고, 1,000명이 넘는 투항자가 발생하였습니다. 이때 혁명군의 수는 대략 500명 정도였습니다. 1958년 8월 31일에 체는 쿠바의 수도 아바나로 400명의 혁명군을 이끌고 진군합니다. 공습을 피해서 늪지대와 산악지대를 3개월 동안 통과하는 행군 속에서 혁명 의지를 지닌 체의 독특한 카리스마적 리더십은 다양하게 구성된 혁명군들을 결집시켰습니다. 체의 외모와 의지에서 나오는 독특한 정치 리더십은 반바티스타 전선에서 막대한 비중을 차지하는 여타 세력들과의 공동전선을 구축하는데 도움이 됩니다. 체는 군사작전에 필요한 보급과 통신선을 함께 사용할 수 있는 공동전선의 구축으로 아바나의 산타클라라 진격의 성공 가능성을 높이게 됩니다. 또한 몇 개월의 진군 중에도 소규모 토지 소유자들의 세금은 면제한다는 법령을 시행하겠다고 선전을 병행하는 관리자적 기질도 동시에 발휘합니다. 산타클라라를 장갑차로 중무장하고 지키던 3,000명의 정부군은 1958년 12월 31일에 혁명군과 대중들에게 밀리며, 바티스타는 도주하게 됩니다. 쿠바 본토 상륙 이후 2년이 조금 경과한 체의 나이 30세에 쿠바혁명이 완수됩니다. 그는 쿠바 혁명의 성공을 회고하면서 혁명모델이나 경제모델은 당사자들의 고유한 모델이어야 한다고 생각합니다. 특히 경제모델에서 '야수같은 인간'이 아니라 동료들과 공동의 노력과 나눔의 마음을 갖는 '새로운 인간'이 중심이 되는 경제체제를 주창하기도 합니다. 하지만 카스트로 정부에서 산업성 장관으로 근무한 것도 잠시 1965년 3월 체는 쿠바를 떠날 결심을 합니다. 소련혁명이 성공한 이후 소련은 혁명골수분자 체를 달가워하지 않았고, 이런 국제적 압력 속에 카스트로 역시 체를 견제합니다.29) 쿠바내 권력투쟁에서 카스트로에게 밀린 체는 또 다른 지역들에서 혁명에 관여합니다. 그는 단기간이지만 콩고에 체류하며 혁명군을 교육시키고 1966년 3월에 남미로 돌아옵니다. 체는 혁명의 파급효과를 생각하면서 남미의 중앙에 있는 볼리비아의 혁명을 완수하기 위해 1966년 11월에 볼리비아로 잠입합니다. 그러나, 사실 볼리비아는 이미 1954년 토지개혁에 어느 정도 성공한 국가였습니다. 체는 볼리비아에서 250명 정도의 전사가 지원하지 않을까 기대했지만, 믿지 못할 사람들을 포함하여 50명 정도에 불과했습니다. 이런 걱정이 곧 현실이 되어 이들 중 볼리비아 출신 의용군 킨타나가 사라져 정부군에 정보를 제공합니다. 1967년 3월 정부군 1개 분대를 소탕했지만, 4월에 바로 옆을 지나가는 바리엔토스 대통령을 생포하는데 실패하며 암운이 드리워집니다. 1967년 10월 8일 이후 전세는 17명의 혁명군에게 극도로 악화됩니다. "행동인으로서 사색하고, 사색인으로서 행동한다"는 체가 "내 구두굽 밑에 '로시난테'의 박차(拍車)를 느낀다"고 외치며 출정했던 볼리비아혁명은 돈키호테처럼 무모한 측면이 있었는지도 모르겠습니다. 체의 명령으로 요원들은 탈출하거나 흩어집니

---

29) 소련과 중국의 갈등기였던 당시에 체는 중국과 손잡고 '제3세계혁명전파론'의 입장에 서 있었습니다. 소련내 노선 투쟁에선 스탈린이 주창한 '일국(一國)사회주의론'이 트로츠키의 '영속(永續)혁명론'에 승리하고 있었습니다. 체는 혁명의 완성에 안주하지 않고 혁명전파와 지속이 중요하다고 보았고, 카스트로는 쿠바혁명 완성 이후 시점에서 국내 권력 장악의지가 강했던 것입니다.

다. 체는 발에 총상을 입고 안경도 잃어버려 앞을 보지 못하는 중국 출신 귀머거리 페루인 장을 두고 갈 수 없어 끝까지 같이 갑니다. 체 자신도 장단지에 총상을 입은채 정부군에게 생포되고 10월 9일에 사살됩니다. 체의 사살은 단순히 볼리비아 정부군과 혁명군 사이의 문제가 아니었습니다. 10월 9일 미국 대사가 바리엔토스에게 미국의 의사를 전달하고 바리엔토스는 체의 처형을 명합니다. 국내에서 일어나는 혁명이 단순히 국내의 문제로 한정되는 것이 아니란 것을 의미합니다.

1973년에 마무리된 '베트남혁명'은 국내 영역의 범위로 한정되어 이해될 수 없으며, 국제질서 속에서 형성된 국내 상황이 빚어낸 결과로 이해됩니다. 호치민(Ho Chi Minh, 湖志明)이 이끌었던 베트남 혁명은 서구 열강들의 세력 경쟁 속에서 식민지 상황을 극복하고 정권을 탄생시킨 유일한 사건일 것입니다. 인도차이나(Indochina) 반도에 위치한 베트남은 '지정학'(地政學, Geopolitics)적인 중요성으로 인해서 19세기말 서구 열강들의 관심 대상이었습니다.[30] '1차 아편

호치민
(1890-1969)

30) 프랑스령 '인도차이나 연방'은 1887년에 성립하였는데, 이는 베트남, 캄보디아, 통킹의 세 보호국과 코친차이나를 합한 것이며, 1893년에는 사이암으로부터 라오스를 빼앗아 인도차이나 연방에 포함시킵니다. 1954년에 프랑스가 추진했던 '인도차이나 연방'이란 베트남(통킹+안남+코친차이나), 라오스, 캄보디아를 통틀어서 하나의 연방으로 구성되는 국가를 말합니다. 프랑스의 식민지 정책은 베트남을 세 지역으로 분할하여 통치하였습니다. 가장 남부의 코친차이나는 식민지로 중부의 안남과 북부의 통킹은 보호령으로 지정하였습니다. 인도차이나 반도에서, 특히 베트남에서, 사

전쟁'(1839-1842) 이후 중국 양쯔강 유역을 관할했던 영국에 대항하기 위해서 프랑스는 홍하 삼각주와 메콩강을 점령하여 교두보로 삼아야 했습니다. 프랑스의 인도차이나 점령은 '2차 아편전쟁'(1856-1860)과 함께 시작되며, 1861년 사이공을 함락하고, 1882년엔 하노이를 함락시킵니다. 결국 1885년 6월 4일에 프랑스와 중국 사이의 협약을 통해서 베트남은 프랑스령으로 예속됩니다. 1918년 1월 미국 의회 연설에서 윌슨 대통령(Woodrow Wilson)의 '민족자결주의'는 1919년 6월 28일에 베르사이유 평화회담에서 조약으로 재확인되었습니다. 이 당시 프랑스에서 '안남 애국자 동맹'에 가입하여 활동하던 호치민은 강대국의 민족자결주의란 그들의 식민지 정책과 병행된 것으로 하나의 허구라고 생각합니다. 강대국들이 피식민지인들의 저항운동에 귀기울이는 것이 필요한데 현실적으로 그렇지 못하다는 것입니다. 호치민은 그의 정신적 스승인 짜우찡의 '자유주의적 민족주의'와는 달리, 행동주의와 대중을 통한 집단행동을 통한 민족주의를 고수함으로써 피식민지의 상태를 벗어나야 한다고 생각했습니다. 따라서 호치민은 코민테른의 '세계혁명'을 '민족해방'이란 말과 동의어로 생각하였습니다. 호치민은 1923년 6월 모스크바로 건너가 코민테른에서 활동하면서 레닌의 사상에 영향을 받게 됩니다. 호치민은 대중적 지지에 근거한 혁명 지도자들은 낙후된 농촌사회를 근대사회로 발전시킬 수 있다고 생각합니다. 1925년부터 1927년까지는 중국 캉통에 머물며 중국혁명을 경험합니다. 민족주의자로서 호치민은 "나라 잃은 불행이 가장 큰 불행"이며 이를 위해 계급혁명 이전에 우선적으

실상 지배권을 잃은 이후 중국, 미국, 영국에 대한 프랑스의 속내가 보이는 정책입니다.

로 민족혁명을 주장합니다. 부자, 빈자, 관료, 농민 모두가 조국 독립, 민족자결을 위하여 단일한 전선을 구축하고 단일한 정당의 깃발 아래 모여서 지휘권을 일임하여야 한다고 주장합니다. 다수의 혁명당들이 공존하는 것은 집단행동에 방해가 되며, 혁명당은 단일 조직이어야 한다고 본 것입니다. 1927년 4월 장제스의 반공산주의 쿠데타로 다시 소련으로 옮긴 호치민은 1929년 12월부턴 홍콩에서 동남아시아 공산주의 조직과의 연계활동을 벌입니다. 결국 1930년 2월 7일 코우룬에서 민족해방 강령을 내세우며, '베트남 공산당'을 결성합니다. 1930년 10월엔 민족해방이란 강령을 토지혁명과 반제국주의로 바꾸고, 이름도 '인도차이나 공산당'(PCI)로 바꿉니다. 호치민은 베트남을 떠난지 30년만인 1941년에 베트남으로 돌아옵니다. 1940년대에 들어서면서 베트남에선 프랑스의 식민지 지배가 약화되는 틈을 타 무장봉기가 잇따랐지만, 어느 것도 식민주의를 극복하는 혁명적 힘을 실어내지 못하고 있었습니다. 호치민은 일본과 프랑스에 대항하기 위해서 '베트남 독립동맹'[월맹(越盟)이라고도 함]이라는 정치적 연합전선을 구축합니다. 구호는 "기아 타파, 무지 타파, 침략자 타파"였습니다. 호치민은 대중 동원이 가장 중요하다고 보았으며, 베트남 독립과 주체성에 관련된 신화와 역사를 이용한 홍보 전략을 통해서 애국적인 적개심을 고취시키고 농민과 도시민들을 지속적으로 동원합니다. 1946년까지 지역 단위를 '항쟁행정위원회'란 조직으로 구성하여 '부분 봉기'전략을 사용합니다. 1949년의 국제 정세는 또 다시 베트남혁명의 성패에 큰 영향을 끼칩니다. 1949년 8월 중국 공산당이 국공내전에서 승리하였기 때문에 무기와 각종 물자들의 지원이 시작되면서 프랑스의 식민지 지배는 더욱 약화됩니다. 1954년

3월 디엔비엔푸 전투에서 승리를 계기로 사실상 프랑스의 식민지 상태를 극복하는 상황을 만들지만, 또 다시 미국이 프랑스를 대치하게 됩니다. 이 당시 미국은 소련의 세력이 남하하지 못하고 가둬지도록 '봉쇄정책'(封鎖政策, containment policy)을 쓰고 있었습니다.[31] 미국은 공산세력의 남하를 막기 위해서 프랑스에게 무기와 물자 원조를 무상으로 하게 됩니다. 1954년 5월 제네바 회담의 결과 17도 선을 중심으로 북쪽의 베트남 민주공화국과 남쪽의 서구 연합 세력으로 나뉩니다.[32] 1945년 이후 혁명 동원 전략도 앞서 지적한 내용과 달라진 것은 없었습니다. 하지만 국제 전략은 '열강들로부터의 구국(救國)'이라는 목적을 위한 실용주의 노선이었습니다. 그 당시 서로 적대적이었던 중국과 소련 사이에서 '등거리 외교'를 펼쳤던 것은 그 대표적인 예입니다.[33] 1969년 9월에 호치민은 죽고, 1975년 3월 '호치민 작전'으로 불리우는 최종 전투를 통해서 베트남혁명이 완수됩니다.

31) 케난(George F Kennan)에 의해서 주창된 것으로 대륙세력인 소련의 힘이 남하하여 반도나 해양쪽으로 나오지 못하도록 가둬두는 정책을 말합니다(Kennan 1951). 베트남 북부인 통킹만 지역을 잃게 되면 소련이나 중국의 공산주의 세력이 인도차이나 반도로 진출하고 이후 해양으로 뻗어나갈 수 있음을 의미하기에, 이런 경우 봉쇄정책은 실패하는 것입니다. 따라서 연합군인 프랑스의 세력이 약화되고 중국 공산세력이 남하하는 것을 막기 위해 봉쇄정책의 일환으로서 원조를 시작한 것입니다.

32) 남쪽은 1955년에 응오 딩 디엠 정권이 들어서고, 이후 1965년엔 응웬 반 티에우 정부가 들어섭니다.

33) 소련은 중국을 '교조주의(敎條主義)'라고 비판하고, 중국은 소련을 '수정주의'(修正主義)라고 비판합니다.

6장을 마치며

지금까지 집단행동을 '원인-과정-결과'라는 틀 속에서 차례대로 살펴보았습니다. 집단행동의 결과 부분에선 정치적 파급효과가 가장 큰 집단행동인 혁명들을 '원인-과정(동원전략, 리더십)-결과(성공과 실패)'와 연관시켜서 연대기적으로 살펴보았습니다. 지구에 격변을 가져왔던 정치사적으로 중요한 의미가 있는 사건들이지만, 역시 현대 민주주의에 가장 영향을 미쳤던 혁명은 '프랑스 대혁명'(1789)입니다. 앞서 살펴보았던 여러가지 사건들을 염두에 두면서, '프랑스 대혁명'에 대해서 종합적으로 음미해 보도록 하겠습니다.

프랑스 대혁명의 발단은 소위 사회의 구조적 측면인 '원인'(遠因)과 혁명 발발 직전의 '근인'(近因)으로 나누어서 이해할 수 있습니다. 먼저 '원인'을 보면, ㉠ 소수의 특권층이 대부분의 토지를 소유한다든지, 특권층은 관직 및 요직을 독점하고 면세의 특권을 누린다든지 하는 소위 '구제도'(ancient régime)의 모순입니다. ㉡ 사회는 이러한 구제도의 모순에 대해서 볼테르, 몽테스키외, 루소 등이 예리하게 지적하고 비판하는 계몽사상이 무르익고 있었습니다. 여기에 ㉢ 미국의 독립운동이 성공하면서 자유를 위한 투쟁은 승리한다는 확신이 경험적 사실로 입증됩니다. '근인'을 보면, ㉠ 루이14세 이래 권력층의 사치와 수차례의 무모한 국제전쟁으로 재정이 악화되었습니다. ㉡ 루이16세는 중농주의 경제학자 튀르고(Turgot)나 은행가 네케르(Necker)를 등용하여 개혁을 시도했지만 수구세력의 반대로 개혁에 실패합니다. ㉢ 1614년 이래 중단된 삼부회가 소집되었지만 의결방법 때문에 특권계급[제1신분(성직자), 제2신분(귀족)]과 비특권계급['제3

1789년 프랑스혁명과 '테르미도르의 반동(反動)' [Thermidorean Reaction]

심화학습

| '테르미도르'란 '무더운 달'을 뜻하는 열월(熱月)이란 뜻으로 '7월'을 의미합니다. 즉 혁명 시기에서 7월에 혁명의 원상 회귀 현상을 보이는 것과 관련된 사건들이 일어난 것에서 유래한 말입니다. 프랑스혁명이 일어나던 당시에 프랑스는 유럽에서 최고의 강대국이었습니다. 인구는 2천 5백만 정도였고(영국 1천 5백만, 프로이센 8백만), 미국 독립전쟁을 도와 승리한 군사력도 막강한 유럽 내의 최고 강대국이었습니다. 하지만 사회구조는 건강하지 못했습니다. '제1신분'인 성직자는 10만 명 정도였으나 국토의 10%를 차지하였습니다. '제2신분'인 귀족은 20만 명 정도로 토지의 20%를 차지하고 있었습니다. 특히 귀족은 고위 귀족인 출생 귀족과 하위 귀족인 '취득 귀족'(돈으로 작위를 산 귀족들)이 있었습니다. 그런데 귀족의 특권을 수호하려고 애쓴 계층은 오히려 취득 귀족들이었으며, 이러한 귀족 특권 회복의 노력이 1789년 프랑스혁명의 도화선이라고 보는 것이 적합합니다. '제3신분'인 시민 (중소 상인, 수공업자, 중간 관리 포함), 농민, 도시 노동자들은 2천만 명이 넘었으며 귀족들의 면세특권을 떠 맡고 있었습니다. 이들은 특권층의 면세를 허용하는 체제에 불만이 많았습니다. 1788년과 1789년에 연이은 흉작과 기아는 농민들에게 불만을 증폭시키고 있었습니다. 1789년에 들어와 프랑스혁명 직전엔 이미 '자발적' 농민 폭동이 발생하고 있었습니다. 이러한 상황 속에서 국가의 빚이 늘어나자 튀르고와 네케르는 재정개혁안을 발표하여 면세의 특권을 없애고 성직자와 귀족들로부터도 세수입을 얻으려고 하였습니다. 하지만 귀족들은 힘을 합쳐서 이에 반대하고, 국왕 루이 16세는 세금문제를 해결하기 위해 세 신분으로 이루어진 '삼부회'(三府會, Etats Generaux)를 소집합니다. 여기서 '제3신분'은 봉건적 권리와 특권을 폐지할 것과 과세를 내는 자들에게 의결권과 재정 감사권을 줄 것을 요구하나 이것이 결렬되고, 재정개혁안을 제시했던 애국자 네케르를 죽였다는 루머가 퍼지면서(사실은 파면한 것임), 프랑스혁명이 시작됩니다. 1789년 6월 17일 '제3신분'은 삼부회를 거부하고 새로이 '국민의회'를 구성합니다. 국왕이 '국민의회'를 무력으로 탄압하려 하자, 이에 대비하여 파리 시민들은 민병대를 조직하여 무장하게 됩니다. 1789년

7월 14일 이들은 과거 수많은 사람들을 투옥하고 고문했던 왕권의 상징물인 바스티유 감옥을 습격하여 무기를 탈취하고, 파리에서 '코뮌'(commuine)이란 '자치위원회'(自治委員會)를 결성합니다. '국민의회'는 8월 26일 전문 17조의 '인권선언' [인간의 자유와 평등(제1조), 주권재민(主權在民, 제3조), 사상의 자유(제10조), 언론과 출판의 자유(제11조), 입법-사법-행정의 삼권분립(三權分立, 제16조), 재산권 신성불가침의 원칙(제17조)]을 가결하고 선포해 민주주의 이념의 기본을 제시하였습니다. 국민의회는 '헌법제정의회'로 명칭을 바꾸고 국민이 바라던 의회설립과 헌법개정에 착수하여 1791년 9월 말에 '1791년 헌법'[일원제(一院制)와 입헌왕정]을 만듭니다. 1791년 10월 1일에 '입법의회'가 성립됩니다. 하지만 1792년 4월 프랑스는 혁명을 달가워하지 않는 인접 국가인 오스트리아 · 프로이센과의 전쟁에 연전연패하면서 국내정치는 또 다른 혼란 속에 휘말립니다. 1792년 8월 9일 민중의 대표를 자임하는 공화주의자들은 '지구위원'(地區委員)들의 이름으로 파리 시청을 점령하고 또 다시 혁명을 위한 '코뮌'(commuine)을 수립하여 자치를 선언합니다. 이후 1개월 동안 파리는 정부, 의회, 코뮌으로 삼분되어 사회는 혼란과 불안이 가중됩니다. 이때 많은 사람들이 죽게 됩니다. 결국 1792년 9월 20일 '입법의회'가 해산되고, 공화정 채택과 왕정 폐지를 선언하면서 그다음 날 '국민공회'가 성립됩니다. 프랑스혁명에서 테르미도르 현상은 다음의 두 가지를 포함합니다. ① 로베스피에르의 공포정치는 왕정체제에서 독재로의 회귀와 유사하다는 것입니다. '입법의회' 해산 후 등장한 '국민공회'에선 '지롱드'파[Gironod, 부르주아 공화파로서, 의회주의, 자유주의 경제, 지방자치를 주장; 브리소(Brissot), 롤랑(Roland)이 지도했으며 상층시민이나 부농을 기반으로 함]와 '자코뱅'파[Jacobin, 사회민주주의파로서 봉건제도 불식과 소생산자와 소농민의 해방을 주장; 로베스피에르(Robespierre), 마라(Marat), 당통(Danton)이 지도하며 소시민 빈농을 기반으로 함]가 경쟁하게 됩니다. 자코뱅파는 지롱드파와의 투표 대결에서 승리하여(처형 찬성 387표, 반대 344표), 1793년 1월 21일 국왕 루이 16세를 단두대(기요틴)에서 처형합니다. 보통선거에 의해서 성립된 국민의회(1792,9-1795,10)는 자코뱅당이 득세하게 되는데 왕정폐지와 공화정부 수립을 선언합니다(제1공화정). 이후 영국은 프랑스의 혁명이 만들어낸 국왕 처단이나 사회 불안이 영국으로 파급되는 것을 막기 위해서 프랑스에 전쟁을 선포합니다. 프랑스혁명가들(특히 자코뱅당)은 국내에선 흥분한 대중들의 사회 불만과 국외에선 전쟁의 이중 압력을 받게 되고, 이를 극복하기 위해서 지롱드파 간부의원 29명을 국민공회에서 몰아내며, 사실상 국민의회의 최고기관인 '공안위원회'를 설치하여 '공포정치'를 시작합니다. '혁명재판소'는 반혁명 용의자까지 대량으로 숙청합니다. 이를 주도한 것이 자코뱅의 리더들 중의 한 사람이었던 로베스피에르(Maximilien François Marie Isidore de Robespierre)입니다. 로베스피에르는 '자코뱅헌법'을 만들어서 봉권특권을 폐지, 재산에 의한 인간구별 타파, 자작농 육성, 보통선거를 규정한 자코뱅헌법제정(1793년 헌법인데 실시하지 못함), 최고가격제 실시(통제경제) 등으로 생존권과 사회복지 등에 대한 내용을 담아 철저한 민주주의 개혁을 시도했지만, 공포정치의 실시로 그 빛이 바랬습니다. 1794년 4월 같은 자코뱅파이면서도 공포정치와 통제경제의 완화를 주장하던 당통(Georges Jacques Danton)을 숙청하여 처형한

Maximilien François Marie Isidore de Robespierre (1759-1794)

Georges Jacques Danton (1758-1794)

후, 결국 로베스피에르는 독재자로 국민공회에서 탄압되어 1794년 7월 28일 단두대에서 생을 마감합니다. 이때 국민공회에서 로베스피에르 제거를 모의한 그룹을 '테르미도르파'(Thermidorians)라고도 불렀는데, 이들의 거사를 '테르미도르의 반동(反動)'[Thermidorean Reaction]이라고도 합니다. 테르미도르 반동의 결과 온건파가 우세하게 되어 '1795년 헌법'을 만드는

데 이는 입헌공화제, 제한선거제, 양원제를 내용으로 합니다. ② 또 다른 하나는, 더 큰 그림 속에서는 프랑스혁명이 국민에 의한 입헌 공화국을 만들어 낸 것이 아니라, 1799년 11월 보나파르트 나폴레옹에 의한 쿠데타로 황제 권력에 버금가는 '집정체제'(執政體制)를 만들어 사실상 왕정체제로의 회귀와 비슷하게 되었다는 것입니다. 로베스피에르의 처형이후 테르미드로파는 '총재정부'[總裁政府; 5명의 총재(Directoire), 양원제, 부유한 계층의 500인회로 구성됨, 1795-1799]를 구성하여 사회 질서 회복에 나서지만, 전쟁은 계속되고 있었고, 시민들의 빈곤과 사회 불안은 지속되었습니다. 이때 총재정부는 군대를 이용하여 반정부세력들을 탄압하려 하고, 군부가 전면에 나서는 구실 속에서 나폴레옹(Napoleon)은 도리어 총재정부를 무너뜨리고 '집정정부'(執政政府, Consulat, 또는 '통령정부')를 구성합니다. 나폴레옹은 총재정부하에서 왕당파 폭동을 진압한 공로로 이탈리아 원정군 사령관에 임명된 자입니다. 이후 이집트 원정 중의 나폴레옹이 귀국하여 그 유명한 '브뤼메르(Brumaire)의 쿠데타'로 총재정부를 타도하며 '집정정부'를 수립합니다(1799,11). 집정정부는 임기10년의 통령이 3명 존재했지만, 나폴레옹은 '제1통령'에 취임하며 사실상 나폴레옹 일인에게 모든 권력이 집중된 강력한 '통령정부'(1799-1804)를 세웁니다. 나폴레옹은 이어 1802년에 '종신통령'에 취임하고 1804년에 '황제'에 취임하며 '제1제정'(1804-1814)이 시작됩니다. 큰 사이클에서 보면, 왕조체제에서의 1789년 프랑스혁명은 결국 황제체제로 회귀한 것이라는 해석이 가능한 것입니다. 사람들은 종종 영국과 프랑스를 비교할 때, 프랑스 대혁명과 영국 시민혁명을 언급합니다. 영국의 시민혁명인 청교도혁명(1649)이나 명예혁명(1688)을 보면 의회를 중심으로 타협적 성격을 지니고 의회에서 종결되었다는 특색이 있습니다.

신분(평민)]이 충돌합니다. 결국 '제3신분'은 따로 '국민의회'를 조직하였으나(1789. 6. 17) 국왕이 국민의회를 폐지합니다. 이에 대항하여 국민의회는 "헌법제정시 까지 결코 해산하지 않으며 어떤 장소에서라도 모여서 회의를 진행한다"라고 선언합니다[테니스코오트의 서약(Serment du Jeu de Paume, 1789. 6. 20)]. 국민의회에는 특권신분 중에서 하급 성직자나 귀족 중에서 자유주의자들이 합세합니다. 바스티유 감옥 습격사건을 시발점으로 혁명은 전국적으로 확대됩니다. 국민의회는 미라보, 라파예트 등의 자유주의 귀족들과 상층 브르주아가 지도해 나갑니다. 봉건제 특권의 폐지를 선언하고(1789. 8. 20) '인권선언'을 발표하며, 아시냐(Assignat) 지폐를 발행합니다. 1789년의 혁명은 일차적으로 '1791년 헌법'으로 귀결되는데, 그 내용는 입헌군주제, 제한선거제, 단원제였습니다.[34)]

어떤 종류의 집단행동이건 목적을 갖고 있습니다. 이익집단 운동, NGOs 운동, 시위, 반란, 혁명 등의 집단행동들을 통해서 대중들은 그들이 원하는 바를 국가에 주지시켜 상황을 개선시킬 것을 요구합니다. 의회-정당이란 형식을 통해서도 이런 일이 진행될 수도 있지만, 대중들은 다양하게 분화된 요구들을 좀 더 신속하게 얻기를 원하며 집단행동에 나섭니다.

일반적으로, 집단행동의 발생과 성공으로의 귀결엔 정치적 리더십의 중요성이 두드러지게 나타납니다. 혁명은 대중들의 불만을 등에 업고 발생합니다. 이를 '아래로부터의 혁명'이라고 부릅니다. 하지만 '아래로부터의 혁명'도 성공적인 동원 과정과 결과는 모두 탁월한 정치적 리더십을 지닌 '위로부터의 정치 리더들'에 의존하였음을 보게 됩니다. 트림버거(Ellen Trimberger)는 혁명이 대중들의 불

34) '인권선언'은 인간으로서 시민들의 권리를 선언한 것인데, 그 내용은 ①인간의 자유 평등권, ②신체, 사상, 언론의 자유, ③주권재민, 저항권, ④소유권의 불가침을 선언하고 있습니다.

만이나 요구와 상관없이 엘리트나 지배계층 일부에 의해서 일어나는 경우에도 주목합니다(Trimberger 1978). 트림버거는 이것을 '위로부터의 혁명'이라고 불렀으며 일본의 메이지 유신(1868),[35] 터키 케말 파샤의 아타투르크 혁명(1919) 등은 그 대표적인 예가 됩니다.

탁월한 리더십이 중요하게 작용했던 것은 과거 사회의 시대적 배경과 밀접한 관련이 있을 것입니다. 대중들의 요구들이 다양하고, 교육 수준이 높으며, 파편화된 인터넷 시대엔 특정 인물의 리더십이 과거와 비교하여 중요치 않을 것입니다. 이런 특성들을 반영한 현대 사회에서 집단행동은 과거보다 '자발성'이 강조될 것입니다. NGOs 운동은 자발적인 것이며, 혁명이 발생한다고 해도 참여자들의 자발성이 중요하게 작용할 것입니다. 혁명을 해석함에 있어서 정치적 성격을 강조하는 경우엔 혁명과정에서의 리더십, 권력의 변동, 정치제도의 변경에 촛점이 있지만(워싱턴, 무장중립동맹, 파리조약, 연방제도, 삼권분립 등), 혁명의 사회적 성격을 강조하는 경우엔 사회상의 변동에 주목하게 됩니다. 예를 들면, 미국의 독립운동(1775-1783)을 '사회혁명'으로 해석하는 경우엔 ㉠신앙의 자유확립, ㉡북부에서 노예제 폐지 및 장자상속제의 유지, ㉢독립 자영농민의 육성, ㉣중상주의적 규제 철폐와 상공업의 진전 등에 주목하게 됩니다.

문제는 집단행동이 성공하여 소기의 목적하는 바를 신속하게

---

35) 동양 내에서 동일한 '위로부터의 혁명(또는 근대화운동)'이었음에도 일본의 메이지 유신이 성공한 반면에, 중국의 무술정변(戊戌政變 1898), 조선의 갑오경장(甲午更張)이 실패한 이유로 보통 다음의 3가지를 언급합니다: ① 일본과 같은 새로운 사회계급(신흥상인, 산업자본가)이 성장할 수 없었음. ② 일본은 서양문화의 수용에 있어서 적극적으로 수용하였으나, 중국과 조선은 소극적이고 피상적 수용태도를 취함. ③ 중국과 조선은 외세침략과정과 근대화과정이 동시복합적으로 작용함.

얻는다고 해도 사회라는 거대한 구조는 다시 원래의 상태로 되돌아 갈 수 있다는데 있습니다. 즉 집단행동의 효과는 신속하나 일시적인 것이며, 결국은 원래의 상태로 환원되어 별로 변화한 것이 없을 수 있다는 것입니다. 브린튼(Karl Brinton)은 혁명이 완수되고 나서도 혁명 이전에 원하던 이상향이 도래하지 않고 혁명 이전의 정치상황과 별반 다를 것이 없는 상황으로 돌아가는 상태에 주목하였습니다. 폭력 군주의 압제에서 해방되기 위하여 혁명을 일으켜 성공했는데, 결국 새로이 들어선 정권도 독재나 부패로부터 멀어지지 못하고 상황을 반복하게 되는 것을 말합니다. 이것을 '테르미도르 현상'이라고 부릅니다(Brinton 1939, 214). 혁명에는 수많은 사람들의 생명이 희생됩니다. 포퍼는 "현실 세계에 완벽한 이상향을 실현하려는 시도는 보다 더 큰 혼란과 고통을 가져온다"고 이야기한 것도 같은 맥락에서 이해가 가능할 것입니다.[36)]

---

36) 러시아혁명에서 차르 독재체제의 붕괴는 또 다른 볼셰비키 독재체제의 등장이라는 비판에도 노출되어 있습니다. 레닌은 1918년 1월에 임시정부의 유물인 제헌의회를 해체하고, 모든 보안위원회 체카(Cheka)를 통해서 반혁명세력들을 처단합니다. 1825년부터 1905년까지 러시아 차르 왕조 체제 하에서 정치범으로 사형선고를 받은 사람은 625명이고, 실제 사형이 집행된 사람은 191명이었습니다. 1905년 피의 일요일 사건 이후 1910년 사이에는 정치범으로 사형선고를 받은 사람이 5,735명이고 형이 집행된 사람은 3,741명이었습니다. 하지만 왕정체제 하에서 압제, 고문, 사형에 대한 희생자 수는 볼셰비키하의 '공포정치'와 비교가 되지 않습니다. 레닌의 1917년 혁명 성공 이후 체카는 1918년 9월부터 6주 동안 부르주아 인질 10,000명 이상을 처형하였습니다. 이것은 사실상 폭력적 '전체주의'(toatalitarianism)입니다. 같은 국민을 이렇게 많이 죽인다는 것은 어떤 이유에서이건 "무엇하러 혁명하였는가"라는 의문에 빠지게 합니다. 더군다나 레닌의 유언들 중 하나가 "자본주의로부터 열심히 일하는 정신을 배우도록 하라"는 것이었음을 생각할 때 무엇을 위해서 혁명을 하였는지 의문이 지속됩니다. 열심히 일하는 본능을 자극하기 위해선 부르주아가 중심이된 자유경쟁체제로 다시 변혁하지 않고서는 불가능해 보이기 때문입

간접 민주주의의 형식을 취하고 제도의 기본으로 채택하는 현대 사회에서 대중들의 요구는 다양하게 파편화되고, 그 수준은 증폭되고 있습니다. '실질적 의미의 민주주의'를 위해서 '직접 참여'(direct participation) 형식을 통한 '참여 민주주의'(participatory democracy)가 '절차적 의미의 민주주의'를 위한 의회-정당-선거라는 '간접 참여'(indirect participation)와 공존하는 것입니다. 집단행동을 통한 직접적인 참여가 민주주의 기능을 위한 의회-정당-선거라는 틀에 대한 보조적 기구(supplementary organizations)의 역할을 합니다. 의회-정당-선거의 틀이 제대로 기능하지 못하는 경우엔 '대안적 기구'(alternative organizations)의 역할까지도 담당할 수 있습니다(Lawson and Merkl 1989).

사람들은 지금의 상황을 변화시키기 위하여 집단행동에 나서기도 합니다. 하지만 집단행동에 나서지 않아도 세상은 시간이 흐르면서 저절로 변화해 갑니다. 세상에 변하지 않는 것은 없습니다. 인위적으로 변화시키려는 시도와 상관없이 거시적 차원에서 형성되는 사회변동이나 시대정신과 관련해선 '사회변동 이론' 부분에서 보다 구체적으로 다루도록 하겠습니다.

니다. 또한 레닌 사후 권력투쟁은 반복되어 스탈린(stalin)이 트로츠키파를 숙청하고 권력을 잡고 공산 독재를 지속합니다. 혁명도 궁극적으론 엘리트들끼리의 명분싸움과 권력투쟁으로 이해될 수 있습니다.

제7장

민주주의와 정치발전

'민주주의'(民主主義, democracy)란 단어의 어원은 그리스어의 'demokratia'입니다. 그 의미는 민중(民衆)이라는 뜻의 'demos'와 통치(統治)라는 뜻의 'kratos'가 합쳐진 것입니다. 종합하면, 민주주의는 '민중들의 통치'를 의미한다고 하겠습니다. 결국 'demokratia'라는 단어는 '민중들의 통치 방식을 취하는 정부(government)'를 지칭하는데 쓰였다고 합니다(Hansen 1991).

'민주주의'는 집단의 구성원들이 주권을 가지고(자주적 지배, 자기지배), 그 뜻에 따라서 실행되는(자주적 결정, 자기결정) 것인데, '민주주의'를 담아내는 형식들(대표적으로 직접민주주의, 간접민주주의)에 따라서 민주주의 구성 요소들에 강조점들이 변화무쌍하며 복잡다기한 논의들로 파생됩니다. 따라서 '민주주의'라는 형식과 내용의 원류로서 역사적 원형(historical proto-type)에 해당하는 정체

고대 아테네 정치인들

(政體, polity)를 살펴보는 것이 매우 유용할 것입니다. 앞서 '의원내각제'와 '대통령제'라는 정부형태를 이해하기 위해서 그 역사적 원형으로서 영국의 정치사로서의 '영국식 의원내각제'와 미국의 정치사로의 '미국식 대통령제'를 살펴보는 것과 같은 이치입니다. '민주정'(民主政)이나 '공화정'(共和政)의 다양한 의미를 가장 효과적으로 이해하는 길은 제도의 '역사적 원형'을 리뷰하는 것입니다.

'자기지배'(자주적 지배), '자기결정'(자주적 결정)와 연관하여 '민주정'(民主政)에 대한 역사적 원형은 그리스의 아테네의 정치발전의 형태와 내용에서 찾아 볼 수 있습니다. 동시에, '공화정'(共和政)이란 이름으로 지칭되는 로마의 정치발전형태와 내용도 분권적 단위에서의 '자주적 결정과 연계하여 하나의 역사적 원형으로서 살펴볼 수 있습니다. 두 개의 정치형태는 '민주주의'라는 큰 이름 아래에서 통합적인 이해가 가능할 수도 있습니다. 역사발전과정에서 "함께 화합하여 나가는" 공화제는 일인독재 군주제에 대한 저항의 논리였기 때문입니다. 군주의 자의적인 일인 통치에 반하여 모든 사회구성원들의 권리와 자유를 누릴 수 있는 체제[즉, 민주정(民主政)]로 발전해 왔습니다. 물과 물고기라는 불가분의 관계에 빗대어 "'민주주의'라는 물고기는 '공화주의'라는 물에서 살 수 있다"라는 표현을 사용하기도 합니다. 공화주의는 '비(非)지배(non-domination)적 자유'(구성원들의 주종적 예속관계가 없는 상태의 자유)가 원칙이며, 변덕스러운 인치(人治)가 아닌 제도화된 법치(法治)를 추구하기 때문입니다. 따라서, '본질적 우월성의 원칙'(구성원들 내에서 어떤 한 개체가 다른 한 개체보다 더 우월하다는 시각)을 부정하는 민주주의는 '비(非)지배적(non-dominant) 자유'를 원칙으로 하는 공화주의라는 틀에서 기

로마시대 원로원

능하게 된다는 설명이 가능합니다.[1)]

상대적으로 보면, 아테네의 민주정은 아테네 시민인지, 추첨제에 당선된 사람인지, 부유한 평민인지, 아니면 귀족인지, 참주인지 등등 "권력의 기반이 누구에게 귀속되는가"하는 '권력 주체'의 문제에 대해서 생각하게 됩니다. 반면에, 로마의 공화정은 집정관, 원로

---

1) '비(非)지배적 자유'는 '공화주의적 자유'를 대변하는 용어로 보시면 됩니다. '지배'는 다른 사람에게 자신의 의지를 강요하는 것입니다. 자유주의자들과 달리 공화주의자들이 사용하는 '비지배적 자유'란 타인의 자의적 지배가 부재(不在)한 상황을 의미합니다. '예속과 예종의 지배관계 및 상황'을 해결할 필요성을 제기하고, 그러한 관계를 벗어나는 것을 의미합니다. 즉, '비지배적 자유'는 ①'적극적 자유'(스스로 삶을 구성해 나가는 자치의 자유)와는 달리, 타인의 의지로 부터 자유로움이 중요하며, 법이 타인의 자의적 의지를 제한하는 상황이면 됨. ②'소극적 자유'(외부의 간섭상황으로 부터의 자유)와는 달리, 너그러운 주인이나 휴가간 주인에게 소속된 하인은 구조적인 관계를 방치한 채 상황에만 만족할 수 있으며, 예속상태가 설정되는 것으로부터 해방되어 마음의 안정까지 얻는 단계의 자유), ③그래서, '제3의 자유'로 인식되기도 합니다.

원, 평민회, 병원회, 호민관 등에서 귀족과 평민의 권력사용의 방향에 관하여 "어떤 방식으로 어떤 집단들이 정치를 함께 운영할 것인가" 하는 것에 대해서 생각하게 됩니다.

'민주주의'는 하나의 형태로 정해져 있는 것이 아닙니다. 민주주의는 시대의 변화와 함께 진화하여 왔습니다. 그리스 반도는 당시 '도시국가'(polis)들로 나뉘어져 있었으며 그 중에서도 아테네 도시국가의 정치 형태가 소위 민주주의의 원형으로서 후대에 가장 큰 영향을 미쳤다고 할 수 있습니다. 시기적으론 대략 B.C. 6세기경부터 B.C. 4세기경(B.C. 321년 그리스 반도 북방의 마케도니아에 의하여 합병될 때까지)에 해당합니다. 여기서 도시국가란 공동방위의 필요성에서 몇 개 부락의 집주(集住, Synoikismos)로 형성된 것을 말합니다.[2] 아테네 도시 국가에서 의미했던 민주주의는 직접민주주의적인 성격이 강했습니다. 아테네 민주주의의 원리를 보면, 18세 이상의 자유민 남자만이 참정권을 갖고 있으며, 입법은 유권자 전원이 참가하는 민회(民會, Ecclesia)가 주로 집행하였습니다. 공적 의무를 수행하는 재판에서의 배심원(jury)이나 의회(assembly)를 구성함에 있어서 시민들 중에서 선발하는 주된 방법은 '추첨제'(lottery)였습니다.[3]

---

2) 당시 '도시국가'는 '소토지 소유'를 경제적 기초로 하는 시민공동체입니다. 자치원리와 경제적 자급자족을 목표로 하여 외부로 부터의 자립과 보전이란 국가적 성격을 구비하고 있었습니다.

3) 앞으로 현대사회의 정치과정에서 '추첨제'가 다양하게 이용될 가능성이 큽니다. 교육수준이 높아지고 보다 많은 사회 구성원들이 유사한 지적 수준을 확보하고 있기 때문입니다. 후보자들을 놓고서 선출하는 경우 '자가발전'(自家發電)이 갖는 폐해를 극복하기 어렵습니다. 후보로 출마하는 것 자체가 자질이나 능력과 상관없이 자가발전적 성향에 의존하기 때문입니다. 자질이나 능력이 있어서 후보가 되는 것이 아니고, 소위 자신이 그런 상황을 만들어 가는 경우엔 여러 가지 무리가 따릅니다. 정당에서 후

시민의 자격을 가진 자들은 선출될 기회를 동등하게 가졌던 셈입니다.

아테네의 민주정치시대도 하루 아침에 도래한 것은 아닙니다. 여러번의 개혁과정을 거쳤습니다. 왕정시대-귀족정치시대-금권정치시대-참주정치시대를 거쳐서 민주정치시대로 이행합니다. 그리스 반도에서는 왕정의 전통이 약했습니다. 소위 B.C. 8C 이전의 왕정시대에도 왕권의 권한이 약해서 '귀족회'의 제약에 종속되었다고 기록되어 있습니다. B.C. 7C 이후 명실상부한 귀족정치시대에는 귀족들에게서 선출된 9명의 집정관(Archon)이 행정권을 장악하였습니다(B.C. 683). 이에 '드라콘(Dracon)의 성문법'을 통해서 귀족의 관습법 악용을 방지하고자 하였습니다(B.C. 621). 귀족정치는 지중해, 흑해 연안의 식민활동과 더불어 상공업이 발달하자 필연적으로 귀족들의 금권정치시대로 전이됩니다. 리디아(Lydia)에서 주조된 화폐가 도입되어 유통되고 군대의 주력이 중산시민의 중장보병(重裝步兵)으로 이루어지는 과정에서 평민계급의 발언권이 강화되고 결국 '솔론(Solon)의 개혁'을 통하여 부유한 평민들에게 발언권이 강화되어 참정권이 부여됩니다(B.C. 594).[4] 솔론의 개혁은 중산평민을 위한 일시적 타협에 불과하였기에 귀족과 하급평민들의 불만을 야기시키면

보자들을 정하는 과정에서 뇌물(賂物)의 문제가 불거지는 것도 그 때문입니다.

4) 솔론의 개혁은 현대 민주정치과정에 중요한 함의를 지니고 있습니다. 솔론의 개혁은 귀족과 평민의 사회적 갈등을 조정하기 위한 순수한 차원의 노력이었지만, 임시방편적 성격이 강한 것이어서 도리어 귀족과 하급평민 모두의 불만을 사게 되어 또 다른 차원의 격렬한 사회적 계급갈등을 유발합니다. 구체적인 내용은 다음과 같습니다: ㉠ 재산의 다과에 따라서 시민을 4계급으로 나누어 권리와 의무에 차별을 둠; ㉡문벌에 의한 과두 정치를 폐지하고 부유한 평민에게는 귀족과 같은 참정권을 부여; ㉢저당잡힌 농민의 토지를 해결하기 위하여 부채해제법(負債解除法)을 시행; ㉣ 자유민들의 노예화를 막기위해서 인신저당(人身抵當)을 금지.

서 피시스트라투스(Pisistratus)가 하급평민들과 결탁하여 비합법적인 수단에 의해서 참주정치(僭主政治: 스스로 왕이라고 일컫는 정치) 시대가 도래합니다. 민주정치는 '클라이스테네스(Cleisthenes)의 개혁'(B.C. 508)에 따른 '도편추방제'(陶片追放制, ostracism: 참주의 출현을 방지하기 위한 제도)의 실시로 그 기초를 세우고,[5] 페르시아 전쟁(B.C. 492-479)이후에 전쟁에 종군한 '무산시민'(無產市民)의 발언권이 강화되면서, 페리클레스(Pericles)의 시대(B.C.443-429)에서 민주정치의 황금시대를 맞게되는데 이 때를 소위 그리스 문명의 황금기라고 일컫고 있습니다.[6]

고대 로마에서 나타난 형태로서 '공화국'(共和國, republic)이란 용어도 민중들의 통치를 의미합니다. 이 용어는 라틴어에서 '공중'(公衆)을 의미하는 'publicus'와 '물건'을 의미하는 'res'가 결합한 말입니다. 종합하면, 공중들에 속한 물건이며 공중들이 통치하는 것을 말합니다. 보다 더 광의의 의미로는 소수가 아닌 다수의 사람들이 함께 통치하는 것을 말합니다.

B.C. 900년을 전후한 시기에 라티움(Latium) 지방에 정착한

---

5) 클라이스테네스의 개혁내용은 오스트라시즘 이외에도 ㉠ 대귀족의 권력기반을 파괴하기 위하여 4부족을 10부족으로 개편; ㉡ 10부족에서 50명씩 선출하여 '500인 협의회(Boule)'를 창설.

6) 스파르타는 일반적으로 군국주의적 귀족정치체제로 분류하는데, 이는 리쿠르고스(Lycurgos)법에 의해서 소수의 자유시민(전 인구의 5%정도)이 다수의 복속민(Derioikoi)과 노예(Helot)를 지배해야 될 필요성에 의한 것입니다. 하지만, 정치체제는 권력자들 사이에서 단점되었다기 보다 분점되었다는 점에서 또 다른 형식의 협의체적 성격이 존재합니다. 2명의 왕과 그를 보좌하는 장로회(Gerousia) 그룹, 30세이상의 전체 스파르타 자유시민으로 구성된 민회(Apella)가 실권을 장악한 양대 기관이라고 할 수 있습니다. 민회에서 선출된 5명의 감독관(Ephoros)는 국무를 집행하였습니다.

라틴(Latin)족이 도시국가 형태인 로마(Rome)을 건설하였습니다. B.C. 6세기에 로마의 귀족세력들은 에트루리아(Etruria)의 왕을 몰아내고 귀족들에 의한 공화정을 시작합니다(B.C. 509). 당시 공화정의 정치체계를 보면 '집정관'(또는 통령, Consul, 평시 행정권의 수반으로 6개월 임기) 2명[7], '원로원'(Senatus, 입법기관으로 집정관 선출권이 있으며 임기는 종신직) 300명, '병원회'(兵員會, Comitia Centuriata, 전쟁의 선포 및 강화권) 190명, '호민관'(護民官, Tribunus, 평민들로 구성되어 평민이익을 위한 거부권행사 권한이 있으며 임기 1년) 2명, 그리고 '평민회'(Concilium Plebis, 호민관을 선출하는 평민들의 기구)로 구성되어 있습니다. 집단사회를 운영하는데 집행권, 입법권 등의 기능이 분리되어 있으며, 평민의 이익보호를 위한 호민관을 평민들이 직접선출하며 거부권까지 지니고 있음을 볼 때, 현 시점에서도 민주적 체제라는 점이 인정될 정도입니다. 그런데, 로마에서도 전쟁과 더불어 평민들은 중장보병(重裝步兵)으로의 중요한 역할을 맡게 되고, 또한 평민들의 수가 증가함에 따라서 귀족과 평민간의 갈등이 격화되고 이와 동시에 공화정의 민주화 수준도 높아지게 됩니다. 호민관제도에서 평민들의 이익을 위한 거부권 행사를 인정한 것을 필두로 하여(B.C. 494), '12표법'(또는 12동판법, B.C. 451: 로마 최초의 성문법), '리키니우스법'(Licinius法, B.C. 367: 통령의 한 명을 평민에서 선출; 대토지소유제한)[8], '호르텐시우스법'(Hortensius法, B.C.

---

7) 전시와 비상시에는 집정관 2명 중에서 1명이 '총통'(Generalissimo)이 됩니다. 그러니까, 일상에선 한 사람의 독재가 불가능하고 두 사람의 협의체입니다. 현대 권력구조에 비유하자면, 이원집정부제 성격이 있다고 해석할 수 있습니다.

8) 참고로 동양사회에서의 대토지 소유현상을 비교해 봅시다. 중국 한(漢)나라 시대에도 대토지사유가 진행되면서 호족이 발호하고 농민이 몰락하는 현상이 두드러집니다. 이

287: 평민회의 의결이 원로원의 승인없이 효력을 발생)등은 그 대표적인 예들입니다.

B.C. 3C이후 이탈리아는 영토확장이 가시화되고, 특히 카르타고(Cartago)와의 '포에니 전쟁'(Punic Wars: B.C. 264-B.C. 146)을 통해서 로마는 아프리카 북부와 지중해로 세력이 확대됩니다. 이렇게 세력이 확대됨과 동시에 '대토지소유제'(Latifundium)가 정착됩니다. 결국 대토지소유제는 사회 생산과 노동의 근간인 중소자유농민들의 몰락을 초래하며 로마의 공화제 붕괴의 가장 근본적인 원인이 됩니다.[9] 그락쿠스(Gracchus) 형제는 대토지소유제로 자유농민이 몰락하자 병력의 감소에 대처하고자 리키니우스법을 부활시켜 귀족의 대토지 소유를 제한하고자 하지만 실패합니다(B.C. 133-B.C. 123). 이런 사회상 속에서 '스파르타쿠스(Spartacus)의 난'이 일어나고, 군벌(軍閥)들이 득세합니다.

강력한 정치 지도자가 나타나는 경우 그 사회의 공화주의적 성격이 약화됩니다. '1차 삼두정치' 이후 케사르의 집권으로 로마의 공화정적인 성격은 약화됩니다. 케사르 사후 '2차 삼두정치'를 평정

를 막기 위해서 '한전제'(限田制)가 실시되지만 실효를 얻지 못하고 많은 농민이 유민이 되어 심각한 사회문제가 되었습니다. 후한(後漢)은 '황건적이 난'(184)과 함께 멸망해 갑니다. 이후 중국에는 조조, 손권, 유비가 정립하는 삼국시대(220-280)가 형성됩니다. 위 · 진 · 남북조(220-589) 시대를 거치면서 시행된 둔전제(屯田制, 위나라; 소유자가 불분명한 토지를 국유화한 후에 유민과 농민에게 할당 경작하도록 함)나 균전제(均田制, 북위: 남자 15세 이상에게 일정한 땅을 주고, 여자는 이에 반을 줌) 등은 호족들의 대토지를 제한한 대표적 정책들입니다.

9) 대토지 소유제의 진행과 함께 자유농민이 몰락하여 소작인(colonus)이 됩니다. 덧붙여서 정복사업의 중단과 함께 노예 공급원이 고갈되면서 대농장 경영이 어려워지고, 노예노동의 비생산성으로 라티푼디움제는 콜로나투스제(colonatus, 소작제)로 변경됩니다.

한 옥타비아누스의 집권으로 A.D. 1세기 초부터 황제에 의한 제정(帝政)이 시작되며 동시에 공화제는 퇴색됩니다.[10] 4세기부터 6세기에 있었던 '게르만 대이동' 때 로마제국(더 정확하게는 서로마제국)은 멸망하게 됩니다. 아이러니하게도 게르만 사회가 갖고 있던 정치조직은 꽤 민주화된 것으로 성년남자로 구성되는 '민회'(民會, concilium)라는 집단협의체제가 최고의 정치의결기관이었습니다.

이상의 역사적 과정에서 살펴본 바와 같이, 그리스 아테네 민주정은 '추첨제', '도편추방제' 등을 포함하여 상대적으로 '직접민주주의적'인 성격이 표출됩니다. 반면에, 선출의 기회와 로마 공화정을 보게 되면, '거부권'이라든지, 원로원 구성원들의 변화와 같은 일종의 '대의민주주의'(즉, 간접민주주의)적 성격으로서 귀족, 평민들, 그리고 정치기구들 간의 정치적 권력에 대한 분권적(分權的) 역학관계가 조율되고, 타협되는 변화과정[즉, 공화(共和)의 과정]을 보여 줍니다. 조금 더 추상성을 높여서 보자면, 두 체제 모두 민주주의 발전과정을 논하기 위해서 달(R. Dahl)이 주창했던 '포괄성'과 '자유화'의 확장 및 발전과 연관되어 있음을 알 수 있습니다. 종합적으로, 두 체제 모두 '자유'와 '평등'의 확대 과정이라고 볼 수 있으며,[11] '민주주

10) 3인의 견제와 균형으로 이루어진 정치체제입니다. 1차 삼두정치(B.C. 60)는 폼페이우스(Pompeius, 에스파니아), 크랏수스(Crassus, 시리아), 케사르(Caesar, 갈리아), 2차 삼두정치(B.C. 43)는 안토니우스(Antonius, 이탈리아 동쪽), 옥타비아누스(Octavianus, 이탈리아 서쪽), 레피두스(Lepidus, 아프리카)로 정리해 볼 수 있습니다.

11) 자유는 '소극적 자유'와 '적극적 자유'로 구분합니다. '소극적 자유'란 "외부나 타인으로부터의 간섭의 부재(不在)에서 얻는 자유"(즉, ~로 부터의 자유)를 말합니다. '적극적 자유'란 "통제력의 원천(자기지배)과 행위(자기결정)의 자유"(즉, ~의 자유)를 의미합니다.

의' 발전사라는 통합된 주제하에서 '아테네 민주정', '로마 공화정'이라는 두 개의 세분화된 주체로서도 이해가 가능할 것입니다. 대한민국은 '민주공화국'이라고 할 때, 동어반복이 아니라면, 민주주의와 공화주의를 일정 수준 구분하는 것은 의미가 있을 것입니다.

앞서 지적하였듯이, '민주주의'란 '권력의 주체'에 관한 문제로서 사회구성원들 다수의 지배를 강조합니다. 특정 계층의 시민들만이 '권력의 주체'가 되는 것인지, 일정 나이 이상이면 모든 사람들이 '권력의 주체'가 되는 것인지를 말합니다(포괄성). 반면에, '공화주의'란 '권력행사 및 운영방식의 문제'로서 사회내의 계층적(계급적) 타협에 의한 내용을 강조합니다(공적이의제기의 자유화). 키케로(Marcus T. Cicero)는 '공화정'은 어느 한 계층이 독점적이 아닌 여러 계층이 참여하는 '혼합정'(混合政, mixed government, mixed constitution)속에서 가능하다고 보았습니다. 반(反)독점-공유(견제와 균형) 내지는 분권(分權)의 내용이 중요한 것입니다.

민주정이나 공화정 두 체제 모두 '공공선'(common good)이 중시될 수밖에 없겠지만, 스테레오타입적인 비교를 하자면, '공화주의'는 '공공선'이 선험적으로 결정되어 있다고 보는 반면에, '민주주의'는 공공선이 다수에 의해서 사후에 결정되는 것으로 봅니다.[12] 민주주의에서 공공선을 결정하기 위해서 사회구성원들에게 '결정과정에서의 절차적 평등'이 주어져 있다고 이해할 수 있을 것입니다. 공화주의 관점들 내에서 정도의 차이가 존재하더라도, 민주주의적 관점과 비교할 때, 공화주의적 관점은 정치공동체(국가)가 개인에 우선

12) '주의, 주장에 의한 개념들 사이의 친화력(affinity)'을 거칠게 논하는 경우엔, '민주주의'는 '자유주의'와 연계하고, '공화주의'는 '공동체주의'와 연계하기도 합니다.

한다는 점이나, '공공선'이 특정되어 있다는 점을 더 자연스럽게 받아들이는 경향이 있습니다.[13] 현대사회에서 '공화주의'라는 개념을 강조하는 경우엔, '시민적 덕성'(civic virtue)에 근거한 '숙의민주주의'(deliberative democracy)에 근거하여, '공공선'을 하나의 선험적인 것으로 인식하기 보다는 '구성적 접근'(constitutive approach)으로서 토의과정의 결과로 산출되는 사후적 결과물로 인식될 수 있습니다.

---

13) '그리스식 공화주의'라는 분류도 있는데, 로마 '키케로의 공화주의'도 그리스 '아리스토텔레스의 공화주의'에서 그 아이디어를 물려받은 것으로 인식하며, 이런 분류법을 사용하기도 합니다. 스테레오타입(stereo-type)화하여 이야기하자면, '그리스식 공화주의'는 보통 '강한 공화주의'[개체는 전체의 부분으로서만이 유의미하게 존재함; 정치참여는 그 자체가 목적으로 시민의 책무이자 자유를 행사하는 것; 선험적 성격의 '공공선'이 목적으로 자유에 선행함]라고 하며, '시민적 공화주의'로도 지칭됩니다. 반면에 마키아벨리에게 영향을 받은 '신(新)로마식 공화주의'는 '약한 공화주의'['비(非)지배적 자유'를 법으로 규정; 시민들 스스로 심의하고 제정한 법치; 정치참여는 시민의 자유를 지키기 위한 수단임; 선험적으로 특정되거나 부과된 '공공선'의 가치를 받아들이는 것은 문제라고 봄]라고 하며, '도구적 공화주의'로 부르기도 합니다. 마키아벨리는 그의 「로마사논고」에서 공화정을 희구하고 있습니다. 공화정의 구성원들은 '법의 지배'를 받게 되며, 특정 인물이나 계층들의 임의적이고 변덕스러운 판단에 지배를 받지 않게 됩니다. 단, '법치'는 법과 제도의 마련 이상으로 그것을 운영하고 실행하는 시민들의 덕성(civic virtue)이 중요합니다. 그래서, 공화주의자들은 '법치'와 '시민적 덕성'을 함께 강조합니다. 일반적 의미에선 '약한 공화주의'라고 할 때도 '개인의 자유'를 배타적으로 강조하기 보다는 '개인들의 집합체(정치공동체)의 자유'가 우선적으로 존재하면서 '개인의 자유'를 가져오게 된다는 입장을 취하는 것이 보통입니다. 어찌되었건, '공화주의'의 역사적 원형(proto-type)은 옥타비아누스가 사실상의 제정(帝政)을 시작하는 AD.1세기초반 이전까지 지속되었던 '로마 공화정'입니다.

민주주의 기능에 필요한 조건들

지구상의 대부분의 국가들은 자신들을 '민주 국가'라고 주장합니다. 하지만 민주 국가들 사이에서도 헌법이나 구체적인 국가 운영방식에 대한 다양한 차이점들을 보입니다. 우리가 '민주주의'를 보편 원리로서 이해하려고 한다면, 민주주의라고 주장하기 위해서 필요한 조건들에 대한 일반적 기준들이 무엇인지 살펴볼 필요가 있습니다.

민주주의를 보편 원리로 이해한다는 것은 민주주의를 구현하기 위해서 국가마다 문화적 특색을 반영한 제도가 존재하더라도 그러한 제도들을 관통하여 흐르는 지구 차원에서의 보편적 조건들이 존재한다는 것을 의미합니다. 조건들을 모두 세 가지 차원으로 나누어서 생각해 볼 수 있습니다.

i) 구성원들 개인 차원에서의 조건

민주주의는 사회 구성원들 내에서 "다른 사람들이 나와 다를 수 있다"라는 것을 인정할 때 가능합니다. 다른 사람들이 나와 다르게 생각하고 행동할 수 있다는 것을(강요에 의한 것이 아니라 자연스럽게) 인정할 수 있는 상황은 사회 구성원들 모두가 "정치적으로 평등한(politically equal) 존재"일 때 가능합니다.

사회 내의 특정인이나 특정집단이 '본질적 우월성의 원칙'(principle of intrinsic superiority)을 갖고 있다고 가정해 봅시다. 이런 원칙 하에선 어떤 특정 개인이나 집단이 갖는 가치와 이익이 다른 사람들이나 다른 집단들에게 우선합니다. 만약 나와 내가 속한 집단뿐만이 아니라 다른 사람들과 다른 집단들도 모두 자신들이 갖는 '본질적 우월성'을 주장한다면 그것은 또 다른 혼란이 됩니다. 다른 사람들의 가치와 이익에 우선하여 나와 내 집단의 이익을 실천하려는 욕구는 일시적으로 끝나지 않고 영구히 이익을 확보하려는 욕망으로 발전됩니다. 특정 개인이나 집단의 이익을 영구히 보장해 줄 수 있는 상황은 조작되지 않으면 자연스럽게 형성될 수 없습니다. 결론적으로, 두 가지 중요한 측면이 부각됩니다.

① 자신의 목표를 실천하는 과정에서 "사회 구성원들 모두가 정치적으로 평등한 존재라는 것을 인정"하는 것입니다. 그렇지 않고 한 집단의 여타 집단들에 대한 '본질적 우월성의 원칙'을 인정하는 경우, 다른 사람들과 다른 집단들의 가치와 이익이 나에게 강요될 수 있습니다. 다른 사람들과의 평등성을 인정하는 경우엔 다른 사람들의 동의를 상대적으로 자연스럽게 확보할 수 있는 가능성이 높아지게 됩니다. ② 모든 사람들이 정치적으로 평등하다는 것을 받아들이는 경우, 형식적으론 "모든 성인들에 대한 포괄성(inclusion of adults)"으로 나타납니다. 상식을 지닌 보통 사람으로서 성인이면 누구나 정치적으로 평등한 존재가 되는 것입니다. 여기서 미성년자는 제외된 것을 알 수 있습니다. 미성년자의 기준을 어떤 연령으로 할 것인지는 사회마다 다릅니다.

달(Robert Dahl)은 사회의 구성원들이 실질적으로 "개인들이 정치적으로 평등한 존재"가 되기 위해선 다음의 기준들을 확보해야 한다고 봅니다(Dahl 1998). 즉 개인 차원들과 연관된 민주주의를 위한 필수 조건이 되는 셈입니다. 그 내용은 다음과 같습니다.

ⓐ 효과적 참여(effective participation): 어떤 정책을 만드는 데 있어서 다른 성원들에게 자신의 의견을 알릴 수 있는 기회가 있어야 합니다. 여기서 '효과적'이란 그 참여를 통해서 자신의 의견을 알리는데 효과적이어야 한다는 것입니다. 효과성과 관련하여 '시간과 수의 법칙'이란 딜레마가 생깁니다. 구성원들의 수가 많으면 많을수록 구성원들 모두가 동등하게 자신들의 견해를 충분히 알리는 데는 많은 시간이 소요될 것입니다.

ⓑ 투표권의 평등(voting equality): 어떤 정책의 채택을 결정하는데, 모든 사람들의 표는 동등하게 취급되어야 합니다. 이것은 1인 1표제를 통해서 구현됩니다.

ⓒ 교화된 이해(또는 계몽적 이해, enlightened understanding): 자신과 다른 사람들이 주장하는 다양한 정책들을 어느 정도 이해하면서 정책들이 가져올 결과에 대해서 판단하게 됩니다. 앞서서 민주주의가 '성인들에 대한 포괄'을 통해서 반대 급부적으로 미성년자를 구분한다고 하였는데, 일반적으로 교화된 이해는 성인에게서 가능하다고 판단하고 있는 것입니다.

ⓓ 의제의 통제(control of the agenda): 수없이 많은 의제들 중에서 어떤 의제가 다루어져야 하는지에 대해 논의하고 결정할 수 있는 권한이 필요합니다. 이것은 어떤 특정 의제가 다른 의제들보다 더 중요한 경우엔 다른 의제들보다 심도 있게 다루어져야 하는 이유가 됩니다. 이것은 결국 '시간과 수의 법칙'이 가져오는 딜레마를 극복할 수 있는 하나의 방법이 될 수 있습니다.

ii) 사회 체계 수준과 관련된 조건들

이번에는 구성원들 개인의 문제를 넘어서서 사회체계에 존재하는 조건들을 살펴보겠습니다. 다음 항목들로 정리해 볼 수 있을 것입니다.

① '시민문화'의 존재: 여기서 시민문화란 앞서 지적했듯이 '정치적 속어'입니다. 군중이나 대중이란 용어와는 구분되게 시민이란 용어 자체는 민주주의의 순기능과의 연관성을 강조할 때 쓰는 용어입니다. 그러면 시민문화가 존재한다는 것을 어떻게 알 수 있을까요? 일반적으로 시민들이 일정 수준 이상의 '정치적 효능감'(效能感, political efficacy)을 지니고 있어야 합니다. '정치적 효능감'이란 시민들이 공직자들이나 공기관에 영향을 미칠 수 있다고 생각하는 일종의 정치적 자신감 또는 적극성입니다.[14] 현대의 간접 민주주의는 선출직에게 공무를 맡겨 운영되고 있습니다. 공직을 담당하는 정치 엘리트들과 관료 엘리트들이 큰 재량권을 지니며 대중적 통제에는

---

14) 일반적으로 '정치적 효능감'을 측정하는 방법은 다음과 같은 설문에 대한 응답을 조사함으로써 이루어집니다. "당신이 공무원들에게 당신의 생각을 말하는 경우 어떻게 될 것으로 생각하는가" ① 심각하게 고려할 것이다, ② 어느 정도 고려할 것이다 ③ 별 관심을 기울이지 않을 것이다, ④ 전혀 고려하지 않을 것이다. ①에 가까울수록 높은 수준의 정치적 효능감을 보이는 것이고, ④에 가까울수록 낮은 수준의 정치적 효능감을 보이는 것입니다. 그 외에도 다음과 같은 설문들이 있습니다. "정부에서 부당한 일이 심의되고 있다면 당신은 어떻게 하시겠습니까" "당신은 얼마나 빈번하게 공적인 사회문제를 생각하고 토론합니까" "당신은 주요 정치인들의 이름을 정확하게 말할 수 있습니까" 등입니다. 보다 자세한 내용들은 아몬드와 버바의 연구를 참조하시면 됩니다(Almond and Verba 1963).

한계가 있습니다. 선출하는 과정에서 그리고 선출한 이후에 내가 그들에게 영향을 미칠 수 있다거나 통제할 수 있다는 자신감이 결여된다면 사회에 대한 주인의식은 떨어지게 됩니다. 반면에, 모든 사람들의 교육 수준이 높아지고 자신의 주장에 대한 집착이 강해지는 사회가 될수록 '정치적 인내심'(political tolerance)이 동시에 요구됨에 유의해야 합니다.[15] 지나치게 강한 주인 의식은 사회적 갈등과 혼란을 증폭시킬 가능성도 배제할 수 없습니다. '과유불급'(過猶不及)인 셈입니다. 그렇다면, 민주주의의 순기능을 위한 시민문화의 수준은 '정치적 효능감'과 '정치적 인내심'이 어떻게 조합되는 것이 바람직할까요? 정답은 없습니다. 공직자들의 기강이 해이해진 사회에선 시민들의 더 높은 수준의 정치적 효능감이 요구됩니다. 공직자들의 책임의식이 전통적으로 높은 사회에선 '정치적 인내심'이 중요할 수 있습니다. 상이한 성격의 두 조항 간에 교환관계(또는 조합관계)에 대한 판단은 '과학적'인 것 이상의 어떤 것이며 '예술적'인 것입니다. 경험적 증거란 것이 필요하지만 그것만으론 충분하지 않다는 의미입니다.

② 제도의 확립: 민주주의의 순기능을 위해서 적당하게 조화된 '정치적 효능감'과 '정치적 인내심'이 그 사회 내에 존재하기 위해서는 시민들의 '알 권리'와 '참여의 권리'가 보장될 수 있는 제도

---

15) 일반적으로 '정치적 인내심'이란 두 가지 차원의 것입니다. 하나는 다른 구성원들의 주의 주장을 받아들이려는 포용심이며, 또 다른 하나는 임기 중에 있는 공직자들의 소신있는 운영에 대해서 신뢰감을 갖는 것입니다. 임기 중에 특정한 정책이 자신이나 자신이 속한 집단의 성격과 맞지 않는다고 하여 자신들의 의견을 과격하게 표현하는 경우엔 (특히 거리 투쟁과 같은 것들) 정치적 인내심이 낮은 것을 의미합니다. 다양한 집단 간 이익들이 첨예하게 대립하는 다원화된 현대 민주사회에서 중요한 덕목입니다. 보다 자세한 내용은 『*Political Tolerance and American Democracy*』(Sullivan, Piereson, and Marcus 1993)를 참조하시면 됩니다.

심화학습

'체계 정서'(體系 情緖, system affect)와 사회 안정 | 사회의 총체적 수준에서 안정이나 불안정은 '체계 정서'의 수준과 연관되어 있습니다(Easton and Dennis 1969). '체계 정서'란 정치 체계 전반적인 상황에 대한 국민들의 일반적 정서를 의미합니다. 달리 표현하자면, 민주사회에서 대중들은 특정 정권이나 특정 정책에 불만이 있게 됩니다. 이것은 '개별 수준'에서 사회 불안정의 요인이 됩니다. 하지만 이런 경우에도 자신이 속한 정치 체계의 근본적 기능에 대한 신뢰는 유지할 수 있습니다. 이것을 '체계 정서'가 긍정적인 방향에 있다고 표현합니다. 긍정적인 방향의 '체계 정서'는 특정 정부나 정책에 대한 불만이 있어도 그 사회의 총체적인 '체계 수준'에선 안정을 유지하는 힘이 됩니다. '체계 수준'에서의 불안정이란 단순히 특정 인물이나 정책에 대한 불만을 넘어서서, 사회나 국가 그 자체에 대한 보다 근본적인 차원의 불신에서 비롯됩니다. 이런 경우 혁명이 일어날 수 있습니다. 도표는 4가지의 경우를 나타내고 있습니다.

		체계 수준(systemic level)	
		안정	불안정
개별 수준(individual level)	안정	I	II
	불안정	III	IV

과부하 국가론이나 국가 정당성의 위기 등에서 보듯이, 선진 민주 사회더라도 현실적으론 경우 III이 빈번히 나타납니다. 선진 민주사회에서는 일반적으로 높은 수준의 '체계 정서'를 보입니다(Dalton 1988). 자신의 국가가 선진 민주사회이기 때문에 정치 체계에 대한 전반적인 신뢰는 유지하면서도 특정 정권, 특정 공직자, 특정 정책들을 대상으로 불만은 항상 표출되기 때문입니다. 결론적으로, 대중들이 특정한 인물이나 정책에 대해서 불신이 있더라도 자신이 속한 사회나 국가에 대한 전반적인 신뢰가 있는 경우엔 체계정서가 긍정적인 방향이며, 그 사회는 총체적 수준에서는 안정되어 있다고 할 수 있습니다. 경우 I은 자신이 속한 사회에서 특정한 정부, 공직자, 정책 등에 대해서도 만족하며, 동시에 총체적으로 사회에 대해서도 만족하는 보다 이상적인 상황입니다. 경우 III과 달리, 경우 II는 이론적

분류만 가능하며 현실 정치세계에선 존재하지 않을 것입니다. 자신이 속한 사회와 국가에 대한 심한 불신이 있지만, 공직자나 정책들에는 신뢰를 보내는 경우는 상상하기 어렵습니다.

가 마련되어야 합니다. '알 권리'와 '참여의 권리'를 보장할 수 있는 제도를 확립한다는 포괄적인 원칙 하에서 그것을 실행하는 구체적인 방법들은 다양하게 존재할 것입니다. 일반적으론, 언론-출판-집회-결사의 자유란 것이 이와 밀접하게 연관되어 있음을 알 수 있습니다. '알 권리'가 보장된다는 것은 정부가 제대로 하고 있는지[산출(output)에 대한 정확한 판단을 위하여], 사회의 다른 구성원들은 어떤 생각들을 하고 있는지(정치적으로 평등한 또 다른 사람들에 대한 정확한 판단을 위하여)에 대한 정보를 자유롭고 효과적으로 습득할 수 있어야 한다는 의미입니다.

③ '사회 안정'의 중요성: 민주주의가 순기능하기 위해선 '사회 안정'(social stability)이 중요합니다. 단 여기서의 안정은 '강요된 안정'이 아니고 구성원 개개인들의 자발성의 결과 만들어진 '자율적 안정'을 의미합니다. 또한 개인들과 집단들 개별 수준의 안정이 아니고, 사회 전체 차원의 안정을 말합니다. 예를 들면, 독재 사회의 안정은 강요된 안정이므로 민주주의가 순기능하기 위한 정치 안정과 무관합니다. 독재 사회에선 시민들이 주인의식을 발휘하여 독재자를 추방하는 과정에서 '불안정'(instability)이 생길 수 있는데, 이는 민주주의의 순기능을 위해서 바람직할 수 있다는 것입니다.[16] 동시에 민

16) 의원내각제는 내각이 제대로 기능하지 않는 경우 언제든지 불신임을 받게 됩니다. 또 내각은 언제든지 의회를 해산할 수 있습니다. 이것은 의원내각제가 불안정한 요소를 지닌 측면과 함께 민주주의를 보다 잘 기능하게 하기 위한 기동성(機動性)을

주주의 사회를 구성하는 다양한 개별 집단들 수준에서는 발전을 위한 변화를 꾀한다는 점에서 일시적으로 불안할 수 있습니다. 하지만 전체 사회 체계 수준에서는 그 사회가 안정적으로 유지되어야 합니다. 우리는 종종 "다양한 목소리를 수용하는 민주주의 사회에선 그러한 과정에서 생기는 혼란스러움을 감수해야 한다"고 이야기 합니다. 민주 사회란 '정치적으로 평등한' 개인이나 집단의 목소리를 수렴하는 과정에서 일정 수준의 불안정한 상황을 연출하곤 합니다. 사회 총체적인 수준에서의 안정을 유지하기 위해서는 대중들이 자신이 속한 사회에 대해서 신뢰를 유지하는 것이 중요합니다. 궁극적으로 '안정'이란 개념이 민주사회에서 중요한 이유는 '예측성'(豫測性, predictability)이 높은 사회를 만들어 '법치'(法治)가 가능하도록 하기 때문입니다. 어떤 사회의 정책들이 조변석개(朝變夕改)한다면 오히려 법을 지키는 사람들이 손해를 본다는 의식이 팽배하게 됩니다. 왜냐하면 어차피 규칙이 변할 것이기 때문에 지키지 않아도 되기 때문입니다.

iii) '체제' 또는 '정부'의 조건들[17)]

간접 민주주의의 형식으로 운영되는 현대 사회에서 민주주의

지닌 측면으로도 이해됩니다.

17) '정부'와 '체제'란 용어는 호환되어 쓰이기도 합니다. 하지만 보다 엄격한 의미에서 린쯔(Juan Linz)는 다음과 같이 구분합니다. '정부'란 것은 국가 운용을 담당하는 기관과 제도적인 것에 집중하는 의미인 반면에, '체제'란 것은 정부의 양태가 사회 구성원들의 일상생활 속에 침투되어 형성되는 문화적인 것들까지도 포괄하는 종합적 의미가 강합니다(Linz 1975, 265).

란 정치 체제(體制, regime)나 정부의 성격이 민주적인 것으로 한정된다고 볼 수도 있습니다. 그렇다면 '민주적 체제'(democratic regime) 또는 '민주적 정부'(democratic government)란 어떤 것을 의미하는 것일까요? 마지막으로 이에 대해서 살펴보겠습니다.

Juan Linz(1926-)

민주적 정치 체제의 특성을 이해하기 위해서 '민주적이지 않은' 정치 체제의 특성을 살펴보도록 하겠습니다. '비민주적 정치 체제'는 크게 두 종류로 '전체주의'(全體主義, totalitarianism)와 '권위주의'(權威主義, authoritarianism)가 있습니다(Linz 1975).

'전체주의'는 다음과 같은 특색들을 지니고 있습니다. ⓐ 배타적으로 존재하는 "하나의 통합 이데올로기"가 존재합니다. 그 이데올로기는 정치적 행위, 역사적 목적, 사회적 현실에 대한 판단과 해석을 위한 전능한 기준이 됩니다. 예를 들면, 북한의 '주체사상'(主體思想, Ju-che ideology)은 북한 사회에서 하나의 배타적 이데올로기로서 작용하며, 모든 행위의 옳고 그름을 판단하는 시금석(試金石)이 됩니다. ⓑ 국가는 하나의 통일된 이데올로기를 수행하기 위하여 '단일 정당'(單一 政黨, a single party)으로 운용되며, 일인 독재자가 존재합니다. ⓒ 독재자 또는 단일 정당이 언론, 사회집단, 경제 등의 영역들을 독점적으로 통제할 수 있는 권한을 누립니다. 따라서 체제에 대한 반대 세력이 사실상 존재할 수 없습니다. 독재자나 단일 정당만이 '의제를 설정하고 통제'(agenda setting and control)하는 사회입니다. ⓓ 국가 차원에서 다양한 집단운동들이 활성화되며, 대중들의 사회 참여가 적극적으로 권장됩니다.

하지만 그러한 대중들의 사회 참여는 개인들의 자발적 의사라기보다는 국가로부터 통제되고 선전, 공포, 폭력 등을 통하여 동원된 것입니다. 대중들의 사회 참여가 활성화되어 사회가 역동적인 모습을 보인다고 해도 이것은 민주사회처럼 '시민의식'에 의한 자발적 참여가 아닙니다. 이런 사회에서는 정치적 동원을 통한 개인 숭배와 열광이라는 현상이 나타납니다. 일반적으로 이탈리아의 파시즘(Fascism), 독일의 나치즘(Nazism), 그리고 북한 체제는 전체주의라는 커다란 테두리 속에서 이해가 가능할 것입니다.

'권위주의'는 다음과 같은 특색들을 보입니다. 앞 부분의 전체주의와 비교하여 개관해 보면 다음과 같습니다. ⓐ 사회에서 하나의 통합된 이데올로기와 같은 '내용'이 중요한 것이 아니고, 지배 엘리트들(예를 들면 정부 관료 또는 공직자들)의 '사고 방식'(mentality)과 같은 '태도'가 중요한 의미를 지닙니다. 민주주의에 유사한 제도들을 채택하여도 정부 관료나 공직자들의 사고방식이 권위적이고 고압적인 경우 그러한 제도들은 무의미합니다. ⓑ 정치체계 내에 반대파 야당들이 잔존할 수 있습니다. 독재자 역시 강한 권한을 지니고 있지만, 일단 예측 가능한 범위 내에서 행동하는 경우가 많습니다. ⓒ 국가에는 지식인, 종교집단, 사회집단 등의 체제 반대파들이 활동합니다. 다원주의는 아니어도 일부 다원주의에서 나타나는 속성들이 보이기도 합니다. 일종의 '제한된 다원주의'(limited pluralism)라고 할 수 있습니다. ⓓ 전체주의 체제 하에선 대중들의 동원을 통한 사회 참여가 활성화되지만, 권위주의 체제 하에선 '신민형'(臣民型, subject)적인 정치 행태를 보입니다.[18] 신민형적 정치 행태는 자신의 주장을 표출하는 기능이 없이 국가가 해주는 것을 바라보고 있는 행태라고 이미 지적한 바 있습니다. 권위주의 체제는 대중들의 정치 무관심과 정치로부터 은둔하려는 사회 상황을 조장합니다. 전체주의와 비교하여, 시민들의 사회 참여의 역동구조가 낮은 수준에 머물러 있습니다.

비민주적인 체제가 갖는 특성들로부터 '민주적인 체제'의 특성을 유추해 본다면 '사고 방식'과 같은 '태도'와 동시에 비민주성을 막을 수 있는 '제도적 정비' 역시 중요할 것입니다. 따라서 민주적 체제란 다음과 같은 민주주의적 기준들을 보장할 수 있는 제도들을 갖추는 것에도 게을리해서는 안될 것입니다(Dahl 1998).

18) 자세한 내용은 앞부분에서 언급한 아몬드와 버바의 '시민문화' 논의를 참조하시면 됩니다.

심화학습

파시즘(Fascism)이란 무슨 뜻인가요? | '묶음'을 뜻하는 이탈리아어 파쇼(fascio)에서 나온 용어입니다. 이 용어는 개인의 개성을 무시하고 집단의 결속과 단결이 강조되는 어떤 획일적 상황을 지칭하는 말로 폭넓게 쓰입니다. 따라서 "그 사람 완전히 파쇼적이다" "그 정권은 파쇼 정권이다"라는 말은 개성을 무시하고 구성원들의 일사불란(一絲不亂)함 내지는 획일성을 강조한다는 의미에서 반(反)민주주의 또는 독재를 의미하는 용어로 종종 사용됩니다. 일반적으로 파시즘이 발생하게 되는 배경으로 대량적 실업과 공황, 정치 영역에서의 비리와 부패, 사회 내의 무질서와 불안정 상황을 지적합니다. 이러한 국내 정치의 위기 상황을 기존 정치세력이 효과적으로 수습하지 못할 경우, 질서 유지와 일사불란함을 강조하는 파시즘이 등장합니다. 파시즘이 강조하는 일사불란함은 결코 민주주의 사회에서 말하는 '체계 수준에서의 안정'과는 무관한 것입니다. 그러면 왜 대중들은 파시즘에 동화될까요? 프롬이 지적했듯이 몰락한 중산층들에게 유일한 정신적 귀착지는 파시즘이었는지도 모릅니다 (Fromm 1973).

학자들은 '전체주의'가 대두 되었던 일반적인 대두 요인으로 다음의 사항들을 지적합니다. ① 중산층의 경제기반이 약하거나 무너지는 위기 상황, ② 민주정치의 전통이 약하고 공산주의의 위협이 증대되는 상황, ③군부 독재자의 출현에 대한 국민적 저항이 약한 상황 등입니다. 정치체제내에 극우파나 극좌파가 존재하는 경우엔 정치과정에서 국민들의 피로감이 극대화 된다는 것이 역사의 교훈일 것입니다.

Benito Mussolini
(1883-1945)

심화학습

파시즘, 나치즘(Nazism), 그리고 '바이마르 공화국' | 나치즘이란 독일의 교회 · 군대 · 학교 등을 '나치스'(Nazis)의 사고방식으로 획일화시켰다는 의미에서 파시즘의 일종입니다. 즉 파시즘은 획일적이고 반민주적인 것을 일컫는 보편적 용어이고, 독일의 히틀러에 의한 파쇼 정권의 한 종류가 특별히 나치즘이라고 보면 됩니다. '나치스'란 원래 정적(政敵)들이 부른 일종의 비어(卑語)이며, 정식 명칭은 국가사회주의독일노동자당(National Sozialistische Deutsche Arbeiter Partei: NSDAP)입니다. 이 정당은 1919년 창당되었으며, 1933~1945년 정권을 장악한 독일의 파시즘 정당으로 그 지도자는 히틀러입니다. 이 당시 독일은 1차 세계대전의 패배로 국가가 심한 부채를 끌어안아서 경제적으로 불안정한 상황이었습니다. 1933년 1월 합법적인 총리로 임명된 히틀러는 당시 600만 명을 넘었던 실업자들을 군수산업과 토목사업을 통해서 흡수합니다. 나치스의 근본사상은 권위주의적이며, 군국주의적인 전통에 근거한 강렬한 국가주의 사상이었고, 나치스의 지지자로는 항상 몰락의 위협을 받고 있던 중산계급이 중심이 되었습니다. 프롬의 이야기대로 몰락하는 중산층이 의지할 곳은 오히려 파시스트적 정당이었던 것입니다. 거기에 사회 불만 세력으로서 실업자, 노동자, 중소농민 등이 참가하였습니다. 심지어 대자본가층이나 보수파 및 군부 등도 나치스의 목적이 계급투쟁의 배격, 강대한 독일의 건설, 군비 확장을 통한 산업 개발과 국가건설, 경제발전, 민주공화제의 전복, 독일의 유럽 제패 등의 주장과 일치하는 측면이 있었기 때문에 나치스를 지원하였습니다. 나치스는 특히 인종주의적으로 독일민족지상주의를 강조하면서 유대인을 희생양으로 삼

Adolf Hitler
(1889-1945)

히틀러와 무솔리니의 사열모습

는 반(反)인륜적인 행태로 비난을 받게 됩니다. 그렇다면 도대체 독일이 국내외적으로 어떤 상황에 있었기에 나치스와 같은 종류의 정권이 탄생하고 득세하게 되었을까요?

독일에서 1918년 '11월혁명'(제1차세계대전말기에 타협, 평화, 국내개혁 등을 기치로 일어난 반정부운동)이후 나치스가 정권을 획득하는 1933년까지의 시기를 통칭하여 '바이마르공화국'(Weimar Republik, 1918-1933)이라고 합니다. 1919년 1월에 제1차세계대전을 종결과 사회주의혁명을 동시에 진행하려는 공산당의 전신 스파르타쿠스(Spartakus)의 폭동을 군부의 힘으로 진압하고, 총선결과 사회민주당이 승리합니다. 바이마르에서 국민의회가 소집되고 사회민주당은 중앙당, 민주당과 연계하면서 '바이마르 연합정부'를 수립하여 베르사이유조약을 승인합니다. 1919년 8월에 바이마르헌법을 제정하는데 이 헌법이 당시 세계에서 가장 민주적 헌법이라고 인구에 회자되는 '바이마르헌법'입니다. 그 내용의 골자는 ㉠주권재민, ㉡ 20세이상의 남녀에 대한 보통선거제 실시(참고로 영국은 1918년에 21세 이상 남자와 30세 이상 여자에게 투표권을 부여하다가 1928년에 21세 이상의 남녀에 대해서 보통선거를 실시), ㉢의회권한 확대, ㉣사회보장, 노동자 단결권, 단체교섭권 인정, ㉤임기 7년의 대통령 직선제 등입니다. 바이마르헌법에 따라서 에베르트(Ebert)를 대통령으로 선출하고 18개의 연방으로 구성되는 공화국을 수립합니다. 하지만, 집권의 중추세력인 사회민주당은 당시 사회불안과 연계된 좌익세력들을 진압하기 위해 자본가 계급이나 군부 세력과 타협하게 됩니다. 하지만 패전국인 독일의 국내외문제는 복잡하였습니다. 카프반란(Kapp-Putsch, 1920.3.14-3.17: 우익 정치인 카프와 리트비쯔 장군이 독일 제정의 부활을 기도한 쿠데타), 프랑스의 독일 탄전 루르(Ruhr) 점령과 경제의 대혼란 및 불경기로 바이마르공화국은 동요합니다. 1923년 쉬트레제만(Stresemann) 수상의 등장과 지도로 프랑스의 루우르 철병, 배상금 경감 등을 이루어 내지만 1929년말에는 세계 대공황의 영향으로 실업자가 증대합니다. 1925년 힌덴부르크(Hindenburg)가 대통령에 취임하였을 때, 쉬트레제만의 '이행정책'(履行政策; 독일이 베르사이유조약의 의무를 가능하면 부담하면서 열국들의 신뢰와 원조를 얻는 정책)을 지지하며 우파들은 실망합니다. 이후 선거에서 중도파, 온건좌파의 협조를 얻어서 히틀러를 누르고 재선되니다. 하지만, 이 시기 독일에는 극우세력인 나치스와 극좌세력인 공산당이 세력 확장을 꾀하고 있었습니다. 국내적 위기를 극복하기 위해서 힌덴부르크는 긴급명령의 발포 등으로 사태 수습을 기도하였지만, 사회를 안정시키지 못했으며, 사회 불안 속에서 나치스와 공산당이 급격하게 세력을 확장합니다. 1929년 10월엔 미국의 뉴욕 월스트리트에서 주식시장이 폭락하며 '대공황'이 시작됩니다. 경제공황은 산업합리화에 의한 생산력 증대에 비해서 소비자들의 구매력이 감소하여, 소위 '수요와 공급의 불균형'에서 발생한 것입니다. 제1차세계대전으로 비약적 경제발전을 이룬 미국의 경제공황은 세계공황의 위험을 내포한 것이었습니다. 나치스는 베르사이유 체제의 거부와 의회정치의 배격이라는 선정적 제안으로 사회안정을 위해 강력한 정부의 등장을 원하던 중산계급의 지지를 받아내며, 동시에 공산당의 진출을 두려워하던 자본가 계급의 지지를 받아냅니다. 힌덴부르크는 경제위기와 정치위기(극우세력과 극좌세력의 발호)를 극복하기 위해서 브뤼닝(Brüning) 수상과 타협하지만 나치스를 누르는데 실패하고, 1933년 1월에 히틀러에게 조각(組閣)을 허락하여 이후 히틀러가 사실상 권력을 획득합니다. 1934년 힌덴부르크 대통령이 사망하자 히틀러는 '총통제'를 수립하고, 바이마르 헌법의 연방제를 폐지하면서 바이마르공화국은 소멸됩니다. 1935년 히틀러는 베르사이유체제를 파기하고 재군비를 선언하며 1936년 라인란트로 진주합니다. 제2차세계대전이 시작된 것입니다.

ⓐ '선출직 공직자'가 필요합니다. 민주사회에서 시민들의 의제 설정 및 이에 대한 통제는 정치 지도자로부터 임명된 공직자가 아니라 시민들로부터 선출된 공직자이기에 가능한 것입니다. 권위주의 정부시절에 시장, 도지사, 구청장 등의 직책은 모두 임명직이었습니다. 하지만 민주화 이후 시장, 도지사, 구청장 등은 모두 선출직입니다. 비록 모든 공직자를 선출직으로 구성할 수 없지만 정

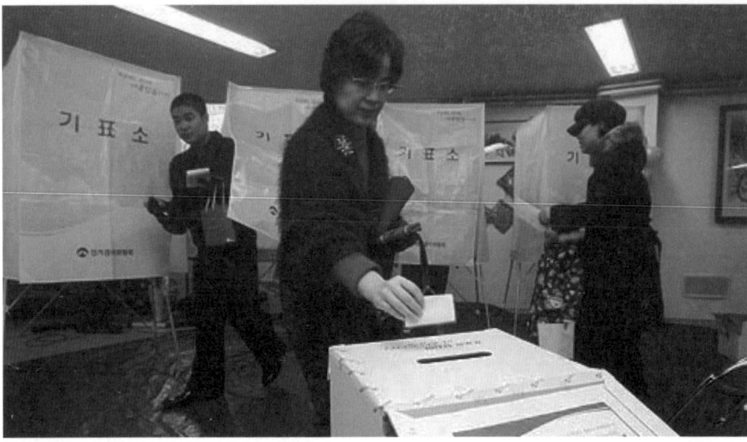

투표하는 모습

치적 책임이 중요한 자리는 임명직으로 하지 않고 선출직으로 정하는 것입니다.

ⓑ 선거는 자유롭고 공정하며 반복되어 치러져야 합니다. 여기서 특히 중요한 것은 선거의 정기적인 '반복성'입니다. 선거는 일회성으로 끝나서는 안되며, 반복되어 정기적으로 시행된다는 것이 법적으로 규정되어야만 합니다. 선출직 공직자는 정해진 임기가 있으며, 이것은 시민들이 선출직 공직자들을 통제할 수 있는 최소한의 요건이 됩니다. 선출직 공직자들도 반복되는 선거 속에서만이 '재당선'을 위한 동기부여로 민의를 수렴하는데 게을리하려고 하지 않을 것이며 이 점이 바로 통제 수단으로 작용합니다. 이런 논리에 입각해서, 어떤 국가에 민주주의가 제대로 시행되고 있는지를 판단하는 기준 변수로 '선거를 통한 정권의 교체'를 지목합니다. 선거를 반복한다는 것은 잘못된 정권이 있으면 반복해서 교체할 수 있다는 것을 의미합니다.

ⓒ '표현의 자유'를 확보할 수 있는 제도가 필요합니다. 시민들은 정부, 공직자, 경제 체제, 사회 질서 등으로 광범위하게 정의되는 제반 정치적 문제들에 대해서 자신들의 의사를 표현하고 비판함에 있어서 특정한 처벌에 대한 위협에서 벗어나야 합니다.

ⓓ 정보원(情報源, information source)은 다원화되어야 하며 법에 의해서 보호되어야 합니다. 영상 매체, 인쇄 매체, 통신 매체 등으로 매체의 종류가 다원화되며, 같은 종류의 매체 내에서도 다양한 정보원들이 존재하는 것이 바람직합니다. 비민주적 체제 하에선 정부가 정보원을 독점적으로 통제할 수 있는 권한을 누립니다. 정보원의 다원화는 정부가 대중의 신념이나 태도를 특정한 방향으로 통제할 수 없게 합니다.

ⓔ 대중들의 자발적 의사에 따른 '결사(結社)의 자유'가 제도적으로 보장되어야 합니다. 민주사회에서 파편화된 개인들 차원에서의 의견 표출은 '공허한 메아리'에 불과할 수 있습니다. 시민들은 정당이나 이익집단을 포함한 각종 사회집단을 조직하여 그들의 권리를 주장할 수 있어야 합니다.

ⓕ 민주사회 내 모든 성인들에게 이상의 권한들이 동등하게 부여되어야 합니다. 이렇게 해야만 민주사회의 속성인 '정치적으로 평등한 개인들'로 구성된 사회란 특성이 구현될 수 있습니다. 더불어 어떤 사회건 성인의 범위를 어디까지로 규정하는가의 문제는 중요한 것입니다.

종합하자면, 민주적인 체제라는 것은 정치적으로 평등한 개인들에게 투표의 권리, 표현의 자유, 정보의 자유, 결사의 자유 등을 제도적으로 보장해 주어야만 합니다. 하지만 이상의 제도적 확보를 통해서 전체주의나 권위주의에 나타나는 현상들을 완전히 제거할 수 있는 것은 아닙니다. 제도적 차원의 문제에 덧붙여서 문화적 차원의 시민 의식도 민주 사회가 순기능하기 위해서 동시에 중요합니다.

정치 체제 유형들과 '정치발전'

달(Dahl)은 민주주의(democracy)라는 개념 자체가 지난 2,500년 동안 수없이 많은 관련된 논의에도 불구하고 아직 합의가 이루어지지 않았다고 봅니다. 민주주의는 상이한 시간에 상이한 장소에서 상이한 사람들에게 상이한 의미를 지녀왔다는 것입니다. 하지만 민주주의라는 용어 자체에 대한 구분이 중요한 것은 '이상적인 정부'를 의미하기 위해서 사용되는 민주주의란 용어와 '실제적 정부'를 언급하면서 사용되는 민주주의란 용어 사이에 혼란이 일어날 수 있기 때문입니다. 이에 대해서 달은 '포괄성'(包括性, inclusiveness)과 '공적 이의제기'(公的 異議提起, public contestation)라는 두 개의 개념적 차원을 만들어서 민주주의 현실을 파악하는 수단으로 삼으면서도 동시에 이상적으로 생각하는 민주주의의 유형을 제시합니다. 달이 이상적으로 생각하는 민주체제 유형은 '다두체제'(多頭體制, polyarchy)입니다(Dahl 1971). 이 개념은 민주체제라는 개념과 관련하여 정치학자들 사이에 가장 널리 통용되고 있습니다.

'포괄성'이란 얼마나 많은 사람들이 정치체계에 참여하는가를 말하는 것입니다. 따라서 포괄성은 '참여'(participation)라는 용어로 표시할 수도 있습니다. '공적 이의제기'란 보다 많은 사람들이 정치체계에 참여하더라도 반대할 자유가 인정되지 않는다면(이의를 제기할 자유가 인정되지 않는다면) 민주주의는 이상적인 형태가 될 수 없습니다. 따라서 공적 이의제기는 '자유화'(liberalization)라는 용어로 표시할 수도 있습니다. 다음의 그림은 '포괄성'(참여)과 '공적인 이의제기'(자유화)라는 두 차원을 X축과 Y축으로 할 때 각각 그 정도가 높고 낮음에 따라서 모두 4개의 체제 유형이 생긴 것을 나타낸 그림입니다.

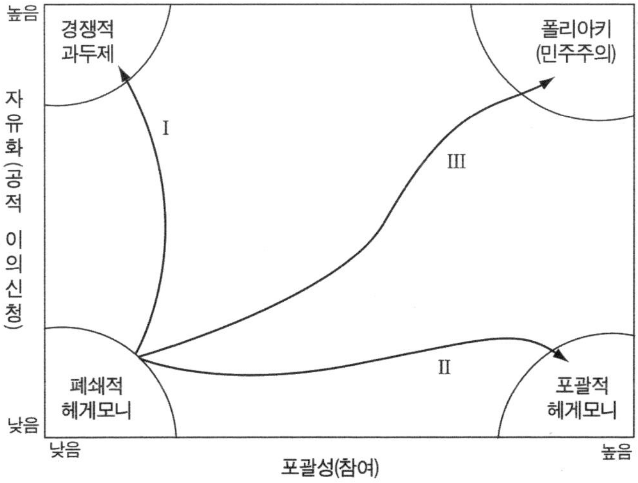

출처: Robert R. Dahl, Polyarchy: Participation and Opposition, 1971, p. 7.

〈그림 7-1〉 달의 민주체제 유형과 폴리아키(polyarchy)

그림 7-1에서 보듯이 모두 4개의 체제 유형이 도출되는데, 가장 민주주의와 거리가 먼 정치 체제는 '폐쇄적 헤게모니'(closed hegemony)입니다. 이 체제는 참여와 자유화 모두 낮은 수준을 보이는 체제입니다. 폐쇄적 헤게모니 체제는 보다 발전된 민주 체제인 '경쟁적 과두제'(competitive oligarchy) 또는 '포괄적 헤게모니'(inclusive hegemony)로 발전할 수 있습니다. 그림에서 경로 I과 경로 II가 여기에 해당합니다. 가장 이상적으론 '다두체제'(polyarchy)로 발전할 수 있습니다. 경로 III이 여기에 해당합니다.

보다 완벽한 민주 체제로의 이행을 '정치발전'(政治發展, political development)이라고 한다면 달은 폴리아키로 가는데 모두 세 가지의 경로를 제시한 것입니다. 경로 I은 자유화의 정도가 심화되는 것이 먼저 나타나고, 그후에 참여의 정도가 심화되는 것입니다. 달은 민주주의가 일찍 발전한 영국의 정치발전을 그 예로 들었습니다. 경로 II는 참여의 정도가 먼저 심화되고, 그다음에 자유화의 정도가 성숙되는 것입니다. 달은 독일처럼 늦게 민주주의가 발전한 나라를 그 예로 들었습니다. 경로 III은 참여와 자유화가 동시에 심화되면서 나가는 것인데 노르웨이를 그 예로 들었습니다. 한국은 경로 II에 유사한 사례로 생각하는 사람들이 많을 것으로 예상됩니다.

그런데 문제는 민주화가 이루어지기 위한 호의적인 상황들이 존재한다는 것입니다. 일반적으로 민주화된 사회로 나가기 위해서는 '근대화'(modernization)가 호의적 환경을 제공합니다. 이를 다르게 표현하면 근대화로의 과정 속에서 민주화가 이룩된다고도 할 수 있습니다.[19] 근대화를 판단하는 기준은 일반적으로 세

Barrington Moore (1913-2005)

19) 무어(Barrington Moore)는 과거의 농업사회에서 산업사회로 넘어가는 근대화 과정에서 군주에 대한 토지귀족, 농민, 부르주아라는 세 계급 간의 상호 역학관계가 어떻게 형성되는가에 따라서 민주주의 체제, 파시스트 체제, 공산주의 체제로 귀결되었다고 봅니다(Moore 1966). 그의 이론에 따르면, 진취적인 토지 귀족들은 단순히 농민들을 착취하는 것이 아니라 상업적 농업을 통해서(즉 부르주아적인 행태를 통해서) 이윤을 추구할

가지가 있는데 경제의 산업화(industrialization), 사회관계의 합리화(rationalization), 문화의 세속화(secularization)가 그것입니다(Apter 1965). 경제의 산업화란 생산성 향상을 통해서 대량 생산을 가능케 합니다. 생산성 향상을 통한 대량 생산은 대중 사회에서 보다 많은 대중들이 어떤 혜택을 공유하기 위한 출발점이 됩니다. 사회관계의 합리화란 개인들의 출생 신분이 아닌 능력에 따라서 자신이 선택한 계약에 의해서 인간관계가 형성되는 것을 의미합니다. 문화의 세속화란 신비적이고 비현실적 의미를 벗어나서 과학적이고 현실적인 문화 체계가 대중들에게 자리잡는 것을 말합니다.[20] 이상의 세 가지 항목들은 모두 '정치적으로 평등한' 개인들로 구성된 민주사회로 나갈 수 있는 유리한 환경을 제공합니다. 그렇다면 근대화가 이루어지지 않는다면 정치적으로 민주 사회를 건설할 수 없는 것일까요?

Samuel P. Huntington (1927-2008)

헌팅턴(Samuel Huntington)은 '정치발전'이란 개념을 '근대화'라는 개념에서 분리시켜서 생각하기 위해서 '제도화'(制度

니다. 그리고 부르주아와의 연합으로 군주의 힘을 약화시키고 민주주의를 확립해 나갑니다(영국, 프랑스, 미국). 강한 군주 체제에서는 토지 귀족들은 중앙집권적 군주에게 복속되며, 근대화는 군주와 그를 보좌하는 일부 정치 관료들에 의해서 주도되며 파시스트적인 체제로 귀결됩니다(독일, 일본). 마지막으로, 군주와 토지귀족 모두가 농민에 대해서 착취하는 세력으로 존재할 때 농민혁명을 통한 공산주의 체제로 귀결됩니다(중국, 러시아).

20) 15세기 르네상스(Renaissance) 운동은 신 중심의 사회에서 '인본주의'(人本主義, humanism) 사회로 전환하는 계기가 되었는데, 이것은 문화의 세속화에 대한 좋은 예가 됩니다.

化, institutionalization)란 개념을 제시합니다(Huntington 1968). 근대화의 요소들이 정치발전에 호의적인 환경을 제공한다면 그것은 서구 사회의 경험만을 중시한 편견일지 모릅니다. 헌팅턴은 아프리카, 라틴 아메리카, 아시아 등에서 급속한 근대화가 오히려 정치 쇠퇴를 가져올 수도 있음에 유의합니다. 콘하우저가 서구 세계의 산업화와 도시화 과정을 지켜보면서 "급속한 산업화와 도시화는 대중 사회의 단절을 야기시킨다"라고 설파했듯이(Kornhauser 1959), 근대화란 것도 급속히 진행되는 경우 민주주의에 역행하는 정치적 불안정이 나타난다는 것입니다. 헌팅턴은 우선 '정치 발전'이란 '정치적 조직 및 절차의 제도화'라고 규정합니다. 여기서 '제도화'란 "조직과 절차가 가치와 안정성을 얻는 과정"을 의미합니다.[21] 어떤 조직과 절차가

21) 추상성이 강한 용어이기에 보다 용이한 이해를 위해서 헌팅턴의 영어 원문을 동시에 소개합니다. "Institutions are stable, valued, recurring patterns of behavior...........Institutionalization is the process by which organizations and procedures acquire value and stability. The level of institutionalization of any political system can be defined by the adaptability, complexity, autonomy, and coherence of its organizations and procedures"(Huntington 1968, 290). "제도화가 된다"는 것을 좀 더 쉽게 이해하기 위해선 조금 비약일런지 모르지만, "생존한다(survive)"라는 용어와 연계하여 기억하면 유용합니다. 제도화의 수준은 적응성(adaptability), 복합성(complexity), 자율성(autonomy), 응집성(coherence)의 네 가지 요소로 측정됩니다. 이들 네 가지 요소는 어떤 조직이나 절차가 계속해서 생명력을 이어가는 것과 관련된 요소들입니다. 적응성이란 어떤 조직이나 절차가 변화하는 환경이나 상황에 적응하면서 생존하는 것을 말합니다. 복합성이란 조직이나 절차가 기능이 분화된 다면성을 지녀야 한다는 것입니다. 자율성이란 조직이나 절차가 하나의 독립된 결정 단위로서 존재하는 것을 말합니다. 응집성이란 조직이나 절차가 산만하거나 파편화되지 않고 체계적이고 결속화된 것이어야 함을 의미합니다. 이들 모두는 조직이나 절차가 일시적으로 나타났다가 사라지는 것이 아니고 지속하여 "생존하는 것" 내지는 "정착화하는 것"과 관련된 것입니다.

제도화되기 위해서는 시간이 필요합니다. 급속하게 진행되면서 마련된 조직이나 절차는 대중들로부터 가치와 안정성을 얻기 힘들며, 따라서 제도화의 수준이 떨어지게 되는 것입니다. 헌팅턴은 1945년 제2차 세계대전 종전 이후 라틴 아메리카에서 근대화를 본격적으로 경험하는 시기인 1950년대 말까지 신흥 독립국 20개국 중에서 13개국에서 쿠데타가 발생했다고 주장합니다. 근대화의 뿌리가 없이 급속한 근대화를 받아들이는 국가들은 새로이 시도되는 정당 정치를 제도화시킬 수 없었으며, 오히려 반민주적인 카리스마적 지도자들을 배출하면서 '정치 쇠퇴'(政治 衰退, political decay)를 가져왔다는 것입니다.

이것은 어떤 특정 국가가 지닌 어떤 종류의 정치 체계도 소위 근대화의 특성과는 상관없이 제도화될 수 있으며, 제도화에 성공하면 정치발전은 이루어지는 것을 의미합니다. 소위 서구 중심의 사고로서 '제도화'와는 별도로 그것이 어떤 특정 정치 체제의 제도화이건 근대화와는 상관없이 이루어질 수도 있습니다. 어떤 정치 체제에서 어떤 제도가 있더라도 그것이 제도화에 성공하는 것이(제도화의 높은 수준을 보여주는 것이) 결국 정치발전인 것입니다. 헌팅턴은 다음과 같이 정치체계 유형을 분류합니다(Huntington 1966).

표 7-2 헌팅턴의 정치체제 유형들

		정치 제도화 수준	
		높음	낮음
사회적 동원 수준	높음	시민 체제(Civic)	부패 체제(Corrupt)
	낮음	봉쇄 체제(Contained)	원시 체제(Primitive)

표 7-2에서 '사회적 동원'(social mobilization)이 높다는 것은 대중들의 정치 참여율이 높은 것을 말합니다. 헌팅턴의 주장에 따르면, 우선 정치제도화에서 높은 수준을 보여주어야 정치발전이 존재합니다. 그리고 여기에 대중들의 정치 참여도 높은 수준을 보일 때는 정치발전에 가장 이상적인 '시민 체제'가 형성됩니다. 시민 체제는 앞서서 언급했던 보편적 기준의 민주주의와 일맥상통합니다.

제도화의 수준이 높더라도 대중들의 정치 참여가 낮은 사회에선 '봉쇄 체제'의 성격을 갖습니다. 하지만 봉쇄 체제도 나름대로 정치발전과 연관됩니다. 중국은 일종의 '봉쇄 체제'의 예가 될 수 있습니다. 중국은 일당 체제이며 극소수의 공산당 지도자들이 국가를 이끄는 제도와 절차를 가지고 있습니다. 그리고 국민들의 정치적 참여는 낮은 수준입니다. 미국은 가끔 중국의 정치적 민주화 이슈를 제기합니다. 미국의 민주화 요구에 대해서 중국은 "내정 간섭이다" 또는 "중국 나름의 민주화 방식이 있고, 국민들은 수천 년 동안 '왕조 체제'(王朝 體制, dynasty regime)하에 있었기 때문에 지금의 방식에 익숙하다"라는 대응을 하곤 합니다. 여기서 중국인들이 "익숙하다는 것"은 조직과 절차가 가치와 안정을 얻은 것을 의미한다는 해석이 가능합니다. 왕조체제는 권력 분립이 없이 행정부의 역할만이 존재합니다. 중국의 주장은 현재 일당 체제로서 공산당의 독주적인 역할의 뿌리를 왕조 체제에서 찾은 것입니다. 만약 헌팅턴의 이론을 중국에 적용한다면 지금의 중국 공산당 독주 체제는 과거 왕조 체제로부터 제도화된 정치 체계로 인식할 수도 있으며, 따라서 일종의 높은 제도화 수준으로 인식할 수 있습니다. 하지만 지구 보편적인 민주주의라는 가치에서 볼 때는 거리가 있습니다.

제도화의 수준이 낮은 곳에선 정치발전이란 개념은 존재하지 않습니다. 헌팅턴은 정치와 사회에 "항해만 있을 뿐 닻은 없는(all sail and no anchor)" 상황을 '부패 체제'로 규정합니다. 조직과 절차가 제도화되어 있지 않아 법치(法治)가 어려우며 인치(人治)가 활성화되어 사회가 부패할 가능성이 높습니다. 국민들은 정부와 공직자를 불신하고 증오하게 되어 '정치발전'을 기대하기 어렵습니다.

Guillermo O'Donnell (1936-)

근대화가 바로 민주주의에 호의적인 환경을 제공하는 것은 아니란 또 다른 중요한 연구가 있습니다. 그것이 바로 오도넬(Guillermo O'Donnell)의 '관료적 권위주의'(Bureaucratic Authoritarianism) 이론입니다. 오도넬은 발전 도상국들에서, 특히 일정 수준의 근대화를 이루어가는 곳에서 권위주의가 발견되는데, 이것을 '관료적 권위주의'라고 불렀습니다. 즉 경제발전의 수준이 낙후된 곳이 아니고, 오히려 경제발전의 수준이 어느 정도 있는 곳에서(또는 경제발전을 추구하는 과정에서) 권위주의가 나타날 수 있는데 그것이 바로 관료적 권위주의의 형태로 나타난다고 본 것입니다. 국가의 목표가 근대화로서 경제 산업화를 추구하는 곳에선, 비록 정치적 지도자는 아니지만, 국가 행정의 실권을 장악하고 있는 관료들이 막강한 힘을 과시하게 됩니다. 린쯔의 용어를 빌려서 표현하자면, 국민들에 대한 관료들의 고압적이고 권위적인 사고 방식은 민주사회에서 국민들이 원하는 체제와는 거리가 있습니다. 결론적으로, 국가 행정 관료들의 권력은 근대화라는 국가 목표에 기생하여 발생한 것이며, 근대화는 민주주의에 비우호적인 환경을 만들 수도 있다고 봅니다. 물론 이것은 근대화 추진 과정에서의 이야기이며, 높은 수준의 근대화가 이루어진 사회에선 '관료적 권위주의'가 나타나지 않을 것입니다.

Arend Lijphart
(1936-)

마지막으로 민주주의와 연관된 '정치체제' 유형에 관한 레입하트(Arend Lijphart 1999)의 이론을 소개하고자 합니다. 레입하트는 '정치문화'와 '정치 엘리트들의 행동양식'을 두 개의 축으로 하여 4개의 유형을 제시합니다. 이들 각기 다른 유형들은 민주주의가 실질적으로 기능 하는 데 있어서 생기는 차이점을 보여주게 됩니다.

표 7-3 레입하트의 민주주의 기능 유형

		정치문화	
		동질적(통합적)	단편적(파편적, 단원적)
엘리트 행동 양식	협조적	탈정치적 민주주의	합의적 민주주의
	경쟁적	구심적 민주주의 (중앙집권적)	원심적 민주주의 (지방분권적)

'탈정치적 민주주의'는 민주주의가 기능하는데 문제점이 없는 그야말로 순조로운 체제입니다. '원심적 민주주의'는 사실상 정치 불안정을 의미하며, 따라서 민주주의가 제대로 기능하기 어려운 상황에 있습니다. 결국 이들 네 가지 유형들 중에서 일반적인 정치현실과 관련하여 논의의 대상이 것은 '합의적 민주주의'와 '구심적 민주주의'라는 두 가지 경우입니다.

먼저 레입하트가 제시하는 '합의적 민주주의'의 의미를 살펴보도록 하겠습니다. 레입하트의 가장 큰 이론적 공헌은 종교적, 언어적, 인종적으로 분절된 사회에서도 민주주의의 기능이 가능하다는 것을 보여준 데 있습니다.[22] 하나의 통합된 동질적 문화가 없이, 종교, 언어, 인종들에 따라서 형성된 다양한 '하위문화'(下位 文化, sub- culture)가 존재한다는 의미는 그러한 하위문화들을 공유하는 집단들로 '사회가 균열되어 있음'을 뜻합니다. '사회 균열'(社會 龜裂, social cleavage)의 정도가 심할수록 갈등의 횟수가 많고 수준이 높을 것입니다. 따라서 다양한 하위문화가 존재하여 갈등의 현재성과 잠재성이 큰 사회에서 민주주의를 가져오는 것은 엘리트들의 행동양식이 '협조적'인 경우에 가능합니다. 하지만 엘리트들의 행동 양식을 협조적으로 만드는 것은 자발적인 것이 아니고 제도적으로 유인되는 측면이 강합니다. 정치 엘리트들이 정치권력을 독점(獨占)하지 않고 분점(分占)할 수 있는 정치 제도들을 채택하는 것입니다. 예를 들면, 선거제도에서 단순다수제와 소선거구제를 채택한다기보다는 비례대표제나 중·대선거구제를 채택하는 것입니다. 의회제도에서도 단원제보다는 양원제를 채택하며, 정당체계도 양당제보다는 다당체계적인 형태를 취합니다. 중앙집권적인 정부보다는 지방분권적인 정부 형태를 취하는 것도 그 예가 될 수 있습니다.[23]

---

22) 이는 레입하트가 네덜란드 태생으로서 네덜란드의 정치체계가 갖는 특성에 주목했기 때문이기도 합니다.

23) 합의적 민주주의의 기능은 선진 민주주의 사회에서 가능한 결과론적인 주장이며, 소위 후진 민주주의 사회에서는 사실상 불가능하다는 비판도 있습니다. 이러한 비판들은 대중들에 대한 '교육'의 중요성을 강조합니다. 선진 민주주의 사회는 민주주의 시민 교육이 제대로 이루어지며 그러한 사람들로 구성된 민주사회에서만이 합의

그러면, 정치권력의 독점적 성향이 강조되는 상황 하에선 민주주의적 기능이 불가능한 것일까요? 레입하트는 문화적 동질성이 있는 경우엔 엘리트들의 경쟁적 양태가 강조되더라도 민주주의로 기능하는데 별 문제가 없다고 봅니다. 그것이 바로 '구심적 민주주의'입니다. 능력과 지식을 갖춘 엘리트들의 권력 경쟁은 당연한 현상입니다. 정치 엘리트들은 권력을 분점하기보다는 독점하려는 성향이 강한 자들로 정의할 수도 있습니다. 따라서 선거를 통해서 어느 한 정당이 행정부나 입법부에서 권력을 차지하면 해당 임기 동안은 그 정당의 뜻이 존중되면서(즉 구심점으로 작용하면서) 민주주의가 기능하는 것입니다. 정치권력을 장악한(즉 입법부에서 과반수를 차지했거나 최다 의석수를 지닌) 한 정당의 의지를 관철시키더라도 사회적 혼란이 야기될 가능성이 낮기 때문입니다. 동질적 문화 아래에선 어차피 그들에게 하나라는 의식이 남아 있기 때문입니다. 양당체계, 단원제, 단순다수대표 소선거구제도는 '구심적 민주주의'와 연관성이 있습니다.

레입하트는 민주주의 기능의 유형을 '다수제적 민주주의'(majoritarian democracy)와 '합의적 민주주의'(consensus democracy)라는 두 개의 커다란 유형으로 분류하기도 합니다. 일반적으로 단편적인 정치문화가 있는 곳에선 '합의적 민주주의'로 기능할 가능성이 높으며, 동질적인 정치문화가 있는 곳에선 '다수제적 민주주의'로 기능할 개연성이 큽니다. 결국 '구심적 민주주의'가 '다수제적 민주주의'에 해당된다고 보면 됩니다.

적 민주주의가 기능할 수 있다는 주장인 것입니다.

정치발전과정에서의 국가

정치발전이란 궁극적으로 보편적 기준을 지닌 민주주의 체제로의 이행을 의미합니다. 국가는 하나의 독립적 기관으로서 진화하는 물체로도 인식할 수 있습니다. 근본적으로 민주주의 체제라는 것은 현대의 '국민 국가'(國民國家, nation-state)라는 테두리 안에서 가능한 것입니다. 파이(Lucian W. Pye)는 정치발전 과정에서 국가가 극복해야 할 위기의 종류들을 일반화하여 제시합니다. 국민들이 원하는 민주주의도 그것을 담아내는 국가라는 그릇 속에서 가능한 것입니다. 단적인 예를 들자면, 국가가 다른 국가들의 침략을 받아서 국가로서의 형태를 유지 못하는 상황에서 민주주의가 가능하겠습니까? 파이는 자신의 이론을 1945년 이후 신생국들이 식민지 상태를 벗어나서 독립 국가를 형성하는 과정에 두고서 만들었습니다. 하지만 선진사회에서는 이미 1980년대부터 나타나기 시작한 '과부하 국가론'이나 '국가 정당성의 위기'를 볼 때 파이의 이론은 시대를 초월하여 그 시사하는 바가 큽니다. 파이에 의하면 국가는 여섯 가지 종류의 위기를 극복하는 것과 연관시켜서 정치발전을 이해해야 한다고 주장합니다.

① 정체성의 위기(identity crisis): 한 개의 국가 안에는 인종적, 언어적, 종교적으로 분화된 집단들이 포함될 수 있습니다. 이들이 인종, 언어, 종교를 뛰어 넘어서 한 국가의 일원으로서의 일체감을 형성하지 못하는 경우 국가는 분열되고 사회는 불안정하며 민주주의를 구현하기 어렵게 됩니다. 국민들은 지역적 감정과 국가적 감

Q & A

그냥 state가 아니고 왜 nation-state라고 합니까? l 우리가 현재 생각하는 국가(state)라는 개념과 과거 역사 발전 단계 속에서 그 당시 사람들이 생각하던 국가란 개념은 달랐을 것이기 때문입니다. 과거엔 현재와 같은 영토와 주권의 개념을 기반으로 국기(國旗, state flag)와 국가(國歌, national anthem)가 없었지요. 그래서 우리는 국가 앞에 수식어를 붙여서 고대 국가, 도시 국가, 봉건 국가, 근대 국가 등으로 표현합니다. 현재 우리가 생각하는 국가란 개념은 국민국가(nation-state)를 말합니다. 국제 질서에서 현재와 같은 영토와 주권의 개념이 명시적으로 확립되기 시작한 시점을 '베스트팔렌 조약'(Westphalia contract 1648)으로 보고 있습니다. 국민국가는 '민족국가'(民族國家)라고도 번역합니다. 동일한 문화와 전통적 심리를 바탕으로 공통의 사회경제 생활을 영위하며 동일한 언어를 사용합니다. 하지만 반드시 동일한 문화로 통일되어 있는 것은 아니며, 그럴 경우에 같은 국가에 소속된 같은 국민이라는 의식이 중요합니다. 따라서 필자는 민족국가라는 번역보다는 국민국가라는 번역을 더 선호합니다. 하지만 근본적으로 민족을 전제로 하고 이를 기반으로 하여 성립된 국가를 의미한다는 점에서 민족국가라는 번역도 보편화되어 있습니다. 국민국가는 중세 말기에 교역과 생산의 발달을 통하여 나타난 자본주의를 통해 이룩된 시민사회와 함께 성장하였습니다. 15세기를 전후한 시기에 서유럽의 절대 군주들은 생산과 교환의 자유를 바라던 신흥 상공업자(시민 세력들)가 제공한 세금으로 상비군(常備軍)을 육성합니다. 이러한 상비군 체제는 국내적으로는 봉건적 지방 귀족의 세력을 타파하고 지방에 흩어져 있던 민족들을 하나로 묶어내어 국가적 통일을 이루게 합니다. 인접 국가들과의 대외전쟁을 치루며 고양된 국민의식도 국민국가 형성에 영향을 끼칩니다. 또 신분제 의회 역시 국내의 각 세력 사이에서 국민적 단결의 감정을 불러일으켜 중앙집권적 통일을 촉진시켰습니다. 국민국가의 형식이 보다 명확해 지기는 했어도 귀족들이 정치적 권력을 장악했으며, 세금을 내는 시민세력은 조세의 부담자이면서도 정치적 권리는 거의 없었습니다. 자본주의가 한층 성숙하여 시민계급이 양과 질 모두에서 성장하면서 노동자 및 농민과 합세하여 귀족 세력에 도전하게 됩니다. 국가마다 차이는 있지만 대략적으로 17세기 이후 국가마다 다양한 형태의 시민혁명을 통하여 입헌정치와 의회 제도를 정착시키고 그들의 정치적 권리를 획득하게 됩니다. 이것은 유럽의 경우에 해당하는 이야기입니다. 아시아, 아프리카, 남아메리카와 같이 식민지로 전락하였던 지역에선 민족해방과 독립을 요구하는 민족주의운동이 성공한 이후에 민족국가가 성립되었다고 보는 것이 일반적입니다. 참고로, nation과 state 모두 국가를 의미하기도 하지만 다음과 같이 구분하기도 합니다. 'state'란 어떤 일정한 영토를 중앙집권적 권위로 통치할 능력을 중심으로 한 개념이고, 'nation'이란 영토 속에 소속된 대중들에게서 국가가 얻어낼 수 있는 복종적 충성심을 중심으로 한 개념이라는 것입니다. 기억 하시면 편리할 것입니다.

정 사이에서 고민할 수도 있습니다. 특히 세계화 시대엔 '국가주의'와 '세계주의' 사이에서 고민하기도 합니다. 국민국가는 국민통합을 위해서 국민들 사이에 나타날 수 있는 일체감의 위기를 극복해야 합니다.

② 정당성의 위기(legitimacy crisis): 국가는 정부의 책임과 권위에 대해서 국민들로부터 정당성을 확보해야만 합니다. 파이는 정당성의 위기가 '헌법적 문제'(constitutional problem)로 귀결된다고 하였는데, 이것은 1945년 당시만이 아니라 현재도 여전히 중요합니다. 신생국들은 국가 건설 초기에 헌법을 만들어야 하는데, 어떻게 헌법을 만드느냐가 국민으로부터 정당성을 확보하는데 중요합니다. 헌법의 내용에서 권력분립 여부는 중요한 부분이 될 것입니다. 현대사회에선 개인 사생활의 절대적 보호 문제나 '정체성의 정치'(identity politics)가 유행하면서 '헌법재판소'의 역할이 강조되고 있습니다. 헌법재판소의 판결 내용은 국민들로부터 민주주의가 제대로 기

능하는지에 대한 중요한 판단 기준으로 작용하며 국가 정당성에 영향을 미치게 됩니다.

③ 침투(浸透)의 위기(penetration crisis): 국가 체계가 제대로 형성되지 못한 신생 국가가 특정 정책을 수행하는 경우 그 효과가 사회 저변(低邊)에까지 미치기 어려울 수 있습니다. 이것은 정부가 행하는 공식 사업의 효과성 증대와 연관된 국가 행정(administration)의 문제를 말합니다. 침투의 문제란 행정적인 문제만을 말하는 것이 아닙니다. 파이는 보다 근본적인 침투의 위기가 “지배자와 피지배자 사이의 신뢰와 공감의 형성”에서부터 비롯된다고 봅니다. 국가의 정책이 사회의 기저층(基底層)에까지 미치고 동시에 그들로부터 국가 정책에 대한 공감대를 형성해야 하는 것입니다. 공직자와 대중사이에 신뢰와 공감이 없다면 침투의 위기는 극복되지 않으며 그런 사회에서의 민주주의 실행과 정치발전은 어려운 과제입니다. 현대 사회에서 지배 엘리트는 대중들로부터 신뢰와 공감을 형성하기가 결코 쉽지 않습니다. 정치적 무관심과 냉소주의가 만연하는 사회에서 대중들로부터 신뢰와 공감을 얻을 수 있는 정부가 되어야합니다.

④ 참여의 위기(participation crisis): 파이는 참여의 위기가 적당한 증가율을 넘어서서 사회 불안감을 야기시키는 수준으로 발전하는 경우 위기가 발생한다고 봅니다. 정치 과정에서 새로운 이슈들과 새로운 이익집단들의 쇄도는 기존 사회 체계에 긴장감을 유발시키고 그 정도가 심할 경우 사회불안이 조성된다고 봅니다. 예를 들어, 지나칠 정도로 빈번한 시위는 그 자체로서 사회불안을 조성합니다. 반면에 지나친 정치적 무관심과 정치적 냉소주의로 인해 지나치게 낮은 수준의 참여도 또 다른 위기입니다. 선거에서 지나치게 낮은 투

표율은 선출된 공직자들의 대표성을 훼손합니다.

⑤ 통합의 위기(integration crisis): 통합은 크게 세 종류가 있으며 이들이 종합화되어 진정한 의미의 국가 통합이 이룩됩니다.[24] ⓐ 정부 기관들이나 공직자들 사이에서의 통합입니다. 공직자들이나 공직 기관들 사이의 분열은 또 다른 국가 위기입니다. ⓑ 사회 속에서 다양한 요구를 개진하는 집단들 사이에서의 통합입니다. 상충되는 요구들을 수렴하는 것이 쉽지 않겠지만 어떤 형식과 내용으로건 상충되는 요구들을 관리해야만 합니다. ⓒ 공직자들과 대중들 사이의 통합입니다. 선출직 공직자들은 청렴하며 능력이 있어야 합니다. 두 가지를 모두 갖추는 것이 바람직할 것입니다. 공직자와 대중들 사이의 통합을 보다 광의로 해석하면 그것은 사회 지도층과 일반 대중 사이의 통합을 의미하기도 합니다. 사회 지도층은 모범을 보여야 하며 "자신에게는 엄격하고 대중들에게는 너그러운" 행태를 지녀야 합니다. 사회 지도층에게 요구되는 사회 의무는 더 엄격할 수 있으며, 이것은 정치적 불평등이 아닙니다.[25] 지도층이 "자신에게는 너그럽고 대중들에게는 엄격한" 행태를 갖고 있는 사회에서 사회통합은 실질적으로 불가능합니다. 우리 속담에 "윗물이 맑아야 아랫물이 맑다"라는 것도 비슷한 맥락입니다.

---

24) 와이너(Myron Weiner)는 정치발전을 이해하기 위한 '정치통합'을 네 종류의 통합으로 분류합니다(Weiner 1968). ⓐ 국민통합, ⓑ 영토통합, ⓒ 가치통합, ⓓ 엘리트와 대중간의 통합으로 구분하여 설명합니다.

25) '노블레스 오블리주'(noblesse oblige)란 말을 들어보셨을 것입니다. 고귀한 신분에 걸맞는 의무를 지적하는 용어입니다. 즉 사회 지도층의 품격있고 모범이 되는 의무적 행동을 강조한 용어입니다. 여기서 의무란 도덕적인 의무와 나가서는 재화적인 의무(기부나 자선행위)까지도 포괄적으로 일컫는 것이 보통입니다.

⑥ 분배의 위기(distribution crisis): 정부는 사회의 재화(財貨, goods), 용역(用役, services), 가치(價值, values)를 분배함에 있어서 어떻게 권력을 행사할 것인지에 대해서 고민해야 합니다. 정부가 자본주의적 성향의 정책을 택할지 사회주의적 성향의 정책을 택할지의 문제도 해결해야 합니다. 정부는 국가발전을 위해서 특정 분야에 이익을 더 할당해 줄 수도 있습니다. 경제개발을 위해서 대기업에 특혜를 주는 것도 그러한 예가 될 수 있을 것입니다. 특정 분야에 더 많은 이익을 주는 경우 불공정 시비와 부패의 잠재력을 키울 수도 있습니다. 이 문제는 현대의 '과부하 국가론'이나 '국가 정당성의 위기'와 가장 근본적으로 관련되어 있습니다.

이제까지 살펴본 바에 의하면 민주주의가 저절로 얻어지는 것이 아니란 것을 알 수 있습니다. 민주주의는 시민들의 의식, 법적 제도적 보장, 그리고 그러한 것들을 담아내는 국가라는 존재와 국가의 능력 등이 종합되어 쟁취하는 것이라는 느낌을 갖게 됩니다.

헌팅턴의 「제3의 물결」(*The Third Wave* 1993)이란 저서를 보면 민주주의를 쟁취하기 위한 사건 후에는 반드시 민주화 요구에 역행하는 반작용들이 있었으며 그러한 반작용을 다시 한 번 극복하고 민주주의 체제로 발전해 나가는 과정이 반복되고 있습니다. 헌팅턴은 제1차 민주화 물결, 제1차 역행의 물결, 제2차 민주화 물결, 제2차 역행의 물결, 그리고 제3차 민주화 물결이란 용어를 사용해서 그렇게 반복되는 작용과 반작용의 역사적 사건들을 설명하고 있습니다. 여러분은 "비가 온 뒤에 땅이 더 굳게 된다"라는 속담을 들어보신 적이 있으실 것입니다. 어떤 일을 진행함에 있어서 오히려 역경을 극복함으로서 더욱 더 많은 성취를 이루어낼 수 있다는 것입니다. 민주주의 '공고화'(鞏固化, consolidation)는 민주주의로의 움직임에 대한 반작용을 극복하는 과정에서 이루어졌습니다. 아마도 민주주의를 향한 작용만 있었더라면 민주주의는 '공고화'되지 않았을 것입니다.

민주주의 공고화란 "새로이 형성된 민주 체제가 더 이상 반민주적 체제로 반전되지 않는 견고함을 지니는 것"을 의미합니다. 달리 말하자면 민주주의 공고화는 민주주의를 향한 움직임 후에 나타난 반민주적 행위를 극복하는 과정에서 지금의 민주주의 기준에 합당한 민주주의로 발전하는 것을 말합니다. 헌팅턴의 연구를 통해서 좀 더 자세히 살펴보도록 하겠습니다.

심화학습

민주주의 공고화에 영향을 미치는 요인들 | 민주주의에 대한 연구와 민주주의 공고화에 대한 연구가 정확히 같은 주제는 아닙니다. 일반적으로, 높은 수준의 민주주의를 촉진하는 요인들은 궁극적으로 높은 수준의 민주주의 공고화에 영향을 미치는 요인들로 추론합니다(Gasiorowski and Power 1998). 몇 가지 견해들이 존재합니다. ① 민주주의 공고화에 영향을 미치는 요인들은 다음과 같습니다. 한 국가의 산업화 정도, 전체 인구에서 '중산층'(中産層, middle class)의 비율, 교육과 도시화 정도에서 높은 수준을 보이는 경우 민주주의 공고화의 가능성이 높아집니다(Lipset 1959; Rueschemeyer, Stephens & Stepens 1992). ② 국가의 경제가 외국에 종속되는 경우 민주주의 공고화의 가능성이 낮아집니다(Gasiorowski 1988, Bollen 1983). ③ 인내심, 신뢰, 평등주의(egalitarianism), 타협에 대한 의지 등 문화적인 요인이 중요합니다(Almond 1980, Inglehart 1988). ④ 그 밖에도 가톨릭 전통이 있는 곳에서 국가 주도의 위계질서적인 조합주의나 권위주의 문화(Wiarda 1992), 인종적으로 동질화된 정도(Dahl 1971)가 민주주의 안정과 공고화에 영향을 미친다고 보기도 합니다.

표 7-4 민주화의 물결과 그에 대한 반작용들

작용	반작용
제1의 장기 물결(1826 - 1926)	
	제1차 역행의 물결(1922 - 1942)
제2의 단기 물결(1943 - 1962)	
	제2차 역행의 물결(1958 - 1975)
제3의 물결(1974 -)	

먼저 제1차 민주화의 장기 물결(long wave)은 미국의 독립과 프랑스혁명을 계기로 생긴 민주화 물결을 말합니다.[26] 프랑스혁명이 주창했던 인권선언과 자유, 평등, 박애의 정신은 '정치적으로 평등한' 개인들로 구성되는 민주사회에서 '1인 1표제'등에 영향을 끼친 것입니다. 프랑스혁명 기간 중에 신분제 의회가 아닌 국민들의 의회인 국민의회나 국민공회의 활약상은 민주사회에서 국민의 실제적인 지지를 받아서 정치권력을 행사하는 '의회'(입법부)의 중요성을 알리는 계기가 됩니다. 헌팅턴에 따르면, 제1의 장기 물결 속에서 민주주의를 성취했는지 아닌지를 판단하는 최소한의 기준은 두 가지입니다. ⓐ 성인 남성의 50%가 투표권을 갖고 있으며, ⓑ 국민의 선거로 구성된 의회에서 다수의 지지를 받거나, 아니면 대중들의 직접 선거를 통해서 구성된 "(국민들에게) 책임성 있는 행정부"(a responsible executive)가 존재하는 것입니다. 헌팅턴은 이러한 조건들에 충족되

26) 프랑스혁명도 '테르미도르 현상'을 겪으면서 혁명의 원래 의도가 상처받기도 하였습니다. 또한 프랑스혁명의 결과 도래된 것은 국민들의 민주주의 체제가 아닌 보나파르트 나폴레옹 1인의 집정체제였습니다. 하지만 프랑스 혁명기간 중의 인권 선언은 그러한 일시적인 반작용을 극복하며 자유, 평등, 박애의 민주주의 정신을 현재 구현하고 있습니다.

는 1차 민주주의 물결 속에 있었던 국가들의 예를 다음과 같이 제시합니다. 미국에선 1828년 대통령 선거를 성인 남자 50%가 투표권을 획득한 상태에서 치르게 됩니다. 19세기 말까지 스위스, 프랑스, 영국 등이 국민들에게 책임성 있는 내각을 구성합니다. 1차 세계대전 직전 이탈리아와 아르헨티나에선 어느 정도 민주화된 체제가 시작됩니다. 1차 세계대전 직후엔 아일랜드와 아이슬랜드와 같은 신생 독립국가들에서도 민주화된 체제가 발족됩니다. 또한 로마노프(Romanov), 합스부르크(Habsbrug), 호엔촐레른(Hohenzollern) 왕가(王家) 체제들이 몰락합니다. 제1의 물결이 끝나는 막바지 시기인 1930년대 초반엔 스페인과 칠레에서도 민주화가 진행됩니다.

1920년대와 1930년대 초반에 걸쳐서 진행된 민주주의 물결에 대한 제1차 역행의 물결은 과거 전통적 체제로 복귀하려는 움직임으로 나타나거나, 아니면 도입된 민주주의 하에서 탄생한 새로운 대중들을 기반으로 보다 과격한 전체주의적 성향으로 나타났습니다. 이러한 반작용으로 나타난 전체주의는 통합된 이데올로기를 중심으로 대중들의 충동성에 호소하는 보다 과격한 체제입니다. 1922년 이탈리아의 무솔리니(Mussolini)에 의한 파시즘을 필두로 하여, 10년 동안에 리투아니아, 폴란드, 라트비아, 에스토니아의 민주주의가 군사쿠데타로 무너집니다. 1933년 독일의 히틀러(Hitler)가 행한 나치즘은 연쇄적으로 1934년 오스트리아의 민주주의를 파멸시키고 1938년엔 체코의 민주주의를 종결시킵니다. 포르투갈에선 1926년 군부 쿠데타로 살라자르(Salazar)의 독재가 시작됩니다.

제2차 민주화의 단기 물결(short wave)은 제2차 세계대전이 끝나고 난 직후 서독, 이탈리아, 일본 및 한국을 포함한 일부 신생 독립국가들에서 발생하였습니다. 1940년대 후반 1950년대 초반엔 그리스와 터키가 민주화됩니다. 남미에선 2차 대전 기간 중에 우루과이가 민주화된 것을 필두로 1940년대 말에 브라질과 코스타리카가 민주화됩니다. 아르헨티나, 콜롬비아, 페루, 베네수엘라도 1945년과 1946년에 대중들의 직선제로 선출된 정부를 구성합니다.[27] 제2차 세계대전이후 서구 식민지로부터 독립한 파키스탄, 말레이시아, 인도네시아 등의 아시아의 국가들도 민주주의의 물결 속에 휩쓸립니다. 헌팅턴에 따르면, 이들은 민주주의라는 형식을 받아들였지만 민주주의를 위한 실질적인 노력이 없는 '유사 민주주의'(類似 民主主義, quasi-democracy)였습니다. 민주주의 국가의 정치 제도를 도입하여도 그것은 형식에 불과하며 본질적으로 민주주의라고 하기에는 거리가 있었던 것입니다. 신흥 국가인 인디아, 스리랑카, 필리핀 등에선 민주적인 제도들이 유지되기도 하며, 아프리카에서 나이지리아는 1960년에 민주주의를 시작합니다. 하지만 거시적인 지구 차원에선 1960년대 초반에 제2차 민주화의 물결은 고갈되면서 제2차 역행의 물결이 밀려옵니다.

소위 '물결'(작용)-'반물결'(반작용)은 조금 더 거시적인 차원에서 프랑스의 공화정 정착과정에 적용할 수 있습니다. 프랑스는 소위 포괄적 시대 구분으로서의 '혁명시대'(1792-1870)를 거쳐서 1871년 제3공화정(1871-1940)이 성립합니다. 제3공화정은 소위 제2제정(1852- 1870)을 뒤이은 시기였기에 공화파와 왕당파가 대립합니다. 제3공화정이 들어섰지만, 군소정당이 난립하고 내각의 교체가 빈번

27) 하지만 1950년대 후반에 아르헨티나와 페루는 군부(軍部, the military)와 대중주의자(the populist)들의 갈등 속에서 제한된 민주주의 체제의 성격을 띠게 됩니다.

한국과 프랑스 사례에 '헌팅턴 이론'(물결-반물결)의 적용 | 헌팅턴은 한국에서 민주주의의 물결을 시기적으로 제2의 민주화 물결의 시기에 포함시키고 있습니다. 1960년 4.19 의거를 출발점으로 하여 한국 민주주의의 공고화 과정을 작용과 반작용의 과정으로 살펴보면 다음과 같이 정리될 수 있을 것입니다. 제 1공화국의 이승만 정부의 반민주적 행위에 반기를 들었던 1960년 4.19 의거는 제 2공화국을 탄생시킵니다(작용). 하지만 제 2공화국은 사회적 무질서를 극복한다는 명분하에 1961년 5.16 박정희 장군의 군사 쿠데타로 무너집니다(반작용). 박정희 군사 과도정부(過渡政府)는 1963년 민정이양(民政移讓)을 통한 선거에 승리하면서 제 3공화국을 시작합니다. 박정희 대통령의 제4공화국 유신체제(維新體制)는 1979년 10.26 사건으로 막을 내리며 이후엔 '80년의 봄'이라고 해서 다시 한번 민주화의 물결이 밀려옵니다(작용). 하지만 이것 역시 12.12사태와 광주항쟁을 거치면서 전두환 장군의 군사 쿠데타로 무너집니다(반작용). 하지만 1986년 6.10 민주화 항쟁은 결국 한국에 민주주의를 도래시킵니다(작용). 이렇게 시련을 이겨내고 도래한 한국사회의 민주주의를 역행시키려는 어떠한 시도도 이제 사실상 불가능할 것입니다.

심화학습

한 사회 분위기 속에서 강력한 정권을 기대하는 풍조를 통해 군부와 우익의 반동세력이 준동하는 사건들이 발생합니다. 인구에 회자되는 '부울랑제 사건'(1881-1991)과 '드레이퓌스 사건'(1891-1899)이 바로 그것인데, 해당 사건들은 공화정에 대한 반물결이었던 것입니다. 부울랑제 사건은 육군 대신인 부울랑제 장군이 우익단체가 연계하여 공화정을 뒤엎고 군사정권을 세우려던 계획이 발각된 사건입니다. 드레이퓌스 사건은 유대인 장교로서 공화당원인 드레이퓌스가 독일에 군사기밀을 누설하였다고 왕당파에서 음모 조작한 사건인데, 결국 수년 후에(1906) 무죄임이 밝혀진 사건입니다. 해당 2개의 사건

이후 프랑스 공화정의 기초는 더욱 단단해 집니다. 더 큰 그림에서 프랑스의 민주공화제 성취 과정 자체를 보면, 제1공화정(1792, 왕정 폐지)-제1제정(1804, 나폴레옹 황제 즉위)-제2공화정(1848, 7월혁명과 2월혁명의 결과)-제2제정(1852, 루이 나폴레옹의 황제 즉위)-제3공화정(1871, 내각책임제 헌법제정)으로 작용-반작용, 물결-반물결의 과정이었습니다.

제2차 역행의 물결은 권위주의 체제의 성격이 강했습니다. 남미 지역에서의 예를 보면 다음과 같습니다. 1962년 페루에선 선거를 중단시키고 군사 쿠데타로 권위주의 체제가 들어섭니다. 1963년에 군부가 용인하는 시민 정부가 들어서지만, 1968년 군사 쿠데타로 다시 실각합니다. 1964년엔 브라질과 볼리비아에서 군사 쿠데타로 시민 정부가 전복됩니다. 1966년엔 아르헨티나에서 1972년엔 에쿠아도르에서 군사 쿠데타가 일어납니다. 1973년엔 우루과이와 칠레에서 쿠데타가 지속됩니다. 헌팅턴은 브라질, 아르헨티나, 칠레, 우루과이는 일종의 '관료적 권위주의'의 성격을 띠고 있었다고 봅니다. 아시아 지역에선, 1958년 파키스탄에서 군법(軍法)에 의한 통치가 시작됩니다. 1957년 인도네시아 수카르노(Sukarno)는 의회 민주주의를 전복시키고 '지도 민주주의'(指導 民主主義, guided democracy) 체제를 만듭니다. 하지만 지도 민주주의도 군부에 의해서 1965년에 전복됩니다. 필리핀에선 마르코스(Marcos) 대통령이 1972년 군법으로 통치합니다. 한국에서도 박정희 대통령이 1972년 유신헌법을 통과시켜 장기 집권 체제에 돌입합니다. 인도의 간디(Indira Gandhi) 수상도 1975년 군법을 통해서 국가를 통치합니다. 타이완도 1960년대엔 국민당의 장개석 총통이 정치적 반대자들이 없는 일인 독주 체제를 시작합니다. 역행 시기에 권위주의 국가들은 민주주의란 정치적 담화보다는 경제발전이란 경제적 담화에 몰두하게 됩니다. 일반적으로, 경제발전이 낙후된 국가에서 권위주의적 독재 정부가 들어서서 경제발전의 슬로건을 내걸고 정치발전에 대한 요구를 묵살합니다. 하지만 경제발전은 가까운 장래에 권위주의 정부를 파멸시켜 정치적 민주주의를 가져오게 됩니다. 권위주의적 정부는 자신을 지키기 위해서 정치적 민주주의 요구를 탄압하면서 경제발전으로 국민들을 달래지만, 결국 자신을 파멸시킬 씨앗을 뿌린 셈입니다.

그래도 거대한 역사의 물결은 민주주의의 방향으로 흐릅니다. 민주화란 작용에 대한 반작용으로서 민주화에 역행하는 움직임은 거대한 역사의 흐름에 휩쓸리게 됩니다. 1974년에 포르투갈의 독재정치는 종말을 고합니다. 1970년대와 1980년대 이후 남부 유럽, 아시아, 남미에서 대략 30개 정도의 권위주의 체제가 민주주의 체제로 교체됩니다. 1974년 그리스에선 국민들이 카라만리스(Karamanlis)와 그의 정당에 표를 몰아주고, 군주체제(君

Sukarno
(1901-1970)

Ferdinand E. Marcos
(1917-1989)

Indira P. Gandhi
(1917-1984)

Francisco Franco
(1892-1975)

主 體制, monarchy)를 원상복구하지 않을 것을 압도적인 표로 결의합니다. 1975년에는 스페인에서 프랑코(Francisco Franco) 장군의 36년의 장기 독재가 끝나고, 1978년 새로운 헌법을 국민투표로 인준받고, 1979년에 의회선거로 민주 정부를 구성합니다. 지구적인 차원의 민주화 물결은 공산체제인 중국에서도 1989년 '천안문 사건'에서도 나타납니다. 민주주의가 도래된 이후에 다시 반민주적 체제로 돌아가지 않는 경우 민주적 공고화는 이룩된 것이지만, 민주적 공고화가 이룩되었다고 해서 민주주의가 자동적으로 순탄하게 기능하는 것은 아닙니다. 정치에서 이념과 민주주의의 성취 문제도 결국은 국민들이 먹고 사는 문제를 우선적으로 해결해야 가능할 것입니다. "금강산도 식후경(食後景)"이란 속담이 있습니다. "이념도 좋다, 그러나 빵은 더 좋다"라는 자조 섞인 말도 있습니다. 국민들의 먹고 사는 문제를 통한 '최저 생계'(subsistence level)의 문제가 해결될 때 정치적 이념의 문제도 추구할 수 있는 것입니다. 이것은 민주주의 기능이 경제문제로부터 자유로울 수 없음을 뜻 합니다.

경제성장과 민주주의와의 인과관계에 대한 연구는 많은 학자들의 관심을 끌어왔습니다.[28] 이에 관한 초창기의 연구는 립셋(Seymour Martin Lipset)의 「근대화 이론」(*Modernization Theory* 1959)인데, 여기서 그는 경제발전이 민주주의를 이끌어내는 인과관계가 있음을 주장합니다. 시장 경제(또는 시장 자본주의)는 경제성장을 이끌어 왔

28) 단순히 '상관관계'가 아니라 '인과관계'라는 것에 유의하시기 바랍니다. 경제발전과 민주주의발전이란 두 변수 사이에서 어떤 것이 원인이고, 어떤 것이 결과인가의 문제입니다. 이것은 단순히 두 변수가 상관성이 있다는 차원의 것보다 더 미묘한 문제입니다. 인과 관계를 경험적으로 증명할 경우엔 시계열(time-series) 상에서 원인이 결과에 앞선다는 것에 착안하여 이를 살피게 됩니다.

습니다(Dahl 1998). 경제발전은 중산층을 증가시켜 사회에는 시민문화가 형성될 수 있고 따라서 민주주의 정치발전에 영향을 미칩니다(Huntington 1991). 시장 자본주의에선 개인적 자유, 사적 소유권, 사적 자율권 등을 기반으로 한 '사적 소유자'(private owner)들이 경제활동의 독립된 주체들이며, 국가가 경제적 결정 단위가 아닙니다. 따라서 시장 자본주의는 경제적 결정 단위들을 개인과 회사로 분산시켜서 중앙집권적이고 권위주의적인 정부의 존재를 어렵게 만듭니다. 반면에 쉐보르스키(Adam Przeworski)는 이들 두 변수 사이에 인과관계를 입증하기 어렵다고 봅니다(Przeworski 1997). 또한 파이(Lucian Pye)는 민주주의의 발전을 설명하기 위한 너무도 많은 변수들이 존재하기 때문에 단순히 경제발전과의 인과적 함수 관계를 주장하는 것에는 한계가 있다고 말하기도 합니다(Pye 1966).

Seymour Martin Lipset (1922-2006)

시장 자본주의는 민주주의의 기능에 호의적 환경을 만들기도 하지만 해가 되는 환경을 조성할 수도 있습니다. 시장 자본주의는 사적 자유를 중시하기 때문에 불가피하게 개인들 간의 경제적 불평등을 초래합니다. '정치적으로 평등한' 개인들은 경제적 불평등으로 인해서 다양한 정치적 자원들에 접근할 기회가 불평등하게 됩니다. 따라서 시장 자본주의는 '정치적으로 평등한' 민주주의를 해할 수도 있습니다. 따라서 민주주의 발전에 시장 자본주의는 야누스(janus)적 속성을 지니고 있는 것입니다.

심화학습

발전과 저발전의 문제 | 여러 국가들 사이에서도 시장 자본주의는 경제적으로 불평등과 종속을 가져온다는 시각들이 있습니다. '종속이론'(從屬理論, dependency theories)은 1960년대 '제3세계'(the Third World)에서 나온 이론입니다. 종속이란 "한 국가의 경제 상황이 다른 국가의 경제적 발전과 확장에 의해서 예속되는 상태"를 말합니다(Dos Santos 1970). 경제 발전과 확장은 선진 자본주의 국가들에 의해서 행해지며 이들을 '중심부'[center; 또는 본부(metropole)]라고 합니다. 이에 예속되는 후진 개발국가들을 '주변부'[periphery; 또는 위성부(satellite)]라고 합니다. 종속이론가들이 제기하는 문제는 외국의 자본과 연관되어 진행되는 국내 경제발전의 수단과 혜택이 국내 모든 사람들에게 파급되지 않고 국내 어느 특정한 사회 집단의 특권만을 더욱 강화시킨다는 데 있습니다(Sunkel 1973). 종속국가에는 '매판자본주의'(買辦資本主義, comprador capitalism)가 형성된다는 것입니다. 매판자본이란 식민지나 후진국 등에서 외국자본과 결탁하여 자국민의 이익을 억압하는 토착자본을 말하는데, 이는 중국 명(明)나라에서 궁정의 수요품 구매를 맡아 중간 기능을 담당하던 자들을 '매판'이라고 일컫던 것에서 유래한 것입니다. 매판자본주의 하에 있는 개발도상국에선 정치적 경제적 지배력을 장악한 매판적 엘리트(기업가와 관료)가 자신의 이익을 보호 유지하기 위해서 선진 자본주의국의 정치적 경제적 지배집단과 수직적으로 야합하여 선진 자본주의국의 자국내 착취를 조장하며 방조합니다. 산토스(Dos Santos)에 따르면, 주변국가들이 중심 국가와의 경제적 연관성이 밀접해질수록 '저발전'(低發展, underdevelopment)되며, 결국 외국자본을 대변하는 독점적 정치조직의 증대로 후진국가는 멸망한다고 보았습니다. 그러나 1960년대 이후 외국의 자본과 기술을 적극적으로 도입한 아시아의 '4마리 용(龍)들'(한국, 타이완, 홍콩, 싱가포르)은 오히려 경제적 번영을 이룩합니다. 월러스타인(Immanuel Wallerstein)은 그의 '세계체제론'(世界體制論, world system

Immanuel Wallerstein (1930-)

theory)에서 중심부와 주변부 중간에 존재하는 '반주변부'(半周邊部, semi-periphery)의 발전 가능성을 인정합니다. 반주변부에 속한 국가들은 자신들이 어떻게 하느냐에 따라서 발전의 상태로 올라갈 수도 있고, 저발전의 상태로 타락할 수도 있음을 지적합니다(Wallerstein 1979).
'세계체제론'(world system theory)의 관점에서 보면 지구촌의 국가들은 하나의 통합된 자본주의체제 속에서 '주변부'의 위치에 있는 국가들은 '중심부'의 국가들에 대해서 불평등한 경제교역이나 국제적 노동분업에 구조적으로 편입되어 있습니다. 이렇게 국가들 사이의 불평등한 역사적 경제구조(경제 선발대, 경제 후발대)에 집중하는 시각들을 국제정치이론에서 '구조주의'(structuralism)로 분류하기도 합니다.
이들 아시아 4개 국가들에서는 유교적 전통이 있었음에 유의하여, 유교의 위계질서적(位階秩序的, hierarchical) 덕목이 오히려 기업이 효율적으로 기능하는데 도움이 되어 경제발전의 상태로 유도될 수 있었다는 '유교자본주의'(儒教資本主義, confucian capitalism)라는 시각도 있습니다.

오페(Claus Offe)는 시장 자본주의 국가의 위기를 지적하는데, 이것은 정치의 중요성을 반증합니다(Offe 1975), 시장 자본주의에선 '사적 소유자'(private owner)들이 경제활동의 독립된 주체이자 정치적으로도 평등한 위치에 있어 사회 운영에서 권력의 집중을 개인과 회사로 분산시켜서 중앙집권적이고 권위주의적인 정부의 존재를 어렵게 만듭니다. 오페는 반대로 국가의 생산 활동은 파편화된 개인이나 집단들 사이에 발생하는 다양한 이해의 충돌로 말미암아 응집력 있는 정책 결정을 만드는 것이 어렵다고 봅니다. 국가는 한정된 재정적 능력과 제도적 한계 속에서(즉 만능의 제도는 없기 때문에) 사회 구성원과 집단들의 요구와 이익표출 앞에 무능을 드러내고 이는 곧 국가의 위기로 연결된다는 것입니다. 사회 구성 집단과 개인들의 요구는 서로 모순되는 것들이 많아서 국가가 구체적인 정책 목표를 가질수록 이러한 모순은 더욱 심화된다는 것입니다.[29] 이러한 점이 현대 민주사회에서, 그리고 대부분이 시장경제를 택하고 있는 곳에서 정치의 중요성을 강변하고 있는 것입니다. 정치는 "사회 내의 갈등과 분쟁을 조정하고 관리하는 것"이라고 1장에서 지적한 바 있습니다.

Claus Offe
(1940-)

Karl Polanyi
(1886-1964)

오스트리아 출신의 석학 칼 폴라니(Karl Polanyi)는 그의 저서 '대전환'(大轉換; Great Transformation)에서 인간의 본능이 이윤추구 이상으로 공동체를 더 생각할 가능성이 있음에 주목합니다. 인간들이 먹고 사는 방식은 세 가지 유형이 있는데, '호혜'(가족, 친지간의 이타적인 행동), '재분배'(정치통치자의 계획적 자원 재분배), '시장교환'(시장가격에 의한 이윤추구 행동)이 그것입니다. 결국, 시장자유주의란 인간들이 먹고 사는 방식 중에서 '시장교환'이 중시된 것이며, 인간사회의

29) '님비'(Not In My Back Yard: NIMBY) 현상은 현대 민주주의 사회에서 집단들의 이익 표출이 상호 모순을 보이고 있음을 나타내는 용어입니다. 예를 들어서 각 지역 단체들은 환경 보호를 내세우면서도 쓰레기 소각장을 자신의 지역 단위 안에 설치하는 것은 반대합니다. 분묘(墳墓) 문화를 반대하여 화장(火葬) 문화를 찬성하면서도 자신의 지역에 화장장을 건립하는 것은 반대합니다. 반대로 '핌피'(Please In My Front Yard: PIMFY)는 자신의 지역에 수익시설이나 행사를 유치하기 위한 행태를 말합니다.

공생과 공영은 오히려 비시장경제라는 일견 낭만주의적 주창을 하게 됩니다. 그렇다고 폴라니의 대안이 계획적 '재분배'를 강조하는 사회주의도 아닙니다. 폴라니는 사회주의를 '인간 본능이나 자유에 대한 억압'으로 반대합니다. 그래서 폴라니의 주장을 '제3의 길'이라고 지칭하기도 하는데, 폴라니는 '민주적으로 통제된 경제'를 주창합니다. 이는 민주주의와 시장경제의 병행발전을 주장하는 '시민사회론'이나 상호존중의 정신을 강조하는 '공동체주의'에 영향을 미치게 됩니다. 현실적으로 건강한 시민사회를 이루거나, 공동체주의를 형성하는 것은 "민주적으로 통제된 경제"라는 표현을 중심으로 한다면 국가란 정치기구의 역할 중요성을 대변하는 것입니다. 국가는 국민들에 대하여 파쇼를 해서도 안되며, 공공성이 침해받는 상황을 방치해서도 안됩니다. 경제적, 사회적으로 발생하는 폐단은 정치적으로 개선할 수 있습니다.

7장을 마치며

지구상의 모든 국가들은 민주주의를 표방합니다. 어느 누구도 민주주의라는 역사적 대세를 거스르지 못하며, 소위 제3의 물결 이후 도래한 민주주의가 역행할 가능성은 희박합니다. 이제 민주주의의 문제는 민주주의를 어떻게 운용하는가하는 문제일 뿐입니다. 현대 민주주의 국가들에서 민주주의의 실질적 운용 과정에서 가장 근본적인 문제점은 간접 민주주의라는 형식과 이로 인해 발생하는 '위임 민주주의'(委任 民主主義, delegative democracy)라는 성격에 연관되어 있습니다.

참여하는 구성원의 숫자가 많은 곳에서 직접 민주주의는 현실적으로 제약이 많습니다. 대표자를 통해서 그 요구를 구현하는 간접 민주주의라는 형식은 피하기 어렵습니다. 민주 사회 구성원의 단위가 작을수록 시민참여의 잠재적 가능성은 증가하며, 결정을 대표에게 위임해야 할 가능성은 줄어들 것입니다. 민주 사회 구성원의 크기가 클수록 시민이 대표자에게 결정을 위임하고 이를 다시 검증하지 못할 가능성이 큰 것입니다.

하지만 민주사회에서 구성원의 숫자의 크기가 절대적으로 중요한 것도 아닙니다. 구성원들이 적던지 많던지 간에 구성원들 모두가 정치적 관심층은 아닙니다. '정치적 무관심층'(apolitical strata)도 많습니다. 정치적 관심층에도 실제로 '권력을 추구하는 세력들'도 있습니다. 밀스(C. Wright Mills)는 선진 민주 국가의 전형이라고 할 수 있는 미국 사회의 권력 상황을 분석하면서 단일 지배집단이라고 할 수 있는 특정 엘리트들이 사회적 권력을 독점하고 있음을 지적합니다(Mills 1956). 밀스는 이러한 특정 엘리트를 '파워 엘리트'(power elite)라고 불렀습니다. 특히 밀스는 정치, 경제, 행정 관료 등에서 특정 엘리트들이 자리를 옮겨 다니면서 국가의 업무를 맡고 있음에 주목하였습니다. 의회 의원으로 일하다가 공기업의 사장으로 옮기고 후에 다시 국가 행정 관료로도 발탁되는 등의 경우를 말합니다. 정치 영역, 경제 기업 영역, 국가 행정 영역의 최고결정자들이 긴밀히 연결되어 있음을 뜻합니다. 그들은 서로의 이익을 보호해 주기도 합니다. 이런 관점에서 본다면 아무리 다원화된 민주 국가라고 해도 역시 소수의 강력한 엘리트들이 이끄는 것입니다.

하지만 밀스의 이러한 주장의 시대적 배경이 20세기 중반이니 현재의 시대에도 똑같이 합당한 주장은 아닐 수도 있습니다. 그러나 간접 민주주의라는 형식은 민주사회를 소수에 의해서 독점되는 정치로 만드는 근본적인 원인을 제공함을 부정하기 어렵습니다. 만약 간접 민주주의라는 형식을 수정할 수 없다면, 결국 파워 엘리트들이 능력과 양심을 모두 겸비한 슈퍼맨으로 거듭나도록 사회적 분위기를 형성하는 일이 중요할 것입니다.

위임 민주주의의 문제점은 여러 단위에서 다양하게 나타납니다. 권위주의적 정치문화가 있는 곳에서 그 문제점은 더 드러나게 됩니다. 대통령제 하의 행정부 관리들은 모든 권한을 사실상 대통령에게 위임하는 경향이 있습니다. 입법부 내에서도 대통령과 같은 정당의 의원들은 그들의 권한을 대통령에게 위임할 수 있습니다. 심지어는 사법부조차도 대통령의 눈치를 볼 수 있습니다. 이런 경우, 삼권 분립을 통한 견제와 균형은 없어지고 사실상 대통령 일인의 독재가 형성되는 것입니다.

Noberto Bobbio (1909-2004)

보비오(Noberto Bobbio)는 소위 현대의 가장 보편적인 민주주의 형태인 '자유 민주주의'가[30] 치명적인 문제점을 갖고 있

30) '자유 민주주의'에서 '자유'란 '자유주의자들'(libertarians)의 '자유'를 생각하면 됩니다. 자유주의자들은 개인의 자유를 중시하며 경제적 차원에서 시장 자본주의를 주창하는 입장에 있는 것은 이미 앞에서 지적한 바와 같습니다. 따라서 자유 민주주의란 시장 자본주의를 통한 민주주의를 의미하는 것으로 받아들일 수 있을 것입니다. 참고로 정치적 차원에서의 자유주의는 단순히 개인의 자유가 아닌 정치사회란 공동체 속에서 개인의 인권과 자유를 논하기에 정치권력은 중립을 지킬 것을 요구합니다.

다고 하였는데, 이는 결국 소위 간접 민주주의 형식의 위임 민주주의가 갖는 문제점을 지적한 것입니다. 보비오가 지적한 자유 민주주의의 문제점은 ⓐ 대중들의 권력에 대한 통제력 행사의 문제, ⓑ 대중들의 저항과 개혁에 관한 권리의 문제, ⓒ 대중들의 정치 참여의 문제로 정리됩니다. 즉 간접 민주주의를 통해서 대표자를 뽑아 놓으면 그 이후엔 대중들의 의지대로 통제되지 않으며, 대중들이 권력자들에게 저항하거나 개혁하려고 해도 형식과 절차에 얽매여서 실질적 민주주의를 보장받지 못하며, 이에 따라서 정치적 무의미감(political meaninglessness)과 정치적 무기력감(political powerlessness)만 증대됩니다. 시장 자본주의 사회에서 경제적으로 능력이 있는 자들은 보다 더 사회에 대한 주인의식과 책임감으로 무장하고 정치적으로 참여하는데 반해서, 경제적으로 능력이 낙후된 자들은 그렇지 못한 분위기도 일조합니다. 궁극적으로 대중들의 정치 참여는 제한된 형태로 나타난다는 것입니다. '참여 민주주의'(participatory democracy)란 대중들이 자신이 관련된 주제에 좀 더 관심을 갖고서 적극적으로 참여하는 민주주의를 말합니다. 참여 민주주의란 간접 민주주의가 갖는 약점을 보완하기 위해 직접 민주주의적인 성격을 강조하는 민주주의로 이해하면 될 것입니다.

여전히 문제는 남습니다. 민주주의의 또 다른 문제는 개인의 권리와 사회집단 내지 총체적 존재로서 국가 사이에서 균형점을 찾는 문제입니다. 개인의 권리가 보장된다는 것이 집단의 권리보다 우선한다는 것을 의미하는 것은 아닙니다. 즉 개인을 위하여 집단이 희생하는 것이 민주주의를 뜻하지 않습니다. 동시에 집단을 위해서 개인의 희생을 강요당하는 것은 민주주의와 역행합니다. '공동체주의'(共同體主義, communitarianism)는 바로 두 가지 사이의 조화를 강조합니다.[31] 개인은 집단과 융화하여 개성을 발휘하도록 하며, 집단은 개인의 개성을 발휘할 수 있는 분위기를 보장해야 합니다. 그러한 상황은 민주적 제도로만 결코 보장되지 않으며, 운용의 묘를 살려서 국민들 모두가 만들어가는 일종의 예술의 경지입니다. 이를

Alexis de Tocqueville (1805-1859)

31) 공동체주의란 용어가 토지의 공동소유 관계에 근거한 상태에서 쓰이기도 합니다. 여기서는 "공동체 감정"(community sentiment)을 강조한 의미입니다. 공동체 감정이란 ⓐ 공동체가 갖는 지역 구성원들의 "우리라는 동일시 감정"(we-feeling), ⓑ 지역 사회에 대해서 개인들 자신이 어떤 역할을 갖고 있다는 자신감, ⓒ 커뮤니티를 떠나서는 살 수 없다는 의존 감정 등이 복합된 감정 상태를 말합니다. 공동체 감정에선 집단과 개인이 동시에 중시되고 있음을 알 수 있습니다. 특히 공동체주의가 참여의 정신을 강조하는 경우 강한 민주주의(strong democracy)로 나타납니다. 강한 민주주의는 사적인 이해관계를 극복하고 정치공동체의 공공선 창출을 위한 참여 정치(즉, 수수방관이 아닌)를 의미하기도 합니다. '공동체주의'가 '평등제일주의'로 오도되면 '다수의 압제'로 전락하며, '공산주의' 및 '전체주의'로 전락할 위험이 있습니다. 과거 토크빌(Alexis de Tocqueville)은 민주주의가 '다수의 폭정'(tyranny of the Majority) 내지는 '연성(軟性)독재'[soft despotism: 부드러운 전제정치; 비교관점에서 '경성(硬性)독재'라면 북한식 독재, 중국식 독재 등이 그 예가 될 수 있는데, 포괄적 의미에서 독재란 '인치'(人治)와 밀접히 연관됩니다]로 타락하는 경향을 경고한 바 있습니다. '전체주의'란 개인의 개성과 자유를 중시하는 '자유주의'의 대척점에 있습니다. 민주주의란 사회 구성원들 개개인의 인권과 자유를 중시하는 자유주의에 근간할 수밖에 없습니다. 레비츠키(Steven Levitsky)와 지블렛(Daniel Ziblatt)은 그들의 연구에서 현대사회의 선출된 독재자도 합법적으로 민주주의를 파괴할 수 있다는 것을 보여줍니다. 선출된 후에 위정자가 민주주의의 규범을 거부, 경쟁자의 존재를 부정, 폭력을 용인하거나 조장, 언론과 표현의 자유를 포함한 반대자의 기본권을 억압하는 경우엔 사회를 '전체주의' 사회로 만들며 위정자는 독재자로 전락하게 됩니다. 이상의 요소들은 선출직 민주주의 사회에서 '잠재적 독재자'를 감별하는 징후가 됩니다. 민주주의를 지키기 위해선 '헌법'과 같은 '제도'가 중요함은 물론이지만, 사회구성원들이 제도만능주의에 빠지지 말고 상호관용을 지닌 '규범' (즉 '사회문화' 내지는 '정치문화')의 중요성을 인식해야 합니다.

위해선 국민들에게 민주시민으로서의 기본적 자질을 교육시키는 것의 중요성이 강조되어야 할 것입니다.

현대 SNS시대의 정치과정적 특질을 보면, 민주주의는 부서지기 쉬우며(fragile democracy), 이로 인해 '퇴행적 민주주의'(back-sliding democracy)의 모습들이 출현하게 됩니다, 따라서 '민주적 저항성'(democratic resistence)이나 '민주주의 회복력'(resilience of democracy)에 대한 비관 또는 낙관을 논의하게 됩니다. 레비츠키(S. Levitsky)가 지적했듯이, '민주주의 퇴행'은 합법적인 정치권력을 가진 자들이 법적 제도적 장치들을 악용하여 민주주의의 가치들을 잠식해 가면서 발생합니다. 극단적으로 경쟁하는 양극화된 정치집단들과 상호간에 타협과 인정이 어려운 당파성은 정치권력의 악용을 초래하게 됩니다. '정치학'은 '민주주의'를 다루는 학문이지만, '정치'의 근본적 속성은 '권력추구'입니다. 정치현실에서 소수를 위한 '권력추구'와 다수를 위한 '민주주의 성취'는 상호 모순되어 작동할 개연성이 큽니다. 현대 SNS시대의 민주주의는 뮐러(Jan-Werner Müller)가 정의했던 '포퓰리즘'[populism: 반(反)다원주의, 차별적 법치주의, 무차별 복지로 대변되는 국가후견주의, 정의로운 희생자 코스프레, 반(反)엘리트주의, 진영논리와 편가르기 등]이 득세하는 경우 '민주주의의 퇴행'이 나타나게 됩니다.

제8장

공공선택이론

앞 장에서 우리는 정치적으로 평등한 개인들이 경제적인 능력의 차이가 심화되는 경우 정치적 평등성을 보장받지 못할 위험이 있음을 보았습니다. 그리고 이러한 위험성은 정치 영역의 민주주의란 문제가 경제 영역의 성장이나 발전의 문제로부터 자유로울 수 없음을 의미하는 것으로 해석한 바 있습니다. 이런 문제들을 다루기 위해서 정치학에는 '정치경제'(政治經濟, political economy)란 하위 영역이 있습니다.

정치학에는 경제학과 밀접하게 연관된 또 하나의 하위 영역이 존재하는데 그것이 바로 '공공선택'(公共選擇, public choice)이란 분야입니다. '공공선택이론'의 영역은 '시장 외적'(市場 外的, non-market) 영역에 대한 정책 결정을 경제이론의 입장에서 다루는 것입니다(Mueller 1989). 시장 외적 영역에서의 정책 결정이란 말 그대로 시장이 아닌 다른 영역에서의 정책 결정을 말하며, 이는 '정치' 영역을 말합니다.

공공선택이론은 정치 영역의 주제들을 "인간은 합리적(合理的, rational)으로 행동한다"라는 경제적 공준(經濟的 公準, economic postulate)[1)]을 기반으로 해서 분석합니다. 이것은 경제 활동의 주체인 소비자와 생산자뿐만이 아니라, 정치 활동의 주체인 유권자, 정치가, 정부 관료들의 행태도 경제적 전제를 이용하여 설명될 수 있음을 의미합니다.

여기서 '합리적'이란 것의 의미는 "행위자가 행동을 함으로써

---

1) 인간은 이성적인 행태와 감성적인 행태를 동시에 갖고 있습니다. 여기서 'postulate'는 자명(自明)한 것으로 가정하는 상황을 말합니다. 공리(公理, axiom)의 단계까지지는 아니며, 공리에 준하는 정도의 것을 말합니다.

'이익'과 '효용'(效用, utility)은 개념적으로 어떠한 차이점이 있습니까? | Q&A

합리적 행위를 정의하면서 '이익'이란 용어 대신에 '효용'이란 단어를 사용하여 "어떤 주어진 상황 하에서 개인들은 자신의 효용을 극대화하기에 가장 유리한 선택을 한다"고 하기도 합니다. 이익이란 개념에는 이윤(利潤, profit)과 효용(效用, utility)이란 하위 개념들이 존재합니다. 효용이란 '만족도'를 의미하는 개념으로서 이익이란 개념의 부분집합이라고 생각하시면 됩니다. 다음의 예를 통해서 이익, 효용, 이윤의 개념의 차이점을 이해할 수 있을 것입니다. 경제학에서 생산자와 소비자를 나누어서 합리성을 언급하는 경우엔 다음과 같이 표현할 수 있을 것입니다. 소비자는 자신의 '효용'을 극대화(utility maximization)하기 위한 소비 활동을 합니다. 소비자는 소비생활로부터 얻는 만족도를 고려하여 어떤 상품의 값이 비싼 경우에도 상품값과 더불어 자신의 만족도를 총체적으로 고려하게 됩니다. 반면에 생산자는 자신의 '이윤'을 극대화(profit maximization)하기 위하여 생산활동을 합니다. 행동 주체와 상황에 따라서 이익, 이윤, 효용이란 적절한 용어를 사용하는 것이 필요합니다. 결론적으로, 공공선택이론에서 다양한 주체들(유권자, 사회단체, 정부기관, 국가 등)의 정치적 현상에서의 합리적 행위를 포괄적으로 정의하기 위해선 '이익'이란 일반적 용어가 행위자에 따라서 특수하게 사용될 수 있는 '효용'이나 '이윤'이란 용어보다 더 적합할 것입니다.

발생하게 되는 이득(利得, benefit)과 손해(損害, cost)를 생각하면서 이익(利益, interests)을 '극대화'(極大化, maximization)하기 위해서 가장 유리한 방향으로 움직이는 것"을 의미합니다. 단순화하여 표현하자면, "개인 자신들은 여러 가지 행동 옵션(option)들 중에서 이익을 최대화하기에 가장 유리한 선택(選擇, choice)을 한다"는 것입니다.[2)] 결론적으로, 인간 행태를 경제학적 입장에서 다룬다는 것은 "주

2) 이렇게 본다면, 경제학은 행위자들의 '선택'을 다루는 학문이라는 시각이 가능합니다.

어진 여건에서 자신의 이익을 최대화하기에 가장 유리한 선택을 하는 합리적 행위자"로 규정하는 것을 말합니다.

정치학적 주제에 경제학적 전제를 사용하는 이유는 "인간은 자신의 이익을 추구하며 자신의 효용을 극대화 한다"라는 원칙이 인간의 본능과 연관된 것이어서 인간의 행태와 관련된 모든 현상을 분석하는데 강한 설명력을 지니기 때문입니다. 정치적 인간은 공적 이익을 염두에 두지만, 상대적으로 '경제적 인간'(Homo Economicus)은 사적 이익을 추구합니다. 라스웰은 정치적 인간을 "사적 이익을 공적으로 정당화 시키는 인간"으로 정의한 바 있습니다. 이것은 정치적 인간이 여전히 사적 이익에서 완전히 분리될 수 없음을 의미합니다. 결론적으로, 인간이 자신의 사적 이익을 위해서 행동한다는 경제적 전제는 정치 영역에서도 강력한 설명력을 지니는 것입니다.

앞서 언급한 경제적 전제 위에서 다루는 정치영역의 주제들은 수없이 많을 것입니다. 하지만 여러 영역들의 논리와 내용의 기본이 되는 주제들을 ① 이기적인 개인들의 집단 생활 가능성, ② 헌법과 방법론적 개인주의, ③ 정치적 경기 순환의 문제, ④ 성장과 발전: 종속과 독립의 문제로 나누어서 설명하고자 합니다.

이러한 예는 '비용'의 개념에도 나타납니다. 회계학(accountings)에서 비용이란 단순히 지출을 의미합니다. 반면에 경제학에서 '비용'이란 '기회 비용'(幾回 費用, opportunity cost)을 의미합니다. 즉 경제학에서 비용이라고 할 때는 비용이란 말 앞에 '기회'라는 말이 생략된 것으로 생각할 수 있습니다. 이것은 회계학적인 비용의 개념에 덧붙여서 내가 다른 선택을 한 경우 발생했을 이익을 고려하여 현재 비용의 개념을 포함하는 것입니다. 경제학에서의 비용은 사실상 일반적 비용의 의미와 선택으로 인해서 발생하는 비용을 모두 합한 개념이 되는 것입니다.

이기적인 개인들의 협조 가능성

정치학적 주제에 경제학적 방법을 이용한다는 것이 생각만큼 단순한 사안이 아닙니다. 국가라는 '정치영역'과 시장이라는 '경제영역'은 상호 유추될 수 있는 유사한 성격도 있지만, 근본적으로 이질적인 상호 배타적인 성격이 강합니다. 그럼에도 불구하고, 인간은 자신의 이익을 극대화하려는 방향으로 행동하며, 인간의 이러한 행동원칙은 인간의 모든 행태와 연관되어 강력한 설명력을 지니고 있습니다. 그것이 바로 정치학적인 현상을 경제학적인 접근법으로 설명하고자 하는 이유였습니다. 그렇지만 여기서 우리는 홉스(Hobbes)의 주장을 상기하게 됩니다. 만약 "모든 인간들이 자신의 이익을 극대화하려는 이기적 동기를 갖고 있다면 어떻게 그러한 사람들이 모여서 사회생활이 가능할 것인가" 하는 의문을 갖게 됩니다. 사회와 국가는 그런대로 질서를 유지하면서 나가고 있음을 볼 때 의문에 대한 해답을 구하는 것은 의미 있는 일이 될 것입니다.

결론부터 말하자면, 아무리 이기적인 인간들이더라도 상호 간에 교환(交換, exchange)을 통해서 이익을 얻을 수 있다는 것이 핵심입니다. 상호 간의 교환을 통해서 이익을 얻을 수 있다는 것은 이기적인 인간들이 협조할 수 있는 가능성을 말합니다.

뮐러(Dennis Mueller)는 다음과 같은 '게임 이론'(game theory)을 통해서 설명합니다(Mueller 1989). A와 B 두 사람이 있으며, 서로 이웃한 사유지에서 옥수수를 재배하며 살고 있다고 가정합시다. 일단, 논의를 단순화하기 위하여 두 사람이 단지 옥수수만을 재배하며, 교역이라는 옵션도 없는 것으로 가정합시다. 경제적 인간임을 전제한다면 A와 B 모두는 곡식을 재배할 경우 가장 적은 비용으로 가장 많은 수확을 원하게 됩니다. A는 B의 곡식을 훔칠 수 있다면 이것은 노동력에 대한 비용이 없이도 수확을 얻게 되는 것이므로, B가 재배한 곡식을 훔치려는 동기를 가지고 있습니다. 그렇지만 A만 그렇게 생각하는 것이 아닙니다. B도 똑같은 생각을 갖고 있습니다. 따라서 A와 B 모두는 서로 상대방의 옥수수를 훔치려고 하는 상황이 전개됩니다.

이 상황은 홉스(Hobbes)가 언급했던 소위 무정부적인 '자연상태'입니다. 하지만 각자의 입장에서 기껏 옥수수를 재배해도 상대방이 자꾸 훔쳐가니까 A와 B 모두는 옥수수를 재배하려는 생산 활동에 대한 동기 자체가 사라질 수 있습니다. 열심히 일해서 옥수수를 수확해도 상대방이 훔쳐가거나 또는 내가 열심히 일하지 않아도 상대방의 옥수수를 훔치면 되기 때문입니다. 따라서 A와 B가 서로 훔치는 상황에선 생산 활동 자체가 없어지면서 양자를 모두 피폐(疲弊)한 상태로 만들 수 있습니다. 즉 공멸(攻滅)하는 것입니다. 이러한 공멸의 상태에선 개인의 이득이란 아무런 의미가 없는 것입니다. 이상의 논리를 도표로 표시하면 다음과 같습니다.

표 8-1 공공재 개념이 약한 상태에서 이기적인 인간의 협조 가능성

		B	
		훔치지 않는다	훔친다
A	훔치지 않는다	(10, 9) ④	(7, 11) ②
	훔친다	(12, 6) ①	(8, 8) ③

* 도표의 괄호 (a, b)에서 a는 행위자 A의 이익, b는 행위자 B의 이익을 나타냅니다.

** 숫자는 선호의 순서와 강도를 함께 나타내는 기수적 효용(基數的 效用, cardinal utility)입니다.

*** ①, ②, ③, ④는 설명된 논리의 순서를 의미합니다.

A의 입장에선 자신은 훔칠 수 있고, B는 당하기만 하는 상황에서 이익을 극대화할 수 있습니다(경우 ①). A가 느끼는 자신의 이익은 경우 ①에서 가장 큽니다(12). 반면에, 상대방 B가 자신의 옥수수를 훔쳐가고 자신은 당하기만 할 때 A가 느끼는 자신의 이익은 가장 작습니다(7). B도 마찬가지로, 자신은 훔치고 A는 훔치지 않는 상황에서 이익이 최대화됩니다(경우 ②).[3][4] 반면에 B 자신이 당하기만 할 경우 이익은 가장 작습니다(6). 따라서 A와 B 모두는 앉아서 당하려고 하지 않고 훔치려고 하기 때문에 경우 ③의 상황이 연출되는 것입니다. 그렇지만, 경우 ③의 상황은 공멸을 의미합니다. ④의 경우를 기준으로 보자면, A는 경우 ①보다 적은 이익을 얻습니다(10〈12). 마찬가지로, B 역시 경우 ②보다 적은 이익을 얻습니다(9〈11).[5] 그래도 A와 B 모두에게는 이익 극대화만을 위해서 서로 남

---

3) 게임이론에서 숫자는 두 가지 종류로 분류됩니다. 또 다른 한 종류엔 선호의 크기를 순서대로 표시하여 나타내는 '서수적 효용(序數的 效用, ordinal utility)이 있습니다. 서수적 효용의 결과로 표 8-1을 표시하면 다음과 같이 표현될 수 있습니다. [단, 선호의 크기순서(4〉3〉2〉1)로 함; 참고로 선호순서를(1〉2〉3〉4)로 하기도 함.]

		B	
		훔치지 않는다	훔친다
A	훔치지 않는다	(3, 3) ④	(1, 4) ②
	훔친다	(4, 1) ①	(2, 2) ③

4) A와 B 어느 한 쪽은 훔치고 어느 한 쪽은 당하기만 하는 게임을 '제로-섬 게임'(zero-sum game)이라고도 합니다. 이것은 승자독식(勝者獨食, winner-take-all)의 상황과도 일맥상통합니다.

5) 이것을 '포지티브-섬 게임'(positive-sum game)이라고도 합니다. 비록 개인에게서 최고의 결과는 아니지만, 자신에게 이득이 되는 게임의 범주인 것입니다. 하지만 상대방과 비교하여 얻는 이득의 정도에 있어서 심한 차이가 생기는 상황 하에선 '상대적 박탈감'이 존재하여 협조하지 않는 게임으로 발전할 수도 있을 것입니다.

의 물건을 훔치는 불안정한 상황에 있기보다는 비록 이익이 조금 적더라도 자신의 물건을 생산하는데 최선을 다하는 안정된 생산 활동을 하려는 동기가 존재합니다. 다른 사람의 곡식을 훔치는 것은 '한 번의 게임'(one-shot game)으로 끝나는 것이 아니며, '반복되는 게임'(repeated game)입니다. 다른 사람이 훔치게 되면 나도 바보가 아닌 이상 당하고만 있지 않으며 게임은 무한히 반복될 것입니다. 무한히 반복되는 게임은 양자 모두를 피폐한 상태로 만듭니다. 따라서 A와 B 모두에게는 비록 자신에게 가장 큰 이득을 가져다주는 상황이 아니더라도 협조를 통해서 공멸을 막을 수 있는 가능성을 고려합니다.[6] 결론적으로 경우 ③에서 경우 ④로 이동하게 되며, ④는 게임의 '균형점'(均衡點, equilibrium point)이 됩니다.[7]

현실 세계에선 경우 ③에서 경우 ④로 이동하게 되는 것은 자

---

6) 악셀로드(Robert Axelrod)는 인간들이 협조하는 이유는 "미래를 생각하기 때문"이라고 합니다(Axelrod 1984). 즉 '갑'이라는 사람이 '을'이라는 사람의 부탁을 귀찮아도 들어주는 이유는 을을 오늘 한 번 보고 말 것이 아니기 때문입니다. 미래를 생각한다는 것은 결국 게임에서 '반복'(repeatedness)의 중요성을 의미합니다. 미래에도 반복적으로 을과의 친분 관계를 계속해야 하는 경우 을과의 비협조 게임이 아닌 협조 게임을 하게 되는 것입니다. '평판'(reputation)이란 변수도 중요합니다. 어떤 유명한 회사가 단 한 번만 상품을 판다면(즉 단 한 번만 게임을 한다면) 낮은 품질의 제품을 고가에 팔아 이윤을 챙기는 게임을 한 번만 하지만, 시장에서 상품을 반복적으로 팔아야 하는 경우에 낮은 품질의 제품을 고가로 파는 경우 회사의 평판이 나빠져서 회사의 이윤은 급감할 것입니다. 사람들이 평판을 생각하는 행태 역시 협조 게임을 하려는 이유가 됩니다(Fudenberg 1989).

7) 이러한 움직임을 "파레토 최적점으로의 움직임(move toward Pareto optimal point)"이라고 하며 경우 ④를 균형점(均衡點, equilibrium point)이라고 합니다. 균형점이란 상대방이 선택하였을 때 나 혼자만이 선택을 바꾸어 더 좋아하는 결과를 얻을 수 없는 상태를 의미합니다. 달리 말하면, 두 행위자 모두 이미 결정한 선택을 바꾸려는 의도가 없는 상황이 균형점이 되는 것입니다.

발적으로 그렇게 된다기보다는 개인의 재산권에 대한 '헌법적 계약'(constitutional contract)이나 개인 행태에 대한 제약(制約, constraints, 즉 남의 물건을 훔치면 벌을 준다는 규정) 등을 통해서 가능합니다. 이기적으로 행동하는 개인들 자신에게 어떤 제약이 오더라도 더 큰 그림에서 볼 때 공멸을 막으려면 그러한 계약이나 제약의 불편함을 감수하는 셈이 됩니다.

만약 옥수수를 재배하면서 이웃하여 사는 C와 D의 관계에선 그렇게 훔치는 일이 일어나지 않았다고 가정해 봅시다. 이것은 C와 D가 윤리적 행위자여서 그럴 수도 있고, 특정한 친분 관계여서 그럴 수도 있습니다. 그렇지만 흉년의 상황에서 C와 D는 생존을 위해서 서로의 곡식을 훔칠 수도 있습니다. 따라서 사회 속에서 계약이나 제약은 반드시 일어난 일뿐만이 아니라, 앞으로 일어날 수 있는 상황들에 대해서도 방어하는 성격을 띱니다. 즉 이기적인 인간들이 '그럴 수도 있는 상황들'을 상정하고 이를 제어할 수 있는 장치를 하려는 동기는 충분히 존재할 것입니다.

A와 B를 협조적인 상황으로 만들려는(즉 경우 ③에서 경우 ④로 이동하려는) 이유는 '잠재적 이득'(potential gain)이라는 측면에서도 설명이 됩니다. A와 B 모두가 서로의 곡식을 훔치지 않고서 '합동공급'(joint supply)을 통한 협동 생산을 하는 경우엔 평균 생산 단가가 내려가며 이는 A와 B 모두에게 잠재적 이득을 가져옵니다. 따라서 이기적인 개인들이 서로 협조하려는 동기가 존재하는 것입니다.

물론 현실 세계에선 개인들의 비협조적(noncooperative)인 상황을 유발하는 경우도 무시되어서는 곤란할 것입니다. 표 8-1은 '죄수의 딜레마 게임'(Prisoner's Dilemma Game: PD game)의 포맷으로 그대로 사용될 수 있습니다(표 8-3). 이기적인 개인들이 서로 협조할 수 있는 상황을 보다 더 분명하게 이해하기 위해서 협조하지 않는 상황에 대해서도 동시에 살펴보도록 하겠습니다.

A와 B는 친구이며 마약상(痲藥商, drug dealer) 동업자이기도 합니다. A와 B가 마약을 소량 소지하고 있다가 경찰에 적발되어 체포되었습니다. 경찰은 A와 B가 마약 거래에 핵심적인 역할을 하는 마약상이란 심증(心證)이 있었으나 물증(物證)은 뚜렷하지 않았습니다. 따라서 벌금과 1주일 정도 순화교육을 받고 곧 풀려날 상황이었습니다. 수사관의 입장에서 이들이 즉시 무죄 방면된다면 또 마약거래를 할 것이란 확신때문에 그들로부터 상습적 마약상이란 자백을 받아 일정기간 감금시키는 것이 필요했습니다.

경찰 수사관은 그들이 주요 마약상이란 자백을 받아내기 위해서 A와 B를 두 개의 방으로 격리시켜 심문하기로 했습니다. 경찰 수사관들로선 용의자인 A와 B를 한꺼번에 같은 장소에서 심문하는 것은 좋은 방법이 아닙니다. 같은 장소에 있으면 용의자들은 서로를 감싸며 자신들에게 유리한 진술만 할 것입니다. 용의자 각자를 격리시킨 상태에서 따로 만나 의심받을 때의 두려움을 유도해 심리적으로 흔들리게 만드는 것입니다.

A와 B는 의사소통(communication)을 할 수 없습니다. 수사관들은 A와 B를 격리시킨 후에 각각의 방에서 다음과 같이 유도 심문을 합니다. 그 유도 심문은 두 종류의 언급으로 되어 있습니다. ⓐ "만약 당신이 핵심 마약상이란 것을 자백한다면 당신은 즉시 석방될 수 있다. ⓑ 그런데, 만약 당신이 자백하지 않고 다른 방에 있는 당신의 친구만이 자백하여 당신의 죄가 드러나는 경우 당신은 20년 동

안 감옥에 있을 것이다"라고 심문합니다. 물론 두 사람 모두 자백하지 않는다면 일회성 범죄이고 상습범이란 물증이 없으니까 벌금을 내고 1주일 교육 후에 풀려납니다. 자신이 묵비권을 행사할 경우 다른 공범자가 자백해버리면 자기가 불리하게 됩니다. 공범자가 묵비권을 행사할 경우는 자신도 입을 다물고 있다면 안 들키지만 자백하면 죄가 가벼워질 수 있다는 것입니다. 자신이 의리를 지킨다고 입을 다물면 오히려 상대방의 자백 여하에 따라서 자신의 죄가 커지고, 자신이 배신하면 오히려 자신의 죄가 가벼워지는 딜레마가 있는 것입니다.

이런 경우 A와 B는 어떤 선택을 하게 될까요? A와 B가 평소에 얼마나 신뢰 관계가 있었느냐가 중요합니다. A와 B가 모두 상대방이 자백하지 않을 것이란 확신이 있으면 끝까지 죄를 자백하지 않는 최선(最善, the best)의 선택을 할 수 있습니다. 간단한 벌금을 내고 일주일 후에 곧 석방되는 것입니다. 하지만 A와 B는 최악(最惡, the worst)의 경우에 대한 두려움을 갖고 있어서 그렇게 쉽게 최선의 선택을 할 수 없는 딜레마가 있습니다. 나만이 의리를 지킨다고 끝까지 무죄를 주장하다가 상대방이 혹시 죄를 자백한다면, 20년 동안이나 감옥에 갇히는 최악의 상황에 처할 수 있습니다.[8)] 나는 끝까지 의리를 지키는데 상대방이 죄를 자백할 수 있다는 의구심은 A와 B 모두에게 똑같이 존재하며, 답답한 것은 격리되어 서로 대화할 수 없기에 상대방의 의중을 알 수가 없다는 것입니다. 평소의 신뢰 관계를 떠올릴 뿐 뾰족한 수가 없는 것입니다. 다음 표 8-2와 같이 정리해 볼 수 있습니다.

---

8) 이것은 반대로, 나는 죄를 자백하고 상대방은 죄를 자백하지 않는 경우도 한 사람은 죄를 자백하고 한 사람은 죄를 자백하지 않는 경우로 마찬가지 경우가 됩니다.

표 8-2 죄수의 딜레마

행위자 A의 선택	행위자 B의 선택	행위자 A의 결과	행위자 B의 결과	개인적 선택을 통한 게임의 결과	의사소통 불가능 상황에서의 합리적 선택 여부
침묵	침묵	1주일 후 석방	1주일 후 석방	A, B에게 최선 (最善, the best)	두터운 신뢰관계
자백	침묵	석방	20년 감옥생활	B에게 최악 (最惡, the worst)	A는 합리적, B는 비합리적
침묵	자백	20년 감옥생활	석방	A에게 최악 (最惡, the worst)	A는 비합리적, B는 합리적
자백	자백	3년 감옥생활	3년 감옥생활	A, B에게 차선 (次善, the second best)	A, B 모두 합리적

결론적으로, 죄수의 딜레마 게임에서는 A와 B가 모두 이기적인 개인이라면 나만 바보가 되는 상황을 염려하여, A와 B 모두 죄를 자백하는 차선(次善, the second best)의 선택을 하게 될 가능성이 크다는 것입니다. 최선의 선택을 하기 위해선 과거에 이미 두 사람 사이에는 서로 배신하지 않을 것이란 두터운 신뢰 관계가 구축되어 있어야만 할 것입니다. 하지만 그러한 신뢰의 관계도 대화가 단절된 경우엔 의구심이 들 것입니다. A와 B가 격리되지 않고 서로 대화할 수 있다면 서로의 과거 신뢰 관계를 확인할 수도 있고, 심지어는 서로의 이익을 위해서 앞으로 신뢰 관계를 구축하자고 약속할 수도 있을 것입니다. 근본적으로 의사소통이 제한된 경우엔 최선의 선택을 할 수 있는 개연성이 없어지는 것입니다. 낙관론이라는 비판이 있을 수도 있지만, 적어도 의사소통이 근본적으로 가능하다면 이기적인 개인들이 대화를 통해서 협조할 수 있는 상황은 얼마든지 조성될 수 있을 것입니다.

달리 말하자면, 이기적인 개인들에게 상대방이 자백하지 않을 것으로 신뢰하면서 나도 의리를 지켜 자백하지 않는 상황은 너무 모험적이고 '위기를 무릅쓰는 행태'(risk-taking behavior)가 된다는 것입니다. 오히려 개인들은 '위기를 피하는 행태'(risk-aversive behavior)를 취하면서 최악의 상황에 대비하게 되는 것입니다.[9] A와 B는 서로 죄를 자백하지 않는 협조 상황으로 가지 못하고, 죄를 자백하는 비협조 상황으로 간다는 것입니다. 최종적으로, 죄수의 딜레마 게임에서의 균형점은 ④가 됩니다. 죄수의 딜레마 논리를 게임 도표로 나타내면 도표 8-3와 같이 될 것입니다.

표 8-3 죄수의 딜레마 게임

		B	
		죄를 자백하지 않는다	죄를 자백한다
A	죄를 자백하지 않는다	(10, 9) ①	(7, 11) ③
	죄를 자백한다	(12, 6) ②	(8, 8) ④

* 도표의 괄호 (a, b)에서 a는 행위자 A의 이익, b는 행위자 B의 이익을 나타냅니다.
** 숫자의 크기는 이익의 절대량이 아니고, 이익의 상대량을 의미합니다.
*** ①, ②, ③, ④는 설명된 논리의 순서를 의미합니다.

죄수의 딜레마 게임에는 몇 개의 중요한 가정(假定, assumption)이 포함됩니다. 문제는 죄수의 딜레마 게임의 그러한 가정들이 정치 현실과는 거리가 있다는 점입니다. 죄수의 딜레마 게임을 현실에 적용하는데 가장 큰 문제점은 상호간에 대화할 수 없다는 가정입

9) '위기를 떠맡으려는 모험심'의 정도는 개인들마다 다를 수 있습니다. 주식시장(stock market)에서 보다 더 큰 이익을 위해서 원금의 손실을 두려워하지 않고 더 공격적으로 투자하는 자들이 있습니다.

니다. 민주주의 사회의 현실 정치 세계에선 개인과 기관 모든 단위에서 의사소통의 창구가 열려 있습니다.[10] 대화가 없는 상황은 단지 행위자가 대화를 거부하기 때문입니다. 또한 대화 거부의 상황도 일시적인 것이지 오래가지 못할 것입니다. 언제든지 원한다면 대화할 수 있다고 가정하는 것이 현실 정치 세계를 묘사하는데 더 적합할 것입니다. 행위자들 사이에 대화할 수 있고 없음은 그들을 협조적인 행태로 만드는지 아니면 비협조적인 행태로 만드는지 중요한 변수가 됩니다. 대화의 중요성을 생각하면서 또 다른 예를 살펴보도록 하겠습니다.

앞서 살펴본 표 8-1은 자신의 농작물을 재배하는 사유지를 지닌 A와 B 행위자들 사이에서 발생한 상황이어서, '공공재'(public goods)의 개념이 상대적으로 약한 상황에서의 논리입니다. 이번에는 공공재의 개념이 상대적으로 강한 상황에서 이기적인 개인들이 협조할 잠재성에 대해서 살펴보도록 합니다. 어떤 목초지대(牧草地帶)를 공공재로 상정하고 그곳에서 생활하는 합리적인 개인들 사이의 협조 가능성을 살펴보도록 합시다.[11]

X와 Y는 이웃하여 살고 있는데 두 사람 사이에는 울타리가

---

10) 의사소통은 일종의 수단이며, 목적은 상호 간의 신뢰 구축입니다. 국내정치와 국제정치(international politics)의 분명한 차이점은 국가 간에 대화가 있더라도 신뢰를 구축하는 것이 국내정치에서처럼 수월하지 못하다는 것입니다. 국제 사회에서 분쟁과 전쟁이 지속되는 이유입니다. 이에 대해서는 국제관계 부분에서 자세히 다룹니다.

11) 하나의 차원에서 양극단을 완전한 사유(私有)와 완전한 공유(共有)라고 생각하되, 양극단이 분절적(discrete)이 아닌 연속적(continuum)으로 연결된 차원이라는 의미입니다. 한 차원을 상정할 때 어디부터 어디까지는 사유의 상황이고, 어디부터 어디까지는 고유의 차원이 아닌, 상대적으로 사유의 성격이 강한 상황, 상대적으로 공유의 성격이 강한 상황이란 논리입니다.

없습니다. X는 염소를 기르며 염소의 젖을 짜서 생활에 도움을 받고 있습니다. Y는 채소와 꽃을 기르며 생활에 도움을 받고 있습니다. X가 기르는 염소들은 목초지의 풀만을 먹는 것이 아니라 담이 없는 상황 하에서 Y의 채소와 꽃을 뜯어 먹어서 Y에게 손해를 끼칩니다. Y는 염소가 자신의 채소와 꽃을 뜯어 먹지 못하도록 개를 기르게 되었습니다. 그런데 이번에는 담이 없는 상황에서 개가 염소들을 종종 공격하면서 염소들이 심한 스트레스를 받게 되어 젖을 생산하는데 차질이 생겼습니다.

이제 합리적인(자신의 이익을 생각하는) X와 Y는 모두 울타리를 만들 필요성을 느끼는데 울타리를 치려면 제법 비용이 듭니다. 서로 간에 울타리를 치는 비용을 부담하면서 울타리를 만든다면 이것은 협조적 상황입니다. 반면에 상대방이 울타리를 칠 때를 기다리면서 신경전만 벌인다면 이것은 비협조적 상황인 것입니다. 이기적인 X와 Y에게 가장 좋은 것은 상대방이 울타리를 치는 비용을 전적으로 부담하게 만들어 자신은 비용을 내지 않으면서도 그 혜택을 보는 것입니다. 하지만 X와 Y는 모두 이기적인 개인으로서 똑같은 생각을 하고 있습니다.

X의 입장에서 볼 때, Y에게 울타리를 치는 비용을 모두 부담하게 하기 위한 전략은 상대방 Y로 하여금 X는 어떤 상황에서도 울타리를 치지 않을 사람이란 인식을 갖게 하는 것입니다. 예를 들어서 X의 평소 행태를 볼 때 어떤 파멸적 상황이 있더라도(즉 자신의 채소밭과 꽃밭을 완전히 망치는 상황이 있더라도) 울타리를 치지 않고 버틸 것이라는 인식을 Y가 갖는다면 Y는 자신이 경비를 부담해서라도 울타리를 치려고 할 수 있습니다. 하지만 Y도 똑같은 생각을

갖고 있을 것입니다. Y도 X에게 "나는 울타리를 칠 생각이 전혀 없다"라는 메시지를 평소에도 은연중에 보이면서 끝까지 버틸 수 있습니다. 이런 전략을 '강한 관여 전략'(strong commitment strategy)이라고 합니다. 양자 모두가 강력한 관여 전략을 갖고 있을 때 X와 Y 중에서 한 쪽이 항복하고서 울타리를 칠 때까지 상황이 전개될 것입니다. 최악의 상황은 염소는 채소와 꽃을 계속 뜯어 먹으며, 개는 계속해서 염소를 공격하는 상황입니다. 결국 누구도 양보할 수 없는 경우엔 비생산적이고 공멸적인 상황이 됩니다. 따라서 특별한 이유가 없다면 합리적인 개인들은 협조하여 울타리를 치게 됩니다. "상대방이 나와 같이 합리적인 존재"라는 것을 알고 있기에(또는 상대방이 바보가 아니란 것을 알고 있기에) 한 사람이 전적으로 울타리를 치는 비용을 감당한다는 생각을 피하게 됩니다. 결론적으로 두 이기적인 개인이 협조한다는 것입니다. 이상의 논리를 도표로 나타내면 다음과 같습니다.

표 8-4 공공재 개념이 강한 상황 하에서 이기적 개인의 협조 가능성

		Y	
		울타리를 친다	울타리를 치지 않는다
X	울타리를 친다	(10, 9) ④	(7, 11) ③
	울타리를 치지 않는다	(12, 6) ②	(4, 4) ①

* 도표의 괄호 (a, b)에서 a는 행위자 A의 이익, b는 행위자 B의 이익을 나타냅니다.
** 숫자의 크기는 이익의 절대량이 아니고, 이익의 상대량을 의미합니다.
*** ①, ②, ③, ④는 설명된 논리의 순서를 의미합니다.

표 8-4는 '치킨게임'(chicken game)이란 반대의 논리로도(즉 두 이기적인 개인이 협조하지 않는 상황으로도) 인용될 수 있습니

다. 여기서 '치킨'이란 어린아이처럼 단순한 행태를 일컫는 용어입니다. 단순하다는 것은 한 가지만 생각하면서 돌진하는 성향으로 이해하면 됩니다. 만약 이기적인 개인들이 절대 자신은 양보할 수 없다는 생각으로 돌진한다면 표 8-4의 논리적 순서에 의한 화살표를 다음의 표 8-5와 같이 그릴 수도 있습니다.

표 8-5 치킨게임

		Y	
		울타리를 친다	울타리를 치지 않는다
X	울타리를 친다	(10, 9) ①	(7, 11) ③
	울타리를 치지 않는다	(12, 6) ②	(4, 4) ④

서로가 양보하여 울타리를 치는 것이 서로에게 좋은 것이지만, 표 8-5에선 내가 울타리를 치지 않으면 상대방이 치겠거니 생각하거나, 울타리를 치면 나만 손해가 될 것이라는 생각에서 벗어나지 못하는 것입니다. 게임 당사자 모두가 "네가 먼저 움직여야만(=성의를 보여야만) 나도 움직인다(you go first, then I will move)"라는 생각을 갖는 경우 치킨게임이 됩니다. 국제사회에서도 국가 간에 어느 한 쪽이 승리해야만 한다는 식의 '결사항전'(決死抗戰)의 결의를 다지고 있다면 결국 전쟁으로 치닫게 됩니다.[12] 국제사회에서 강대

12) 여러분들은 "이 세상에서 가장 무서운 인간의 행태가 무엇입니까"라는 질문에 대해서 생각해 보신 적이 있습니까? 어떤 사람들은 "아무것도 모르고 행동하는 인간의 행태"라고 대답합니다. "무식하면 용감하다"라든지, "아무런 죄책감도 없이 죄를 저지르는 행태" 등이 이런 예가 될 것입니다. 또 다른 사람들은 "하나만 알면서 그것밖에 모르는 인간의 행태"라고도 말합니다. 소위 '근본주의자'(fundamentalists)들의 행태는 그러한 예가 됩니다. "될대로 되라"라는 막가파 식의 행태, "더 이상 잃을

재미있는 이야기 치킨게임은 그 유래가 오래된 게임입니다. 호머(Homer)의 일리아드(Illiad)에는 메넬라오스(Menelaos)와 안틸리코스(Antilichos)라는 두 전사(戰士)가 이륜(二輪)마차 경주를 합니다. 그들은 어떤 특정 지점에 이르러선 한 개의 마차만 통과할 정도로 넓이가 갑자기 좁아지는 트랙위에서 경주를 합니다. 만약 두 개의 마차가 동시에 그 좁아진 부분의 트랙을 동시에 지나가게 되면 두 대의 마차는 뒤집혀져 두 사람 모두 죽게 됩니다. 메넬라오

이륜마차경주[영화 '벤허'(Ben-Hur) 중에서] 벤허와 멧살라(Messala)의 경주는 이를 연상시킵니다. 멧살라의 바퀴에는 톱니가 달려 있어서 마차를 앞지르기 위해 가까이 가면 상대방의 마차가 전복됩니다. 목숨을 걸고 앞지를 것인지, 아니면 그대로 패자가 될 것인지는 선택의 문제인 것입니다.

것이 없다"('nothing to lose' strategy)라는 식의 행태가 있는데 이들에 대해서는 대응하기 위한 전략을 마련하기가 어렵습니다. 이상의 행태들이 합리적이건 비합리적이건 정치 현실에서는 제법 자주 나타나는 행태입니다. 이상의 행태들을 인간의 행태에 적용한다면 게임이론은 성립하기 어려울 것입니다.

스가 앞서서 달리고 있었는데 좁은 트랙의 부분에 닿을 무렵에 안틸리코스가 쫓아와서 메넬라오스를 앞지르려고 합니다. 그때, 메넬아오스는 안틸리코스에게 소리칩니다. "마차를 멈춰라, 그렇지 않으면 좁은 길에서 우리 마차가 모두 전복되어 죽을거야!" 이럴 때, 안틸리코스가 어떻게 해야 할까요? 마차 경주에서 이기기 위해선 마차를 멈출 수 없습니다. 안틸리코스가 좁은 길에서 일단 멈추면 다시 따라가기 어려울 것입니다. 안틸리코스가 마차 경주의 승패에 집착한다면 멈추기 쉽지 않습니다. 안틸리코스 입장에서는 그렇게 생각할 것입니다. "만약 마차가 전복될 위험이 있다면, 왜 나더러 멈추라고 하는가? 네가 멈추면 되지 않는가" 이에 대해서, 메넬라오스는 "내가 앞서서 달리고 있었으니 네가 멈추는 것이 도리가 아니겠는가? 승패가 목숨보다 더 중요한가"라고 주장할 것입니다. 안틸리코스는 여전히 "그렇게 목숨이 더 중요하다면 왜 너는 멈추지 않는가"라고 반복하여 반문할 것입니다. 결국 둘 다 양보하지 않고서 부딪혀서 죽는다면 표 8-5의 논리가 됩니다. 겁쟁이가 먼저 마차를 멈추게 되기 때문에 '겁쟁이 게임'이라고도 합니다. 또한 강경파(즉 양보하지 않고 원래대로 밀고 나가는 매파)와 온건파(즉 양보하는 정책을 주장하는 비둘기파)들 사이의 게임이라는 점에서 '매-비둘기 게임'(hawk-dove game)이라고도 합니다. 둘 다 매파인 경우엔 표 8-5의 논리가 됩니다.

국 간에 군비확장(軍備擴張, armament) 정책과 이로부터 촉발되는 전쟁도 일종의 치킨게임이라고 할 수 있습니다. 즉 치킨게임에서는 균형점이 ②와 ③이 됩니다.

'무주물 선점'(無主物 先占)이란 말이 있습니다. 어떤 목초지대에서 개인들 상호간에 일정 영역을 서로 나누어서 목초지를 점유한 상태가 아니라, 아예 개인들이 우선권을 행사할 수 없는 '공유지대'(公有地帶)를 생각해 봅시다. 예를 들면, 개별 국가는 국가의 배타적 어업수역도 갖고 있지만, 국가들 사이에는 공해(公海)지역이 존재합니다. 공해지역에서 수자원에 대한 남획이 이루어지면 이는 결국 배타

공유지의 비극

수역에서의 수자원 고갈과 붕괴에 영향을 미치게 됩니다. 따라서 국가들은 공해수역에서 무차별 어업행위에 대한 규제에 대해서 서로 협조하고 합의하려고 노력하게 됩니다.

물론, 개인 차원에서 현재의 경제이득이 중요한 어민들은 보다 많은 어획만을 목적하게 됩니다. 그리고 이를 위해서 불법적인 어업방식도 무릅쓰게 됩니다. 물론, 어민들도 이러한 단기적인 행위가 장기적으로 어장붕괴로 이어질 수 있다는 것을 모르는 바는 아닙니다. "일단 내가 사는 것이 우선이고, 그 피해는 남에게 갈 것이다"라는 사고는 소위 오스트롬(E. Ostrom)이 주장한 '공유지대의 비극'[Tragedy of the Commons; 또는 '공유자원의 딜레마'(Common Pool Resource Dilemma)]을 초래합니다. 개인적 이득 추구라는 개인적 차원의 합리성이 결국 집단적 차원에선 비극으로 이어지게 된다는 것입니다. 합리적인 개인들의 개별 이익의 추구가 공공의 이익을 해하게 된다면 이는 심각한 문제입니다. 왜 개인적인 이득의 추구에 대해서 사회의 다른 사람들이 그 사회비용을 분담해야 할까요?[13] 벌채되는 삼림, 어장에서의 남획과 그렇다면 어떻게 하면 공유지의 파국을 막고 개인들의 협조를 이끌어 낼 수 있을 까요? 일반적으로 공유지의 비극을 극복하는 방식으로는 정부나 시장에서의 법적 규제 또는 공동체의 자발적 자치 등이 제시되고 있으며, 특히 오스트롬은 정부나 시장에서의 규제보다는 공동체의 자치라는 형식의 효과에 대해서 제안한 것으로 유명합니다. 이것은 앞서 언급했던 '공동체주의'(communitarianism: 개인의 개성을 유지하되 집단 속에 함몰되지 않으며, 집단과 함께 하되 내 개인을 일방적으로 희생하지 않는 주의)와 일맥상통하는 것입니다.

심화학습

'공유지의 비극', '개인', '집단', '도덕적 시민'에 연계된 주의, 주장들 '공유지대의 비극'이란 논의를 계기로 '시민들의 도덕성' 및 '도덕적 시민'이란 문제와 연관하여 '공리주의'(功利主義, Utilitarianism), '공동체주의'(共同體主義, communitarianism), '자유적 평등주의'(Liberal Egalitarianism), '공화주의'(共和主義, Republicanism), '참여민주주의', '숙의민주주의' 등에 대해서 비교하여 음미해 보고자 합니다.
과거 중세시대 마키아벨리의 '비르투나'(virtuna, virtue, 德性)는 '도덕적 질서'를 의미하기 보다는 어떤 위대한 일을 성공할 수 있는 능력과 역량을 의미했습니다. 마키아벨리는 인간의 통제능력을 벗어난 '포르투나'(fortuna, 幸運)라는 영역도 인식했으며, 혁신적이고 창의적인 수단에 의해선 장악이 가능하다고 여겼습니다. 하지만, 현대의 정치과정을 보면 우연적,

13) 이렇게 본다면, 앞서 언급했던 '포크배럴' 현상도 또 다른 예가 될 수 있습니다. 특정 지역구의 거대사업을 위한 예산지출은 해당 구민들의 이익을 위해서 발생하는 예산지출인데, 이렇게 발생한 예산지출의 부담은 그 밖의 모든 지역구들이 분산하여 그 비용을 부담하는 것이기 때문입니다.

돌발적 사건과 사고들은 인간들의 통제능력을 벗어난 것으로 여겨지게 됩니다. 공유지가 소수만의 효용극대화의 수단으로 전락될 때, 공동체에는 '공유지의 비극'이 발생합니다. 사회구성원들의 개인이 갖는 '효용', '행복', '자유', '평등', '권리와 의무', '덕성'(德性, virtue)'이란 변수들을 중심으로 주요한 주의, 주장들을 살펴보겠습니다.

공리주의'는 '효용'(utility)이나 '복지'(welfare)를 '행복'이라는 관점에서 바라봅니다. 공리주의는 '공적 영역'에서 "최대 다수의 최대 행복(최대 선호)을 충족시켜야 한다"라는 입장에 서 있습니다. 그렇다면, 서로 다른 생각과 종류로 구성된 사회구성원들의 최대 다수의 최대 행복은 어떻게 가능할까요? 행위자들은 상이한 행동들이 선호의 충족에 어떤지를 판단함에 있어서, 충분한 정보에 기초하여 공리주의적 계산을 할 수도 있고(직접 공리주의, 행위공리주의), 비(非)공리주의적인 습관이나 규칙을 따를 수도 있습니다(간접공리주의, 규칙공리주의). 상이한 행동들이 선호의 충족에 어떤 영향이 있는지 판단할 수도 있을 것입니다.

그런데, 개인들은 무엇보다 처해있는 상황이 다르고, 정보체계도 다르고, 같은 대상에 대한 선호의 크기와 정도도 다르다는 문제점이 있습니다. 공리주의자들이 내세우는 원칙은 "도덕적으로 옳은 행동과 정책(morally right act or policy)"은 사회의 구성원들에게 '최대의 행복'을 가져다 준다는 것입니다. 이렇게 본다면, 인간의 행복을 극대화하는 것이 궁극적으로 '도덕'과 연관되는 것인데, 행위자로서 사회의 구성원들은 주요 사회제도들에 대해서 이러한 원칙에 따라서 행동해야 할 의무가 있는 것입니다. 그런 경우, 비판적 시각으로 더 나가면, "왜 효용을 극대화하는 것이 도덕적 의무인가?"하는 의문도 갖게 됩니다. 공리주의는 인간의 '행복한 삶'(well-being)이란 우리의 삶 속에서 경험적으로 중요한 것이고(경험주의, empiricism), 따라서 '도덕 규칙'들은 행위의 결과물을 가지고(결과주의, consequentialism) '인간들이 삶이 악화되거나 해를 끼쳤는지"가 경험적으로 증거되는[검증(檢證, test)되는] 것이 중요하다고 봅니다. 예를 들면, 동성애자들이 그 주변에 해악의 결과물을 만들지 않는 것으로 검증된다면, 그 사회가 동성애를 도덕적으로 금지하지 말아야 한다고 보는 입장인 것입니다.
벤담(J. Bentham)에 따르면, 인간에게 '선'이란 곧 쾌락(pleasure)이고, '악'은 고통입니다. 인간이 쾌락을 경험하고 느끼는 것이 인간의 "최고의 선"(the greatest good)이라고 봅니다(복지쾌락주의, welfare hedonism). 윤리적으로 올바른 행동은 결과적으로 자신과 주위의 최대한 더 많은 사람들에게 쾌락을 주며, 비도덕적 행동은 결과적으로 더 많은 사람들에게 고통을 초래합니다. 하지만, 인간에게 '보람', '성취감'은 단순히 '쾌락'이나 '황홀감'으로는 대체될 수 없습니다. 사람들은 초기 단계에서 잘못된 믿음이나 그릇된 예측에 의한 선호를 취하기도 하고, 상황에 순응된 선호에 적응되며 길들여지기도 합니다. 충분한 정보에 기초한 '합리적 선호'(rational preference)가 중요한 이유입니다. 일반적으로, 공리주의는 각 개인들의 효용의 크기를 동등한 것으로 전제하기에[양적(量的) 공리주의], 공리주의가 사회구성원들에 대해서 평등주의적인 자원의 배분을 이끌어 낼 수 있다고 보기도 합니다. 하지만, 동일한 대상에 대해서 갖는 선호의 크기는 개인들마다 편차가 있을 것입니다. 사람들은 상호간에 동등한 (도덕적) 관계에 있지 않고, 특별한 관계, 특별한 의무에 있게 됩니다. 밀(J.S.Mill)은 단순히 더 많은 양의 쾌락이 기준이 아니며[질적(質的) 공리주의], 인간은 물욕이나 지배욕 같은 동물적인 쾌락이 아닌 '정신적인 쾌락'으로 부터 덕(德, virtue)을 기르며, 자신과 다른 사람들 모두에게 이익이 된다고 봅니다, "만족한 돼지보다, 불만족한 인간이 더 낫고, 만족한 바보보다 불만족한 소크라테스가 더 낫다"라는 유명한 경구를 기억하실 것입니다. 이것은 단순히 '동물적 행복의 증가'가 아닌 '인간다운 품위'가 중시되는 관점입니다. 정치라는 영역은 품위와 품격을 필요로 하며, 그래서 아무나 할 수도 없고, 아무나 해서도 곤란합니다.
'공유지의 비극'은 소수의 개인들이 자신들의 이익과 효용에 공유지를 희생시키며, 적절한 수준에서의 '평등주의적인 자원의 배분'이 무너지는 경우입니다. 대체적으로 공리주의적 시각에 따르게 되면, 모든 개인들의 '평등적 효용'에 근거하여 사회의 총효용의 극대화를 논하고 있습니다. 이에 반해서 롤즈(J. Rawls)의 시각에 따르면, 개인 효용의 평등성이 아닌, '공정한 몫'(fair share)을 강조합니다. 롤즈에 따르면, 모든 사람들은 기본적 자유에 대한 평등한 권리를 가져야 하며, 정의는 사전적 순위가 있어야 하는데, '자유'가 제1의 위치로 우선합니다. 그 다음 제2의 우선은 경제적 효율성과 복지인데, 공정한 기회는 차등 원칙보다 우선하게 되며, '기회의 공정한 평등'하에 직책과 직위가 개방되어야 한다고 봅니다. 단, 최소의 수혜자들에게는 최대의 이익을 주어야 합니다. 핵심은 인간 사회의 기본재화들(즉 자유, 기회, 소득과 부, 자존감 등)의 '불평등한 분배'가 '최소수혜자들'에게 이익이 되지 않는다면, 평등하게 분배되어야 합니다[자유주의적 평등주의]. 특정한 불평등이 모든 사람들에게 이익을 가져다 준다면 그러한 불평등은 사람들에게 용납될 수 있습니다. 만약, 불평등이 나의 최초의 평등한 몫을 침해한다면, 자신들의 이익을 증대시키는 것이 아니라, 희생시키는 불평등은 거부할 수 있다는 생각입니다[공정한 몫을 가지지 못한 자들에 대한 '거부권' 부여의 논리]. 롤즈가 언급하는 '자유'는 '기본적 자유'(투표권, 공무담임권, 언론 · 거주이전의 자유 등)이며, 이것은 민주주의 국가에서 표준이 되는 '시민적, 정치적 권리'를 의미합니다. '시민권'(citizenship)은 사회 구성원들 모두를 완전하고 동등하게 취급하는 것을 보장하는 것을 근본으로 합니다. 그런데, "권리로서의 시민권"의 측면이나, "모든 사람들을 완전하고 동등한 구성원으로 취급하는 것"에 대해서 비판적 시각들이 존재합니다.

'자유주의'에 대한 비판으로 대척점에 있는 이론으로 '공동체주의'가 있습니다. 공동체주의 주창자들은 개인이 사회에서 분리될 수 없기에, 개인들이 가치관을 형성하는 경우 인권의 보장을 기반으로 하지말고, 당대 사회에 존재하는 지배적인 '공동선'을 기반으로 해야한다고 봅니다. 학자들마다 편차가 있습니다. 매킨타이어(A. MacIntyre)는 개인 인권보장과 같은 권리의 주장이 난무하면, 좋은 삶에 대한 합의는 없고 개인적 욕망만이 남을 것이라고 했습니다, 샌델(M. Sandel)의 경우엔, 개인의 권리와 자유보다 공동체의 의무가 중시되는 것이 아니고, '좋은 삶'에 대한 가치관이나 공동선에 대한 관점에 대한 논의가 우선시 되어야 한다고 봅니다. 그러니까, 이러한 가치관이나 관점이 전제되지 않고서는 인간 개인의 권리라는 것은 명확하게 정당화될 수 없다고 보며, 그렇다고 해서 개인의 권리보다 공동체의 의무가 우선시 된다는 것도 아닌 것입니다.

일반적으로, 공동체주의자들은 자유주의자들을 비판함에 있어서, 사회속에서 자신의 입장을 파악 못한 무(無)연고적 자아, 사회문화적 특수성에 대한 몰(沒)이해, 개인적 주관주의에 따른 이상적인 행복한 삶에 대한 무지(無知), 다양한 개인들의 의견에 대한 국가중립성(state neutrality)의 미(未)확보 등입니다. 샌델은 자유주의는 도덕적 문제에 관하여 '회피의 정치'(politics of avoidance)로 흐르게 되며, 공동체정신에 의거하여 사회 도덕성에 근거한 '관여의 정치'(politics of moral engagement)가 필요하다고 봅니다. 앞 부분에서 필자는 "개인이 집단에 함몰되어 사라지지 않으며, 집단이 개인을 위해서 희생할 수도 없다"는 식으로 공동체주의를 표현한 바 있습니다. 결국, 하나의 주의 주장이 다른 주의 주장을 압도하지 못하는 경우엔, 공동체주의내에서 자유주의가 제한적으로 수용될 것인지, 아니면 자유주의내에서 공동체주의가 제한적으로 수용될 것인지의 문제로 비화할 수도 있습니다.

공리주의와 공동체주의가 대조되는 입장으로 볼 수 있지만, 공리주의적 관점에서 볼 때, 흄(David Hume)은 도덕을 감정의 문제로 보면서, '동감'(同感, sympathy)은 도덕적 심리의 기본이 됩니다. 공리주의적 입장에선 법의 근거로 "만인에게 공통된 이익의 감정"(계약론에서 처럼, 인간들 사이의 계약이 아니고)에서 방향성을 찾게 됩니다. 흄에 따르면, '도덕'이란 사회를 전제로 하기에, 도덕에 대한 감정은 '공감(sympathy)의 감정'으로 한정됩니다. 내가 기쁠 때 다른 사람들이 기쁘게 된다면, 그 기쁨의 감정은 '도덕적인 역할'을 할 수 있는 것입니다. 도덕은 이성적 확신에서 오는 도덕행위가 아니며, 감정에 영향을 받는 행위로, 감정이 유발하는 '유용성'에 달려 있는 것입니다. 시대와 장소가 변하면 유용한 것에 대한 감정이 변하게 되고, 따라서 도덕과 관습에 관한 일반성을 얻기 어렵다고 보는 것입니다[도덕적 다원주의]. 이것은 이성에 대한 확신보다[그렇지만 흄은 두 개의 주장 중에서 어떤 것이 옳은지 확신할 수 없어도], 다른 하나가 또 다른 하나보다 "더 그럴 듯하게"(plausibility) 상황을 제공할 수는 있다고 봅니다. 흄(David Hume)의 '논리실증주의'(logical positivism)에 따르면, 과학이나 지식은 합리적 이성에 의한 논리가 아닌, 불완전한 이성에서 경험적 효용에 기인하는 귀납법에 의해서 얻어지게 됩니다. 앞서 언급했던 칼 포퍼의 '반증주의'도 이것의 연장선에서 이해할 수 있습니다. 자신들의 생각이 틀렸을지도 모른다는 '개방적인 태도'를 견지하는 것의 중요성을 깨우쳐 줍니다.

데이비드 흄
(1711-1776)

'공화주의'(Republicanism)이론은 공공선을 목적으로 하는 법과 제도의 지배와 동시에 '시민의식'과 '시민적 덕성'(civic virtue)를 중시합니다. '시민권'(citizenship)을 개인들의 권리의 소유라는 측면에서만 해석[수동적 시민권]하기 보다, '시민적 덕성'(즉, 의무시민, 정치참여, 자기 절제, 정치적 인내심 등)의 차원을 고려하여 복합적으로 시민권을 해석하는 것[적극적 시민권]이 필요할 것입니다. 결국 '시민적 덕성'을 지닌 시민은 대의민주주의하에서 의제설정과 의제통제에 대한 관념을 지닌 계몽된 시민으로, 건전한 사회관이나 '공적 합당성'(public reasonableness: 이견에 대한 수용과 타협이 가능한 공정한 협력의 조건들)에 대한 의식을 바탕으로 공적담론에 참여할 수 있는 능력과 의지가 필요합니다. 토크빌(A. Tocqueville)은 '자유없는 평등'은 전제정치를 낳을 수 있으며, '자유'라는 것은 '자치'(自治)[분권화된 지방자치]의 경험을 통한 자율정신과 시민의식을 체화하지 않고는 제대로 뿌리내리기 어렵다고 보았습니다. 프랑스혁명을 경험하면서, 토크빌은 기존의 특권과 차별을 부정하며 평등의식이 밀어 닥쳤을 때, 불행히도 시민들은 편협한 개인주의(특수이익이나 파벌 등)에 물들게 되었고, 이를 제어할 수 있는 효과적 수단이 '자유'였는데, 그러한 자유가 당시 프랑스에는 없었다고 지적합니다. 단적으로, 편협한 개인주의에 물들었다는 의미는 '시민적 덕성'이 없었다는 것입니다.

'다문화주의'(Multi-culturalism)는 "모든 사람들을 완전하고 동등한 구성원으로 취급하는 것"(즉, 공통의 권리)라는 개념에 대해서 대척점에 존재합니다. 다문화주의 주창자들은 공통의 사회적 권리를 제공하는 시민권의 확장과 보장은 결국 국민통합을 위한 '국민만들기'(nation-building)의 수단적 측면이 강하다고 주장합니다. 따라서 '분화된 시민권'(differentiated citizenship)이 필요하며, 집단적으로 특수화된 형태의 시민권을 주장합니다. '자치권', '인정의 정치', '정체성의 정치' 등은 그러한 맥락에서 이해될 수 있습니다. '보호적 민주주의' 또는 '방어적 민주주의'[defensive democracy; 또는 '전투적 민주주의'(streitbare demokratie)]라는 관점에서 본다면, 다문화주의는 고전적 기본권이론에 대한 보호적 민주주의적 관점을 갖고 있습니다. '페미니즘'(Feminism)도 같은 맥락으로 이해될 수 있습니다. '기회의 평등'을 넘어서 '결과의 평등'을 얻기 위해서 '적극적 시정조치'(affirmative action)가 존재합니다. 이러한 관점에선, '자유민주주의'에 대한 보호적 민주주의로서 '참여민주주의'가 존재한다는 유추도 가능할 것입니다.

'참여민주주의'(participatory democracy)도 한계에 봉착합니다. 피시킨(J. Fishikin)의 말처럼, 권한을 행사할 여건이 안되는 사람들에 권한을 부여하는 것은 불안하고 의심스러운 것이며, 흥분한 대중들은 선동에 취약할 수 밖에 없는 것입니다. 개인의 인권을 보장하며 개인들의 자유로운 활동에 근간한 사회에서[즉, 엘리트주의 및 편파성에 대한 반감이 있는 곳에서] '숙의민주주의'(deliberative democracy)의 중요성이 증대되고 있습니다. '양적 공리주의'의 한계를 '질적 공리주의'가 지적했듯이, '대의민주주의' 하에서 민주주의의 질적 고양을 위한 대안들 중의 하나가 '숙의민주주의'입니다. 고정된 선호체계에 기반한 미리 정해진 답이 없는 상태에서 사회구성원들에게 합리적으로 정당화될 수 있는 그런 합의를 이끌도록 열린 학습과정에 헌신하는 것입니다. 하버마스(J. Harbermas)는 공론장이론에서

'보편적 규범'에 의한 합리적 토론이 중요함을 지적했습니다. 여기서 '정치적 합리화, 정당화'란 평등한 시민들 사이의 자유로운 토론에 의한 숙의(숙고)에 기초하고 있습니다. 시민배심원제도, '숙의여론조사'(deliberative poll: '공론조사'; 상반된 주장들에 대하여 균형된 정보를 공유하고 토론한 결과로 판단된 공론을 조사하게 됨) 등은 그 대표적 사례입니다.
사회구성원들은 '공유지의 비극'을 극복해야 할 것입니다. 칸트는 "도덕적이지 않은 것은 합리적이지 않다"라고 하였습니다. 아담 스미스는 시장기능의 극대화란 인간 개인들의 교환행위를 통한 자유로운 이익추구가 '게걸스러운' 이익추구를 위한 의미하는 것이 아님을 지적한 바 있습니다. 개인들의 이익추구는 자신이 속한 사회에 대한 애정을 지니면서 행하는 시장활동인 것입니다. 사회구성원들이 '공공성'을 생각하면서 자신의 개성을 발휘해야 할 것입니다. 사회구성원들의 사회화 과정에서 '도덕적 시민'을 위한 '교육'의 내용과 질이 중요할 것입니다.

'헌법경제학'과 관료정치

앞에서 '체계'(體系, system)란 것은 체계를 구성원들의 단순한 합으로 설명될 수 없으며, 구성원들의 상호작용을 통해서 형성되는 모든 현상들을 포함한다고 지적한 바 있습니다. 개구리를 해부하는 경우에도 간, 콩팥, 위, 뇌 등은 각각의 장기들이지만, 그들 장기들이 모여서 생명이란 체계를 만들어 냅니다. 개구리를 완전히 해부하고 역순으로 조합해도 개구리의 가장 중요한 생명은 사라진 후입니다. 이것은 구성 요소들의 단순한 합은 전체가 될 수 없음을 말해주는 예가 됩니다. 정치 현상은 개인들의 상호작용의 결과 만들어진 '총합'(總合, aggregation)입니다. 하지만 총합의 성격을 지닌 정치현상을 단순히 개인들의 선택과 행동의 결과로만 환원할 수 없다는 것은 자명합니다. 이러한 현상을 반대로 생각해 본다면 개인행동의 상호작용은 의도하지 않은 집합적 현상을 만들어낼 수 있음에도 유의하게 됩니다. 개인 운전자는 안전에 유의하며 운행합니다. 하지만 안전 운행을 원하는 개개인들이 모여서 운행하는 도로에선(즉 집합적 수준에선) 운전자들의 상호작용의 결과 의도하지 않았던 차량 사고가 발생합니다.

'방법론적 개인주의'(methodological individualism)란 용어가 있습니다. 거시적인 사회단위의 총체적인 현상도 궁극적으로 개인들의 행위를 기본적인 분석의 단위로 할 수 있다는 입장을 말합니다. 공공선택이론에선 분석의 기본적 단위로서 '합리성'에 따른 개인적 선택을 기준으로 하고 있기에 '방법론적 개인주의'를 채택하고 있다고 볼 수 있습니다. 하지만 궁극적으로 정치적 현상을 설명하려는 공공선택이론에선 "인간은 합리적(合理的, rational)으로 행동한다"라는 경제적 공준(經濟的 公準, economic postulate)을 기반으로 해서 분석한다고 할지라도 순수 경제학과는 다르게 순수한 '방법론적 개인주의'처럼 결코 개인만을 가치의 궁극적인 원천으로 생각하지 않음에 유의해야 합니다. 연구에서 분석의 단위는 합리성을 추구하는 개인으로 하지만, 개인에게 가치를 제공하는 원천은 단순히 개인만이 아니라 개인을 둘러싸고 있는 환경도 된다는 의미입니다. 개인이 어떤 선택을 할 때는 그를 둘러싸고 있는 정치 환경, 주어진 규칙의 범위 안에서 행동해야만 하기 때문에 기존에 주어진 제도를 중시하며, 인간의 행동을 변화시키려면 인간을 둘러싼 제도를 수정하고 개혁하려는 입장을 취합니다(Buchanan 1987).

공공선택 이론은 정치현상을 설명하기 위하여 경제학적 공준에서 비롯된 방법론적 개인주의를 취하더라도 정치적 주체가 선택을 하게 되는 주어진 규칙과 환경을 중시합니다. 이것은 개인들의 의사 결정에서 합리적으로 행동한다는 '경제적 공준'도 중요하지만, 보다 근본적으로는 의사 결정의 규칙 자체가 개인들의 행위에 영향을 주고 있다고 보는 것입니다. 즉 정해진 규칙 내에서의 합리성이지, 순수한 의미의 합리성은 아니란 것입니다.[14] 경제적 합리성에 근거한 인간도 순수한 경제적 의미에서의 이득과 손실의 계산보다는 '게임의 법칙'(rule of game)내에서 이득과 손실을 계산하는 것입니다.

정치적 게임의 법칙을 가장 근본적으로 규정하는 것은 그 사회의 '헌법'(憲法, constitition)입니다. 여기서 헌법은 모든 법률들의 운용방향과 제정에 영향을 미치는 가장 우선적이고 근본적인 법입니다. 노벨 경제학상을 수상했던 뷰캐넌(James Buchanan)과 같은 학자들은 '헌법경제학'(constitutional economics)이란 용어를 사용합니다. 이것은 헌법 자체에 대한 선택의 중요성을 강조합니다. 정치적 행위자들은 주어진 규칙 안에서 행동하며, 의사결정의 결과가 변화하려면 의사결정의 규칙 자체를 변경해야 함을 강조합니다. 이렇게 본다면, 비록 합리적으로 행위하는 경제적 인간이란 공준을 받아들이더라도 두 가지 서로 다른 상황이 생기는 셈입니다. ⓐ 대안적인 제도와 규칙을 선택하는 행위 그

James M. Buchanan
(1919-2013)

14) 이런 상황을 표현하기 위해서 '묶여 있는 합리성'(bounded rationality)이란 용어를 사용하기도 합니다. 즉 행위자의 합리성도 법규의 테두리 내에 묶여서(즉 게임의 규칙을 고려하여) 존재하는 합리성이란 의미입니다.

자체에 초점을 맞추는 경우입니다. ⓑ 제도와 규칙 안에서의 인간의 행위에 초점을 맞추는 경우입니다. 두 가지 상황에 대한 구분이 중요한 이유는 민주적인 정치과정의 구조가 '이중적인 의사결정 체계'(dual system of decision making)로 되어 있음을 우리에게 일깨워 주기 때문입니다. 다시 말해서, 헌법경제학이란 어떤 주어진 법적-제도적 틀 안에서의 주체들의 선택만을 다루는 것이 아니고, 이미 주어진 법적-제도적 틀에 대한 특성과 내용을 분석하여 비판하여 '대안(代案, alternative)으로서의' 법적-제도적 틀에 대한 논의를 심화하게 됩니다. 정치적인 주체인 시민들 개인이 선택을 할 때는 주어진 의사결정의 규칙 하에서 해야 하지만, 사회 개혁이나 변혁에 대한 노력은 그러한 개인의 선택과 행동의 결과 나타난 '집합적 결과물'(collective product)를 해석하는 것으론 부족합니다. 왜냐하면, 사회의 개혁이나 변혁은 선택의 주체가 되는 개인들의 선택행위에 영향을 주어야 하기 때문입니다. 단적으로, 개인들의 선택행위는 의사결정의 규칙 자체를 변경하면, 이에 상응하여 변한다고 보는 것입니다. 인간의 행위와 선택을 설명하는데 '경제적 인간이라는 공준'이 설명력을 지니고 있지만, '비경제적 동기를 지닌 인간'이라는 부분에 대한 설명이 없이는 정치과정에서의 인간의 선택 행위를 충분히 설명하기 어렵게 됩니다. 이렇게 본다면, ㉠주어진 기존 제도나 규칙 하에서 인간 행위를 예측하는 모델과 ㉡대안적인 제도의 필요성과 효과를 통해서 인간 행위를 예측하는 모델은 서로 다를 수밖에 없습니다. 정치과정 속에서 바람직한 정치행위란 단순히 '사익의 추구'가 아닙니다. 민주시민들의 정치과정의 궁극적인 목적이 '사익(私益)의 추구'를 '공익(公益)의 진작'으로 전환시키고 연계시키는 것인데, 특히 ㉡의 경우와 연계하여, 특정 권력자나 특정 이해집단의 목적을 위해서 제도와 규칙의 선택이 오용될 수도 있음에 유의해야 합니다.[15]

민주 사회에서 개인들이 의사결정을 하기 위해선, 먼저 개인들이 서로 동의할 수 있는 규칙을 정해야 합니다. 그러한 규칙이 정해진 이후엔 규칙 내에서 가능한 여러 가지 대안들 중에서 한 가지를 선택하게 됩니다. 예를 들어 봅시다. 민주사회에선 정기적으로 선거를 치릅니다. 우리는 선거에서 여러 정당이나 후보자들 중에서 선거에서 승리하기 위해 자신이 최상으로 생각하는 대안을 선택하게 됩니다.[16] 하지만 이러한 선택은 근본적으로 어떤 제도와 규칙 하에서 선거가 치러지는지에 따라서 제한받게 됩니다. 선거를 1인 1표제로 할 것인지 1인 2표제로 할 것인지의 규칙을 정하는 것은 그 규칙이 정해진 이후에 정당이나 후보자에 대해서 선택을 하는 것보다 더 근본적이고 중요한 문제입니다. 선거 규칙이 선거 결과에 영향을 미치기 때문입니다. 단순다수대표제이면서 소선거구제 규칙 하에선 비례대표제보다 군소 정당의 후보들은 의석수를 차지하기가 어렵습니다.

일상생활 속에서 많은 사람들은 규칙 그 자체가 갖는 특성이나 합리성에는 관심을 별로 두지 않고, 자신의 선택 대안에만 많은 관심을 기울입니다. 이것이 보다 현실적인 이유는 규칙이 비합리적

---

15) '헌법경제학'의 시조를 로크(J. Locke)로 보기도 하는 이유입니다. 로크는 통치자의 권력 한계를 분명히 하고 그 한계를 넘어설 때 책임을 묻도록 하였는데, 이는 궁극적으로 헌법을 통해서 가능했습니다.

16) 물론 '최상으로'란 말에는 어폐가 있을 수 있습니다. 왜냐하면, "가장 덜 나쁜 사람"(less evil)을 선택하는 경우도 많기 때문입니다. 자신이 최상의 선택을 하고 있다는 감정은 "가장 좋은 사람"을 뽑으려는 고민에서 상대적으로 강하게 나타날 수 있습니다.

이라는 것을 알았더라도 이를 변경시키기가 쉽지 않기 때문입니다. 아무리 민주 사회라고 할지라도 규칙을 정하고 바꾸는 일은 일반 시민들보다 선출직 정치인들이나 관료 공직자들이 주로 합니다. 정책을 만드는 사람들이 선출직 의원들이라면 정책을 '실시하는'(또는 집행하는) 사람들은 공직 관료들입니다. 정책결정이란 것이 궁극적으로 실현하는 과정까지 포함하는 의미라면 공직 관료들은 정치과정에서 가장 일선에서 정책을 결정하는 사람들입니다. 입법부에서 의원들이 법을 만들더라도 행정 일선에서 관료들이 그 법을 제대로 집행하지 않는다면 사실상 정책결정의 효과는 없는 것입니다. 따라서 국가 정책결정은 입법부에서 의원들이 하는 것이라기보다는 현실적으로 법을 집행하는 관료들이라는 해석이 가능한 것입니다. 공공선택이론에서 주요한 정치적 주제로서 '관료정치'(官僚政治, bureaucracy)의 문제를 다루는 이유입니다.

관료정치란 관료집단이 갖는 권한이나 행태적 특성과 연관된 정치 형태를 말합니다. 공공선택이론에선 일반 비즈니스맨처럼 공직 관료들도 이기적인 행위자입니다. 일반적으로 대다수의 관료들은 유권자들의 선거나 소환(recall)으로부터 자유롭기 때문에 나름대로의 권력을 가지고 있습니다.[17] 일반적인 관점에서 공직 관료들을 비즈니스맨들과 비교한다면, 비즈니스맨은 이익을 추구하지만 공직 관료들은 상대적으로 명예를 더 추구할 것입니다. 그렇게 명예를 추구하는 과정은 자신의 존재를 알리는 과정이며, 이는 자신이 속한 관청

17) 선출직 공무원들도 '소환'(recall) 여부는 법에 따라서 결정됩니다. 상대적으로 고위직(高位職)에 있는 선출직 공무원들은 소환의 대상으로 하지만, 관료 집단에 속한 대부분의 공직자들은 소환의 대상이 아닙니다.

의 성장과 이를 위한 예산의 극대화를 추구하는 것으로 연결됩니다 (Niskanen 1971).[18] 관료들이 자신이 속한 기관의 타 기관에 대한 통제를 위한 자원들을 증가시키기를 원합니다. 통제를 위한 자원들은 결국 자신이 속한 기관의 예산을 늘리는 것이며, 예산은 결국 국민의 세금인 것입니다.

관료들이 자신이 속한 기관의 성장을 추구하기 때문에 생긴 현상과 관련된 과거의 연구지만 현재에도 반추해 볼만한 흥미로운 예가 있습니다. 영국 해군은 2차 대전 이후 많은 식민지 국가들이 독립함에 따라서 그 규모를 축소하게 됩니다. 하지만 해군성(海軍省, the Admiralty)의 관료조직은 오히려 비대해졌으며, 동시에 영국의 식민성(植民省, the Colonial Office)의 관료조직도 팽창을 지속한 바가 있습니다. 미국의 경우 농민의 숫자는 줄어들었지만, 농업국(農業局, the Department of Agriculture)의 크기가 비대해 지기도 했습

18) 공직 관료들이 "쉬운 일과 높은 임금을 추구하는 특색"이 있다는 연구도 있지만 이는 정확한 표현이 아닙니다. 비즈니스맨을 포함하여 인간은 누구나 "쉬운 일에 높은 임금을 추구하려는 경향"이 있으며, 이것은 인간의 본능입니다. 정도의 차이가 심하다면 몰라도, "쉬운 일에 높은 임금을 추구하는 성향"을 공직 관료들만이 갖고 있는 특색으로 보는 것은 공직 사회를 폄하하는 냉소적 시각에 불과하다는 것이 필자의 시각입니다. 공직 관료들의 무사안일(無事安逸) 추구가 공무원의 직업이 보장되기 때문이라는 시각도 적절치 않습니다. "어느 곳이건 집단이 형성되면 그곳에서 실제로 일하는 사람은 30%에 불과하다"라는 주장은 공무원 집단이나 사기업 집단 모두에 적용된다고 보는 것이 사실에 가까울 것입니다. 국가 공직을 맡은 사람들에겐 '직업적 안정성'(job security)에 대한 특권을 부여해야만 공무 수행이 효율화될 수 있는 측면이 간과되어선 곤란합니다. 민주주의를 수행하기 위해선 '효율성'의 문제만 고려될 수 없듯이, 국가 공무는 단순히 '효율성'의 문제로 판단되어서는 곤란합니다. 자신의 직업에 대한 보장이 없는 불안한 공무원들이 행하는 국가 공무가 책임성 있는 공무가 되겠습니까? 상식적 차원에서 국가 공무를 사기업의 업무와 동일시하는 시각에서의 논리는 받아들이기 어려울 것입니다.

니다.[19] 이상을 '파킨슨의 법칙'(Parkinson's Law)이라고 합니다(Parkinson 1957).

그렇다면 여기서 의문이 생깁니다. 관료 집단(즉 행정부)의 예산 증액 경향이 있다고 하더라도 예산 규모에 대한 결정권은 궁극적으로 입법부가 갖고 있습니다. 관료 집단의 예산 증액 경향은 국민의 세금에 대한 부담과 직결되는데, 국민들로부터 선출직이어서 국민의 눈치를 보는 입법부 의원들은 왜 관료 집단의 예산 증액을 허락할까요? 이것은 국가 행정부가 하는 일이 궁극적으로 사기업이나 사적 기관이 하기에는 곤란한 일들을 수행하는 것이기 때문에 단순히 '효율성'만을 따질 수 없기 때문입니다. 복지비, 국방비, 환경보호비, 낙후지역 개발비 등은 예산 규모에 상관없이 그 필요성이 존중되어야 하기 때문입니다. 공공선택이론의 경제적 공준에 입각하여 입법부 의원들의 정치가적인 행태를 설명할 수 있습니다. 의원들에게 행정부 예산 증액에 대한 허가는 내키지 않는 일입니다. 하지만 어차피 국가 행정부만이 할 수 있는 종류의 사업들에 대해서 나름대로 좋은 결과물을 내놓을 수 있다면, 이런 경우 의원들은 앉아서 그 혜택을 볼 수 있습니다. 어차피 예산 규모는 정해져 있는 것이고 명분이 나름대로 존재한다면 그 효율성을 따지기 이전에 해당 행정부에 할당해 주는 것입니다. 전반적으로 행정부가 풍부히 예산을 쓰면서 행정부가 제대로 돌아가야만 의원들도 "제대로 정치한다"(즉 "제

19) 이런 연구 결과들은 보다 주의 깊게 해석해야 될 필요가 있습니다. 미국의 농업국의 조직 확대는 미국이란 나라가 세계를 상대로 곡물의 수입과 수출을 맡아야 하며, 곡물 부족 국가에 대한 지원 등의 업무 때문에 생긴 것일 수도 있습니다. 세계의 헌병(憲兵) 역할을 자처하는 미국이란 나라의 농업국이 단순히 자국 내의 농민의 숫자의 증가와 감소와 비례하여 조직의 증감이 결정될 수는 없다는 의미입니다.

대로 행정부를 감시 감독하고 있다")는 이야기를 듣게 될 것입니다. 입법부 의원들이 행정부에 대해서 예산 증액을 허락하는 일이 손해나는 장사가 아니란 것입니다.

우리는 종종 입법부(또는 행정부)에서 정책이 산출되는 경우, 그러한 정책산출이 공공성을 지니고 있다기 보다는 특정 이해집단을 위한 정책이 탄생한다고 불만하는 경우를 목도하게 됩니다. 일상생활에 함몰된 바쁜 시민들은 지금 당장에 자신의 일상생활에 직접적인 영향을 미치지 않는다면 대개 '무시'(無視, ignorance)하게 됩니다. 투표행위는 그 대표적인 예입니다. 민주주의 실현과정에서 나의 한 표가 중요한 것은 알지만, 현실적으로 나의 한 표가 선거결과에 큰 영향을 미친다고 생각하기 어렵고, 또한 실제로 내가 선호하는 정책을 선거에서 승리한 후보가 산출한다고 확증하기 어렵기 때문일 것입니다. 나아가 선호하는 정책을 산출한다고 해도 정부정책을 찾아서 보는데도 한계가 있습니다. 그런데, 개인들 차원에선 이유있는 '합리적 무시'(rational ignorance)로[20] 사회 전체적이고 장기적인 민주주의 실현과정에선 모순이 발생하게 됩니다. 즉, 민주주의가 대다수의 이익을 실현하는 것이 아니고 일부 특수 이해집단의 이익을 위해서 기능할 수 있으며 어떤 법안이 일부 특수 이해집단을 위해서 시행되면, 그 비용은 전체 구성원들이 분산하여 부담하게 됩니다. 즉, 편익은 특수 이해집단에게 집중되고, 비용은 전체 집단에서 분산되는 것입니다.[21] 비용을 다수가 지불하고 편익을 소수가 차지하는

20) 'rational ignorance'를 '합리적 무지'(合理的 無知)로 번역하여 사용하는 경우도 많은데, 어의상 좋은 번역이라고 하기 어렵습니다.

21) 이런 면에서, '합리적 무시' 현상은 '공유지대의 비극' 현상과 일맥 상통합니다.

민주주의의 모순 현상을 막기 위해선 시민주체의식이나 정치과정에서 정보획득비용(후보자 판단, 후보자 선택, 정책 리뷰 등)을 최소한화 하는 것이 중요합니다.

의제 설정과 정책 결정 방식의 중요성

행정부와 입법부를 포함하여 다양한 정치 집단들은 정책 결정 과정에서 구성원들이 제안한 안건들을 표결에 부쳐서 최종 정책을 결정합니다. 그런데 안건들을 표결하는 순서가 의사를 결정짓는데 중요한 역할을 하게 됩니다. 이에 대해서 살펴보겠습니다.

다음과 같은 예가 있습니다. 정당의 최고 위원 회의에서 갑, 을, 병 세 사람이 정당 정책에 당비(黨費)를 배분하기 위하여 정책 분야들 중에서 우선 순위를 결정하고자 합니다. 환경정책을 x, 교육정책을 y, 건설정책을 z라고 합시다. 그리고 최고 위원 세 사람은 당비를 우선적으로 고려하여야 할 정책 분야에 대해서 다음과 같은 선호를 갖고 있다고 가정합시다.

세 사람이 가장 좋아하는 선호는 x, y, z 입니다. 갑은 x, 을은 y, 병은 z로 특정한 정책에 대한 분명한 선호의 우선 순위를 갖고 있습니다. 연이어서, 갑은 y를 z보다 선호합니다. 을은 z을 x보다 선호합니다. 병은 x를 y보다 선호합니다.

이런 경우 투표를 하는 방식은 두 가지 입니다. 어떤 정책을 가장 먼저 시행해야 할지를 결정하기 위해서 보편적으로 사용되는 다수제적 투표 방식을 쓰기로 하였습니다.

i) x, y, z이라는 세 가지 안건을 각각 투표에 부치는 경우가 있습니

갑 : $x > y > z$
을 : $y > z > x$
병 : $z > x > y$

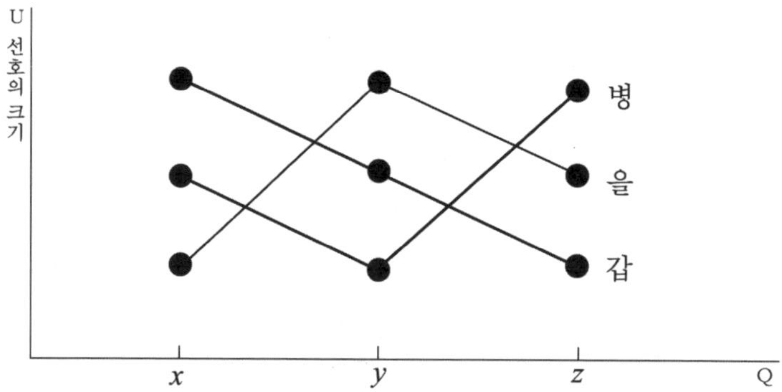

출처: Dennis C. Mueller, *Public Choice II : A Revised Edition of Public Choice*, Cambridge: Cambridge University Press, 1989, p. 65 참조.

〈그림 8-1〉 투표의 순환(cycling of voting)

다. 즉 한 가지 안건에 대해서 투표를 합니다. 이런 경우 x, y, z의 어느 한 정책도 과반수를 얻을 수 없으며, 따라서 세 번에 걸친 투표에서 모든 안건은 부결(否決)됩니다.

ii) x, y, z이라는 세 가지 안건을 두 개씩 짝을 지어서 투표에 부치는 경우가 있습니다. 먼저 두 개의 안건을 짝을 지어서 1차 결과를 만들고, 1차 결과를 나머지 한 개의 안건과 투표에 붙여 최종 정책을 결정하는 것입니다. 다음의 3가지 경우가 생깁니다.

ⓐ x와 y를 먼저 투표하는 경우: x와 y의 대결에서는 x가 이깁니다. 그리고 2차 투표에서 x와 z의 대결에선 결국 z가 이깁니다. 정당에선 건설정책에 당비를 우선적으로 배분하게 될 것

입니다.

ⓑ *y*와 *z*를 먼저 투표하는 경우: *y*와 *z*의 대결에서는 *y*가 이깁니다. 그리고 2차 투표에서 *y*와 *x*의 대결에선 결국 *x*가 이깁니다. 정당에선 환경정책에 당비를 우선적으로 배분하게 될 것입니다.

ⓒ *z*와 *x*를 먼저 투표하는 경우: *z*와 *x*의 대결에서는 *z*가 이깁니다. 그리고 2차 투표에서 *z*와 *y*의 대결에선 결국 *y*가 이깁니다. 정당에선 교육정책에 당비를 우선적으로 배분하게 될 것입니다.

종합적으로 정리해 본다면, i)의 경우엔 승자가 결정되지 못했습니다. 반면에 ii)의 경우엔 승자가 결정되었습니다. 하지만 ⓐ, ⓑ, ⓒ 세 경우에서 모두 다른 승자로 결정되었습니다. 만약 어떤 안건들을 먼저 심의할지를 우선적으로 결정할 수 없다면 최종 정책적 선택은 끊임없이 바뀌게 됩니다.[22] 이러한 현상을 '투표의 순환'(cycling of voting)이라고 합니다. 투표의 순환 현상은 결코 비현실적 예가 아니며, 현실 상황에서 자주 일어납니다. 두 개씩 짝을 이루어서 안건을 투표에 부치면 최종 선택이 이루어지지만, 어떤 짝을 먼저하는가 나중하는가에 따라서 투표 결과가 달라집니다. 이것은 의사일정(議事日程)을 어떻게 정하는가가 최종 정책의 선택을 결정짓

---

22) 어떤 두 개의 안건들을 먼저 심의할지를 결정하는 것도 사실상 불가능합니다. 왜냐하면 1차 투표의 대상이 되면 승자가 된다고 해도, 2차 투표에서 반드시 패자가 되기 때문입니다. 따라서 세 사람 모두 자신의 안건이 2차 투표에서 다루어지기를 주장할 수밖에 없습니다.

는데 결정적인 영향을 미치고 있음을 뜻합니다.

투표의 순환 현상이 일어났을 경우엔 그 회의의 수장(首長)이 결정적 역할을 하게 됩니다. 정당에서는 당 대표, 국회에서는 국회의장, 청와대에서는 대통령이 수장입니다. 투표의 순환 현상으로 더 이상 회의가 진행이 안 되는 경우엔 수장의 입김이 작용합니다. 이것은 수장의 정치 철학에 따라서 의사일정이 달라지고, 따라서 도출되는 결과도 달라짐을 의미합니다. 민주사회에서 투표를 하지만, 투표의 순환이나 이와 유사한 현상들이 나타난 경우엔 그 해결책이 '가치의 권위적 배분'이란 정치적 방식인 셈입니다. 다시 한번 1장 마지막 부분에 언급한 정치의 정의 중 ③번 항목을 기억하시기 바랍니다. 수장들의 정치력에 따라서 정책 선택의 결과는 달라지게 되며, 나아가 원하는 어떤 결과도 도출해 낼 수 있을 것입니다.

'중위 투표자' 이론

민주 사회에서 투표 대상자들을 상대로 승자를 결정할 수 없으니까 결국 승자를 만들어내기 위해선 투표의 순서(즉 의제 설정의 순서)가 중요하다는 것입니다. 투표자들의 수가 작은 규모의 선거에선 이런 일이 종종 일어납니다. 하지만 투표자들의 수가 아주 많은 큰 규모의 선거에서 승자가 결정될 수 없다면 누가 정치력을 발휘해서 승자를 결정하는 것은 사실상 불가능합니다. 투표 순환 현상은 민주사회를 혼란에 빠트릴 수도 있습니다. 유사한 예로, 한국 18대 대통령선거에서 박근혜, 문재인, 안철수 후보가 경쟁하였습니다. 선거일에 임박한 조사에서 박근혜〉문재인, 문재인〉안철수, 안철수〉박

심화학습

다양한 투표 방식들 | 투표자들의 선호로 인해서 투표의 순환 현상이 존재하는 경우 어떤 투표 제도로도 이를 극복하기 어렵습니다. 참고로 다양한 투표 방식을 알아두면 유용할 것입니다. 대부분 투표 방식을 고안한 사람들의 이름으로 명칭을 만들고 있습니다. ① **콩도르세(Condorcet) 방식**: 각각의 대안들을 나머지의 모든 대안들과 1:1로 표결하는 방식입니다. 장점은 구성원 모두가 원하는 대안을 선택할 수 있다는 것입니다. 하지만 안건이 많은 경우 여러 번 투표해야 합니다. ② **보다(Borda) 방식**: 대안을 선호하는 순서대로 점수를 주는 방식입니다. 가장 좋아하는 선호에 5점, 그다음 선호에 4점, 그다음 선호에 3점 등으로 정하는 것입니다. 물론 점수는 내규를 정해서 5점-3점-1점으로 할 수도 있고, 10점-5점-1점으로 할 수도 있습니다. 이런 경우엔 구성원들이 가장 선호하는 사람이나 가장 선호하지 않는 사람들 사이에서 중도적 대안이 채택될 가능성도 있습니다. '보다' 방식을 응용하여 최고 점수와 최저 점수만을 정해 놓은 후에 그 사이에서 투표자가 자유롭게 점수를 주게 하면 투표의 순환현상은 극복될 수도 있습니다. 그렇지만 구성원들 중 소수의 주관성이 투표 결과에 크게 작용하기 때문에(자신이 원하는 대안과 그렇지 않은 대안 사이에 의도적으로 큰 점수차를 만드는 경우) 투표 결과에 대한 정당성은 훼손될 수 있습니다. ③ **헤어(Hare) 방식**: 여러 개의 대안들 모두에 대해서 가장 선호하는 대안에 표를 던진 후에 가장 득표수가 작은 대안을 제거해 나가는 것입니다. 투표를 반복하고 한 개의 대안이 남으면 그것이 최종안이 됩니다. ④ **쿰즈(Coombs) 방식**: 이것은 여러 개의 대안들 모두에 대해서 가장 싫어하는 대안에 표를 던진 후에 가장 득표수가 많은 대안을 제거해 나가는 것입니다. 투표를 반복하고 한 개의 대안이 남으면 그것이 최종안이 됩니다. ⑤ **교황선출방식(콘클라베, Conclave)**: '교황선출방식'이란 특별히 후보를 정해 놓지 않은 상태에서 투표를 반복하면서 최종 당선자를 결정하는 방식을 말합니다. 즉 후보자를 정해 놓고 그들에 대해서 투표하지 않고 처음 투표할 때 자기가 맘에 두는 사람을 우선 적어 냅니다. 1/2이나 2/3 이상의 득표자가 나올 때까지 투표를 반복하는 것입니다. 투표가 반복되면서 아무래도 표가 한쪽으로 몰리게 됩니다. 당선 가능성이 있는 사람을 생각하면서 투표하게 되기 때문입니다.

근혜로 나타난 적이 있습니다. 야권에서 문재인과 안철수 중에서 누구로 단일화하여 박근혜 후보와 맞서는가로 사회가 시끄러웠습니다.

앞서 그림 8-1에서 Q축에 나타난 x, y, z는 동일한 성격을 지닌 단일 차원 상의 문제가 아니라 환경, 교육, 건설이라는 각기 서로 다른 차원이었습니다. 만약 Q축을 환경정책에 대한 예산규모의 크기라고 가정하면 이는 동일한 성격을 지닌 한 개의 차원이 됩니다. 예산 규모의 크기에 따라서 $x \langle y \langle z$가 됩니다. 이 때, 갑과 을은 단봉성 선호(single-peaked preference)이며, 병은 단봉이 아닌 다봉성 선호(multi-peaked preference: 비단봉성 선호)입니다. 갑은 예산규모가 적을수록 좋아합니다. 을은 큰 예산규모를 선호하지만 지나치게 커지는 것은 싫어합니다. 한계효용체감의 법칙이 적용되는 셈입니다.

반면에 병은 일관성이 없습니다. 예산 규모가 큰 것을 좋아하는 것 같으면서도 동시에 적은 것도 중간보다는 좋아합니다. 갑, 을, 병 개인 투표자들 모두가 단봉성 선호가 아닌 경우, 집단적 차원에선 선호의 '비전이성'(intransitivity)때문에 '투표의 순환' 현상이 일어납니다.

한 개의 이슈 차원에서 투표자들이 단봉성 선호를 갖고 있으면서 한 가지의 선택을 하는 경우엔 다수제 투표에서 투표의 순환 현상이 일어나지 않고 승자가 결정됩니다. 어떤 사람이 승자가 될까요? 그 답은 이슈 차원에서 '중간에 위치하는 입장'을 취하는 자가 승자가 된다는 것입니다. 양 쪽의 극단적인 입장이 아니라 그 중간에 위치하는 입장을 취하는 것이 유리한 것입니다. 이것이 그 유명한 '중위 투표자 정리'(中位 投票者 定理, median voter theorem)입니다.[23] 중간이라는 입장은 상대방과의 입장과 관련하여 중간적 입

Q&A

한 개의 차원만을 가정하는 것은 비현실적이지 않을까요? | 언뜻 보기엔 한 개의 이슈 차원을 가정하여 행태를 논하는 것이 부적절하다고 생각할 수도 있지만 현실 정치에선 오히려 이러한 가정이 나름대로 적실성을 지니고 있습니다. 유권자가 자신의 지지 정당을 결정함에 있어서 단순히 좌-우파라는 입장에서 하지 않고, 그 어떤 다른 이슈들보다도 정부의 예산 규모란 한 개의 이슈 차원을 가장 중요한 이슈 차원이라고 생각하고 투표할 수 있기 때문입니다. 현실적으로 유권자들이 지지 정당을 결정함에 있어서 자신이 가장 중요하다고 생각하는 한 개의 이슈를 중심으로 합니다. 복잡하게 모든 이슈들을 고려해서 자신의 지지 정당을 결정하지 않는다는 것입니다. 이것을 '요약적 심리성향'[또는 '심리적 요약성향'(要約性向)] 또는 '심리적 배열성향'(配列性向, psychological disposition)이라고도 합니다. 한국에서 지역투표 성향이 있다는 것은 다른 어떤 이슈들을 고려하지 않고 자신의 출신지역의 연고성을 가장 중요한 단일의 판단 근거로 삼기 때문입니다. 선진 민주국가에서의 유권자들에게도 경제적 차원의 좌-우파와 정치적(사회적) 차원의 좌-우파라는 두 차원 중의 한 가지가 정당을 지지하는 가장 중요한 차원이 되리라고 예상해 볼 수 있습니다. '중위투표자 이론'은 경제학자 호텔링(Hotelling)에 의해서 제시되었는데, 이는 "하나의 직선거리 상에 두 개의 상점이 그 거리에 사는 주민들에게 보다 많은 상품을 팔기위해서 경쟁한다면 두 상점은 그 거리의 어디에 위치하는 것이 좋은가?"하는 의문에 답하면서 이루어졌습니다. 답은 두 상점이 보다 많은 상품을 팔 수 있는 지점은 소비자들이 먼 지점의 상점으로 상품을 사러 가지는 않는다고 한다면 결국 그 거리의 중간 지점에 위치하며 이웃하게 된다는 것입니다. 이후 다운즈(Downs)는 "한 개의 정책 차원을 중심으로 두 개의 정당이 경쟁하면서 유권자들에게 보다 많은 표를 얻기 위해선 어떤 정책적 위치를 취하는 것이 좋은가?"하는 형식으로 전이시킵니다. 답은 인구분포(population distribution)를 생각할 때보다 보다 많은 유권자들이 위치하는 곳은 결국 중간지점이며(일반적으로 인구는 양 극단보다 중간에 보다 많이 분포함) 이러한 정책적 중간 지점으로 두 정당이 수렴하게 됩니다. 독자들은 이러한 논리가 두 개의 전제(한 개의 정책차원에서 두 개 정당이 경쟁한다는 전제)하에 이루어지고 있음을 유의하기 바랍니다.

장을 말하며, 거리적으로 계산한 중간 지점을 의미하는 것은 아님에 유의하시기 바랍니다. 그 내용이 정치학에서 다양하게 인용되며, 다양한 함의를 갖고 있으므로 구체적인 예를 통해서 자세히 살펴보도록 하겠습니다.

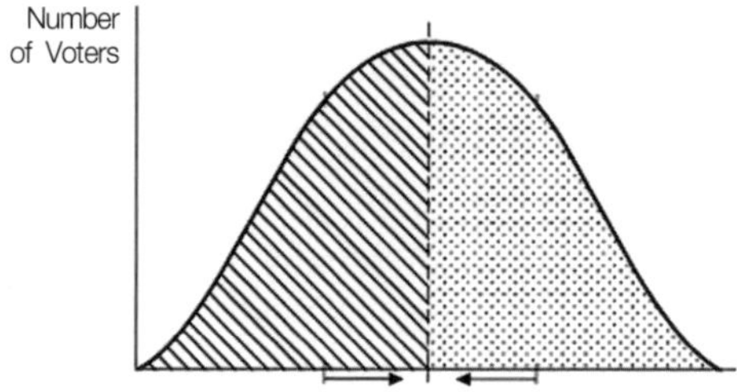

〈그림 8-2〉 중위 투표자 정리

"정부 예산(政府 豫算, government budget)의 규모"에 대해서 각기 다른 의견들을 갖고 있는 다섯 명의 유권자 갑, 을, 병, 정, 무가 있습니다. 이들 다섯 유권자는 정부가 GNP에서 정부 예산 규모를 몇 %로 정하는 가에 관심이 있습니다. 즉 우리가 앞서서 배운, 큰 정부인지 작은 정부인지를 말하는 차원에서(또는 좌파와 우파를 결정하는 경제적 차원에서) 나름대로의 입장을 지니고 있습니다. 그들은 자신들의 입장과 가장 비슷한 정당을 지지합니다. 그리고 한 가지의 선택만 할 수 있습니다. 여기에 a, b, c, d, e란 정당이 존재하면서 GNP로부터의 정부 예산 비율에 대해서 V, W, X, Y, Z란 정책적 입장을 지니고 있다고 해 봅시다. 조사를 해보니, 다섯 유권자의 입장과 다섯 정당의 입장은 그림 8-3과 같이 나타났습니다.

그림 8-3은 두 가지 요소로 구성되어 있습니다. 첫 번째는 정

Q & A

너무나 당연한 것 같은데, 왜 이러한 가정을 합니까? | 유권자들이 이슈 차원에서 자신의 생각과 가장 가까운 정책의 정당을 선택한다는 것은 (+)와 (−)의 방향성에 상관없이 정당을 선택한다는 것을 가정하는 것입니다. 왜 이런 가정을 하는가 하면 좌-우의 문제와 상치될 수도 있기 때문입니다. 다시 말해서, 이슈 차원에서 좌-우의 문제는 방향성을 갖고 있기 때문입니다. 예를 들면, 어떤 유권자가 GNP 대비 정부 예산 비율 20%가 적합하다고 생각한다고 합시다. A, B, C 세 정당이 있는데 각각 14%, 23%, 30%를 주장하고 있습니다. 그러면 그는 23%를 주장하는 정당을 지지합니다. 만약 그가 우파라면 조금 거리는 멀지만 14%를 주장하는 정당을 지지할 수도 있을 것입니다. 왜냐하면 23%를 주장하는 정당은 14%를 주장하는 정당보다 상대적 좌파이기 때문입니다.

당의 위치입니다. a정당의 V정책이 상대적으로 가장 좌파이며, e정당의 Z정책이 상대적으로 가장 우파입니다. 그리고 c정당의 X정책이 상대적으로 가장 중위적인 입장입니다. 두 번째는 유권자의 위치입니다. 갑이 상대적으로 가장 좌파이며, 무가 상대적으로 가장 우파입니다. 그리고 병이 상대적으로 가장 중위적인 입장입니다. 그러면 그림 8-7과 같은 경우엔 정당의 위치와 유권자의 위치를 종합해 볼 때 어떤 정당이 가장 유리할까요? 궁극적으로 '병'의 선호를 중심으로 X를 주장하는 c정당 또는 Y를 주장하는 d정당이 유리합니다. 그리고 나아가서 중위 투표자 병이 X와 Y중에서 어떤 정책을 더 좋아하느냐에 따라서 c와 d 사이에 승패가 결정될 것입니다.

그림 8-3에서 대다수(을, 병, 정, 무)는 X를 V나 W보다 더 선호하며, 마찬가지로 대다수(갑, 을, 병)는 Y를 Z보다 더 선호합니다.[24]

24) 당연히 갑, 을, 병, 정, 무 모든 사람이 투표한다는 것을 전제로 한 것입니다.

최종 승자는 X와 Y 사이에서 존재한다는 것을 알 수 있습니다.[25)]

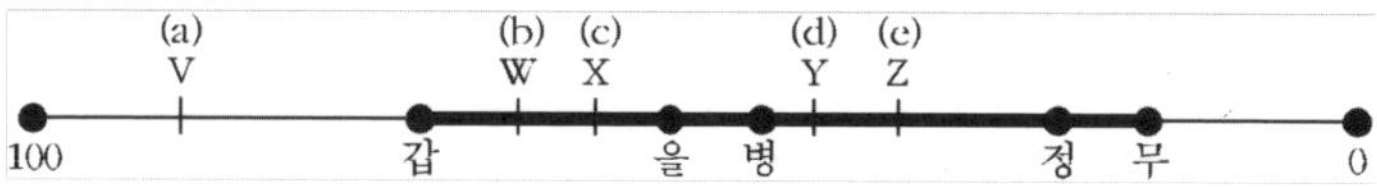

〈그림 8-3〉 중위투표자 이론의 논리적 근거

그림 8-3에서 승자를 그냥 'Y정책'이라고 하지 않고 "X와 Y중에서 병이 어떤 정책을 더 좋아하느냐에 달려 있다"라고 표현한 것에는 이유가 있습니다. 바로 좌-우파라는 방향성 때문입니다. 그림에선 분명 중위 투표자 병의 입장에 Y가 X보다 더 가깝습니다. 그런데 문제는 X와 Y가 병의 입장에서 좌-우로 방향성을 지닐 수 있다는 것입니다. 상대적 좌-우의 문제는 정치학에서 가장 중요한 문제로 그림 상에서의 단순한 거리가 병의 효용에 관련될 경우엔 방향성이 의미를 지닙니다. 즉 병이 X를 선택한다는 뜻입니다. 그런데 그림에서의 거리는 '기수적 측정'이 아니며, 더욱이 병을 중심으로 다른 방향은 단순히 기수적으로 비교될 수 없습니다. 방향을 고려하지 않고 중위 투표자 병이 X를 Y보다 더 선호하면 X가 승자가 될 수 있습니다. 중위 투표자 병이 Y를 X보다 더 좋아하면 Y가 승자가 될 수 있습니다.

앞서서의 예는 V, W, X, Y, Z의 다섯 가지 분리된 대안들(discrete alternatives)을 통해서였습니다. 만약 GNP 대비 정부 예산

25) 이것은 그림 8-3의 특수성 때문에 그런 것이 아니니, 여러 가지 경우를 시험해 보시기 바랍니다. 그림 8-3은 필자가 독자들에게 중위 투표자 이론을 쉽게 이해시키면서도 새로운 직관을 심어주기 위해서 마련한 예에 지나지 않습니다.

규모의 비율의 가능한 옵션들이 0에서부터 100% 사이에 존재한다고 가정하면, '중위 투표자'의 선택이 다른 어떤 대안들을 이길 수 있음을 보다 명확히 보여주게 됨을 이해하기가 더 수월할 것입니다.

정치적 경기순환의 문제

정당은 권력의 획득을 위해서 경쟁합니다. 선거를 통해서 여당은 계속 집권하려고 하며, 야당은 정권을 교체하려고 합니다. 선거에서 유권자 표심의 향배는 선거에 즈음한 시점에서의 경제 상황이 많은 영향을 미칩니다. 만약 정당이란 기관을 합리적으로 이익을 추구하는(즉 선거에서의 승리를 유일한 목표로 삼는) 개체로 평가한다면 집권 여당은 선거에서 득표율을 극대화할 수 있는 경제정책을 채택하게 됩니다. 집권 정당은 재집권을 위해 선거에 즈음한 일정 기간 동안 활황국면의 경제를 의도적으로 조작할 수 있습니다. 그렇다면 다음과 같은 시나리오가 가능할 것입니다.

집권 정당은 선거 유세 기간 직전에 인플레이션 유발정책을 써서 경제를 팽창시키고 고용을 늘립니다. 경기가 좋아져서 집권 정당은 인기를 유지하며 다시 재집권할 수 있습니다. 인플레이션은 선거가 끝난 후에 나타나게 됩니다. 재집권한 정당은 경제에 긴축통화정책을 실시하고 활황 경제에 제동을 걸면서 인플레이션은 어느 정도 치유되지만 불경기가 발생합니다. 그러면 다시 선거에 즈음한 시기를 대비하여 경제 활황 정책을 써 고용을 늘리며 유권자들로부터 인기를 만회합니다. 경기 순환이 국가의 경제 정책으로부터 비롯되는 것만이 아니라, 집권 정당의 선거 논리를 좇게 된다는 것이 바로 '정치적 경기순환'(政治的 景氣循環, political business cycle) 가설입니다.

유권자들이 가장 좋아하는 경제 상황은 '저 물가'와 '높은 고용' 상황이지만, 여당은 이들 두 마리의 토끼를 동시에 잡기 어렵습니다.[26] 따라서 정부는 물가 상승률과 실업률의 다양한 조합들 중에서 선거 당시의 상황에 근거하여 대중들로부터 가장 많은 지지를 받을 수 있는 조합을 선택하여 경제정책을 운용하게 됩니다. 일반적인 상황을 상상해 본다면, 정부로선 선거 전에는 실업률 축소에 더 무게를 두며, 선거 후에는 물가상승문제 해결에 더 무게를 두게 될 것입니다. 이러한 주장은 노드하우스(William Nordhaus)가 체계화시켰지만, 정작 서구 9개국 분석에선 이러한 정치적 경기순환 가설이 경험적으로 뚜렷하게 입증되지 않아 가설의 단계에 머무르게 됩니다.

특별한 이론에 대한 지식이 없는 경우에도, 많은 사람들은 여

---

26) 필립스 곡선(Phillips curve)에 의하면 물가와 실업률은 서로 동시에 달성할 수 없는 교환(trade-off)의 관계입니다. 영국의 경제학자 필립스는 실업률이 증가하면 물가가 하락하고, 실업률이 감소하면 물가가 상승하기에, 인플레이션(물가상승률, inflation)과 실업률은 마이너스(-)의 상관관계에 있다고 하였습니다. 따라서 실업률(x축)과 물가상승률(y축)으로 하였을 때, 단기필립스 곡선은 우하향하는 반비례 관계로 표시됩니다. 필립스 가설에 바탕하여 케인지안(Keynesian)들은 정부가 경제정책을 통하여 실업률과 물가상승률 사이에서 최적점(optimal point)를 찾아낼 수 있다고 생각합니다. 예를 들면, 미국 클린턴(B. Clinton, 1994-2002) 정부에선 "재정개혁(재정감축)과 균형재정"을 통해서 연평균 성장률 3.9%인 가운데, 실업률 5.2%(완전고용률 수준)와 물가상승률 2.6%로 억제되어 미국은 전후 최장기 호황을 이루게 됩니다. 그러니까, 경제정책의 시행은 정치적 권력을 바탕으로 이루어진 것이며, 실제로 민주당 대통령인 클린턴은 재정감축때문에 "공화당보다 더한 민주당원"이란 소리까지 듣데 됩니다. "나의 지지율보다 국가 경제가 우선이다"라고 선언한 대통령의 리더십이 돋보인 예입니다.

대통령 선거, 주가변동, 경기상황 | 앞서 '정치적 경기순환'에 관한 논의들을 '이론'이라고 하지 않고 '가설'이라고 언급하였습니다. 특히, 선거와 연관된 경제 상황에 관해서 '주가'와의 연계성, '호황', '불황'과의 연계성 등에 대해서 장기 그래프를 참조해 보도록 하겠습니다. 대통령 취임 이후 주가가 오르고 퇴임 시에는 주가가 하락하는 듯도 한데, 1987년 민주화 직후 20세기를 보면, YS정부와 DJ정부의 시작직후 주가가 오르고 있습니다. 21세기로 시기를 확장하여 대통령선거와 경기순환을 보자면 13, 14대에는 대통령선거가 끝나고 대통령취임이후 경기가 호황되었다고 볼 수 있지만, 12대, 15대, 16대 때에는 오히려 경기가 불황으로 접어들게 된 것으로 나타납니다. 다음의 두 그래프를 비교해 보시기 바랍니다.

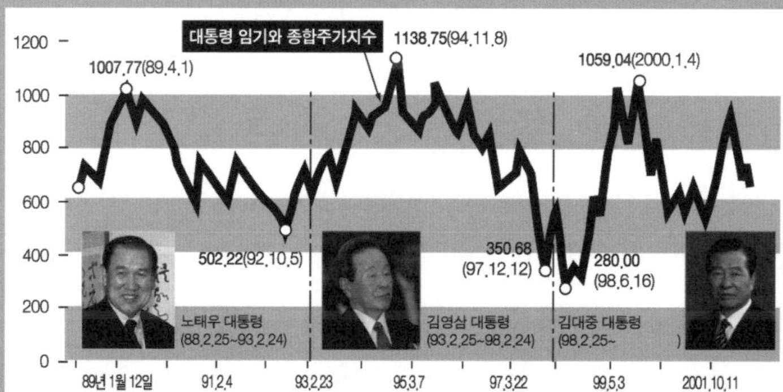

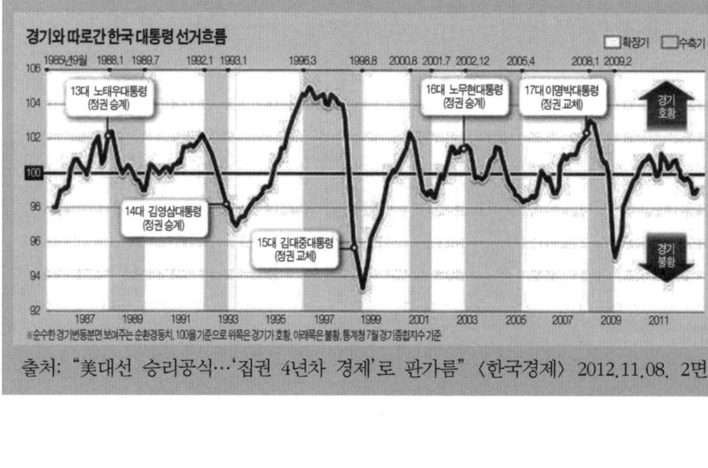

출처: "美대선 승리공식…'집권 4년차 경제'로 판가름" 〈한국경제〉 2012.11.08. 2면

당이나 행정부가 선거에 즈음하여서는 경기의 활황국면을 의도적으로 조성하려 한다고 생각합니다. 경제상황이 선거 결과에 영향을 미치기 때문입니다. 대통령제를 채택하고 있는 국가들에선 모든 선거의 중심에 대통령 선거가 있습니다. 따라서 대통령 임기와 관련하여 임기가 시작되는 시점에 많은 경제적 현상들이 관련하여 나타나기도 합니다. 대통령 선거 직후에 개인의 실질적 수입증가 현상이 나타나기도 하고(Tufte 1978), 주식시장에서 주가지수가 오르기도 합니다. 하지만 유권자들은 자신이 선호하는 경제정책과 비슷한 정향을 지닌 정당을 지지할 뿐이며(Hibbs 1987), 정당의 단기적인 재정정책 등과는 무관하게 투표한다는 주장도 있습니다(Alesina 1987). 결론적으로, 정치적 경기순환 현상들은 국가에 따라서 시기에 따라서 다양하게 나타나기 때문에 그 존재 자체를 일반화하기가 쉽지 않습니다.

정치적 경기순환 가설을 받아들이자면, 유권자들은 '근시안'(近視眼, myopic)적인 사람들임을 인정해야 합니다. 유권자들이 선거 시기에 정부의 단기적인 경제 정책의 실행 여부만을 고려하여 투표하며, 선거 이전의 변화하는 경제 상황들에 대해서는 건망증이 있는 존재에 불과합니다. 또한 유권자들은 국가의 거시적인 경제적 상황을 고려하여 투표하기도 하지만, 자신의 호주머니 사정이 더 중요하기 때문에 자신의 경제적 처지가 더 중요한 요인이 될 수도 있습니다.[27)]

---

27) 유권자 개인의 입장에서 거시적 차원에서 국가 경제 상황을 염두에 두고 지금의 경제상황을 판단하여 투표하는 행태를 '사회-경제적 투표행태'(socio-economic voting behavior)라고 합니다. 반면에 국가 경제 상황과는 상관없이 미시적 차원에서 자신의 경제적 처지를 더 중요하게 고려하여(즉 자신의 주머니 사정을 더 중요하게 생각하여) 투표하는 행태를 '주머니 사정 투표행태'(pocket-book voting behavior)라고 합니다.

공공선택이론은 정치가들의 이기심과 표를 확보하려는 욕심이란 현실적 문제들을 다루고 있으며, 정치적 경기순환 가설도 그 연장선상에서 이해할 수 있을 것입니다. 국내 경제의 대외의존도가 높은 경우 집권당의 국내 경제정책에 대한 영향력은 그렇지 않은 경우보다 제한적일 수 있어 '정치적 경기순환' 가설이 현시화되기 어려울 수도 있습니다. 정치적 경기순환 가설이 갖고 있는 한계에도 불구하고, 국가의 금융정책이나 재정정책과 같은 경제정책이 경제 논리보다 선거논리를 좇을 수도 있다는 사실을 알아두는 것은 유용한 일입니다.

8장을 마치며

공공선택이론은 단순히 미시적(微視的, micro-) 차원의 이론이 아닙니다. 공공선택이론은 거시적(巨視的, macro-) 차원의 논의와 혼재되어 있습니다.[28)] 합리적으로 행동하는 경제적 인간을 공준

28) 경제학에서 미시경제학(micro-economics)과 거시경제학(macro-economics)을 분류하듯이, 정치학에서도 미시정치학(micro-politics)과 거시정치학(macro-politics)으로 구분하기도 합니다. 일반적으로 미시 차원의 이론은 개인적 행태에 기반하며, 거시 차원의 이론은 개인이 속한 사회의 구조적 상황을 중시합니다. 공공선택이론이 미시와 거시의 성격을 동시에 갖는 이러한 상황은 과거 정치학에서 있었던 '후기행태주의'(後期行態主義, post-behavioralism)와 유사합니다. 정치학 분야에서 1960년대에 있었던 행태주의(行態主義, behavioralism)는 개인의 행태를 기반으로 하여 정치현상을 설명했습니다. 행태주의가 정치학에서 역사성과 사회성을 제거한다는 비판에 직면한 후에 이에 대한 대응으로 제시된 '후기행태주의'는 역사적 상황과 사회적 구조와 연관된 개인의 행태를 강조합니다(Easton 1966). 후기행태주의는 미시적 접근과 거시적 접근이 혼재되어 있는 셈입니다.

으로 사용하는 경우 미시적 차원의 이론이지만, 경제적 헌법학이나 정치적 경기순환 가설에서 보듯이 거시적인 차원의 내용들이 동시에 다루어지고 있음을 알 수 있습니다.

공공선택이론은 '경쟁의 형태'(the type of competition)에 주목합니다. '정치형태'(polity)를 '시장형태'(market)에 비교하여 논리를 진행시킵시다. 이상적인 민주주의 상황을 완전경쟁시장(perfect competition)에 비교합니다. 소비자(customers)들이 자유경쟁시장에서 상품(또는 기업)에 대한 자유로운 선택을 하듯이 정치 유권자(voters)들은 이상적인 민주주의 현장에서 정당의 정책을 선택합니다. 정치적 독재의 상황은 독점 시장에 비유합니다.

그렇지만 현실적으로 민주주의 사회에서도 정치적 경쟁은 완전한 자유경쟁의 형태보다는 '과두제적 경쟁'(oligopolistic competition)의 형태를 띠게 됩니다. 이것은 다양한 유권자들의 선호를 대변하여 경쟁하는 다양한 정당들로 구성된 정치체계가 아니고, 주요한 정당들 몇 개가 유권자들의 선호를 대변한다는 의미입니다. 유권자와 정치인들 모두가 자신들의 이익을 추구하는 존재라는 의미를 받아들인다면 유권자와 그들이 뽑은 대표자들 사이에는 괴리가 존재할 수 있습니다. 선진 민주주의 사회에서조차 선거로 뽑힌 대표자들은 유권자들의 선호를 무시하고 자신들의 이익을 추구할만한 상당한 여지를 갖고 있는 셈이며, 공공선택이론은 그 가능성에 대해서 생각할 수 있게 합니다.

공공선택이론은 내용은 정치영역을 다루되 그 방법론은 경제적 내용에 의거하고 있다고 앞서 언급하였습니다. 그럼에도 불구하고, 허쉬만(A. Hirschman)은 인구에 회자되는 그의 고전적 저서 「Exit,

Voice, Loyalty」에서 경제영역에서의 조직(시장에서의 기업)과 정치영역에서의 조직(국가에서 정당)의 구분에 대해서 여전히 유의해야 함을 지적합니다. 사회 속에서 개인들은 시장에서 기업이나 국가에서 정치조직들(즉, 정당이나 정치단체들)을 상대로 수 없이 많은 선택을 하지만, 그 선택의 종류는 '탈출'(exit), '목소리내기'(voice), '충성하기'(loyalty)라는 3가지 유형으로 축소됩니다. 쉽게 표현하자면, 개인들이 연루된 조직의 쇠퇴나 불만에 직면했을 때, 아예 그 조직을 떠나거나(또는 한 조직을 떠나서 다른 조직으로 옮겨 가거나), 그 조직 안에서 불만의 목소리를 높이면서 조직의 개선을 추구하거나, 아니면 그 조직에 대해서 지속적으로 충성하는 것입니다. 허쉬만의 입장을 더 정확히 표현하자면, 자신이 관련하는 경제조직이나 정치조직의 퇴보나 쇠퇴에 직면한 경우 개인들은 '탈출'이나 '목소리내기'라는 두 가지 옵션의 효과적 조합을 통해서 그 해결책을 찾는다는 것이며, 이 두 가지 옵션의 최적화된 조합은 그 조직에 대하여 기존에 갖고 있었던 '충성도'의 정도에 따라서 변화하기에 특정화된 어떤 지점으로 한정하여 표현할 수는 없음을 주장합니다. 조직에 대한 충성[또는 일체감(identification)]의 정도는 조직에 대한 출구 전략의 가능성을 감소시키게 됩니다. 그런데, 조직에 대한 충성도의 차원에서, 개인들의 경제조직에 대한 충성도와 정치조직에 대한 충성도는 차이가 있습니다. 경제영역에서 소비자는 특정 기업의 상품이 마음에 들지 않으면 그 상품을 구입하지 않으면 그만입니다(exit). 그렇지만, 정치영역에서 유권자들은 특정 정당의 정책이 마음에 들지 않아도 그 정당이 선거에서 승리하여 집권한 경우엔 집권 정당의 정책적 영향력에서 벗어날 수 없습니다. 이것이 바로 시장에서 기업의 상품이란 사유재(private goods)와 정치과정에서 정당의 정책이란 공공재(public goods)의 차이점입니다. 허쉬만은 개인들이 경제조직에 대해서는 탈출 옵션을 선택하는데 자유로운데 반해서, 정치조직에 대해서는 목소리내기 옵션이 상대적으로 더 현실적이고 효과적임을 지적합니다. 물론, 정치과정에서도 기존 조직에 대한 불만을 조작화할 수 있는 힘이 있는 사람들은 우선적으로 조직에 대하여 출구전략을 선택하기도 합니다. 예를 들면, 정당이 마음에 들지 않는 경우, 그 정당에서 리더십과 지분을 지니고 상황을 "규정할 수 있는" (즉, 조작화할 수 있는) 정당 지도자는 당을 깨고 나가서 다시 신당을 창당하기도 한다는 의미입니다. 종합적으로, 목소리내기 옵션은 충성도라는 차원에서 볼 때 출구 옵션의 비용이 클 때 사용됩니다.

허쉬만의 이론은 앞서 제시한 호텔링-다운스의 '중위투표자 이론'에 대해서도 상반된 의견을 제시합니다. 앞서 중위투표자 이론에 따르면, 두 개의 정당이 한 개의 주요한 정책 차원에서 경쟁할 때, 두 정당은 보다 많은 유권자들의 표를 얻을 수 있는 중위적 입장의 정책을 취하게 된다고 하였습니다. 하지만, 허쉬만은 이런 입장을 비판하면서, 유권자들 중에는 정책적 극단점에 대해서 적극적으로 목소리를 내는 여론몰이 정치활동가들이 존재하기에 이들의 목소리를 정당이 무시할 수 없으며, 따라서 하나의 주요 정책 차원에서 두 정당이 경쟁하는 경우에 반드시 정당의 입장이 양 극단의 중위적 입장으로 수렴하기 어렵다는 것입니다.[29)]

29) 한 표라도 더 많은 유권자들의 표를 얻기 위해서 경쟁하는 두 정당(또는 후보자)이 서로 대치되는 정책 공약보다는 서로 수렴하는 성격의 정책 대결을 벌인다는 것에 대한 또 다른 반론의 논거로 사용되는 것이 바로 유권자들의 '회고적 투표행태'(ret-

독자분들께서는 공공선택이론을 통해서 경제적 방법론의 정치적 영역에의 적용이란 지혜는 유익하지만, 그럼에도 불구하고 역시 경제영역은 경제영역이고, 정치영역은 정치영역이라는 평범한 진리가 크게 존재함을 느끼게 되기도 합니다.

---

rospective voting behavior)입니다. 즉, 중도-우파 정당의 경우 앞으로의 선거에서 복지비 증설을 주장하며 중도-좌파 정당의 복지비 지출 정책에 수렴한다고 해도 유권자들이 중도-우파정당이 지난 임기동안 행했던 정책과 행동을 회고(回顧)하여 판단하는 경우엔(즉, 회고적 투표행태를 갖는 경우엔), 중도-우파 정당이 단순히 복지비 지출을 늘린다는 것만으로 오히려 '거짓말'이나 '정책불이행 가능성'에 노출될 수도 있기에 수렴행위(convergence)에는 한계가 있다는 주장들이 있습니다. 그래서, 일반적으로 정당간의 경쟁이나 후보자간 경쟁에서 공약의 수렴이론은 유권자들이 회고적 투표행태보다 '전망적 투표행태'(prospective voting behavior)를 갖는 경우에 더 잘 적용될 수 있다고 볼 수 있습니다.

제9장

국제정치

'국내정치'(國內政治, domestic politics)에서 국가권력은 '통합된 통치권'(integrated sovereignty)으로 기능합니다. '통합된 통치권'이 기능한다는 의미는 국가의 의사가 국가 구성원들의 행위를 규제하여 얽어맬 수 있다는 것입니다. 한 국가의 영토 내에 있는 구성원들은 일률적으로 국가가 정해 놓은 규율의 지배(支配, dominion)를 받고, 이를 어긴 경우 물리적 제재(制裁)를 받게 됩니다. 상대적으로 '국제정치'(國際政治, international politics)에는 '통합된 하나의 통치권'이 존재하지 않습니다.[1] 국내정치와 상대적 시각에서 비교한다면 국제 사회는 '공통의 통치권'(common sovereignty)이 존재하지 않는 이른바 '무정부'(無政府, anarchy) 상태에 가까운 형태를 띠고 있습니다.

'통합된 하나의 통치권'이 존재하느냐 존재하지 않느냐의 큰 차이는 갈등이나 분쟁이 발생한 경우 이를 조정하는 과정에서 두드러지게 나타납니다. 국내정치에선 분쟁이 발생한 경우 국가는 강제력을 발동하여 분쟁을 진압하게 됩니다. 하지만 국제정치에선 국가 간의 분쟁이 발생한 경우 초국가적인 통치권으로서 작용하는 어떤 권력이 뚜렷이 존재하지 않습니다. 비록 '국제연합'(國際聯合, United Nations: UN)과 같은 기구가 존재하지만(국제연합군을 통한 무력제제가 가능함), 사실상 여러 개 회원국들이 자신의 입장을 대변하고 있기 때문에 통합되어 기능하는 하나의 일관되고 강력한 통치

1) '국제정치'란 용어 대신에 '국제관계'(國際關係, international relations)란 용어를 사용하기도 합니다. '국제관계'는 국가 간의 관계에 있어서 정치적 영역뿐만이 아니라, 경제, 법, 사회, 심리, 문화, 인류 등의 다양한 영역들을 종합적으로 포함하는 보다 포괄적 의미를 지닌 용어입니다. 예를 들면 국가 간의 무역분쟁, 이민문제, 문화교류, 관광 등은 국제관계에 포함될 것입니다. 하지만 무역분쟁, 이민문제, 문화교류,관광 등도 정치적 연관성에서 완전히 분리된 것은 아닐 수도 있습니다.

UN 본부 전경(뉴욕)

권을 형성하는 것이 불가능에 가깝습니다. 다양한 사건들의 처리에 있어서 각 국의 이해관계가 얽혀있기 때문입니다.

UN은 제1차세계대전이후 성립되었던 '국제연맹'의 실패와 이후 제2차세계대전의 발발이란 실패를 되풀이하지 않기 위해서 1945년 10월에 성립하였고,[2] 1946년 1월에 제1회 총회를 시작으로 기능하기 시작합니다. 현재의 국제질서는 UN이란 기관이 하나의 통합된 정치기관이 존재합니다. 하지만 실질적인 힘을 지닌 안전보장이사회(Security Council)의 다섯 개국 상임이사국(permanent member) 체

2) UN의 형성과정은 다음과 같습니다. ㉠ '대서양헌장'(1941.8: 영토불확대, 민족자결, 세계의 통상 및 자원에 대한 기회균등, 항구적 안전보장체제의 수립 등). ㉡ 26개 연합국이 모여서 대서양헌장을 인정하는 '연합국공동선언'(1942)을 채택. ㉢ 덤바튼 오크스 회의(Dumbarton Oaks Conference 1944)를 통해서 미국, 영국, 소련, 중국 4개국 대표가 국제연합헌장의 초안작성. ㉣ 샌프란시스코회의(San Francisco Conference, 1945.4.25 - 1945.6.26)를 통해서 51개국이 참여하여 국제연합헌장을 제정함.

제로 되어 있습니다. 상임이사국들은 중요한 사안들에 대해선 만장일치제도를 채택하고 있기 때문에 다섯 개의 통치권이 존재한다는 비유도 가능할 것입니다.[3)]

국내정치에는 주권자인 국민들로부터 동의된 하나의 통합된 통치권을 행사하는 기관이 존재하지만, 국제정치에는 존재하지 않는 셈입니다. 그렇기 때문에 국내정치에선 구성원들 간에 발생하는 갈등과 경쟁이란 현상을 해결하는 방식으로 국가 공권력에 의한 강제력이 유효하며, 투표와 같은 평화적 수단들이 사용됩니다. 국제정치에선 하나의 통합된 통치권에 의한 갈등해결 방식이 사실상 불가능하기 때문에 갈등과 분쟁을 해결하기 위한 수단으로 '전쟁'(戰爭, war)이 일어납니다. 어떤 해당 국가들 간에 정치적, 경제적 분쟁이 일어난 경우 주변 국가들의 해당 국가들에 대한 우호 관계나 '국가이익'(國家利益, national interest)에 따라서 전쟁이나 분쟁이 확대되기도 합니다. 국가 단위의 이질적인 존재들이 평화롭게 더불어 살아갈 수 있는 방식을 구축하고 제도화하는 것은 국제정치의 주요한 과제가 됩니다. 현대 사회에서 국가 간의 관계에서 다양한 '국제기구'(國際機構, international organization)의 활용, '공공 외교'(公共 外交, public diplomacy), 민간단체들의 상호 교류 등이 중시되는 이유는 국제사회가 평화롭고 풍요롭게 살기위한 하나의 방식이기 때문입니다.

3) 현재 상임이사국의 수를 늘리려는 움직임이 있습니다. 그러나 상임이사국의 수는 소수로 제한될 것입니다.

국제정치를 바라보는 시각들

국제정치를 이론화하는 세 가지의 기본 개념은 ⓐ '행위자'(actors), ⓑ 행위자의 '목표'(goals), ⓒ 그러한 목표를 이루기 위한 '수단'(instruments)으로 정리됩니다. 국제 관계에서 행위자(actor)의 종류엔 국가만 있는 것이 아닙니다. 관료, 다국적 기업(多國籍 企業, Multi-National Corporations: MNCs), 국제기구, NGOs 등도 국제 관계에서 행위자가 될 수 있으며, 인터넷이 발달한 현대에는 개인도 행위자가 될 수 있습니다. 큰 관점에서 본다면 국가적 행위자와 비국가적(非國家的) 행위자로 양분되는 셈이며, 비국가적 행위자의 중요성이 과거보다 증대되고 있습니다.[4] 그럼에도 불구하고 국제 사회에서 상대적으로 가장 중요한 행위자는 여전히 국가라는데 이견이 없을 것입니다.

행위자는 나름대로의 행위 목적을 가지고 있을 것입니다. 국가는 국내적으론 국민들의 경제 문제를 해결해야 하며, 사회 질서의 유지라는 목적을 지니고 있습니다. 국제 사회에서 국가라는 행위자의 최고의 의무는 그 자신의 보전(保全)입니다. 따라서 전통적으로 국가 최고의 목적은 외국의 침략으로부터 국가의 안전을 지키는 '안보'(安保, security)가 되어 왔습니다. 하지만 국가의 목적은 국제사회에서 점점 다원화되는 측면이 강합니다. 이것은 '안보'의 개념이 다원화되는 것과도 일맥상통합니다. 즉 국가의 안전보장은 단순히 군사 안전보장만을 의미하는 것이 아니고, 경제적 부의 창출을 통한

4) 유럽연합(European Union: EU)과 같이 국가들의 연합체도 비국가적인 예의 또 다른 사례일 것입니다.

경제 안전보장, 환경 보호를 통한 환경 안전보장, 국민의 건강을 책임지는 의료 안전보장 등으로 다원화되는 경향이 있습니다.

국제 질서에서 안보라는 목적을 달성하기 위한 전통적인 수단은 '군사력'(軍事力, military force)입니다. '군사적인 힘'은 '경제적인 힘'과는 구분되는 '정치적인 힘'을 말합니다. '경제적인 힘'은 '군사적인 힘'을 대치하기 어렵습니다. 이른바 '정치대국'과 '경제대국'은 구분이 되기도 한다는 의미입니다. 예를 들면 미국은 경제대국이자 정치대국입니다. 반면에 일본은 경제대국이지만 소위 정치대국이라 말하기는 어렵습니다. 일본이 미국의 '핵우산'(核雨傘, nuclear umbrella) 밑에 있는 한, 그리고 UN 안전보장이사회의 상임이사국 회원이 아닌 이상 정치대국이라고 하기 어려울 것입니다.[5)]

이상에선 국제정치에서 국가라는 행위자를 중심으로 국가의 목표, 그러한 목표를 이루기 위한 수단이란 세 가지 개념을 살펴보았습니다. 그렇지만 국제정치에서 행위자, 목표, 수단을 바라보는 다양한 시각들이 존재합니다. 이러한 다양한 시각들을 현실주의, 이상주의, 구성주의란 세 가지의 커다란 틀 속에서 정리해 볼 수 있습니다. 이러한 차이점은 궁극적으로 국제 사회의 성격을 어떻게 규정하느냐와 연관되어 있습니다.

---

5) '핵우산'이란 우산 아래에서 비를 피하듯, 핵우산 아래에선 핵을 피할 수 있음을 의미하는 전문 용어입니다. '핵우산 정책'이란 기존의 핵 보유국의 우산 아래에 있으면 비록 핵을 소유하지 않더라도 타국의 핵공격에서 보호받을 수 있다는 정책을 말합니다. 일반적으로 핵우산 정책은 핵 보유국이 주장하며, 핵무기의 확산을 막고 타 국가들을 자신의 군사적 보호 아래에 두는 효과를 가져옵니다.

현실주의

현실주의(現實主義, realism)는 국가 간의 협력을 통한 평화가 어렵다고 봅니다. 개별 국가는 국가 나름대로 정의된 국가이익을 가지고 있으며 이것은 타협되고 조정되기 어렵다고 보기 때문입니다. 따라서 현실주의는 국제관계를 설명함에 있어서 국가이익을 실현할 수 있는 '국력'(國力, national power)의 확보를 중시합니다. 국력의 확보란 결국 국가 간의 '세(勢) 싸움'인 것입니다. 우리는 일상에서 "지금 양 쪽이 세력 싸움을 하고 있다"라는 표현을 쓰곤 합니다. 통합된 통치권이 없는 국제 정치에선 'power'의 개념을 '권력 투쟁'이란 용어보다는 '세력 경쟁'이란 용어로 연상하는 것이 우리의 직관에 더 유용하리라고 봅니다. 세력이란 "국가의 이익을 실행하기 위하여 다른 국가들을 누르고 자신의 의도대로 행동할 수 있는 기운"을 말합니다.

Hans J. Morgenthau
(1904-1980)

모겐소(Hans J. Morgenthau)는 국제정치를 "국가 간의 세력 경쟁을 위한 투쟁"(struggle for power)의 장(場)으로 정의합니다(Morgenthau 1948). 국력을 위한 힘의 논리가 지배하는 곳에선 국력의 증대 그 자체가 국가의 목적이 됩니다. 동시에 특정 국가의 세력(勢力)이 팽창하여 국력은 군사력만으로 한정되지 않으며, 인구, 자원, 기술, 경제, 문화 및 역사 유산 등의 비군사적 요소도 포괄하는 개념입니다.

현실주의 이론은 학자들마다 다양하게 나타날 수 있지만, 홉

재미있는 이야기 **한반도 삼국시대(三國時代)와 중국에서 삼국지(三國志) Ⅰ**

세력균형에서 가장 문제가 되는 것은 과연 어떤 상황이 세력균형의 상황인지를 정의하거나 인식하는 것이 어렵다는 점입니다. 단순히 현재의 상황을 유지하는 것이 세력균형인가에 대해서 확답하기 어렵습니다. 세력균형에 대해서 국가 간의 정의와 인식은 그들의 역사적 배경이나 상황 인식과 맞물려 서로 다르기 때문에 매우 불안정한 상황을 연출할 수 있습니다. 과거를 기준으로 하느냐 현재를 기준으로 하느냐에 따라서 세력균형의 상태에 대한 인식이 바뀔 수 있다는 것입니다. 세력균형 정책이란 평화를 추구하는 방식으로 지극히 이상적인 정책일지도 모릅니다. 현실주의자들이 매우 이상적인 정책을 상정하고 있다고 해석할 수도 있을 것입니다. 한반도에서 고구려(高句麗)-백제(百濟)-신라(新羅)의 삼국시대는 삼국정립(三國鼎立)이란 측면에서 세력균형의 상태이지만, 삼국정립의 상태는 세력 확장이란 큰 틀 속에서 투쟁의 상태로 존재하였습니다. 반면에 삼국은 세력을 확장하기 위해서 끊임없이 싸웠다고 이야기할 수도 있지만, 결국 세력균형을 위해서 싸웠다는 시각도 가능할 것입니다. 평화는 삼국 간에 세력 균형이 무너져 신라가 삼국을 통일한 후에야 찾아옵니다. 세력균형이 평화를 가져온 것이 아니고, 무너진 세력균형이 평화를 가져왔으니 현실주의자의 입장에서 본다면 아이러니일 것입니다. 중국에서 위(魏)-오(吳)-촉(蜀) 삼국시대에도 세력균형 그 자체에 대해서 갖는 의미가 나라마다 다를 수 있습니다. 조조(曹操)의 위나라는 삼국을 통합하는 것이 목적이었으나, 상대적으로 약했던 유비(劉備)의 촉나라는 중국을 삼분(三分)하여 통치하는 것이 목적이었습니다. 제갈공명(諸葛孔明)은 삼국이 정립하는 상황을 유지하기 위해서 위와 오 사이에서 '균형자'(均衡者, balancer)로서의 역할을 택하기도 했습니다. 적벽대전(赤壁大戰)은 촉나라의 제갈공명의 책략이 작용하여 제일 강력한 위나라를 자원이 풍부한 오나라와 싸움을 벌여 서로의 세력을 약화시키는 가운데 촉나라의 상대적 세력 확장으로 인한 삼국간 세력 견제와 균형의 정책의 일환이었다는 해석이 가능합니다. 나라마다 세력균형의 상태에 대한 해석이 달라도 싸움이 그치지 않았다는 것만은 분명합니다. 적벽대전에서 승리한 오나라는 진정한 승자가 아닐 수도 있습니다. 위와 오의 대전 직후에 촉나라는 특별한 싸움 없이 형주(荊州)를 얻습니다. 근현대 외교사에선 영국이 유럽에서 '균형자'의 역할을 했다고도 합니다. 크림전쟁에선 프랑스와 손잡고 강대해진 러시아의 세력이 남하하는 것을 막았으며, 제1차 세계대전 직전엔 강대해진 독일에 대항해서 러시아와 손잡기도 합니다.

스(Thomas Hobbes)의 사상이 그 뿌리가 됩니다. 홉스는 인간들에게 있어서 '자연상태'(state of nature)란 '전쟁상태'(state of war)라고 규정합니다. 현실주의 이론은 이러한 홉스의 사상적 맥락 속에서 단일의 통합된 통치권을 행사하는 절대 군주가 없는 국제사회는 무정부 상태 하에 놓여 있는 것으로 규정됩니다. 그러므로 질서를 유지하기 위해선 무질서를 막을 수 있는 계약이 중요하며, 궁극적으로 그러한 계약은 강제된 물리력에 의해서만 지켜질 수 있습니다. 결국 국제사회의 질서를 유지하기 위해선 강제된 물리력을 행사할 수 있는 능력을 지닌 강대국(强大國, superpower)의 존재와 역할이 중요하게 됩니다.

강제된 물리력은 단일의 통합된 통치권을 행사하는 단일의 강대국이 존재해야만 효율적으로 실시될 수 있습니다. 현실적으로 하나의 통합 통치권이 존재하지 않는 국제사회에선 몇 개 강대국들 간의 '세력균형'(勢力均衡, balance of power)이 질서와 평화를 유지하는 방법이 됩니다. 홉스의 논리에 뿌리를 둔 현실주의자들이 국제사회에서 평화를 유지하는 핵심적인 방법으로 '세력균형'의 개념을 강조하는 이유가 여기에 있습니다.

스파이크만(Nicholas J. Spykman)은 국가란 스스로 강력하든지 아니면 그를 보호해주는 강력한 국가가 있기 때문에 존재할 수 있다고 생각합니다. 따라서 국가의 일반적인 목표는 자신의 세력 수준을 유지하고 나아가 확장하는 것이 됩니다(Spykman 1942). 국가들이 자신의 세력을 신장하는 것이 자연스러운 현상이라면 국제관계에선 협력보다 갈등과 분쟁이 더 전형적으로 나타나게 된다는 것입니다. 역사 속에서 국가의 세력 확장은 가장 저항이 적은 방향으로 진행되어 왔으며, 새로운 영토가 점령되고 보유되고 동화되며, 그렇게 새로이 점령된 영토는 또 다른 영토 확장의 출발점이 됩니다. 세력 확장의 노력이 지속되면서 국가의 팽창 한계인 국경(國境, frontier)은 국가들이 갖고 있는 상대적인 세력을 나타냅니다. 팽창의 한계는 자연적 장벽(산, 강, 바다, 계곡 등)에 의해서 정해지기도 합니다. 자원, 교통, 군사전략 요충지 등을 위해서 팽창하는 경우 국가 상호 간에 침식이 생기면서 갈등의 잠재력은 증대됩니다. 한 나라의 '지리적'(地理的, geographical) 조건은 그 나라의 국제정치적 상황에서의 문제점들에 영향을 미치게 됩니다. 역사적으로 한국이 수많은 외침에 시달리고, 현재 지구상의 마지막 분단국으로 남아 있는 국제정치적 상황은 강대국에 둘러싸인 '반도국가'(半島國家, peninsular state)라는 지정학적 요인 때문이라고 해도 과언이 아닐 것입니다.

Nicholas J. Spykman (1893-1943)

스파이크만은 '제2차 세계대전' 이후의 미국 외교정책에 관한 이론을 수립하면서 아시아와 유럽에서 '세력균형'을 중시하게 됩니다. 지정학적으로 당시 러시아와 독일 등의 강대국들이 속한 유라시아 대륙(the Eurasian Continent)은 미국이 속한 북남미(North-South

심화학습

'육지세력'(陸地勢力, landpower)과 '해양세력'(海洋勢力, seapower) 중에 누가 세계를 지배하는가? | 스파이크만의 논리는 '육지세력'(陸地勢力, landpower)의 중요성이 논리의 핵심이 되고 있습니다. 이런 맥락에서 본다면, 미국이 제2차 세계대전에서 영국을 도와준 것을 두 가지 차원에서 해석이 가능합니다. 하나는 유라시아대륙 내부의 차원으로, 미국이 섬나라인 영국을 도와서 유럽 육지에 소속된 독일이 유라시아대륙에서 단일의 통합된 세력권을 형성하는 경우를 막는 세력균형정책입니다. 또 다른 하나는, 세계적 차원의 문제로 영국이 육지세력 독일을 성공적으로 견제하게끔 하여 유라시아 대륙이 하나의 통합된 세력권에 빠지지 않는다면 미국이 소속된 아메리카 대륙은 지구적 차원에서도 유라시아대륙의 세력을 실질적으로 견제하는 것이 됩니다. 육지세력의 중요성은 맥킨더(Halford Mackinder)에 의해서 주창되었습니다(Mackinder 1904). 맥킨더는 19세기 말 이후 육지에서 교통과 운송기술의 발달에 주목하여 육지세력의 중요성을 파악합니다. 맥킨더는 또한 과거에도 육지세력인 로마가 해양세력인 카르타고를 멸망시켰음을 상기시킵니다. 대조적으로 매헌(Alfred Mahan)과 같은 학자는 오히려 해양세력의 중요성을 강조합니다. 매헌은 대영제국(Pax Britanica)의 성장과 영국 해군의 성장이 함께 진행되었다는 것에 주목하여 해양의 지배, 특히 중요한 해협의 지배가 국제관계에서 강대국으로 발돋움하는데 중요하다고 주장하였습니다(Mahan 1987). 매헌은 미국이 국제 갈등을 해결하는 초강대국의 위치에 서기 위해서는 거대한 해군력을 보유해야한다고 주장하였습니다. 맥킨더는 유라시아 대륙의 심장부(동유럽을 중심으로 독일, 터어키, 인도, 중국의 주변부를 포함)를 지배하는 자가 세계를 지배한다고 본 반면에, 매헌은 거대한 해군력에 의해서 해양을 지배하는 자가 세계를 지배한다고 본 것입니다. 상대적 관점에서, 소련이나 중국은 육지세력인 반면에 미국은 해

Halford Mackinder
(1861-1947)

Alfred Thayer Mahan
(1840-1914)

양세력인 것입니다. 해상권을 장악했던 세력도 시대에 따라서 변천하였는데, 15-16세기에는 포르투갈과 에스파니아, 17세기에는 네덜란드와 영국, 17-18세기에는 프랑스와 영국의 대립을 거쳐 영국의 패권, 19세기는 영국, 20세기 중반이후 현재에는 미국으로 이어지고 있습니다.

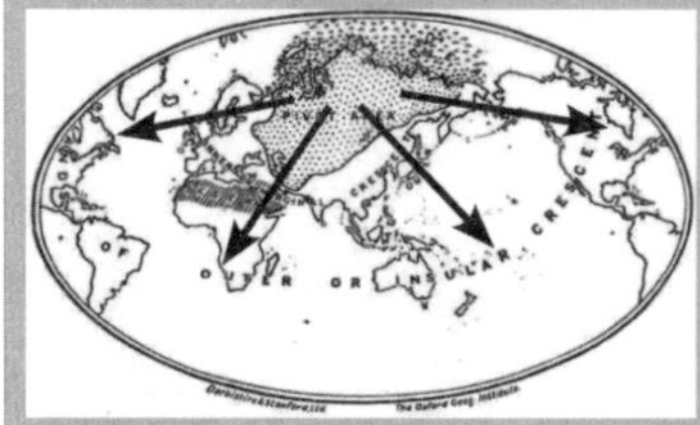

맥킨더의 개념

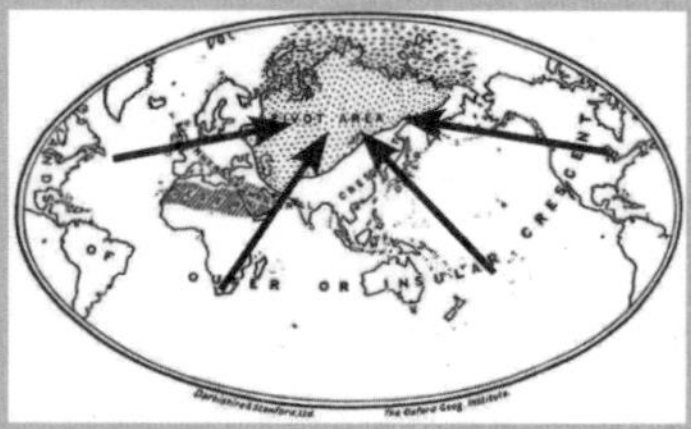

매헌의 개념

American Continent)보다 규모와 자원면에서 압도적이었습니다. 크기가 2.5배가 되며 인구도 10배 가까이 되었습니다. 만약 유라시아 대륙이 단일화된 하나의 세력권에 들어간다면 아메리카 대륙을 이끄는 미국의 세력은 상대적으로 약화될 것이 분명했습니다. 미국이 세력균형 정책을 취하는 것은 유라시아 대륙에서 해양으로 분리된 아메리카대륙에 존재한다는 지정학적 이유가 클 것입니다. 그러므로 미국은 유럽과 아시아에 있어서 유라시아 대륙을 대표하는 세력들에 대한 '세력균형' 정책을 취해야 한다는 것입니다.

특히 스파이크만에 의하면 국제정치에서 세력들 간의 균형이란 것은 고정된 것이 아니고 불안정한 것인데 이것은 개별 국가의 세력이 항상 변하기 때문입니다. 이렇게 유라시아 대륙에서 개별 국가들의 세력은 고정된 것이 아니고 시대적으로 변해왔습니다. 제2차 세계대전 이전엔 독일과 일본에 대해서, 2차 세계대전 이후엔 소련(蘇聯, USSR)에 대해서, 그리고 현재는 중국에 대해서 미국은 국가이익

재미있는 이야기 **韓非子의 "無常强國, 無常弱國"** I

한비자(韓非子)
(B.C. 280?-B.C. 233)

개별 국가의 세력이 항상 변한다는 철학은 이미 동양에 존재했습니다. TV 광고에도 소개된 한비자(韓非子, B.C. 280?~B.C. 233)의 "無常强國, 無常弱國"이라는 어휘가 사용된 적이 있습니다. 한 여행자가 중국 시안의 진시황제(秦始皇帝) 무덤에 매장된 병마군사상을 보면서 한비자의 "無常强國, 無常弱國"이란 말을 새기는 장면이 있었습니다. 항상 강한 나라도 없으며 항상 약한 나라도 없다는 뜻인데, 우리 한국의 정치외교학도들은 반드시 새겨볼 만한 의미심장(意味深長)한 말입니다. 항상 준비하고 노력하는 국가는 강해질 수 있고, 반대로 나태하고 부패한 국가는 약소국으로 전락하게 됩니다. 한비자는 중국 전국시대 말기에 한(韓)나라에서 주로 활동한 사상가입니다. 한비자는 한(韓)의 왕족이었는데 법가(法家) 사상을 체계화합니다. 후에 많은 사람들은 한비자를 진(秦)의 이사(李斯)와 비교합니다. 이사는 한비자와 함께 순자(荀子)에게 수학한 사람입니다. 이사는 유창한 웅변실력을 지녔지만, 한비자는 타고난 말더듬이였습니다. 하지만 한비자는 이사에 비해 논리적 정치성(精緻性)만큼은 탁월하였습니다. 진시황제는 한비자의 글을 접하게 되면서 그와 교류하기를 원했습니다. 한나라에서 활동하던 한비자는 강대해지는 진나라에 앞에 약화되는 한나라를 걱정하여 한나라 왕에게 직언하지만 받아들여지지 않습니다. 결국 한비자는 진나라에게 화평을 요구하기 위해 건너가 진시황제를 만납니다. 시황제는 그를 아예 진나라에 머물게 하지만, 이를 시기한 이사는 한비자를 참언(讒言)하여 투옥시킨 후 독약을 주어 자살하게 합니다. 하지만 역사는 한비자를 더 기억하고 있습니다.

을 위한 세력균형 정책을 취하고 있다는 해석이 가능합니다. 그는 1940년대에 자신의 이론을 정립하면서 미국은 장래에 "현대화되고, 활기차며, 군사적으로 무장화된 중국"과 마주치게 될 것이라고 예언하였습니다. 그리고 이렇게 강대화된 중국의 세력은 일본을 포함한 아시아, 유럽, 미국의 세력을 위협하게 될 것이라고 주장하였습니다. 70년이 지난 지금 시점에서 그의 이론이 갖는 힘을 느끼게 합니다.

이상주의와 자유주의

Immanuel Kant (1724-1804)

현실주의가 홉스의 사상에 뿌리를 두고 있다면, 이상주의(理想主義, idealism, utopianism)는 칸트(Immanuel Kant)의 '영구평화론'(永久平和論, perpetual peace) 사상에 뿌리를 두고 있습니다. 국제사회에서 민주적 헌법을 지닌 국가들이 모여서 '연합체'가 형성되고 그러한 연합체가 '평화연맹'(a league of peace)과 같은 '집단안보체제'(集團安保體制, a system of collective security)를 형성하여 국제사회를 평화로운 곳으로 만듭니다. 그러한 연합체에 참여하는 국가들이 증대되면서 궁극적으론 영구평화가 형성된다는 것입니다(Kant 1795).

여기서 민주적 헌법을 갖춘 국가란 시민들 개인들이 국가가 선포하는 전쟁에 대한 동의권을 갖는 것을 의미합니다. 비민주 국가에선 독재자나 소수 정치인들이 쉽게 전쟁을 선포할 수 있지만, 그 부담은 모두 시민들이 떠맡게 됩니다. 전쟁체제에 동원되어 싸우는 것도 일반 시민이며, 전쟁 수행과 전후 처리에 관한 경제적 부담도 모두 국민들이 떠맡게 됩니다. 따라서 국민들이 전쟁 선포에 대한 결정에 관여한다면 그 만큼 전쟁 선포 가능성은 낮아집니다. 이러한

국제연맹(1938-1946) 전경
현재는 국제연합의 유럽본부로 사용중이다.

칸트의 시각은 인간 개인 성향을 평화를 추구하는(전쟁을 싫어하는) 성향이 있는 것으로 규정하는 낙관론에서 출발합니다. 동시에 민주 체제를 수행하는 국가들은 집단적 노력을 통한 집단안보체제라는 제도적 장치를 구축하는 경우 국제평화가 가능하다고 봅니다. 즉 국제사회에서 무질서와 분쟁은 인간의 본성에서 비롯되는 것이 아니고 정치적 제도나 장치들이 미비하기 때문이라고 봅니다. 이런 경우 국제법이나 국제규범은 국제평화를 이룩하는 중요한 제도적 장치가 되며, 이를 체계적으로 관리할 수 있는 집단지도체제가 중요하다는 것입니다.

제2차 세계대전 이전의 '국제연맹'(國際聯盟, the League of Nations)이나 이후에 현재까지 지속되고 있는 '국제연합'(國際聯合, the United Nations: UN)도 집단안보체제의 한 형태입니다. 미국의 윌슨(Woodrow Wilson) 대통령은 1차 세계대전에 대한 원인 규명을 통해서 인류평화를 위한 '14개 조항'(the Fourteen Points)을 제시하면서 '집단안보'를 수행할 수 있는 제도적 장치의 마련을 주창하였습니다. 여기서 윌슨은 '세력균형'이란 목적을 위하여 수단으로 사용되는 비밀외교와 동맹정책이 결국 국제사회를 전쟁으로 이끌게 되었다고 판단합니다. 현실주의에서 평화를 추구하기 위한 가장 핵심적인 방법인 '세력균형 정책'이 이상주의자들에게는 오히려 가장 핵심적인 전쟁의 원인이 됩니다. 이것이 14개 조항에서 비밀외교와 비밀동맹을 금지시킨 이유입니다. 만약 모든 국가들이 집단안보를 위한 기구에 모이게 된다면 비밀외교와 비밀동맹을 극복할 수 있다고 본 것입니다.

국가 간 외교에 있어서 양자회담(兩者會談)보다 다자회담(多者會談)이 더 집단안보체제의 정신을 구현하는 형태입니다. 남북문제에 있어서 북한은 미국과의 양자회담을 우선적으로 주장합니다. 하지만 남한은 남한과 북한이 미국, 중국, 일본, 러시아와 모두 함께 모이는 6자 회담을 선호합니다. 양자회담에서 북한은 여러 개의 개별 국가들을 대상으로 비밀협약을 맺을 수도 있고, 유사하지만 다양한 버전의 개별 협상들로 협상 대상국들을 혼란에 빠뜨릴 수도 있습니다. 결론적으로 양자회담이 아닌 다자회담을 추구하는 이유는 집단안보라는 형식이 비밀회담이나 '이이제이'(以夷制夷) 전략을 막을 수 있는 길이기 때문입니다.

현재의 국제연합 체제 하에서 여전히 전쟁이 존재한다는 의미에선 집단안보체제의 한계가 있다고 보는 사람들도 있습니다. 반면에 집단안보체제가 존재하기에 이 정도로 국제 질서가 유지된다고 생각하는 사람들도 있을 것입니다. 집단안보체제라고는 하지만 안전보장이사회의 5개국 상임이사회의가 주도권을 행사하는 집단안보체

심화학습

Otto Eduard Leopold von Bismarck (1815-1898)

비스마르크와 비밀동맹정책 | 브란덴부르크의 융커(Junker: 보수적 토지귀족층)계급 출신인 프로이센의 비스마르크(Otto Eduard Leopold Fürst von Bismarck, 1815-1898)는 현실주의자, 기회주의자 등으로 묘사됩니다. 비스마르크는 군사동맹을 실천하기 위해서 이중, 삼중으로 상호 모순되는 비밀조약을 오스트리아, 헝가리, 이탈리아, 러시아와 체결하면서 그들 국가들이 상호 견제케 하였습니다. 비스마르크의 외교정책은 보불전쟁(普佛戰爭, 1870-1871)을 기점으로 두 시기로 나뉘는데, 이전의 시기엔 소위 '철혈정책'(鐵血政策, Eisen und Blut)이라 일컫는 전쟁정책(Kriegspolitik)을 수행했으며, 이후의 시기엔 소위 '동맹정책'(同盟政策, Bündnispolitik)이라고 일컫는 '보장정책'(保障政策, Sicherungspolitik)이 시행되었습니다. 보장정책의 목적은 보불전쟁 이후 프랑스의 복수전쟁에 대한 독일의 안전보장을 위해서 프랑스를 국제적으로 고립시키는데 있었습니다. 동맹정책의 가장 첫 번째 것이 1873년 독일-오스트리아-러시아 사이의 '삼제동맹'(三帝同盟, Dreikaiserbündnis)입니다. 와중에 러시아를 견제하기 위하여 1879년에는 독일-오스트리아 · 헝가리 비밀동맹을 맺는데 이것은 당시 독일외교의 골간이자 비스마르크 체제의 기초였습니다. 프랑스의 튀니지 점령(1882)에 분개한 독일은 1882년 이태리를 추가하여 '삼국동맹'(三國同盟)을 맺습니다. 이러한 와중에 비스마르크는 1887년 러시아와 비밀조약인 '독-러비밀조약'이란 '재보장조약'(再保藏條約)을 성사시켜 비스마르크 비밀외교정책은 최전성기에 이르게 됩니다. 비스마르크가 러시아와의 재보장조약을 맺은 이유는 러시아와 프랑스 간의 밀착 가능성을 배제시키기 위해서였습니다. 궁극적으로 비스마르크의 비밀외교정책은 프랑스를 견제하기 위해서였습니다.

제여서 사실상 5개국의 집단안보체제라고 주장하는 사람들도 있습니다.

자유주의(自由主義, Liberalism)는 국제평화가 국제사회에서 자유무역을 통한 국가 간 상호의존성이 높아지면서 가능해 진다고 봅니다. 리카르도(David Ricardo)는 상호 간에 이득을 얻을 수 있는 '교환'의 중요성을 강조한 바 있습니다. 이러한 이론적 전통 하에서 자유주의는 무역관계가 형성되는 시장을 중시하며, 이러한 시장 기능을 안정적으로 유지시키기 위해서 평화를 유지하려는 동기가 국제사회에 부여된다고 봅니다. 만약 시장을 중시한다면 이는 국제관계에서 주요한 행위자를 국가로 한정하지 않고 기업이나 개인들로 확장시킨다는 의미가 됩니다. 이상주의자가 집단안보체제와 같은 정치적 수단을 통해서 국제평화를 달성한다면, 자유주의자들은 시장과 같은 경제적 수단을 통해서 국제평화의 달성 가능성을 논하고 있는 셈입니다.

비록 현실주의자들은 UN과 같은 국제기구가 국제사회의 무정부적 상태를 극복하는데 부족하다고 보지만, 자유주의자들은 무정부적 상태라는 것은 국가라는 경계를 고정화시켜 놓았기 때문에 생긴 현상이라고 봅니다. 즉 현실주의자들은 국제사회에서의 행위자를 국가로 규정하지만, 자유주의자들은 국가만이 행위자가 아니며 기업, NGOs, 개인과 같이 행위자가 다양합니다. 자유주의자들은 기업 간의 다양한 품목에 걸친 심화된 무역 현상, 녹색평화(Green Peace)와 같은 국제 NGO 단체의 활약, 해외 유학생들 간의 빈번한 교류 현상 등은 기능적인 측면에서 국가 간의 경계를 허물어트린다고 봅니다.

1980년대에 현실주의와 자유주의자들 사이의 견해의 차이는 모든 행위자는 합리적으로 행동한다는 전제에서 출발하는 연역적(演繹的, deductive) 논리에 입각하여 '신자유주의'(neo-liberalism)와 '신현실주의'(neo-realism)로 발전됩니다. 하나씩 살펴보도록 하겠습니다.

신현실주의와 신자유주의

현실주의자들의 주장에서 보자면, 국제사회는 무정부의 상태에 준하는 것이며 유일한 행위자로서 국가의 최고 목표는 안보입니다. 무정부 상태에서 개별 국가들은 자신들의 안보를 위해 위협하는 존재가 없어질 때만이 궁극적인 안보를 달성할 수 있습니다. 상대방의 안보 강화는 곧 나의 안보 약화를 의미하므로, 서로 안보 경쟁이 일어나고 안보를 위해 '무장'(武裝, armament)과 '재무장'(再武裝, rearmament)이 심화되어 국제사회는 '안보딜레마'(security dilemma)에 빠지게 됩니다. 자기 측에서는 방어를 위해서 무장한다고 주장하지만, 상대방 측에서 볼 땐 위협이 되는 것입니다.

Robert Keohane (1945-)

그러나 현대 국제사회에서 '냉전'(冷戰, cold war)의 시대는 이미 종식되었으며, 군사 문제와 마찬가지로 환경오염, 지구온난화, 국제보건(예를 들면 AIDS 확산) 등의 문제가 중요합니다. 따라서 코헨(Robert Keohane)이나 나이(Joseph S. Nye Jr)와 같은 신자유주의자들(neo-liberalists)은 국가만큼이나 초국가적 경제 행위자인 다국적 기업이나 민간단체들인 NGOs가 중요한 행위자가 된다고 생각합니다(Keohane and Nye 1977). 신자유주의에선 행위자들이 다원화된 국제사회의 '복합적 상호의존성'(complex interdependence)을 강조합니다. 복합적 상호의존성이란 국가가 국가끼리, 기업은 기업끼리, NGOs는 NGOs끼리만 의존성이 생기는 것이 아닙니다. 국가가 타 국가의 기업이나 NGOs와 교류할 수

Joseph S. Nye Jr (1937-)

도 있고 재정적인 후원도 가능합니다. 또한 평화 환경관련 NGOs 단체가 타국의 기업으로부터 후원금을 받기도 합니다. 따라서 상호의존성이 복잡다기(複雜多岐)해 지는 것입니다. 이렇게 되면 국가가 행위자가 된 '고위정치'(高位政治, high politics)뿐만이 아니라, 기업이나 민간단체 또는 개인들이 행위자로서 기능하는 '하위정치'(下位政治, low politics)의 중요성이 동시에 강조되는 셈입니다. 신자유주의자들에게 하위정치의 중요성이 강조된다는 의미는 하위정치가(기업이나 비정부단체들이) 활발히 기능하는 경우엔 무정부상태에서도 국가 간의 협력과 평화의 상태가 가능하다는 것입니다.

하위정치의 기능이 중시되기 때문에 기존의 국력 개념과는 다른 "소프트 파워"[soft power; 또는 '연성(軟性)권력']의 개념이 중시됩니다. 기존의 국력이 정치, 군사, 안보 등에 의한 힘이었다면 [즉, hard power; 또는 '경성(硬性)권력'], 현재와 미래의 국력에는 문화, 정보, 아이디어, 통상에 의한 소프트 파워가 중요하게 작용한다는 것입니다(Nye 2004).

국제관계에서 행위자들의 다양화로 인해 '복합적 상호의존성'

이 증대된 곳에선 무력이란 수단이 사용하기도 어려워지고, 무력을 사용한다고 해도 그 효과도 적어집니다(Hoffman 1987). 무력을 사용할 때 비용이 천문학적이며, 의회에서 전쟁에 관한 승인을 받아야 하는데 이것도 쉬운 일이 아닙니다. 전쟁 시에도 적과만 싸우는 것이 아니고 국내에선 계속 반전운동(反戰運動)이 있어 전쟁을 지속하는 것이 쉽지 않습니다. 또한 전쟁에서 승리해도 그 지역엔 '민족주의'(nationalism)는 여전히 남아 있어서 오히려 장기적으로 국익에 부정적 효과를 가져옵니다. 2003년에 미국이 이라크를 침공하고 그곳에서 후세인(Sadam Hussein) 정권을 제거했지만 이라크의 민족주의나 무슬림(Muslim)들의 단결을 통한 결사항전이 장기화될 수 있습니다. 결사항전은 '테러리즘'(terrorism)으로 나타납니다. 따라서 신자유주의자들은 무력은 다른 대안이 가능하지 않은 곳에서만 사용하게 되며, 다른 대안들을 적극적으로 찾아서 문제 해결을 하는 것이 중요함을 주장합니다.

신자유주의자에게 국가 간의 '상호의존성'의 증대는 평화의 가능성을 높이게 됩니다. 복잡다기한 상호의존성을 안정적으로 유지하기 위해선 전쟁을 피하고 평화의 상태를 유지해야 하기 때문입니다. 이와는 대조적으로 '신현실주의자'(neorealist)인 왈츠(Kenneth N. Waltz)는 국가들 사이의 심화된 상호의존성은 오히려 분쟁의 가능성을 높인다는 생각을 합니다.

Kenneth Neal Waltz (1924-)

앞서 현실주의자들은 국가 간 전쟁을 막는 핵심적인 수단이

'세력균형'(勢力均衡, balance of power)임을 지적한 바 있습니다.

지구에 하나의 통일된 통합 주권을 행사할 수 있는 강대 세력이 존재하지 않는 한 무질서의 상태이며, 이러한 무질서는 세력들 간의 균형을 통해서 이루어진다는 것입니다. 그런데 개념적으로 '세력균형' 그 자체는 전쟁이 없는 것을 의미하지만, 전쟁이 없다는 것 자체가 곧 평화의 상태를 말하는 것이 아님에 유의해야 합니다. 실제로 전쟁 중이 아니더라도 국가들은 서로 군비확장에 열을 올리고 있을 수 있습니다. 이른바 '안보딜레마'의 상황 속에 있는 것입니다. 국제정치적 상황에서 세력균형이란 끊임없이 변화하는 가운데 이뤄지는 균형을 말하는 것입니다. 따라서 세력들 간의 균형이란 전쟁을 준비하는 상황 속에서의 세력균형이라고 보는 것이 더 사실에 가까울 수 있습니다. 세력균형은 연관된 국가들 사이에서 상대적인 개념입니다. 심지어는 서로 세력균형을 이루던 두 국가가 그들의 의지와 상관없이 제3국의 동향에 따라서도 기존의 세력균형 상태가 영향을 받게 됩니다. 세력균형을 실현하기 위한 방식은 크게 3가지로 나누어 볼 수 있습니다: ⓐ 자기 세력을 강화시키는 전략에 의한 세력균형, ⓑ 타 세력을 약화시키는 전략에 의한 세력균형, ⓒ 자국과 상대국 간의 '현상유지'(現狀維持, status quo)에 의한 세력균형 등으로 나누어 볼 수 있습니다.[6)]

---

6) 현상유지정책은 어떤 특정 시기에 "존재하는 상황을 그대로 유지하려는 정책"을 말합니다. 일반적으로 현상유지정책의 종류로는 다음의 세 가지를 듭니다. ① 유화정책(宥和政策, appeasement policy): 현상유지의 틀 안에서 정책에 대하여 취할 수 있는 타협을 행하려고 하는 협조적 외교정책을 말합니다. ② 국제협조정책(concert policy): 대체로 특정 시기의 상황에 만족하는 국가들이 그들의 공통의 이해관계를 호혜적 타협정신에 의거하여 해결함으로써 현재의 상황을 유지하는 것을 말합니다. ③ 시위정

일반적으로 신현실주의자들은 무정부적인 국제질서 속에서 국가들은 자신들의 안위를 위해서 행동하며 따라서 안보딜레마 현상이 일어남을 인식합니다. 신현실주의자들에게 중요한 것은 안보딜레마 현상이 궁극적으로 '상대적 이득'(相對的 利得, relative gain)의 추구에서 나오는 것이란 점입니다. 왈츠의 신현실주의이론에서 국가는 국제체제라는 하나의 '구조'(structure) 속에서 국가들 사이의 상대적 국력에 따라 '상대적 위상'이 결정된 존재입니다. 국가의 입장이나 행위는 국제체제라는 구조 속에서 결정된 것으로 그러한 구조와 연관시켜서 파악되어야 합니다. 물론 무정부적인 상태에 있기 때문에 이들 국가들이 서로 독립된 개체의 성향을 강하게 지닙니다. 따라서 '상대성'이 중요한 개념이 됩니다.

국가는 무조건적으로 자신의 국력 강화를 추구하는 것이 아닙니다. 상대방을 자극하지 않으면서 현재의 세력균형을 유지하면 됩니다. 상대적 이득에서 뒤처지지 않으면 되기 때문입니다. 쓸데없이 상대방에게 위협감을 주어 군비를 확장하게 하고, 그에 대한 균형책으로 자신도 또 막대한 비용을 들여서 군비를 확장하면 그것은 진정한 의미에서 자신을 위한 이득이 아니란 것입니다. 왈츠의 이론은 세력균형의 방식에서도 특히 현상유지를 말하는 ⓒ항목에 연관되어 있는 셈입니다. 이렇게 본다면 왈츠의 이론은 국가의 궁극적 목적은 국가 안보이며, 국가 세력의 증진 그 자체는 아닌 셈입니다.

왈츠의 이론에선 상대방과의 상호의존성이 심화되는 경우엔 현상유지가 무너질 개연성이 커집니다. 왈츠는 국가 상호 간에 의존

책(示威政策, demonstration policy): 군사적 우월성을 과시하거나 강력한 군사적 대응 조치를 취해서 상대국이 현상타파를 하지 못하도록 하는 정책입니다.

성이 증가되면 각각의 개별 국가는 그 자율성이 감소하는 것으로 파악합니다. 예를 들어서 한 국가의 식량 해결을 다른 국가에 의존하는 정도가 높아지면, 그 국가의 식량안보에 대한 자율성은 낮아집니다. A 국가는 B 국가에 농업 생산물을 의지하고, B 국가는 A 국가에게 공업 생산물을 의지한다고 가정하면, 두 국가는 상대방 국가의 생산성에 '민감성'(敏感性, sensitivity)을 지니며, 민감성이 높아지면 그 만큼 국가의 자율성은 '취약성'(脆弱性, vulnerability)을 지니게 됩니다(Waltz 1979). 상호의존성이 증대한 결과 상대방의 상대적 국력에 민감해지고 자신의 취약성이 높아지면, 자신도 항상 이에 대비하려는 성향이 생기기 때문에 결국 안보 불안감이나 상대적 이득에 대한 적극적 추구 성향이 나타납니다. 이는 분쟁의 가능성이 높아짐을 의미합니다.

이에 대해서 신자유주의자들은 상호의존성의 심화란 '비차별원칙'(非差別原則, principle of nondiscrimination)이나 '호혜원칙'(互惠原則, principle of reciprocity)이 원인이 되어 나타난 결과이므로 낮은 분쟁 가능성과 연결된다고 봅니다. 이미 상호 간에 비차별성과 호혜성이 존재하기 때문에 분쟁보다는 협력의 가능성이 크다는 것입니다. 똑같은 사실을 놓고서 이렇게 입장이 다른 것이 오히려 사회과학의 묘미인지도 모르겠습니다. 술잔에 술이 반 정도 차 있을 때 어떤 사람은 "이제 술이 반밖에 없다"라고 하지만, 다른 사람은 "아직도 술이 반이나 남아 있다"고도 합니다.

구성주의

현실주의와 자유주의 시각을 모두를 비판하는 양비론적 시각을 가진 사람들은 두 가지의 중요 이론들이 장기적인 관점에서 변화해 왔던 국가의 목적을 일관되게 설명해 주지 못한다고 지적합니다. 대조적으로 신현실주의와 신자유주의자들은 국가의 목표가 바뀌게 되는 것을 너무도 당연시 여기면서 설명을 소홀히 합니다. 구성주의(構成主義, constructivism)는 국제사회에서 국가들이 서로 상호작용하면서 서로를 학습하게 되고, 그러면서 국가의 정체성이나 국가의 목표가 상황에 따라서 구성될 수 있는 가능성에 주목합니다.

구성주의자들은 국가의 목적은 역사 속에서 고정된 것이 아니라고 보며, 따라서 국가의 행태도 변화무쌍하다고 생각합니다. 이것은 시대 상황 속에서 정치 지도자, 국민들, 국가의 문화적 역사적 요소들이 상호작용하면서 새로운 행태를 학습해 나간다는 것입니다. 즉 국가의 선호는 고정된 것이 아니라 새로운 학습 과정 속에서 변경될 수 있는 것이며, 변경된 선호에 따라서 국가의 정체성이 나타나고(국가의 목표가 정해지고), 국제관계가 형성된다는 것입니다. 예를 들면 전 지구적 차원에서 인권의 중요성이 소홀히 다루어졌던 19세기 말에서 20세기 중반 시기까지는 강대국들에 의해서 식민지 국가들의 존재가 인정되면서 국제관계가 형성되었습니다. 하지만 어떠한 강대국도 인권과 국가 주권의 중요성이 학습된 지금 시기에 식민지 논의를 한다는 것은 거의 불가능합니다. 현재 국제관계는 주권국가들이 단위가 되어서 행해지고 있지만 주권 국가의 개념도 베스트팔렌 조약(1648) 이후의 일입니다.

심화학습

근대국가, 베스트팔렌조약, 종교전쟁, 국제분쟁 | 베스트팔렌조약은 '30년 전쟁'(1618-1648)의 결과 맺어진 조약입니다. 16세기 말에는 16세기 초·중엽의 '종교개혁'의 결과로 신교와 구교가 대립하면서 '종교전쟁'[위그노 전쟁(1562-1598)]이 발생했습니다. 이러한 종교전쟁은 말 그대로 종교적 문제였기에 소위 민족, 국가 경계를 넘어서 국제적 성격으로 진행되었습니다. 30년 전쟁은 페르디난트 2세(Ferdinand II)가 뵈멘(보히미아) 신교도를 탄압하면서 시작됩니다. 덴마아크, 스웨덴이 신교측에 에스파니아가 황제측에 가담하여 국제전쟁으로 확대됩니다. 각국은 정치적 세력 확대의 기회로 이용하기 위해서 프랑스가 추가로 신교측에 가담합니다. 영국은 왕당파와 의회파의 내란(1642-1649)이라는 국내문제로 개입하지 못합니다. 30년전쟁의 결과는 최초의 국제조약인 '베스트팔렌 조약'이었습니다. 신구 신앙의 자유와 신교 각파의 평등을 확인했으며, 스위스와 네덜란드가 독립하고, 프랑스는 알자스 로렌을 얻고, 스웨덴은 포메라니아를 얻고, 독일은 황제권이 부진하여 제후들의 자주권이 강화됩니다. 국제세력의 지도가 합스부르크 왕가에서 부르봉 왕조로 바뀌게 됩니다. 이러한 국제분쟁은 국내적으로 절대군주의 존재와도 연관되는데, 국내에서 중앙집권에 성공한 절대군주들은 서로 부딪힐 운명인데, 이것이 결국 '국제분쟁'인 것입니다. 절대주의 시대의 국제전쟁으로는 다음과 같습니다.

전쟁	시기	참여국가	결말(조약)
30년전쟁	1618-1648	에스파니아, 오스트리아 vs. 스웨덴, 덴마크, 프랑스	베스트팔렌조약
에스파니아 계승전쟁	1701-1714	에스파니아, 프랑스 vs. 오스트리아, 영국, 네덜란드, 프로이센	유트레히트조약
오스트리아 계승전쟁	1740-1748	오스트리아,영국 vs. 프로이센, 프랑스, 에스파니아	아아헨조약 엑스라샤펠조약
7년전쟁	1756-1763	오스트리아, 프랑스, 스웨덴, 러시아 vs. 프로이센, 영국	후베르투스 베르크조약
북방전쟁	1700-1721	러시아, 폴란드, 덴마아크, 프로이센 vs. 스웨덴	니스타트조약

> 근대국제관계의 기조는 '세력균형의 유지와 훼손'이었는데, '이탈리아전쟁'[합스부르크와 부르봉의 대립이란 기본선이 성립], '30년전쟁'[합스부르크의 몰락과 부르봉의 대두], '에스파냐아 계승전쟁'[프랑스에 대항하여 영국이 앞장 선 반(反)프랑스세력의 대립], '7년전쟁'[합스부르크와 부르봉의 제휴(외교혁명), 식민지 경쟁에 있어서 프랑스의 패배와 영국의 승리]로 크게 정리될 수 있습니다.

지구의 유구한 역사 속에서 보자면, 국제관계에서 민족국가라는 개념을 도래시켰던 베스트팔렌 조약은 이제 400년도 안되었습니다. 수천 년 동안 지구상에서 이루어졌던 국제관계들은 현재적 의미에서의 주권 국가를 단위로 한 시기보다 인종(race), 씨족(clan), 부족(tribe), 또는 도시국가를 단위로 이루어진 시기들이 훨씬 더 오래 지속되었습니다. 지금의 국가를 단위로 한 상황을 중시한 상태에서 도출된 국제관계에 대한 설명은 지금 당대에만 가능한 설명입니다. 역사적으로 지구상에 나타났던 그리고 나타날 과거와 미래의 국제관계 현상을 궁극적으로 설명할 수 있는 이론이나 진리가 될 수 없다는 것입니다. 지금의 주권 국가 개념도 어떻게 바뀔지 모릅니다. 주권 국가의 개념이 중요한 당대에 조차도 비정부단체들이나 기업들이 국제관계의 주요한 행위자들로 활약하고 있으며, 그 행동반경이 점점 더 확대되는 추세에 있습니다. 그러므로 구성주의자들은 국제관계가 시대 상황과 맞물려서 새로이 학습되는 과정에서 구성된 어떤 행동 강령이 궁극적으로 국제관계를 형성한다고 생각합니다.

구성주의자들은 국제 사회가 무정부상태로 고정되어 있다고 생각하지 않습니다. 웬트(Alexander Wendt)는 질서의 상태건 무질서의 상태건 그런 것들은 국가들이 서로 상호작용의 결과로 만들기 나름이라고 생각합니다(Wendt 1999). 국제사회에서 국가들은 상호작용의 결과 앞서 배웠던 베버의 '간주관성'[間主觀性, 또는 '상호주관성'(相互主觀性), inter-subjectivity)의 상태를 만듭니다. 국가들은 완전히 자신의 주관적 의지대로만 행위하는 것이 아니고, 다른 국가들과의 상호작용을 통해서 형성되는 간주관적 상태에서 행위하게 됩니다. 그런데 국가 간의 상호작용에서 보다 근본적으로 기능하는 '관념적 문화'가 이에 영향을 끼치게 됩니다. 국가들의 행위는 관념적 문화와 간주관성을 바탕으로 구성된 일종의 구성물인 셈입니다. 국제사회에 소위 약육강식의 '홉스류(Hobbes 流)' 관념적 문화가 지배하는 때에는 전쟁이 빈번하게 발생합니다. 반면에 경쟁은 추구하되 약자만큼은 배려하자는 소위 로크류(Locke 流)의 관념적 문화가 지배할 때는 약소국의 생존권이 그런대로 보장됩니다. 칸트류(Kant 流)의 관념적 문화가 압도적인 시기엔 행위자 간의 친선과 평화가 유지됩니다.

Alexander Wendt
(1958-)

구성주의자들에게 국가의 정체성은 고정된 것으로 주어진 것이 아니라 그 시대를 지배하는 국제사회의 관념적 문화에서 다른 국가들과 상호작용을 하면서 형성된 간주관적인 것으로 계속 변화할 수 있는 것입니다. 구성주의는 연역적 논리틀을 가지고 있다기보다는 "변화하면서 존재하는 현실을 있는 그대로 보는 것"에 불과할 수도 있어서 하나의 정립된 '이론'(a theory)이라기보다는 일종의 '접근법'(an approach)으로 이해되기도 합니다.

심화학습

'도미노 이론'(domino theory), '유출이론'(流出理論, spillover theory), 그리고 '닉슨독트린'(Nixon Doctrine) | 도미노 이론은 미국의 제34대 대통령이었던 아이젠하워(Dwight David Eisenhower, 1890-1969)가 베트남에서의 공산화가 인도차이나 반도 전체로 확장될 가능성을 비유한 말에서 유래되었습니다. 1950년대 중반에 프랑스는 베트남에서 공산세력 호치민에게 패전을 거듭하고 있었습니다. 미국의 외교 정책에 관여하던 사람들은 만약 베트남에서 프랑스가 공산세력에게 밀리는 상황을 미국이 방치한다면 최초의 말(馬)인 베트남이 넘어져 공산화되고, 연이어 그 옆의 말들도 차례대로 넘어져서 인도차이나 반도 전체가 공산화될 것이라고 생각했습니다. 이후 미국의 케네디(John F. Kennedy) 정부는 베트남에서 축출된 프랑스 세력을 대신하여 베트남 공산화 문제에 적극적으로 개입하여 '베트남 전쟁'(Vietnam War)을 치르게 됩니다. '재스민(Jasmine) 혁명'은 도미노 이론의 또 다른 예입니다. 재스민이란 튀니지의 국화인데 2010년에서 2011년까지 튀니지에서 일어난 혁명을 재스민 혁명이라고 합니다. 튀니지에서 혁명의 시초는 경찰부패와 이에 대한 대처법을 놓고 불거진 집단행동(2010.12.18)이었습니다. 재스민 혁명은 이후 이집트, 모로코, 알제리 등의 북아프리카 지역과 시리아, 요르단, 쿠웨이트, 이라크, 예멘 등의 중동 지역에 민주화를 요구하는 시민혁명으로 파급된 바 있습니다. 그래서 해당 시민혁명을 '아랍의 봄(Arab Spring)'이라고도 하는데, 이것은 전반적으로 시민들의 교육수준향상에 못미치는 사회 · 정치적 개혁수준와 경제침체에 연관되어 있습니다. 튀니지와 이집트에서는 정권교체가 일어나기도 했으며, 모로코에서는 개헌투표가 시행됩니다. 하지만, 튀니지가 선거를 통한 평화적 정권이양에 성공하고 있는 반면에, 이집트는 재쿠데타, 리비아, 시리아, 예멘은 내전에 휩싸이고 있으니 도미노 현

인도차이나 반도의 도미노 현상

상의 최초 유발국가만큼 나머지 국가들에서도 동일한 효과가 있는 것은 아닌 듯합니다. '유출이론'(또는 '확산이론')은 어떤 곳에서의 영향력이 다른 곳으로 확산된다는 점에선 '도미노 이론'과 유사하지만 엄격한 의미에선 구분됩니다. '이상주의'에 반하여 '기능주의'(機能主義, functionalism)는 "한차원에서 협조관계가 기능하면서 또 다른 차원에서의 기능하는 협조관계로 가지를 치게되는 효과를 가져온다"[분기이론(分岐理論, ramification theory); D. Mitrany)]는 입장에 기반합니다. 독립된 개별 주체들이 하나로 합쳐나가는 '통합이론'(integration theory)의 관점에서 볼 때, 비정치적인 분야에서의 기능적인 협력이 정치적인 분야까지 확산되고 흡수할 수 있기에 국가간 경제적, 사회적 유대의 증진이 국가통합이나 국가연방에 쉽게 적응할 수 있는 국민을 만들어낼 수 있다고 봅니다. 남북한의 정치적 대화가 교착상태(膠着狀態, stalemate, cul-de-sac)에 빠지는 경우가 있습니다. 이런 경우 문화 교류나 스포츠 교류와 같이 덜 심각한 이슈들로부터 친선의 분위기를 조성하면, 그러한 분위기가 정치적인 이슈로까지 파급될 수 있다는 이론입니다. '유출이론'(또는 '파급이론')에서 보면 남북한 통일도 우선적으로 스포츠 교류, 문화 교류, 경제 교류 등을 통해서 성숙된 친선의 분위기를 조성하고, 그러한 분위기를 정치적 통합의 논의로 유출시켜야 한다고 봅니다. 협력이 가능한 분야를 선택함에 있어서 "그 협력분야를 정함에 있어서 의도적이고 정치적으로 이루어지는 선택"이 강조되기도 합니다[신기능주의(新機能主義, neo-functionalism), E. Haas]. 1972년 미국의 닉슨(R. Nixon) 대통령과 키신저(H. Kissinger) 국무장관이 중국을 방문하였지만, 외교관계수립을 이루지 못하고 '쌍방수교'라는 형식에

닉슨 대통령과 마오쩌둥 주석

핑퐁외교

머물렀습니다. 1979년 1월 1일에 이르러서야 '미 · 중외교관계수립'이 발효됩니다. 쌍방수교에서 외교관계수립까지 이르는 과정에는 인적교류, 무역증대, 소위 '핑퐁외교'라고 부르는 탁구선수들의 스포츠 교류가 있었습니다.

닉슨대통령 시절인 1971년에 미국은 베트남에서 철군합니다. 냉전체제하에서 베트남은 자본주의 세력과 공산주의 세력의 결전장이었습니다. 구엔 반 티우의 월남은 미국이 지원하고 있었고, 호치민의 월북은 중국이 지원하고 있었습니다. '닉슨독트린'은 1969년 닉슨이 괌에서 밝힌 새로운 정책으로 간혹 '아시안 독트린' 또는 '괌(Guam)선언'이라고도 합니다. 내용은 아시아의 문제는 아시아인의 힘으로 방위되어야 한다는 선언인데 다음과 같이 정리됩니다. "㉠미국은 앞으로 아시아에서 베트남과 같은 군사적 개입을 피하며, 강대국의 핵위협의 경우를 제외하고는 아시아인들의 내란이나 침략의 경우에는 아시아 각국이 스스로 협력하여 그에 대처하여야 한다. ㉡미국은 태평양 국가로서 중요한 역할을 유지하지만 정치 문제에 과잉 개입하지 않는 것을 원칙으로 한다. ㉢아시아 제국에 대한 지원은 경제중심으로 바꾸며 미국의 과중한 부담을 피한다." 해당 닉슨독트린은 닉슨이 1970년 의회에 보낸 외교교서에서 전 세계로 그 대상을 넓히게 됩니다. 미국이 베트남에서 철수한 것이 '세계의 헌병' 역할을 포기한 것일까요? 미국(즉, 키신저 국무장관)은 세계에서 공산주의 세력인 소련이나 중국과 효율적으로 맞서기 위해서는 미국의 과중한 군사적, 경제적 부담으로 해결되지 않으며 아시아 각국 서로간에 '민족주의'로 하여금 '민족주의'를 견제한다는 정책을 취하게 된 것입니다. 미국의 목적은 베트남이 아니며, 소련이나 중국과 같은 공산주의 모국의 세력확장에 대한 견제입니다. 베트남에 호치민과 같은 강력한 민족주의 세력이 존재하도록 두는 것이 오히려 중국의 세력 남하를 막아내는 방식이 될 수 있다고 본 것입니다. 그렇게 한다면 미국은 과중한 군사개입이나 경제적 부담에서도 해방됩니다. 같은 공산권인 베트남과 중국은 미국과의 전쟁에서는 연합하지만, 결국 베트남의 민족주의는 중국의 베트남으로의 영향력 확장을 막을 것이라는 것입니다. 중국과 베트남 사이의 국경분쟁은 바로 그런 예입니다. 결론적으로, 닉슨독트린은 동남아에서 공산주의로의 도미노 현상을 막을 수 있는 것은 미국의 군사적 원조가 아니라 아시아 각국의 민족주의라고 생각한 것입니다.

전쟁과 외교

지금까지 국제정치의 골간을 이루는 여러 가지 시각들을 살펴보았습니다. 분명한 것은 국제정치가 국내정치와는 구분되는 상황에 있으며, 그 구분점을 가장 극명하게 드러내는 것이 국제정치가 상대적으로 '무정부 상태'에 있다는 것입니다. 국제정치에서 개별 국가들의 입장은 각 개별 국가의 국내정치로부터 형성됩니다. 비록 구성주의적 시각이 나름대로의 설득력을 지니고 있다고 해도 국가들의 목표와 정체성은 고정되어 있는 것은 아니지만, 반대로 높은 '유동성'(流動性, volatility)을 지닐 가능성은 매우 낮습니다.

국가들은 나름대로의 지닌 입장들이 있기 때문에 서로 분쟁하며, 그 정도가 심한 경우 전쟁으로 치닫게 됩니다. 국가들은 분쟁을 해결하기 위한 '외교'(外交, diplomacy)를 수행하지만 서로의 입장 차이들을 반영한 해결책을 모색하는 것은 쉽지 않을 것입니다. 기원전 그리스 반도에서 있었던 '펠로폰네소스 전쟁'(Peloponnesian War, B.C. 431-B.C. 404)은 국제정치에서 집단들 간의 분쟁의 원인, 과정, 결과에 대한 많은 함의를 제공합니다. 비록 현대와 같은 국가체계 속에서 이루어진 전쟁은 아니지만 그 속성은 현대 국제정치에도 마찬가지로 적용되는데 부족함이 없습니다.

펠로폰네소스 전쟁은 아테네(Athens)와 스파르타(Sparta)가 각자의 동맹 도시들을 이끌고 벌인 전쟁입니다. 처음부터 아테네 폴리스와 스파르타 폴리스가 전쟁의 직접 당사국이 아니었습니다. 아테네는 아티카 지방 부근의 전역을 포함한 아케아인과 이오니아인의 도시국가입니다. 스파르타는 펠로폰네소스반도의 라코니아(Laconia)

에 건설된 도리아인의 도시국가입니다. 당시 그리스 반도는 많은 폴리스들로 분립되어 항쟁을 계속하고 있었으며 끝내 통일 국가를 형성하지 못했습니다.[7] 아테네와 스파르타 이외의 군소 도시국가간 분쟁이 결국 '델로스 동맹'(Delos League)의 맹주(盟主)인 아테네와 펠로폰네소스 동맹(Peloponnesian League)의 맹주인 스파르타의 싸움으로 전이된 것입니다. 펠로폰네소스 전쟁은 사실상 아테네나 스파르타와는 별로 상관없는 군소 도시들간의 하찮은 일로부터 시작됩니다. 하지만 도미노(domino) 현상처럼 두 도시 국가 사이의 하찮은 일이 그리이스 반도 전체의 도시 국가들에게 광풍을 몰아치는 일로 증폭됩니다. 이런 상황 때문에 펠로폰네소스 전쟁에서 ⓐ 전쟁의 원인 - ⓑ 확산되는 과정 - ⓒ 전쟁의 결말 등에 대한 분석은 많은 국제정치적 함의를 제공하게 됩니다.

펠로폰네소스 전쟁에서 아테네와 스파르타의 궁극적인 입장을 이해하기 위해선 우선 '페르시아 전쟁'(Greco-Persian War, B.C. 494 - B.C. 479)에서부터 이야기가 진행되어야 할 것입니다. 과거 로마인들은 "빛은 동방(Orient)에서"란 말을 하였습니다. 이말은 로마 문명의 기원이 동방에서 왔다는 것을 자인하는 말인데 여기서 동방이란 비옥한 반달지대(Fertile Crescent)를 중심으로 메소포타미아, 서남아시아를 말합니다. 해당 지역은 '근동(近東)아시아' 지역(현재의 터어키, 이라크, 이란 등)으로 유럽, 아프리카 북부와 연결되는 3

7) 올림피아(Olymia)에 있는 제우스(Zeus) 신전의 제전에서 행하는 올림피아경기대회는 폴리스들 간의 민족의식과 문화진흥에 공헌하였습니다. 특히 이들 폴리스들 간의 동포의식은 종교동맹이 큰 역할을 하였는데, 델피(Delphi)에 있는 아폴로(Apollo)신을 받드는 인보동맹(隣保同盟, Amphictyony)이 대표적인 예입니다.

〈그림 9-1〉 고대 그리스 반도

대륙 접촉지로서 이미 B.C. 3000년 경에 청동기문화를 발전시킨 곳입니다. 현재에도 해당 지역은 아랍세력의 요람지로서 다양한 갈등과 분쟁이 지속되고 있는 곳입니다. 오리엔트문명은 에게를 거쳐서 그리이스문명, 로마문명에 영향을 미쳐 '서양문화'의 모태가 된 문명입니다. 정리하자면, 기원전 5세기 당시에는 동방지역이 서방지역에

〈그림 9-2〉 제1차 페르시아 전쟁

비하여 문화적, 군사적 우월성이 인정되는 상황이었습니다. '페르시아 전쟁'은 동방과 서방이 맞선 전쟁이며, 펠로폰네소스 전쟁이 있기 약 50년 전에 있었으며, 그리스 반도에서 아테네를 스파르타와 맞서는 양대 세력으로 형성시킨 전쟁이었습니다. 페르시아 전쟁 이전엔 육상 세력 스파르타가 그리스 반도에서 가장 월등한 세력이었습니다. 하지만 페르시아 전쟁에서 주도적 역할을 한 해상 세력 아테네는 페르시아 전쟁에서의 승리를 발판으로 그리스 반도의 양대 세력으로 성장합니다.

페르시아 전쟁은 B.C. 499년 페르시아 아케메네스 왕조(Achaemenid Empire)시대에 그리스 '식민시'(植民市) 밀레투스(Miletus)에서 아리스타고라스(Aristagoras)가 인접지역인 페르시아 왕조에 반란을 일으킨 것에서 비롯됩니다.[8] 그리스 반도의 폴리스들에서 귀족정치시대-금권정치시대로 이어지던 B.C. 8C에서 B.C. 6C의 시대에 귀족들이 토지와 권력을 독점하여 평민들을 압박하게 되어 해외에 새로운 군소 폴리스들이 동시에 건설되게 됩니다. 이것이 소위 식민시입니다. 그리스 본토의 아테네는 에게해(Aegean Sea) 건너편의 이오니아 지역의 밀레투스 사태에 관여하지만, 식민시와 지리적으로 인접한 페르시아의 다리우스(Darius the Great)대왕이 B.C. 495년 라디해전(Battle of Lade)에서 식민시의 반란을 평정합니다. 밀레투스 지역에 대한 이권에 아테네와 페르시아의 갈등이 발생

---

8) 참주정치란 스스로 왕이라고 '참칭(僭稱: 제멋대로 일컬음)' 하는 자에 의해서 행해지는 정치란 의미입니다. 왕조정치를 말하는 경우도 있지만, 왕조정치가 반드시 참주정치는 아닙니다. 엄밀한 의미에서 왕조정치에서 장자상속(長子相續)과 같은 규칙도 나름대로의 질서이며 제멋대로 왕이라고 주장하는 자가 왕이 될 수 없기 때문입니다.

한 것입니다.

당시 페르시아는 아테네에 비하여 우월한 세력을 형성하고 있었습니다. 밀레투스 식민시 사건이후 다리우스는 페르시아 인접 식민시에 원군을 파견했던 아테네를 괘씸하게 여기며 차제에 확실한 우위를 확인하기 위해서 원정군을 파견했지만 피해가 많아서 도중에 철수하는 사건이 발생합니다(1차 페르시아 전쟁: B.C. 492). 이후 다리우스는 보복 전쟁의 차원에서 8만 명의 병력을 이끌고 그리스 본토의 아테네를 공격합니다('2차 페르시아 전쟁': B.C. 490). 그런데 아테네는 아티카 북동부의 마라톤 평원에서 밀티아데스(Miltiades) 장군을 중심으로 뭉쳐 싸우며 페르시아의 침공에 대한 방어에 성공합니다.[9)]

다리우스가 죽고 나서 B.C. 480년 크세르크세스(Xerxes the Great)는 병력 30만 명을 이끌고 그리스 본토 공략에 나섭니다. 이것이 '제3차 페르시아 전쟁'입니다. 이에 대처하여 스파르타와 아테네를 중심으로 일부 도시국가들이 연합하여 방어에 나섭니다. 크세르크세스는 병력 1만 명을 이끌고 테르모필레(Thermopylae) 협곡을 거쳐서 아테네로의 진군을 시도합니다. 동시에 바다에선 선함 800척

9) 이때 페이딥피데스(Pheidippides)는 약 200km나 되는 거리를 이틀에 걸쳐 아테네까지 달려 승전보를 알리고 죽었다고 합니다. 오늘날 공식적으로 채택되어 있는 마라톤의 42.195km의 거리는 마라톤의 유래에서의 실제 거리와 상관없이(?) 1908년 런던올림픽에서 처음으로 채택되었습니다. 재미있는 사실은 마라톤 전투에서 패전한 페르시아의 후예인 이란은 마라톤을 금기하고(?) 있다는 점입니다. 중요한 것은 아테네에게 이 전쟁은 방어적 입장에서 치룬 것이란 점입니다. 페르시아가 공격을 감행했다는 것은 해당 전쟁에서의 승패를 떠나 전반적인 의미에선 동방의 페르시아 세력이 서방의 도시국가 세력들보다 강했음을 의미한다고 하겠습니다.

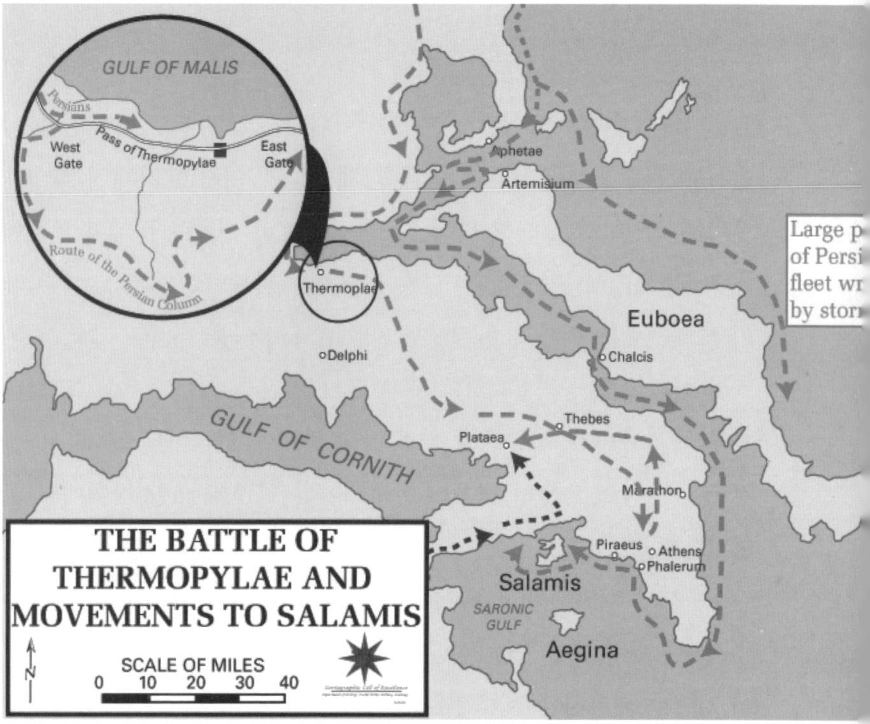

〈그림 9-3〉 제2차 페르시아 전쟁

을 이끌고 아르테미지움(Artemisium) 해협을 거쳐서 테르모필레 협곡을 바다 쪽에서 호위합니다. 테르모필레 협곡에선 스파르타의 레오니다스 장군이 1천 명의 오합지졸을 포함하여 불과 1,300명의 병력으로 선전합니다[10] 아르테미지움 해협에선 아테네의 테미스토클

10) 여러분은 '300'이란 영화를 아실 것입니다. 이 영화 제목이 300인 것은 스파르타의 정예 부대만을 말하기 때문입니다. 하지만 스타르타와 아테네로 대표되는 서방 세력은 매우 문명화된 것처럼 페르시아 동방 세력은 마치 야만적인 존재인 것처럼 묘사한 것은 유감천만이라고 할 것입니다. 단 페르시아 전쟁에서 서방 세력인 아테네의 승리가 민주주의 체제가 유지되는 역사적 계기가 되었다는 해석은 일반적 의미에서 받아들일 수 있을 것입니다. 페르시아 전쟁에서 페르시아가 승리했다면 페르

레스 장군이 불과 200척 미만의 전함으로 선전합니다. 결정적으로 전쟁 막바지엔 테미스토클레스 장군이 아테네의 앞 바다 격인 살라미스 해전(Battle of Salamis)에서 페르시아 함대를 괴멸시킨 것이 제3차 페르시아 전쟁의 승패에 결정적 역할을 하게 됩니다.[11] 최종적으로, 아테네로 육상한 페르시아군이 아테네 서쪽 '플라타이아(Plataeae) 전투'에서 패배하면서(B.C. 479) 페르시아전쟁은 막을 내립니다.

아테네는 '페르시아 전쟁'을 승리로 이끌고 페르시아 전쟁 와중에 결성된 바 있던 '델로스 동맹'(Delian League, B.C. 477)을 발전시키며 이를 주도하는 맹주로 거듭납니다.[12] 페르시아 전쟁이후 아테네의 우위는 이에 대항하는 '반(反)아테네동맹'을 발생시키는데 그

시아의 정치체제인 왕조체제로 통합되어 통치되었을 것이기 때문입니다.

11) 아테네의 테미스토클레스 장군이 쓴 전법은 이순신(李純臣) 장군께서 쓰셨던 '학익진 전법'(鶴翼陣戰法)과 거의 유사했습니다. 이순신 장군이 울돌목 해협에서 일본 선함을 괴멸시킨 것과 매우 상황이 유사합니다. 이순신 장군과 테미스토클레스 장군은 소수의 함대를 이끌고 대군을 무찔렀다는 점도 유사합니다. 시대 상황에 따라서 어떤 집단의 운명은 영웅이 있느냐 없느냐에 따라서 갈렸습니다.

Themistocles (B.C. 524-B.C. 459)

이순신 (1545-1598)

12) 페르시아의 침략에 대항하기 위하여 아테네를 중심으로 여러 도시국가들이 군자금을 내어 군함을 건조하기 위한 것이 동맹 형성 초기의 목적이었습니다. 델로스 동맹은 델로스(Delos) 섬의 아폴론 신전에 본부를 두고 운영하였으나, 페르시아 전쟁이후에 그리스 반도의 맹주가 된 아테네가 본부를 아예 아테네로 이관하며 자의적으로 공금을 사용하게 되고 다른 도시국가들의 원성의 대상이 됩니다.

중심에 펠로폰네소스 반도에 있었던 스파르타를 중심으로 한 동맹이었기에 우리는 이를 '펠로폰네소스 동맹'(Peloponnesian League)으로 부릅니다. 펠로폰네소스 동맹에 속해 있었던 주요 국가인 코린트가 아테네로부터 위협을 받게 되자 아테네와 스파르타 사이엔 결국 패자를 가리기 위한 전쟁이 벌어집니다. 코린트가 아테네로부터 위협을 느끼고 스파르타에게 도움을 청하기까지의 과정과 아테네가 전쟁을 결심하게 되는 과정을 이해하는데 앞서 배운 '죄수의 딜레마 게임'이란 논리가 유용하게 이용됩니다.

페르시아 전쟁이 밀레투스의 반란과 이에 대한 원조에서 비롯되었듯이 펠레폰네소스 전쟁도 작은 도시들 사이에서 반란과 원조로부터 비롯됩니다.

그리스 반도 북서부의 에피담누스(Epidamnus)란 도시에는 아테네 시와 마찬가지로 소수지배정치체제가 아닌 다수에 의한 민주정치를 희망하는 소위 민주주의 열망 세력들이 있었습니다. 이들은 코르키라(Corcyra)에 도움을 요청했으나 거절당합니다. 이에 에피댐누스의 민주주의를 갈망하는 세력들은 코린트(Corinth)에 도움을 청하고 코린트는 도와주기로 결정합니다. 이것은 한때 에피담누스를 식민지로 갖고 있었던 코르키라를 화나게 합니다. 〈그림 9-2〉 지도에서 보듯이 코르키라와 마찬가지로 코린트 역시 해양 위주의 활동을 하는 도시 국가입니다. 코르키라 입장에선 그리스 반도 북서부에선 자신이 나름대로 강자인데, 그리스 반도 중부에 있는 코린트가 자신의 이웃 도시 국가인 에피담누스에 세력을 뻗치는 경우엔 자신의 세력이 상대적으로 위협받기 때문입니다. 코르키라는 코린트가 에피담누스를 도와주기 위해서 보낸 함대를 격침시킵니다.

이번엔 코린트가 격분합니다. 단지 에피담누스의 민주 열망세력들을 도와주겠다고 보낸 함대를 코르키라가 격침시킨데 대해서 코르키라에 전쟁을 선포합니다. 코르키라는 정면대결로 코린트를 맞서서 싸우기에는 역부족인 상태였으며, 이에 코르키라는 아테네에 외교 사절을 파견하여 도와줄 것을 요청합니다. 동시에 코린트도 아테네에 외교 사절을 파견합니다. 코린트는 자신과 코르키라의 문제이니 아테네가 중립을 지켜줄 것을 요구합니다.

두 도시 국가의 외교 사절들로부터 요구를 듣고 나서 아테네는 딜레마에 빠집니다. 당시의 아테네는 페르시아 전쟁 이후 델로스 동맹이란 일종의 해군동맹(海軍同盟)을 통하여 그리스 도시 국가들의 함선들을 관리하는 사실상 최고 강대 도시였습니다.[13] 그러므로 페르시아 전쟁을 끝낸 후 아테네의 국가 목표는 '현상유지'(status quo)였습니다. 만약 코르키라의 요청을 거절하게 되면 그것은 펠로폰네소스 동맹에 가담해 있는 코린트의 해양 세력이 커지는 것을 의미합니다. 따라서 코린트의 해양 세력이 커져서 상대적으로 현재의

13) 그리스 반도의 성격상 그리스 도시국가들은 배를 타고 지중해에서의 무역을 통해서 생활을 영위하는 형태가 주종이었습니다. 따라서 함선들을 통제하고 관리하는 입장에 있었던 아테네는 최대 세력을 행사하는 도시였습니다. 원래 델로스 동맹은 '아테네 해상동맹'이라고 했는데, 그 동맹의 본부와 기금 금고가 델로스 섬에 있었기 때문에 '델로스 동맹'이라고 불리게 됩니다. 이 동맹의 원래 목적은 B.C. 478년 아테네가 제청하여 페르시아의 공격에 대비하기 위하여 그리스 반도의 도시 국가들이 함대 및 기금 제공을 통한 동맹 함대를 운영하자는 것이었습니다. 하지만 B.C. 448년 아테네와 페르시아의 평화협정이 맺어지기 직전인 B.C. 454년에는 아예 본부와 금고를 아테네로 옮기면서 아테네는 델로스 동맹에서 '제국주의적 지배'(imperialistic control)를 시작합니다. 이러한 아테네의 행태에 대해서 많은 도시 국가들은 불만을 품고 있었으며, 아테네는 해상에서 도시 국가들 간에 충돌이 없어야만 델로스 동맹을 그럭저럭 끌고 나갈 수 있는 상황이었습니다.

상태가 아테네에게 불리하게 될 것을 제어하기 위해선 코르키라를 도와주어야 합니다. 즉 현상유지를 위해선 코르키라를 도와 코린트를 무력으로 제압해야 할 필요성이 있습니다. 그런데 딜레마가 있습니다. 코르키라를 도와 코린트와 전쟁을 한다는 것은 사실상 델로스 동맹을 통해서 아테네가 누려온 해상 동맹 체제 그 자체가 흔들리게 되어 현상이 타파될 수 있는 위험이 존재했습니다. 아테네에겐 현상을 유지하기 위해선 전쟁을 하지 않고서 사태가 대충 봉합되면서 두 도시 국가가 화해하고 끝나기를 바라는 마음이 있는 것입니다.

작은 도시 국가들 사이의 분쟁 사이에서 '현상유지' 정책을 고수하는 경우 발생하는 딜레마 상황에 아테네는 결국 다음과 같이 입장을 정리합니다. 첫째, "현상을 유지하기 위해선 코린트가 코르키라를 무력으로 응징하는 것만큼은 막는 것이 좋을 것이다"라고 입장을 정합니다. 둘째, "하지만 코린트의 코르키라에 대한 무력 사용을 막기 위해서 아테네가 코린트에게 지나치게 무력을 사용하는 경우 기존의 해상 동맹 체제들이 흔들릴 가능성이 있으니 주의 깊게 행동에 옮긴다"는 입장입니다.[14] 종합하여 현상유지를 위한 '시

14) 앞서 언급한대로 이 당시 해상 동맹에 참여했던 많은 도시 국가들은 페르시아 전쟁이 끝난 후에도 아테네가 계속 주도권을 행사하는 것에 불만이 증폭되고 있었습니다. 아테네의 걱정은 만약 도시 국가들끼리 무력 분쟁이 일어난 경우 이를 관리하고 통제해야 하지만, 도시 국가들이 제대로 아테네의 말을 듣지 않을 것이란 우려가 있었습니다. 해상 동맹의 맹주 역할을 하는 아테네의 말을 도시 국가들이 잘 듣지 않는 상황이 연출되는 것 자체가 '현상유지정책'에 타격을 입히는 것입니다. 현상유지정책을 취하기 위해선 아테네는 자신들의 배를 부셔버린 코린트를 확실히 제압해야 합니다. 만약 제압하지 못하면 권위는 떨어지고 맹주의 자리를 내주어야 하니 이것이야말로 현상타파인 것입니다. 따라서 완전히 제압하는 정책을 쓰기 이전에 도시 국가들의 불만이 팽배해 있는 현실 상황을 고려하여, 코린트의 감정을 건드리지 않

위정책'(demonstration strategy)이 채택되었습니다. 단 시위정책은 코린트의 감정을 자극하지 않으면서 동시에 코르키라를 안심시켜주는 정도를 동시에 만족시켜주는 선에서 결정되었기에 소위 "조금만 관여하는"(a little bit involved) 정책이 채택됩니다. 아테네는 소수의 함대를 파견하여 시위를 하면서 코린트로 하여금 전쟁에 빠져드는 것을 막고, 코르키라에겐 나름대로의 후원자 역할을 제대로 한다는 인상을 주려고 했습니다. 분명히 "조금만 관여하는" 시위정책이 현상을 유지하고 도시 국가들 사이에서 평화를 지속시키는 방식이라고 생각하는 것은 합리적인 것입니다.

합리적이라고 할 수 있는 아테네의 선택은 불행히도 전쟁이란 최악의 결과로 향하는 도화선이 됩니다. 앞서서 전쟁하려는 의도까지는 없었던 코린트의 함선들을 코르키라가 침몰시켰듯이, 전쟁으로까지 몰고 가려는 의도가 없었던 아테네의 소수의 함선들을 이번엔 코린트가 부셔버립니다.[15] 나만 똑똑한 것이 아닙니다. 내 의도대로만 다른 사람들도 해석해주지 않습니다. 동일한 행위를 보면서도 자

고 웬만한 선에서 자신들의 체통을 유지하기를 희망한 것입니다. 물론 아테네는 자신들의 시위가 효과를 발휘할 것으로 생각했을 것입니다.

15) 페르시아전쟁 이후에 아테네는 지중해의 뱃길을 장악하여 상공업을 통한 세수가 크게 늘었으며, 더불어 노예들의 노동력을 통해 농업도 융성하였습니다. 특히 아테네는 이탈리아 반도쪽으로 진출하기 위하여 지정학적 요충지인 코린트만(灣)을 장악하려는 내심이 있었습니다. 코린트는 스파르타 동맹국이었으며 스파르타에게 코린트의 격리는 사실상 그리스 반도에서의 아테네 패권을 의미하는 것이었습니다. 아테네가 코린트만을 사용하는 방법은 ㉠ 아예 전쟁을 통해서 코린트만을 자신의 영역으로 하는 방법과 ㉡ 타 동맹국인 코린트와의 관계를 유지하면서 코린트만을 일정 수준 자유롭게 사용하는 방식입니다. 펠로폰네소스 전쟁이전에 아테네가 택한 외교정책은 ㉡ 의 방식이었습니다. 자신의 동맹이 아니어도 실리적 차원에서 최악의 관계를 피하기 위해서 소위 "살살 달래가면서" 지내는 관계입니다.

신의 존위와 관련하여 서로 다른 해석과 반응을 보이게 되는 것입니다. 아테네는 그런 의도가 아니라고 할지 모르지만 코린트 입장에선 아테네에게 위협을 느낀 것입니다. 이런 경우에 아테네는 어떻게 해야 할까요? 아테네는 이제 코린트를 응징하지 못하면 현상유지를 할 수 없으며, 바보가 됩니다. 아테네가 코린트에게 정식으로 전쟁을 선포하게 되는 이유입니다. 먼저 코린트와 메가라가 아테네와 싸우며 펠로폰네소스 동맹의 맹주인 스파르타가 자동적으로 전쟁에 개입하게 됩니다. 펠로폰네소스 전쟁은 30년간 지속되었으며 페리클레스 사후에 국내적으로 '중우정치'(衆愚政治)에 빠진 아테네는 패배합니다(B.C. 404). 스파르타의 패권은 오래가지 못했습니다. 아테네를 함께 공격했던 스파르타의 동맹국 테베(Thebae)가 스파르타의 압제를 벗어나기 위해서 다시 아테네와 동맹하게 됩니다. 그리이스 반도에서의 맹주의 탄생을 저어하는 페르시아도 테베와 아테네를 후원합니다. 아테네는 '낙소스 해전'(battle of Naxos, B.C. 376)에서 스파르타를 물리칩니다. 테베는 '레우크트라 전투'(battle of Leuctra, B.C. 371)에서 스파르타에 승리합니다. 그러나, 테베시대도 불과 30년만에 그리스 반도 북부의 마케도니아(Macedonia)의 필리포 2세(Phillipo II)에게 공격받아 '케로네아 전투'(battle of Chaeronea, B.C. 338)로 마감하게 됩니다. 필리포 2세는 그 유명한 알렉산더 대왕(Alexander the Great)의 아버지입니다. 페르시아의 서방원정으로 시작된 페르시아 전쟁은 서방세계 내부에서의 펠로폰네소스 전쟁을 거쳐서 결국 마케도니아 알렉산더 대왕의 동방원정으로 이어지게 된 것입니다.

그렇다면, 여기서 중요한 것은 펠로폰네소스 전쟁의 과정에서 왜 이들 도시국가들이 전쟁으로 치닫게 되었는가 하는 근본적인 이유에 대한 분석일 것입니다. 두 가지 내용으로 정리됩니다. 첫째, "서로를 신뢰할 수 없다"입니다. 더 정확히 표현하자면 서로를 신뢰하기가 어려운 것입니다. 신뢰했다가 만약 최악의 결과가 나오면 그러한 결과에 대해서 누가 책임질 수 있겠습니까. 비록 코린트의 에피담누스에 함대 파견 의도가 코르키라에 대한 전쟁까지는 아니었더라도 코르키라는 위협을 느끼게 되며, 자신들의 운명에 연결된 사안에 상대방만을 신뢰하고 있기 어렵습니다. 비록 아테네의 단순한 무력시위가 코린트에 대한 전쟁 의도가 아닐지라도 코린트는 위협을 느끼기에 충분합니다. 그렇다면 우리는 여전히 의문을 갖게 됩니다. 신뢰하기 어렵다는 것은 '죄수의 딜레마 게임'에서처럼 서로 간에 격리된 방에 있어 '의사소통'(意思疏通, communication)이 없다는 가정에서 일어난 일입니다. 에피담누스, 코르키라, 코린트, 아테네 모두 사신들을 통해서 대화할 수 있었으며, 실제로 의사소통이 있었습니다. 그런데 왜 의사소통이 있었음에도 불신하게 되었을까요?

따라서, 둘째, 국제사회처럼 무정부적인 성격이 강하고 집단들(국가들) 사이의 분리성이 극명한 경우엔 "대화가 있더라도 서로를 신뢰하기 어렵다"는 것입니다. 상대를 신뢰하다가 상대에게 속아서 자신들의 운명이 파국으로 치닫는데 대한 "위험이나 비용을 감수할 수(risk-taking)" 없기 때문입니다. 국가의 존망에는 실험정신이 있을 수 없습니다. 다시 말해서 국가의 존망과 관련된 경우 "위험회피적(risk-aversive)" 행동을 지향하게 됩니다.

결국 아테네가 코린트에 전쟁을 선포하고 코린트는 다시 스파르타에게 지원을 요청합니다. 스파르타는 코린트가 아테네에 제압된다면 당시에 형성되어 있는 세력의 균형이 무너진다고 판단합니다.

그리스 반도의 양대 세력인 아테네와 스파르타를 중심으로 펠레폰네소스 전쟁이 발발합니다.

이것은 단순히 옛날이야기가 아닙니다. 이탈리아의 역사학자 크로체(Benedetto Croce)가 설파했듯이 역사는 반복되는 성향이 있기 때문에 역사에 대한 재음미가 중요한 것입니다. '제1차 세계대전'의 상황도 펠레폰네소스 전쟁과 유사합니다. 이때도 사소한 발단이 전 세계를 전쟁의 회오리바람 속으로 몰고 갑니다. '제1차 세계대전'은 구조적 차원에서 본다면 19세기 말부터 20세기 초에 걸쳐서 나타난 열강들의 세계 분할 및 재분할이란 제국주의적 분위기 속에 있었지만, 그 발단은 유럽의 화약고였던 발칸에서의 한 사건으로부터 시작됩니다.

Benedetto Croce
(1866-1952)

1차세계대전 이전의 국제상황에 대하여 잠시 살펴 봅시다. 소위 국제사회에서 제국시대의 개막으로 일컬어지는 1878년 '베를린회의'로 러시아의 남하정책은 좌절되고 독일과 러시아의 관계가 악화되며, '범(凡)게르만주의'와 범슬라브주의'의 대립이 시작됩니다.[16] 발칸(Balcan)지역은 일찍이 투르크(Turk)의 지배 하에 있었습니다. 이곳에서 러시아는 '범슬라브주의'를 내걸고 슬라브계 민족의

16) 19세기에 그 이후 국제질서에 영향을 미친 주요 3대 국제회의를 다음과 같이 언급합니다.

	회의	주도 인물	내용
1814	비인회의	메테르니히	나폴레옹 전쟁의 수습
1856	파리회의	나폴레옹 3세	크림전쟁의 강화
1878	베를린회의	비스마르크	산스테파노 조약 파기(러시아 남하 좌절)

사라예보 사건(1914. 6. 28)

결집을 꾀하고 있었습니다. 이에 대항하여 오스트리아는 독일과 함께 '범게르만주의'를 주창하여 이에 대항하고 있었습니다. 1908년 투르크에서 혁명이 일어나고 불가리아가 독립하자 오스트리아는 이에 대응하여 슬라브인이 사는 보스니아-헤르체고비나를 병합하였습니다. 이에 불만을 품은 세르비아는 투르크로부터 얻은 영토의 분배를 놓고 불가리아와 '제2차 발칸전쟁'(1913)을 하고 승리합니다. 이는 러시아의 범슬라브주의의 팽창을 의미하는 것으로 상대적으로 오스트리아는 위협을 느낍니다.

긴장이 고조되던 1914년 6월 28일에 보스니아의 사라예보에서 이곳을 방문한 오스트리아의 황태자 페르디난트 부부가 세르비아 자객의 흉탄에 맞아 피살되는 사건이 발생합니다. 오스트리아는 이

사건을 이용하여 세르비아를 타도하고, 발칸에서의 열세를 일거에 만회하고자 하며 세르비아에 전쟁을 선포하고 독일도 이에 합세합니다. 한편 러시아는 7월 28일, 오스트리아의 대(對)세르비아 선전포고에 대하여 즉각 대(對)오스트리아 선전포고를 합니다. 31일 독일은 러시아에 대하여 총동원령 철회를 12시간의 기한부로 요구하는 최후통첩을 보내고, 러시아로부터 아직 회답이 없는 상태에서 8월 1일 대러시아 선전포고를 합니다. 더욱이 8월 3일 독일은 프랑스의 벨기에 중립 침범을 비난하여 선전포고를 해놓고서도 스스로 북서 프랑스 진공(進攻)을 위하여 벨기에에 침입하였고 영국은 이것을 이유로 하여 다음날(4일) 대독 선전포고를 하게됩니다. 동아시아에서는 8월 23일에 일본이 연합국 측에 합세하여 동아시아와 중국에서의 입지를 꾀하고, 당시 독일과의 군사적 유대를 강화하고 있던 오스만투르크(Osman Turk)는 11월 2일 동맹국 측으로 참전하였습니다. 참전의 조건에 대하여 양진영과 거래하였던 이탈리아는 결국 동년 4월 '런던 밀약'에 의해 '미수복지'와 달마티아 등의 영토 획득을 약속받고 5월 23일 오스트리아에 선전하고 연합국 측으로 참전합니다. 같은 해 9월에는 불가리아가 동맹국 측으로 참전하여 독일 · 오스트리아군은 그 협력을 얻어 세르비아를 점령하고, 한편 1916년 8월에는 루마니아도 연합국 측으로 참전합니다.

'제1차 세계대전'은 '제2차 세계대전'의 또 다른 출발점이기 때문에 국제사회에서 단순한 사건이 증폭되면서 눈사태를 몰고 올 가능성은 더 오래 지속된다고 볼 수 있습니다. 이것은 국가들이 "과거를 잊어버리기"가 쉽지 않기 때문입니다. 과거를 기준으로 하느냐 현재를 기준으로 하느냐에 따라서 세력균형의 상태에 대한 인식이

심화학습

제국주의, 무장평화, 발칸반도, 그리고 제1차세계대전 | '제국주의'(imperialism)란 1870년대 이후 '금융자본주의'(독점자본주의)의 단계에 들어간 국가들이 후진 약소민족을 군사, 정치, 경제면에서 지배하여 자국 중심의 일원적 대제국을 건설하려는 팽창주의를 일컫는 말입니다. 19세기 말에 들어서면서 자본주의는 '상업자본주의'(15-18세기: 중상주의로 촉진됨)와 '산업자본주의'(18세기말-19세기말: 산업혁명으로 촉진됨)를 거쳐서 '금융자본주의'로 발달합니다. 자본주의의 고도성장이 자본집중과 기업독점을 유발하고, 이러한 산업자본에 은행자본이 결합한 것이 금융자본입니다. 그리고 금융자본이 국가권력과 결탁하여 더 많은 시장을 확보하기 위하여 눈을 국가 외부로 돌리면서 후진국가 침략으로 이어집니다. 자본주의와 더불어, 당시 형성된 '국민주의'는 국민의 자만심을 배경으로 자국 중심적 우월주의를 형성합니다. 1880년대에는 몇 나라들이 아프리카, 아시아에서 치열한 식민지 쟁탈전을 전개하게 됩니다. 식민정책의 국가별 연혁을 보면, 영국은 1870년 디즈레일리 보수당 내각이후 식민상(植民相) 챔벌린(J. Chamberlain), 로즈(C. Rodes)로 이어지며 아프리카 '종단(縱斷)정책'의 연장으로 인도까지 세력을 확장하면서 인도양의 완전지배를 기획하였는데 이를 소위 '3C정책'(Capetown-Cairo-Calcutta)이라고 합니다. 프랑스는 제3공화국 하에서 튀니스(Tunis) 영유를 필두로 하여 델카세(Delcasse), 프왱카레(Poincare), 클레망소(Clemenceau)를 거치며 고조됩니다. 영국과 대조적으로 모로코와 알제리 등 아프리카 북서부에서 세력권을 형성한 프랑스는 아프리카 '횡단(橫斷)정책'을 시행하였는데, 결국 영국의 종단정책과 충돌하게 되어 '파쇼다사건'(Fashoda Crisis, 1898: 파쇼다는 수단 중부에 자리잡은 나일강 상류의 지방)이 발생합니다. 파쇼다 사건이후 1904년에 영국과 프랑스는 '영 · 프협상'을 통해서 이집트에서 영국의 우위를 모로코에서 프랑스의 우위를 상호 인정합니다. 아프리카 북동부와 북서부를 나누어 갖게 된 것입니다. 독일은 비스마르크 후기에 아프리카와 태평양에 진출을 시작하고 1890년대 빌헬름 2세(Wilhelm II)때는 극동으로 진출을 시도하며 소위 '3B정책'(Berlin-Byzantium-Bagdad)을 추진합니다. 미국은 19세기 초반에 '먼로주의'(Monroe Doctrine, 1823: 비동맹, 비식민, 불간

섭)를 선언하였지만, 1890년대에 맥킨리(McKinley) 헤이(J. Hay)에 의해서 적극적으로 동양에 진출합니다. 가나가와조약으로 일본을 개국시키고(1854) 알래스카를 매수한(1867) 이래로, 하와이를 합병하고(1898), 에스파니아와 '미 · 서전쟁'을 통해서 필리핀을 합병하고(1898), 중국에서의 '의화단사건'에 출병하게(1900) 됩니다. 열국간의 긴장과 대립은 자연히 '군비경쟁'(arms race)을 조장시키면서 군비확장으로 이어졌습니다. 당시 제1강군인 영국에 도전하는 독일은 군비확장을 통해서 1897년 6:1의 비율을 1912년 2:1까지 군사력을 증강한 것으로 기록됩니다. 1914년 제1차세계대전이 발발할 때까지 세계는 '대함거포'(大艦巨砲)의 군비경쟁하에 평화가 유지되고 있었기에 19세기말에서 제1차세계대전 직전까지를 '무장평화시대'(1897-1914)라고도 합니다. 열강들의 세계정책은 세계 도처에서 대립할 수밖에 없었는데, '범게르만주의'와 '범슬라브주의'가 대립했던, 발칸반도에서 가장 치열했기에 발칸은 '유럽의 화약고'였던 것입니다. 발칸동맹(불가리아 · 세르비아 · 몬테네그로 · 그리스)이 터어키를 공격하여 '1차발칸전쟁'(1912-1913)이 발발합니다. 런던조약에 의거하여 알바니아, 마케도니아, 크레타 섬을 동맹 4국에 할양하는데, 특히 알바니아라는 중립국이 성립하게 되면서 세르비아와 오스트리아는 아드리아해상으로의 진출이 차단되는 효과를 가져옵니다. 결국 마케도니아의 처분에 대한 발칸동맹국가들 사이에서 불만으로 '2차발칸전쟁'(1913)이 발발합니다. 세르비아 · 그리스 · 루마니아 · 몬테네그로가 승리하고 불가리아가 패배합니다. 부쿠레시티조약에 의거하여 세르비아에게 마케도니아의 대부분을 양보합니다. 결론적으로, 두 번에 걸친 발칸전쟁의 결과세르비아 등의 슬라브계 국가들은 영토를 확대하였으며, 이것은 결국 당시 게르만계 국가들의 대부격인 합스부르크가의 오스트리아 · 헝가리제국(1867-1918)에게 상대적 불편함을 야기시키기에 충분한 사건이었습니다.

바뀔 수 있다고 앞서서 지적한 바 있습니다. 한번 당했다고 생각하면 그에 대한 보복을 생각하게 되기 때문입니다. 회교도와 기독교들 사이의 분쟁을 '십자군전쟁' 당시까지 거슬러 올리는 것은 지나친 해석일까요? 개별 국가들이 서로를 신뢰한다는 것은 서로 간의 의사소통을 전제로 한다고 해도 쉽지 않은 일입니다. 한마디로 국제사회의 평화를 위해선 상호 신뢰를 위한 각별한 노력이 지속되어야 함을 일깨워준다고 하겠습니다.

군축 문제

앞서서 펠레폰네소스 전쟁이 형성되어 가는 과정을 살펴보았는데 이는 결국 안보딜레마와도 연관됩니다. 상대방이 강해지면 내가 상대적으로 약해지기 때문에 계속적으로 재무장할 필요성을 느끼는 상황에서 벌어진 것으로 해석이 가능하기 때문입니다. 이런 경우 우리는 반대로 생각해 볼 수 있습니다. "국가들끼리 협약을 맺어서 서로 간에 '군비축소'[軍備縮小, arms reduction: 이후 '군축'(軍縮)으로 지칭함]를 실행하면 되지 않겠는가"하는 것입니다. '군축'이란 '군비확장'(軍備擴張, armament)에 대비되는 개념으로 이미 만들어진 무기를 감축하거나 폐기하는 것을 말합니다.[17] 물론 상대방을 신뢰하기 전에는 어려운 일입니다. 한 국가가 상대 국가에게 군사적으로 공격당하거나 점령당하는 것은 국가 운명에 관련된 그 국가 최대의 위기이기 때문이며, 공격받고 점령당한 이후엔 어떤 정책도 작동할 수 없기 때문입니다.

---

17) '군비통제'(軍備統制, arms control)란 용어는 보다 포괄적인 의미로 모든 종류의 군비경쟁을 제한한다는 의미입니다. '비확산'(非擴散, non-proliferation)이란 용어도 많이 사용됩니다.

베르사유에서의 전후처리회담(1919)

칸트는 그의 영구평화론에서 상비군의 철폐를 주장하기도 했습니다. 보다 구체적으로 그 방안이 논의되기 시작한 출발점은 '헤이그 만국평화회의'(Hague Conventions 1899, 1907)에서였습니다.[18] 그러나 군비를 제한하기 위한 협정체결의 가능성만을 검토했을 뿐 실질적인 조치가 취해지지 못했습니다. 군축협상은 실질적인 조치가 뒤따르지 않고 논의만 난무하는 경우엔 오히려 상대방에 대한 군사 정보

---

18) 만국평화회의(萬國平和會議)는 러시아 황제 니콜라이(Nicholas) 2세의 제창으로 제1차는 1899년 26개국, 제2차는 1907년 44개국의 대표가 네덜란드의 헤이그에서 열린 국제평화를 논의한 회의를 말합니다. 군비축소에는 실패하지만, 유독(有毒)가스 및 특수 탄환의 사용금지선언 등이 조인되고, 국제중재재판소(國制仲裁裁判所)가 설치되는 등 나름대로의 효과도 거둡니다. 특히 제2차 회의는 고종의 밀령(密令)을 받고 이상설(李相卨), 이위종(李瑋鍾), 이준(李儁)이 파견된 곳으로 우리에게 잘 알려져 있습니다.

취득과 이에 대한 경계심을 부추겨서 역효과가 날 수도 있습니다.

결국 국제 사회는 '제1차 세계대전'을 치루고 나서야 '베르사유 조약'(Versailles Treaty 1919)을 통해 군축을 실천에 옮깁니다. 베르사유 조약이 갖고 있는 문제는 지나치게 과도한 군축을 패전국인 독일에게만 일방적으로 요구했으며 여타 국가들에 대해서는 군축의 문제가 논의되지 않았다는 데 있습니다. 영국과 프랑스가 갖는 현실주의와 미국 윌슨(Wilson)의 이상주의가 불일치했습니다. 영국과 프랑스 사이엔 갈등마저 초래됩니다. 결국 베르사유체제 그 자체가 영국과 프랑스를 중심으로 하는 제국주의적 세계 체제의 재편성에 불과하였고, 제1차 세계대전의 전후 처리로서는 지극히 불충분하여 새로운 국제 대립이 발생하는 것을 방지할 수가 없었던 것입니다. 민족자결주의 원칙은 패전국의 식민지에만 적용하였고, 승전국은 패전국의 식민지를 위임 통치로 지배합니다. 승전국이 일방적으로 심의, 조인, 통고한 조약하에 패전국은 과중한 강화조건에 시달리게 됩니다. 베르사유 조약은 독일의 군축 실천에 대한 별도의 검증체제를 갖추고 있지 않았으며, 독일 스스로가 보고하도록 규정했습니다. 특정 국가에게만 부과된 일방적 군축 요구와 부실한 검증체제는 역효과를 불러일으켜 독일의 재무장과 '제2차 세계대전'을 초래합니다. 한마디로 군축 조약으로서 베르사유 체제는 실패한 조약이었습니다.

다시 1932년에 국제연맹 주최로 '제네바 군축회의'(Disarmament Conference in Geneva)에서 60여 개 국이 모여서 전쟁 포기, 군비 축소, 생화학 무기 사용 금지, 검증과 제재 등을 논의했지만 독일의 탈퇴와 재무장으로 1936년에 중단되며 '제2차 세계대전'이 발발합니다. 1920년 1월에 성립된 국제연맹은 산모의 역할을 한 미국

다모클레스의 검(The Sword of Damocles) 다모클레스는 기원전 4세기 전반 시칠리아 시라쿠사의 참주(僭主) 디오니시오스 1세의 측근이었던 인물입니다. 어느 날 디오니시오스는 다모클레스를 호화로운 연회에 초대하여 한 올의 말총에 매달린 칼 아래에 앉혔습니다. 참주의 권좌가 언제 떨어져 내릴지 모르는 칼 밑에 있는 것처럼 항상 위기와 불안 속에 유지되고 있다는 것을 가르쳐주기 위해서였습니다. 이 일화는 로마의 명연설가 키케로에 의해 인용되어 유명해졌고, 위기일발의 상황을 강조할 때 다모클레스의 검이라는 말을 속담처럼 사용하기 시작했습니다. 1961년 9월 25일 UN 총회에서 당시 미국의 대통령 케네디가 연설 중 우연히 일어날 수 있는 핵전쟁의 위험을 경고하기 위해 다모클레스의 검 이야기를 인용하여 더욱 유명해졌습니다[Richard Westall(British, 1765-1836), Damocles, oil on canvas, 1812년도 작품]

이 상원의 반대로 끝내 불참하고, 독일과 소련은 처음에는 논의의 장에서 제외되었고,[19] 침략국에 대한 무력제재 방안이 존재하지 않는 이상적 성향이 강했습니다. 결국 1933년 이후엔 독일과 일본이 탈퇴하면서 활동이 무력화됩니다. '제2차 세계대전' 이후엔 '핵무기'(核武器, nuclear weapon)가 개발되어 군축의 중심이 많은 부분 핵무기로 옮겨가게 됩니다. 현재 국제사회에서 군축 체계는 핵무기, 생화학무기, 미사일, 우주 군사화, 재래식 무기 등으로 구성됩니다. 국제사회

19) 독일은 1926년, 소련은 1934년에 추후 가맹합니다.

인간에게 불을 가져다 준 프로메테우스(Prometheus)

〈Heinrich Fger(Germany, 1751-1818), Prometheus brings Fire to Mankind, Oil on canvas, 221×156cm, 1817년 작품〉

는 이러한 다양한 무기 체계들이 '확산'(擴散,proliferation)되는 것을 막기 위해서 '비확산'(非擴散, non-proliferation) 조약을 맺게 됩니다.[20]

작금의 세계질서는 소수 국가들의 '핵우산정책'을 통해서 핵무기 비확산을 꾀하고 있습니다. 그렇지만, 핵무기 비보유국들은 자신들의 안위를 위해서 핵무기로 무장하려는 욕구가 있습니다. 핵보유국들이 핵무기 개발을 포기한 핵무기 비보유국들에 대해서 어떠한 경우에도 핵무기를 사용하지 않겠다는 것을 보장하는 '소극적안전보장'(NSA: Negative Security Assurance)이 있습니다. 현재 국제법적으로 핵보유국의 지위를 인정받는 5개국 이외에도 "실질적 핵보유국"의 위치에 있는 것으로 국제사회가 용인하고 넘어가는 국가들(이스라엘, 인도, 파키스탄 등)도 있습니다. NSA가 작동한다고 해도, NSA에 대한

20) 무기체계의 확산에는 '수직적'(垂直的, vertical) 확산과 '수평적'(水平的, horizontal) 확산이 있습니다. 수직적 확산이란 한 국가 안에서 무기 체계가 양적으로 질적으로 증가되는 것을 말합니다. 수평적 확산이란 한 국가에서 다른 국가로 무기 체계가 전파되고 확장되는 것을 말합니다.

보장은 국제법적 질서를 성실히 지키는 핵무기 비보유국가들에게만 적용될 수 있는 것이며, 모든 비보유국에 무조건적, 자동적으로 적용될 수는 없을 것입니다.

'핵무기'는 엄청난 파괴력으로 인해서 지구의 평화를 크게 위협합니다. 그래서 핵무기는 현대판 '다모클레스의 검'이라고 합니다. 특히 이러한 위험한 무기를 많은 국가들이 소유할수록 인류 생존의 위험성은 더 커질 수 있기 '핵비확산조약'(NPT: Nuclear Nonproliferation Treaty)의 중요성이 대두됩니다. 프로메테우스가 인간에게 준 '불'로 인해 인류가 문명을 꽃피웠으나 핵무기라는 또 다른 '불'로 인해 인류가 공포에 떨고 있는 핵확산의 현재 상황에서 NPT 역할의 중요성은 절대적입니다.[21] NPT는 미국과 소련이 1968년 6월에 UN에 제출한 공동 초안에서 비롯되어 1970년 5월에 발효되었습니다. NPT의 핵심적 내용은 핵 보유국이 핵 미보유국에게 핵무기와 핵기술을 제공하지 않으며, 핵보유국들 상호 간에는 핵 군축을 추진하는데 노력을 기울인다는 것입니다. 핵확산방지는 반드시 국가 간의 확산뿐만이 아니라, '비국가적 행위자들'(non- state actors)로 확산되는 것을 막는 것을 포함합니다. 반드시 국가가 아니더라도 테러집단들과 같은 비국가적 행위자들로 핵폭탄의 소유가 확산된다면 국제안보는 더 위험한 상황에 노출될 수도 있습니다.[22]

21) 세계의 헌병 역할을 자처하는 미국은 '핵태세검토서'(核態勢檢討書, NPR: Nuclear Posture Review)를 통해서 핵 독트린에 관한 정책들을 정기적으로 평가하고 있습니다.

22) 2004년 4월 28일의 UN 안전보장이사회의 '결의 1540호'는 비국가적 행위자들에 의한 대량파괴무기 관련 장비, 물질, 기술의 확산을 차단하기 위하여 국가들이 조치를 취할 것을 결의한 것입니다.

심화학습

핵무기의 전쟁억지력 | 핵무기의 가장 큰 특징은 전쟁 발발에 대한 '억지력'(抑止力, deterrence)을 갖고 있다는 것입니다. 물론 핵무기가 공격용 무기로도 사용될 수 있지만, 그런 경우엔 공격 대상국뿐만이 아니라, 공격을 감행한 선제공격(先制攻擊) 국가도 공멸(共滅)하기 때문입니다. 일반적으로 공격능력에는 '1차 공격능력'(first-strike capability)과 '2차 공격능력'(second-strike capability)이 있습니다. '1차 공격능력'이란 내가 상대방에 대하여 행한 '선제 핵공격'(first strike)으로 상대방이 완전히 파괴되어 상대방의 '보복 핵공격'(second strike) 능력이 사라지는 경우를 의미합니다. '2차 공격능력'이란 적으로부터 핵 공격을 받아서 피해가 있더라도 여하한의 보복 공격을 감행할 수 있는 능력을 말합니다. '2차 공격능력'이 작동하면 선제 핵 공격을 한 국가나 보복 공격을 한 국가 모두가 공멸하게 될 것입니다. 그러므로 만약 어떤 한 국가가 '1차 공격능력'을 확실히 소유했다면 핵억지력은 무너지게 됩니다. 핵무기가 억지력을 가지려면 '2차 공격능력'을 소유해야 하는 것입니다. 2차 공격능력을 지닌 핵무기 보유국들 간엔 '상호확증파괴'(MAD: Mutually Assured Destruction)가 작동하게 되어 전쟁 억지력이 생기는 것입니다. 일반적 의미에서, 핵무기 확산에 대한 조치는 크게 두 가지로 대별되는데, 핵무기 확산에 대한 방어적 조치로는 '미사일 방어체계'(missile defense system)의 구축이 있고, 공격적 조치로는 예방적 행동으로의 '선제 공격체계'(preemption system)의 구축이 있습니다. 하지만 '1차 공격능력'의 소유와 상관없이 또는 '2차 공격능력'이 존재하더라도 '제한 핵전쟁'(制限 核戰爭, limited nuclear war)과 같이 국지적으로 상황에 맞추어 소규모의 핵을 공격무기로 사용할 가능성을 여전히 배제할 수 없습니다.

인간들은 물질의 더 이상 쪼갤 수 없는 기본입자가 '원자'라고 믿었지만, 이러한 믿음은 1897년 영국의 톰슨(Joseph. J. Thomson)이 원자 내부로 부터 나오는 '전자'를 발견하면서 무너집니다. 원자구조가 원자핵(양성자, 중성자)과 전자로 이루어진 것이 발견되면서, 원자핵의 양성자수를 변화시켜서 원소자체를 바꾸려는 연구가 시작됩니다. 1935년에 노벨상을 수상한 '퀴리 부부'(Marie, Pierre Curie)는 수상 소감에서 "연구가들이 원자핵을 자유자재로 만들고 분열시켜 폭팔적 성격을 갖는 핵변환, 즉 연쇄반응을 만들 수 있는 시기가 올 것이다"라고 예언합니다. 결국, 마이트너(Lise Meitner)가 최초로 인공적인 '핵분열'(nuclear fisson: 중성자의 충돌로 우라늄 원자핵이 더 작은 원자핵으로 쪼개짐)에 성공합니다.

핵폭탄은 제2차 세계대전 중에 미국에 의해서 개발되었습니다. 독일에서 오토 한(Otto Hahn)의 핵분열 관찰 소식에 자극받아 미국에 망명한 유태계 물리학자들은 아인쉬타인을 통해서 1939년 8월 2일 루즈벨트 대통령에게 서신을 띄우게 되고, 1942년 5월에 '맨하튼 계획'이 출범합니다. 핵무기 개발 책임자로 오펜하이머(Robert Oppenheimer)가 내정되고, 뉴멕시코 주에 로스앨라모스 연구소에서 핵무기 개발에 돌입하여 1945년 6월에 핵무기 생산을 위한 U^{235}(우라늄)와 Pu^{239}(플루토늄)를 생산하는데 성공합니다. 그리고 1945년 7월 16일에 뉴멕시코주의 사막에서 인류 최초의 원자폭탄 폭파실험에 성공합니다. 제조하는 방식에 따라서 크게 두 가지로 구분됩니다. 하나는 우라늄 농축(濃縮)과정을 통한 우라늄탄이며, 또 다른 하나는 핵연료봉의 재처리를 통해서 플루토늄을 확보하여 얻어지는 플루토늄탄입니다. 말하자면, 핵무기를 만드는 재료로 천연자원으로 존재하는 '우라늄-235'($_{92}U^{235}$)와 핵분열로 생성되어 사용후 핵연료에서 분리, 추출하는 '플루토늄-239'($_{94}Pu^{239}$)가 있는 것입니다.[23] 자

23) 원자모형은 $_AX^B$ 로 표시되며, 여기서 A는 원자번호(=전자수=양성자수), B는 원자량(=양성자수+중성자수)입니다. 동위원소는 양성자수가 같고, 중성자수가 다른 원소

연계 원소 중에서 가장 무거운 '천연 우라늄'(원자번호 92)은 약 99.28%가 비분열성인 U^{238} 이며, 분열성 물질인 U^{235}는 0.71정도입니다.[24] 결국, 천연 우라늄을 정련후에, 핵분열성 물질인 U^{235}을 얻기 위해서 (즉, 비율을 높이기) 위해서는 변환과 농축을 하게 됩니다.

우라늄탄은 천연우라늄에 0.7%정도 함유된 우라늄(U-235)의 비율을 높이는 것입니다. 원심분리기에서 우라늄을 빠른 속도로 돌리면 무게가 무거운 U-238은 바깥으로 나가고 무게가 가벼운 U-235는 안쪽에 남는 성질을 이용하여 그 비율을 90% 이상으로 높이는 것입니다.[25] 대략 U-235 농축비율을 90~93%로 할 때 20~25kg의 U-235로 한 개의 핵폭탄을 제조합니다.

핵무기의 파괴력은 얼마나 많은 핵분열을 순식간에 발생시키느냐에 달려 있습니다. 원자로를 사용한 후에 핵연료에는 분열되지 않고 남아있는 U^{235}, 비분열성 물질인 U^{238}, 그리고 핵분열로 생성된 플루토늄등이 혼재되어 남게 됩니다.[26] '재처리 공정'이란 원하는

를 말합니다.

24) U^{234}는 .005정도로 무시합니다. U^{235}, U^{238} 는 원자번호가 같고 중성자수가 각각 143, 146인 우라늄 동위원소[화학적 성질(전자수 또는 양성자수에 의해서 결정됨)은 같지만 핵적 성질은 다른 원소]입니다. 더 정확하게 쓰자면, ${}_{92}U^{235}$, ${}_{92}U^{238}$로 표기하면 됩니다.

25) 그런데, 물리화학적 성질이 거의 동일한 U^{235}와 U^{238}을 분리하여 농축하는 것이 쉽지 않은 것입니다. 우라늄 농축을 위한 방법에는 '가스확산법'(기체확산법)이나 '레이저방식' 등도 있습니다. 상대적으로 U^{235}는 가볍고, U^{238}은 무겁기 때문에, '기체확산법'의 경우엔 가벼운 U^{235}가 무거운 U^{238} 보다 빠르게 저압부분으로 빠져나옵니다. '레이저방식'은 U^{235}를 분말(UF_5)로 전환한 후, 기체상태의 U^{238}과 분리하는데, 분리효과가 커서 1차만으로도 원자력발전이용이 가능하고, 수차 반복하면 U^{235} 90% 이상의 핵무기급에 도달할 수 있습니다.

물질을 얻어내기 위해서 이들 혼재된 물질들을 분리해서 원하는 물질을 얻어내는 것입니다. 플루토늄(Pu^{239})은 재처리를 통해서 얻어지게 됩니다.[27] 플루토늄탄은 '핵연료봉'을 만들어 사용후 '폐연료봉'을 재처리(reprocessing)하는 과정에서 생성되는데,[28] 이는 핵폐기물에 포함된 1%의 플루토늄(Pu-239)의 비율을 99%로 높이는 것입니다. 보통 7~8kg 전후에서 한 개의 핵폭탄을 제조할 수 있습니다.[29]

---

26) '원자로'(原子爐)는 사용 감속재에 따라서 '경수로'(LWR: Light Water Reactor), '중수로'(HWR), '흑연감속로', '고속증식로' 등이 있습니다. 미국에서 개발된 경수로는 감속재와 냉각재 겸용으로 사용하는 가장 보편적 형태의 발전용 원자로입니다. 경수로는 안정성과 경제성이 우수하며, 핵무기용 플루토늄 생산에 부적합해서 북한에 제공된 것입니다.

27) 재처리방식에는 습식법, 건식법 등이 있습니다. 특히 처리속도가 중요할 경우엔 침전법을 사용하는 것으로 알려져 있습니다. 플루토늄 동위원소들은 판단의 기준들이 됩니다. Pu^{240}의 비율은 미국에서 플루토늄의 품질을 정하는 기준으로 쓰입니다. 보통 7%이하 (Pu^{239} 93%)면 무기급, 18%이상이면 원자로급이 됩니다. Pu^{240} 등이 많으면, 자연적으로 방출된 중성자에 의해서 자발핵분열 확률이 급속도로 증가해서, 계획이외의 핵분열이 발생해서 원하는 폭발력을 얻을 수 없습니다. 나가사키에 투하된 플루토늄 탄이 Pu^{240}이 3%정도였습니다. 핵사찰시에 플루토늄의 동위원소의 비율로 재처리 시점을 분석하는데, 반감기가 14년으로 짧으며 핵분열로 아메리슘(Am^{241})을 생성하는 Pu^{241}의 비율값을 측정하게 됩니다.

28) 핵연료봉은 금속피복재를 이용해 밀봉하는데, 연료봉 내에서 우라늄이 연쇄 핵분열을 통해서 에너지와 방사성 물질이 방출됩니다. 방사성 물질의 외부 차단을 위해서 다중으로 격납고 등에 가두게 됩니다. 원자로에서 핵분열과정을 거쳐 수명이 다 된 연료봉인 사용후의 '폐연료봉'은 격납고 외부의 수조에 보관합니다. 봉에서 U-235나 Pu-239가 여전히 방사성 물질과 잔열을 방출하므로 안전을 위해선 5년이상의 냉각과정을 거치게 됩니다.

29) IAEA에서의 일반적 기준을 보면, 20kt 핵무기급에서 의미있는 핵무기급 임계질량의 기준은 우라늄(U^{235} 90%이상)은 25kg인 반면에, 플루토늄(Pu^{239} 93%이상)은 8kg 정도입니다.

폐연료 재처리 과정은 핵발전과 핵무기 전환의 과정이 사실상 혼재되어 있어서 핵무기 개발을 통제하기가 쉽지 않습니다. 재처리 시설과 기술의 보유는 곧 핵무기 제조 능력을 의미합니다. 영변에 핵 재처리 시설을 갖춘 북한이 핵무기를 보유했다고 보는 이유가 됩니다.[30] 그리고, 2011년 이후엔 북한이 우라늄 농축기술도 보유하고 있음이 기정사실화 되고 있습니다.[31] 우라늄 농축 기술은 소수 핵보유국들이 갖고 있는데 남한의 경우엔 우라늄 농축을 미국에서 한 후 농축된 우라늄으로 원자력 발전소를 운영하기 때문에 핵무기 개발에

---

30) "핵무기를 보유했다"라는 의미는 두 가지 의미로 구분됩니다. 하나는 단순히 핵무기를 만드는 기술을 보유한 상태이고, 또 다른 하나는 핵무기를 만든 이후에 그 핵무기에 대한 실험까지 끝낸 상태입니다. 일반적으로 핵무기 제조 기술에 덧붙여서 성공적으로 핵실험을 끝낸 경우에 "핵무기를 보유했다"고 말합니다. 핵무기의 성격상 실험을 거치지 않고 실전에 배치하기는 어려울 것입니다. 핵실험은, 폭발 공간의 차원에서 볼 때, 공중핵실험, 지하핵실험, 수중핵실험 등으로 구분할 수 있으며, 주로, 사막지역이나 대양의 외딴 고도(孤島)에서 시행하게 됩니다. 북한이 국제사회에서 자신들을 "핵보유국으로 인정하라"고 주장하는 것과 동시에 그들은 핵실험을 병행하고 있습니다. 미국을 비롯한 UN 상임이사국들은 이를 인정하지 않고 있습니다. '핵실험 금지조약'의 정신도 실질적인 의미에서 핵보유국의 숫자를 제한하겠다는 의지 표명일 것입니다. '핵실험금지조약'의 종류에는 '포괄적 핵실험 금지 조약'(CTBT: Comprehensive Test Ban Treaty)과 '부분적핵실험금지조약'(PTBT: Partial Test Ban Treaty)가 있습니다. 1996년 9월 UN 특별총회에서 CTBT를 채택한 바 있습니다. CTBT가 체결된 이후엔 더 이상의 핵무기 증가를 막기위하여 '핵분열물질생산금지조약'(FMCT: Fissile Material Cut-off Treaty)이 관심을 모으게 됩니다. 하지만 안보리 상임이사국들간에 금지대상물질의 범위(무기로의 사용 및 전용이 가능한 핵물질 전부포함 또는 무기급 핵물질만을 포함)에 대한 입장이 합의되기 쉽지 않습니다.

31) 북한의 1차핵실험(2006. 10. 9)과 2차핵실험(2009. 5. 25)이 플로토늄탄에 대한 실험이었던 반면에 3차핵실험(2013. 2. 12)에서는 고농축우라늄탄에 의한 것으로 추정됩니다.

순항미사일(tomahawk)

탄도미사일(Dong Feng 21)

대한 통제가 용이합니다.

원자폭탄은 일반화약을 기폭제로 사용하여 우라늄이나 프로토늄의 '핵분열과정'을 통해 파괴력을 얻는데 반하여, '수소폭탄'은 '핵융합과정'을 통하여 얻어내며 파괴력을 얻습니다. 원자폭탄은 '핵분열반응'(즉, 핵이 중성자와 충돌하여 두 개의 새로운 원자핵으로 분리되면서 여분의 중성자와 감마선을 방출함과 동시에 엄청난 에너지를 발생시킴)을 얻어내는 것입니다. 수소폭탄은 원자폭탄을 기폭장치로 하여 중수소 및 삼중수소(수소보다 중성자가 1개 많거나 2개 많은 경우)의 핵융합반응을 얻어내는 것입니다. 중수소의 핵융합을 위해선 고온과 고압이 필요한데 이를 위해서 핵분열을 통한 원자탄이 기폭제로 사용되는 것입니다. 원자탄 개발에 성공해야만 수소탄 개발이 가능한 이유입니다. 일반적으로 수소폭탄은 원자폭탄의 수백배에 해당하는 위력을 갖고 있습니다.[32)]

---

32) 북한은 자신들의 제4차핵실험(2016. 1. 6)이 수소폭탄 핵실험이라고 주장했습니다. 북한의 1차에서 4차에 걸친 핵실험은 모두 함경북도 길주군 풍계리를 중심으로 이루어지고 있습니다.

핵무기는 핵폭발장치(핵탄두)뿐만이 아니라, 그것을 운반하는 수단이 있어야 무기체계로서 완성됩니다. 핵탄두의 운반수단[투발(投發)수단]에는 우주발사체[space launch vehicle; 운반로켓(carrier rocket)], 미사일(missile), 항공기에 의한 투하, ADM(핵배낭, 핵지뢰, Atomic Demolition Munition), 대포(구경 200mm이하로 소형화 해야하는 기술적 난제) 등이 있습니다. 핵무기 제조시 핵탄두를 소형화할 수 있는 기술이 있어야만 운반체계에 실어 멀리 날려 보낼 수 있을 것입니다. 운반수단으로는 포탄, 수뢰, 어뢰, 지뢰, 미사일(missile) 등이 있는데 핵탄두의 성격상 미사일이 가장 중요한 운반수단이 됩니다.[33] 미사일은 '순항미사일'(cruise missile)과 '탄도미사일'(ballistic missile)로 구분됩니다. '순항미사일'은 지상에서 컴퓨터로 원격 조정을 받으면서 조종사가 없는 항공기처럼 음속으로 운항합니다.[34] 보통 3,000km 정도에 이르는 사거리를 지니고 적의 주요

33) 따라서 중요한 것은 운반 기구로서 미사일 그 자체도 확산 방지 대상이라는 점입니다. 앞서서 핵무기는 전쟁 억지력을 지닌다고 하였습니다. 하지만 억지력이 작용하려면 상대방의 행동이 "가능하면 전쟁을 하지 않는다"는 가정 하에 성립하는 것입니다. 전쟁을 불사한다거나 즉흥적 행동이 빈번하여 행위 예측 가능성이 낮은 국가들에겐 전쟁 억지력의 개념이 적용되기 어렵습니다. 미사일을 많은 국가들(특히 국제 사회에서 위험한 모험을 감행하거나 행위 예측력이 떨어지는 국가들)이 보유하면서 소수의 강대국들 사이에서 적합하게 적용되던 억지력의 개념이 무너졌습니다. 먼저 '선제공격'을 당하면 상대방에게 보복공격을 감행할 능력이 되더라도, 아예 처음부터 공격을 당하지 말아야 더 적실성이 있는 안보가 됩니다. 미국이 추진하는 미사일방어체계(MD: Missile Defense)는 상대방의 엉뚱한 공격을 막기 위해 '선제공격'의 개념까지도 포함하는데 바로 이러한 맥락 속에서 나온 것입니다.

34) 순항미사일은 '무인비행체'의 한 종류로도 분류됩니다. '무인비행체'는 "저고도 저속운항"(400~900m/hr)의 특징이 있습니다. '로켓'(rocket)과 '무인비행체'(UAV: Unmanned Aerial Vehicle)를 구분하는 경우, 로켓의 종류는 탄도미사일(ballistic missile), 우주발사체[space lauch vehicle; 운반로켓(carrier rocket)], 관측로켓

시설들을 정밀타격하게 됩니다. 지상 100m 정도의 낮은 높이로 비행하며 생화학무기탄두를 장착할 수도 있으며, 레이더 포착이 어렵습니다. '탄도미사일'은 로켓(rocket)에 의해 발사된 후 공중에서 목표 지점에 도달할 적합한 속도와 방향이 되면 자유탄도(自由彈道)를 그리면서 낙하하는 미사일을 말합니다. 사정거리가 긴 대륙간탄도미사일(ICBM: Intercontinental Ballistic Missle)은 지구표면에서 발사되어 대기권을 뚫고 우주공간의 준궤도 궤적(sub-orbital trajectory)을 따라서 비행하고 다시 대기권으로 재진입하여 목표물에 떨어집니다. 대기권으로 재진입할 때 수 천도 이상의 고열이 발생하므로 이를 견딜 수 있는 발사체의 금속합금기술이 중요합니다. 탄도미사일을 개발하기 위해선 발사체인 로켓기술이 준비되어야 하는 이유로 우주발사체를 위한 기술로도 전용이 가능합니다.

'우주발사체'(SLV)는 탑재물을 지구표면에서 우주 공간으로 옮기는데 사용되는 로켓을 말합니다. 우주발사체는 인공위성 궤도에 올리는 중량을 최대화하는 것이 목적이지만, 대륙간탄도미사일(ICBM)은 공격능력(1차공격능력, 2차공격능력)이 목적입니다. 우주발사체가 탑재물로 핵탄두를 싣게 되면 핵미사일이 되는 것이고, 장거리 이동이 가능한 '대륙간탄도미사일'의 기능을 할 수 있습니다. 발사이후 비행체의 궤적으로 구분하는 경우가 보통인데, 우주발사체는 수직의 궤적인데 반하여, 대륙간탄도미사일은 수직으로 발사해도 곧이어 30도 정도의 궤적을 그리게 됩니다.

로켓기술에는 '액체연료 로켓'과 '고체연료 로켓'이 있습니다.

(sounding rocket; 탐사로켓)으로 구분합니다. 무인비행체의 종류는 순항미사일, 무인표적기(target drone), 무인정찰기(reconnaissance drone)로 구분합니다.

액체연료 로켓은 많은 에너지를 발생시키는데 유리하여 무거운 위성을 고궤도의 우주로 쏘아 올릴 때 사용합니다. 한편, 고체연료 로켓은 단거리 발사용으로 앞서 언급한 대륙간탄도미사일 등의 무기에 쓰거나 저궤도의 위성발사체에 사용합니다. 미사일의 발사는 고정된 기지에서 하거나 운반되는 기지에서 하는데, 특히 은밀성이나 근접성의 관점에서 잠수함에 탑재되어 수중에서 발사되는 '잠수함발사탄도미사일'[SLBM(Submarine-Launched Ballistic Missile)]이 유리합니다. 물론 SLBM체계를 갖기 위해선 고도의 기술력이 요구됩니다.

SLBM

장거리 탄도미사일에 핵탄두가 장착되는 경우 그 핵무기를 '전략핵'(戰略核, Strategic Nuclear Weapons: SNWs)이라고 합니다. 일반적으로 장거리 미사일이란 대륙 간 사정거리를 지니고 날아가는 미사일을 말합니다.[35] 전략핵은 상대 국가의 영토 깊숙이 존재하는 중요한 목표물들을 공격하며 전쟁을 신속히 종결하려는 의도로 사용되는 핵무기입니다. 그러니까 전략핵전력은 ICBM, SLBM, 전략폭격기 등이 긴요한 수단입니다. 반면에 '전술핵'(戰術核, Tactical

35) 미사일의 사거리는 탄두의 중량과도 함수 관계에 있습니다. 탄두의 무게와 크기가 소형화될 수록 운반체와의 관계에서 유리할 것입니다. 탄두의 무게를 700~1,000kg 정도로 소형화하는 것이 긴요합니다. 미사일 사거리에 따른 대략적 구분을 보면, 전술미사일(TCM)은 500km이내, 단거리미사일(SRBM)은 300~1000km, 중거리미사일(IRBM)은 3,000~5,000km[준(準)중거리미사일은 1,000~3,000km], 장거리미사일(ICBM)은 5,000km이상의 사거리로 구분합니다.

Nuclear Weapons: TNWs)은 사정거리가 짧은 상황에서 국지전(局地戰)에 상황적으로 사용되는 핵무기를 말합니다. 앞서서 언급한 '제한 핵전쟁'에 사용되는 핵무기는 '전술핵'이라고 보면 무방할 것입니다. 하지만 군축 문제에서 너무 도식적으로 전략핵과 전술핵을 구분하는 것은 무의미할 것입니다.[36)]

NPT 체제는 평화적 핵기술을 위한 안전장치로서 국제원자력기구(International Atomic Energy Agency: IAEA)에 모든 핵 미보유국의 핵발전시설에 대한 감독 권한을 부여하고 있습니다. 국제사회에서 NPT 체제가 기존의 핵보유국에만 유리한 불평등 조약이라는 시각을 가진 국가들은 IAEA의 핵사찰을 사실상 거부하고 있어 현실적으로 한계도 갖고 있습니다. 현재 UN에는 군축관련 기관으로 총회와 총회 산하의 유엔 전체 회원국이 참가하는 '유엔군축위원회'(UNDC: United Nations Disarmament Commission)와 제네바군축회

---

36) 국제사회에서 군축의 효과성은 초강대국들 사이의 군축 약속과 실행이 가장 중요합니다. 핵무기 군축 관련 주요 사건 일지는 다음과 같이 정리해 볼 수 있을 것입니다. 1970년대 초반에 미국의 닉슨(Richard Nixon) 대통령은 소련과 '탄도탄요격미사일제한조약'(ABM: Anti-Ballistic Missile Treaty) 및 '전략무기제한조약'(SALT I: Strategic Arms Limitation Treaty I)을 성사시킵니다. 1980년대 중반엔 미국 레이건(Reagan) 대통령이 발표한 전략적우주방어계획(SDI: Strategic Defense Initiative)은 예기치 않게 소련의 군축 의사를 강화시켜서 '중거리핵미사일폐기조약'(INF: Intermediate-Range Nuclear Forces Treaty)를 성사시킵니다. 1990년대 초반엔 1991년부터 1992년까지 미국의 부시(George H. W. Bush) 대통령과 러시아의 고르바쵸프(Mikhail Sergeyevich Gorbachev) 대통령이 전술핵무기 감축을 위한 'PNI'(Presidential Nuclear Initiative)에 서명합니다. 21세기에 들어와선 2002년에 미국의 부시(George W. Bush) 대통령과 러시아의 푸틴(Vladimir Putin) 대통령이 '핵무기폐기협정'(Strategic Offensive Reductions Treaty)에 서명한 바 있습니다. 매십년 단위로 국제사회에서 군축은 나름대로 진전되고 있었습니다.

의(CD: Conference on Disarmament)[37]를 비롯하여 군축문제연구소, 군축자문위원회, 지역군축센터 및 유엔군축국을 두고 국제평화와 안보에 만전을 기하고 있습니다. 하지만 보다 근본적인 차원에서 국제안보는 제도상의 문제가 아니라 정치적인 타협과 협상의 문제입니다. 군비규제체제 수립방안을 강구하여 회원국에 제시할 수 있는 권한을 지닌 UN 안전보장이사회의 정치적 역할이 중요한 것입니다.

핵폭탄과 함께 화학무기 및 생물무기는 3대 대량파괴무기(WMD: Weapons of Mass Destruction)로 분류됩니다. 그 종류는 혈액제(blood agents), 수포제(blistering agents), 신경제(nerve agents), 질식제(asphyxiating agents), 살충제(insecticides), 제초제(herbicides) 등으로 구분됩니다. 생화학무기는 핵무기와 비교하여 그 생산 단가가 저렴하여 '가난한 자들의 핵무기'(the poor man's nuke)라고도 불립니다. 제네바 군축회의(CD)의 주도로 1972년에 '생물무기금지조약'(BWC: Biological Weapons Convention)이, 1993년에 '화학무

아사하라 쇼우코우(1955-)

옴진리교 동경지하철 가스테러(1995)

37) 남한과 북한은 CD가 회원국 확대를 꾀하던 1996년 6월에 동시에 가입하였습니다.

기금지조약'(CWC: Chemical Weapons Convention)이 체결되었습니다. 생화학 무기는 그 사용 가능성이 매우 높은 수준에 있는 위험한 무기인데 핵무기와 달리 현대적 무기는 아닙니다. 이미 펠로폰네소스 전쟁에서 스파르타가 그리스에 사용한 기록이 남아 있을 정도입니다. 당시 스파르타군은 송진에 유황을 묻혀 태우면서 발생하는 유독 가스로 아테네를 공격하였다는 기록이 남아 있습니다. 제1차 세계대전에서 사용된 화학무기로 100,000명이 사망하고 1,300,000명이 부상하였습니다. 특히 생화학 무기는 테러(terror)에 이용될 가능성이 높기 때문에 국가 간의 전쟁이 아니더라도 일상생활 속에서 그 위험성이 드러납니다. 1995년 옴 진리교 교주는 일본 동경지하철에서 세린(serine) 가스를 사용한 테러를 사주하여 12명이 희생되고, 무려 5,000명이 부상하는 인명 피해를 냈습니다.

심화학습

테러정치(the politics of terrorism) | '테러'(terror)는 일반적으로 행위주체는 비국가단체가(non-state actors)이고, 행위의 대상은 민간(civillians)인 경우로 발생하는 상황을 포괄적으로 지칭합니다. 비국가단체인 테러단체들은 자신들의 요구와 주장을 수렴하기 위해서 극단적이고 무차별적인 민간인에 대한 공격을 통해 국내외적 정치과정에 영향을 미치려고 합니다. 이른바 '테러정치'입니다. '9·11 테러' (2001. 9. 11)는 국제 및 국내정치과정에 관한 기존의 지형을 변화시킨 커다란 사건이었습니다. 세계의 헌병역할을 자처하는 미국의 본토가 공격의 대상이 되었다는 점에서, 동시에 세계평화와 공존을 상징하는 무역센터 건물이 파괴되었다는 점에서 이는 전혀 예상되지 못한 정치현상이었습니다. 사우디 아라비아 출신인 '오사마

9·11테러(2001)

빈 라덴'이 지도하는 '알카에다'(Al-Qaeda) 조직의 주도[팔레스타인해방기구 산하 '하마스'(Hamas), 레바논의 '헤즈볼라'(Hezbollah)도 일부 관여]하에 뉴욕 세계무역센터 건물, 미국방부 건물, 피츠버그 동남쪽에 비행기가 충돌하거나 추락한 동시 다발 자살테러 사건입니다. 대략 3,000명의 사망자가 발생하였습니다. 프랑스에서는 '샤를리 에브도(Charlie Hebdo) 테러'(2015. 1. 7; 샤를리 에브도는 반종교적이고 좌익적 성향의 주간 풍자신문)와 7건의 서로 다른 테러가 동시 다발 연쇄적으로 일어난 '파리테러'(2015. 11. 13)가 발생하는데, 테러조직은 소위 스스로 '국가'를 칭하는 '이슬람국가(IS: Islaminc State)'라는 조직입니다.

샤를리 에브도 테러 후의 만평(2015)

파리테러(2015)

이렇게 되다 보니, 2014년 6월 29일에 국가라는 이름으로 선언된 IS가 단순히 테러조직의 차원을 넘어서서 '국가'의 초기적 형태이며, 고전적 국가 정의에 대한 수정을 요구하는 것이 아닌가 하는 논의도 있습니다. 국가에 대한 고전적 정의는 영토, 국민, 주권이란 3대 요소를 기반으로 성립하며, 이를 바탕으로 국제법상 국가로 인정받아야 국가로서의 지위가 인정됩니다. IS는 이라크 서부와 시리아 동부지역의 영토를 거점으로 하며(약 33,670km^2로 남한의 1/3정도의 영토), 일정 지역에서 '그림자 정부'를 이루고 있으며(또는 공식 정부조직이 제대로 기능하지 못하고 있으며), IS 대원들은 '이슬람국가'의 일원이라는 일체심이 존재하지만, 국제법적 주체로 인정받지 못합니다. 그래서 국가라는 명칭을 사용하지 않고 '다에쉬'(Daesh)라고 부르는 경우도 있습니다. 형식 이상으로 중요한 것은 내용입니다. IS는 애매한 형식을 취하고 있지만 그 내용은 기독교 문명과 이슬람 문명의 충돌, 서방권과 아랍권의 충돌, 이슬람 내의 세력 경쟁, 과거 아랍지역의 역사성 등이 복합적으로 얽혀있어 분쟁 해결의 가능성이 명확하지 않습니다.

도대체 '이슬람국가'라는 형식이 어떻게 현재에 탄생할 수 있었을까요? 미국과 서방권에 대한 반감 그 자체만으로는 소위 국가를 참칭하는 조직이 탄생하기 위해서는 역부족일 것입니다. 테러조직이 갖는 증오와 반감 그 자체는 국가조직 형성의 필요조건이지 충분조건은 아닙니다. 테러조직이 자신들의 목적의식을 달성하기 위해서 '국가'를 칭하는 형식은 그들의 역사적 배경이 있었기에 가능합니다. IS는 과거 소위 '레반트'(Levant)라고 불리우던 지역의 일부를 장악하고 국제법상 국가로 인정받지 못한 상태에서 국가를 자칭하는 무장단체인데, 조직의 수준이 제법 높은 '민병대'(民兵隊) 조직과 비견되기도 합니다.

IS기를 들고 있는 IS전사

2014년에 IS로 개칭하기 전에는 소위 '이라크 · 레반트 이슬람국가'[ISIL (Islamic State of Iraq and Levant); 또는 '이라크 · 시리아 이슬람국가' (ISIS: Islamic State of Iraq and Syria)]라고 불리기도 했습니다. 로마인들은 "빛은 동방에서"에서 라고 말하며, 로마문명이 동방에서 왔다고 했는데, 여기서 동방이란 '비옥한 초생달 지대'[Fertile Crescent: 티그리스 · 유프라테스 강-나일 강 사이의 저지대(低地帶). 페르시아만에서 나일강 상류의 아스완에 이르는 3,000km에 상당하는 대상의 녹지대(綠地帶)]를 중심으로 한 부근 지역을 포괄하여 말합니다. 아랍세계는 과거 레반트 지역을 중심으로 형성된 세계인데, 과거 레반트 지역은 B.C. 4000년경 '메소포타미아 문명'과 B.C. 3000년경 '이집트 문명'의 형성 이후 수메르족, 셈족(아카드인, 아무르인), 햄족, 아리안족, 투르크족 등이 무역과 전쟁으로 얽혀서 발전해 왔습니다. 그러니까 레반트 지역이란 지중해를 중심으로 동부와 남부 지역이 포괄되는데 동부 연안에는 이집트, 힛타이트, 페니키아, 헤브라이, 바빌로니아 등의 왕국들이 있었습니다. 오

레반트(Levant) 지역

리엔트 세계는 과거 두 번 통일되었습니다. 셈족의 일파인 '앗시리아'의 사르곤 2세(Sargon II)때 첫 번째 통일제국을 이룩합니다(B.C. 745-B.C. 625). 이후 이집트, 리디아, 메디아, 신바빌로니아의 4지역으로 분할되었다가 다시 인도아리아족인 아케메네스 왕조의 페르시아가 두 번째로 이 지역을 통일합니다(B.C. 525). 그리고 다리우스 1세(Darius I)때 광역제국을 형성하며 서방의 그리스 도시국가들과 충돌하며 '페르시아 전쟁'을 일으킵니다. 이후 해당지역은 서방세계의 마케도니아 알렉산더 대왕에 의해서 통일되기도 합니다(B.C. 338). 이슬람교는 레반트 지역에서 발생한 종교입니다. 이슬람교는 마호메트(Mahomet)가 창시하였는데, 헤지라[Hegira: 메카(Mecca)에서 박해를 받고 메디나(Medina)로 이주한 원년]를 회교의 기원으로 삼습니다(A.D. 622). 마호메트는 무력으로 메카를 수복하고 지하드(Jihad: 신성전쟁, B.C. 630)을 통해서 아라비아 반도를 통일하게 됩니다(B.C. 632). 과거 오리엔트 통일국가의 규모에는 비할 바가 못되지만, 우리가 종종 언급하는 '사라센(Saracen) 제국'이 시작된 것입니다. 그러니까 이란인이 건국한 '사산조 페르시아'(Sassan Persia: 226- 651)는 사라센 제국에 멸망한 것이 됩니다. 이후 사라센 제국은 선출제 칼리프시대(632-661), 우마이야 왕조(661-750)를 거쳐서 압바스 왕조(또는 '동칼리프', 750-1258; 시아파와 협조)와 후우마이야 왕조(또는 '서칼리프', 756-1031)로 다시 분열되며 이어집니다. 이후 후우마이야 왕조는 그라나다왕국을 거쳐서 에스파니아에게 멸망하고(1492), 압바스 왕조는 아프가니스탄 지역에서 파티마 왕조(Fatima), 인도지역에서 가즈니 왕조(Ghazni)가 분리되고, 이란지역에서 사만 왕조. 부와이 왕조가 건립되고, '셀주크 투르'(Seljuk-Turkey, 1037- 1157)에 상대적 열세를 보이며 결국 몽고에게 멸망합니다(1258). 압바스 왕조는 셀주크 투르크의 도움을 얻어서 부와이 왕조를 몰아내는 와중에 셀주크 투르크의 최고 지위자에게 '술탄'(Sultan)이란 칭호를 주게 되는데, 이슬람의 최고 정치 지도자를 일컫게 됩니다. 압바스 왕조의 칼리프는 술탄의 보호를 받는 종교 지도자로 한정되며 정치적 권력은 셀주트 투르크의 술탄이 갖게 된 것입니다. 아바스 왕조의 칼리프는 중세 암흑시대는 유럽지역을 말하는 것이고, 해당 시기에 사라센 문명은 세계 문명사에 큰 획을 긋고 있었습니다. 이슬람교는 기독교와 달리 교직계급이 없어 교직계급을 통한 포교의 방식이 아닌 전쟁을 통한 포교의 방식을 취했던 역사적 배경을 갖고 있습니다. 마호메트 사후에는 후계자(칼리프: Caliph) 문제로 마호메트의 친구인 아부 바크르(메카 지역에서 우위)와 사촌동생이자 사위였던 알리(메디나 지역에서 우위)가 다투게 되고, 결국 아부 바크르가 후계자가 됩니다. 훗날 메카 세력은 소위 '순니파'[Sunni파, 또는 '정통파'; 세습 칼리프제를 실시하며 '우마이야 왕조'를 시작한 무아비야(Muawiya)를 칼리프의 정통으로 인정; B.C. 661-B.C. 750]가 되고, 메디나의 세력은 '시아파'[Siah파, 또는 '분리파'; 4대 칼리프인 알리만을 정통으로 인정하며 우마이야 왕조를 부정]가 됩니다. 순니파는 무와이야를 칼리프의 정통으로 인정합니다. 반면에 시아파는 4대 칼리프인 알리(Ali)만을 정통으로 인정하며 우마이야 왕조를 부정하는데, 특히 이란에서 유력합니다. IS 조직은 "순니파 칼리프제도"를 부활하는 것을 궁극적인 목적으로 하고 있습니다. 물론 여기서 칼리프는 셀주크 투르크 시절에 술탄에게 나누어 준 정치적 권력을 회수하는 제정일치의 칼리프를 의미합니다. IS조직은 순니파와 시아파 사이의 종교갈등도 동시에 내포하고 있음을 알 수 있습니다. 20세기 이후에 아랍지역 내부에선 친(親)서방세력과 반(反)서방세력이 각축을 벌여 왔습니다. IS의 명멸여부는 단순히 어떤 특정 지도자의 존재 자체가 아니며, IS라는 조직의 역사적 맥락과 현재의 명분이 구조적으로 작용하기에 단기적 부침과 상관없이 장기적으론 그 명맥을 이어갈 가능성이 있습니다. 가장 큰 문제는 IS가 민간인 학살, 잔혹한 인질 살해, 소년병, 노예제의 부활, 장기매매 등 인류보편 가치와 정의를 거스르고 있다는 점입니다.

9장을 마치며

국제정치는 궁극적으로 지구의 평화와 번영을 다루는 분야입니다. 국가라는 행위자의 역사와 문화가 존중되며 그 생존에 무게를 두는 가운데 국제 차원에서 전체 국가가 평화롭게 어우러져서 번영을 추구하는 것이 쉽지 않습니다. 국제정치의 세부 분야는 국제안보(international security), 국제기구(international organzations), 국제법(international law), 국제정치경제(international political economy) 등으로 분류가 가능합니다. 국제정치의 세부 분야들은 지구의 평화와 번영을 다루는 방식들과 연관되어 있다고 볼 수 있습니다. 국가 간 전쟁은 지구의 평화와 번영에 가장 큰 장애물입니다. 최근엔 '테러리즘'(terrorism) 문제도 개별 국가 및 국제 사회의 평화를 위협하는 요소입니다. 국제안보 분야는 국제사회에서의 전쟁과 평화 및 '테러리즘'의 문제를 다룹니다. 국제협력관계를 증진시키기 위해선 국제 단위의 매개체가 필요합니다. 이런 역할을 하는 것이 다양한 종류의 국제기구입니다. 국제기구 분야에선 국가들의 협력 기구나 민간 협력 기구들을 통한 국제협력의 증진 문제를 다룹니다. 국가들은 서로의 필요성에 의해 교환 관계를 성립시켜 삶의 질을 높힐 수 있습니다. 국제정치경제 분야는 경제적 측면에서 국가 간 통상과 무역을 통한 상호의존과 공영이라는 주제를 다루게 됩니다. 상호의존이 증대되면 오히려 경쟁이나 분쟁이 가속화되는 측면이 동시에 존재합니다. 따라서 분쟁해결을 위해 국가나 지역 간에 계약이나 규정을 정해 놓고 상호의존 과정에서의 행위 예측 가능성을 높이게 됩니다. 이것을 담당하는 분야가 '국제법' 분야입니다.

지구상의 모든 국가들에 해당되는 이야기지만, 한국의 지정학적(地政學的, geo-political) 요건 때문에라도 한국에게 있어서 국제질서가 갖는 의미는 클 수밖에 없습니다. 한국과 같이 세계 열강 들에 휩싸여 있는 지리적 위치를 지닌 나라는 거의 없다고 해도 과언이 아닐 것입니다. 한국은 지리적으로 대륙세력인 중국과 러시아, 해양세력인 미국과 일본에 휩싸여 있습니다. 여러 가지 견해가 존재할 수 있겠지만 한국은 '중견국가'(中堅國家, middle power state)로서의 위치에 있다고 보는 것이 중론(衆論)일 것입니다. 이것은 한국의 생존과 번영을 위해서 지정학적인 중요성에 근간한 국제정치의 이해가 필수적이라는 의미입니다.

현재 세계는 지역연합과 같은 형태들이 나타나고 있습니다. 유럽에선 '유럽연합'(EU: European Union)이 경제적 통합과 정치적 통합을 성공적으로 완수하고 지구에서의 역할을 증대시키고 있습니다. 머지 않은 장래에 '아세아연합'이나 '동북아연합'과 같은 지역연합체가 발족할지도 모릅니다. 그러한 연합체들은 경제적인 공동 번영과 함께 집단 안보의 형태를 꾀하게 됩니다.

앞으로 지구의 안보 문제는 정치-군사적 이슈만큼 환경-생태학적인 이슈들이 중요해 질 수 있습니다. 지구온난화 문제는 모든 국가들의 역할 분담 및 함께 대처해야 할 또 다른 차원의 국제 안보 문제입니다. 현재 세계는 이른바 '세계화'(globalization)의 물결 속에 있습니다. 과학과 기술의 발달은 세계화의 정도를 더 심화시키고 있어 사실상 '사해동포주의'(四海同胞主義, cosmopolitanism)적인 흐름이 강조되고 있습니다. 세계화의 정도가 심화되는 경우 민족 간, 문화권 간에 '문명충돌'의 증가도 병행하여 나타날 수 있습니다. 이

문제를 다음 장에서 구체적으로 다루어 보도록 하겠습니다.

'사해동포주의'라고는 하지만, 여전히 지구촌은 고유의 국기(國旗), 국가(國歌), 및 '헌법'체계를 지닌 개별 국가들로 구성되며, 이들이 함께 모인 세계정치기구가 UN입니다. 현대적 의미에서 언급되는 개별 '국가' 형성에 가장 큰 영향을 준 계기는 1648년 '베스트팔렌(Westfalen) 조약'입니다. 해당 조약은 유럽지역에서 종교전쟁인 '30년전쟁'을 종결시킨 조약인데, 그 핵심 내용은 국가 영토내에서 국가권력이 종교행위를 규제할 수 있게 한 것으로, 국경없는 교황의 칙령보다 국경단위로 이루어지는 국가권력이 우위에 서게 한 것입니다. 이후 국제정치는 주로 '국가 주권'(state sovereignty)의 개념을 중심으로 이해되고 있습니다. 그런데, 롤즈(J. Rawls)는 『만민법』(*The Law of Peoples*)이란 저서에서 그러한 '국가 주권'의 개념을 비판하며 '만민'(people)이란 개념을 제시하는데 이것은 국제정치 영역에서 두 가지 중요한 함의를 갖게 됩니다.

첫째, 롤즈는 '국제사회'의 구성 주체를 '국가 주권'으로 보지 않고, '만민'으로 봅니다. 국가가 자신의 고유한 주권을 갖고 있다는 의미에서 본다면, 국가는 자국의 이익을 위한 행위를 자유롭게 추진할 수 있습니다. 이런 경우 국가는 자국의 이익을 위한 전쟁을 수행할 수 있습니다. 즉, 국가주권에 의한 대내적인 자율성을 바탕으로 대외적인 전쟁권을 갖게 됩니다. 하지만, 롤즈는 국가에게 '방어 전쟁권'만 존재한다고 봅니다. 롤즈는 '만민법'의 의미를 국제법 및 국제관행의 원칙과 규범에 적용되는 옳음과 정의에 기초한 특수한 정치관(또는 만민간의 상호 정치적 관계를 규제하는 특수한 정치적 원칙)이라고 정의합니다. 국제사회를 구성하는 '만민'들 사이의 협의와 동의를 통해서 만민의 권리와 의무가 존재하기 때문입니다.

둘째, 롤즈는 '국가 주권'의 대내적 영토관할권 내지 배타적 권한을 인정하지 않습니다. 만약 어떤 '국가'가 자국 국민에 대한 '인권'을 적정 수준에서 대량으로 보호하지 못한다면 '국가 정당성'은 존재하지 않는다고 봅니다. 정당성이 결여된(국제법 및 국제관행과 연관하여 옳음과 정의에 합당한 정치를 수행하지 못하는) 국가에서 국민들을 전쟁으로 동원하는 국가 강제는 용납되기 어려울 것입니다. 이런 경우엔 국가는 '방어 전쟁권'마저도 없는 것이 됩니다. 결론적으로, 특정 조건하에선(즉, 만민법의 기준에서 국가정당성이 없는 국가들에 대해선) 국가주권을 넘어서 국가간 상호 개입의 상황이 정당화될 수 있는 것입니다. 롤즈는 국제사회를 구성하는 '국내사회'의 성격에 따라서 5가지 사회로 구분합니다: ① 입헌민주정부, 도덕적 본성, 공유된 동정심 등이 특징인 '합당한 자유적 국민들'(reasonable liberal people)의 사회; ② 적정수준의 협의의 위계구조를 갖추고 인권을 보장하는 '적정수준의 만민들'(decent people)의 사회; ③ 타 국가에 대한 공격성을 지닌 '무법국가'(outlaw states)라고 불리는 사회; ④ 정치적 전통, 문화적 전통, 인적자본, 기술자원 등이 부족한 '불리한 여건의 사회들'(societies burdened by unfavorable conditions); 마지막으로, ⑤ 인권은 존중되지만 적정수준의 협의체계가 존재하지 않는 '자애적 절대주의'(benevolent absolutism)를 지닌 사회. 롤즈는 '만민의 사회'는 그 상호관계에 있어서 만민법의 이상과 원칙을 준수하는 모든 사람들을 일컫는 것으로 정의합니다.[38] 결론적으로 국제

38) 롤즈는 ①과 ②를 합하여 '질서정연한 만민'(well-ordered peoples)의 사회로 부르며, 이 두 종류의 사회는 인권이 보장되고 만민법이 적용되는 영역입니다. ③, ④, ⑤는

사회를 정의하는 단위가 '국가주권'이 아닌 '만민'으로 할 때, 국내사회의 성격에 따라서 한 국가가 타 국가에 대한 '인도주의적 개입'은 정당화 될 수 있으며, 따라서 '정전론'(正戰論; theories of just war; '정당한 전쟁')의 논의로 확장될 수 있습니다.

개인의 자유와 인권을 인류의 보편적 규범으로 하는 경우에, 인권문제는 단순히 국내문제가 아니며, 국제정치적인 성격의 것으로 확장됩니다. '반인륜범죄'(crimes against humanity) 처벌을 위한 '뉘른베르크 원칙'(Nürnberg principle)은 특정 국가의 자국민에 대한 대우가 인류 보편적인 수준에서의 규범성을 충족하지 못하면, 국제사회가 해당 국가에 제약을 가할 수 있다는 것입니다. 유엔헌장 55조는 유엔의 기관 목적으로 인권의 국제적 보호와 신장을 명시하고 있습니다. 유엔인권위원회는 1976년에 발효된 '국제인권장전'[International Bill of Rights: A규약('경제,사회,문화적 권리에 관한 규약'); B규약('정치, 시민적 권리에 관한 규약')]을 만들어서 '세계인권선언'(Universal Declaration of Human Rights, 1948)이 갖지 못한 법적구속력을 구현하고 있습니다. 이후 추가로 '인종차별철폐협약'(1965), '여성차별철폐협약'(1979), '고문방지협약'(1984), '아동권리협약'(1989)가 마련되며, 6대 주요 인권협약이 마련됩니다.

인간 개개인의 삶에서 '개인적 삶 위주의 정치'가 구현되는 것을 이해하기 위해선 '국가 위주의 정치'라는 시각은 한계를 갖습니

'질서정연하지 않은 만민'의 사회이며 만민법이 적용되지 않는 영역입니다. 단, ⑤의 사회는 만민법이 적용되지 않는 영역임에도 인권은 일정수준 보장된다고 봅니다. 하지만, 절대주의하에서 보장되는 인권은 기관이나 기구에 의거하는 것이라기보다 절대지도자 및 소수 권력자들 개개인의 너그러운 성향에 의거하는 성향이 강해서 변덕스럽고 불안정할 것입니다.

다. 자신이 소속된 국가에 대한 의무와 동질감도 중요하지만, 그 국가의 구성원들 개개인으로서의 행복한 일상의 삶은 동시에 중요합니다. 국가경제가 잘 돌아가고 있어도(socio-tropic dimension) 내 주머니 사정이 좋지 않으면(pocketbook dimension) 개인입장에선 경제적 불행이라고 느끼는 것이 인지상정일 것입니다. 인터넷과 SNS 시대에 제반 정치현상을 이해하는데 개인의 권리로서 '인권'이나 '개인이익'의 차원에서 접근하는 것이 때때로 긴요할 수 있다는 것입니다.

Political Science

제10장

변화하는 세상과 변동이론

대부분의 사물과 현상들은 고정되어 있지 않고 변화하고 있습니다. 사회과학적 현상도 어느 일정 시점에서는 고정되어 있는 듯하지만, 시간이 흐르면서 그 현상은 변화할 것입니다. 그러한 현상이 “어떤 방향성을 지니고 움직인다면”[즉 변동(變動)하고 있다면], 그러한 방향성에 대한 이론을 정립하는 것은 중요한 일이 됩니다.

사회과학에서 변화했다는 것을 논할 때, 보통 어떤 사건을 중심으로 그 사건 이전과 이후의 사회상에 차이점이 있음을 지적하게 됩니다. 세상의 변화는 어떤 특정 사건을 계기로 그 이전과 이후가 변화하게 되는데, 우리는 그 해당 사건을 ‘역사적 사건’이라고 부릅니다. 우리가 ‘프랑스혁명’(French Revolution)을 역사적 사건에서 중요시 하는 이유는 ‘근대시민사회의 2대 원동력’ 중의 하나이기 때문입니다. 근대시민사회 형성의 또 다른 원동력은 ‘산업혁명’(Industrial Revolution)입니다. 프랑스 대혁명은 인권선언을 통해 자유주의를 확립하는 사건이며, 산업혁명은 생산력의 증대를 통해 자본주의를 확립하는 사건으로 근대시민사회 형성의 두 축으로 간주됩니다. 그러니까, 현재 우리가 일반적 의미에서 ‘근대사회’라고 할 때는, 프랑스혁명과 산업혁명이란 두 개의 역사적 사건을 겪고 난 그 이후를 포괄적으로 말하는 것입니다.

국가라는 존재에 대한 인식도 변하고 있습니다. 국내정치적으로는 민주주의를 수행하는 과정에서 과부하가 걸려 있는 상태이며, 이로 인해 정당성의 위기가 빈번히 발생합니다. 보다 많은 사회 구성원들의 교육수준이 높아지고 평준화되며, 요구사항이 많아지고 구체화되어 국가가 할 일이 많아지고 제대로 이행하지 못하는 경우엔 국가의 권위를 유지하기 어렵습니다. 국제정치적으로도 국제화가 진행되면서 국가의 경계가 과거보다 약해진 것도 사실입니다. 심지어, 국제사회에서 IS라는 존재는 과거의 국가 개념과는 괴리가 있는 그러한 형식을 취하고 있습니다. 그러면 중세나 근세와 비교하여 현대의 변화된 국가관이나 미래의 변화될 국가관의 방향성은 어떻게 이론화될 수 있을까요

다양한 사회과학적 현상의 의미를 일반화시키는데(즉 이론화하는데) 혼란스러운 점은 두 가지 측면 때문일 것입니다. 하나는 어떤 한 가지 현상에 대하여 그것을 파악하는데 한 가지의 이론이나 시각만이 존재하지 않는다는 것입니다. 대표적으로 규범적 가치에 입각하여 현상을 분석하고 이해하는 경우와 실증적 가치에 입각하는 경우 그 해석과 의미 부여가 달라집니다. 규범적 가치에 중심을 두는 경우엔 '당위론'(當爲論, sollen)적인 해석이 부여되어, "마땅히 그래야만 하기에 그렇게 행동해야만 하는 것"으로 의미가 부여됩니다. 실증적 가치에 중심을 두는 경우엔 '존재론'(存在論, sein)적인 해석이 부여되어, "존재하는 상태로서 있는 그대로의 것"에 의미를 부여하게 됩니다.

또 다른 하나의 어려움은 그것이 규범적 가치이건 실증적 가치이건 그 가치 자체가 시대에 따라서 지속적으로 변화하는 '시대정신'(時代精神, zeitgeist)의 영향을 받고 있다는 것입니다. '시대정신'이란 그 시대의 사회나 사람들의 마음을 지배하는 정신을 말합니다. 그 시대를 특징짓고 있는 정신으로서 한 시대의 사상이나 이상을 아우르는 정신인 셈입니다. 예를 들면, 21세기 초반 한국의 시대정신 중의 하나는 '세계화'일 것입니다. 시대정신은 화두(話頭)로서 그 사회가 운용되는 정치원리와 경제원리에 영향을 미칩니다. 사회가 해

세계화(globalization)라는 시대정신

결해야 하는 당면 과제를 위한 정치적, 경제적 이슈 선정과 결정 방향에 영향을 미칩니다. 시대정신은 변화하는 것이며, 변화하는 시대정신에 따라서 현상에 대한 가치 파악과 의미 부여도 변화합니다. 정치와 경제의 운용 원리가 시대 상황에 맞게 계속 변화하는 셈입니다. 시대 상황이 바뀌게 되면 정치 영역에 존재하는 주요한 '이슈'들이 달라지게 됩니다. 정치적 결과는 시대 상황 속에서 변화되는 주요 이슈들을 중심으로 벌어진 정치적 경쟁의 산물이기 때문에 정치 현상에 대한 이해는 변동 이론에 대한 이해를 필요로 합니다. 고정되어 있지 않고 변화하는 정치적 상황과 환경 때문에 어떤 특정 시점에서의 정치적 해석과 의미 부여는 그 당시의 상황으로 한정될 수밖에 없습니다.

‘문명충돌론’(文明衝突論)이나 ‘문명공존론’(文明共存論)과 같은 이야기들을 들어보셨을 것입니다. 이러한 관점들은 국내 사회나 국제 사회가 어떠한 모습으로 변화할 것인지를 예측하는 일종의 변동 이론들입니다. 변동의 원인과 내용을 어떻게 규정하느냐에 따라서 서로 다른 입장에서 변화의 방향과 내용을 규정하게 되는 것입니다. 결론적으로 ‘변동론’을 공부하는 이유는 대부분의 사회과학적 현상들이 고정되어 있지 않고 지속적으로 변화하기 때문에 ‘변동’에 대한 속성 그 자체를 이론화한 ‘변동이론’들을 생각하여 사회과학적 현상들을 분석하는 것이 요구되기 때문입니다.

변동에 관한 논리와 이론들

정치변동이나 사회변동을 이야기하면서 과거로부터 현재 시점까지 있었던 변화의 경향을 경험적 차원에서 정리하여 이론을 도출하는 경우엔 실증적 차원이 강조된 이론이 됩니다. 실증적 차원에서 “변화하기 수월한 것”이 있고, “변화하기 어려운 것”도 있을 것입니다. 비록 실증적으로는 변화하기 어려워도 변해야만 한다는 입장에서 논리를 진행한다면 규범적 차원이 강조된 이론이 됩니다. 비록 실증적으론 변화하기 어려워도 규범적으로 볼 때 변화해야만 한다는 논리가 될 수 있는 것입니다.

세상은 변화하고 있지만, 그렇다고 해서 모든 것이 변해야만 하는 것은 아닙니다. “변화해야 바람직한 것”이 있고 “변화하지 말아야만 바람직한 것”도 있습니다. 더 극단적으론 “변화해야만 하는 것”이 있고, “변화하지 말아야만 하는 것”이 있는 것입니다. 물론 이에 대한 해석과 기준은 사람들마다 다를 수 있습니다. 이것은 무척 복잡한 문제입니다. 정치 변동에 관한 현상을 분석함에 있어서 다양한 시각이 존재하는 이유는 바로 이러한 실증적이고 규범적인 차원의 논의들에 대해서 다양한 입장이 존재하기 때문입니다. 변동에 관한 논리는 다음과 같이 정리해 볼 수 있을 것입니다. 실증적인 차원에선 변할 수 있는 것과 할 수 없는 것으로 규범적 차원에선 변화해야만 하는 것과 변화하지 말아야 하는 것으로 나뉘게 됩니다. 이는 표 10-1의 2×2 표로 정리할 수 있습니다.

표 10-1 변동의 논리

		규범적 입장	
		변하지 말아야만 하는 것	변해야만 하는 것
실증적(경험적) 입장	변할 수 '없는' (또는 '어려운') 것	I	II
	변할 수 '있는' (또는 '쉬운') 것	III	IV

경우 I과 경우 IV는 실증적 입장과 규범적 입장 간에 특별히 논쟁의 여지가 없습니다. 규범적으로 그래야만 하는 것이 실증적으로도 그렇게 나타나기 때문입니다. 반면에, 경우 II와 경우 III에는 의미있는 논쟁이 존재할 것입니다. 규범적으로는 변해야만 하는데 실증적으로는 변할 수 없거나 변하기 어렵다거나(경우 II) 또는 그 반대의 경우엔(경우 III), 변동의 과정에서 어떤 형태로건 갈등이 존재할 것입니다. 같은 경우 내에서도 이러한 입장들이 명시적으로 구분되지 않고 혼재되어 있을 수도 있습니다.

재미있는 이야기 세상은 변할 수 있는 것, 변할 수 없는 것(실증적 차원), 변화하지 말아야 할 것, 변화해야만 하는 것(규범적 차원)에 대한 논쟁의 역사인지도 모릅니다. 표 10-1에 제시된 경우의 수들을 이야기 속에서 이해해 보도록 하겠습니다. 사마천의 사기(史記)에 유명한 이야기에는 도표에 나온 4가지 경우의 수가 모두 들어 있습니다. 춘추전국시대에 진(晋)나라 내에는 여러 제후들이 있었고 그중 가장 세력 있는 제후 지백(智伯)을 모시는 예양(豫讓)이란 신하가 있었습니다. 그런데 진나라 내부에서 지백과 경쟁하는 제후들 중에 조양자(趙襄子)가 있었습니다. 지백은 조양자와의 전투에서 그만 목숨을 잃게 됩니다. 예양은 자신의 주군 지백의 복수를 결심합니다. 예양은 처가 있는 사람이었지만, 자신의 신분을 숨기고자 옻칠을 하여 모습을 바꾸고, 숯을 삼켜서 목소리를 바꿉니다. 양재물을 마셔 성대 구조를 변형시켜 목소리를 바꿉니다. 조양자의 집에 일꾼으로 숨어들어서 암살 기회를 노립니다. 조양자가 지백의 해골로 술잔을 만들어서 술을 마시는 모습을 보고서 예양은 복수의 집념을 불태웁니다. 하지만 예양은 거사에 실패하여 조양자 앞에 잡혀 옵니다. 조양자는 예양의 충절을 갸륵히 여겨서 목숨은 살려 쫓아냅니다. 예양은 포기하지 않고 조양자가 바깥 거리를 시찰하고 다리를 건널 때 다리 밑에 숨어 있다가 조양자를 죽이려 하지만 실패합니다. 예양은 죽기 전에 조양자의 옷이

장진광(張珍光)의 예양격의도(豫讓擊衣圖)

나마 칼로 베게 해달라고 합니다. 예양의 충절을 기려서 조양자는 옷을 벗어 예양에게 줍니다. 예양은 그의 옷을 칼로 베고 자결합니다. 예양의 인생관은 "자신을 알아주는 사람을 위해서 목숨을 바친다"는 것이었습니다. 이제 지백이 죽고 조양자가 승리한 현실은 변할 수 없는 것입니다. 죽은 지백이 다시 살아올 수 없으니까요. 그렇지만 조양자에 대한 복수를 수행한다면 현실은 변할 수 있는 것이 됩니다. 예양의 충성심이란 덕목은 "변하지 말아야 할 것"에 포함되지만 주군이 자신을 어떻게 대해주는가에 따라선 충성의 대상은 "변할 수 있는 것"입니다.

정치학도들이 어떤 정치현상을 해석함에 있어서 상황을 고정적인 것으로 전제하지 않고 정치변동의 가능성까지도 염두에 둘 수 있다면 보다 바람직할 것입니다. 이에 덧붙여서 세상은 변화하는 것이지만, "변화할 수 있는 것과 없는 것", "변화해야만 바람직한 것과 그렇지 않은 것"을 구분하는 입체적 사고방식을 지닌다면 더욱 좋을 것입니다. 변동에 관한 주요 이론들은 크게 진화이론, 균형이론, 갈등이론, 순환이론의 네 가지로 나누어 볼 수 있습니다.

진화이론

'생존'(生存) 그 자체는 개체들(즉 개인, 집단, 국가)의 가장 원초적인 목적입니다. '진화이론'(進化理論, evolution theories)은 변화의 원인을 개체의 '생존'이라고 봅니다. 맬서스(Thomas Robert Malthus)는 인간의 미래사회를 '식욕'과 '성욕'을 통해서 예측하게 됩니다. 인간의 성욕은 강하기에 인구는 빠른 속도로 증가하지만, 식욕을 충족시킬 수 있는 식량은 자연적 환경에 의해서 제한된다고 생각합니다. 나아가, 인간 사회의 빈곤과 악덕의 근원이 과잉 인구에서 오는 것이며, 과잉 인구를 억제하는 여러 가지 방법들 중에서 기근이나 질병과 같은 냉엄한 '자연법칙'이 주효(奏效)하다고 보았습니다.[1] 이것은 이른바 '가장 적절한 변형'(the most fit variations)을 거친 개체만이 보편적인 생존투쟁에서 살아남는다고 주장한 다윈(Charles Robert Darwin)의 '적자생존'(適者生存, the survival of the fittest) 사상에 근간이 됩니다. 이러한 사상들에 근거한다면 "가장 적합하다는 것" 또는 "가장 적절한 변형" 등에 대한 속성을 어떻게 규정할 것인지가 결국 사회 변동의 방향과 내용을 결정하게 됩니다. 다윈의 생물학적 진화론은 흄(David Hume)의 진화론적 관점으로부터도 영향받습니다. 사회과학적으로 흄의 '인성론'(人性論)에 따르면, 이성적 판단이란 지각활동이나 경험을 통해서 환경에 대한 상황 파악이 이루어지면서 가능한 후험적인 것이지 선험적인 것이 아닙니다. 그래서 인간은 반복하여 불완전하고 실수를 저지르는 존재에 불과합니다. 그러니까 사회의 정의라는 것도 인간의 선험적 이성이 계획을 통해서 규정한 것이 아니고, 인간 자신들이 이익을 추구하는 일상생활에서의 경험을 통해서 형성되고 진화된

Thomas Robert Malthus (1766-1834)

Charles Robert Darwin (1809-1882)

1) 맬서스는 과잉 인구의 억제를 위한 방식으로 결혼 연기와 무분별한 남녀 관계 억제를 통한 출산 감소도 주장합니다.

산물인 것입니다.

Auguste Comte
(1798-1857)

사회 변동성의 방향이나 속성은 학자들마다 다양합니다. 콩트(Auguste Comte)는 인류가 "완전해지고자 하는 인류의 자연성향을 따라서 질서가 유지되는 방향"으로 진화가 일어난다고 보았습니다. 인간들이 자신의 지적, 도덕적 능력이 증대되는 방향으로 가면서 자신을 둘러싼 환경을 통제하는 면에서도 "더 나은 방향"으로 움직이고 있다고 보았습니다. 구체적으로 "더 나은 방향"이란 역사 변동의 방향이 '신학적 · 군사적 시기'(초자연적 현상에 대한 상상력이 관찰력을 지배하는 시기)에서 '형이상학적 · 법률적 시기'(과도기적 시기로서 개념이나 상황들이 잘 정의되어 있지 않은 시기)를 거쳐 최종적으로 '과학적 · 산업적 시기'(개념들이 실증적으로 되어 상상력보다 관찰력이 우세한 시기)로 변화해 가는 것입니다. 특히 마지막 단계인 '과학적 · 산업적 시기'엔 개별적 전문분야 이외에는 다른 분야에서 무력화되는 전문집단들 간에 조정이 필요하기 때문에 강력한 중앙집권 정부가 필요하다고 보았습니다. 인간들은 협조적인 본능보다 이기적인 본능이 강하기 때문에 이를 응집시킬 수 있는 정부가 필요합니다. 사람들을 연합시키고 지시하는 일을 맡기 위해서 강력한 정부는 필수적이며 이러한 통치권은 질서의 조건이 됩니다.

스펜서(Herbert Spencer)는 그의 「사회정역학(社會靜力學)」(*Social Statics* 1851)에서 사회의 진화란 "개별화가 심화되는 과정"이라고 하였습니다. 인간의 사회는 차별성이 없는 동질적인 군집상태에

제11회 상파울루 동성애 축제 개막 행사(2007. 6. 10) 장면
약 365만 명이 참석하였다.

서 이질적이고 복잡한 문명상태로 진화합니다. 사회는 노동분화와 계급분화 등을 통해서 구조가 분화되며 복잡해집니다. 분화된 사회의 부분들은 전문화되며, 연관성이 증대되는 방향으로 움직여서 동시에 상호의존적이 됩니다. 사회는 복잡성(complexity)과 상호연관성(interrelatedness)이 증대되는 방향으로 나아가게 되는 것입니다. 스펜서는 '동물 유기체'와 '인간사회 유기체'를 비교합니다. 동물 유기체와 인간사회는 모두 조절체계(동물 유기체에선 중추신경, 인간사회에선 정부), 유지체계(동물유기체에선 영양섭취, 인간사회에선 산업), 분배체계(동물유기체에선 혈관, 인간사회에선 교통망)가 있습니다. 동물 유기체에선 전체에 대한 하나의 의식만이 있습니다. 반면에 인간사회에선 분화된 구성원들마다 구분되는 의식들이 다양하게 존재합니다. 좀 단순화하여 표현하자면 스펜서의 이론은 개인주의적 자유주의 사상이 진보를 평가하는 기준이 됩니다.

스펜서에 따르면 영국 보수당은 군사형 사회의 질서를 지지하는 반면, 자유당은 산업형 사회질서를 지지합니다. "과거 자유주의의 기능은 왕의 기능을 제한하는 것이지만 앞으로 참된 자유주의의 기능은 의회의 권력을 제한하는데 있다"라고 했습니다. 현대의 사회에서 낙태 문제나 동성애 문제 등과 관련하여 개인의 권리가 강조되는 추세와 사회단체들이 의회감시단을 만들어서 의회의 권력을 견제하는 추세를 감안할 때 스펜서의 사회 변동에 대한 통찰력을 엿볼 수 있을 것입니다.[2)]

Henry Sumner Maine (1822-1888)

스펜서의 사회진화 법칙도 강제적 협력에 바탕을 둔 군사형 사회로부터 자발적 협력이 기반이 된 산업형 사회로 변화하는 것을 의미합니다. 따라서 스펜서도 콩트와 유사하게 대조되는 어떤 개념들을 설정해 놓고서 한 개념에서 다른 한 개념으로 진화됨을 주장하고 있음을 알 수 있습니다. 진보(進步, progress)를 설명함에 있어서 대조되는 속성들을 규정해 놓고서 하나에서 다른 하나로 이동해가는 식의 설명 방식을 취하는 이론들을 '단선적(單線的) 진보이론'이라고도 합니다. 앞서서도 언급했던

---

2) 다른 해석도 가능합니다. 자유당은 공권력에 대한 개인권리와 관련된 차원에선 보수당보다 상대적 좌파이고, 경제적 자유의 차원에선 보수당보다 상대적 우파입니다. 현재 영국에서의 정당 체계가 보수당-노동당의 양대 정당 구도가 대세를 이룹니다. 따라서 자유당은 보수당과의 경쟁에서 뒤졌다고 볼 수도 있습니다. 그렇지만, 단순히 정당 경쟁의 구도나 방향이 아닌, 사회 생활상을 포함한 전반적인 변동성을 볼 때 현대 사회가 자유주의의 이념이 점점 더 강해지는 경향이 있음을 부정하기 어렵습니다.

심화학습

'진보'("사물의 내용이나 정도가 차츰차츰 나아지는 일")와 '진화'("사물이 장기간에 걸쳐 점진적으로 변화하여 보다 '우수한 것'으로 되어가는 일")의 사전적 개념은 포괄적으로 발전과 발달을 의미한다는 점에서 얼핏 유사하기도 합니다. 상대적으로 구분하자면, '진화'라는 것은 상대적으로 '생존'(生存)이나 '존재'(存在)와 관련된 '점진적이고 장기적인 변화'의 의미가 강하게 내포됩니다. 반면에 '진보'는 증진하고 발전된 단계로의 도약이란 의미가 강조되고 있음을 알 수 있습니다. 진화의 반대어인 '퇴화'(退化, retrogression)는 사물의 '존재적 의미'가(형태적으로건 기능적으로건) 없어지는 상황을 말합니다. 진화라는 개념에서 "우수한 것으로 되어가는 일"이란 해석에는 특별히 주의를 요합니다. 우리는 언뜻 기능이 분화되고 복잡해지는 것만을 진화라고 보지만, 반드시 그렇지 않음을 인식할 필요가 있습니다. '단순화'(單純化, simplification)되는 것이 존재의 유지와 생존의 기능에 발전된 방향으로의 변화를 의미할 수도 있기 때문입니다. 정치학적으로도 '단순다수대표제 소선거구제'는 단순성의 극치입니다. 하지만 단순 명료한 제도이기에 '선거'라는 형식을 사람들은 부담없이 받아들이고 현재까지 선거제도가 유지되는지도 모릅니다. 만약 선거제도가 복잡해야만 하고 그러한 방향으로 변화한다면 사람들은 선거라는 형식 그 자체를 거부하여 선거라는 제도가 없어지게 될런지도 모릅니다. 결론적으로 여러분들은 진화라는 것을 생각할 때 존재의 목적이나 기능과 형식 등을 포함하여 포괄적으로 진화의 의미를 규정할 필요가 있을 것입니다.

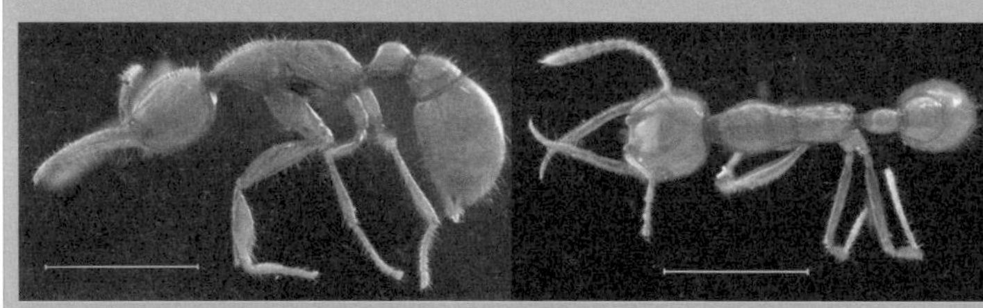

마르티알리스 헤우레카(화성에서 온 개미): "아마존 열대우림 지역에서 발견된 이 개미는 눈이 없고 큰 턱을 가졌으며 색깔이 하얗다. 이 포식성 개미는 현존하는 개미들 중 진화학적으로 가장 오래된 것으로 약 1억 2,000만 년 전부터 존재했던 것으로 추정되고 있다"(조선일보, 2008년 9월 18일자 A 20면).

메인(Henry Sumner Maine)은 사회 진보의 방향을 신분에 바탕을 둔 사회 관계에서 계약에 바탕을 둔 신분관계로 진보한다고 보았습니다. 퇴니스(Ferdinand Tönnis)는 인간의 본질의지(wessenwille, natural will)가 강조되는 '공동사회'(gemeinschaft)에서 인간의 선택의지(kurwille, rational will)가 강조되는 '이익사회'(gesellschaft)로 대체된다고 봅니다. 단선적 진보이론들이 진화의 최종 진보 단계를 규정하고 그 방향으로 진보한다는 점을 강조하는 경우엔 '근대화 이론'(modernization theory)이나 심지어는 마르크스 이론도 이런 범주에 포함시킬 수 있습니다. 근대화 이론에선 전(前)산업사회(preindustrial society)에서 산업화 사회(도시화되고 분화되어 전문화된 대량 생산사회)를 향해서 진보합니다.[3] 마르크스 이론에선 공산사회를 향해서 진보합니다.

Ferdinand Tönnis (1855-1936)

스튜워드(Julian H. Steward)는 이러한 단선적 진보라는 개념을 부정하고 '다선적(多線的) 진화'(multilinear evolution)라는 개념을 제기합니다. 스튜워드는 "현재 존재하는 인간의 문화와 사회를 볼 때 수많은 서로 다른 경로들을 따라서 진보해온 가능성을 인정해야 하며, 이것은 진화를 단선적이 아닌 다선적인 것으로 간주해야만 하

3) 잉글하트(Ronald Inglehart)는 20세기 말 이후 이미 서구에선 산업사회가 갖는 특성들과는 또 다른 특성들이 발견되고 있음을 인식하였습니다. 산업사회도 후(後)산업사회(postindustrial society)로 변화한 셈입니다. 산업사회에선 대량생산에 의한 양(量, quantity)과 성장을 중시한다면 후산업사회는 '삶의 질(質)'(quality of life)를 중시하는 사회입니다. 후산업사회는 산업사회의 특성을 벗어났다고 하여 '탈(脫)산업사회'라고도 합니다.

는 이유이다"라고 주장합니다(Steward 1959). 인간 사회의 진화는 단순히 생물학적인 진화와는 달리, 문화적 현상이 물리적 특성에 상호작용하여 만들어지기 때문에 같은 물리적 특성이 어떤 지역에선 수렵문명으로 어떤 지역에선 농경문명으로 발전한다는 것입니다.

Julian H. Steward (1902-1972)

사회변동과 관련하여 '진화'와 '진보'의 개념은 어떤 사회가 그 시대의 시대정신과 결부하여 갖는 "당대의 중요한 이슈들"(contemporarily salient issues)이 진보하고 있음과 결부되기도 합니다. 사회는 사람들 모두가 개인의 권리를 가능하면 침해받지 않고 살기 좋은 세상으로 진보합니다. 따라서 유구한 인류의 역사는 깨지고 넘어지더라도 민주주의를 구현하는 방향으로 진보해 왔습니다. 한국에서도 1970년대와 1980년대는 독재정권과 맞서서 '민주화'(民主化, democratization)에 대한 열망이 중요한 이슈였습니다. 하지만 민주화가 이룩된 지금의 시기엔 민주주의를 공고화(鞏固化, consolidation) 하고 질적으로 한 단계 높은 민주주의를 구현하기 위해 이슈도 진화합니다. 이제 어떤 세력도 민주주의의 흐름을 꺾거나 되돌리지 못할 것입니다. 민주체제 하에서 한 단계 고양된 사회 구성원들의 '삶의 질'(QOL: quality of life)을 위해선 투명한 사회를 만들어야 합니다. "민주화 투쟁"이란 이슈에서 "부패(腐敗, corruption)와의 전쟁"으로 사회의 중요한 이슈가 진화했으며, 이러한 이슈를 중심으로 사회변동의 방향이 영향을 받게 되는 것입니다. 그리고 그 사회의 중요한 이슈가 변화했다는 것은 그 사회의 성격이 변화했다는 것의 반증이기도 합니다.

균형이론

George C. Homans
(1910-1989)

생물학적 진화이론이 사회과학자 스펜서의 진화이론에서 영향을 받았다면, 균형이론(均衡理論, equilibrium theory)은 생물학의 '항상성'(恒常性, homeostasis)의 개념에서 영향을 받았습니다. '항상성'이란 한결같은 상태를 유지하는 성향을 말합니다. 호만스(George C. Homans)는 "전체라는 체계 속에서 체계를 구성하는 많은 요소들 가운데 어떤 하나에 변동이 일어나는 경우, 원래의 상태를 한결같이 유지하려는 성향 때문에 다른 요소들은 원래의 변동의 정도를 감소시키는 방향으로 변동이 뒤따라서 일어나게 된다"고 설명합니다(Homans 1950). 이것은 '정적균형'(靜的均衡, static equilibrium)이 아닌 '동적균형'(動的均衡, dynamic equilibrium)을 말하는 것입니다. 호만스는 사회체계나 사회변동이 바로 동적균형이란 개념으로 이해된다고 보았습니다.

거시적인 사회변동 차원에서 회자되는 예를 들어 보겠습니다. 서구중세암흑시대는 '르네상스'(Renaissance)로 반전됩니다.[4)] 그런

4) 르네상스란 어휘는 미슐레(Michelet)의「프랑스역사」(Historie de France)에서 처음 사용된 용어로 중세말의 경제적 요인(통상 및 상업의 부활, 도시의 발달, 장원의 해체)과 민족적 욕망(중앙집권적 국민국가의 발달, 군주권의 강화)에 편승하여 고전들이 연구된 것에 기인합니다. 보편적 카톨릭에서 민족적 국민국가로, 종교에서 세속으로, 전체에서 개인으로, 신학에서 과학으로, 궁극적으로 신에서 인간으로 움직여간 운동입

데, 르네상스는 당시 '동로마 멸망'에 대한 균형적 움직임이라는 것입니다. 당시 서구사회는 암흑시대였으며, 서아시아 지역에 있던 동로마가 비잔틴문화를 꽃피웠습니다. 서유럽의 방파제 역할을 하던 동로마제국은 이슬람세력인 오스만 터어키의 공격을 받아서 수도 콘스탄티노플이 함락되면서 멸망합니다(1453). 그런데 동방과 서방을 아우른 지구촌의 입장에서 동로마제국의 멸망은 비잔틴문화의 쇠락이란 (-)값이 아니었습니다. 동로마 제국 멸망시에 유수의 고전학자들이 이탈리아로 이주하면서 그리스 고전 연구 열기를 일으킨 것이 르네상스 운동이 성공하게 된 중요한 요인입니다. 다시 말해서, 동로마의 멸망은 르네상스 운동의 부흥으로 동적균형을 이루게 된 것입니다. 2차세계대전 당시에도 독일에서의 핍박을 피해 미국으로 이주한 유대계 독일인들은 미국의 아카데미아에 혁혁한 공을 세운 것도 또 다른 예일 것입니다.

동적균형이란 개념을 통해서 변화하는 사회값을 인식한다고 할 때 문제점이 파생됩니다. 그것은 바로 동적균형을 유지한다는 것은 아무리 세세한 변화가 있어도 전체 체계는 항상성을 유지하는 것이니까 결국 '구조적인 차원에선' 안정을 유지하는 것이 된다는 것입니다. 그렇다면 균형이론은 결국 변화에 관한 이론이 아니라 단순히 현상유지에 대한 이론에 불과하다는 비판이 있을 것이란 의미입니다.

구에수스(Mohamed Guessous)는 '균형이론'이란 "어떤 사회가 불균형 상태로 변화가 일어났을 때 발생의 원인이나 수반되는 현상들을 설명하지 않고, 단지 안정화된 새로운 상태에 도달하는 것만

니다. 그렇다고 르네상스가 완전한 중세의 부정은 아니었고, 반그리스도 운동 그 자체도 아니었으며, 뚜렷한 성격을 제시한 운동은 아니었습니다.

을 말한다. 역사 발전에서 아무런 일도 일어나지 않는 사회의 급격하고 전체적인 변동을 설명할 수 있는 이론이 아니며, 어떠한 독특하고 중요한 전환점이 없는 안정된 상태에 대해서만 설명해줄 뿐이다"라고 비판합니다 (Guessous 1967). 앞서 배운 파슨스의 기능이론은 구조적 안정을 낳는 변화 과정들에 연관된 것이며, 구조적 변동을 낳은 변화 과정들을 설명하는 이론체계는 아닙니다. 즉 안정을 위한 변화를 설명하는 것이지 변화를 위한 변화를 설명하는 것이 아니어서 진정한 의미의 변화를 설명하지 못한다는 것입니다.

Talcott Parsons
(1902-1979)

파슨스(Talcott Parsons)는 '구조기능이론'에서 사회체계 구조 안에서 그러한 구조를 유지하기 위하여 구성 요소들이 지속적으로 변화하는 것을 설명합니다. 하지만, 파슨스의 이론이 반드시 전체적인 변동의 가능성 그 자체를 무시하는 것은 아닙니다. 파슨스는 사회 체계 안에서 구성 요소들의 변화를 '하위과정'에서의 변화라고 하였으며 이는 빈번히 나타납니다. 반면에, 사회 체계의 전반적인 변동은 최고 '상위과정'에서의 변화인데 희소한 현상이라고 봅니다. 상위과정에서의 변화가 바로 문화적 가치변동(cultural value change)입니다. 문화적 차원의 가치변동은 발생하기 어려우며 그리고 오랜 기간을 통해서만 일어나게 됩니다. 앞서서 언급했지만 사회 제도는 쉽게 바꿀 수 있어도, 가치체계는 쉽게 바꿀 수 있는 성질의 것이 아닙니다. 파슨스의 이론에선 문화적 가치 수준에서의 변동만이 사회체계를 한 형태에서 다른 형태로 변화시킬 수 있다고도 볼 수 있습니다.

균형이론은 여러 개체들이 (그것이 어떻게 형성되었건) 기존에 존재하는 '균형을 유지하는 과정'에서 불가피하게 변화가 발생한다고 봅니다. 그런 면에서 오그번(William F. Ogburn)의 '문화지체이론'(文化遲滯理論, cultural lag theory)은 균형이론의 또 다른 보기가 됩니다. 오그번에 따르면 문화지체 현상은 연관된 문화들 중에서 한 부분이 다른 부분보다 먼저 그리고 심한 정도로 변하게 되면 두 부분 사이에서 기존에 존재했던 상호 적응의 관계를 벗어난 부적응이 발생합니다(Ogburn 1964). 문화의 한 부분에서 변화가 일어나면 기존에 있었던 평형관계를 재수립하기 위해서 다른 부분들이 변하게 되는 과정이 사회변동으로 나타나는 셈입니다. 중요한 것은 균형을 이루려는 것은 시간적 지체를 보이면서 나타난다는 점입니다. 인구밀도가 낮고 목재가 풍부하던 과거엔 산업 개발을 위한 산림파괴가 있었습니다. 인구밀도가 높은 현재엔 산림보존운동이 대세입니다. 산림파괴와 산림보존 사이에는 시간적 지체가 있습니다. 산림파괴의 현상이 가져온 균형 파괴는 시간적 지체를 갖고서 산림보존운동이란 변화를 이끌어내는 셈입니다.[5] 이렇게 본다면 문화지체이론에는 사

William F. Ogburn
(1886-1959)

5) 시대정신이 계속하여 변화하는 것도 일종의 지체현상으로 설명이 가능합니다. 만하임(Karl Mannheim)은 인간들이 그들이 청년기에 겪었던 중대한 경험들이 남은 일생에서 그들의 관점, 태도, 행동 등을 결정한다고 봅니다(Mannheim 1952). 청년기에 겪었던 중대한 경험들은 이른바 '시대정신'을 형성하게 될 것입니다. 하지만, 세대(世代, generation)는 계속해서 변하는 것이므로 각 세대별로 청년기에 겪었던 중대한 경험들은 다르므로 또 다른 시대정신을 만들어 냅니다. 따라서 각 시대정신들 사이에는

회체계에 균형을 회복하려는 강력한 힘이 근원적으로 작동하고 있음을 전제하고 있는 듯합니다. 균형을 회복하려는 원초적인 힘이 바로 항상성인 셈입니다. 무너진 균형의 상태는 항상성에 의해서 회복되며, 회복되는 상태는 변화로 나타납니다.

항상성을 '원상 복귀'(原狀復歸)라는 의미로 해석하는 경우 인류 사회는 이러한 내용을 오래전에 이미 실천한 바가 있습니다. B.C 1700년경에 제정되어 가장 오래된 성문법으로 일컬어지는 함무라비(Hammurabi) 법전의 "눈에는 눈, 이에는 이"라는 '동형복수법'(同型復讐法, talion)이 하나의 예가 될 것입니다. 함무라비 법전은 있었던 "상태를 복원하기 위한" 실천법의 극단을 역설적으로 보여주고 있습니다. 상태가 원상복구되기 어려운 경우엔 현재의 상태를 동등하게 만들어서 원상복구에 즈음하는 것입니다. 즉 살해된 사람을 다시 살려내지 못하면 그 사람의 목숨을 빼앗아 원상복구라는 형식으로 가늠하게 됩니다. 무너진 현상에 대한 원상복구의 중요성의 원리가 작용하고 있는 셈입니다.

균형이론은 어떤 '유기체'(有機體, organism)가 항상성을 유지하기 위한 변화를 설명하는데 국한되는 성격이 강해서 사회 전체적으로 구조적인 변화나 그 원인을 설명하는 데는 미흡한 것이 사실입니다. 분명한 것은 전체적이고 구조적인 변화를 설명하는 것만이 변화를 설명하는 것은 아닙니다. 거시적 차원이건 미시적 차원이건

지체 현상이 나타날 것입니다. 동시에 청년기에 겪었던 중대한 경험이 그들의 관점과 행동을 결정한다고 해도 장년기에 이르러 사회적으로 책임 있는 위치로 상승하여 시대정신을 사회에서 구현하는데 시간적 지체 현상이 생깁니다. 이래저래 기존의 시대정신이 새로운 시대정신으로 대체되는데 지체 현상이 나타나게 됩니다.

재미있는 이야기 **함무라비 법전에 나타난 '탈리온'(talion)과 사회정의 |** '탈리온'(talion: lex talionis)이란 "그 종류와 정도에 있어서 공격에 사용된 것과 유사하거나 동등한 방식으로 복수를 규정하는 법"을 말합니다. "남의 손을 자른자는 그 사람의 손을 자른다. 남에게 상해를 입힌 자는 그 사람도 동일 부분에 상해를 입힌다. 남을 죽인 자는 그 자도 동일한 방식으로 사형에 처한다"는 것입니다. 함무라비 법전은 고대 바빌로니아 제1왕조 제6대 왕인 함무라비왕(? - ?: 재위 기간은 B.C. 1728 - B.C. 1750 또는 B.C. 1728 - B.C. 1686으로 추정)이 제정한 설형문자 법전으로 탈리온 법전의 대표적인 것입니다. 이것은 1901년 이란의 수사에서 발견된 높이 2.25m의 석비(石碑)인데, 현왕(賢王)으로 평가되는 함무라비 왕이 태양과 정의의 신으로부터 옥새(玉璽)를 받는 장면과 당시의 법조문들이 새겨져 있습니다. 지금은 프랑스 루브르(Louvre) 박물관에 보관되어 있습니다. 당시 함무라비 왕의 정책 방향은 물을 풍족하게 공급하고, 풍요를 베풀어서, 사회에 활력을 부여하며, 궁극적으로 "사람들에게 정의를 주기 위한 것"이었습니다. 전문과 후문 이외에 282조로 씌여진 함무라비 법전은 그러한 정신을 담고 있습니다. 기록에 따르면 함무라비 왕은 관개망(灌漑網) 유지와 확대, 농업생산력과 수송력 증대, 수공업과 원격지 무역 육성, 고리대금에 대한 규제, 관리의 직책 수행에 대한 엄격한 통제, 자상한 사회적 약자 배려 등에 힘썼습니다. 함무라비 사후 사회적 모순이 축적되면서 제1왕조가 쇠퇴하기 시작한 것으로 되어 있습니다. 현대 사회에선 함무라비 왕이 정의 실천의 한 방편으로 행한 "원상복구를 위한(즉 항상성 유지를 위한) 동형복수"에 대해서 동의하지 않는 사람들도 많을 것입니다. 참고로, 고조선시대 '8조금법'(八條禁法)에서도 동형복수를 논하고 있습니다(相殺 以當時償殺).

함무라비 법전

다양한 변화를 설명하는데 이론들은 나름대로의 강점과 약점을 가지고 있습니다. 균형이론의 약점은 전체적인 변화를 설명하지 못한데서 찾는 것보다는 오히려 "어떤 상태가 원래의 상태인지"를 우선적으로 알아야만 하는데 그것을 정의하기가 쉽지 않아서 논란의 여지가 있다는 것에서 찾아야 할 것입니다. 원래의 상태가 규정되어야만 그것으로 부터 항상성 유지를 위한 변화의 정도가 규정될 수 있을 것입니다. 앞서서 함무라비 법전에서 동형복수법을 다시 한번 생각해 봅시다. 만약 자신의 둘도 없는 친구가 살해되어 그 살인범을 살인하는 것으로 복수하였다면, 원래 친구가 죽기 이전의 상태가 원래의 상태인지, 아니면 친구가 죽은 이후가 원래의 상태인지는 논란의 여지가 있습니다.[6] 항상성의 유지를 설명하려면 어떤 상태를 기준으로 항상성을 설명하느냐에 따라서 다양한 상황이 전개되기 때문에 이론으로서의 일반화 가능성이 낮아진다는 것입니다.

갈등이론

'갈등이론'(葛藤理論, conflict theory)은 사회 내 개체들 간에 갈등 때문에 변동이 생긴다고 봅니다. 개체들은 전체 속에서 균형을 유지하려는 성향보다는 개체들의 고유한 입장과 이에 따른 행동 방식 때문에 갈등이 생기며, 갈등은 변동의 동력으로 작용합니다. 변화

---

6) 이것은 '살인행위' 자체가 상황에 따라서 정당화될 수 있다는 의미가 아닙니다. 심지어는 전쟁 상황까지도 포함하여 살인행위 그 자체는 어떤 상황에서도 정당화되기 어렵습니다. 여기서의 논의는 "어느 상태가(시점이) 원래의 상태이냐"에 초점이 맞추어진 논의임에 유의하시기 바랍니다.

하는 것은 개체들 간에 갈등이 있기 때문이라는 의미입니다.

마르크스는 "갈등 없이는 진보가 없다"고 보았으며, 사회발전의 역사는 계급투쟁의 역사라고 하였습니다. 그는 "사회 진화는 계급도 계급갈등도 없는 질서 속에서만 그치게 될 것이다"라고 하였습니다(Marx and Engels 1959). 마르크스는 '변증법적 유물론'(辨證法的 唯物論)을 적용하여 역사 발전의 모든 시기들을 설명합니다.[7] 나아가서 마르크스는 인류의 전체 역사가 변증법적인 관계에 있는 소위 정립(定立, these)-반정립(反定立, antithese)-종합(綜合, synthese)으로 표현될 수 있는 '세 시기'로 형성됨을 주장합니다.[8]

인류 역사의 첫 번째 시기(正)에서 인간들은 계급갈등이 없었고 자유로웠습니다. 하지만 그 자유는 불완전한 것으로서 자연의 질서에 속박된 것이었습니다. 자연에 대한 통제력이 없을 때엔 소위 "활기없는 자유"(dull liberty) 하에 있습니다. 이에 대해 두 번째 시기(反)에선 인간들은 자연을 통제하여 속박에서 벗어나려고 합니다. 그러나 자연에 대한 통제를 늘려가는 과정에서 기술을 발전시키며 따라서 분업이 발전합니다. 분화된 사회에서 인간은 소외된 인간으로 존재합니다. 인간이 자연을 통제하면서 자아실현과 자유를 얻기

7) 변증법(辨證法, dialectics)에 기초하고 있는 유물론적 세계관을 말합니다. 즉 인간의 인식 이전의 물질 구조가 정신에 반영되어 변증법의 구조가 형성된다는 것을 말합니다. 변증법이란 하나의 사물을 대립하는 두 가지 규정의 통합으로서 설명하는 것입니다. 마르크스 자신은 자신의 이론에서 '변증법적 유물론'이란 용어를 사용한 적이 없습니다. 이 용어는 플레하노프(Georgy V. Plekhanov, 1856-1918)에 의해서 사용되기 시작했습니다.

8) 정립-반정립-종합을 간단히 정(正)-반(反)-합(合)이라고 표현하기도 합니다. 헤겔은 그의 변증법에서 정-반-합이란 용어를 사용한 적이 없으며, 이 용어는 피히테(Johann. G. Fichte, 1762-1814)에 의한 헤겔의 변증법 설명에서 쓰인 용어로 알려져 있습니다.

위한 수단들을 발전시키지만 이러한 과정에서 동시에 발생하는 분업, 사유재산, 계급관계의 형성은 계급투쟁을 초래합니다. 최종적인 세 번째 시기(合)에선 인간들은 자유롭기 위해서 결국 '계급없는 사회'로 변동할 수밖에 없습니다. 자연으로부터 자유를 얻기 위한 과정에서 발생한 사유재산이 계급과 갈등의 기반이기 때문에 더 높은 수준에서 진정한 자유를 얻기 위해서 계급, 갈등, 그리고 권위가 없는 분화되지 않은 통합체 사회로 나가게 됩니다. 첫 번째 시기는 원시공산사회이고, 두 번째의 시기는 자본주의 사회이고, 마지막 시기는 공산주의 사회를 의미합니다.

정치학의 핵심 용어인 '권력'의 문제는 마르크스 이론에서도 사회변동과 관련하여 여전히 핵심어입니다. 마르크스는 변화하는 사회는 궁극적으로 사회 계급들 간에 형성된 '상대적 권력 분포'(relative distribution of power) 여하에 따라서 결정된다고 봅니다. 왜냐하면 특정 계급이 다른 계급들에 대한 상대적 권력이 커질수록 그만큼 그 계급의 성향이나 이익구조에 맞게끔 사회가 효과적으로 변화하는 원인이 되기 때문입니다. 사회계급의 상대적 권력은 생산양식이나 권위체계 등에 의해서 결정됩니다. 특히 생산양식은 기술의 발전, 시장의 확대, 생산단위의 성장과 더불어서 변화하며, 따라서 계급 간의 상대적 권력 분포도 시간이 흐르면서 변화한다는 것입니다.

어떤 사회에 갈등적 요소가 발현하였을 때 사회변동과 관련해서 그러한 갈등적 요소가 감소되는 방향으로 나가는지, 아니면 갈등이 증폭되는 방향으로 변하는지에 대해서는 논란의 여지가 있습니다. 적어도 마르크스는 어떤 사회 체계는 내적(內的)으로 갈등을 생성시킨다고 보았고, 어떤 사회 체계는 내적으로 갈등을 감소시킨다고 본 것입니다. 그리고 내적으로 갈등을 감소시키는 체제는(즉 "갈등이 없는" 공산주의 체제는) 변화하는 것을 멈추는 '이상향'(理想鄕, utopia)이 됩니다. 마르크스의 이론은 특정한 이상향을 설정하고 그 방향으로 사회 변동이 일어나야 한다는 주장입니다. 이상향의 성격에 대한 사회 구성원들의 생각이 다른 경우 구성원들 사이에는 사회 변동 방향과 관련하여 갈등이 존재할 것입니다. 인간들은 삶의 과정에서 자신이 원하건 원하지 않건 간에 또 기준이 어떤 것이든 간에 특정한 '계급'(階級, class) 또는 '계층'(階層, stratification)에 속하게 될 것입니다. 진화론자들이 사회변동의 방향이 구성원들의 계급 및 계층 분화와 분업을 통한 복잡성이 증대하는 쪽으로 움직인다고 보았다면, 마르크스는 변동의 최종 방향이 계급, 권위, 갈등이 없는 미(未)분화된 통합체로 움직인다고 본 것입니다.

Ralf Dahrendorf (1929-2009)

다렌도르프(Ralf Dahrendorf)는 '갈등'이란 현상은 인간 사회에서 특정한 경우에 나타나는 현상이 아니고 보다 보편적으로 나타나는 현상이라고 봅니다. 동시에 사회는 특정 시점에서만 갈등을 겪는 것이 아니고 어느 순간이든 갈등 상태에 있음을 주장합니다. 단적으로 사회에 존재하는 주요한 이슈들에 대해서도 다양한 입장이 존재한다는 것 자체가 다렌도르프의 주장이 설득력이 있음을 보여줍니다.

갈등이론에 따르면, '발전'이란 것 자체가 '갈등'의 과정에서 발생한 결과물이라고 보기도 합니다. 발전의 계기는 갈등에서 비롯된다는 것인데, 이는 적어도 어떤 상황의 해결책이란 것은 그 상황

내에서 벌어지는 갈등의 표면화를 통해서 가능하다는 것입니다. 현재 정치적으로 군사적으로 세계를 주도하는 정점에 있는 미국이란 국가의 성립과정을 그러한 틀 속에서 이해해 볼 수 있습니다. 미국은 1783년 파리조약에 의해서 독립이 승인되었지만 국내에서는 세력들간의 갈등과 대립으로 결함을 내포한 미완성의 국가였습니다. 당시 중앙정부의 강화를 주장하는 '연방파'와 각 주의 자치를 중요시하는 '주권파'가 갈등하였습니다. 연방파가 우세한 북부는 노예제 폐지에 찬성하였고 보호무역을 주창한 반면에, 주권파가 우세한 남부는 노예제도의 존속과 대농장 경영이나 자유무역을 주창하였습니다. 이들 두 세력간의 갈등으로 발생한 것이 '남북전쟁'(1861-1865)인데, 북군의 승리로 끝나면서 미국은 연방제 국가체제를 확립하며, 남북이 단일 경제권으로 산업혁명을 진행시키게 됩니다. 내전 중에 있었던 'Homestead법'(1862), 노예해방령(1863), 내전 후에 있었던 대륙횡단철도개통(1869)은 미국이 국가 재통일을 통한 차후 세계 최고의 강대국으로 서는 계기가 됩니다. 갈등이 사회변동과 발전의 추진체였던 것입니다.

현시대 우리 사회에도 '남북통일' 문제에 대한 인식에서 많은 이견들이 존재하고 이것은 갈등으로 존재합니다.[9] 그리고 이러한 갈등은 사회 변동의 동력으로 작용합니다. 소위 보수파와 진보파라고 하여 어떤 세력이 정권을 잡느냐에 따라서 국가 정책과 이에 대한

9) 어떤 사람들은 남북한의 갈등보다도 남한 내 갈등이 더 문제라고 지적하기도 합니다. 체제가 다른 남한과 북한은 분명 갈등 관계에 있습니다. '남북(南北)갈등'과 대비된 용어로, 남한 내부에서의 갈등을 '남남(南南)갈등'이라고 표현합니다. 남북한 통일을 위해선 우선적으로 '남남갈등'을 슬기롭게 해결하는 지혜가 필요할 것입니다.

시민 의식도 변화합니다. 과거 이승만, 박정희 대통령 시대와 비교하여 김대중, 노무현 대통령의 시기를 거치면서 남한 내 구성원들의 대북한 인식도 변화를 겪고 있는 것이 사실입니다. 21세기 한국의 화두는 대외적으로는 '세계화'이고 대내적으로는 '한반도 통일'일 것입니다. 사회 내에서 보수-진보 집단들 사이의 통일 정책에 대한 갈등이 한국 사회의 변동 방향에 영향을 미치고 있는 것입니다.

흥망성쇠이론

흥망성쇠이론(興亡盛衰理論, rise and fall theory)은 생명체들의 '생애주기이론'(生涯週期理論, life cycle theory)과 비교하여 생각하시면 유용할 것입니다. 모든 사물들은 생성과 몰락을 반복합니다. 모든 것은 고정되어 있지 않고 '흥(興)-망(亡)-성(盛)-쇠(衰)'를 통해서 변합니다. 변하는 이유는 유한한 생명을 지니고 그런 경우 소위 '생(生)-노(老)-병(病)-사(死)'의 틀 속에 있기 때문입니다. 균형이론과는 대조적으로 흥망성쇠이론에선 항상성을 지닌 것은 없습니다. 이른바 존재하는 모든 것들은 무상(無常)합니다. 생명체들은 변화할 수밖에 없습니다. 태어나면 나이를 먹게 되고, 나이를 먹어 늙으면 병들며, 병들면서 죽게 됩니다. 반드시 개인이 아니더라도 정치제도든 사회문화든 국가건국이든 아니면 더 거시적인 문명권 차원에서이든 생애주기가 있기에 생성되고 전성기를 거쳐선 몰락한다는 것입니다. 물론 전성기를 거치지 못하고 국가건국과 함께 멸망하는 경우도 있습니다. 수 많은 왕조들이 명멸했던 중국정치를 보면 세계 최초로 중앙집권체제를 성사시킨 시황제 영정(贏政)의 진(秦)나라(B.C. 221-

206)나 대운하작업을 성사시킨 문제의 수(隨)나라(589-618)는 불과 30년을 지속하지 못했습니다. 팍스브리태니카(Pax-Britannica)도 빅토리아 여왕의 치세(1837-1901)와 일치시켜 말하니 한 세기에도 못 미치며, 1945년 제2차세계대전 종전이후의 팍스아메리카나(Pax-Americana)도 아직 한 세기를 넘기지 못했습니다.

케네디(Paul Kennedy)의 「강대국의 흥망성쇠」(*The Rise and Fall of the Great Power* 1988)란 저서를 보면 현재 미국의 힘이 천년만년 지속되는 것이 아님을 알 수 있습니다. 오리엔트를 통일했던 페르시아의 아케메네스 왕조, 유라시아대륙을 통합했던 몽고 징기스칸의 제국, 동서양에 걸친 오스만 투르크 제국이 멸망할 것을 당시 번성기에는 상상하기 쉽지 않았을 것입니다.

Paul Kennedy (1945-)

옥타비아누스의 악티움 해전으로 로마가 지중해 광역 제국을 건설한 것이 B.C.에서 A.D. 로 넘어가는 무렵입니다. 지중해 광역 제국을 건설했다는 것은 로마가 지중해 주위의 유럽, 서아시아, 아프리카 영토를 모두 차지하여 사실상 지중해가 로마의 내해(內海, 또는 호수)처럼 된 것을 의미합니다. 그런 지중해 광역 제국이 탄생한지 400년만에 서(西)로마와 동(東)로마로 분할되고, 유럽지역에 있던 서로마는 이후 100년 후에 멸망했고, 오히려 동방으로 이전한 동로마는 그래도 오래가서 대략 1,000년 후에 멸망합니다.[10] 결국 로마는

10) 로마는 테오도시우스(Theodosius)황제때 '서(西)로마'와 '동(東)로마'로 분열됩니다(395). 라틴문명권인 유럽지역의 서로마는 수도가 로마로서 게르만의 용병 대장 오

브레튼 우즈 회의(1944)가 열렸던 The Mount Washington Hotel에 세워진 기념비
회의에 대한 핵심적인 사항들이 정리되어 있다.

멸망했다는 것입니다. 예링(Jhering)은 로마는 무력에 의한 통일, 그리스도교에 의한 지배, 로마법의 계승 등으로 세상을 세 번에 걸쳐 통일한 것과 같다고 하였습니다. 흥망성쇠이론의 비판자들은 흥망성쇠의 과정에서 멸망하더라도 결과물은 남는다는 것을 지적합니다. 랑케(Ranke)는 모든 서양고대사는 로마라는 하나의 호수에 흘러들

도아케르(Odoacer)에 의하여 멸망합니다(476). 이후 유럽은 소위 중세 암흑시대에 접어들게 됩니다. 이후 프랑크(Frank)왕국에서 카롤링거(Karolinger) 왕조의 카알(Karl)대제가 프랑스를 중심으로 오늘의 독일, 이탈리아 지역에 걸쳐 중앙집권적 국가를 설립하면서 과거 서로마제국의 대부분을 통일하여 소위 '서로마제국의 부활'(800)에 비견됩니다. 오토(Otto) 대제시대에는 교황 요하네스 7세로부터 서로마제관을 부여받아 '신성로마제국'이 성립됩니다(962). 헬레니즘(Hellenism) 문명권 지역의 동로마는 수도가 콘스탄티노플로서 서로마 멸망이후에도 천년을 지속되었으나 오스만터어키(Osman Turkey)에 의해서 멸망합니다(1453).

어갔으며, 서양근세사는 다시 로마의 호수에서 흘러나온 것이라고 말합니다. 로마는 그리스의 폴리스와 달리 세계제국을 건설하고 그 제국의 이념, 행정조직, 법제로서 후세(예를 들면, Karl 대제, Otto I세, 유스티니아누스 대제, 나폴레옹 등)에 많은 영향을 미쳤다는 것입니다. 로마의 문화는 모든 고대적 요소를 포용하고 고대문화가 융합되어 후세 서유럽 문화의 기초가 되었으니 로마가 망하였더라도 그 결과물들은 면면히 이어져 내려온다는 것입니다.

모든 것은 변화합니다. '화무십일홍'(花無十日紅)이라고 하였으니 꽃이 붉어도 10일 정도 간다는 것입니다. 천년만년 계속해서 붉은 것은 아닙니다. 하지만 꽃잎이 졌다가 휴지기를 거쳐 다시 계절을 맞이하면 붉어지니 완전히 붉은 모습을 잃는 것은 아니기도 합니다. 현재 미국은 '세계의 헌병국가(憲兵國家)'로서 역할을 하면서 세계 정치를 이끌고 있습니다. 형식적으로도 UN본부는 미국 뉴욕에 있습니다. 하지만 세계의 헌병 역할을 담당하기 위해서는 천문학적인 군사비가 지출되며, 미국은 역시 천문학적인 크기의 적자재정에 지속적으로 시달리고 있습니다. 만약 미국의 생산성과 조세확보에 한계가 있다면 미국의 정치적 강대국으로서의 쇠락이 장기적으로 예측될 수 있습니다. 이것은 미국이 자유무역을 통해서 화폐와 상품의 유통성을 높이려는 이유입니다. 미국의 달러 중심의 경제적 주도권은 '브레튼 우즈 시스템(Bretton Woods system)'에서 출발합니다. 하지만 세계 경제 위기가 반복되고 미국의 소위 '산업자본주의'가 아닌 '금융자본주의'에 의한 방만한 세계 경제 운용에 반대하여 유럽연합, 일본, 중국 등이 달러 중심의 경제 체제에 제동을 걸려고 하고 있습니다.

심화학습

'브레튼 우즈 시스템'과 중국의 부상: 변화하는 세계정치경제체제(International Political Economy System) | 브레튼 우즈 시스템은 제2차세계대전 중에 미국 뉴햄프셔의 브레튼 우즈에서 미국, 영국 외에 44개국이 모여서 채택한 경제협정입니다. '국제통화기금'(IMF: International Monetary Fund), '국제부흥개발은행'(IBRD: International Bank for Reconstruction and Development), '국제무역기구' 등 3가지 국제기구의 설치를 결정한 브레튼 우즈 협정'(1944)에서 시작됩니다. 국제무역기구의 설치는 이후 1947년 10월 30일에 제네바에서 23개국이 조인하고 1948년 1월에 발족한 'GATT'(General Agreement on Tariffs and Trade: '관세와 무역에 관한 일반협정')로 현실화됩니다. IMF는 본부가 워싱턴에 있는 국제금융결제기관으로서 가맹국들로 부터 금(金)과 자국통화를 제공받고 외환의 안정, 국제수지(國際收支)의 불균형 시정을 기도한 일종의 통화에 관한 국제협력기구입니다. IBRD는 워싱턴에 본부가 있으며, 일명 '세계은행'(World Bank)이라고도 하는데 2차세계대전 이후의 세계경제부흥과 후진국의 개발을 위해 장기(長期) 개발자금의 제공을 위한 국제은행으로 보면 됩니다. 1966년에는 미국이 아시아의 경제대국 일본과 주도하여 '아시아개발은행'(ADB: Asian Development Bank)을 설치하며 아시아 태평양지역의 경제성장을 위한 지원과 협력을 도모합니다. 'GATT'는 각 국가들 사이의 국제물자교류를 활성화하기 위해서 관세장벽이나 수출입제한을 철폐하며, 전세계 고용 및 생활수준의 향상을 추구하는 국제기구입니다. 종합하면, 브레튼 우즈 시스템은 제2차세계대전이 끝난 후에 각국의 통화안정, 무역의 증진을 통한 경제활성화, 전쟁재난지역, 미개발 후진지역에 대한 국제투자를 효율적으로 관리하며 세계평화에 기여하기 위한 것이었는데, 결국 미국의 세계정치 · 경제주도권이란 용어를 달리 표현한 것에 지나지 않습니다. 해당 기관들은 UN에 설치된 전문 기관의 기틀이 되었으니, 결국 UN은 단순히 정치연합기구라기 보다는 정치와 경제가 혼합된 세계정부적 성격의 기구라고 할 것입니다. 제2차세계대전이후 세계정치 · 경제체제는 자유무역을 통해 경제적 주도권을 행사하는 브레튼 우즈 시스템 하에 있게 된 것입니다.

브레튼우즈 시스템은 세계통합통화가 아닌 미국이라는 한 국가의 화폐를 기축통화로 사용하다보니, 미국이 국제수지흑자이면 세계는 통화부족을 겪게 되고, 반대로 적자의 경우엔 세계적으로 통화팽창에 시달리게 됩니다. 달러는 금태환방식의 기축통화제도이니 미국은 안정적인 금보유량을 유지해야하며, 이러한 방식은 미국의 재정적자를 초래하게 됩니다. 미연방은행은 전세계 무역에 사용되는 통화를 발행하기 위해서 그에 상응하는 금을 보유해야하기에, 국내외를 막론하고 금을 매입해야하는 비용이 발생할 수밖에 없고 시스템적으로 부채를 안게 되는 것입니다. 결국 1970년대 베트남전쟁비용, 무역수지 적자누적, 금의 수급문제로 미국의 재정이 악화되자, 당시 닉슨 행정부는 1973년에 브레튼우즈체제의 금태환시스템을 정지하고 1976년 자메이카 킹스턴(Kingston)에서 '변동환율제의 통화시스템'을 채택합니다[Kingston system, 킹스턴 체제]. 브레튼우즈체제 이후엔 달러의 신용을 미국재무부가 발행하는 채권이 대신하게 된 것입니다. 미국정부의 채무보증약속은 정부재정수입에 근거하며, 미국채권매입자들이 미국을 뒷바쳐 주고 있는 것입니다.

1948년의 GATT는 국가들의 경제교역의 내용이 복잡다단해짐에 따라서 수차례에 걸쳐 '라운드'(round: 국가간의 관세에 관한 협정들)를 거쳤으며 20세기말인 1995년에 이르러 범세계적인 자유무역기구인 '세계무역기구'(WTO: World Trade Organization)로 계승 발전됩니다. GATT체제의 정착과정에서 케네디라운드(Kennedy Round 1964-1967; 공산품 관세인하), 도쿄라운드(Tokyo Round 1973-1979; 광공업, 농산물 관세 인하), 우루과이라운드(Uruguay Round 1987-1993: 금융, 정보통신, 지적재산권, 해외투자분야 관세인하)가 있었으며, 우루과이라운드를 계기로 GATT체계는 WTO체계로 변화합니다.

과거 GATT는 공산품에 대한 개방이 주류였으나, WTO는 농산물 및 서비스 시장으로 개방을 확산하며 세계무역분쟁 조정, 관세인하 요구, 반덤핑규제, 지적재산권, 무역관련법 등에 대한 준사법적 권한과 구속력을 행사합니다. 이런 분위기 속에서 세계는 지역간 '자유무역협정'(FTA : Free Trade Agreement)이 활성화되고 있습니다. FTA란 가맹국 간에 상품의 자유무역을 위해 관세 및 비관세장벽을 완화 내지 철폐하는 특혜무역협정이기에

FTA의 국가의 경제는 정치적 영토와 상관없이 경제적 통합으로 기능하는 효과를 가져옵니다. 물론 FTA는 지역마다 그 정도에 있어서 그 경제통합의 수준에 차이가 있을 수 있으며, 자국의 고유한 관세 및 수출입제도를 완전히 철폐하고 역내의 단일관세 및 수출입제도를 공동으로 유지해 가는 높은 수준의 '자유무역지대'(FTA: Free Trade Area)를 형성하거나[예를 들면, 유럽연합(EU)], 각 회원국이 국가별로 고유 관세나 수출입제도를 유지하면서 무역장벽을 완화하거나 철폐해나가는 약한 자유무역지대의 형식이(예를 들면, NAFTA) 존재합니다. WTO는 모든 회원국에게 최혜국대우를 보장해 주는 다자주의를 원칙으로 하지만, FTA는 양자 및 지역 회원국에만 특혜무역체제를 적용한다는 것입니다. WTO 시스템은 21세기에 들어서 '도하개발아젠다'(DDA:Doha Development Agenda)로 이어집니다. DDA란 2001년 11월 카타르 도하에서 개최된 제4차 WTO 각료회의에서 출범한 제9차 다자간 무역협상으로 농업 · 서비스 등 시장개방, 반덤핑 · 보조금 · 분쟁해결 등 규범, 기타 지적재산권 등을 논의하였습니다.
이상에 언급된 것들은 모두 포괄적으로 '브레튼 우즈 시스템'을 뿌리로 하여 기능하는 것인데, 21세기에 들어서 중국은 GDP 규모에서 미국을 앞서게 되고 '아시아인프라투자은행'(AIIB: Asian Infrastructure Investment Bank)을 출범시키면서(2015.6.29), 미국이 주도하는 IMF, World Bank, ADB 등의 경제시스템을 대체 보완하고자 합니다. AIIB는 그 규모에 있어서 창단 회원국이 57개국으로 확정되며 출범하여 출발 시점 일정 수준 파급력을 보여줍니다. AIIB를 견제하기 위해서 미국은 다시 '환태평양경제동반자협정'(TPP)을 조직합니다. 경제패권을 중국은 무역 1위국이란 경제적 규모를 바탕으로 2006년 10월에는 위안화가 IMF의 특별인출권(SDR: Special Drawing Rights; 국제금융시장에서 달러 부족상태를 막기위해서 1969년에 IMF가 만들어낸 가상 통화)에 편입되는 것이 결정되어 위안화는 달러 및 유로화와 함께 세계 3대 기축(基軸) 통화로 등극합니다. 이런 배경하에 중국 주도의 AIIB가 기존 ADB를 대체하는 독립적이고 대안적인 체계로 확장될 수 있는 것인지(decoupling), 아니면 궁극적으로는 미국의 세계경제체계를 벗어나지 못하는 하위체계로 기능하며(coupling) 단순히 미국의 경제주도에 대한 지역적 경고 움직임에 머무르게 될 것인지는 더 지켜 보아야 할 것입니다.

미국의 경제학자 라모(Joshua. C. Ramo)는 미국식 '신자유주의 경제주도 모델'(시장의 탈규제화, 공공부문축소, 재정긴축 등이 기반 정책)을 '워싱턴 컨센서스'(Washington Consensus)라고 지칭하면서, 이와 대조하여 중국식 모델을 '베이징 컨센서스'(Beijing Consensus)라고 부릅니다. '중국식 경제모델'은 외국투자자에게 시장을 개방하고, 세금 부담을 낮추며, 노동시장을 유연화하는 시장친화적 성격들을 갖고 있으면서도(즉, 시장의 효율성), 급속한 경제성장이 가져오는 사회적 불안요인을 통제하면서 정치적 안정을 도모하는 국가의 지도적 역할(즉, 권위주의적 국가)을 강조하는 모델입니다. 하지만, 사회의 구성원들에겐 경제적 자유가 배타적으로 존재하는 것도 아니며, 동시에 경제적 자유만으로 결코 만족하지 않으며, 궁극적으로는 정치적 자유를 희구한다는 것이 지구촌 역사의 교훈입니다.

세계체제는 경제영역에 한정되지 않습니다. 현대 국제질서에서 지구온난화, 오존층파괴, 산림파괴, 해양오염 등의 '환경문제'는 국제사회가 나서서 함께 해결해야만 하는 주요 의제의 하나입니다. 국제사회 차원에서 앞서 언급했던 '공유지의 비극'의 문제가 발생하는 것입니다. 오존층 파괴 방지를 위한 1987년의 '몬트리올 의정서'(Montreal Protocol), 온실가스배출에 대한 해결책으로서 1997년의 '교토의정서'(Kyoto Protocol)는 국제환경레짐의 일환입니다. 교토의정서는 2020년이후엔 '파리협정'(Paris Agreement)으로 연장됩니다. '아마존협력조약기구'(OTCA)는 삼림보호를 우한 남미 아마존강 지역의 지역환경레짐입니다. 1992년에는 '리우회의'를 통해서 '기후변화협약'과 '생물다양성협약'을 체결하여 개별 국가들의 개발과 환경사이에서 발생하는 문제들을 국제적 차원에서 해결하게 됩니다. 개발과 환경사이에서 발생하는 문제는 '선진국'과 '후진국'의 불공정한 무역문제와 환경문제를 연계시켜서 해결해야할 필요성이 있습니다. 1995년에 WTO가 출범하면서 '무역환경위원회'가 설치된 것은 그러한 맥락입니다. 환경문제와 무역문제를 연계시키는 국제레짐을 '그린 라운드'(Green Round)라고 부릅니다.

'문화'는 제도보다는 변화시키기가 어려운 인간의 집단적 가치체계와 연관된 것으로 변화가 더디고 잘 일어나지 않습니다. 슈펭글러(Oswald Spengler)는 '문화'에도 생애주기가 있다고 봅니다. 형성기간이 50년 정도 소요되며, 문화가 활짝 꽃 피우는데 성공하면 대략 300년 정도 지속되고, 최종적인 몰락에는 1,000년 정도가 소요된다고 봅니다. 매우 거시적인 차원의 주장임을 알 수 있습니다. 더 중요한 것은 생애주기이론은 '전체론'(全體論, holism)의 시각이라는 점입니다. '전체론'이란 복잡한 체계의 전체는 단지 각 부분에 대한 기능의 총합이 아니라 각 부분을 결정하는 통일체라고 보는 것입니다. 복잡한 전체를 하나로 규정하였을 때 고찰되는 사물에 특유한 것이라고 생각되는 법칙성이나 목적성을 말합니다. 전체론적인 생애주기이론에선 전체론적으로 어떤 유기체가 현재 융성한 상태에 있다고 하더라도 결국은 몰락할 것이라는 전체론적인 거시적 시각 속에서 나머지 현상들을 분석하게 되는 것입니다.

Oswald Spengler
(1880-1936)

사회 변화를 전체론적 시각인 생성몰락이론에서 설명하자면, 특정 문화체계 특정 시기에 존재하고 결국 소멸합니다. 문화체계가 몰락하거나 생애주기를 끝내는 것이 아니고 문화체계는 핵심적인 부분은 그대로 둔 채 단순히 형태만을 변화시키고 있는지도 모릅니다. 우리는 배달겨레로서 한민족 단일문화를 주장하지만, 그 단일문화가 과거의 모습도 아니고, 이미 여러 문화가 혼재되어 한국의 문명을 형성해 오고 있음을 알 수 있습니다. 물론 지금도 우리의 문화는 타

문화와의 교류 속에 점진적으로 변화하고 있습니다.

문화가 변화한다는 것은 다른 문화와의 교류 속에서 흡수할 것은 흡수하고, 버릴 것은 버리는 것입니다. 국제사회 차원의 다양한 문화권들의 존립과 관련하여 두 가지 대비되는 이론이 있습니다. 하나는 헌팅턴(Samuel P. Huntington)의 '문화충돌론'이고, 다른 하나는 하랄드 뮐러(Harald Müller)의 '문화공존론'입니다.

헌팅턴은 「문명의 충돌」(*The Clash of Civilizations and the Reclaiming of World Order* 1996)이란 저서에서 20세기가 후반부에 세계 정치가 국가를 단위로 한 국가 간의 경쟁이나 이데올로기에 기반한 경쟁을 끝내고 '문명'들 간의 대립으로 특징지어지고 있다고 주장하였습니다.[11] 헌팅턴은 세계 문명권을 8개로 나누는데, 서구기독교(Western Christian) 문명권, 동방정교(Eastern Orthodox) 문명권, 이슬람(Islam) 문명권, 라틴아메리카(Latin America) 문명권, 아프리카(Africa) 문명권, 힌두(Hindu) 문명권, 일본(Japan) 문명권, 유교(Confucian) 문명권이 그것입니다. 분명 문명권도 과거 문명이 태동하던 시기의 '4대 문명'에서는 변화한 모습이니, 문명도 생애주기가 있다고 해석해 볼 수 있을 것입니다.

문명충돌의 대표적 사례는 '십자군운동'(1096-1270)입니다. 이것은 셀주크 터어키의 예루살렘을 점령, 순례자 박해, 동로마 제국

---

11) 이렇게 본다면, 진화이론을 적용하여 경쟁의 이슈가 진화한 것이라는 해석도 가능할 것입니다. 웨스트팔리아 조약 이후 국가가 강조되는 시기와 산업 발전 시기를 겪으면서 마르크스 이론의 세계 유행으로 인한 이념 갈등의 냉전 시기를 거쳐서 문명 간의 충돌로 진화하고 있다고 볼 수도 있습니다. 동시에 갈등이론을 적용하여, 그것이 국가 간의 갈등이건, 동서간 이념갈등이건, 문명권 간의 문명 갈등이건 간에 갈등은 인류의 생활 속에 편재(偏在, ubiquitous)된 것이란 해석도 가능할 것입니다.

공격 등으로 이어지면서 동로마제국의 황제가 교황에게 구원을 요청하면서 시작됩니다. 당시 교황 우르반2세(Urban II)는 동서교회 재통일, 교황권 신장의 기회로 삼아 클레르몽 종교회의를 개최하여 성지탈환의 성전을 제창하면서 십자군운동을 통한 기독교문명과 이슬람문명의 충돌이 본격화됩니다. 역설적으로 문명의 충돌은 전쟁 그 자체만을 의미하지는 않습니다. 전쟁을 통하여 세력이 '망'하기도 하지만, 새로운 기운이 발생하여 새로운 '흥'의 계기가 되기도 합니다. 단적으로 십자군 전쟁은 중세에서 근대로 전환하는 계기가 된 사건입니다. 종교적으로 신앙심의 냉각, 교황권의 동요, 장원제도와 봉건제후 세력의 몰락과 함께 왕권의 강화로 중앙집권화 촉진, 화폐경제시대, 상행위를 통한 상업세력으로서 새로운 사회계급인 시민계급(bourgeois)의 성장 및 도시의 발달로 이어집니다.[12] 특히 서구권의 비잔틴, 사라센 문화와의 접촉은 중세의 암흑시대를 넘어서 차후 르네상스로 이어지게 하며 새로운 문화부흥을 가져오게 된 것입니다.

각각의 문명권에는 주도 세력들이 존재하는데, 서구기독교 문명은 미국이나 유럽, 유교 문명은 중국 등입니다. 문화와 문명에는 '우월성'(superiority)이 전제될 수 없습니다. 단지 문명권 나름대로

---

12) 여러분은 "도시의 공기는 자유를 준다(City air gives freedom)"이란 이야기를 들어 보셨을 것입니다. 도시는 독자적인 법인격(法人格)으로 되어 시장, 시참사회(市參社會) 등의 자치기관 등을 통해서 도시법을 만들어, 재판권, 과세권, 입법권, 화폐주조권, 군사권을 영주로 부터 받아내어 행사하게 됩니다. 장원의 농노가 도시로 와서 1년이 경과하면 봉건적 신분제에 구속되지 않는 자유민으로서 특권을 향수하게 되었으므로 "도시의 공기는 자유를 준다"는 말이 생겨난 것입니다. 그러니까, 나의 신분은 소작인으로서 세습적이고 고정적인 것이 아니고 내 능력에 따라서 자유롭게 상행위를 영위하면서 재산을 축적하여 [소위 유산계급(有産階級, bourgeoisie)] 잘 살 수 있게 된 것입니다.

의 특색이 있을 뿐이기 때문에 이들 사이에 조화가 강조되지 않는 이상 세계화 시대란 조류 속에서 문화권 간의 빈번한 접촉은 가치관의 차이를 노출시키고 이는 문명권 간의 충돌을 불러옵니다.[13] 이른바 "'단층선'(斷層線, fault line) 전쟁"이란 서로 다른 문명권에 속한 국가나 국가 연합 사이의 전쟁을 말합니다. 문제는 이러한 '단층선 전쟁'은 가치관이나 정체성을 둘러싼 충돌이어서 그 해결책이나 조화점을 모색하기가 매우 어렵다는데 있습니다. 세계화란 전 세계가 "단일화된 표준"을 사용하여야 한다는 것인데, 가치관이 다른 곳에서는 이를 받아들이기 어려울 것입니다. 비서구권인 이슬람 문명이 유교 문명과 연합하여 서구의 기독교 문명을 공격할 수도 있다는 논리에선 서구와 미국 중심의 편향성을 드러내기도 합니다. 이러한 논리는 미국 중심의 서구와 비서구의 이분법적인 편 가르기 논리의 연장선상에 있다는 비판을 면하기 어려울 듯합니다.

Harald Müller
(1949-)

뮐러(Harald Müller)는 「문명의 공존」(*Das Zusammenleben der Kulturen* 2001)에서 이러한 소위 이분법적인 "나와 적" "아(我)와 피아(彼我)" "적과 동지" "우리와 그들"이라는 논리보다는 복잡한 문제는 있는 그대로 복잡하게 접근해야 한다는 입장을 보입니다. 또한 이슬람 문명권이 '폭력적'이라는 관념에도 의문을 제기하면서 현재 세계 제일의 무기 수출국이 미국임을 지적합니다. 미국은 서구 기독교

13) 그래서 '문명충돌론'을 '갈등이론'에서 설명할 수도 있습니다.

문명권을 주도하는 국가입니다. 오늘날 세계화의 조류는 시장경제와 자유무역이란 수단을 통해서 국가 간의 교류의 빈도를 증대시키고 정도를 심화시켰습니다. 분명 세계는 경쟁하는 민족국가에 공존하는 세계 속의 교역국가로서의 성향을 덧붙이고 있습니다. 세계화의 흐름은 국가의 역할을 축소시키고 다양한 NGOs들이나 국제기구의 환경협약, 문화협약, 여성협약, 보건협약 등을 통해 국가의 민족적 성격을 사해동포주의적 성격으로 변화시키는데 일조하고 있습니다. 뮐러는 국가의 기능이 축소된다면 이것은 국제 사회에서 문명의 충돌보다는 문명의 공존으로 이어질 수 있음을 예견합니다.

인류의 주요한 역사적 경험들은 '문화충돌론'과 '문화공존론'의 상반된 입장들에 관해서 어떤 입장을 더 반영하고 있을까요? 맥이 빠진 답이겠지만 두 가지 모두 강력한 실례들이 있습니다. 동방 문화권과 서방 문화권은 충돌하면서도 교류하였고, 교류하면서도 충돌하였습니다.

동방과 서방의 문화권 충돌의 기념비적 사건으로 토인비(A. Toynbee)는 서방 메로빙거(Merovinger) 왕조의 궁재 카알 마르텔(Karl Martell)이 사라센(Saracen)의 동방 우마이야 왕조 침입을 격퇴한 '투르-프와티에 전쟁'(Battle of Tours-Poitiers, 732)을 지목하였습니다.[14)] 토인비는 "카알 마르텔이 '투르-프와티에 싸움'에서 패하였

---

14) 유럽대륙에서 프랑크 왕국은 메로빙거왕조(5세기)-카롤링거왕조(8세기)로 이어지면서 발전하게 됩니다. 동방의 사라센제국은 이슬람교의 시조 마호메트 사후에 민족통일이란 기치아래 사산조 페르시아를 멸망시키고 정통칼리프시대(632-661)-우마이야왕조(661-750)로 발전하고, 이후 동칼리프(압바스 왕조: 750-1258)와 서칼리프[후(後)우마이야왕조: 756-1031]로 분리되며, 차후 동칼리프 지역은 몽고에게 멸망하고(1258), 서칼리프 지역은 사하라의 알 모라비드(Al Moravid) 제국의 일부가 되고, 다

다면 오늘날 서방은 옥스포드에서 바이블 대신에 코란을 강독하였을 것이다"라고 주장합니다. 다시 말해서 기독교 문화권와 이슬람 문화권 간의 싸움에서 기독교 문화권이 패하면 이슬람 문화권으로 포함된다는 의미로 해석될 수 있습니다. 중국 문화권과 이슬람 문화권이 충돌하였던 '탈라스 전쟁'(Battle of Talas, 751)도 있습니다. 당(唐)나라와 압바스 왕조의 사라센 군이 중앙아시아 탈라스 하반에서 격돌하였고, 당이 패배하여 서방세력에 대한 중국세력이 현저히 약화되는 계기가 됩니다. 탈라스 싸움에서 사라센의 포로가 된 당나라 군사 중에서 제지법(製紙法)을 알고 있는 제지공이 있어서 종이문화가 서방으로 전달되는 계기가 되기도 하니 결과론으로 보자면, 탈라스의 싸움은 문화교류와 혼재되어 있는 셈입니다.

동방과 서방의 문화교류사도 존재합니다. 인구에 회자되는 '초원길'[6세기경 비잔틴 제국과 중국과의 교류; 비단을 서방에 전함], '비단길'[오아시스 지대를 연결해 대상(隊商) 숙영지이자 무역로; 불교전래와 간다라미술의 동진], '바다길'[인도, 동아시아와 중국과의 교류] 등은 동방과 서방의 문화권간의 교류 역사의 증거입니다. 베네치아의 상인 마르코 폴로(Marco Polo)는 원나라에 체류하였던 경험(1275-1295)을 '동방견문록'(東方見聞錄, Book of Various Experiences)을 저술하였는데, 마르코 폴로는 원나라에 '비단길'로 왔다가, '바닷길'로 돌아갔습니다.

뮐러의 견해도 헌팅턴의 견해를 완전히 대체할 만한 것으로 받아들이는 데는 한계가 있습니다. 왜냐하면 군사 패권주의 외에도

시 에스파니아에게 멸망합니다(1492).

문화 패권주의가 존재하기 때문입니다. 국가라는 형식[국기(國旗) 또는 국가(國歌) 등으로 대변되는]과 내용이 사라지지 않는 이상 국가 간에 '안보딜레마'가 존속될 것입니다. 자신이 강대국이라고 생각하는 국가들은 재무장을 항상 신경쓰고 있습니다. 일본은 2차 세계대전 이후의 평화헌법을 수정하였으며, 기존의 해양 세력인 일본과 대륙의 힘을 해양으로 확장하려는 중국에 의해 해양에서 재무장 경쟁이 현시화되고 있습니다. 따라서 군국주의의 움직임도 사라지지 않을 수 있습니다. 더 중요한 것은 정치 현상은 다른 현상과는 구분된다는 것입니다. 정치적 현상은 역시 권력 투쟁이란 속성을 지니고 있기 때문에 정치인 것입니다. 국제정치 현상은 국내정치와 달리 통합된 통치권이 존재하지 않는 상태에서의 정치입니다. 조화롭고 공존해야 한다는 이상은 결코 포기될 수 없지만, 실제 현상에서는 보다 복잡다기한 투쟁과 충돌이 불가피하기 때문입니다. 극단적으로 투쟁과 충돌이 상존하고 있기에 통합과 조화를 강조하고 실천해 나가는 것입니다. 이는 정치학이 필요한 이유가 됩니다. 이것은 환자가 있기에 의사가 존재하는 것과 마찬가지입니다. 환자가 없는 세상에 왜 의사가 필요하겠습니까? 아이러니라고 할 수도 있고 딜레마라고 할 수도 있겠습니다.

10장을 마치며

21세기로 막 넘어온 이 시점에서 볼 때 20세기는 전 세계가 좌-우 이데올로기 경쟁 체제 하에 있었습니다. 후쿠야마(Francis Fukuyama)는 「역사의 종언」(*End of History* 1989)에서 20세기 말을 기점으로 이데올로기 경쟁에서 서구의 '자유주의' 이데올로기가 최종적으로 승리를 거둘 것이며 이것은 일종의 역사의 종언으로 이해될 수 있다고 주장합니다.[15] 이것은 이데올로기 그 자체의 종언을 의미하는 것이 아니고 자유주의 이데올로기가 승리한다는 의미에서 또 다른 형태의 이데올로기 경쟁 구도가 형성되지 않는다는 것을 의미합니다. 이데올로기는 역사의 발전 동력이기 때문에 이데올로기 그 자체의 종언은 있을 수 없습니다. 이데올로기 경쟁에서 최종 승자인 자유주의 이데올로기만이 남아서 역사발전은 그 종국(終局)의 단계에 돌입했다는 것이 후쿠야마의 주장입니다.

Francis Fukuyama
(1952-)

만델바움(Michael Mandelbaum)의 「세상을 지배했던 생각들」(*The Ideas that Conquered the World* 2002)에서도 지난 19세기 이후 자유주의는 이데올로기 역사 속에서 승자의 위치를 차지하고 있었으며, 21세기에도 특별한 대안이 있지 않을 것이라고 주장합니다. 만델바움은 자유주의를 떠 받치는 세 개의 원칙이 평화, 민주주의, 자유시장이라고 봅니다. 이런 경우, 세계의 각국들은 군사력 확대 경쟁을 지양하고, 세계에서 시장경쟁에 그 사활을 걸고 있다고 봅니다. 이런 논리대로라면, 비록 군비확장에 의한 대규모 전쟁은 피할 수 있더라도, 시장경쟁 속에서의 세계경제 위기나 붕괴는 곧 세계 평화

15) 특히 20세기 말에 이데올로기 경쟁에서 서구의 자유주의가 승리할 수 있는 계기를 보여주는 사건들은 소련의 해체(1989)와 서독의 동독 흡수통일(1990)과 같은 사건들을 꼽을 수 있을 것입니다.

를 위협하는 기제로 작용할 수도 있을 것입니다. 우리는 21세기 초반 커다란 세계경제 위기를 경험했습니다.

테러리즘에 의해서 건물은 무너뜨려도 사람들의 자유주의에 대한 가치관을 무너뜨리기는 어려울 것입니다. 문제는 자유주의의 승리를 그토록 단언하는 것도 시대조류 속에서나 가능할런지도 모른다는 사실입니다. 우리는 현재 '신사회운동'(New Social Movement)을 자유주의의 맥락에서 해석합니다. 즉 자유주의가 강조된 정치체제에선 "당사자 해결의 원칙"이 중요합니다. 자유주의 하에선 정체성의 정치가 강조되며 당사자 해결의 원칙을 포용하는 자유주의 하에서 국가위기가 더 증폭될 수도 있습니다.

보비오(Noberto Bobbio)는 「자유주의와 민주주의」(*Liberalism and Democracy* 1988)에서 "자유주의가 오히려 기대를 저버리고 있다"라고 주장하기도 합니다. 보비오는 소위 자유주의에 근간한 민주주의가 ⓐ 대중들의 정치 참여, ⓑ 대중들의 권력에 대한 통제의 문제, ⓒ 저항과 개혁에 대한 대중들의 권한 문제 등에 취약하기에 만족할 만한 주의나 제도라고 보지 않습니다. 의회, 정당, 선거라는 수단을 통하여 이루어지는 자유주의 민주주의 체제 수행 능력에 너무 많은 기대를 할 수 없다는 것입니다.[16)]

바버(Benjamin Barber)는 인터넷과 같은 기술의 발전과 민주주의의 질이 연관되어 있다고 봅니다. 바버는 기술의 발전이나 그로 인해서 제공되는 정치 수단이 어떤 형태를 띠건 결국은 "시민의 성격이나 자질"(the character and quality of citizens)이 제도와 기술

---

16) 하지만 보비오의 주장과는 달리, 문제점은 자유주의와 연관되어 있다기보다는 간접 민주주의라는 형태와 더 연관되어 있을 수 있습니다.

보다 더 근본적인 요소임을 지적합니다. 여기서 시민의 자질은 개인의 이익과 공동체사회의 공공선을 조화롭게 창출할 수 있는 '시민정신'을 의미합니다.

세계는 계속 변화하고 있습니다. 포퍼는 다음과 같은 이야기도 했습니다. 단기적인 것보다 장기적인 것이 오히려 더 예측하기 쉽다는 것이지요. 극단적인 예를 들면, 1시간이나 1주일 후에 나에게 어떤 일이 닥칠지는 몰라도 100년 후에는 내가 죽는다는 것은 확실히 알 수 있다는 것입니다. 우리 한국의 입장에서 볼 때 앞으로 당분간은 대외적으로 세계화, 대내적으로 통일이란 화두 하에서 변화해 나가는 세상을 해석하게 될 것입니다. 단기적 변화와 장기적 변화에 대한 변동성에 대한 그림을 갖게 된다면 사회 현상의 실증적이고 규범적인 해석이 더 적합하게 이루어질 것입니다.

참고문헌

강명세. 2014. 『민주주의, 복지국가, 그리고 재분배』. 서울: 선인.
강원택. 2005. 『한국의 정치개혁과 민주주의』. 서울: 인간사랑.
권수경 역. 2002. 『집단지성: 사이버 공간의 인류학을 위하여』. 서울: 문학과 지성사.
김계동, 김욱, 민병오, 윤진표, 차동욱, 최동주 역. 2008. 『정치학개론: 권력과 선택』. 필립스 쉬블리 저. 서울: 명인문화사.
김규수 외 공저. 1984. 『현대정치과정론』. 서울: 법문사.
김기정. 2003. 『미국의 동아시아 개입의 역사적 원형과 20세기 초 한미 관계 연구』. 서울: 문학과 지성사.
김동성. 1996. 『한국민족주의 연구』. 서울: 오름.
김명섭. 2001. 『대서양 문명사: 팽창, 침탈, 헤게모니』. 서울: 한길사.
김성연, 정효명. 2014. "정책선호가 정당 지지에 미치는 영향." 『한국정치학회보』 48(1), 119-140.
김수진. 2008. 『한국민주주의와 정당정치』. 서울: 백산서당.
김영수. 1980. 『대한민국임시정부헌법론: 헌법제정과정의 배경 및 개헌과정을 중심으로』. 서울: 삼영사.
김용호. 2003. 『한국정당정치의 이해』. 서울: 나남.
김용호. 2004. "2003년 헌정위기의 원인과 처방: 제3당 분점정부와 대통령-국회간의 대립." 진영재(편). 『한국 권력구조의 이해』. 서울: 나남. 295-326.
김용호. 2006. 『세계화 시대 국제관계: 동아시아적 이해』. 서울: 오름.
김우상. 2007. 『신한국책략 II』. 파주: 나남.
김우중. 1989. 『세계는 넓고 할일은 많다』. 서울: 김영사.
김운태. 1983. 『한국정치론』. 서울: 박영사.
김재한. 레입하트. 1997. "합의제와 한국의 권력구조." 『한국정치학회보』 31(1): 99-120.
김태환. 2003. "탈사회주의 경제개혁에 대한 재산권이론적 접근." 『한국정치학회보』 37(1), 219-242.
김학노. 2013. "정치평론 실전연습". 『정치와 평론』 13(2): 129-177.
김학노. 2018. 『남과 북의 서로주체적 통합』. 서울: 사회평론아카데미.
김학준. 1990. 『한국정치론사전』. 서울: 한길사.

김현우. 2000.『한국정당통합운동사』. 서울: 을유문화사.
김현우. 2001.『한국국회론』. 서울: 을유문화사.
김홍우. 2001. "제헌국회에서의 정부형태론 논의 연구" 한국정치외교사학회(편).『한국정치와 헌정사』. 서울: 한울 아카데미. 187-243.
노정호. 2014. "동아시아 복지국가의 발전과 저발전."『한국정치학회보』 48(5), 207-228.
류광철, 이상화, 임갑수.『외교 현장에서 만나는 "군축과 비확산의 세계"』. 서울: 평민사.
마인섭, 이희옥. 2014. "아시아에서의 '좋은 민주주의'의 모색: 개념과 평가".『비교민주주의연구』 10(1): 5-31.
박명림. 2011.『역사와 지식과 사회』. 서울: 나남.
박영신. 1986.『변동의 사회학』. 서울: 학문과 사상사.
박찬욱 편. 2000.『비례대표 선거제도』. 서울: 박영사.
소병희. 1993.『공공선택의 정치경제학』. 서울: 박영사.
송 복. 1997.『한국사회의 갈등구조』. 서울: 경문사.
송호근. 1990.『지식사회학』. 서울: 나남.
신명순. 1987.『제3세계 정치론』. 서울: 법문사.
신명순. 1994.『한국정치론』. 서울: 법문사.
신명순. 2006.『비교정치』. 서울: 박영사.
심지연 편. 2003.『현대 정당정치의 이해』. 서울: 백산서당.
심지연. 2004.『한국정당정치사: 위기와 통합의 정치』. 서울: 백산서당.
안병준. 1986.『한국의 정치와 정책: 이론과 실제』. 서울: 전예원.
안순철. 2004. "내각제와 다정당체제: 제도적 조화의 모색." 진영재(편).『한국 권력구조의 이해』. 서울: 나남. 111-146.
안순철. 2016.『선거체제비교: 제도적 효과와 정치적 영향』.(개정판) 서울: 법문사.
오명호. 2003.『현대정치학이론』. 서울: 박영사.
오명호. 2004.『현대정치학이론II』. 서울: 박영사.
유현석. 2001.『국제정세의 이해: 지구촌의 아젠다와 국제관계』. 서울: 한울.
유홍림. 2002. '한국정치이념의 역사와 과제'『한국정치연구』 11(2): 1-42.
윤광일. 2011. "선거주기에 대한 이론적 고찰: 미국 사례를 중심으로."『의

정연구』 32. 5-31.
윤성이. 2018. 『한국정치: 민주주의, 시민사회, 뉴미디어』. 서울: 법문사.
윤정석, 신명순, 심지연. 1996. 『한국정당정치론』. 서울: 법문사.
윤형섭, 김영래, 이완범. 2003. 『한국정치 어떻게 볼 것인가』. 서울: 박영사.
윤홍근, 안도경 공역. 2010. 『공유의 비극을 넘어』. 엘리너 오스트롬 저. 서울: 알에이치 코리아
이갑윤. 1998. 『한국의 선거와 지역주의』. 서울: 오름.
이극찬. 1982. 『정치학』. 서울: 법문사.
이기택. 1983. 『국제정치사』. 서울: 일신사
이남영 편. 1993. 『한국의 선거 Ⅰ』. 서울: 나남.
이상우. 1982. 『국제관계이론: 국가간의 갈등원인과 질서유지』. 서울: 박영사.
이신행 편. 1992. 『정치변동이론의 새로운 흐름』. 서울: 형성사.
이연호. 2009. 『발전론』. 서울: 연세대학교 출판부.
이영희 역. 2000. 『문명의 공존』. 하랄드 뮐러 저. 서울: 푸른숲.
이영희. 1979. 『전환시대의 이론: 아시아, 중국, 한국』. 서울: 창작과 비평사.
이용필. 1978. 『현대정치이론』. 서울: 박영사.
이재묵 외 공저. 2014. 『도전과 변화의 한미정치: 과정과 이슈』 서울: 서울대학교출판문화원.
이지문. 2015. 『추첨민주주의 강의: 미래의 정치』. 서울: 삶창.
이춘근. 2005. 과학기술로 읽는 북한 핵. 서울: 생각의 나무.
이현출. 2006. 『매니페스토와 한국정치 개혁』. 서울: 건국대학교 출판부.
인남식. 2011. "2011 아랍 정치변동의 성격과 함의." 『국제정치논총』 51(4), 237-254.
임성호. 2006. "헌법개정 논의과정과 토의민주주의: 이상과 현실." 『한국정치연구』 15(2): 147-166.
임영일, 이성형 편역. 1985. 『국가란 무엇인가: 자본주의와 그 국가이론』. 서울: 까치.
임혁백, 2020. "공공성의 정치: 왜 동서양을 막론하고 공공성이 핵심 가치가 되어왔는가?" 공에 관하여.
장동진. 2001. "롤즈의 국제사회 정의관". 『국제정치논총』 41(4), 315-336.
장동진, 김만권, 김기호 공역. 2017. 『만민법』. 존 롤즈 저. 파주: 동명사.

장을병. 1979. 『정치적커뮤니케이션론』. 서울: 태양문화사.
정윤재. 2000. 정약용의 자작적(自作的) 인간관과 왕정개혁론. 한국정치학회보, 33(4), 83-104.
정진민. 2008. 『한국의 정당정치와 대통령제 민주주의』. 고양: 인간사랑.
정진민. 2014. "정당경선의 제도화 모색: 개방형 경선과 정치자금을 중심으로". 『한국정치외교사논총』 36(1): 183-207.
제임스 맥그리거 번즈 저, 한국리더십연구회 역. 2000. 『리더십 강의』. 서울: 미래인력연구센터, 생각의 나무.
조재관. 1984. 『선전여론』. 서울: 박영사.
조정관. 2004. "대통령제 민주주의의 원형과 변형: 한국형 대통령제의 특징과 제도운영의 문제." 진영재(편). 『한국 권력구조의 이해』. 서울: 나남. 65-110.
진덕규. 1983. 『현대 민족주의의 이론구조』. 서울: 지식산업사.
진덕규. 1997. 『현대정치학』. 서울: 학문과 사상사.
진영재 편. 2002. 『한국의 선거제도 I 』. 서울: 한국사회과학데이터센터(KSDC).
진영재 편. 2004. 『한국 권력구조의 이해』. 서울: 나남.
최선. 2015. "사법권 독립에 대한 비판적 검토." 『한국정치학회보』 49(1), 205-226.
최준영, 조진만. 2013. 『견제와 균형: 인사청문회의 현재와 미래를 말하다』 서울: 써네스트.
최진욱. 1995. "통일시대를 대비한 새로운 권력구조의 모색." 『한국정치학회보』 29(3): 273-293.
한국정치학회 편. 2008. 『정치학 이해의 길잡이: 정치학핸드북 Vol. 1 정치사상』. 파주: 법문사.
한국정치학회 편. 2008. 『정치학 이해의 길잡이: 정치학핸드북 Vol. 2 정치이론과 방법론』. 파주: 법문사.
한국정치학회 편. 2008. 『정치학 이해의 길잡이: 정치학핸드북 Vol. 3 정치과정』. 파주: 법문사.
한국정치학회 편. 2008. 『정치학 이해의 길잡이: 정치학핸드북 Vol. 4 정치경제』. 파주: 법문사.
한국정치학회 편. 2008. 『정치학 이해의 길잡이: 정치학핸드북 Vol. 5 국제

정치와 안보』. 파주: 법문사.

한국정치학회 편. 2008. 『정치학 이해의 길잡이: 정치학핸드북 Vol. 6 국제 정치경제와 새로운 영역』. 파주: 법문사.

한국정치학회 편. 2008. 『정치학 이해의 길잡이: 정치학핸드북 Vol. 7 한국 정치』. 파주: 법문사.

한배호. 1979. 『정치학 방법론』. 서울: 법문사.

한배호. 1983. 『비교정치론』. 서울: 법문사.

한홍수 편. 1996. 『한국정치동태론』. 서울: 오름.

함성득. 2003. 『대통령학』. 서울: 나남.

홍윤기 편역. 1982. 『혁명이냐 개혁이냐』. 서울: 사계절.

황상익, 장대익 역. 2004. 『침팬지 폴리틱스』. 프란스 드 발 저. 서울: 바다 출판사.

Abbott, Andrew. 2001. *Time Matters on Theory and Method*. Chicago: University of Chicago Press.

Abramowitz, Alan I. 1991. "Incumbency, Campaign Spending, and the Decline of Competition in United States House Elections." *Journal of Politics* 53(1): 34-56.

Ackerman, Bruce. 1980. *Social Justice in the Liberal State*. New Haven, CT: Yale University Press.

Adler, Emanuel, and Michael Barnett, eds. 1998. *Security Communities*. Cambridge: Cambridge University Press.

Adler, Emanuel. 1997. "Seizing the Middle Ground: Constructivism in World Politics." *European Journal of International Relations* 3.

Albert, Michel. 1993. *Capitalism versus Capitalism*. New York: Four Wall Eight Windows.

Alesina, Alberto. 1987. "Macroeconomic Policy in a Two-Party System as a Repeated Games." *Quarterly Journal of Economic* 102(Aug.): 651-78.

Alesina, Alberto, and Howard Rosenthal. 1995. *Partisan Politics, Divided Government, and the Economy*. New York: Cambridge University Press.

Alesina, Alberto, and Nouriel Roubini with Gerald D. Cohen. 1997. *Political Cycles and the Macro-economy*. Cambridge: MIT Press.

Alfred, Robert R., and Roger Friedland. 1985. *Powers of Theory: Capitalism, the State, and Democracy*. Cambridge: Cambridge University Press.

Allison, Graham. 1971. *The Essence of Decision: Explaining the Cuban Missile Crisis*. Boston: Little, Brown.

Allport, Gordon W, James M. Gillespie, and Jacqueline Young. 1948. "The religion of the post-war college student." *Journal of Psychology: Interdisciplinary and Applied* 25: 3-33.

Almond, Gabriel A. 1966. "Political Theory and Political Science." *The American Political Science Review* 60(4): 869-879.

Almond, Gabriel A. 1987. "The Development of Development." In *Understanding Political Development*, ed. Myron Weiner, and Samuel Huntington. Boston: Little, Brown.

Almond, Gabriel A. 1988. "The Return to the State." *American Political Science Review* 82 (September): 853-74.

Almond, Gabriel A. 1990. *Discipline Divided: Schools and Sects in Political Science*. Newbury Park, CA: Sage.

Almond, Gabriel A. 1996. "Political Science: A History of The Discipline." In *A New Handbook of Political Science*, ed. Robert E. Goodin and Hans-Dieter Klinge-mann. Oxford: Oxford University Press.

Almond, Gabriel A., and G. Bingham Powell. 1988. *Comparative Politics. Today: A World View*. Boston: Scott, Foresman and Company.

Almond, Gabriel A., and J. S. Coleman, eds. 1960. *The Politics of the Developing Areas*. Princeton, NJ: Princeton University Press.

Almond, Gabriel A., and Sidney Verba. 1963. *The Civic Culture*. Princeton, NJ: Princeton University Press.

Almond, Gabriel A., and Sidney Verba. 1965. *The Civic Culture: Political Attitudes and Democracy in Five Nations*. Boston: Little, Brown.

Almond, Gabriel A., and Sidney Verba. 1980. *The Civic Culture*. Rev. Boston: Little, Brown.

Almond, Gabriel A., S. Flanagan, and R. Mundt. 1973. *Crisis, Choice and Change*. Boston: Little, Brown.

Allport, Gorden W., and Leo J. Postman. 1947. *The Psychology of Rumor*, New York: Henry-Holt.

Alt, James E, and K. Alec Chrystal. 1985. *Political Economics*. Berkeley: University of California Press.

Althusser, Louis. 1969. *For Marx*. New York: Vintage/Random.

Althusser, Louis. 1971. "Ideology and Ideological State Apparatuses." In *Lenin and Philosophy and Other Essays*, ed. Louis Althusser. London: New Left.

Amin, Samir. 1976. *Unequal Development: An Essay on the Social Formations of Peripheral Capitalism*. New York: Monthly Review Press.

Amin, Samir. 1997. *Capitalism in the Age of Globalization*. London and New Jersey: Zed.

Amsden, Alice H. 1989. *Asia's Next Giant: South Korea and Late Industrialization*. New York: Oxford University Press.

Anderson, Benedict. 1991[1983]. *Imagined Communities. Rev*. ed. London: Verso.

Anderson, Lisa, ed. 1999. *Transitions to Democracy*. New York: Columbia University Press.

Anderson, Perry. 1974. *Lineages of the Absolutist State*. London: Verso.

Apter, David. 1965. *The Politics of Modernization*. Chicago: University of Chicago.

Arendt, Hannah. 1965. *On Revolution*. New York: Anchor Books.

Arendt, Hannah. 1968[1951]. *The Origins of Totalitarianism*. New York: Harcourt, Brace Jovanovich.

Arendt, Hannah. 1970. *On Violence*. San Diego. CA: Harvest.

Arendt, Hannah. 1975. *The Human Condition*. Chicago, IL: University of Chicago Press.

Aristotle. 1941. *The Basic Works of Aristotle*, ed. Richard McKeon. New

York: Random House.
Aristotle. 1946. *The Politics*. Oxford: Oxford University Press.
Aron, Raymond. 1967. *Peace and War: A Theory of International Relations*. Garden City, NY: Doubleday.
Arrow, Kenneth. 1965[1951]. *Social Choice and Individual Values*. 2d ed. New York: Wiley.
Arrow, Kenneth. 1974. *The Limits of Organizations*. New York: Norton.
Ashby, William. Ross. 1964. *An Introduction to Cybernetics*. London: Chapman & Hall.
Auerswald, David. 2000. *Disarmed Democracies: Domestic Institutions and the Use of Force*. Ann Arbor: University of Michigan Press.
Austen-Smith, David, and Jeffrey Banks. 1999. *Positive Political Theory*. Ann Arbor: University of Michigan Press.
Axelrod, Robert. 1970. *Conflict of Interest*. Chicago: Markham.
Axelrod, Robert. 1984. *Evolution of Cooperation*. New York: Basic.
Bachrach, Peter, and Morton S. Baratz. 1962. "The Two Faces of Power." *American Political Science Review* 56(December).
Bachrach, Peter, and Morton S. Baratz. 1980. *Power, and Poverty*. New York: Oxford University Press.
Badie, Bertrand. 2000. *The Imported State: The Westernization of the Political Order*. Stanford, CA: Stanford University Press.
Bagehot, W. 1936. *The English Constitution*. Oxford: Oxford University Press.
Bailey, Kenneth D. 1994. *Sociology and the New Systems Theory: Toward a Theoretical Synthesis*. Albany: State University of New York Press.
Baldwin, David A., ed. 1993. *Neorealism and Neoliberalism: The Contemporary Debate*. New York: Columbia University Press.
Baldwin, David A. 1989. *Paradoxes of Power*. New York: Blackwell .
Baran, Paul. 1957. *The Political Economy of Growth*. New York: Monthly Review.
Barber, Benjamin. 1984. *Strong Democracy*. Berkeley: University of California

Press.

Barber, Benjamin R. 2000. "Which Technology for Which Democracy? Which Democracy for Which Technology?" *International Journal of Communications Law and Policy* Winter:1-8.

Barber, James David. 1977. *Presidential Character*. 2d ed. Englewood Cliffs, NJ: Prentice-Hall.

Barber, Sotirios A., and Robert P. George, eds. 2001. *Constitutional Politics: Essayson Constitutional Making. Maintenance. and Change*. Princeton: Princeton University Press.

Barbieri, W. 1998. *Ethics of Citizenship: Immigration and Group Rights in Germany*. Durham, NC: Duke University Press.

Barro, Robert J. 1997. *The Determinants of Economic Growth: A Cross-Country Empirical Study*. Cambridge: MIT Press.

Barry, Brian. 1989. *A Treatise on Social Justice: Theories of Justice*. Berkeley: University of California Press.

Barry, Brian. 2001. *Culture and Equality: An Egalitarian Critique of Multiculturalism*. Cambridge: Polity.

Bartelson, Jens. 1995. *A Genealogy of Sovereignty*. Cambridge: Cambridge University Press.

Barzel, Yoram. 2001. *A Theory of the State*. New York: Cambridge University Press.

Baxter, Sandra, and Marjorie Lansing. 1983. *Women and Politics: The Visible Majority*. Rev. ed. Ann Arbor: University of Michigan Press.

Bell, Daniel. 1960. *The End of Ideology*. New York: Free Press.

Bell, Daniel. 1974. *The Coming of Post-Industrial society: A Venture in Social Forecasting*. Harmondsworth: Penguin.

Bell, David. 2001. *An Introduction to Cybercultures*. London: Routledge.

Bellamy, Richard, eds. 2006. *Constitutionalism and Democracy*. Burlington, VT: Ashgate Publishing.

Bendix, Reinhard. 1964. *Nation-Building and Citizenship*. New York: Wiley.

Bendix, Reinhard. 1977. *Nation-Building and Citizenship*. Berkeley:

University of California Press.
Bennett, Jane. 2001. *The Enchantment of Modem Life*. Princeton, NJ: Princeton University Press.
Bentley, Arthur. 1967[1908]. *The Process of Government*. Reprint. Cambridge, MA: Harvard University Press.
Berelson, Bernard, Paul Lazarsfeld, and William McPhee. 1954. *Voting*. Chicago: University of Chicago Press.
Berger, Suzanne, and Ronald Dore, eds. 1996. *National Diversity and Global Capitalism*. Ithaca, NY: Cornell University Press.
Berkowitz, Leonard. 1978. *Cognitive Theories in Social Psychology*. New York, NY: Academic Press.
Bermeo, Nancy. 2002. *Ordinary People in Extraordinary Times: Citizens and the Collapse of Democracy*. Princeton, NJ: Princeton University Press.
Bernhard, Michael, Timothy Nordstrom, and Christopher Reenock. 2001. "Economic Performance. Institutional Intermediation. and Democratic Survival." *The Journal of Politics* 63(3): 775-803.
Bianco, William T. 1994. *Trust Representatives and Constituents*. Ann Arbor: University of Michigan Press.
Biersteker, Thomas J., and Cynthia Weber, eds. 1996. *State Sovereignty as Social Construct*. Cambridge: Cambridge University Press.
Block, Fred, Richard A. Aloward, Barbara Ehrenreich, and Frances Fox Piven. 1987. *The Mean Season: The Attack on The Welfare State*. New York, NY: Random House.
Bohman, James, and Matthias Lutz-Bachmann. 1997. *Perpetual Peace*. Essays on Kant's Cosmopolitan Ideal. Cambridge: MIT Press.
Blumer, Herbert, eds. 1951. *Principles of Sociology*. New York: Barnes & Nobles.
Bobbio, Norberto. 1990. *Liberalism and Democracy*. Martin Ryle and Kate soper(trans.). New York: Verso.
Bobbio, Norberto. 1988. "Gramci and the Concept of Civil Society." In

Civil Society and the State. ed. John Keane. New York: Verso Press. 40-59.

Bohman, James, and William Rehg, eds. 1997. *Deliberative, Democracy: Essays on Reason and Politics*. Cambridge: MIT Press.

Bohrnstedt, George W., and David Knoke. 1988. *Statistics for Social Data Analysis*. 2d ed. Itasca, IL: F.E. Peacock.

Boli, John, and George M. Thomas, eds. 1998. *World Polity Formation since* 1875. Stanford, CA: Stanford University Press.

Bollen, Kenneth A. 1983. "World System Position, Dependency and Political Democracy." *American Sciological Review* 48: 468-79.

Bottomore, Tom B. 1979. *Political Sociology*. New York: Harper & Row.

Boundon, Raymond and Mohamed Cherkaoui, eds. 2000. *Central Currents in Social Theory: The Roots of Sociological Theory 1700-1920*. Vol. I. Thousand Oaks, CA: Sage Publication Inc.

Boundon, Raymond and Mohamed Cherkaoui, eds. 2000. *Central Currents in Social Theory: The Roots of Sociological Theory 1700-1920*. Vol. II. Thousand Oaks, CA: Sage Publication Inc.

Boundon, Raymond and Mohamed Cherkaoui, eds. 2000. *Central Currents in Social Theory: The Roots of Sociological Theory 1700-1920*. Vol. III. Thousand Oaks, CA: Sage Publication Inc.

Boundon, Raymond and Mohamed Cherkaoui, eds. 2000. *Central Currents in Social Theory: The Roots of Sociological Theory 1700-1920*. Vol. IV. Thousand Oaks, CA: Sage Publication Inc.

Boundon, Raymond and Mohamed Cherkaoui, eds. 2000. *Central Currents in Social Theory: The Roots of Sociological Theory 1700-1920*. Vol. V. Thousand Oaks, CA: Sage Publication Inc.

Boundon, Raymond and Mohamed Cherkaoui, eds. 2000. *Central Currents in Social Theory: The Roots of Sociological Theory 1700-1920*. Vol. VI. Thousand Oaks, CA: Sage Publication Inc.

Boundon, Raymond and Mohamed Cherkaoui, eds. 2000. *Central Currents in Social Theory: The Roots of Sociological Theory*

1700-1920. Vol. VII. Thousand Oaks, CA: Sage Publication Inc.

Boundon, Raymond and Mohamed Cherkaoui, eds. 2000. *Central Currents in Social Theory: The Roots of Sociological Theory 1700-1920*. Vol. VIII. Thousand Oaks, CA: Sage Publication Inc.

Boyer, Robert, and J. Rogers Hollingsworth, eds. 1997. *Contemporary Capitalism: The Embeddedness of Institutions*. New York: Cambridge University Press.

Brand, Laurie A. 1994. *Jordan's Inter-Arab Relations: The Political Economy of Alliance Making*. New York: Colombia University Press.

Breuilly, John. 1994. *Nationalism and the State*. 2d ed. Chicago: University of Chicago Press.

Brinton, Crane. 1939. *French Revolutionary Legislation on Illegitimacy, 1789-1804*. Cambridge, MA: Harvard University Press.

Brinton, Crane. 1957. *The Anatomy of Revolution*. Rev. ed. New York: Vintage.

Broder, David. 2000. *Democracy Derailed: Initiative Campaigns and the Power of Money*. New York: Harcourt Brace.

Buchanan, James M., and Gorden Tullock. 1962. *The Calculus of Consent: Logical Foundations of Constitutional Democracy*. Ann Arbor: University of Michigan Press.

Buchanan, James M. 1987. "The Constitution of Economic Policy." *The American Economic Review* 77(3): 243-250.

Bunce, Valene. 2000. "Comparative Democratization: Big and Bounded Generalizations." *Comparative Political Studies* 33 (August): 703-34.

Burke, Edmund. 2010[1770]. *Thoughts on the Cause of the Present Discontents*. cup Archive.

Burke, Edmund. 1907. *Reflections on the Revolution in France*. Oxford: Oxford University Press.

Burns, Nancy, Kay Lehman Schlozman. and Sidney Verba. 2001. *The Private Roots of Public Action: Gender, Equality, and Political*

Participation. Cambridge, MA: Harvard University Press.

Calhoun, Craig. 1992. *Habermas and the Public Sphere*. Cambridge: MIT Press.

Callnicos, A. 1991. *The Revenge of History: Marxism and the East European Revolutions*. Cambridge: Polity.

Cameron, Charles M. 2000. *Veto Bargaining: Presidents and the Politics of Negative Power*. Cambridge: Cambridge University Press.

Caporaso, James A., and David P. Levine. 1992. *Theories of Political Economy*. Cambridge: Cambridge University Press.

Cardoso, F. H., and E. Faletto. 1979. *Dependency and Development in Latin America*. Berkeley, CA: University of California Press.

Carens, Joseph H. 2000. *Culture, Citizenship, and Community*. Oxford: Oxford University Press.

Carnoy, Martin. 1984. *The State and Political Theory*. Princeton, NJ: Princeton University Press.

Carr, Edward Hallet. 1941. *The Future of Nations Independence or Interdependence?* London: Paul, Trench, Trubner. Reproduced in Conditions of Peace. Edward Hallet Carr (New York: Macmillan Co, 1942), 39-69.

Carr, Edward Hallet. 1946. *The Twenty Years Crisis, 1919-1939: An introduction to the Study of International Relations*. London: Macmillan CO.

Chakrabarty, Dipesh. 2000. *Provincializing Europe: Postcolonial Thought and Historical Difference*. Princeton, NJ: Princeton University Press.

Chang, Ha-Joon. 1994. *The Political Economy of Industrial Policy*. New York: St. Martin's.

Chayes, Abram, and Antonia Chayes Handler. 1995. *The New Sovereignty, Compliance with International Regulatory Agreements*. Cambridge:, MA: Harvard University Press.

Cheibub, Jose, and Fernando Limongi. 2000. *Parliamentarism, Presidentialism, Is There a Difference?* New Haven, CT: Yale

University Press.

Chilcote, Ronald H. 1981. *Theories of Comparative Politics: The Search for a Paradigm*. Boulder, CO: Westview Press.

Cigler, Allan J., and Burdett A. Loomis, eds. 1995. *Interest Group Politics*. 4th ed. Washington, DC: CQ.

Clarke, Paul B., and Joe Foweraker, eds. 2001. *Encyclopedia of Democratic Thought*. London and New York: Routledge.

Claude, Innis. 1962. *Power and International Relations*. New York: Random House.

Cohen, G. A. 2000. *If You're an Egalitarian, How Come You're So Rich?* Cambridge, MA: Harvard University Press.

Cohen, Raymond, and Raymond Westbrook. 2000. *American Diplomacy: The Beginnings of International Relations*. Baltimore: Johns Hopkins University Press.

Coleman, James S. 1988. "Social Capital in the Creation of Human Capital." *American Journal of Sociology* 94: 95-120.

Coleman, James S. 1990. *Foundations of Social Theory*. Cambridge, MA: Belknap Press of Harvard University Press.

Colletti, Lucio. 1972. *From Bousseau to Lenin: Studies in Ideology and Society*. Trans. John Merrington and Judith White. New York: Monthly Review Press.

Collier, David, and James Mahoney. 1993. "Conceptual Stretching Revisited: Adapting Categories in Comparative Analysis." *American Political Science Review* 87: 845-55.

Collier, David, and Ruth Collier. 1991. *Shaping the Political Arena*. Princeton, NJ: Princeton University Press.

Colomer, Josep. 2000. *Strategic Transitions*. Baltimore: Johns Hopkins University Press.

Congdon, Peter. 2001. *Bayesian Statistical Modeling*. New York: Wiley.

Connolly, William E. 1983. *The Terms of Political Discourse*. 2d ed. Princeton, NJ: Princeton University Press.

Connolly, William E. 1991. *Identity/Difference: Democratic Negotiations of Political Paradox*. Ithaca, NY: Cornell University Press.

Conway, M. Margaret. 2000. *Political Participation in the United States*. 3d ed. Washington, DC: CQ.

Conybeare, John. 1984. "Public Goods, Prisoners' Dilemmas, and the International Political Economy." *International Studies Quarterly* 28 (March).

Cook, Thomas D., and Donald T. Campbell. 1979. *Quasi-Experimentation: Design and Analysis Issues for Field Settings*. Boston: Houghton Mifflin.

Cooper, Richard N. 1968. *The Economic of Interdependence*. New York: McGraw-Hill.

Copeland, Dale C. 2000. *The Origins of Major War*. Ithaca, New York: Cornell University Press.

Corlett, William. 1998. *Class Action: Reading Labor, Theory, and Value*. Ithaca, NY: Cornell University Press.

Cottlieb, Gidon. 1993. *Nation Against State: A New Approach to Ethnic Conflicts and the Decline of Sovereignty*. New York: Council on Foreign Relations.

Cowden, Jonathan A, and Rose M. McDerniott. 2000. "Short-Term Forces and Partisanship." *Political Behavior* 22: 197-222.

Cowhey, Peter F., and Mathew D. McCubbins, eds. 1995. *Structure and Policy in Japan and the United States*. New York: Cambridge University Press.

Cox, Gary W. 1997, 1999. *Making Votes Count*. New York: Cambridge University Press.

Cox, Robert. 1983. "Gramsci, Hegemony and IR." *Millenium* 12: 162-75

Crawford, Vincent, and Hans Haller. 1990. "Learning How to Cooperate: Optimal Play in Repeated Coordination Games." *Econometrica* 58: 571-95.

Cronin, Bruce. 1999. *Community under Anarchy: Transnational Identity and the Evolution of Cooperation*. New York: Columbia University Press.

Dahl, Robert A. 1956. *A Perfect to Democratic Theory*. Chicago: The University of Chicago Press.

Dahl, Robert A. 1971. *Polyarchy*. New Haven, CT: Yale University Press.

Dahl, Robert A. 1989. *Democracy and Its Critics*. New Haven, CT: Yale University Press.

Dahl, Robert A. 1998. *Democracy*. New Haven, CT: Yale University Press.

Dalton, Russell J. 1988. *Citizen Politics in Western Democracies*. Chatham, NJ: Chatham House.

Dalton, Russell J., and Manfred Kuechler, eds. 1994. *Challenging the Political Order: New Social and Political Movements in Western Democracies*. Cambridge: Polity Press.

Dalton, Russell J. 1996. *Citizen Politics*. 2d ed. Chatham, NJ: Chatham House.

Dalton, Russell J. 2006. *Citizen Politics: Public Opinion and Political Parties in Advanced Industrial Democracies*. Washington, DC: CQ Press.

Danemark, Berth, eds. 2002. *Explaining Society: Critical Realism in the Social Sciences*. London: Routledge.

Danziger, James N. 1991. *Understanding the Political World*. New York: Longman.

Davis, Angela Y. 1981. *Women, Race and Class*. New York: Vintage.

Davies, James C. 1969. "The J-Curve of Rising and Declining Satisfaction as a Cause of Some Great Revolutions and a Contained Rebellion," Hugh D. Graham and Ted R. Gurr, eds. *Violence in America: Historical and Comparative Perspectives*. New York: Bantam. Chapter 19.

DeNardo, James. 1985. *Power in Numbers: The Political Strategy of Protest and Rebellion*. Princeton, NJ: Princeton University Press.

Derrida, Jacques. 1973. *Speech and Phenomena and Other Essays on Husserl's Theory of Signs. Trans.* David B. Allison. Evanston, IL: Northwestern University Press.

Derrida, Jacques. 1981. *Positions. Trans.* Alan Bass. Chicago: University of Chicago.

Deusch, Karl W. 1963. *The Nerves of Government: Models of Political Communication and Control.* New York: Free Press.

de Waal, Frans. 2000. *Chimpanzee politics : power and sex among apes.* Revised ed. Baltimore: Johns Hopkins University Press.

Diamond, Larry. 1999. *Developing Democracy: Toward Consolidation.* Baltimore: Johns Hopkins University Press.

Dixit, Avinash. 1986. "Comparative Statics for Oligopoly." *International Economic Review* 27(1): 107-22.

Dogan, Mattei, and Ali Kazancigil, eds. 1994. *Comparing Nations: Concepts, Strategies, Substance.* Cambridge, MA: Blackwell.

Donnelly, Jack. 2000. *Realism and International Relations.* Cambridge: Cambridge University Press.

Doremus, Paul N., William W. Keller, Louis Pauly, and Simon Reich. *The Myth of the Global Corporation.* Princeton, NJ: Princeton University Press.

dos Santos, Theotônio. 1970. "The Structure of Dependence." *American Economic Review* 60: 235-46.

Dougherty, James E., and Robert L. Pfalfzgraff, Jr. 1981. *Contending Theories of International Relations: A Comprehensive Survey.* New York: Harper & Row.

Downs, Anthony. 1957. *An Economic Theory of Democracy.* New York: Harper and Row.

Draper, Hal. 1977. *Karl Marx's Theory of Revolution, Part One: The State and Bureaucracy.* New York: Monthly Review Press.

Dryzek, John S. 1996. *Democracy in Capitalist Times: ideals, Limits, and Struggles.* Oxford: Oxford University Press.

Dryzek, John S. 2000. *Deliberative Democracy and Beyond.* Oxford: Oxford University Press.

Duverger, Maurice. 1954. *Political Parties.* London: Methuen.

Duverger, Maurice. 1959. *Political Parties.* Tran. Robert North. New York: John Wiley.

Dworkin, Ronald. 1977. *Taking Rights Seriously.* Rev. ed. London: Duckworth.

Dworkin, Ronald. 2000. *Sovereign Virtue: The Theory and Practice of Equality.* Cambridge, MA: Harvard University Press.

Easter, Gerald. 2000. *Reconstructing the State.* New York: Cambridge University Press.

Easton, David, and J. Dennis. 1969. *Children in the Political System.* New York: McGraw-Hill.

Easton, David. 1953. *The Political System: An Inquiry into the State of Political Science.* New York: Alfled Knopf.

Easton, David. 1965. *A Systems Analysis of Political Life.* New York: John Wiley & Sons.

Easton, David. 1965. *Framework for Political Analysis.* Englewood Cliffs, NJ: Prentice-Hall.

Easton, David. 1968. "Political Science." *In International Encyclopedia of the Social Science.* New York: McMillan Co. and Free Press.

Easton, David. 1969. "Tenets of Post-Behavioralism." *American Political Science Review* 63.

Eckstein, Harry. 1966. *Division and Cohesion in Democracy.* Princeton, NJ: Princeton University Press.

Edelman, Murray. 1964. *The Symbolic uses of Politics.* Chicago, IL: University of Illinois Press.

Eisenach, Eldon. 1994. *The Lost Promise of Progressivism.* Lawrence: University Press of Kansas.

Ellis, S. D. K. 1999. *Masks of Anarchy.* New York: Oxford University Press.

Elman. Miriam Fendius, ed. 1997. *Paths to Peace: Is Democracy the Answer?* Cambridge: MIT Press.

Elster, Jon, ed. 1993. *Constitutionalism and Democracy (Studies in Rationality and Social Change).* Cambridge: Cambridge University Press.

Elster, Jon. 1985. *Making Sense of Marx.* Cambridge: Cambridge University Press.

Elster, Jon. 1989. *Nuts and Bolts for the Social Sciences.* Cambridge: Cambridge University Press.

Ely, John Hart. 1980. *Democracy and Distrust: A Theory of judicial Review.* Cambridge, MA: Harvard University Press.

Enelow, James M., and Melvin J. Hinich. 1982. *The Spatial Theory of Voting.* New York: Cambridge University Press.

Epstein, Leon D. 1967. *Political Parties in Western Democracies.* London: Pall Mall.

Epstein, David, and Sharyn O'Halloran. 1999. *Delegating Powers: A Transaction Cost Politics Approach to Policy Making Under Separate Powers.* Cambridge: Cambridge University Press.

Esping-Andersen, Gøsta. 1992. *The Three Worlds of Welfare Capitalism.* Princeton, NJ: Princeton University Press.

Espring-Andersen, Gøsta. 1985. *Politics against Markets: The Social Democratic Road to Power.* Princeton, NJ: Princeton University Press.

Evans, Peter B. 1979. *Dependent Development: The Alliance of Multinational, State and Local Capital in Brazil.* Princeton, NJ: Princeton University Press.

Evans, Peter B. 1995. *Embedded Autonomy: States and Industrial Transformation.* Princeton, NJ: Princeton University Press.

Farrell, Theo. 1999. "Correspondence." *International Security* 24 (Summer): 161-68.

Fearon, James D. 1998. "Bargaining, Enforcement, and International

Cooperation." *International Organization* 52: 269-306.
Fearon, James D. 2000. "Why Use Elections to Allocate Power?" Working paper, Stanford University, Stanford, CA.
Fenno, Richard F., Jr. 1978. *Home Style: House Members in Their Districts*. Boston: Little, Brown.
Feyerabend, Paul K. 1981. *Realism, Rationalism, and Scientific Method: Philosophical Papers*. Vol. II. Cambridge: Cambridge University Press.
Finifter, Ada W., ed. 1983. *Political Science: State of the Discipline*. Washington, D.C.: American Political Science Association.
Finifter, Ada W., ed. 1993. *Political Science: State of the Discipline* II. Washington, D.C.: American Political Science Association.
Finnemore, Martha. 1996. *National Interests in International Society*. Ithaca, NY: Cornell University Press.
Fiorina, Morris. 1991. *Divided Government*. New York: MacMillan.
Fishkin, James S. 1991. *Democracy and Deliberation: New Directions for Democratic Reform*. New Haven, CT: Yale University Press.
Fishkin, James S. 1995. *The Voice of the People: Public Opinion and Democracy*. New Haven, CT: Yale University Press.
Foley, Michael W., and Bob Edwards. 1997. "Escape from Politics? Social Theory and the Social Capital Debate." *American Behavioral Scientist* 40: 550-61.
Foner, Eric. 1984. "Why Is There No socialism in America?" *History Workshop Journal* 17(1984): 57-80.
Foucault, Michel. 1971. *The Order of Things: An Archeology of the Human Sciences*. New York: Pantheon.
Foucault, Michel. 1972. *The Archaeology of Knowledge*. Trans. A. M. Sheridan Smith. New York: Harper Colophon.
Franck, Thomas M, 1990. *The Power of Legitimacy Among Notions*. Oxford: Oxford University Press.
Frank, Andre Gunder. 1970. "The Development of Underdevelopment."

In *Imperialism and Underdevelopment*, ed. Robert I. Rhodes. New York: Monthly Review.

Frank, Robert. 1988. *Passions within Reason: The Strategic Role of the Emotions*. New York: Norton.

Franzese, Robert J., Jr. 2002. *The Political Economy of Macroeconomic Policy in Developed Democracies*. New York: Cambridge University Press.

Friedman, Milton. 1963. *Capitalism and Freedom*. Chicago: University of Chicago Press.

Fromm, Erich. 1973. *The Anatomy of Human Destructiveness*. New York, NY: Owl Books.

Fudenberg, Drew. and David K. Levin. 1989. "Reputation and Equilibrium Selection in Games with a Patient Player." *Econometrica* 57(4): 759-778.

Fukuyama, Francis. 1989. "The End of History?" *The National Interests* 1: 3-18.

Fukuyama, Francis. 1995. *Trust*. New York: Basic.

Gaisiorowski, Mark J. 1988. "Economic Dependence and Political Democracy: A Cross-National Study." *Comparative Political Studies* 20(4): 489-515.

Gaisiorowski, Mark J. and Timothy J. Power. 1998. "The Structural Determinants of Democratic Consolidation: Evidence from the Third World." *Comparative Political Studies* 31(6): 740-771.

Galbraith, John Kenneth. 1967. *The New Industrial State*. London: Hamish Hamilton.

Gamson, William A. and Emilie Schmeidler. 1984. "Organizing Power." *Theory and Society* 13(4): 567-584.

Garner, J. W. 1928. *Political Science and Government*. New York: Americal Book Co.

Garrett, Geoffrey. 1998. *Partisan Politics in the Global Economy*. Cambridge: Cambridge University Press

Gartzke, Erik, and J. Mark Wrighton. 1998. "Thinking Globally or Acting

Locally? Determinants of the GATT Vote in Congress." *Legislative Studies Quarterly* 25: 33-45.

Gaventa, John. 1980. *Power and Powerlessness*. Urbana, IL: University of Illinois Press.

Geddes, Barbara. 1991. "Paradigms and Sand Castles in Comparative Politics of Developing Areas." In *Comparative Politics, Policy, and International Relations*, 45-75. Vol. 2 of Political Science: Looking to the Future, ed. William Crotty. Evanston. IL: Northwestern University Press.

Geddes, Barbara. 1994. *Politician's Dilemma*. Berkeley: University of California.

Gerth, Hans Heinrich and Mills C. Wright, eds. 1946. *From Max Weber: Essays in Sociology*.

Gellner, Ernest. 1986. *Nations and Nationalism*. Ithaca, NY: Cornell University Press.

Gerschenkron, Alexander. 1962. *Economic Backwardness in Historical Perspective*. Cambridge, MA: Harvard University Press.

Gettell, R. G. 1922. *Principles of Political Science*. New York: Ginn And Co.

Geuss, Raymond. 2001. *History and Illusion in Politics*. Cambridge: Cambridge University Press.

Gibson, Rachel, Paul Nixon, and Stephen Ward, eds. 2003. *Political Parties and The Internet: Net gain?* New York: Routledge.

Giddens, Anthony. 1971. *Capitalism and Modern Social Theory: An Analysis of the Writings of Marx, Durkheim and Max Weber*. Cambridge: Cambridge University Press.

Giddens, Anthony, and Jonathan Turner, eds. 1987. *Social Theory Today*. Stanford, CA: Stanford University Press.

Giddens, Anthony. 1979. *Central Problems in Social Theory: Action, Structure and Contradiction in Social Analysis*. London: MacMillan Press.

Giddens, Anthony. 1990. "Modernity and Utopia." *New Statesman* 2(November): 20-22.

Gilchrist, R. N. 1952. *Principles of Political Science*. 7th ed. Madras.

Gilpin, Robert. 2000. *The Challenge of Global Capitalism: The World Economy in the 21st Century*. Princeton, NJ: Princeton University Press.

Gilpin, Robert. 2001. *Global Political Economy: Understanding the International Economic Order*. Princeton, NJ: Princeton University Press.

Glaser, Charles L., 1990. *Analyzing Strategic Nuclear Policy*. Princeton, NJ: Princeton University Press.

Glaser, Charles L., 1992. "The Political Consequences of Military Strategy." *World Politics* 44: 497-538.

Goffman, Erving. 1959. *The Presentation of Self in Everyday Life*. Garden City, NJ: Doubleday.

Goldberg, Ellis. 1996. "Thinking about How Democracy Works." *Politics and Society* 24: 7-18.

Goldstein, Judith, and Robert O. Keohane, eds. 1993. *Ideas and Foreign Policy: Beliefs, Institutions, and Political Change*. Ithaca, NY: Cornell University Press.

Gooch, R. K. 1960. *Parliamentary Government in France: Revolutionary Origins 1789 to 1791*. New York: Cornell University Press.

Goodwin, Jeff. 2001. *States and Revolutionary Movements, 1945-1991*. New York: Cambridge University Press.

Gourevitch, Peter. 1986. *Politics in Hard Times*. Ithaca, NY: Cornell University Press.

Gowa, Joanne. 1994. *Allies, Adversaries, and International Trade*. Princeton, NJ: Princeton University Press.

Gowa. Joanne. 1999. *Ballots and Bullets: The Elusive Democratic Peace*. Princeton, NJ: Princeton University Press.

Graham, Gordon. 1999. *The Internet: A Philosophical Inquiry*. London:

Routledge.
Gramsci, Antonio. 1975. *Letters from Prison*. New York: Harper and Row.
Granovetter, Mark. 1975. "The Strength of Weak Ties." *American Journal of Sociology* 78 (May): 1360-80.
Granovetter, Mark. 1978. "Threshold Models of Collective Behavior." *American Journal of Sociology* 83(6): 1420-1443.
Granovetter, Mark. 1985. "Economic Action and Social Structure: The Problem of Embeddedness." *American Journal of Sociology* 91: 481-510.
Green, Donald, Bradley Palmquist and Eric Schickler. 2002. *Partisan Hearts and Minds*. New Haven: Yale University Press.
Greenstein, Fred, and Nelson Polsby. 1975. *Handbook of Political Science: Governmental Institutions and Process*. Vol V. New York: Addison-Wesley.
Greenstein, Fred, and Nelson Polsby. 1975. *Handbook of Political Science: Scope and Theory*. Vol I. New York: Addison-Wesley.
Greenstein, Fred, and Nelson Polsby. 1975. *Handbook of Political Science: Micropolitical Theory*. Vol II. New York: Addison-Wesley.
Greenstein, Fred, and Nelson Polsby. 1975. *Handbook of Political Science: Macropolitical Theory*. Vol III. New York: Addison-Wesley.
Greenstein, Fred, and Nelson Polsby. 1975. *Handbook of Political Science: Nongovernmental Politics*. Vol IV. New York: Addison-Wesley.
Greenstein, Fred, and Nelson Polsby. 1975. *Handbook of Political Science: Nongovernmental Politics*. Vol V. New York: Addison-Wesley.
Greenstein, Fred, and Nelson Polsby. 1975. *Handbook of Political Science: Policy and Policy Making*. Vol VI. New York: Addison-Wesley.
Greenstein, Fred, and Nelson Polsby. 1975. *Handbook of Political Science: Strategies of Inquiry*. Vol VII. New York: Addison-Wesley.
Greenstein, Fred, and Nelson Polsby. 1975. *Handbook of Political Science: International Politics*. Vol VIII. New York: Addison-Wesley.
Greico, Joseph M. 1990. *Cooperation Among Nation*. Ithaca, NY: Cornell

University Press.

Griffin, James. 1986. *Well-Being: Its Meaning, Measurement, and Moral Importance*. Oxford: Clarendon.

Grossman, Gene M., and Elhanan Helpman. 2001. *Special Interest Politics*, Cambridge, MA: MIT Press.

Gruber, Lloyd. 1999. *Ruling the World: Power Politics and Rise of Supranational Institutions*. Princeton, NJ: Princeton University Press.

Guehenno, Jean-Marie. 1995. *The End of the Nation-State*. Minneapolis: University of Minnesota Press.

Guessous, Mohammed. 1967. "A General Critique of Equilibrium Theory." *In Readings on Social Change*. eds. W. E. Moore and R. E. Cook. Englewood Cliff, NJ: Prentice-Hall.

Gurr, Ted Robert. 1970. *Why Men Rebel*. Princeton, NJ: Princeton University Press.

Gurr, Ted Robert. 2000. *Peoples versus States*. Washington, DC: U.S. Institute of Peace.

Gutmann, Amy, and Thompson, Dennis. 1996. *Democracy and Disagreement*. Cambridge, MA: Harvard University Press.

Guy, Peters B. 1999. *Institutional Theory in Political Science: The 'New Institutionalism'*. London: Pinter.

Habermas, Jürgen. 1979. *Communication and the Evolution of Society*. Boston: Beacon.

Habermas, Jürgen. 1962. *Structural Transformation of the Public Sphere: An Inquiry into a Category of Bourgeois Society*. Cambridge: Polity.

Habermas, Jürgen. 1975. *Legitimation Crises*. Boston: Beacon.

Habermas, Jürgen. 1984. *The Theory of Communicative Action*. Vol. I. Trans. T. McCarthy. Boston: Beacon.

Habermas, Jürgen. 1996. *Between Facts and Norms*. Trans. William Regh. Cambridge: MIT Press.

Haggard, Stephan, and Robert R. Kaufman. 1995. *The Political Economy of Democratic Transitions*. Princeton, NJ: Princeton University

Press.

Haggard, Stephan. 1990. *Pathways from the Periphery: the Policies of Growth in Newly Industrializing Countries*. Ithaca, NY: Cornell University Press.

Hagopian, Frances. 2000. "Political Development, Revisited." *Comparative Political Studies* 33 (August-September): 880-911.

Hagopian, Mark. 1984. *Regimes, Movements and Ideology*. White Plains, NY: Longman.

Haisanyi, John C. 1975. "Can the Maximin Principle Serve as a Basis for Morality? A Critique of John Rawls's Theory." *American Political Science Review* 69: 594-606.

Haldenius, Axel. 1992. *Democracy and Development*. Cambridge: Cambridge University Press.

Hall, John A., and G. John Ikenberry. 1989. *The State*. Minneapolis: University of Minnesota Press.

Hall, Peter A., and David Soskice, eds. 2001. *Varieties of Capitalism: The Institutional Foundations of Comparative Advantage*. New York and Oxford: Oxford University Press.

Hall, Rodney Bruce. 1999. *National Collectivity Identity: Social Constructs and International Systems*. New York: Columbia University Press.

Hamilton, Alexander, James Madison, and John Jay. 1966 [1788]. *The Federalist Papers. 2d ed. Ed. Roy P. Fairfield*. New York: Anchor Boots.

Hansen, Mogens Herman. 1991. *Athenian Democracy in the Age of Demosthenes: Structure, Principles, and Ideology*. Trans, J. A. Crook. Oxford, UK: B. Blackwell.

Hardin, Russell. 1982. *Collective Action*. Baltimore: Johns Hopkins University Press.

Hardin, Russell. 2002. *Trust and Trustworthiness*. New York: Russell Sage.

Hardin, Russell. 1999. *Liberalism, Constitutionalism, and Democracy*. Oxford: Oxford University Press.

Harris, John. 2001. "How Much Difference Does Politics Make? Regime Differences across Indian's States and Rural Poverty Reduction." *Economic and Political Weekly* 14 October 1995.

Harvey, David. 1989. *The Condition of Postmodernity: An Enquiry into the Origins of Cultural Change*. Oxford: Basil Blackwell.

Heath, Anthony F., Roger M Jowell and John K. Curtice. 2001. *The Rise of New Labour*. New York: Oxford University Press.

Held, David, ed. 1999. *Global Transformations: Politics, Economics and Culture*. Cambridge: Polity Press.

Helliwell, John F. 1998. *How Much Do National Borders Matter?* Washington, DC: Brookings.

Herbst, Jeffery. 2000. *States and Power in Africa: Comparative Lessons in Authority and Control*. Princeton, NJ: Princeton University Press.

Hibbs, Douglas A. 1977. "Political Parties and Macroeconomic Policy." *American Political Science Review* 71: 1467-87.

Hibbs, Douglas A., Jr. 1987. *The American Political Economy: Macroeconomics and Electoral Politics in the United States*. Cambridge: Harvard University Press.

Hicks, Alexander M. 1999. *Social Democracy and Welfare Capitalism: A Century of Income Security Politics*. Ithaca, NY: Cornell University Press.

Hinich, Melvin J., and Michael C. Munger. 1997. *Analytical Politics*. New York: Cambridge University Press.

Hirschman, Alberto. 1958. *The Strategy of Economic Development*. New Haven, CT: Yale University Press.

Hirschman, Albert O. 1970. *Exit, Voice, and Loyalty: Responses to Decline in Firms, Organizations, and States*. Cambridge MA: Harvard University Press.

Hirschman, Albert O. 1977. *The Passions and the Interests: Political Arguments for Capitalism Before its Triumph*. Princeton, NJ: Princeton University Press.

Hirshleifer, Jack, and Amihai Glazer. 1992. *Price Theory and Applications.* Englewood Cliffs, NJ: Prentice Hall.

Hitler, Adolf. 1939. *Mein Kampf.* Trans. Murphy, J. London: Hurst & Blackeft.

Hix, Simon. 1999. *The Political System of the European Union.* New York: St. Martin's.

Hobbes, Thomas. 1985 [1651]. *Leviathan.* ed. C.B. MacPherson. London: Penguin.

Hobsbawm, E. J. 1992. *Nations and Nationalism since 1780: Programme, Myth, Reality.* 2d ed. Cambridge: Cambridge University Press.

Hobson, John M. 2000. *The State and International Relations.* Cambridge: Cambridge University Press.

Hoffer, Eric. 1951. *The True Believer: Thoughts on the Nature of Mass Movements.* New York: Harper and Row.

Hoffman, Stanley, ed. 1960. *Contemporary Theory in International Relations.* Englewood, NJ: Prentice-Hall.

Homans, George C. 1950. *The Human Group.* New York: Harcourt, Brace.

Honig, Bonnie. 1993. *Political Theory and the Displacement of Politics.* Ithaca, NY: Cornell University Press.

Hopper, Rex D. 1950. "The Revolutionary Process: A Frame of Reference for the Study of Revolutionary Movements." *Social Forces* 28(3): 270-79.

Horowitz, Donald L. 1990. "Presidents vs. Parliaments: Comparing Democratic Systems." *Journal of Democracy* 1(4): 73-79.

Huff, Toby E. 1984. *Max Weber and the methodology of the social sciences.* New Brunswick, NJ: Transaction, Inc.

Huntington, Samuel P. 1968. *Political Order in Changing Societies.* New Haven, CT: Yale University Press.

Huntington, Samuel P. 1971. "The Change to Change." *Comparative Politics* 3 (3): 283-322.

Huntington, Samuel P. 1991. *The Third Wave: Democratization in the Late Twentieth Century*. Norman: University of Oklahoma Press.

Huntington, Samuel P. 1996. *The clash of civilizations and the remaking of world order*. New York : Simon & Schuster.

Hutchinson, John and Anthony D. Smith, eds. 2000. *Nationalism: Critical Concepts in Political Science*. Vol. I. New York, NY: Routledge.

Hutchinson, John and Anthony D. Smith, eds. 2000. *Nationalism: Critical Concepts in Political Science*. Vol. II. New York, NY: Routledge.

Hutchinson, John and Anthony D. Smith, eds. 2000. *Nationalism: Critical Concepts in Political Science*. Vol. III. New York, NY: Routledge.

Hutchinson, John and Anthony D. Smith, eds. 2000. *Nationalism: Critical Concepts in Political Science*. Vol. IV. New York, NY: Routledge.

Hutchinson, John and Anthony D. Smith, eds. 2000. *Nationalism: Critical Concepts in Political Science*. Vol. V. New York, NY: Routledge.

Huth, Paul K. 1988. *Extended Deterrence and the Prevention of War*. New Haven, CT: Yale University Press.

Huth, Paul K. 1999. "Deterrence and international Conflict: Empirical findings and Theoretical Debates." *Annual review of Political Science* 2: 23-48.

Ikenberry, G. John. 2001. *After Victory: Institutions, Strategic Restraint, and the Rebuilding of Order After Major Wars*. Princeton, NJ: Princeton University Press.

Inglehart, Ronald. 1977. *The Salient Revolution: Changing Values and Political Styles among Western Publics*. Princeton, NJ: Princeton University Press.

Inglehart, Ronald. 1990. *Culture Shift in the Advanced Industrial Countries*. Princeton, NJ: Princeton University Press.

James, Scott, 2000. *Presidents, Parties and the State: A Party System Perspective on Democratic Regulatory Choice, 1884-1936*. New York: Cambridge University Press.

Jennings, M. Kent, and Richard G. Niemi. 1981. *Generations and Politics*.

Princeton, NJ: Princeton University Press.
Jervis, Robert. 1976. *Perception and Misperception in International Politics*. Princeton, NJ: Princeton University Press.
Jervis, Robert. 1997. *System Effects*. Princeton, NJ: Princeton University Press.
Jessop, Bob. 1990. *State Theory*. Cambridge: Polity.
Jewell, Malcom E., and Samuel C. Patterson. 1977. *The Legislative Process in the United States*. 3d ed. New York: Random House.
Joffe, Josef. 1995. " 'Bismarck' or 'Britain'?: Toward an American Grand Strategy after Bipolarity." *International Security* 19 (spring): 94-117.
Johnson, Chalmers A. 1982. *MITI and the Japanese Miracle: The Growth of Industrial Policy, 1925-1975*. Stanford, CA: Stanford University Press.
Johnston, R. J. 1982. *Geography and the State: An Essay in Political Geography*. New York, NY: St. Martin's Press.
Jones, Charles O. 1999. *Global Justice: Defending Cosmopolitanism*. Oxford, UK: Oxford University Press.
Jurgen, Habermas. 1973. *Theory and Practice*. 4th ed. Trans. John Viertel. Boston: Beacon Press.
Kahler, Miles. 1995. *International Institutions and the Political Economy of integration*. Washington, DC: Brookings.
Kant, Immanuel. 1957[1795]. "Perpetual Peace." *In On History, Trans. Lewis White Beck*. New York: Bobbs-Merrill.
Kaplan, David, eds. 2004. *The SAGE Handbook of Quantitative Methodology for the Social Sciences*. Thousand Oaks, CA: Sage Publication Inc.
Kaplan, Morton. 1957. *System and Process in International Politics*. Chicago: University of Chicago Press.
Katz, Richard S. and Peter Mair. 1995. "Changing Models of Party Organization and Party Democracy: The Emergence of the Cartel Party." *Party Politics* 1(1): 5-28.
Katzenstein, Peter J. 1985. *Corporatism and Change*. Ithaca, NY: Cornell

University Press.

Katzenstein, Peter J. ed. 1996. *The Culture of Rational Security: Norms and Identity in World Politics*. New York: Columbia University Press.

Katznelson, Ira and Helen V. Milner, eds. 2002. *Political Science: State of the Discipline*. New York, NY: W. W. Norton & Company, Inc.

Kaysen, Carl. 1990. "Is War Obsolete?: A Review Essay." *International Security* 14 (spring): 12-64.

Keat, Russel, and John Urry. 1982. *Social Theory as Science*. 2d ed. London: Routledge and Kegan Paul.

Kebschull, Harvey G., ed. 1968. *Politics on Transitional Societies: The Challenge of Change in Asia, Africa, and Latin America*. New York, NY: Appleton-Century-Crofts.

Keech, William. 1995. *Economic Politics*. New York: Cambridge University Press.

Kegley, Charles W., Jr. 1995. *Controversies in International Relations Theory: Realism and the Neoliberal Challenge*. New York:. St. Martin's.

Kennan, G. F. 1951. *American Diplomacy, 1900-1950*. Chicago: University of Chicago Press.

Kennedy, Paul. 1987. *The Rise and Fall of the Great Powers*. New York: Random House.

Keohane, Robert O. 1984. *After Hegemony: Cooperation and Discord in the World Political Economy*. Princeton, NJ: Princeton University Press.

Keohane, Robert O. 1989. "Neoliberal Institutionalism: A Perspective on World Politics." In *International Institutions and State Power: Essays in International Relations Theory*. ed. Robert O. Keohane. Boulder, CO: Westview Press.

Keohane, Robert O. 2001. "Governance in a Partially Globalized World."

American Political Science Review 95(1): 1-11.
Keohane, Robert O., and Joseph S. Nye. 1977. *Power and Interdependence: World Politics in Transition*. Boston: Little, Brown
Keohane, Robert O., and Joseph S. Nye. 1987. "Power and Interdependence Revisited." *International Organization* 41 (autumn): 725-53.
Key, Valdimer O. 1955. "A Theory of Critical Elections." *Journal of Politics* 17 (3): 3-18.
Khun, Thomas S. 1970. *The Structure of Scientific Revolutions*. 2d ed. Chicago: University of Chicago.
Kiewiet, Roderick D. 1983. *Macroeconomics and Micropolitics: The Electoral Effects of Economic Issues*. Chicago: University of Chicago Press.
Kim, Sung ho. 2004. *Max Weber's Politics of Civil Society*. Cambridge: Cambridge University Press.
King, Gary, Robert Keohane, and Sidney Verba. 1994. *Designing Social Inquiry: Scientific Inference in Qualitative Research*. Princeton, NJ: Princeton University Press.
King, Gary. 1989. *Unifying Political Methodology: The Likelihood Theory of Statistical Inference*. New York: Cambridge University Press.
Kirchheimer, Otto. 1966. *Political Parties and Political Development*. Princeton: Princeton University Press.
Kirkpatrick, Jeane J. 1974. *Political Woman*. New York: Basic.
Kiser, Edgar, and Michael Hechter. 1991. "The Role of General Theory in Comparative-Historical Sociology." *American Journal of Sociology* 97: 1-30.
Kiser, Edgar. 1999. "Comparing Varieties of Agency Theory in Economics, Political Science, and Sociology: An Illustration from State Policy Implementation." *Sociological Theory* 17 (2): 16-70.
Kissinger, Henry. 1957. *Nuclear Weapons and Foreign Policy*. New York: Harper.
Kitschelt, Herbert. 1991. "Political Regime Change: Structure and Process-Driven Explanations." *American Political Science Review* 66: 1028-34.

Knoke, David. 1990. *Political Networks: The Structural Perspective*. New York, NY: Cambridge University Press.

Knutsen, Torbjorn. 1997. *A History of International Relations Theory*. 2d ed. New York: Manchester University Press.

Kohli, Atul. 2004. *State Directed Development: Political Power and Industrialization in the Global Periphery*. Cambridge: Cambridge University Press.

Kornhauser, William. 1959. *The Politics of Mass Society*. Glencoe, ILL: Free Press.

Krasner, Stephen D. 1978. *Defending the National Interest*. Princeton, NJ: Princeton University Press.

Krasner, Stephen D., ed. 1983. *International Regimes*. Ithaca, NY: Cornell University Press.

Krasner, Stephen D. 1988. "Sovereignty: An Institutional Perspective." *Comparative Political Studies* 21(2): 66-94.

Krasner, Stephen D. 2000. *Sovereignty: Organized Hypocrisy*. Princeton: Princeton University Press.

Krugman, Paul. 1995. *Development, Geography, and Economic Theory*. Cambridge: MIT Press.

Krugman, Paul. 1996. *Pop Internationalism*. Cambridge: MIT Press.

Krugman, Paul. 1996. *The Self-Organizing Economy*. Cambridge, MA: Blackwell.

Kugler, Jacek, and David Lemke. 1996. *Parity and War*. Ann Arbor: University of Michigan Press.

Kuhn, Thomas S. 1962. *The structure of scientific revolutions*. Chicago: University of Chicago Press.

Labs, Eric J. 1992. "Do Weak States Bandwagon?" *Security Studies* 1 (spring): 383-416.

Laclau, Ernesto. 1990. *New Reflections on the Revolutions of Our Time*. London: Verso

Lakatos, Imre. 1970. "Falsification and the Methodology of Scientific Research

Programmes." In *Criticism and the Growth of Knowledge*, ed. Alan Musgrave. Cambridge: Cambridge University Press.

Lakatos, Imre. 1978. *The Methodology of Scientific Research Programmes*. Cambridge: Cambridge University Press.

Lang, Kurt, and Gladys Lang. 1961. *Collective Dynamics*. New York: Thomas Y. Crowell.

Lange, Peter, and Geoffrey Garrett. 1985. "The Politics of Growth." *Journal of Politics* 47: 792-827.

LaPalombara, Joseph. 1974. *Politics Within Nations*. Englewood Cliffs: Prentice-Hall.

Lapid, Yosef, and Friediich Kratochwil, eds. 1996. *The Return of Culture and Identity in IR Theory*. Boulder, CO: Rienner.

Laponce, J. A. 1981. *Left and Right: The Topography of Political Perceptions*. Toronto: Toronto University Press.

Laski, H. 1925. *A Grammar of Politics*. London: Allen & Unwin.

Lassalle, Ferdinand, and Edward Peters. 2009[1884]. The Working Man's Programme(Arbeiter-Programm). BiblioBazaar.

Lasswell, Harold. 1936. *Politics: Who Gets What, When, How*. New York: McGraw-Hill.

Lasswell, Harold. 1948. *Power and Personality*. New York: Norton.

Lasswell, Harold. 1960. *Psychopathology and Politics*. New York: Viking.

Laver, Michael, and Kenneth A. Shepsle. 1996. *Making and Breaking Governments: Cabinets and Legislatures in Parliamentary Democracies*. Cambridge: Cambridge University Press.

Laver, Michael, and Norman Schofield. 1990. *Multiparty Government*. New York: Oxford University Press.

Lawson, Kay, and Peter Merkl, eds. 1989. *When Parties Fail*. Princeton, NJ: Princeton University Press.

Layne, Christopher. 1994. "Kant or Cant: The Myth of the Democratic Peace." *International Security* 19: 5-49.

Le Bon, Gustav. 1999[1895]. *The Crowd: A Study of the Popular Mind*.

3rd Ed. Brunswick, NJ: Transaction.

Lefort, Claude. 1986. *The Political Forms of Modern Society*. Cambridge: MIT Press.

Leighley, Jan E. 2001. *Strength in Numbers? The Political Mobilization of Racial and Ethnic Minorities*. Princeton, NJ: Princeton University Press.

Lenin, Vladimir. 1992[1917]. *The State and Revolution*. London: Penguin Books.

Levi, Margaret. 2000. "The Economic Turn in Comparative Politics." *Comparative Political Studies* 33: 822-44.

Lévi-Strauss, Claude. 1963. *Structural Anthropology*. Trans. C. Jacobson, and B. G. Schoepf. New York: Basic.

Lévi-Strauss, Claude. 1976. *Structural Anthropology*. Vol II. Trans. M. Layton. New York: Basic.

Levitsky, Steven and Daniel Ziblatt. 2018. *How Democracies Die*. New York: Crown.

Levitsky, Steven. and Lucan Way. 2024. "The Resilience of Democracy's Third Wave" (http://creativecommons.org/licenses/by/4.0)

Lévy, Pierre. 1997. *Collective Intelligence: Mankinds Emerging World in Cyber-space*. Cambridge, Mass: Perseus Books.

Lijphart, Arend. 1977. *Democracy in Plural Societies*. New Haven, CT: Yale University Press.

Lijphart, Arend. 1999. *Patterns of Democracy: Government Forms and Performance in Thirty-Six Countries*. New Haven, CT: Yale University Press.

Lindblom, Charles E. 1977. *Politics and Markets: The World's Political-Economic Systems*. New York: Basic.

Lindblom, Charles E. 1990. *Inquiry and Change: The Troubled Attempt to Understand and Shape Society*. New Haven, CT: Yale University Press.

Linz, Juan J. 1975. "Totalitarian and Authoritarian Regimes." In *Handbook of Political Science, eds. F. Greenstein and Nelson Polsby*. Reading, MA: Addison-Wesley Pub.Co.

Linz, Juan J. 1978. *The Breakdown of Democratic Regimes: Crises, Breakdown and Reequilibration*. Baltimore: Johns Hopkins University Press.

Linz, Juan J. 1994. "Presidential or Parliamentary Democracy: Does It make a Difference." In *The Failure of Presidential Democracy*, eds. Juan J. Linz, and A. Valenzuela. Baltimore: Johns Hopkins University Press.

Linz, Juan J., and Alfred Stepan. 1996. *Problems of Democratic Transition and Consolidation: Southern Europe, South America, and Post-Communist Europe*. Baltimore, MD: Johns Hopkins University Press.

Linz, Juan J., and Arturo Valenzuela, eds. 1994. *The Failure of Presidential Democracy*. Baltimore: Johns Hopkins University Press.

Lippmann, Walter. 1922. *Public Opinion*. New York: Macmillan Co.

Lipset, Seymour Martin. 1959. "Some Social Requisites of Democracy: Economic Development and Political Legitimacy." *The American Political Science Review* 53(1): 69-105.

Lipset, Seymour Martin. 1960. *Political Man*. Garden City: Doubleday.

Lipset, Seymour Martin, and Stein Rokkan. 1967. "Cleavage Structures, Party Systems, and Voter Alignment: An Introduction." In *Party Systems and Voter Alignments*, eds. Seymour Martin Lipset and Stein Rokkan. New York: Free Press.

Lipton, Michael. 1997. *Why Poor People Stay Poor: Urban Bias in World Development*. Cambridge, MA: Harvard University Press.

Little, Daniel. 1991. *Varieties of Social Explanation: An Introduction to the Philosophy of Social Science*. Boulder, CO: Westview.

Locke, J. 1963[1689]. *Two Treatise of Government*. Cambridge: Cambridge University Press.

Locke, J. 1955[1692]. *On Civil Government*. Chicago: Henry Regnery.

Loveland, Ian D., ed. 2000. *Constitutional Law*. Burlington, VT: Ashgate

Publishing.

Lowi, T. J. 1969. *The End of Liberalism: Ideology, Policy and the Crisis of Public Authority*. New York: Norton.

Lubbers, Marcel, Mérove Gijsberts, and Peer Scheepers. 2002. "Extreme Right-Wing Voting in Western Europe." *European Journal of Political Research* 42: 345-378.

Luebbert. Gregory M. 1991. *Liberalism, fascism, or Social Democracy: Social Classes and the Political Origins of Regimes in Interwar Europe*. New York: Oxford University Press.

Lukes, Steven. 1974. *Power: A Radical View*. London: Macmillan & Co.

Lupia, Arthur, and Matthew McCubbins. 1998. *The Democratic Dilemma*. New York: Cambridge University Press.

Lynn-Jones, Sean. 1995. "Offense-Defense Theory and Its Critics." *Security Studies* 4: 660-94.

Macedo, Stephen, ed. 1999. *Deliberative Politics: Essays on Democracy and Disagreement*. New York: Oxford University Press.

Machiavelli, Niccolò. 2003[1513]. *The Prince*. London: Penguin Classics.

Machiavelli, Niccolò. 1996[1531]. *Discourses on Livy*. Chicago: The University of Chicago Press.

Macpherson, C. B. 1977. *The Life and Times of Liberal Democracy*. Oxford: Oxford University Press.

MacIntyre, Alasdair. 1981. *After Virtue*. Notre Dame: The University of Notre Dame Press.

Mackinder, Halford. 1904. "The geographical pivot of history." *The Geographical Journal* 23: 421-37.

Mahan, Alfred. 1987. *The influence of sea power upon history, 1660-1783*. New York : Dover Publications.

Mainwaring, Scott, G. O'Donnell, and J. Valenzuela, eds. 1992. *Issues in Democratic Consolidation*. South Bend: University of Notre Dame Press.

Mair, Peter. 1997. *Party System Change : Approaches and Interpretations*.

London: Oxford University Press.
Malloy, James, ed. 1977. *Authoritarianism and Corporatism in Latin America*. Pittsburgh, PA: University of Pittsburgh Press.
Mandelbaum, Michael. 2002. *The ideas That Conquered The World : peace, democracy, and free markets in the twenty-first century*. New York: PublicAffairs.
Mannheim, Karl. 1952. *Essays on the sociology of knowledge*. London : Routledge & Kegan Paul.
Mansbridge, Jane J., ed. 1990. *Beyond Self-Interest*. Chicago: University of Chicago Press.
March, James G., and Johan P. Olsen. 1984. "The New Institutionalism: Organizational Factors in Political Life." *American Political Science Review* 78(September).
March, James G., and Johan P. Olsen. 1995. *Democratic Governance*. New York: Free Press.
Martin, Lisa L. 1992. *Coercive Cooperation: Explaining Multilateral Economic Sanctions*. Princeton, NJ: Princeton University Press.
Marx, Karl. 1972 [1852]. *The Eighteenth Brumaire of Louis Bonaparte*. In The Marx-Engels Reader, ed. Robert: Tucker. New York: Norton.
Marx, Karl. 1976[1867]. *Capital: A Critique of Political Economy*. Vol. I. Harmondsworth: Penguin.
Marx, Karl, and Frederick Engels. 1976[1845-1846]. *The German Ideology*. Progress Publishers.
Marx, Karl, and Frederick Engels. 1979. *Collected Works*. London: Lawrence and Wishart.
Matthews, Steven. 1989. "Veto Threats: Rhetoric in Bargaining." *Quarterly Journal of Economics* 104: 347-69.
Mayhew, David R. 1974. *Congress: The Electoral Connection*. New Haven, CT: Yale University Press.
McAdam, Doug, John D. McCarthy, and Mayer N. Zald, eds. 1996. *Comparative Perspectives on Social Movement: Political Opportunities,*

Mobilizing Structures, and Cultural Framings. Cambridge: Cambridge University Press.

McAdam, Doug, Sidney Tarrow, and Charles Tilly. 2001. *Dynamics of Contention.* Cambridge: Cambridge University Press.

McCarthy, John D., and Mayer N. Zald. 1977. "Resource Mobilization and Social Movements: A Partial Theory." *American Journal of Sociology* 82(6): 1212-1241.

Mclennan, Gregor, David Held, and Stuar Hall, eds. 1984. *The Idea of the Modern State.* Milton Keynes: Open University Press.

Mearsheimer, John J. 2001. *The Tragedy of Great Power Politics.* New York: Norton.

Mehra, Ajay K., D. D. Khanna, and Gert W. Kueck, eds. 2003. *Political Parties and Party Systems.* Thousand Oaks, CA: Sage.

Mercer, Jonathan. 1995. "Anarchy and Identity." *International Organization* 49: 229-52.

Mercer, Jonathan. 1996. *Reputation and International Politics.* Ithaca, NY: Cornell University Press.

Merriam, Charles E. 1900. *History of the Theory of Sovereignty Since Rousseau.* New York: Columbia University Press.

Merriam, Charles E. 1925. *New Aspects of Politics.* Chicago: University of Chicago Press.

Merriam, Charles E. 1945. *Systematic Politics.* Chicago: University of Chicago Press.

Merriam, Charles E. 1950. *Political Power.* Glencoe, IL: Free Press.

Merton, Robert K. 1949. *Social Theory and Social Structure.* Glencoe, IL: Free Press.

Michels, Robert. 1962[1915]. *Political Parties: A Sociological Study of the Oligarchical Tendencies of Modem Democracy.* Trans. Eden and Cedar Pau. New York: Free Press.

Miliband, Ralph. 1969. *The State in Capitalist Society: An Analysis of Western System and Power.* New York: Basic Books.

Miliband, Ralph. 1970. "The State and Revolution." In *Lenin Today: Eight Essays on the Hundredth Anniversary of Lenin's Birth*. New York: Monthly Review Press.

Milkis, Sidney. 1995. *The President and the Parties*. New York: Oxford University Press.

Mill, J. S. 1982. *On Liberty*. Harmondsworth: Penguin.

Mills, C. Wright. 1956. *The Power Elite*. New York: Oxford University Press.

Milner, Helen V. 1997. *Interests, Institutions, and Information: Domestic Politics and International Relations*. Princeton, NJ: Princeton University Press.

Moe, Terry M. 1980. *The Organization of Interests*. Chicago: University of Chicago Press.

Moe, Terry, and Michael Caldwell. 1994. "The Institutional Foundations of Democratic Government: A Comparison of Presidential and Parliamentary Systems." *Journal of Institutional and Theoretical Economics*. 150(1): 171-195.

Mogenthau, Hans J. 1948. *Politics Among Nations: The Struggle for Power and Peace*. New York: Knopf.

Montesquieu. 1949. *The Spirits of the Laws*. Trans. Thomas Nugent. New York.

Moore, Barrington. 1966. *The Social Origins of Dictatorship and Democracy: Lord and Peasant in the Making of the Modern World*. Boston: Beacon.

Moravcsick, Andrew. 1997. "Taking Preferences Seriously: A Liberal Theory of International Politics." *International Organization* 51(autumn): 513-53.

Moravcsick, Andrew. 1999. "A New Statecraft? Supranational Entrepreneurs and International Cooperation." *International Organization* 53(2): 267-306.

Morris, Aldon D., and Carol McClurg Mueller, eds. 1992. *Frontiers of Social Movement Theory*. New Haven: Yale University Press.

Mosca, Gaetano. 1939. *The Ruling Class*. New York: McGraw-Hill.

Moser, Peter. 2000. *The Political Economy of Democratic Institutions*. Cheltenham, UK: Elgar.

Mueller, Dennis C. 1989. *Public Choice II*. New York: Cambridge University Press.

Mueller, Dennis C. 1997. *Perspective on public choice: A handbook*. Cambridge, MA: Cambridge University Press.

Müller, Harald. 1999. *Das Zusammenleben der Kulturen: Ein Gegenentwurf zu Huntington*. Fischer Taschenbuch Verlag.

Müller, Jan-Werner. 2016. *What is Populism?* Philadelphia: University of Pennsylvania Press.

Myrdhal, Gunnar. 1958. *Economic Theory and Underdeveloped Regions*. Bombay, IND: Vora.

Neustadt, Richard E. 1960. *Presidential Power: The Politics of Leadership*. New York: John Wiley & Sons.

Newton, Kenneth. 1997. "Social Capital and Democracy." *American Behavioral Scientist* 40 (March-April): 575-86.

Nino, Carlos Santiago. 1996. *The Constitution of Deliberative Democracy*. New Haven, CT: Yale University Press.

Niskanen, W. 1971. *Bureaucracy and Representative Government*. Chicago, IL: Aldine Publishing Company.

Noll, Roger G., and Frances M. Rosenbluth. 1995. "Telecommunications Policy: Structure, Process, Outcomes." In *Structure and Policy in Japan and the United States*, eds. Peter F. Cowhey and Mathew D. McCubbins. New York: Cambridge University Press. 119-176.

Nordhaus, W. D. 1975. "The Political Business Cycle." *Review of Economic Studies* 42.

Nozick, Robert. 1974. *Anarchy, State and Utopia*. Oxford, UK: Blackwell.

Nye, Joseph S. 1995. "East Asian Security: The Case for Deep Engagement." *Foreign Affairs* 74 (July-August): 90-102.

Nye, Joseph S. 2004. *Soft Power: The Means To Success In World*

Politics. New York: PublicAffairs.

O'Donnell, Guillermo O. 1973. *Modernization and Bureaucratic Authoritarianism: Studies in South American Politics*. Berkeley: Institution of International Studies, University of California.

O'Donnell, Guillermo O. 1994. "Delegative Democracy." *Journal of Democracy* 5(1): 55-71.

O'Donnell, Guillermo O., and Philippe C. Schmitter. 1986. *Transitions from Authoritarian Rule: Tentative Conclusions about Uncertain Democracies*. Baltimore: Johns Hopkins University Press.

O'Donnell, Guillermo O., Philippe C. Schmitter, and Laurence Whitehead, eds. 1986. *Transitions from Authoritarian Rule: Latin America*. Baltimore: Johns Hopkins University Press.

Offe, Claus. 1975. "The Theory of the Capitalist State and the Problem of Policy Formation." In *Stress and Contradiction in Modern Capitalism*. eds. L.N. Lindberg et al. Lexington: D.C. Heath. 125-144.

Offe, Claus. 1984. *Contradictions of the Welfare State*. London: Hutchinson.

Ogburn, William F. 1964. "The Hypothesis of Cultural Lag." In *Social Change: Sources, Patterns, and Consequences*. eds. A. Etzioni, and E. Etzioni. New York: Basic Books.

Olson, Mancur. 1965. *The Logic of Collective Action: Public Goods and the Theory of Groups*. Cambridge, MA: Harvard University Press.

Ordeshook, Peter C. 1986. *Game theory and political theory*. Cambridge, MA: Cambridge University Press.

Organski, A. F. K. 1958. *World Politics*. New York: Knopf.

Ostrom, Elinor. 1990. *Governing the Commons: The Evolution of Institutions for Collective Action*. New York: Cambridge University Press.

Oye, Kenneth A., ed. 1986. *Cooperation Under Anarchy*. Princeton, NJ: Princeton University Press.

Panebianco, Angelo. 1988. *Political Parties: Organization and Power*. Trans. By Marc Silver. New York, NY: Cambridge University Press.

Panitch, Leo. 1980. *Recent Theorization of Corporatism: Reflections on a Growth Industry*. British Journal of Sociology 31: 159-187.

Pareto, Vilfredo. 1935. *The Mind and Society*. London: Jonathan Cape.

Parkinson, C. Northcote. 1957. *Parkinson's law*. Harmondsworth, Middlesex, England : Penguin Books.

Parsons, Talcott. 1951. *The Social System*. Glencoe: The Free Press.

Parsons, Talcott. 1951. *Toward a General Theory of Action*. Cambridge, MA: Harvard University Press.

Pateman, Carole. 1970. *Participation and Democratic Theory*. Cambridge: Cambridge University Press.

Persson, Torsten, and Guido Tabellini. 2000. *Political Economics*. Cambridge: MIT Press.

Pettit, Phillip N. 1999. *Republicanism: A Theory of Freedom and Government*. Oxford: The Oxford University Press.

Phillips, Anne. 1993. *Democracy and Difference*. Cambridge, UK: Polity.

Plato. 1946. The Republic. Clarendon Press.

Polany, Karl. 1944. *The Great Transformation*. Boston: Beacon.

Polsby, Nelson W. 1975. "Legislatures." In *Handbook of Political Science*, vol. 5, ed. Fred Greenstein and Nelson W. Polsby. Reading, MA: Addison-Wesley.

Polsby, Nelson W. 1980. *Community Power and Political Theory*. New Haven, CT: Yale University Press.

Popkin, Samuel. 1979. *The Rational Peasant: The Political Economy of Rural Society in Vietnam*. Berkeley: University of California Press.

Popper, Karl R. 1961. *The Logic of Scientific Discovery*. New York: Science Editions.

Popper, Karl R. 1963. *The Open Society and Its Enemies*. Vol. II. New York: Harper & Row.

Poulantzas, Nicos. 1968. *Political Power and Social Classes*. London: New Left.

Poulantzas, Nicos. 1974. *Fascism and Dictatorship: The Third International and the Problem of Fascism*. NLB.

Powell, G. Bingham. 2000. *Elections As Instruments of Democracy: Majoritarian and Proportional Visions*. New Haven, CT: Yale University Press.

Przeworski, Adam, and John Sprague. 1986. *Paper Stones: A History of Electoral Socialism*. Chicago: The University of Chicago Press.

Przeworski, Adam, Susan Stokes, and Bernard Manin, eds. 1999. *Democracy, Accountability, and Representation*. New York: Cambridge University Press.

Przeworski, Adam. 1985. *Capitalism and Social Democracy*. New York: Cambridge University Press.

Przeworski, Adam, and Fernando Limongi. 1997. "Modernization: Theories and Facks." *World politics* 49(2).

Putnam, Robert D. 1988. "Diplomacy and Domestic Politics: The Logic of Two-Level Games." *International Organization* 42: 427-60.

Pye, Lucian, and S. Verba, eds. 1965. *Political Culture and Political Development*. Princeton, NJ: Princeton University Press.

Pye, Lucian. 1962. *Politics, Personality, and Nation-Building*. New Haven, CT: Yale University Press.

Pye, Lucian. 1966. *Aspects of Political Development*. Boston: Little, Brown.

Quester, George. 1977. *Offense and Defense in the International System*. New York: Wiley.

Rae, Douglas W. 1967. *The Political Consequences of Electoral Rules*. New Haven, CT: Yale University Press.

Ragin, Charles C. 1987. *The Comparative Method: Moving Beyond Qualitative and Quantitative Strategies*. Berkeley: University of California Press.

Ragin, Chrles C. 1987. *The Comparatives Method: Moving Beyond Qualitative and Quantitative Strategies*. Los Angeles, CA: University of California Press.

Rakove, Jack. 1996. *Original Meanings: Politics and Ideas in the Making of the Constitution*. New York: Knopf.

Ramo, Joshua Cooper. 2004. *The Beijing Consensus*. London: The Foreign Policy Centre

Ranney, Austin. 1954. *The Doctrine of Responsible Party Government*. Urbana: University of Illinois Press.

Rash, Wayne, Jr. 1997. *Politics on the Nets: Wiring the Political Process*. New York: Freeman.

Rauch, James, and Alessandra Casella, eds. 2001. *Networks and Markets*. New York: Russell Sage.

Rawls, John. 1971. *A Theory of Justice*. Oxford: Oxford University Press.

Rawls, John. 1999. *A Theory of Justice*. Rev. ed. Cambridge, MA: Harvard University Press.

Rawls, John. 1999. *The Law of Peoples*. Cambridge, Mass.: Harvard University Press.

Rawls, John. 2001. *Justice as Fairness: A Restatement*. ed. Erin Kelly. Cambridge, MA: Harvard University Press.

Reinicke, Wolfgang H. 1998. *Global Public Policy: Governing without Government?* Washington, DC: Brookings.

Riedl, Rachel Beatty, Paul Friesen, Mennifer Mccoy, and Kenneth Roberts. 2023. "Democratic Backsliding, Resilence, and Resistence," *World Politics*. Vol.75, no.5 (December), pp. 1-28.

Riker, William H. 1962. *The Theory of Political Coalitions*. Westport, CT: Greenwood.

Riker, William H. 1986. *The Art of Political Manipulation*. New Haven, CT: Yale University Press.

Riker, William H., and Peter C. Ordeshook. 1968. "A Theory of the Calculus of Voting." *American Political Science Review* 62: 25-42.

Riker, William H., and Peter C. Ordeshook. 1973. *An Introduction to Political Theory*. Englewood Cliffs: Prentice-Hall.

Rosecrance, Richard. 1999. *The Rise of the Virtual State: Wealth and Power in the Coming Century*. New York: Basic.

Rosenau, James N. 1965. *International Politics*. New York: Free Press.

Rosenberg, Shawn. 1988. *Reason, Ideology and Politics*. Cambridge: Polity.

Rostow, W. W. 1961. *The Stages of Economic Growth: A Non Communist Manifesto*. New York: Cambridge.

Rothstein, Bo. 1998. *Just Institutions Matter*. London: Cambridge University Press.

Rousseau, Jean-Jacques. 1968 [1762]. *The Social Contract*. Harmondsworth, UK: Penguin.

Rousseau, Jean-Jacques. 1987. *Basic Political Writings*. Trans. Donald A. Cress. Indiana Polis: Hackett Publishing Company.

Rousseau, Jean-Jacques. 2008[1755]. *Discourse on Political Economy*. Classic Book Library.

Roxborough, Ian. 1979. *Theories of Underdevelopment*. London: MacMillan Press.

Rueschemeyer, Stephens, and Stephens. 1992. *Capitalist Development and Democracy*. Chicago: University of Chicago.

Rule, James B. 1997. *Theory and Progress in Social Science*. Cambridge: Cambridge University Press.

Russell, Bertrand. 1938. *Power: A New Social Analysis*. London: Goerge Allen & Unwin.

Russett, Bruce M. 1965. *Trends in World Politics*. New York: Macmillan Co.

Saco, Diana. 2002. *Cybering Democracy*. Minneapolis, MN: University of Minnesota Press.

Sandel, Michael J. 2009. *Justice: What's the right thing to do?* New York: Farrar, Starus and Giroux.

Sandurski, Wojciech, eds. 2005. *Constitutional Theory*. Burlington, VT: Ashgate Publishing.

Santos, Theotonio Dos. 1970. "The Structure of Dependence." *American Economic Review* 60(2): 21-236.

Sartori, Giovannii. 1976. *Parties and Party Systems*. Cambridge: Cambridge

University Press.

Sartori, Giovanni. 1994. "Neither Presidentialism Nor Parliamentarism." In *The Failure of Presidential Democracy: Comparative Perspectives*. Vol. 1, eds. Juan J. Linz and Arturo Valenzuela. Baltimore: Johns Hopkins University Press. 106-118.

Sartori, Giovanni. 1997. *Comparative Constitutional Engineering: An Inquiry Into Structures*. Incentives. and Outcomes. 2nd Ed. New York. NY: New York University Press.

Saward, Michael, eds. 2007. *Democracy: Critical Concepts in Political Science*. Vol. I. New York, NY: Routledge.

Saward, Michael, eds. 2007. *Democracy: Critical Concepts in Political Science*. Vol. II. New York, NY: Routledge.

Saward, Michael, eds. 2007. *Democracy: Critical Concepts in Political Science*. Vol. III. New York, NY: Routledge.

Saward, Michael, eds. 2007. *Democracy: Critical Concepts in Political Science*. Vol. IV. New York, NY: Routledge.

Schattschneider, E. E. 1965. *The Semi-Sovereign People: A Realist's View of Democracy in America*. New York: Holt, Rinehart, and Winston.

Schelling, Thomas C. 1960. *The Strategy of Conflict*. Cambridge, MA: Harvard University Press.

Schelling, Thomas C. 1978. *Micromotives and Macrobehavior*. New York: Norton.

Scheve, Kenneth, and Matthew Slaughter. 2001. "What Explains Individual Trade-Policy Preferences?" *Journal of International Economics* 54 (2): 267-92.

Schick, Allen. 1993. "Government versus Budget Deficits." In *Do Institutions Matter?: Government Capabilities in the United States and Abroad*, eds. Bert A. Rockman. and R. Kent Weaver. Washington. D.C.: Brookings Institutions. 187-235.

Schmitter, Philippe C. 1974. 'Still the century of corporatism?' *Review of Politics*, 36 (1): 85-131.

Schmitt, Carl. 1996[1932]. *The Concept of the Political*. Trans. George Schwab. Chicago: University of Chicago Press.

Schumaker, Paul, and Nancy Elizabeth Burns. 1988. "Gender Cleavages and the Resolution of Local Policy Issues." *American Journal of Political Science*. 32(4): 1070-1095.

Schumpeter, Joseph. 1942. *Capitalism, Socialism, and Democracy*. New York: Harper & Row.

Scott, James C. 1976. *The Moral Economy of the Peasant*. New Haven, CT: Yale University Press.

Seale, Clive, Giampietro Gobo, Jaber F Gubrium, and David Silverman, eds. 2004. *Qualitative Research Practice*. Thousand Oaks, CA: Sage Publication Inc.

Sen, Amartya K. 1978. "Rational Fools: A Critique of the Behavioral Foundations of Economic Theory." In *Scientific Models and Men,* ed. H. Harris. London: Oxford University Press.

Shepsle, Kenneth A., and Mark S. Bonchek. 1997. *Analyzing Politics: Rationality, Behavior, and Institutions*. New York: Norton.

Shively, W. Phillips. 1997. *Power and Choice: An Introdctuion to Political Seience*. 5th ed. Berkshire: McGraw-Hill.

Shively, W. Phillips. 2008. *Power and Choice: An Introdctuion to Political Seience*. 11th ed. Berkshire: McGraw-Hill Education.

Shleifer, Andrei, and Robert Vishny. 1993. "Corruption." Quarterly *Journal of Economics* 108 (3, August): 599-617.

Shugart, Matthew, and John M. Carey. 1992. *Presidents and Assemblies: Constitutional Design and Electoral Dynamics*. New York: Cambridge University Press.

Sica, Alan, ed. 2006. *Comparative Methods in the Social Sciences*. Vol. I. Thousand Oaks, CA: Sage.

Simon, Herbert A. 1957. *Models of Men*. New York: John Willey.

Simon, Herbert A. 1969. *The Sciences of the Artificial*. Cambridge, MA: MIT Press.

Simon, Herbert A. 1982. *Models of Bounded Rationality*. Cambridge: MIT Press.

Simon, Herbert A. 1985. "Human Nature in Politics: The Dialogue of Psychology with Political Science." *American Political Science Review* 79: 295-304.

Skocpol, Theda. 1979. *States and Social Revolutions: A Comparative Analysis of France, Russia, and China*. Cambridge: Cambridge University Press.

Skocpol, Theda. 1985. "Bringing the State Back in." In *Bringing the State Back in*, eds. Peter Evans, Dietrich Rueschemeyer, and Theda Skocpol. Cambridge: Cambridge University Press.

Skocpol, Theda. 1994. *Social Revolutions in the Modern World*. Cambridge and New York: Cambridge University Press.

Skocpol, Theda. 2000. "Commentary: Theory Tackles History." *Social Science History* 24(4): 669-76.

Slevin, James. 2000. *The Internet and Society*. Cambridge: Polity Press.

Smelser, Neil J. 1963. *Theory of Collecitive Behavior*. New York: Free Press.

Smith, Adam. 2003[1776]. *The Wealth of Nations*. New York: Bantam Classic.

Smith, Adam. 2010[1759]. *The Theory of Moral Sentiments*. New York: Penguin Classics.

Snyder, Glenn H. 1997. *Alliance Politics*. Ithaca, NY: Cornell University Press.

Sombart, Werner. 1976. *Why is there no Socialism in the United States?* Trans. By Patricia M. Hocking and C. T. Husbands. White Plains, NY: International Arts and Sciences Press, Inc.

Spykman, Nicholas J. 1942. *America's Strategy in World Politics: The United States and the Balance of Power*. New York: Harcourt, Brace and Company.

Spinello, Richard A. 2003. *Cyber Ethics: Morality and Law in Cyberspace*. Sudbury, MA: Jones and Bartlett Publishers.

Stein, Arthur A. 1980. "The Politics of Linkage." *World Politics* 35(October): 62-81.

Stepan, Alfred. 1978. *The State and Society: Peru in Comparative Perspective.* Princeton: Princeton University Press.

Stern, Stern, eds. 2005. *Evaluation Research Methods.* Vol. I. Thousand Oaks, CA: Sage Publication Inc.

Stern, Stern, eds. 2005. *Evaluation Research Methods.* Vol. II. Thousand Oaks, CA: Sage Publication Inc.

Stern, Stern, eds. 2005. *Evaluation Research Methods.* Vol. III. Thousand Oaks, CA: Sage Publication Inc.

Stern, Stern, eds. 2005. *Evaluation Research Methods.* Vol. IV. Thousand Oaks, CA: Sage Publication Inc.

Steward, Julian H. 1959. "Prediction and Planning in Cultural Change." *Human Organization* 18(1): 5-7.

Stinchcombe, Arthur L. 1968. *Constructing Social Theories.* Chicago: University of Chicago Press.

Sullivan, John L., James Pierson, and George E. Marcus. 1993. *Political Tolerance and American Democracy.* Chicago: University of Chicago Press.

Sunkel, Osvaldo. 1973. "Transnational Capitalism and National Disintegration in Latin America." *Social and Economic Studies* 22: 132-76.

Sunstein, Cass R. 2007. *Republic. com. 2.0.* New Jersey: Princeton university press.

Suppe, Fredrick. 1974. *The Structure of Scientific Theories.* Urbana, IL: University of Illinois Press.

Swenson, Peter. 2002. *Capitalists Against Markets: The Making of Labor Markets and Welfare States in the United States and Sweden.* Oxford: Oxford University Press.

Taagapera, Rein, and Matthew Shugart. 1989. *Seats and Votes.* New Haven, CT: Yale University Press.

Tarrow, Sidney. 1994. *Power in Movement: Social Movements, Collective*

Actions and Politics. Cambridge: Cambridge University Press.

Taylor, Charles. 1971. "Interpretation and the Sciences of Man." *Review of Metaphysics* 25: 3-51.

Taylor, Michael, and Michael Laver. 1973. "Government Coalitions in Western Europe." *European Journal of Political Research* 1: 205-248.

Taylor, Michael. 1976. *Anarchy and Cooperation*. London: Wiley.

Taylor, Michael. 1987 [1976]. *The Possibility of Cooperation*. Cambridge: Cambridge University Press.

Taylor, Michael, ed. 1988. *Rationality and Revolution*. Cambridge and New York: Cambridge University Press.

Tayor, Mark C. 2001. *The Moment of Complexity: Emerging Network Culture*. Chicago: University of Chicago Press.

Teti, Douglas M., eds. 2005. *Handbook of Research Methods in Developmental Science*. Malden, MA: Blackwell.

Thayer, Bradley. 2000. "Bringing in Darwin: Evolutionary Theory, Realism, and International Politics." *International Security* 25(fall): 124-51.

Thucydides. 1954. *The Peloponnesian War*. Trans. Rex Warner. New York: Penguin.

Tilly, Charles, 1978. *From Mobilization to Revolution*. New York: Random House.

Tocqueville, Alexis de. 1966 [1832]. *Democracy in America*. Vol. I. ed. J. P. Mayer. Trans. George Lawrence. New York: Harper and Row.

Tocqueville, Alexis de. 1990[1835]. *Democracy in America*. Vol. II. New York: Vintage.

Tompson, Grahame F. 2003. *Between Hierarchies and Markets: The Logic and Limits of Network Forms of Organization*. Oxford: Oxford University Press.

Treisman, Daniel. 2000. "The Causes of Corruption: A Cross-National Study." *Journal of Public Economics* 76: 399-457.

Trimberger, Ellen Kay. 1978. *Revolution from Above*. New Brunswick, NJ: Transaction Books.

Tsebelis, George. 1995. "Decision Making in Political Systems: Veto Players in Presidentialism. Parliamentarism. Multicameralism. Multipartyism." *British Journal of Political Science* 25(3): 289-325.

Tufte, Edward R. 1978. *Political Control of the Economy*. Princeton, NJ: Princeton Uriiversity Press.

Turner, Ralph H., and Lewis M. Killian. 1972. *Collective Behavior*. Englewood Cliffs, NJ: Prentice-Hall.

Tversky, A., and D. Kaheneman. 1974. "Judgements Under Uncertainty: Heuristics and Biases." *Science* 185.

Van Creveld, Martin. 1999. *The Rise and Decline of the State*. Cambridge: Cambridge University Press.

Van Parijs, Philippe. 1996. "Justice and Democracy: Are They Incompatible?" *Journal of Political Philosophy* 4 (2): 101-17.

Vanhanen, Tatu, 1997. *Prospects of Democracy: A Study of 172 Countries*. London: Routledge.

Varoufakis, Yanis, ed. 2001. *Game Theory: Critical Concepts in the Social Science* Vol. I. New York, NY: Routledge.

Vaus, David de, eds. 2002. *Social Surveys* Vol. I. Thousand Oaks, CA: Sage Publication Inc.

Vaus, David de, eds. 2002. *Social Surveys* Vol. II. Thousand Oaks, CA: Sage Publication Inc.

Vaus, David de, eds. 2002. *Social Surveys* Vol. III. Thousand Oaks, CA: Sage Publication Inc.

Vaus, David de, eds. 2002. *Social Surveys* Vol. IV. Thousand Oaks, CA: Sage Publication Inc.

Wade, Robert. 1990. *Governing the Market: Economic Theory and the Role of Government in East Asian Industrialization*. Princeton, NJ: Princeton University Press.

Wagner, R. Harrison. 1993. "What Was Bipolarity?" *International*

Organization 47(winter): 77-106.

Wagner, R. Harrison. 1994. "Peace, War, and the Balance of Power." *American Political Science Review* 88: 593-607.

Waldner, David. 1999. *Stale Building and Late Development*. Ithaca, NY: Cornell University Press.

Walerstein, Immanuel. 1974. *The Modern World System*. New York: Academic Press.

Walerstein, Immanuel. 1979. *The Capitals World-Economy*. Cambridge: Cambridge University Press.

Walerstein, Immanuel. 1980. *World System II*. New York: Academic Press.

Walerstein, Immanuel. 1991. *Unthinking Social Science: The Limits of Nineteenth-Century Paradigms*. Cambridge: Polity.

Waltz, Kenneth N. 1979. *Theory of International Politics*. Reading, MA: Addison-Wesley.

Waltz, Kenneth N. 2000. "Globalization and Governance." *PS: Political Science and Politics* 32 (December): 693-700.

Ware, Alan. 1996. *Political Parties and Party Systems*. New York, NY: Oxford University Press.

Watkins, Frederict Mundell. 1934. *The State as a Concept of Political Science*. New York: Harper and Brothers.

Watkins, Frederict Mundell. 1968. "State." In *International Encyclopedia of the Social Science*, Vol. 15, ed. David Sills. New York: Macmillan Co.

Weber, Max. 1958[1904]. *The Protestant ethic and the spirit of capitalism*. New York: Charles Scribner's Sons(A translation of Max Weber, Dis Protestantische Etik und der Geist des Kapitalismus, translated by Talcott Parsons: introduction by Anthony Giddens.)

Weber, Max. 1978 [1956]. *Economy and Society*. ed. Guenther Roth and Claus Wittich. Berkeley: University of California Press. (A translation of Max Weber, Wirtschaft und Gesellschaft. Grundriss der verstehenden Soziologie, ed. Johannes Winckemann [Tuebingen: J. C. B. Mohr, 1956].)

Webster, Frank, eds. 2001. *Culture and Politics in the Information Age*. New York, NY: Routledge.

Weingast, Barry R., and Donald A. Wittman, eds. 2006. *The Oxford Handbook of Political Economy*. New York, NY: Oxford University Press.

Weiner, Myron. 1968. *State Politics in India*. Princeton, NJ: Princeton University Press.

Weingast. Barry R., Kenneth A. Shepsle, and Christopher Johnsen. 1981. "The Political Economy of Benefits and Costs: A Neoclassical Approach to Distributive Politics." *Journal of Political Economy* 89: 642-64.

Wendt, Alexander. 1987. "The Agent-Structure Problem in International Relations Theory." *International Organization* 41: 335-70.

Wendt, Alexander. 1992. "Anarchy Is What States Make of It: The Social Construction of Power Politics." *International Organization* 88 (2): 384-96.

Wendt, Alexander. 1999. *Social Theory of International Politics*. Cambridge, UK: Cambridge University Press.

Wiarda, Howard J. 1992. *Politics in Iberia: The Political Systems of Spain and Portugal*. New York: HarperCollins College Div.

Wiarda, Howard J., ed. 2005. *Comparative Politics: Critical Concepts in Political Science* Vol. I(History, Theory, Context). New York, NY: Routledge.

Wilhelm, Anthony G. 2000. *Democracy in the Digital Age: Challenges to Political Life in Cyberspace*. New York: Routledge.

Wilkinson, Paul. 1971. *Social Movement*. Pall Mall Press: London.

Wilson, James Q. 1973. *Political Organizations*. New York: Basic.

Wilson, Woodrow. 1919. *The Wisdom of Woodrow Wilson: Being Selections from his Thoughts and Comments on Political, Social, and Moral Questions*. Comp. Charles J. Herald. New York: Brentano's.

Wohlforth, William C. 1999. "The Stability of a Unipolar World." *International Security* 24(summer): 5-41.

Wolf, Eric. 1969. *Peasants Wars of the Twentieth Century*. New York: Harper & Row.

Wolfinger, Raymond E., and Steven J. Resenstone. 1980. *Who Vote?* New Haven, CT: Yale University Press.

Wright, Quincy. 1965. *A Study of War*. Chicago: University of Chicago Press.

Young, Oran R., ed, 1997. *Global Governance: Drawing Insights from the Environmental Experience*. Cambridge: MIT Press.

Zaller, John. 1992. *The Nature and Origins of Mass Opinion*. Cambridge: Cambridge University Press.

Political Science

찾아보기

- 용어
- 인명

■ 용어 찾아보기

〔ㅂ〕

〔ㅇ〕

〔ㅈ〕

〔**기타**〕

■ 인명 찾아보기

정치학 총론 〈제7판〉

지은이 진영재
펴낸곳 연세대학교 출판문화원
주 소 서울특별시 서대문구 연세로 50
http://press.yonsei.ac.kr
e-mail: ysup@yonsei.ac.kr
전 화 02)2123-3380~2
팩 스 02)2123-8673
등 록 1955년 10월 13일 제9-60호
인 쇄 화신문화주식회사

2010년 3월 2일 1판 발행 2010년 8월 20일 2판 발행
2013년 3월 12일 3판 발행 2016년 8월 30일 4판 발행
2019년 2월 25일 5판 발행 2021년 5월 7일 6판 발행
2025년 3월 4일 7판 1쇄 발행
ISBN 978-89-6850-905-6 (93340)

정가 38,000원